西南交通大学年鉴

（2020）

《西南交通大学年鉴》编辑委员会　编

西南交通大学出版社
·成都·

图书在版编目（CIP）数据

西南交通大学年鉴. 2020 /《西南交通大学年鉴》编辑委员会编. —成都：西南交通大学出版社，2021.10
ISBN 978-7-5643-8236-0

Ⅰ. ①西… Ⅱ. ①西… Ⅲ. ①西南交通大学 - 2020 - 年鉴 Ⅳ. ①G649.287.11-54

中国版本图书馆 CIP 数据核字（2021）第 180209 号

Xinan Jiaotong Daxue Nianjian（2020）

西南交通大学年鉴

（2020）

《西南交通大学年鉴》编辑委员会　编

责任编辑　左凌涛
助理编辑　韩　林　张地木
封面设计　曹天擎

出版发行　西南交通大学出版社
（四川省成都市金牛区二环路北一段 111 号
西南交通大学创新大厦 21 楼）
邮政编码　610031
发行部电话　028-87600564　028-87600533
官网　http：//www.xnjdcbs.com
印刷　成都勤德印务有限公司

成品尺寸　210 mm × 285 mm
印张　24
字数　694 千
版次　2021 年 10 月第 1 版
印次　2021 年 10 月第 1 次
定价　180.00 元
书号　ISBN 978-7-5643-8236-0

《西南交通大学年鉴》编辑委员会

目　录

一、西南交通大学概况

西南交通大学是教育部直属全国重点大学，国家首批“双一流”“211 工程”“特色 985 工程”“2011 协同创新计划”重点建设并设有研究生院的研究型大学，坐落于中国历史文化名城、国家中心城市——成都。

学校创建于 1896 年，前身为山海关北洋铁路官学堂（Imperial Chinese Railway College），是中国第一所工程教育高等学府，是中国土木工程、矿冶工程、交通工程高等教育的发祥地，同时也是“交通大学”最早两大源头之一。学校以“唐山交大”“唐院”之名享誉中外，素有“东方康奈尔”之美誉，毛泽东主席为学校题写校名。建校以来，学校先后定名交通大学唐山工（程）学院、国立交通大学贵州分校、中国交通大学、北方交通大学、唐山铁道学院等。学校先后经历了两次院系调整，一大批在全国卓有声誉的系组调整支援清华大学、天津大学等兄弟院校。1964 年学校积极响应党中央建设“大三线”的号召内迁四川，1972 年更名西南交通大学，1989 年学校办学主体迁至成都，2002 年在成都犀浦扩建新校区。现有九里、犀浦、峨眉三个校区，共占地 5000 余亩。

在 124 年的办学历程中，学校始终坚守大学使命、服务国家战略需求，始终与中华民族同呼吸、共命运，见证和参与了中华民族百折不挠、不断奋进的光辉历史，形成了“竢实扬华、自强不息”的交大精神，“严谨治学、严格要求”的办学传统和“精勤求学、敦笃励志、果毅力行、忠恕任事”的校训，培养和造就了以茅以升、竺可桢、林同炎、黄万里等为代表的 30 余万栋梁英才，师生中产生了 3 位“两弹一星”元勋、62 位海内外院士和 31 位国家工程勘察设计大师，改革开放以来轨道交通领域产生的院士几乎全部出自我校。邓小平同志给予学校高度评价：“这所学校出了不少人才。”

学校以工见长，设有 26 个学院（书院、中心），拥有交通运输工程、机械工程 2 个一级学科国家重点学科，车辆工程、桥梁与隧道工程等 10 个二级学科国家重点学科，18 个一级学科博士学位授权点，3 个博士专业学位授权类别，40 个一级学科硕士学位授权点，11 个博士后科研流动站。交通运输工程学科位居全国第一（A+）并进入国家“双一流”建设序列，土木工程学科位居全国第七（A-），工程学进入 ESI 世界排名前 1‰，材料科学、计算机科学、化学进入 ESI 世界排名前 1%。

学校建有轨道交通国家实验室（筹）、牵引动力国家重点实验室等 13 个国家级科技创新平台和 36 个省部级科研基地，建立起世界轨道交通领域最完备的学科体系、人才体系和科研体系。学校围绕高速铁路、重载铁路、磁浮交通，新型城轨、真空管道超高速等领域大力开展基础研究与原始创新，构建了以世界公认的“沈氏理论”和“翟孙模型”为标志的铁路大系统动力学基础研究体系，科技成果四次入选“中国高校十大科技进展”，在轨道交通领域获得的国家科技奖励总数位居全国高校、科研院所和行业企业第一，为国家经济建设和社会发展，尤其是中国轨道交通事业发展做出了不可磨灭的贡献。此外，学校还在国防科技、智能制造、生物医药、大数据以及物理科学、人文社科等领域取得了许多重要成果。

学校大力实施人才强校主战略，现有专任教师 2700 余人，其中，中国科学院院士 10 人（含 8 名双聘院士）、中国工程院院士 17 人（含 15 名双聘院士），国家人才计划入选者 89 人，国家杰出青年科学基金获得者 20 人，国家优秀青年科学基金获得者 12 人；国家自然基金委创新群体 1 个，教育部创新团队 6 个，国家级教学团队 8 个，国家级教学名师 6 人。此外，还聘请了近 50 位中国科学院、工程院院士及诺贝尔奖获得者担任兼职（名誉）教授。

学校致力于培养德智体美劳全面发展的社会主义建设者和接班人，现有全日制本科生 29 200 人、硕士研究生 16 575 人、博士研究生 2364 人、来华留学长期生约 600 人（其中，博士研究生约 300 人，硕士研究生约 150 人，本科生约 100 人，进修生约 50 人）。学校有 30 个专业进入国家首批一流本科专业建设“双万计划”，有国家级特色专业 12 个、专业综合改革试点项目 4 个、卓越工程师教育培养计划专业 17 个、通过工程教育认证专业 16 个；承担国家教育体制改革试点项目 4 项；获国家级教学成果奖 29 项，其中特等奖 1 项、一等奖 6 项。学校有 50 门课程入选首批“国家一流本科课程”，有国家级精品课程 36 门，国家级精品资源共享课 24 门，国家级精品视频公开课 8 门，国家级双语示范课程 3 门。

学校积极开展高水平国际合作与交流。目前已与 62 个国家及地区的 220 余所高校及科研机构建立了合作关系；与英国利兹大学联合举办中外合作办学机构“西南交大-利兹学院”，各类留学、游学、访学项目已基本涵盖全部年级。此外，学校现有 5 个国家外专创新引智基地（“111 计划”），办有 5 本高水平国际学术期刊。

学校设有国家级大学科技园、国家级科技企业孵化器、国家技术转移中心以及产业研究院，建立了“科技—孵化—产业”全链条成果转化模式，在全国率先探索“职务科技成果权属混合所有制”改革，被誉为科技领域的“小岗村实验”。

竢实扬华，交通天下。西南交通大学高举中国特色社会主义伟大旗帜，以习近平新时代中国特色社会主义思想为指引，主动对接“一带一路”倡议和“交通强国”“教育强国”等国家战略需求，全面深化改革，全面依法治校，深入推进“双一流”加快建设、特色建设、高质量建设，为实现中华民族伟大复兴中国梦矢志奋斗！

二、学校领导

党 委 常 委： 王顺洪　桂富强　张学龙　沈火明
朱健梅　蒲　云　冯晓云　姚发明　何　川

党 委 书 记： 王顺洪

校　　　长： 杨　丹

党委副书记： 桂富强　张学龙　沈火明

纪 委 书 记： 张学龙

副　校　长： 朱健梅　蒲　云　冯晓云　姚发明　周仲荣　何　川

校 长 助 理： 王晓茹（—2020.12）　应松宝（—2020.12）

三、机构与队伍

（一）党群机构设置

党政办公室

纪律检查委员会办公室（党委巡察工作办公室）

党委组织部（党校、人才工作办公室）

党委宣传部（新闻中心）

党委统战部（社会主义学院）

党委教师工作部

党委学生工作部

党委老干部部

党委人民武装部（党委保卫部）

峨眉校区党工委

校工会

校团委

（二）党的基层组织设置

土木工程学院党委

机械工程学院党委

电气工程学院党委

信息科学与技术学院党委

交通运输与物流学院党委

经济管理学院党委

马克思主义学院党委

人文学院党委

材料科学与工程学院党委

物理科学与技术学院党委

外国语学院党委

建筑与设计学院党委

生命科学与工程学院党委

力学与工程学院党委

数学学院党委

地球科学与环境工程学院党委

公共管理与政法学院党委

牵引动力国家重点实验室党委

机关党委

后勤与基建管理处党委

成都西南交通大学产业（集团）有限公司党委

离退休工作处党委

茅以升学院党总支

附属中学党总支

图书馆党总支

远程与继续教育学院党总支

医学院直属党支部

利兹学院直属党支部

心理研究与咨询中心直属党支部

体育部直属党支部

国际教育学院直属党支部

子弟小学直属党支部

工程训练中心直属党支部

唐山研究生院（研究院）直属党支部

成都西南交大出版社有限公司直属党支部

（三）行政机构设置

战略与学科处

教务处

研究生院

学生工作处

招生就业处

科学技术发展研究院（川藏铁路工作办公室）

文科建设处

人事处

教师发展中心

计划财务处（采购与招标管理办公室）

资产与实验室管理处（分析测试中心）

对外合作与联络处

国际合作与交流处（港澳台事务办公室、国际教育学院）

后勤与基建管理处

信息化与网络管理处

审计处

监察处

保卫处

离退休工作处

产业处（国家大学科技园管理办公室）

峨眉校区管委会

（四）教学科研机构设置

- 土木工程学院
  - 道路与铁道工程系
  - 桥梁工程系
  - 地下工程系
  - 岩土工程系
  - 建筑工程系
- 机械工程学院
  - 机电测控系
  - 制造工程系
  - 热能与动力工程系
  - 机车车辆系
  - 建筑环境与设备工程系
  - 工程机械系
  - 交通设备与控制工程系
  - 摩擦学研究所
- 电气工程学院
  - 电力工程系
  - 电力电子与电力传动系
  - 电工电子系
  - 电子信息工程系
  - 城轨电气系
- 信息科学与技术学院
  - 计算机科学与技术系
  - 软件工程系
  - 通信工程系
  - 自动化系
  - 电子工程系
  - 铁道信息工程系
- 经济管理学院
  - 会计学系
  - 工程管理系
  - 金融与财务学系
  - 产业与区域经济学系
  - 管理信息系统与电子商务系
  - 市场学系
  - 组织与战略管理系
  - 运营管理系
  - 理论经济学系
  - 财会系
- 外国语学院
  - 英语系
  - 日语系
  - 德语系
  - 法俄系
  - 国际汉语系
  - 翻译系
  - 工程英语系
  - 商务英语系
- 交通运输与物流学院
  - 交通运输系
  - 交通工程系
  - 安全工程系
  - 物流工程系
  - 物流管理系
- 材料科学与工程学院
  - 生物医学工程系
  - 金属材料工程系
  - 材料加工系
  - 高分子材料系
- 地球科学与环境工程学院
  - 地质工程系
  - 测绘遥感信息系
  - 环境科学与工程系
  - 消防工程系
- 建筑与设计学院
  - 建筑系
  - 城乡规划系
  - 风景园林系
  - 艺术设计系
  - 工业设计系
  - 美术学系
- 物理科学与技术学院
  - 电子信息科学与技术系
  - 应用物理系
  - 物理系
- 人文学院
  - 中文系
  - 传播学系
  - 音乐系
  - 哲学与历史研究所
- 公共管理与政法学院
  - 公共管理系
  - 政治学系
  - 法学系
- 生命科学与工程学院
  - 化学化工系
  - 生物工程系
  - 药学系
- 力学与工程学院
  - 工程力学系
  - 飞行器设计与工程系
- 数学学院
  - 数学系
  - 信息与计算科学系
  - 统计系
- 马克思主义学院
  - 思想政治教育系
- 心理研究与咨询中心
  - 心理教育系
- 医学院
- 牵引动力国家重点实验室
- 西南交大-利兹学院
- 茅以升学院
- 竺可桢书院
- 工程训练中心
- 体育工作部
- 轨道交通国家实验室（筹）
- 轨道交通电气化与自动化工程技术研究中心
- 超导与新能源研究开发中心
- 智能控制与仿真工程研究中心
- 信息化研究院
- 陆地交通地质灾害防治技术工程国家实验室
- 网络空间安全研究院
- 国际老龄科学研究院
- 唐山研究生院
- 深圳研究生院
- 青岛研究生院
- 智能检测研究院
- 人工智能研究院

（五）直属业务机构设置

- 业务部门
  - 图书馆
  - 期刊社
  - 档案馆（校史馆）
  - 高等教育研究院
  - 维修、水电及运输服务中心
  - 医幼及场馆服务中心
  - 物业服务中心
  - 饮食服务中心
  - 峨眉校区后勤服务中心
  - 学术交流服务中心
- 直属单位
  - 远程与继续教育学院
  - 附属中学
  - 子弟小学
  - 深圳研究院
  - 上海研究院
  - 青岛研究院
  - 宜宾研究院
  - 唐山研究院（唐山办事处）
  - 天府新区研究院
  - 烟台新一代信息技术研究院

（六）中层领导干部名单

（截至2020年12月31日）

1. 党群部门

党政办公室

职　务	姓　名
主任兼保密委员会办公室主任	靳能法
副主任	王　斌（—2020.11）
副主任	贾兆帅
副主任	陈诗伟
副主任	孟新智
副主任兼依法治校办公室主任	张则强
副主任	张　铎（2020.12—）

纪律检查委员会办公室（党委巡察工作办公室）

职　务	姓　名
纪委书记	张学龙
纪委副书记兼巡察办主任	李　立
纪委副书记兼纪委办主任	李　琦
纪委副书记兼任监察处处长	郝辽钢（2020.06—）
纪委办公室副主任	蒋　佳
监督检察室主任（兼）	蒋　佳（2020.01—）
纪委办公室副主任	周海林
案件审理室主任（兼）	周海林（2020.01—）
纪委办公室副主任	杨育鸿
巡察办副主任	迟艳艳
纪委办公室副主任兼纪委案件监督管理室主任	秦文臻（2020.10—）
正处级纪检监察员	曹宏伟
副处级纪检监察员	褚长玲
副处级纪检监察员	徐高民
副处级纪检监察员	费玉芳

党委组织部（党校、人才工作办公室）

职　务	姓　名
部长兼党校校长、人才工作办公室主任	韩旭东
副部长兼党校副校长	陈青山
副部长兼党校副校长	沈　哲
人才工作办公室副主任	吴　坚
党校副校长兼人才工作办公室副主任	张长玲
副部长（兼）	张江泉

党委宣传部（新闻中心）

职　务	姓　名
部　长	桂富强
常务副部长兼新闻中心主任、校报总编辑	汪　铮
副部长兼新闻中心副主任	许金砖
副部长兼新闻中心副主任	颉　芳
副部长	李　猛

党委统战部

职　务	姓　名
部　长	卢世炬
副部长	任黎立

党委教师工作部

职　务	姓　名
部　长	苏　谦
副部长	李　箐
副部长	王　蔚

党委学生工作部

职　务	姓　名
部　长	高平平
副部长	宋　刚
副部长	李　毅
副部长	张军琪
副部长（兼）	赵　煜

党委老干部部

职　务	姓　名
书　记	段雪芬
部长、关心下一代工作委员会主任	廖　军
副书记	王　琳
副书记兼副部长	谢　彬
关工委副主任	戈满寿（—2020.10）
副处长、关工委副主任	李彤梅（2020.10—）

党委保卫部（党委人民武装部）

职　务	姓　名
部　长	张占军
副部长	刘　勇
副部长	岳　涛
副部长	朱云峰
副部长	李　骐

校工会

职　务	姓　名
主　席	郑　江
副主席	马德芹
副主席	李煜宏
副主席	喻碧君

校团委

职　务	姓　名
书　记	罗妍妍
副书记	朱　炜
副书记	李　娜
副书记	樊治辰（2020.07—）

机关党委

职　务	姓　名
书　记	苏小桦（—2020.11）
书　记	贺　平（2020.12—）
副书记	陈　璐

2. 行政业务部门及直属单位

战略与学科处

职　务	姓　名
处　长	邱延峻
副处长（兼）	庞烈鑫
副处长	蒋　晗

高等教育研究院

职　务	姓　名
院　长	闫月勤（—2020.12）
副院长	何诣寒

教务处

职　务	姓　名
处　长	崔　凯
副处长	刘朝晖
副处长	代　宁
副处长	季敬皓
副处长	康　锐

研究生院

职　务	姓　名
院　长（兼）	周仲荣
常务副院长	周先礼
副院长	胡　伟（—2020.12）
副院长	朱志武
副院长	艾长发
学位办公室主任	陈怡露
专业学位管理办公室主任	邹　洋
研究生招生办公室主任	万　宇（2020.07—）
研究生招生办公室主任	尹帮旭（—2020.06）
培养办公室主任	华宝玉
综合管理办公室主任	陈志伟

学生工作处

职　务	姓　名
处　长	高平平
副处长	宋　刚
副处长	李　毅
副处长	张军琪
副处长（兼）	赵　煜

招生就业处

职　务	姓　名
处　长	陈岩峰
副处长	黄春蓉
副处长	何安涛
副处长（兼）	杨德友

科学技术发展研究院（川藏铁路工作办公室）

职　务	姓　名
院　长	王　平（2020.07—）
院　长	周祚万（—2020.07）
川藏铁路办公室主任	王齐荣
副院长兼川藏办公室副主任	王　鹰（—2020.10）
副院长（兼）	周　南
副院长兼国防科研办公室主任	张兴博
副院长兼产学研合作办公室主任	张　骏（—2020.07）
副院长兼综合办公室主任	邓永权
副院长兼基础研究办公室主任	吴广宁（—2020.06）
副院长兼基地建设办公室主任	李怀龙

前沿科学技术研究院

职　务	姓　名
院　长	周祚万（2020.04—）
院　长	周祚万（—2020.07）
副院长	吴广宁（2020.06—）

文科建设处

职　务	姓　名
处　长	张雪永
副处长（兼）	许金砖
副处长、“一带一路”开发研究院副院长	郑　澎
副处长	陈姝君

人事处

职　务	姓　名
处　长	刘长军
副处长	翟东海
副处长	张国正
副处长	朱同江
副处长	王　超

教师发展中心

职　务	姓　名
主　任	苏　谦
副主任	李　箐
副主任	王　蔚

计划财务处（采购与招标管理办公室）

职　务	姓　名
处长兼主任	高增安（—2020.05）
处长兼主任	钟　冲（2020.05—）
副处长	罗俊强（—2020.10）
副处长	周芩芩（2020.12—）
副处长	周国强（2020.12—）
副处长	杜　红
采购与招标管理办公室副主任（兼）	杜　红（—2020.11）
采购与招标管理办公室副主任	冯　涛

资产与实验室管理处（分析测试中心）

职　务	姓　名
处长兼主任	钟　冲（—2020.05）
处长兼主任	贺　剑（2020.06—）
副处长	徐云丽（—2020.11）
副处长	董艳云（—2020.12）
副处长	李印川（—2020.05）
副处长	卫飞飞
副处长	郭　剑

对外合作与联络处

职　务	姓　名
处　长	谭建鑫
副处长	潘　昱（—2020.07）
副处长	阮　波
副处长	王　兵

国际合作与交流处（港澳台事务办公室）

职　务	姓　名
处　长（主任）	任新红
副处长（副主任）	郑海涛
副处长（副主任）	许炜萍
主任兼副处长	陆　霞

后勤与基建管理处

职　务	姓　名
党委书记兼副处长	杨　韬（2020.05—）
处长兼副书记	宋　新
副书记兼副处长	孔书祥
副处长	苗文波
副处长（兼）	俞建海（2020.11—）
副处长	朱文杰
副处长兼副书记	高　磊
维修、水电及运输服务中心主任	王友松
物业服务中心主任	郑简平
饮食服务中心主任	马勇锋
医幼及场馆服务中心主任	杜　伟
峨眉校区后勤服务中心主任（兼）	盛　鹏
学术交流服务中心主任	梁　冰（2020.12—）

信息化与网络管理处

职　务	姓　名
处长兼校首席信息官	赵彦灵
副处长	唐燕梅
副处长	杨亚群
副处长	周　伟

审计处

职　务	姓　名
副处长（主持工作）	孟　锦（2020.05—）
副处长	俞建海（—2020.11）
副处长	黄海霞（2020.12—）

监察处

职　务	姓　名
副处长	周海林
副处长	杨育鸿
副处长（兼）	蒋　佳

保卫处

职　务	姓　名
处　长	张占军
副处长	刘　勇
副处长	岳　涛
副处长	朱云峰
副处长	李　骐

离退休工作处

职　务	姓　名
书　记	段雪芬
处　长	廖　军
副书记	王　琳
副书记兼副处长	谢　彬

产业处（国家大学科技园管理办公室）

职　务	姓　名
处　长	陈天利（—2020.12）
副处长	胡　玲
副处长	刘剑峰

图书馆

职　务	姓　名
党总支书记	张东府（—2020.12）
党总支书记	胡　伟（2020.12—）
党总支副书记	周北川
馆　长	张祖涛
副馆长	罗秀云
副馆长	陈丽华

期刊社

职　务	姓　名
副主任（主持工作）	李恒超（2020.07—）
主　任	郭春生（—2020.06）
副主任（兼）	闫月勤（—2020.12）

档案馆（校史馆）

职　务	姓　名
馆　长	熊　瑛
副馆长	蒋小忠

远程与继续教育学院

职　务	姓　名
党总支书记	闵光辉
党总支副书记	郑　波
院　长	钱晓群
副院长	王　莉
副院长	金刚毅
副院长	罗　霄（—2020.04）
副院长	欣　羚（—2020.12）
副院长	贺　强

国际教育学院

职　务	姓　名
直属党总支书记（兼）	贺　平（—2020.12）
院　长（兼）	任新红
副院长	李　海
副院长（兼）	陆　霞

附属中学

职　务	姓　名
党总支书记	朱剑松
党总支副书记	曾　俊（—2020.11）
党总支副书记	魏明德（2020.11—）
校　长	雷国胜
副校长	魏明德（—2020.11）
副校长	曾　俊（2020.11—）
副校长	傅相万
副校长	董　鑫

子弟小学

职　务	姓　名
直属党支部书记	刘咏梅（—2020.05）
直属党支部书记	王文彬（2020.11—）
校　长	王利琨
副校长	马　群

成都西南交通大学产业（集团）有限公司

职　务	姓　名
书　记	应松宝（—2020.12）
董事长（兼）	应松宝（—2020.07）
董事长（兼）	何　川（2020.07—）
董事长（兼）	何　川（—2020.12）
书记兼董事长	陈天利（2020.12—）
副书记	田　红
副总经理（主持工作）	张　骏（2020.07—）
副总经理	刘兴宇
副总经理	车　伟（2020.01—）
总会计师（兼）	李润华（—2020.11）
副总经理（非校管兼）	赵世春
副总经理（非校管兼）	张洪涛
副总经理	王君秋
副总经理	钟　爽
副总经理	尚建勇
副总经理	康凯宁
总会计师（兼）	周国强（2020.12—）

成都西南交大出版社有限责任公司

职　务	姓　名
总经理	王建琼
直属党支部书记	覃　维
副总经理	易伯伦
副总经理	刘欣宇
总编辑	阳　晓

3. 峨眉校区党工委（峨眉校区管委会）

职　务	姓　名
书　记（兼）	沈火明
副书记兼纪工委书记	杨德友
常务副书记、常务副主任	贺　平（—2020.12）
主　任（兼）	韩旭东
副主任	盛　鹏
副主任	张强锋
副主任（兼）	钟　冲
副主任（兼）	刘长军
副主任（兼）	高平平

续表

职　务	姓　名
副主任（兼）	高增安（—2020.05）
副主任（兼）	靳能法
副主任（兼）	张占军
副主任（兼）	崔　凯
副主任（兼）	宋　新
综合办主任	陈诗伟
学生工作部（处）部（处）长（兼）	赵　煜
党群工作部部长	张江泉

4. 教学科研单位

土木工程学院

职　务	姓　名
书　记	刘学毅
院　长	蒲黔辉
副书记	童万波
副书记	李彤梅（—2020.10）
副书记	周　曦
副院长	富海鹰
副院长	王明年
副院长	闻毓民
副院长	陈　嵘
副院长	占玉林
副院长	勾红叶

续表

职　务	姓　名
副书记	孟凡春
副院长	曾东红
副院长	袁艳平
副院长	田怀文
副院长	丁国富

机械工程学院

职　务	姓　名
书　记	董大伟
院　长	钱林茂
副书记	徐嘉宁
副书记	程　军

电气工程学院

职　务	姓　名
书　记	罗乾超
院　长	陈维荣
副书记	陈　勇（—2020.11）
副书记	谢　力（—2020.11）
副书记	张春燕
副院长	何晓琼
副院长	马　磊
副院长	解绍锋

信息科学与技术学院

职　务	姓　名
书　记	冯军焕（—2020.11）
院　长	郝　莉（—2020.11）
副书记	戴　齐
副书记	马　琼
副院长	杨　燕
副院长	马　征
副院长	王小敏
副院长	邹喜华

经济管理学院

职　务	姓　名
书　记	郝辽钢（—2020.06）
书　记	王　斌（2020.11—）
院　长	杨　平
执行院长	郭　强（2020.11—）
副书记	夏显波
副书记	江宇兰
副书记	杨宏毅
副院长	郭　强
副院长	周嘉南
副院长	李　良
副院长	聂佳佳

外国语学院

职　务	姓　名
书　记	李卓慧
院　长	李成坚
副书记	余清秀
副书记	武　俊
副院长	王鹏飞
副院长	俞森林
副院长	杨安文
副院长	易　红

交通运输与物流学院

职　务	姓　名
书　记	甘　灵
院　长	刘晓波
副书记	王正彬
副书记	李国芳
副院长	蒋阳升
副院长	唐优华
副院长	张光远
副院长	吴　刚（—2020.06）
副院长	闫海峰
副院长	蹇　明

材料科学与工程学院

职　务	姓　名
书　记	贺　剑（—2020.06）
书　记	陈　勇（2020.11—）
院　长	朱旻昊
副书记	章春军
副院长	李　涛
副院长	冷永祥

地球科学与环境工程学院

职　务	姓　名
书　记	关秦川
副书记兼副院长	许军华
副书记	傅尤刚
院　长	Lutz Plümer
执行院长	刘国祥
副院长	胡卸文（—2020.01）
副院长	欧阳峰（—2020.01）
副院长	齐　华（—2020.01）
副院长	赵晓彦（2020.01—）
副院长	张玉春（2020.01—）
副院长	龚正君（2020.01—）
副院长	朱军（2020.01—）
副院长	刘成龙（—2020.01）
副院长	车　伟（—2020.01）
副院长	Okubo Shuhei

建筑与设计学院

职　务	姓　名
书　记	吴晓雄
院　长	A. Jacob Odgaard
执行院长	沈中伟
副书记（副处级）	刘一杰（2020.05—）
副院长	支锦亦
副院长	崔　叙
副院长	杨青娟

物理科学与技术学院

职　务	姓　名
书　记	刘　玉
院　长	刘庆想
副书记	唐眉江
副书记兼副院长	郭　剑
副院长	李相强
副院长	李金龙

人文学院

职　务	姓　名
书　记	向仲敏
院　长	石　磊
副书记（副处级）	郭立昌（2020.11—）
副院长	邢　文
副院长	沈如泉
副院长	胡　红

公共管理与政法学院

职　务	姓　名
书　记	高　凡
院　长	王永杰
副书记	余小英
副院长	雷　斌
副院长	雷叙川
副院长	李华强

生命科学与工程学院

职　务	姓　名
书　记	葛永明
院　长	李卫东
副书记	赵钢锋
副院长	封　顺
副院长	闫智勇
副院长	高　峰
副院长	李遂焰

力学与工程学院

职　务	姓　名
书　记	栗　民
院　长	康国政
副书记	孔祥彬
副院长	高芳清
副院长	李翔宇
副院长	阚前华

数学学院

职　务	姓　名
书　记	徐　革
院　长	李维萍（—2020.10）
常务副院长	杨　晗
副书记	黄　祥
副院长	李志辉
副院长	潘小东
副院长	王　璐

马克思主义学院

职　务	姓　名
书　记	刘占祥
院　长	林伯海
副书记	熊　钰
副院长	胡子祥
副院长	李学勇
副院长	谢　瑜

心理研究与咨询中心

职　务	姓　名
直属党支部书记	刘咏梅（2020.05—）
主　任	陈　华
直属党支部副书记	柯小君
副主任	雷　鸣
副主任	王　琛

工程训练中心

职　务	姓　名
直属党支部书记	陈兴莲
主　任	李柏林
副主任	杨　平
副主任	曾家刚

体育工作部

职　务	姓　名
直属党支部书记	潘　喆
主　任	刘　江
副主任	何江明（—2020.12）
副主任	李宏图
副主任	高　平
副主任（兼）	张春燕（2020.12—）

茅以升学院

职　务	姓　名
党总支书记	甘　霖
常务副院长	崔　凯
党总支副书记	王　霞

医学院（临床医学院，基础医学院）

职　务	姓　名
直属党支部书记（正处级）（兼副院长）	李锦红（2020.01—）
副院长	翁　杰（—2020.12）
副院长	高　峰

西南交大-利兹学院

职　务	姓　名
直属党支部书记兼副院长	江久文
院　长	靳忠民
副院长	黄　涛
直属党支部副书记兼副院长	赵　舵
副院长	朱　焱

天佑铁道学院

职　务	姓　名
院　长（兼）	冯晓云
建设办公室主任	张　铎（—2020.12）
建设办公室主任	欣　羚（2020.12—）

国际创新创业学院

职　务	姓　名
院　长	陈晋川（—2020.07）
专职副院长	王书会
副院长（兼）	胡　伟（—2020.12）
副院长（兼）	杨　平
副院长（兼）	黄春蓉
副院长（兼）	刘朝晖
副院长（兼）	宋　刚
副院长（兼）	罗妍妍

竺可桢书院

职　务	姓　名
书　记	杨德友（—2020.12）
院　长（兼）	张强锋
副书记	赵　煜（—2020.12）
副院长	李雪飞

牵引动力国家重点实验室

职　务	姓　名
书　记	郭　俊
主　任	王开云
副书记	李　莹
副书记兼副主任	王　锋

续表

职　务	姓　名
副主任	温泽峰
副主任	杨　冰
副主任	马光同
副主任	敬　霖（2020.11—）

超导与新能源研究开发中心

职　务	姓　名
主　任	赵　勇

轨道交通国家实验室（筹）

职　务	姓　名
常务副主任	何　川
副主任	徐志根（2020.04—）
副主任（兼）	康国政
副主任	高仕斌
副主任（兼）	王开云（2020.04—）
副主任（兼）	郭　俊（2020.04—）
综合办公室主任（兼）	徐志根（2020.04—）
综合办公室副主任	张　胜（2020.04—）
综合办公室副主任	周　南（2020.04—）
综合办公室副主任	邓　超（2020.04—）
公共平台服务部副部长	邓　超（—2020.04）
公共平台服务部副部长	陈燕灵（—2020.04）
运行管理部部长	徐志根（—2020.04）
运行管理部副部长	张　胜（—2020.04）
运行管理部副部长（兼）	俞建海（—2020.04）
科技管理部副部长	熊嘉阳（—2020.04）
超高速真空管道磁浮交通研究中心主任	张卫华（—2020.04）
多态耦合轨道交通动模试验平台项目部主任、超高速真空管道磁浮交通研究中心主任	郭　俊（2020.04—）
多态耦合轨道交通动模试验平台项目部副主任	陈燕灵（2020.04—）
多态耦合轨道交通动模试验平台项目部副主任	李印川（2020.05—）
多态耦合轨道交通动模试验平台项目部副主任	周文祥（2020.07—）

续表

职　务	姓　名
超高速真空管道磁浮交通研究中心副主任	熊嘉阳（2020.04—）
超高速真空管道磁浮交通研究中心副主任	邓自刚（2020.07—）
超高速真空管道磁浮交通研究中心副主任	毕海权（2020.07—）

轨道交通电气化与自动化工程技术研究中心

职　务	姓　名
主　任	高仕斌
常务副主任（兼）	陈维荣
副主任（兼）	何晓琼
副主任	王　力

唐山研究院（唐山办事处）

职　务	姓　名
党总支书记	刘　伟
院长（主任）	钱晓群（—2020.12）
副院长（副主任）（主持工作）	吴　刚（2020.12—）
副院长	梁思颖
副院长兼党总支副书记	梁思颖

深圳研究生院

职　务	姓　名
院　长	谭永东

交通运输工程学部

职　务	姓　名
主　任	翟婉明
副主任	刘建新
副主任（兼）	蒲黔辉
副主任（兼）	郝　莉
副主任（兼）	王开云
副主任（兼）	刘晓波
办公室副主任（主持工作）	庞烈鑫

城市轨道交通学院

职　务	姓　名
书　记	蒲　云（2020.06—）
院　长	何正友（2020.11—）
科技及对外合作办公室主任	潘　昱（2020.07—）
人才培养办公室主任（兼）	代　宁（2020.07—）
发展保障办公室主任	俞建海（2020.11—）
副院长（兼）	孙湛博（2020.12—）

5. 其　他

深圳研究院

职　务	姓　名
院　长	李志林（2020.04—）
副院长	欧阳国祥（—2020.10）
副院长（兼）	谭永东
常务副院长	骆　玲
副院长（兼）	林伯海
副院长（非校管）	戴　宾
副院长（非校管）	叶子荣

天府新区研究院

职　务	姓　名
院　长	孟廷会（—2020.01）
副院长（主持工作）	夏　雨（2020.04—）
副院长	李　涛
副院长（非校管）	孙红霞

“一带一路”开发研究院

职　务	姓　名
副院长	刘晓冬（—2020.12）

四川省产业经济发展研究院

职　务	姓　名
院　长（兼）	蒲　云

城市轨道交通研究院

职　务	姓　名
副院长	吴柏青
副院长（兼）	陈维荣
副院长（非校管）	罗世辉
副院长（兼）	郭　进
副院长（兼）	应松宝
副院长（兼）	黄登仕

宜宾研究院

职　务	姓　名
院　长	王　鹰（2020.10—）
副院长	罗　霄（2020.04—）

（七）教师在国务院、教育部各委员会任职情况

2018—2022年高校教学指导委员会任职情况

序号	姓名	性别	专业指导委员会序号	教指委	职　务
1	王顺洪	男	11	马克思主义理论类专业教学指导委员会	副主任
2	石　磊	男	16	新闻传播学类专业教学指导委员会	委　员
3	程谦恭	男	26	地质学类专业教学指导委员会	委　员
4	宁维卫	男	28	心理学类专业教学指导委员会	委　员
5	康国政	男	30	力学类专业教学指导委员会	委　员

续表

序号	姓名	性别	专业指导委员会序号	教指委	职务
6	董大伟	男	31	机械类专业教学指导委员会	委员
7	支锦亦	女	31	工业设计专业教学指导委员会	委员
8	林建辉	男	32	仪器类专业教学指导委员会	委员
9	戴光泽	男	33	材料类专业教学指导委员会	委员
10	冯晓云	女	35	电气类专业教学指导委员会	副主任
11	杨　丹	男	39	软件工程专业教学指导委员会	副主任
12	蒲黔辉	男	41	土木类专业教学指导委员会土木工程分委员会	委员
13	刘国祥	男	43	测绘类专业教学指导委员会	委员
14	胡卸文	男	45	地质类专业教学指导委员会	委员
15	高仕斌	男	49	交通运输类专业教学指导委员会	委员
16	邱延峻	男	49	道路运输与工程教学指导分委员会	委员
17	彭其渊	男	49	铁路运输与工程教学指导分委员会	副主任
18	米彩盈	男	49	铁路运输与工程教学指导分委员会	委员
19	王　平	男	49	铁路运输与工程教学指导分委员会	委员
20	付茂海	男	49	铁路运输与工程教学指导分委员会	委员
21	沈中伟	男	59	建筑类专业教学指导委员会建筑学分委员会	委员
22	毕凌岚	女	59	建筑类专业教学指导委员会城乡规划分委员会	委员
23	江欣国	男	60	安全科学与工程类专业教学指导委员会	委员
24	张　锦	男	87	物流管理与工程类专业教学指导委员会	副主任
25	莫光华	男	97	大学外语教学指导委员会	委员
26	吴　平	女	99	大学物理课程教学指导委员会	委员
27	王广俊	男	103	工科基础课程教学指导委员会	委员
				工程图学课程教学指导分委员会	副主任
28	沈火明	男	103	力学基础课程教学指导分委员会	委员
29	李柏林	男	106	工程训练教学指导委员会	委员
30	郝　莉	女	109	教学信息化与教学方法创新指导委员会	委员
31	高　凡	女	110	图书情报工作指导委员会	委员

备注：按国家公布的专业指导委员会排序。

国务院学位委员会第七届学科评议组成员

序号	单位名称	学科评议组组名	姓名
1	西南交通大学	交通运输工程	翟婉明
2	西南交通大学	电气工程	冯晓云
3	西南交通大学	测绘科学与技术	朱　庆
4	西南交通大学	土木工程	何　川
5	西南交通大学	机械工程	周仲荣

（八）教师在各民主党派、社会团体任职情况

教师在各民主党派任职情况

民主党派名称	职　务	姓　名
民革中央	委　员	赵世春
九三学社中央	常　委	杨　丹（2020.12—）
民革四川省委	副主委	赵世春
民革四川省委	委　员	张祖涛
民盟四川省委	副主委	高增安
民盟四川省委	委　员	曾　京
致公党四川省委	副主委	罗　霞
致公党四川省委	委　员	江欣国
九三学社四川省委	主　委	杨　丹（2020.11—）
九三学社四川省委	委　员	蒲　云
九三学社四川省委	委　员	周先礼
民盟成都市委	副主委	高增安
民盟成都市委	常　委	曾　京
民盟成都市委	委　员	陈　辉
民建成都市委	常　委	翁　杰
农工党成都市委	常　委	赵　锐
致公党成都市委	主　委	罗　霞
致公党成都市委	常　委	江欣国
九三学社成都市委	副主委	周先礼
九三学社成都市委	委　员	张志强
九三学社成都市委	委　员	丁国富

教师在各社会团体任职情况

社会团体名称	职　务	姓　名
四川欧美同学会·四川留学人员联谊会	副会长	周仲荣（—2020.10）
	副会长	罗　霞（2020.10—）
	副会长	孙湛博（2020.10—）
	副秘书长	林　青（—2020.10）
	青年工作专门委员会常务副主任	江欣国（2020.8—）
	理　事	杨　飞（—2020.10）

续表

社会团体名称	职　务	姓　名
四川欧美同学会·四川留学人员联谊会	理　事	江欣国
	理　事	翁　杰（—2020.10）
	理　事	刘继才（—2020.10）
	理　事	朱　焱（—2020.10）
	理　事	郭春生（—2020.10）
	理　事	陈滋利（—2020.10）
	理　事	卿安永（2020.10—）
	理　事	李恒超（2020.10—）
四川知识分子联谊会	副会长	孙林夫（—2020.11）
	副会长	周仲荣（2020.11—）
	常务理事	贾建民（—2020.11）
	常务理事	潘　炜（—2020.11）
	理　事	王　奔（—2020.11）
	理　事	韦联福（—2020.11）
	理　事	杨　苹（—2020.11）
	理　事	陈滋利（—2020.11）
	理　事	周　丹（—2020.11）
	理　事	赵海全（—2020.11）
	理　事	徐　菱（—2020.11）
	理　事	袁林果（2020.11—）
四川省归国华侨联合会	委　员	江欣国
成都欧美同学会·成都留学人员联谊会	会　长	罗　霞
	副会长	杨　飞
	副秘书长	江欣国
	常务理事	赵　锐
	常务理事	翁　杰
	理　事	杨维清
	理　事	邹喜华
	理　事	郑海涛
第十三届成都市青联	委　员	杨　飞
	委　员	赵　锐
	委　员	袁林果
成都市党外知识分子联谊会	副会长	杨　飞
	常务理事	赵海全
	常务理事	袁林果（2020.1—）

续表

社会团体名称	职　务	姓　名
成都市党外知识分子联谊会	理　事	李映辉（—2020.1）
	理　事	陈滋利（—2020.1）
	理　事	张昆仑（—2020.1）
	理　事	徐　菱（—2020.1）
	理　事	唐艳梅（2020.1—）
	理　事	朱　军（2020.1—）
成都市归国华侨联合会	委　员	杨　苹
	委　员	朱　焱
金牛区侨联	主　席	江欣国
	常　委	李子重
	委　员	缪远莉
	委　员	王　兴
	委　员	杨　苹
金牛区党外知识分子联谊会	会　长	袁林果
	常务理事	逄　鹏
	理　事	袁　冉
	理　事	梅　红
	理　事	刘广宇
郫都区党外知识分子联谊会	常务理事	翁　杰（—2020.3）
	常务理事	郝　莉（—2020.3）
	常务理事	刘幼平（—2020.3）
	常务理事	王承竞（2020.3—）
	常务理事	王衡禹（2020.3—）
	理　事	乐　佳（—2020.3）
	理　事	周　南（—2020.3）

（九）教师担任党代表、各级人大代表、政协委员、政府参事等情况

名　称	职　务	姓　名
党的十九大	代　表	翟婉明
第十三届全国人大	代　表	周仲荣
	代　表	罗　霞
第十三届四川省人大	常　委	高增安
	代　表	赵世春
	代　表	潘　炜
	代　表	袁林果

续表

名　称	职　务	姓　名
第十二届四川省政协	常　委	王顺洪
	常　委	杨　丹（2020.5—）
	常　委	张祖涛
	委　员	王晓茹
	委　员	李恒超
	委　员	温泽峰
	委　员	郭春生
	委　员	杨维清
第十七届成都市人大	代　表	韩旭东
	代　表	翁　杰
	代　表	乐　佳
第十五届成都市政协	副主席	罗　霞
	委　员	卢世炬
	常　委	江欣国
	常　委	周先礼（2020.5—）
	委　员	陈　辉
	委　员	崔　珩
	委　员	赵　锐
	委　员	舒泽亮
	委　员	谢尚英
	委　员	杨　飞
第七届金牛区人大	常　委	白天蕊
	代　表	袁林果
第七届金牛区政协	委　员	周　南
	委　员	汤家法
第十八届郫都区人大	代　表	丁国富
第十届郫都区政协	委　员	刘桓龙
第十七届峨眉山市人大	代　表	沈火明
	代　表	王懿萍
第十四届峨眉山市政协	常　委	王　伟
	委　员	张全文
	委　员	杜海忠
	委　员	王小可

续表

名称及职务	姓　名
重庆市人民政府参事	杨　丹
四川省人民政府参事	叶子荣
	潘　炜
四川省人民检察院特约检察员	胡　玲
成都市人民政府参事	翟婉明
	戴　宾（—2020.12）
	廖海黎
成都市监察委员会特约监察员	田雪梅
成都市交委特邀监察员	江欣国
成都市人民检察院特约检察员	周先礼

四、特载与专文

不忘初心　牢记使命
以钉钉子精神把全面从严治党要求落实落细
把各项工作做优做好

——王顺洪书记在西南交通大学2020年全面从严治党工作会议上的讲话

同志们好：

2019 年，在全校各级党组织、全体党员、干部的共同努力下，学校全面从严治党工作成效显著，为加快推进学校高质量发展提供了坚强政治保证。

一是旗帜鲜明加强政治建设。学校出台了《关于加强政治建设的实施意见》，把党的政治建设融入学校重大决策部署的制定和落实全过程，确保学校各项工作在正确轨道上完成。认真贯彻落实党委领导下的校长负责制，根据上级新精神新要求，修订完善了一系列配套议事规则，持续增强党委科学决策能力和工作水平。切实担负起巡视整改政治责任，99%的整改任务已阶段性“销号”。积极探索巡视巡察协同联动，不断深化巡视整改成效。

二是扎实深入开展主题教育。全校 36 个二级党组织 558 个党支部近 9000 名党员，用实实在在的行动参与“不忘初心、牢记使命”主题教育。践行“一线规则”，校领导班子确定“4 + X”调研方式和 12 个调研主题，形成调研成果 14 份；中层领导干部形成调研成果 337 份。瞄准“深挖问题、剖析症结”，梳理校班子重点解决的突出问题 10 个，中层领导干部重点解决的突出问题 955 个。通过主题教育，二级党组织政治核心作用、支部战斗堡垒作用和党员先锋模范作用得到加强。

三是坚持不懈抓好理论武装。以习近平新时代中国特色社会主义思想为引领，增强“四个意识”，坚定“四个自信”，做到“两个维护”。成立了思想政治理论宣讲团，恢复和完善每周四下午教职工政治理论学习、业务学习，切实将学习成果转化为对党的教育事业的热爱和忠诚，将党的方针政策转化成落实立德树人根本任务的实际行动。

四是多措并举夯实党建根基。强化基层组织建设，基层党组织标准化规范化建设迈上新台阶。党建督导、党建示范创建和质量创优等工作取得了突出成绩。学校出台了加强班子和干部队伍建设的一系列规章制度，激励校院两级班子和广大干部抓大局、谋大事，班子和干部队伍的凝聚力和执行力显著提升。

五是正风肃纪筑牢廉洁防线。全面从严治党核心制度体系进一步完善，推动“两个责任”落地落实。党委巡察监督格局初步建成，巡察成果和震慑效应不断显现。建立了《廉政风险防控点台账》，对重点领域、关键环节的再监督与再检查进一步增强。坚持“惩前毖后，治病救人”，切实把“四种形态”用好用活用实。进一步落实“三转”，纪检监察参与或协调的工作机构降至 6 个。持续深化纪检监察体制改革，职能更聚焦、机制更顺畅。强化廉洁教育，大力推动警示教育常态化。纪检监察队伍精神面貌焕然一新。

总之，2019 年学校全面从严治党和党建及思想政治工作的各项要求落实更加到位，风清气正的校园生态和良好育人环境已然成形，对学校改革建设发展的牵引力也更加强劲，各条战线均取得了可喜成绩。比如，学校成立了交通运输工程学部，“双一流”建设体制机制进一步优化完善，顺利通过中期评估；“本科教育教学振兴行动计划”启动实施，30 个专业进入首批“双万计划”，居全国前列；时隔 14 年，再次荣获国家科技进步一等奖，并且，学校主持获得的四川省科技进步奖、高校科学研究优秀成果奖、铁道学会科技进步奖，均创历史最好成绩；新增高层次人才 18 人，创近年来最好成绩；职称评聘“一刀切”、科研经费“报账难”、家属区产权证办理及环境提升改造、校产开发的“学府名城”房地产项目长期无法交房等问题，均有了突破性进展。安全、保密等工作制度更加健全，未发生失泄密和重大安全稳定、安全生产事故。

但是，我们也要清醒认识到，与党中央以及教育部党组对学校的要求相比，学校全面从严治党和党建及思想政治工作中还存在很多不足，如，全面从严治党工作热度层层衰减尚未根本扭转；部分基层党组织的政治核心作用、战斗堡垒作用及党员先锋模范作用发挥不够好、不突出；少数党员、干部纪律规矩意识不够强，违规违纪、违反中央八项规定的问题仍有发生，有的同志刚刚宣布，甚至还没有宣布就请人吃饭；一些重点领域和关键环节的廉洁风险还比较大；形式主义、官僚主义依然存在，学校风清气正的局面还没有完全实现，等等。这些问题深刻警示我们，学校全面从严治党工作依然形势严峻、任重道远，丝毫不能有半点麻痹大意。

2020 年是全面建成小康社会、实现第一个百年奋斗目标的决胜之年，是深入贯彻落实全国教育大会精神的攻坚之年，是全面实施《交通强国建设纲要》的开局之年，更是迎接建党一百周年，扎扎实实加强党的建设的关键之年。同时，也是学校加快推进“双一流”建设、落实各项整改任务、筹备召开学校第十五次党代会的关键之年。学校必须更加重视和全方位加强全面从严治党各项工作。

全面从严治党各项具体任务在学校 2020 年全面从严治党工作要点中已经明确，也已印发给大家，这里我不再重复讲解了，请大家务必抓好落实。对今年的全面从严治党工作我再强调七点，希望大家予以重视。

一、始终将政治建设摆在首位

一是全校再下功夫，全力增强维护核心的自觉性。当前新冠肺炎疫情席卷全球。习近平总书记始终亲自指挥、亲自部署这场人民战争、总体战、阻击战，国内疫情得到有效控制。事情不经不知难，目前全世界复杂艰难的防疫形势及政治经济形势，充分展现出我党的力量、总书记的高瞻远瞩以及人类命运共同体思想的正确与伟大。历史和实践再次证明，面对艰巨复杂的形势和各种国际力量，一刻也不能没有领导核心把舵领航，中国共产党需要一锤定音的力量。2020 年，我们改革攻坚、脱贫攻坚，恢复经济社会正常运转等任务依然繁重，我们必须更加坚定地维护核心、坚决听党指挥，更加紧密地团结在以习近平同志为核心的党中央周围，更加自觉地在思想上政治上行动上同党中央保持高度一致，扎扎实实地把党中央部署的各项任务落到实处。

二是坚持扎根中国大地办大学。立足轨道交通行业，支撑中国轨道交通事业发展，是党和国家赋予学校的神圣使命，也是学校进入“双一流”建设序列的根基，更是学校未来发展的必由之路。我们要牢牢把握社会主义办学方向，坚持“四个服务”，持续强化轨道交通办学特色，主动服务国家轨道交通大发展，在“交通 + ”“ + 交通”发展道路上走得更远、走得更好，毫不动摇把“轨道交通”这个根扎深扎牢，让学校事业主干粗壮起来，枝叶繁茂起来，同时通过轨道交通方向上的发展，全面带动其他学科的建设和发展，结出更多果实，形成全校各学科百花齐放的局面。

三是大力推进政治监督具体化、常态化。强化政治监督，推动“两个维护”融入血脉，见诸行动，是今年重点推进的一项工作。我们要探索建立以党委巡察为牵总的政治监督工作体系，制订好监督清单，细化监督要点，确保监督实效。

第四轮党委巡察工作已经启动，要聚焦"大思政"育人工作体系构建等重要工作，督促指导基层把思政牵总性工作抓牢抓实。

二、始终坚持加强思想建设，学深悟透践行习近平新时代中国特色社会主义思想

一是深入开展理想信念教育。磨刀不误砍柴工，首先要抓好学习。要抓好学校党政班子党委理论学习中心组学习，推动学习效果督促检查手段多元化、学习成果交流展示形式多样化，做好示范，当好标杆；要组织好全校党员干部的学习培训，结合今年疫情防控形势，重点采用线上自学方式，确保学习不停止、课程不耽误；要认真组织好周四下午教职工学习交流研讨，形式要更加多样，途径更加丰富，确保学透学到位。在学习内容上，要一以贯之把习近平新时代中国特色社会主义思想的大学习作为重中之重，通过学习，提高大家的认识和觉悟，实现理想信念的提升。要联系学校实际学，学以致用，解放我们的思想，指导全校的工作。

二是以筹备党代会为契机统一思想，凝聚智慧、凝聚人心、凝聚力量。筹备第十五次党代会是学校政治生活中的一件大事。我们要用好有利契机，引导全校上下展开学校发展什么、怎么发展、如何发展的大讨论、大调研，广泛听取、认真吸纳广大师生、校友的意见建议，把党代会筹备过程作为凝心聚力的过程，把党代会开成一个团结的大会、奋进的大会、胜利的大会，开成一个承前启后、继往开来的大会。

三是引导广大师生树立当代"西南交大自信"。要坚定"四个自信"，将"四个自信"转化为我们办好中国特色、世界一流大学的自信。要讲好昨日西南交大的故事，重视挖掘和梳理学校唐山、平越、峨眉、成都各个时期的办学历史，用身边的人和事教育大家。要讲好今日西南交大的特点、成就、辉煌以及不足和困难，使大家对学校当前的形势有所了解，也通过学校近期的纷呈亮点鼓舞士气。要经常反思学校的昨天和今天，从历史中借鉴经验和教训。要通过"十四五"规划、党代会筹备讲好明日的西南交大，激励引导大家奋发向上、努力拼搏，激励感染大家在新时代干事创业，为学校发展注入强大正能量。

三、始终抓好组织建设，实现学校发展的组织保障

一是认真学习贯彻好《高校基层党组织工作条例》。中央政治局、中央深改委把修订《高校基层党组织工作条例》作为今年的重点工作，教育部党组正制订具体落实意见，还将召开高校党建工作会议，加以贯彻落实。全校一方面要深入学习领会、准确把握文件的精神实质。另一方面，也要以此为契机，全面加强学校组织建设，坚决纠正和克服党建工作"上热中温下冷"现象。再一方面，要与学校党建示范创建和质量创优工作结合起来，切实把基层党建基础夯实，做出特色和品牌。

二是全面准确履行全面从严治党主体责任。首先是"全面"，就是要管住管好全体党组织和全体党员、干部，一个都不能漏；要全面推进党的"六大"建设，不能偏废。其次是"主体"，既包括校级，更包括院级层面，学校"火"烧得再旺，如果学院层面始终"不温不火"，热源始终传导不到基层，就会始终存在"上热中温下冷"的问题。最后是"责任"，既包括班子的集体责任，也包括班子主要负责人的第一责任，还包括班子其他成员落实"一岗双责"、对分管职责范围的主要领导责任。近期，中央印发了《党委（党组）落实全面从严治党主体责任规定》，学校也正组织修订学校相关制度文件，制定落实主体责任的"三张清单"，压紧管党治党责任链条，切实把责任落到实处。同时，学校纪委要找准职责定位，牢牢抓住监督这个基本职责、第一职责，突出政治监督，加强日常监督，通过监督发现问题症结、提出整改意见、倒逼深化改革、完善制度机制，切实提升监督整体效能。

三是全力培养忠诚干净担当的高素质干部。我们的干部总体上是好的，但与新形势新要求相比，还是缺少从全方位尤其是从政治上思考工作、谋划工作、推动工作的自觉性和主动性。在推进"双一流"建设、落实立德树人根本任务、破解历史遗留问题等工作中，只有干部的政治站位高了，政治上把握准了，才能认识到问题的本质，才能激发干事创业的精气神。我们还要在行之有效的干部工作方法上想办法、下功夫，打破条条框框，大胆选拔使用，大胆支持帮助，让他们甩开膀子大胆去干，切实激发干部的活力。

四是着力集聚爱校奉献的各方面优秀人才。近年来，学校人才工作取得了较好成效，今年还要加强加强再加强。要把好人才的政治关，围绕党和国家事业发展以及学校建设“轨道交通领域世界第一的西南交通大学”需要，把轨道交通领域最优秀的人才汇聚在一起，认真落实好顶层设计、战略规划、年度目标等，把工作抓得再实一点、再细一点、再紧一点。同时，也要选拔好的苗子，支持他们成为人才。要加强统战、校友等工作，团结一切可以团结的力量，发挥好他们储备汇聚人才的积极作用。

四、弘扬和树立新风正气，建设风清气正的西南交大

一是坚决杜绝官僚主义、形式主义。去年是基层减负年，我们抓住了巡视整改、主题教育整治整改等契机，取得了一些成效，但推诿扯皮、办事拖沓等问题依然不同程度存在。归根到底，还是责任压得不够实，震慑的力度不够大。今后“神秘访客”制度要进一步优化完善，要有“红榜”和“黑榜”，加大通报力度，访查结果运用也要跟上。要抓好访查问题整改，整改进展和落实成效要及时通报。要用好“关键一招”，把信息技术用起来，把现阶段我们疫情防控期间网络办公经验总结好，让数据多跑路，让师生少跑甚至不跑，切实减轻基层工作压力。

二是深入践行“一线规则”联系基层。去年，我们按照部党组要求，认真贯彻落实“一线规则”，开了个好头。下一步，我们要把工作统起来，要求也要严起来，要带着问题下基层、带着任务下基层，真正解决师生关心关切的问题、基层发展面临的实际困难，实现校院上下一心、协同发展。每学期、每学年要做好践行“一线规则”的总结工作，落实成效要及时向广大师生通报。

三是为师生提供优质高效便捷的服务。加强和改善作风建设，关键是要把作风建设成效转化成师生员工看得见、摸得着的服务。今年务虚会上，后勤提出要实施“五项工程”，我就要求他们直截了当，按照“优质高效便捷”服务理念，推动服务标准化、规范化建设，朝着专业化的服务水准发展，让师生在学校就能感受到高品质的服务。除了后勤服务保障之外，机关各部处同样要全方位加强服务。学校很多工作都还有提升空间，各单位要结合主题教育整治整改，做好做优做实，用一流服务支撑一流大学建设。

四是强化纪律教育，严肃执纪问责，建设不敢腐、不能腐、不想腐的管理体制机制。要坚持“关口前移”，不能等干部犯错了再来教育，不能等问题发生了再来补救。要不断丰富“工具箱”，用身边人、身边事，用更接地气的方式开展教育，形成不想腐的氛围。要站在学校事业发展的高度，做好执纪问责，用好监督执纪“四种形态”，尤其是用好第一种形态，抓早抓小，不要让小毛病变成大问题。做深查办案件“后半篇文章”，处分结束后不能简单“一刀切”，要允许犯错误的同志反躬自省，改过自新。要继续在深化纪检监察体制改革、巡视巡察联动等方面加大探索，把好的经验做法转化为好的工作机制，发挥切切实实的作用。

五是打造一支忠诚干净担当的纪检监察铁军。近年来，学校纪检监察队伍力量不断壮大，对违纪违规问题线索的查处力度持续加大，工作硬实力不断提升，整体展现出昂扬向上、敢于动真碰硬的精神风貌，为党委管党治党的严起来提供了关键支撑，党委巡察、执纪审查等工作都走在了全国高校前列，得到上级主管部门的充分肯定。但适应新时代新任务新要求，学校在推进干部队伍专业化建设上，还要下更大决心，给更多更好的政策，要出更多的实招硬招，教育引导纪检监察干部坚定斗争意志、增强斗争本领。要把纪检监察工作部门作为培养干部的一个重要源头，让干部们接受严格的纪律意识培养，当然同时还要严肃查处执纪违纪、执法违法行为，露头就要打，坚决防止“灯下黑”。

五、牢牢把握思政工作和“双一流”建设两大牵总性工作

一是要在重要工作上发力。在建设轨道交通领域世界第一的西南交通大学正确轨道上，要牢牢把握思想政治工作和“双一流”建设两大牵总性工作，在谋划本单位、本部门的具体工作时，要对标一流，追求卓越，以时不我待的紧迫意识，齐心协力把学校确定的宏伟蓝图一步一步变为美好现实。

二要在加强校院协同攻坚合力。2020 年，学校确立了 37 大项 114 小项工作任务，完成好这些任务，离不开各职能部门的牵头推进，更离不开各个学院的同向发力，这些工作任务是全校上下的共同任务，各学院是落实主体，机关各部处则要发挥好统筹协调服务的积极作用。我们的书记、院长，我们的部长、处长，要有全局意识、大局意识，心中装着学校“这盘大棋”，要全面支持服务川藏铁路建设、多态耦合轨道交通动模试验平台大科学装置建设、城市轨道交通学院筹建等等大事；要有大格局，要能看长远，坚持在学校的总体部署下谋划本单位、本部门的年度工作，把学校发展思路放在心上、体现在工作成效上，把学校的大事要事与本单位重点工作一体研究、一体推进、一体落实，坚决杜绝校院“两张皮”。我过去讲：“大河有水小河满，大河无水小河干。”学校发展好了，学院发展才有平台，广大教职工才有奔头和盼头，才能实现全校各单位共同发展，蓬勃发展的良好局面。

三是要有过紧日子的思想，要节约再节约。学校刚接到教育部通知，今年学校的财政预算压缩了近 1.6 亿，这不是小数目。上次常委会刚刚通过的学校 2020 年预算方案，也需要再上一次常委会，做相应的调整。大家一定要做好过紧日子的准备，在人、财、物等方方面面树立开源节流的思想。

六、始终做到制度从严，强化制度执行力，狠抓落实

一是建立“不忘初心、牢记使命”教育的长效机制、永久机制。要认真总结主题教育成果经验，把有效做法提炼、上升、固化为制度。比如抓学习，去年我们各个层面集中开展学习，学习的内容更精准了，学习的氛围也更浓厚了，学习的效果自然也出来了。我们要把学习的要求、组织方式、监督考核评价等好方法固化下来，形成更加完善的学习制度，引领学校乐学善学的好学风尚。

二是完善“管党治党、全面从严治党”的制度体系。学校目前已初步建立了“7 + 7”的制度体系，立好了“四梁八柱”，但只有“四梁八柱”是不够的，如果不把柱子间的“空缺”织密，权力的运用还是得不到有效监管，会出现“虎栏关猫”的情况。下一步，我们要围绕“7 + 7”制度体系，结合工作实际，不断完善相关制度建设，扎细扎密扎牢制度的笼子。

三是加强执行力建设，坚决捍卫制度权威。如果不抓落实，制度就是一个“稻草人”。我们现在面临的很多历史遗留问题，就是过去不遵章守制造成的。我们要用严明的纪律维护制度，增强纪律约束力和制度执行力。党员干部要带头遵守党内法规制度，主动做维护制度、捍卫制度的坚定执行者。对违纪违规的党员干部要适时适度通报，处理一批蔑视法律法规的典型，坚决打击“有令不行、有禁不止”的歪风邪气。

七、在常态化疫情防控中稳步推进学校事业向前发展

要坚持底线思维，对新冠肺炎给我们带来的风险和冲击保持高度警惕，一时一刻不放松，一丝一毫不马虎。要能在困难中经历练，在危机中抓机遇，把疫情防控作为学校的大考，在全校上下的协同战“疫”中持续提升治理能力和水平。要积极调整工作思路，适应常态化疫情防控新要求，抓改革，抓发展，抓民生，把“双一流”建设验收、第五轮学科评估谋划布局、巡视整改等各项整治整改、网上教育教学、毕业生就业，等等，一项一项向前推进，丝毫不能降低标准和要求。越是返校越不能松懈，更要全力以赴，努力夺取打赢目前这场特殊战“疫”和实现建设发展的“双胜利”，确保我们确立的各项任务目标顺利实现，为“十三五”收好官，为“十四五”有个好开局奠定基础，也为我们迎接十五次党代会召开营造良好氛围。

同志们，今天是 5 月 12 日，2020 年已过去了 5 个月时间，完成学校确立的各项目标，任务繁重、形势紧迫，全校上下特别是我们的党员、干部，务必打起十二分精神，把今天的动员部署作为是新一年工作的“冲锋号”，努力努力再努力，落实落实再落实。上个月，习近平总书记在陕西视察时强调：“要自觉讲政治，对国之大者要心中有数，关注党中央在关心什么、强调什么，深刻领会什么是党和国家最重要的利益、什么是最需要坚定维护的立场，切实把增强‘四个意识’、坚定‘四个自信’、做到‘两个维护’落到行动下，不能只停留在口号上。”大家要去细细品味领会总书记的话，把总书记的重要讲话精神和工作要求贯彻落实到学校工作的方方面面。同样的，大家也要细细品味学校的所思所想和学校的重点关切，认认真真把2020年各项工作做到位、做扎实。

同志们，全面从严治党只有进行时，没有完成时。让我们更加紧密地团结在以习近平同志为核心的党中央周围，不忘初心、牢记使命，以永远在路上的执着把全面从严治党推向深入，切实营造风清气正的校园生态和良好育人环境，为建设轨道交通领域世界第一的西南交通大学保驾护航。

谢谢大家！

珍惜韶华　奋勇前进

——王顺洪书记在西南交通大学建校124周年“云”校庆上的讲话

尊敬的老师们，

亲爱的校友们，同学们，朋友们：

大家好！

在今天这个特别的日子里，我们相聚在“云”端，举行一个特别的庆祝仪式，共同庆祝西南交通大学124岁生日。在这里，我谨代表学校党政，代表杨丹校长，向全体师生员工和广大校友致以最亲切的问候，向长期以来，关心支持学校改革建设发展的社会各界人士和朋友表示最衷心的感谢！

校友们，老师们，同学们，朋友们，过去的2019年又是不平凡的一年，学校在复兴交大的征程上再创佳绩、再结硕果：党对学校工作的全面领导持续加强；巡视整改和“不忘初心、牢记使命”主题教育取得明显成效；“双一流”建设步伐不断加快，轨道交通相关学科亮点纷呈，文科、社会科学等其他学科也默默发力，取得许多新进展；人才培养质量继续保持比较优势，学生参与各类竞赛获奖总数位居全国高校第12名；高层次人才新增18人，创近年来的最好成绩；科学研究取得重大突破，又获国家科技进步一等奖，且全年的获奖总数创历史新高；“职务科技成果权属混合所有制改革”试点进展顺利，以“成绩、成果、成效”为判断标准的人事分配制度改革很好地焕发出广大教职工的工作激情；国际化办学与对外合作发展水平持续提升，利兹学院办学和发展态势良好；校园综合保障能力显著增强。这些成绩的取得，是各级领导亲切关怀的结果，是学校干部师生共同努力的结果，更凝结着全体老领导、老同志以及广大校友校亲的智慧和心血，也离不开社会各界的鼎力帮助。在这里，向大家致以最衷心的感谢和最崇高的敬意！

校友们，老师们，同学们，朋友们！124年，学校在一代又一代交大人的传承接力中，艰苦奋斗、努力拼搏，创造了属于我们西南交大人的历史与辉煌。今天，在实现交大历史性复兴的关键时期，我们仍需保持如履薄冰的忧患意识、戒骄戒躁的优良作风和只争朝夕的奋斗精神，以“知耻近乎勇”的奋进姿态，不断总结、反思我们自己的不足与短板，从中汲取经验与教训，这样才能把学校建设和发展得更好，实现交大基业长青。由此，真诚希望校友们，老师们，同学们，朋友们给学校多提宝贵意见和建议，并将意见和建议发送至学校专门设立的邮箱：swjtu1896@swjtu.edu.cn，学校将及时研究并合理采纳。

校友们，老师们，同学们，朋友们！当前，

学校仍处于发展的重要战略机遇期，面临许多重大的发展契机，例如：交通强国战略实施步伐加快；川藏铁路建设驶入快车道；城际高速铁路和城市轨道交通成为“新基建”重要领域；“成渝双城经济圈”上升为国家战略；四川省与成都市正全方位支持学校的发展，等等。全校上下正牢牢把握这些重要机遇，已经有了不少新进展。也希望广大校友们一如既往地关心学校、支持学校、帮助学校，为学校发展添砖加瓦，贡献智慧和力量！

校友们，老师们，同学们，朋友们，今年的“云”校庆，必定会成为学校历史上一个非常特殊的校庆。因为疫情，咱们虽然现在不能见面，但是我们的心灵永远是相通的，今天的短暂分隔正酝酿着我们更加浓郁的思念，相信疫情一定会过去，我们一定会很快迎来更加美好的相聚！

校友们，老师们，同学们，朋友们，今天，正好是咱们的博士生们和即将毕业的硕士生、本科生们返校的日子，借此机会，我谨代表大家热烈欢迎同学们的归来！

最后，让我们共同祝愿祖国更美好，母校更美好！

谢谢大家！

后浪奔涌　未来可期

——杨丹校长在2020届学生“云毕业典礼”上的讲话

亲爱的 2020 届毕业生们：

大家上午好！

交大校园阳光正好，花儿正艳，三三两两毕业生们在扬华墙前、蓝花楹下定格着青春最美的记忆。在这个收获学业与播种人生的季节，首先请允许我代表学校、特别代表王顺洪书记，向 2020 届全体本、研毕业生表示热烈的祝贺！同时，也请你们和我一起，向辛苦养育你们的父母和辛勤培育你们的老师衷心地说一声谢谢！

刚刚过完 124 岁生日的交大，第一次通过网络典礼的形式来送别她的毕业生们。这一场突如其来的新冠疫情，改变了很多事情，小到咱们这个毕业典礼，大到经济社会的发展甚至世界格局，都在发生或大或小的变化。

在经历这样一个时代巨变的过程中，很多事情都在引发我们的思考。在今天这样一个特别的时刻，我想给大家分享几点感悟。

第一个感悟：静水流深，实干兴邦。

疫情暴发以来，交大师生们都宅在家中，很多事情仿佛都停摆了。但大家可否注意到，学校网站主页上的喜讯接连不断：总投资 5.8 亿元、最高试验速度达每小时 1 500 千米的多态耦合轨道交通动模试验平台大科学装置正式开工建设，这是交大人将创造的新的世界第一；在全国创新争先奖评选中，我校张卫华、王开云两位教授荣获全国创新争先奖状，获奖人数位居全国第 14 位，张卫华教授作为“复兴号动车组研发创新团队”核心成员还获得全国创新争先团队奖；在 2020 年度“最美铁道科技工作者”评选中，我校又有 10 位校友和教师获此殊荣，占到全部当选者的三分之一。老师、校友们奋勇争先，学生们也不甘落后，经管学院袁韵同学在导师贾建民教授指导下在《自然》（*Nature*）在线发表了有关新冠疫情的论文。上个周我参加了几个学院的本科毕业论文抽样答辩，同学们展示了很高的专业水平和综合素质。作为校长，看到这些显性成果自然是非常开心，但是，我知道还有许许多多交大师生在以自己的方式在疫情之下努力作为，比如这学期进行的网课学习，又比如为了迎接毕业年级返校而做的大量准备工作，还有在世界各地开展的众多交通工程建设，就像平静的水面下奔涌的水流，他们做的很多事情并不为人所知，但正是这些努力才能让交大发展的步伐永不停歇。

同学们，你们中有的人会选择继续深造，有的人会走上工作岗位。无论是从事科学研究还是从事其他各种各样的工作，无论你是身处台前，还是躬耕于幕后，要始终牢记自己所应担当的使命与责任。就像此次疫情，医护人员冲在最前线，他们的责任最重，压力也最大，可是我们还有很多在社区在乡间服务的志愿者，他们虽然不在第一线，但所做的工作同样非常重要。正是因为每个人都在自己的位置坚守自己的责任，担负自己的使命，才让我们的疫情得到了控制。“竢实扬华，自强不息”，无论何时何地，实干才是王道，每个岗位都有设置它的理由和需要，把自己的岗位职责扎扎实实履行好，你的付出一定会有回报。也因为每一个人的实干，才有国家的繁荣发展。

第二个感悟：同心同向，众志成城。

就像汶川大地震中各省援助四川一样，这次新冠疫情中，全国累计共有 344 支医疗队共 42 000 多名医务人员驰援湖北，我校附属医院成都市第三人民医院也派出了医疗队。随着疫情好转，从 3 月 17 日开始，援鄂医疗队开始有序撤离。那天，我在朋友圈看到一段感人的视频，一名中年男子以磕头跪拜的方式向返程中的医疗队车队表示感谢。据报道，该男子一家 11 口人全部被感染，正是在这些白衣天使的精心救治之下，才得以转危为安。由于医务人员都穿着隔离服，他甚至都不知道他们一家人的救命恩人们姓甚名谁长什么样，所以就用这样的方式表达感谢。

在这场疫情中，除了医护人员，我们要感谢的人还有很多，我们要感谢夜以继日修建雷神山、火神山医院以及改建方舱医院的建设者们，我们要感谢同样冒着生命危险为医生们送盒饭的师傅们、接送上下班的司机们，我们也要感谢春节期间坚守岗位生产口罩、防护服的工人们，我们还要感谢腾讯、钉钉、ZOOM 和智慧树、超星、雨课堂等在线办公教学平台，而且，我们自己也值得感谢，谁都没想到，“老老实实待在家，就是对社会最大的贡献”。

同学们，社会就是这样的一个极复杂的有机组合，它的有序运转，有赖于成千上万种职业去分担不同种类的分工。无论是哪个职业，首先应当是中国特色社会主义事业的建设者，这是各行各业劳动人民的共同身份，亦是共同的价值取向。所有力量同心同向，才能汇聚出中华民族伟大复兴的磅礴力量。我们赞扬所有职业中积极的建设者，反对反向的破坏者；我们鼓励大家做将小我融入国家大我的奉献者，反对将小我利益凌驾于大我之上的自私者；我们提倡大家做平凡岗位上的真诚勤勉的发光者，反对做不劳而获投机取巧的精致利己主义者。

第三个感悟：玉汝于成，苦难辉煌。

寒假里翻看校史，我被交大 124 年弦歌不辍的播迁史所震撼。抗日战争中，学校南迁湖南湘潭、贵州平越等地近十年，师生们在漫天烽火中孜孜以学，在那个最困难的时期竟然培养出“两弹一星”元勋、两院院士 28 位之多，其中 1943 届矿冶班一个班就产生了 3 个院士，和学校 1933 届土木系一个班产生 4 个院士之事交相辉映，堪称中国教育史上的传奇。20 世纪 60 年代，中央开展“大三线”建设以稳固后方，学校响应国家号召，数千名交大师生，携带仪器设备和图书资料，从河北唐山搬迁到四川峨眉，开荒拓土，自力更生，在一片山林中建起了教学楼、图书馆和实验室。那个时候，学校远离城市、交通不便、信息闭塞、生活清贫，师生们求学之心却愈加强烈，改革开放以来我国轨道交通领域当选的两院院士几乎都曾求学于此。

同学们，这就是“苦难辉煌”，一个学校的办学史如此，咱们的国家的发展亦如此。从 98 抗洪、03 非典、08 汶川地震到今年的新冠战“疫”，任何困难都压不倒英雄的中国人民，而且多难兴邦，每一次大难后我们的民族向心力更强，我们国家的发展也会再上台阶。历史告诉我们，艰难困苦，玉汝于成，“越是艰险越向前”的英雄气概，早已成为中华民族代代相传的文化基因。在这一场疫情中，我们新时代的年轻人们也发扬了这样的精神，正如习近平总书记给北京大学援鄂医疗队回信讲的那样：广大青年用行动证明，新时代的中国青年是好样的，是堪当大任的！

同学们！你们要明白一个道理，当集体遭受

灾难，没有哪个个体可以独善其身，个人的力量只有在与集体之力同心同向时，才能发挥其最大作用。如果不能将自己化作时代洪流中的一滴水珠，又如何能在浪奔浪涌中挺立潮头？

同学们，古希腊哲学家赫拉克利特说："There is nothing permanent except change."（世间唯一不变的就是变化。）疫情之下，百年未有之大变局正在一幕幕上演，智能化引领的创新驱动正日益加速变化的趋势。身处其中的我们，有人"乱花渐欲迷人眼"，有人"柳暗花明又一村"。世事变幻中，我们如何应对这些变化？唯有不断创新，才能坦然应对各种变化。"不要问客户需要什么，因为创造未来不是客户的职责，应当是我的工作。"这是史蒂夫·乔布斯的经典哲学之一。正是不断地创新创造成就了乔布斯的苹果帝国。在变化中定住心神、砥砺奋进，人生的难反就变成你人生之帆，驱动着你一往无前。

同学们！有着124年光荣历史的西南交大，因路而生、因路而兴，从诞生之日起就与祖国的命运紧紧相连，正在向着建设交通特色鲜明的世界一流大学的目标不断奋进。今日之中国，犹如一艘驶向深蓝的巨舰，我们就像这艘巨轮上的船员，虽然前面有浪奔浪涌的未知与挑战，但只要我们每一个人都能努力做好自己，中华巨舰必将劈风斩浪，实现伟大复兴。

后浪奔涌，未来可期。最后，祝福我们每一位毕业生生活幸福、事业通达，欢迎你们常回家看看！

"新生"之路

——杨丹校长在西南交通大学2020级新生开学典礼上的讲话

亲爱的交大新同学们：

大家上午好！

今天我们相聚在一起，隆重举行西南交通大学2020级新生开学典礼。这是一场新冠疫情发生后交大师生期盼已久且来之不易的重要仪式，也是交大多年来首次本、硕、博新生共同参加的万人典礼，对于已经拥有124年厚重办学历史的巍巍学府而言，此刻的面对面与肩并肩，显得尤为特殊和珍贵！在这里，我谨代表学校党委王顺洪书记、代表西南交大全体师生员工和海内外校友，向经受住疫情、汛情等重重考验，如期而至的7313名本科生、5109名硕士生、584名博士生同学，表示最热烈的欢迎！同时，向含辛茹苦养育你们的父母，向身正世范培育你们的恩师，向奋战在平凡工作岗位上、为你们求学升学保驾护航的各位同仁，表示最诚挚的祝贺和最衷心的感谢！

几个月前，突如其来的新冠肺炎疫情，以猝不及防的方式，打破了我们原本平静的生活；面对这样一次前所未知的全球"大考"，在党中央坚强领导下，14亿中国人民经过艰苦卓绝的努力，让被按下暂停键的中国社会全面重启、迎来复苏。疫情的来袭，已经改变并还将持续改变人类社会的生产生活方式；世界百年未有之大变局和新冠肺炎疫情大流行的叠加冲击，正在重塑甚至颠覆人类社会的既有认知与实践。历史经验表明，全人类共同危机后的重启之路，必将孕育新的发展动能和无限可能。岁月不息，洪流滚滚；不论是国家、社会，还是大学、个人，都应在重启之中寻觅新的方向、寻求新的生长，从而以更加美好的方式继续推动人类文明进程的不断向前。

在新挑战与新机遇并存的时代，作为在中国重启后进入交大的第一批新生，你们的未来之路从出发的这一刻起就承载了"新生"的厚望与重托。正值"拔节孕穗期"的你们，也一定渴望能尽快找到、找准"新生"之路的正确打开方式。今天的第一次见面，我想在祝福的话语之外，给你们一些引导性、启发性的思考与建议，以期能够回应你们的"新生"之问。

第一，因信念而立，坚韧持久，走报国之路。

面对汹涌疫情，中国必胜、人民必胜的信念

如此坚定。党和国家始终坚持人民至上、生命至上的立场，果断打响疫情防控阻击战，筑起生命长城，共建人类卫生健康共同体。封城的武汉小区，众人隔窗齐唱国歌互相打气，“武汉加油”响彻夜空，这是风云儿女共同的心声，也是对生命的礼赞、对人民共和国的礼赞。人不能没有理想信念；一个人的理想信念决定了一个人的全部行动。一个国家，一个民族，要随着时代车轮前进也必须要有共同的理想信念作为精神纽带和强力支撑。人民与你我无法割离，家国与你我不能割舍。习近平总书记在五四青年节寄语新时代青年“要坚定理想信念，站稳人民立场，练就过硬本领，投身强国伟业”。朝气蓬勃、蓄势待发的你们要追求远大理想、树立崇高信念，将个人与人民、个体与国家像榫卯结构一样紧紧地扣在一起、渐渐地融为一体，把爱国情、强国志、报国行自觉融入坚持和发展中国特色社会主义事业、建设社会主义现代化强国、实现中华民族伟大复兴的奋斗之中，与时代共鸣，与人民共情，与国家和民族同呼吸共命运。同学们成长在开启全面建设社会主义现代化国家新征程的伟大国度，就要像钟南山院士 9 月 8 日在全国抗击新冠肺炎疫情表彰大会所说：“生逢盛世，定不负盛世。”心中只要有大信念、真信念，假以时日，你们一定能在浪遏飞舟的时代踏浪前行、建功立业。

信念贵在坚持，人生需要韧劲；坚持下去本身很难，但唯有坚持才能胜利。生活不可能一帆风顺，我们都曾经、正在并将继续解答人生道路上遇到的种种难题，而这一生相伴的困难或苦难是对人生信念最好的滋养。面对疫情带来的不利局面，今天中国经济依然保持足够的韧性，回旋余地大，正在持续转型升级，并不断呈现新的发展景象，这充分彰显了中华民族百折不挠、坚忍不拔的优秀品格。对你们而言也一样，无论人生是顺境还是逆境，都要保持一份倔强与坚韧，能伸也能屈，能进发也能沉淀，特别是能在艰难困苦中坚守初心、永葆本色，用好下沉的锚、稳住前进的舵，以满满信心与昂扬斗志攻险关、破难题。1934 年，面对钱塘江水势之险、造桥之难，你们的老学长、老校长茅以升，因热爱祖国而建桥，1937 年又为抗日救国而炸桥，誓言“不复原桥不丈夫”，并在 1948 年亲自主持修复了大桥。我相信，经历过“大考”的你们，未来纵有惊涛骇浪，也能练就“一张蓝图绘到底”的定力，磨炼出久久为功的韧劲。

第二，因担当而强，逆行致远，走负重之路。

在中国文化里，担当是有识之士的责任所在；风云际会的变革时代，知识青年更应担负起时代赋予的重任。中国从来不缺逆行者，从民族危难之时的八佰战士、抗日群英，到疫情防控阻击战中的抗疫医护人员、外卖小哥……是他们承压而生、逆行而上，撑起了一片天，救下了一座城。紧要关头，舍小我为大我、“苟利国家生死以”的逆行是对担当更加深沉和伟大的诠释。从气候变化到能源短缺，从人口膨胀到环境污染，从文化冲突到战争威胁，如新冠疫情一般给人类带来的痛楚远未消逝，人类社会更多的危机与挑战近在眼前。我想说，面对未知的未来，不论在何种社会角色里，平凡或不平凡的你们都要有时刻准备着以逆行的姿态负重而上的担当，特别是在国家和人民需要的时候，勇于用肩膀扛起如山的责任，敢于用行动托起祖国和未来的希望，以你们的方式贡献应尽之责、绵薄之力。

逆行者先行；对于你们，特别是研究生同学，敢为人先地挺进科学研究的“无人区”，也是一种逆行的担当。今天的中国愈发认识到“从 0 到 1”基础研究和原创性成果的重要性，急需摆脱“卡脖子”技术的窘境，开辟新领域、提出新理论、创造新方法，取得重大开创性的原始创新成果，抢占科技竞争的制高点。只有把核心技术掌握在自己手中，才能真正掌握竞争和发展的主动权。今后，你们的任务不仅仅是获取一纸文凭，还要敢于摆脱“舒适区”，蹚过“深水区”，向学科、专业中前沿的、难以攻克的“无人区”发起冲锋，努力去探究科学技术的未知领域。承受美国重重打压的华为，依然以持之以恒的自主创新、负重积攒前行的能量，是名副其实有担当、有能力的民族企业。华为创始人任正非坦言，未来技术世界不可知，就如一片黑暗中，需要“灯塔”。他把高校喻为“灯塔”，希望中国的大学担负起知识创新的己任，成为教育强国的中坚。作为最富活力、最具创造性的青年大学生、研究生群体，也期盼你们能不辱使命，在看似孤独的科学探索中，加压奋进、摸索远行，成功点燃推动科技进步的灯塔，成为未来科技新航路上的开路先锋。

第三，因创新而进，跨界超越，走革新之路。

疫情进一步加速了全球智能化革命的进程，知识存量空前增长，学习方式演进革新，如何自主学习、放大学习效度将是你们未来的必修课。大学里知识的获取从来都不局限于课堂与老师的面面相授，疫情期间线上学习已经成了你们备考的常态。与此同时，中国大学正在掀起一场“以学为中心”的课堂革命，在观念、技术和行为等教育变革的多维驱动下，传统的教与学方式颠倒翻转，创造性学习的主动权将交到你们自己手中。由衷希望，新生代的你们保持强大的求知欲与好奇心，快速适应、融入无边界的学习场景、研究场景，掌握主动、更新方法、创新思维，沉浸于科学、高效、新型的教育体验和知识创新，享受知识带来的无穷乐趣。

当前，新一代信息技术率先以“智能＋”的呈现方式向各行各业渗透，加速驱动了多学科多领域的交叉融合，促进了知识生产的更新迭代，成为新一轮科技革命和产业变革的关键力量。“智能＋”代表着数字技术发展的新阶段和新维度，也将会是同学们今后关注的热点焦点和学术探索、知识创造的重要着力点与突破点。我们看到，疫情催生了中国数字经济的新引擎——“新基建”，5G 商用步伐，人工智能、工业互联网、物联网等新一代信息技术红利正在加速度释放。交大参与建设的智能京张高铁，全车携带 2718 个传感器，首次全线用智能技术建造，实现了智能建造、智能装备和智能运营，开启了智能铁路助力交通强国建设的新纪元，奏响了中国铁路从 1909 到 2019 年、跨越 110 年的时代回音。置身于智能时代的你们，应顺应趋势、瞄准高地，通过“智能＋”“＋智能”自我赋能，敏锐地把握创新脉搏，广泛涉猎多学科知识、拓展学科视野、升级研究路向，善于在跨界、融合、交叉、重构中激发创新灵感、集聚创新要素、捕捉创新源头，在更高起点上实现求学、研学之路的冲刺与超越。

世事变迁，唯创新不变。以从事学术研究为学业主要任务的硕士、博士同学们，研究生是勇攀科技高峰的“登山队”，是创新驱动发展的“生力军”；世界范围内科技创新呈现出前所未有的发展态势，形成了突破学科边界、时空界限的多样化创新生态，你们不仅要有勇闯“无人区”、攻下“最后一公里”的学术担当，努力把握智能时代学术研究的制胜先机，更要在科学伦理、学术道德、理论思维、系统方法、研究范式、创新标准等方面稳扎稳打，不可轻进求速；要涵养坐得冷板凳、啃得硬骨头、敢于质疑和批判的治学态度，也要锤炼知行合一、开放共享、持续深化研究内涵的学术能力；唯有此般踏实的积累，才能筑牢学术本底、厚植创新基因，以“踔越之姿”成就学术抱负，持续创造学术价值。“人民科学家”吴文俊先生曾自嘲数学是“笨人学”，就是这样一位自嘲的学者，始终坚持“基础研究是创新的基础”“创新就是 FOLLOW ME（跟我学），而不是跟在别人后边”，以滴水穿石的“笨功夫”，开创了近代数学史上的第一个由中国人原创的研究领域——数学机械化，对人工智能的研究产生深远影响。希望你们致敬像茅以升、吴文俊这样的科学大师，做他们的“铁粉”“忠粉”，体悟他们的治学精髓、传承他们的为学风范，在革故鼎新中应变求变，实现创新生长。

同学们：

与你们一样，筚路蓝缕、弦歌不辍的西南交通大学，也正在复兴交大、创建“交通特色鲜明的世界一流大学”的“新生”之路上阔步前行。学校落实立德树人根本任务，加快“双一流”建设，主动响应国家战略，积极推进学科建设，全面提高人才培养质量，大力提升科技创新能力。就在疫情期间，总投资 5.8 亿元、学校历史上投资规模最大的科学试验装置“多态耦合轨道交通动模试验平台”在成渝地区双城经济圈的重要载体——综合性国家科学中心启动建设，建成后将成为引领未来超高速轨道交通科技发展的重要平台；学校以未来城市和城市轨道交通革命性、颠覆性技术需求为导向，正式启动了面向“城市化、智能化、国际化”的未来技术学院建设，加快构建智慧交通学科集群，打造学校新的增长极和动力源。这是“竢实扬华，自强不息”的交大精神指引下学校必走的“新生”之路，你们是见证者，也是参与者，未来还必将会成为重要的推动者！

最后，我要说，“新生”之路是强者之路、崛起之路，也是逆袭之路、破局之路。西南交大因为你们而具有了更加强大的“新生”力量！与交大同向同行的路上，请同学们用信念去守护美好梦想，用担当去升华人生价值，用创新去开辟发展路径。我相信，与中华民族伟大复兴之路同频共振、属于你们的“新生”之路，一定会绽放出别样的精彩。

成都是一座正在快速崛起的大城，第 31 届世界大学生夏季运动会将在一年之后举行。衷心祝愿你们在这里焕发新生，吃新生之苦，享新生之乐，在变局中华丽蜕变，开启你们的“新生”时代！

谢谢！

五、党建及思想政治工作

（一）组织干部人才工作

【组织工作】

着眼基层党组织全面进步、全面过硬，统筹推进常态化疫情防控中基层组织体系建设、组织制度建设、党务工作队伍建设、党员队伍建设，基层党组织政治功能进一步强化，引领事业发展能力显著增强。

1. 突出政治动员，战“疫”先锋力量充分调动。深入开展常态化疫情防控“四个一”行动，发布《关于在新型冠状病毒肺炎疫情防控中充分发挥基层党组织战斗堡垒作用和共产党员先锋模范作用的通知》，号召各级党组织和广大党员、干部人才在抗击疫情中展现担当作为。向二级党组织划拨疫情防控专项党费30余万元，有效缓解基层组织抗疫压力。设立党员先锋岗581个，组织全校师生党员缴纳抗疫特殊党费61万元，动员师生党员积极投身疫情防控、科研攻关，党员先锋模范作用充分发挥。抗疫专题微党课《让党旗在心理战疫第一线高高飘扬》入选教育部思政司疫情防控“四个一”行动优秀成果，并在教育部思政网等主流媒体推送。

2. 突出减负增效，基层组织基础更加牢固。突出问题导向，扎实推进“不忘初心、牢记使命”主题教育整治整改，高质量完成113项整治整改任务，占总任务的94.3%，形成一批推动发展和改善民生的重要成果。对35个二级党组织和608个基层党支部政治功能进行诊断，各级党组织坚决做到“两个维护”的自觉性坚定性不断增强。简化基层党建工作考核程序，实施考核“减负”，持续优化考核指标体系，激励导向和监督保障作用更加凸显。制定教学科研单位《党组织委员会议议事规则》《党政联席会议议事规则》，明确议事程序和边界，党建引领中心工作的机制更加健全。划拨专项经费15万，支持二级党组织建成“红色阵地”35个。做好大学生党员发展规划，加强优秀教师党员发展力度，严把党员发展入口关，全年发展党员1600余人。开展入党积极分子培训2176人次，党员发展对象培训1600人次，组织社会实践活动近50项。

3. 突出组织推动，党务工作队伍坚强有力。深入实施教师党支部“双带头人”培育工程，实现“双带头人”党支部100%覆盖；注重发挥“双带头人”头雁作用，实现党建工作和业务工作“双促进”，党支部战斗力极大提升。建立党支部工作激励机制，设立教职工党支部书记及委员责任津贴，对优秀党支部予以奖励。对37名党务秘书、党组织委员会议秘书、党政联席会议秘书进行培训，不断提升基层党务干部业务水平。

4. 突出创新创优，组织建设成果再创佳绩。扎实推进“双创”（党建示范创建和质量创优）工作，2020年，牵引动力国家重点实验室党委入选全国党建工作标杆院系创建单位，电气学院电力系教师党支部、马克思主义学院博士生党支部入选全国党建工作样板支部创建单位；创建单位积极探索基层党建好方法好思路，牵引动力国家重点实验室和力学学院的精品课程“大国动力”受到教育部肯定。学校党建督导工作案例入围首届新时代四川高校十大党建创新案例提名拟推选名单。2019年首批入选全国“双创”建设单位的2个基层党组织通过验收。实施“双创”培育工程，面向校内二级党组织、基层党支部设立50个培育项目，划拨专项经费，鼓励基层党组织广泛开展理论研究和实践探索，推动形成一批党建工作优秀案例。

【人才工作】

紧密围绕“加快推进人才集聚”和“加快推进人才培育”，从人才研究、发现、引进、培育、激励、支持、服务、工作一体化等方面实施系列举措，取得显著成效。“党管人才”领导体制和工作机制不断强化，人才工作内涵建设形成合力和连锁效应，高层次人才总量和年度增量均创历史新高。为各类人才提供科研支持经费，帮助人才及团队开展科研攻关，深度服务国家重大工程，人才工作质效实现双提升。

1. 更加注重“学科导向”，建立人才战略地图。一是建立人才图谱工作研究机制。协同二级教学科研单位绘制 2020“人才图谱”，通过与国内高校对比分析，进一步明确学科对各类人才实际需求。二是建立人才地图工作研究机制。协同高等教育研究院绘制 2020 全球“人才地图”，系统了解国（境）外人才学科分布，为学校优化引才工作提供重要参考。三是研发人才信息数据库管理系统，对学术水平高、急需程度高、引进可能性高的人才“靶向定位”，建立跟踪联络机制，提高选才工作效率。

2. 更加注重“拓宽渠道”，创新人才引聘路径。一是系统设计引才宣传品牌，通过各种媒介面向全球发布《西南交大诚聘英才，锦城繁花邀君培栽》引聘方案，阅读近 5 万次，129 人通过邮件向学校表明加盟意向。二是依托海外引才工作站，拓展和延伸引进海外高端人才领域和空间，形成学校与海外各行业“双向”对接通道。三是在疫情防控形势下，组织 3 场线上“云视聘”活动，来自海外知名学府的 251 名学者表明加盟意向；前往北京大学、清华大学、西安交大等一流高校和上海市、广州市开展 5 场实地引聘会，收到简历近 500 份。

3. 更加注重“品牌打造”，开展系列学术活动。一是连续四届举办“交天下菁英，通宇内鼎甲”全球青年学者论坛，今年创造性地采取线上线下结合方式，组织开展 1 场主论坛、15 场分论坛，吸引近 500 名海内外青年才俊参与，提升学校影响力和知名度。二是作为四川省创新驱动发展两院院士四川行活动承办单位之一，邀请 70 余位院士参加活动，其中 15 位院士来校参观考察，参加“交通强国”院士专家座谈会，为学校发展建言献策，洽谈合作。

4. 更加注重“质量导向”，打造人才培育和岗位“双金字塔”。一是健全人才培育金字塔。培育计划涵盖人才成长“全周期”，以青苗计划、雏鹰计划、扬华计划、鲲鹏计划为支撑，分层分类给予人才支持。截至目前，已完成 5 批次选拔工作，总计支持 388 人次。二是建立人才岗位金字塔。设置包括 6 个类别的高层次人才岗位，坚决破除“五唯”，突出质量导向，更加注重代表性成果和标志性成果评价，人才评价改革迈出坚实一步。

5. 更加注重“协同协作”，凝聚支持服务人才合力。健全“党管人才”的领导体制和协同作战的工作机制，成立“支持服务人才发展工作站”，实施支持服务人才“动力组工程”，强化政治引领。建立人才服务派单机制，发挥党的政治优势和组织优势，协调各方力量，打通关键壁垒，帮助人才协调解决难题。

【干部工作】

干部工作更加突出选人用人政治标准，更加突出队伍建设问题导向，更加凸显年轻干部培养使用，干部队伍年龄知识结构等持续改善，干部队伍精气神持续提升，学校改革建设发展“头雁效应”愈发彰显。

1. 坚持科学规范、选贤任能，推动二级单位领导班子坚强有力。严把选任“程序关”，坚持“人事相宜”选任干部，二级单位班子年龄结构较 2019 年明显改善，博士、高级职称比例逐步上升，整体配备更加合理，发展质量更高、速度更快、后劲更足。

2. 坚持聚势谋远、统筹规划，涵养干部队伍“优质水源”。把工作实践作为最好的课堂，按照“缺什么、补什么”原则，结合干部个人特点，统筹安排年轻干部在校内不同岗位兼任职务、参加校内巡察工作、上级部门专项工作、到上级部门挂职、到脱贫攻坚一线历练等。坚持以岗位历练培养高素质专业化干部队伍，外派援藏、援疆、扶贫干部，选派挂职借调干部参加江苏省科技镇长团和校外交流任职。为党外干部成长搭建平台，选拔党外代表人士到机关挂职，从事管理服务工作。

3. 坚持严管厚爱、保驾护航，鼓励干部优秀履职。做好用心用情服务，持续做好规范服务科技成果转化股权激励和兼职奖励发放工作，做好“双肩挑”人员认定工作，为扶贫、援藏、援疆干部发放生活补贴。

【党校工作】

充分发挥“党校姓党”优势，探索“扩增量与提质量”“思政教育与党校课程”“干部教育与人才培育”深度融合，强化立德树人根本任务，推进新时代党校系统建设，提高党校工作科学化、制度化、规范化水平。

1. 扩增量与提质量深度融合，建设基础更加牢固。大力加强党校基础建设，推进师资库建设和教育平台建设，本年度新引进校外优秀师资8名，师资总量达85名，新增1个党性教育基地（仪陇）。探索“互联网+”教学模式，建成学校专属干部在线学习平台和学生在线学习平台，整合中央党校、国家教育行政学院、中国人民大学等单位优秀师资，建设开放19个在线课程模块，400余门专题课程，年人均培训学时超50学时，党员干部培训覆盖率达100%，学生培训容量超过3000人次。

2. 思政教育与党校课程深度融合，教育方式更加多样。聚焦习近平新时代中国特色社会主义思想，把立德树人作为教育的根本任务，加强党校与思想政治工作协同，形成联动效应，开展多样教学。构建“10+X”教育体系，“10”是指专题报告、党性教育、社会实践、研讨交流、必修课程、选修课程、经典阅读、理论测试、结业考试、心得体会10个教学环节，“X”是指开展个性化菜单式教学，平台课程资源对学员全面开放。统筹设计线上、线下和实践教学“三课堂”分类培养方案，将优秀思政课教师纳入党课师资库。

3. 干部培育与人才培育深度融合，政治引领更加突出。强化干部人才一体两面认识，以加强政治引领吸纳、弘扬爱国奋斗精神、增强政治认同感和向心力为重点，党校与人才办深度协同，统筹设计干部与人才培育。建设优质在线课程库，邀请校内外知名专家学者来校讲学，共开展2期干部人才培训班，累计培训500人次。实践教育内容不断丰富，先后组织43名中层干部赴张思德干部学院、小平干部学院等地开展爱国主义、革命传统实践教学。选送18人次干部参加中组部、教育部、省教工委等主办的干部培训，选送30名组织员参加教育部专题网络培训示范班。

（二）宣传思想工作

【“共抗疫情、爱国力行”主题宣传教育】

1. 加强理论学习，组织理论宣传。印发关于进一步加强疫情防控宣传教育的通知。通过党委常委会（扩大）会议、校党委理论学习中心组、党委书记工作会议、教职工政治理论学习等形式，扎实学习贯彻党中央关于疫情防控的重要指示精神和决策部署，以及传染病防治法等法律法规。“学习强国”平台全片播发学校“中国战‘疫’密码”课程12讲，组织教师在《光明日报》等主流媒体刊发“爱国力行、共抗疫情”主题理论文章14篇，在《中国教育报》等主流媒体发表抗疫主题稿件36篇。

2. 开展全媒体宣传，全面加强正面引导。面对疫情，宣传队伍召之即来、来之能战、战之必胜，以“战时作为”“战时思维”“战时纪律”开展工作，进一步坚定师生打赢疫情防控遭遇战的信心，引导师生科学防疫抗疫。《中国教育报》刊登《西南交通大学：为学生织好“心理防疫网”》；校网主页开辟“共克时艰　交大战‘疫’”专题栏目，发布网页新闻241篇，制作疫情防控宣传图片50余张，刊发《西南交大报》疫情防疫专刊。推出微信文章137期，博文110条，微博相关话题阅读量约350万，同时与教育部微言教育联动，发布《战“疫”公开课》系列推送；开设“西南交通大学新型冠状肺炎防控专题网站”。广播台策划推出抗击疫情特别节目，制作音频时长为400分钟的20期节目，特别献礼节目《从新冠疫情，读懂“四个自信”》在省第九届大学生艺术展演中获朗诵甲组一等奖。

3. 常态化做好新型冠状病毒肺炎防控知识的普及宣传，常态化做好卫生健康知识宣传。积极宣传引导疫情形势下的学习、生活、工作新方式。牵头做好三校区公共空间警示提示标识，提醒师生注意个人卫生防护，保持良好卫生习惯。积极做好开学准备，在醒目位置以展板、海报等户外宣传形式，营造"欢迎回家"的氛围，使师生感受到学校的温暖和关怀。与学校相关部门配合，常态化宣传保持良好的个人卫生习惯，勤洗手、常通风等个人卫生防护知识。

【"大思政"育人格局】

制定《西南交通大学思想政治工作体系构建工作推进方案（2020—2022 年）》，形成《西南交通大学贯彻落实〈教育部等八部门关于加快构建高效思想政治工作体系的意见〉工作台账》，形成思政工作案例。对学校首期新时代"大思政"育人工作项目开展中期检查。做好校领导上思政课听思政课工作，2020 年校领导为千余名学生讲授思政课。做好思政课督导工作。推动校领导与思政课教师结对子工作落实。制定《关于加强学校领导联系思想政治理论课教师工作方案》，校领导与 3 ~ 5 名思政课专职教师结对子。积极做好思政项目成果孵化。积极组织教育部、四川省教育厅思政项目申报、校内评审工作，组织开展教育部高校思政工作精品项目、高校思政工作中青年骨干队伍建设项目、四川省"三全育人"综合改革试点、四川省高校思想政治工作精品项目等申报工作。力学与工程学院获批四川省"三全育人"综合改革试点院（系），"以新媒体联盟汇聚正能量，构建新时代网络育人平台"等 2 个项目获批省高校思想政治工作精品项目。累计向教育部、省教育厅报送各类材料 30 余份，材料字数达 30 万字；整理各类会议录音资料 10 余份，整理文字字数 20 余万字。

以防疫抗疫为主题，依托"青春告白祖国"系列活动，在 2020 级新生开学典礼开展新生第一堂思政课。妥善应对 12 月初郫都区疫情防控等网络舆情事件，回应师生关切。在犀浦校区全员核酸检测中，宣传队伍通宵坚守岗位，开展全媒体报道，做好舆情引导管控，并与校外媒体时时保持沟通联动，切实维护学校和谐稳定局面。央视、中青报等多家媒体推出系列报道。

【理论武装】

1. 压实意识形态工作责任制，加强意识形态阵地建设。全年，学校党委与 73 个二级党组织、职能部门签订《意识形态工作目标责任书》进一步细化工作责任落实，面向校内各单位开展意识形态工作自查 3 次，开展教材内容排查审查等 3 项专项自查，分别于第十四届党委第 147 次、155 次、156 次常委会（扩大）会议中专题研究意识形态有关工作。开展教材内容专项排查审查，对学校教材（含教辅）625 套教材进行意识形态排查。全年审批形势报告会和哲学社会科学报告会等活动 195 场。

2. 筑牢意识形态思想阵地，壮大意识形态文化阵地。科学制定党委理论学习中心组学习计划和教职工政治理论学习安排意见，编印 22 期学习材料供学校师生自学参考。学校党委通过党委常委会（扩大）会议、校党委理论学习中心组、党委书记工作会议等，累计学习习近平总书记在新冠肺炎疫情防控期间的重要讲话精神等 30 余次，累计开展教职工政治理论学习 600 余次。学校思想政治理论宣讲团围绕理论体系、党章党规、党史国史等专题方向，累计开展理论宣讲近 50 讲。学校依托课堂、活动、展馆等阵地，融合新技术手段，全平台组合发力，将《新时代爱国主义教育实施纲要》落地落实。2020 年围绕中国人民志愿军抗美援朝出国作战 70 周年主题，制作了交大工程队老队员口述校史专题片、《沐浴战火的青春》动画视频、《祖国在召唤》漫画、工程队赴朝作战专题展。开展"共抗疫情 · 爱国力行"系列活动，组织学校 500 余名青年团员在 30 省 400 余个区县开展志愿服务活动，累计服务时长达 35 000 余小时。开展"四史"学习教育，营造浓厚学习氛围。

3. 做好网络舆情工作和网络信息安全工作。全年编辑制作《网络舆情周报》46 期，《网络舆情专报》18 期。大力加强网络安全建设，邀请舆情应急处置专家开展网络安全周宣传教育和网络评论员队伍培训。完成各二级单位开办、主管的各类门户网站的年审备案登记 281 家。

【全媒体全覆盖宣传报道】

1. 对外宣传持续发力，外树形象。以“双一流”建设、思政工作亮点、大科学装置、精准扶贫等为切入点开展深度报道。在人民日报、新华社、中央广播电视总台等主流媒体发文(视频)303篇（条）。其中，11月6日晚，中央电视台《新闻联播》播出题为《接续奋斗 为全面建设社会主义现代化国家开好局起好步——广大知识分子和青年学生认真学习党的十九届五中全会精神》的报道，中国科学院院士、西南交通大学首席教授翟婉明接受采访并发表学习感言。央视聚焦报道《以青春的名义 我不后悔》等7次；在人民日报、中国教育报、中国交通报、中国青年报等发文《跨越两千公里的同一堂课》《与科研为伴 为高铁铺路》《大学扶贫》等67篇。

2. 宣传阵地融合发声，内聚人心。西南交大报全年出版7期报纸，其中专刊3期，专版12个，设计主页大图65张。校电视台完成《口述校史》系列专题片《唐院（西南交通大学）抗美援朝工程队》《西南交大援助西藏大学二十年》《西南交大的思想理论课》制作，完成《交同心云校庆》124周年校庆典礼、云毕业典礼、开学典礼及云游校园等学校各类大型活动的直播、直录，完成《驻村第一书记何鹏》《交大援藏20周年》等7部专题片（纪录片、宣传片、短视频）的拍摄制作。校广播台推出时长2万分钟的广播节目，在网络电台持续推出《中国红梦之声》节目，在喜马拉雅平台共发布40期。

3. 抓好网络舆论宣传，抢占新阵地。官方微博、微信、今日头条、抖音、哔哩哔哩、快手、QQ空间、视频号等10余新媒体平台全年常态化运营。平台粉丝总量突破100万，同期粉丝净增长量超过35万。全年更新微博5000余条，微信320余篇，其中“云校庆”主题推送阅读量超过53万，突破单篇最高纪录，主持#交大124周年#微话题阅读量逾1200万。着力攻坚短视频，逾17万粉丝通过短视频了解学校，哔哩哔哩、抖音、快手、视频号4大平台发布作品190余篇。运营#西南交大银杏图鉴#、#西南交大魔性大喇叭#等话题登上微博同城热搜。获3项国家级、6项省级奖项，含“全国最具影响力高校官微”“全国教育优秀传播奖”“全国优秀传播力奖”。被省教育厅评为“四川教育政务新媒体综合力十强”“高校微信影响力奖”“高校微博影响力奖”“高校短视频运营奖”;《我给祖国表个白》系列活动获评省“2019年度十佳教育新媒体案例”。

4. 全面加强队伍建设，培育人才。发挥四川高校新媒体联盟理事长单位凝聚作用、学校新媒体联盟平台作用,牵头举办全国高校新媒体发展论坛、高校文创成果展、新媒体沙龙等3场省级以上活动，推动融合发展、共同进步。联合四川省教育厅举办“四川教育政务新媒体创新发展培训班”，面向川内高校和校内新媒体联盟共培训学员1000余人次。编辑出版《高校新媒体案例选编（第二辑）》。组织开展2020年度优秀校园媒体、优秀学生记者及校园好新闻评选。邀请知名媒体记者作为主讲人，组织开展10多场培训活动，培训学生3000多人次。

【文化培元】

1. 着力构建以“交通+”为内核的校园环境文化建设。做好文化环境的统筹把关，完成《九里校区交通导视方案》,并完成施工，取得良好效果。制定《关于做好学校九里校区标牌、宣传栏等问题整改方案》。

2. 品牌驱动，强化特色，交大文化影响力大力提升。实施校园网络文化繁荣计划，广泛动员组织，积极参加全国大学生网络文化节、“共抗疫情、爱国力行”主题宣传教育和网络文化成果征集活动，共计10项作品获得教育部、中央网信办表彰。其中一等奖1项、二等奖2项、三等奖4项、优秀奖3项，获奖数量和质量再创新高，为我校参赛历史上最好成绩。作品《交大青年》获得“第四届全国大学生网络文化节”一等奖，实现学校参加该项赛事以来学生作品奖项“从0到1”的突破。

3. 精心打造文化产品，构建全平台、多层次的校园文化产品立体格局。推出“风华交大”“5分钟听交大（爱国篇）”系列文化产品，深入挖掘学校的红色基因，将多形式、多平台生动讲述学校的红色校史，将厚重的校史轻薄化，不断擦亮交大文化品格的精神底色,不断弘扬交大传统和交大精神。其中，“5分钟听交大”受到大学生在线首页专栏连载，《风骨交大：西南交大历史上第一位共产党员田玉珍》《不一样的思政课，西南交大“青年讲师团”云端宣讲》等 3 件作品获评中国大学生在线“年度优秀内容奖”。2020 年，在中国大学生在线年度表彰中获得“十佳校网通站”“十佳优秀指导老师”“十佳校园媒体人”等 7 项奖励。

（三）纪检监察巡察工作

【政治监督】

突出政治监督重点，全力保障党对学校工作的全面领导，让“两个维护”融入血脉、见诸行动。一是探索建立以党委巡察为牵总的学校政治监督工作体系，推动学校各政治监督主体的贯通协作，加强巡视巡察上下联动。围绕部属高校政治监督六个方面 29 个“是否”的监督重点，不断推进政治监督具体化常态化。二是持续深化对 200 项巡视整改任务和 70 项主题教育整改任务落实情况的监督，推动整改成果成效转化为促进学校各项事业发展的强大动力。三是深入开展精准扶贫监督，组织 4 批次共 20 余人次赴对口扶贫点开展教育扶贫情况监督检查，全力推动如期打赢教育脱贫攻坚战。四是常态化开展疫情防控监督检查，组织 12 个检查组覆盖三校区 70 个单位开展线上线下疫情防控情况监督共 60 余轮次，切实推动有效应对开学复课中的各种风险挑战，促进教育教学工作有序开展，维护师生安全和校园稳定。

【组织协调】

加强组织协调，积极做好学校全面从严治党工作顶层设计，当好参谋助手。一是组织召开年度全面从严治党工作会议，制定实施年度《全面从严治党工作要点》和《纪检监察工作要点》，制定落实主体责任“三张清单”和二级纪检组织履行监督责任“6 + X”任务清单，学校纪委委员联系二级党组织 94 人次，推动“两个责任”贯通联动、一体落实。二是构建学校全面从严治党“7 + 7”核心制度体系升级版，新出台党委和纪委层面制度共 12 项，不断完善与新精神新形势新要求相匹配、相适应的全面从严治党制度体系。三是制定《关于进一步深入推进校内各单位风险防控管理工作的实施方案》，督促各二级单位开展风险自查与“补漏洞”相关工作，全校 59 个单位已建立了风险台账，报备亟待解决的高风险点 196 个。

【党委巡察】

强化基层政治巡察“CT 机”功能和利剑作用，不断推进全面从严治党向基层延伸，持续促进政治生态建设。一是坚持高起点谋划、高标准要求、高质量推进，形成了突出巡察“CT 机”功能、构建巡视巡察上下联动和巡察监督与其他各类监督贯通融合工作格局等交大特色的巡察工作理念、模式和机制，走在全国高校前列。二是扎实稳妥开展疫情防控常态下的政治巡察，发现 12 个被巡察单位党组织问题共 255 个，移交信访举报、问题线索及问责事项 13 件，诫勉谈话 1 人次，通报问责 5 人次，批评教育 16 人次，谈话提醒 42 人次，有效形成震慑，促进被巡察单位政治生态改善，取得了良好的政治效果、纪法效果和社会效果。三是强化巡察整改和成果运用，制定实施《中共西南交通大学委员会关于加强巡察整改落实工作的实施办法（试行）》，拧紧巡察整改“两个责任”一体落实的责任链条，建立巡察、督察、监察“三察联动”机制，纪检监察部门、组织部门、巡察办、巡察组“四方会审”巡察整改方案和情况报告机制，把整改结果作为被巡察党组织负责人抓党建考核、单位考核和干部考核评价的重要内容。四是不断深化巡察理论研究和实践探索，实务研究成果和实践经验在“党建网”等主流媒体和刊物上发表，部分成果被上级主管部门制定的相关文件采纳，编辑的《高校巡察实务参考手册》即将出版发行，“五个聚焦”巡视巡察上下联动机制得到上级主管部门充分肯定。

【日常监督】

强化对权力运行的监督，促进学校制度体系和治理体系提质增效，督促干部履职尽责。一是紧盯管人管钱管物等权力集中、廉政风险高或群众反映较多的重点领域关键环节，聚焦违规发放津补贴、违规取酬、利用管理的特殊资源谋取部门和个人私利等问题，开展“监督的再监督”31次。二是探索“监督性调研、调研式监督”方法，重点针对各类信息系统管理、校办企业经营管理、工程建设招投标、对外合同管理、本科特殊类型招生等方面存在的重大风险隐患实施专项治理，开展现场调研监督16次。三是组织实施督察督办统筹联动工作，对4批次共350项学校党政重大决策部署落实情况进行督促检查。四是常态化开展作风建设监督，督促贯彻落实中央八项规定精神，督促制止餐饮浪费行为并开展专项检查；深化开展“第二神秘访客”工作，围绕35个观测点对学校机关职能部处和各教学科研单位实施3456次暗访。五是严把廉政意见回复关，出具涉及干部和教师651人次的廉政意见63份，审核领导干部出国境审批40人次。

【执纪问责】

坚决把纪律挺在前面，坚持执纪必严、违纪必究，坚持将思想政治工作贯穿执纪审查始终，为从严管党治党提供关键支撑。一是提升问题线索处置质量，全年受理各类问题反映共计68件，其中32件列为问题线索处置（采取谈话函询处置4件，采取初步核实处置28件），立案8件涉及9人次。二是严肃查处违纪违法问题，给予党纪处分7人次，政纪处分7人次，党政纪双重处分6人次，诫勉谈话和批评教育的纪律处理40余人次，谈话提醒170余人次，移送司法机关2人次，为学校挽回经济损失471万元。三是严肃追责问责，开展问责调查8起，对11名党员领导干部严肃问责，对4名直接责任人予以追责。四是做好案件“后半篇文章”，对受到处分的党员开展回访教育20余人次，收到受处分党员主动提交的思想汇报20余份。五是坚持为担当者担当，为受到失实举报的党员干部澄清正名70余人次。学校执纪审查工作得到上级纪检监察机关充分肯定。

【纪律教育】

提升纪律教育成效，切实帮助广大党员领导干部和师生员工把纪律和规矩内化于心、外化于行。一是坚持通过廉洁信使、廉洁交大微信公众号、纪检监察网、《纪检监察信息半月汇编》《巡视巡察动态》等面向全校党员领导和师生开展“互联网＋”纪律教育。二是推动创立学校大学生廉洁文化协会，组织上千名师生参加全国名师系列高品质廉洁教育讲座，组织开展“清正在德，廉洁在志”主题演讲比赛等深受大学生欢迎的“廉洁教育活动月”系列活动。三是坚持用身边事教育身边人，在党委常委会、党委书记工作会通报上级查处和我校查处的典型案例，全覆盖二级单位开展学校案例警示教育，以案释纪让教育真正触及灵魂。

【队伍建设】

围绕“三有”目标和“六干”要求，努力打造政治素质高、忠诚干净担当、专业能力强、敢于善于斗争的铁军。一是强化政治建设。持续在学懂弄通做实习近平新时代中国特色社会主义思想特别是总书记关于全面从严治党重要论述上下功夫，以深化主题教育和加强党支部建设为重要抓手，加强纪检干部党性锤炼、思想淬炼。二是强化组织建设。健全完善纪委议事决策机制，完善纪委机构自身权力运行机制和管理监督制约体系。实现36个二级党组织纪委书记（纪检委员）全覆盖设置，逐步增加各二级纪委的委员人数至3～7人并增设二级纪委副书记，开展二级纪委履责情况专题调研并对5个方面不足进行分析改进，指导二级纪委对所在党组织政治生态进行研判，落实二级纪委向学校纪委报告工作、二级纪委书记向学校纪委报告履职情况和约谈新提任二级纪委书记等制度。三是强化能力建设。制定《2020年纪检监察巡察干部学习培训计划》并组织开展线上线下学习培训；坚持“以干代训”锤炼实战本领，实施“20＋”办案人才库、巡察干部人才库建设，组织二级纪委干部近100人次参与学校层面的纪律审查、党委巡察和专项检查工作，选派专兼职纪检干部30余人次到驻教育部纪检监察组、教育部巡视办和四川省纪委监委顶岗锻炼和培训学习。

【理论研究】

坚持用党的创新理论武装头脑，坚持理论联系实际，为高质量推进学校全面从严治党提供智力支持。一是坚持以理论研究带动实践创新。依托学校廉政与治理研究专项基金项目，带动校院两级纪检组织完成11项课题研究；积极申报并获批1项学校教改项目；扎实推进主持的教育部人文社科基金项目，承担教育部巡视办委托项目和学校“大思政”研究项目，在《思想理论教育导刊》（相关学科顶级C刊）等主流刊物和媒体上发表论文10篇。二是加强廉情调研。落实“一线规则”，深入到基层重点加强对廉政风险重点领域关键环节的专题调研、中央八项规定及其实施细则精神落实情况调研，全面了解校院两级党组织和纪检组织落实全面从严治党“两个责任”现状，找出问题根源，提出解决问题的措施和政策性建议。联合组织、宣传、教务等部门单位，前往厦门、广州、重庆等地高水平大学开展工作调研。

（四）统战工作

【协同联动，深化“大统战”格局】

一是纵向下沉重心，打造“二级党组织统战工作特色示范项目创建”工程，激发基层活力。首批精心推出5项工程，12个校内单位参与建设。二是横向联动发展，与金牛区委统战部成功创建“蓉城同心·侨之家”。以此为契机，搭建校地“大统战”工作格局：由金牛区出资6.5万元在晚晴苑打造富含“侨”元素的温馨家园；共同组织金牛区科技服务功能区近20家企业代表走进学校，深入了解职务科技成果混合所有制改革；共同通过网站、微信群、海报、设宣传点等形式，开展侨法宣传全覆盖活动。三是网络协同保障，启动统战信息系统建设，加强统战工作信息化建设，为“大统战”格局提供信息化保障。

【强化引领，筑牢共同思想基础】

一是注重与时俱进，第一时间组织统战成员学习党的十九届五中全会精神等。二是注重形式多样，举办新入职党外教师午餐会、统一战线趣味运动会、爱心帮扶走进蒲江中学等丰富活动；多形式培训71人次，尤其是疫情期间，积极探索网上教学模式，举办被誉为“云端花开”的“民主党派新成员线上培训”。三是注重工作温度，持续开展“迎国庆·庆中秋”港澳台学生座谈会，涵养家国情怀，并利用重大节日等时间节点，探视慰问代表人士。四是注重调查研究，面向学校党外知识分子开展思想政治状况调研，进一步提升思想引领工作的科学化水平。

【建好班子，激发党派团体活力】

一是按照“政治化、年轻化、代表性”的总体要求，协助做好民革交大支部、致公党交大支部换届筹备工作和学校欧美同学会班子届中调整工作等。二是支持民主党派基层组织、统战团体围绕中心工作、时事热点开展主题活动。例如，疫情期间，民盟交大委员会、民建交大支部、农工党交大支部、九三学社交大委员会共同面向学校统一战线发起为防控新冠肺炎疫情捐款的倡议，共筹款3万余元；欧美同学会、新侨联谊会共赴彭州宝山村党性教育基地学习；侨联开展“我为‘十四五’献一策”主题活动等。

【多措并举，加强党外队伍建设】

一是持续开展第四批党外代表人士校内挂职工作，遴选3名青年党外代表人士到学校机关部处挂职，补足管理“短板”。此外，为了丰富党外干部地方工作经验，将已任中层正职两年的党外干部郭春生推荐到泸州市“挂任”教育局副局长。二是党外代表人士队伍建设取得新成绩，学校与省市紧密联动的桥梁纽带更加丰富。九三学社社员、校长杨丹当选九三学社中央常委、省委主委，省政协常委；无党派人士、副校长周仲荣当选四川知联会副会长；致公党党员、学校欧美同学会副会长孙湛博当选四川欧美同学会副会长；无党派人士、学校知联会副会长杨飞当选成都市知联会副会长。三是进一步加强学校无党派人士队伍建设，制定《西南交通大学无党派人士认定登记工作实施办法》，制度化规范学校无党派人士认定工作。

【创新思路，开民宗工作新局面】

一是统筹规划“红石榴”育人工程，建设五大育人平台，获评四川省人民政府颁发的“四川省民族团结进步模范集体”荣誉称号。二是活动形式丰富，继续面向全校师生开展“党的民族宗教工作宣传教育月”活动。面向2020级全体新生发放《对校园传教Say No!》漫画册，将党的宗教政策方针和法律法规教育置于学生教育的

"最前端"。开展少数民族学生代表座谈会，关心关爱少数民族学生成长成才。组织少数民族学生"三下乡"活动，创新性地运用"云地图"形式编辑大家拍摄的视频，展示"民族一家亲、同心抗疫情"的精神面貌。三是提升工作队伍能力素质，邀请四川省民族宗教委员会专家为学校民族宗教工作领导小组成员单位代表、全体辅导员等100余人，专题解读党的民族和宗教工作政策法规等。

【亮点频出，彰显交大统战成效】

一是党外人士发挥作用成效显著。今年，党外代表人士高质量建言献策20余次，其中，民盟盟员陈辉、民进会员崔珩的提案得到省委领导批示，民革党员张祖涛提案进入"四川省政协2019年度好提案"榜单。无党派人士周仲荣获得"中国侨界贡献奖"。农公党党员赵锐获评"纪念中国农工民主党成立九十周年表彰大会先进个人"荣誉称号。二是交大统战受到多方肯定，年初，获评"2019年四川省基层（校区）统战工作先进单位"荣誉称号；在"四川省基层统战工作提升年现场会""四川统一战线学习贯彻习近平总书记关于加强和改进统一战线工作的重要思想读书班"上受邀作为全省唯一高校代表参会并作交流发言，全省高校统战工作的这面旗帜继续"飘扬"；在党建网、《中国统一战线》、全国高校思想政治工作网、《四川省教育工委简报》《四川政协报》《同心四川》等发表文章和报道近50篇；受中央统战部的委托，撰写《新形势下关于做好高校归国留学人员统战工作的思考》的调研报告。三是社会主义学院办学有声有色，主动服务地方、民主党派、科研院所，先后完成10家单位的委托培训，培训统一战线各方面学员500余人次。

（五）教师思想政治工作

【规章与制度】

1. 推进《西南交通大学加强教师思想政治工作和师德师风建设实施细则（试行）》《西南交通大学教师思想政治与师德师风综合考评工作管理办法（试行）》等文件的修订工作，逐步建立健全"1+N"的师德师风建设制度体系。

2. 将师德考核摆在教师考核的首要位置，修订《西南交通大学拟入职教师思想政治与品德综合考察工作规程》，逐步形成学院党委考察、学校复核的校院两级审核把关体系。

3. 加强和改进新形势下思想政治工作，起草《西南交通大学新时代教师思想政治工作与教师发展工作提升行动计划》，构建新时代教师思政与教师发展工作双轮驱动格局。

【教师教育与教师发展】

1. 新入职教师专题教育。科学设计新入职教师专题教育的十大专题，强化思想引领。克服疫情影响，线上线下相结合，开展在线讲座、结业式与开班式、师德师风大讲堂、"职业发展导航"和安全专题教育等专题。

2. 师德师风大讲堂。线上邀请上海中医药大学张黎声教授主讲《课程思政工作对师德师风建设的促进作用》；线下邀请成都市人民政府原副市长傅勇林教授做题为《"百年未有之大变局"教师的职责与使命》的报告。

3. 教师发展品牌项目。完成第19期首次开课82名教师的跟踪培养工作，64名受培教师达到结业要求。启动第20期首开课57名教师的培训工作。举办第六届教师教学能力提升研修班，邀请国内外知名专家学者为46名教师开展了9期专题讲座。

4. 课程思政建设。完成首期"立德树人"课程思政教学改革与创新研讨班，覆盖全校22个教学科研单位和部分职能部门，并支持教师思想政治工作和师德师风建设专项基金项目20项。邀请校党委副书记沈火明、山东大学李赛强教授开展课程思政在线讲座。

5. 在线教学能力提升新路径。及时编辑推送包括线上教学平台使用的"宅家提升 停课不停学"系列指南，为在线教学实现"实质等效"保驾护航。开启"云端讲坛"，聚焦在线教学热点与重点，联合重庆大学、电子科技大学等成渝高校，主导开展 8 期“云端讲坛”系列讲座。开设“战疫师说”专栏，及时发布来自 24 个教学单位 36 篇“战疫师说”文章，记录交大师生共克时艰的教学故事，为在线教学课程“质量 + 创新”建设起到了示范引领作用。

全年共开展 21 场专题讲座和工作坊，应对了高等教育领域因疫情带来的“学习革命”和教学范式变革，吸引了校内外老师 5000 余人次踊跃参培。

6. 探索以赛促教制度体系。配合教务处完善学校教师教学竞赛相关制度体系，积极引导教师参加各类全国性高水平教学竞赛，做好支持服务和参赛指导。2020 年，全校教师共获得了外研社“教学之星”大赛英语专业组全国一等奖等 15 项省部级奖项，助力学校在 2020 年全国普通本科院校教师教学发展指数中排位 27 位。

2020 年教师参加各类教学竞赛统计

大赛名称	主办单位	参赛情况（初赛/校赛、复赛/省赛、决赛/国赛）	获奖情况	获奖教师	所在学院	获奖时间
四川省第五届青年教师教学竞赛	四川省总工会、省委教育工委和省教育厅主办	省赛决赛	二等奖	袁冉	土木工程学院	2020.06
			三等奖	卢鹏	数学学院	
			优秀奖	陈德	土木工程学院	
			优秀奖	王强	人文学院	
			优秀奖	田原	生命科学与工程学院	
第六届全国高等院校工程应用技术教师大赛（3D/VR/AR/AI 数字化虚拟仿真主题赛项）	中国高等教育学会	国赛决赛	二等奖	陈金强 赵丽平 解绍锋	电气工程学院	2020.11
全国高校教师教学创新大赛——第六届外语微课大赛	中国高等教育学会	国赛决赛	三等奖	贾蕃 徐晓燕 李舟 秦峰	外国语学院	2020.11
		省赛决赛	一等奖	贾蕃 徐晓燕 秦峰 李舟		2020.11
			二等奖	尹思婧 陈晓红 里娜 陈丽颖		
外研社“教学之星”大赛	教育部高等学校大学外语教学指导委员会	国赛决赛	一等奖	贾蕃 张睿 徐晓燕 李舟 张露蓓	外国语学院	2020.08
四川省“导航名师”大学生创新创业教学大赛	四川省教育厅、四川省人社厅	省赛决赛	二等奖	刘鑫	公共管理与政法学院	2020.11
2020 年四川省科普讲解大赛	四川省科学技术厅	省赛决赛	一等奖	王楠	土木工程学院	2020.08

7. 发挥国家级教师教学发展示范中心辐射作用，打造教师队伍西南交大名片。邀请易思蓉、沈火明等教学名师作专题报告，在校内外产生较为深刻的影响。推荐 2 位教师在第七届 CHED 年会作分会场报告，我校教师 11 篇论文被会议论文集收录。推荐 4 位老师在西南高校教师教学发展联盟第六次年会上作分会场报告。接待了教育部网培中心组织的 40 多位教师来校学习调研，系统讲解我校教师发展工作思路和举措。

2020 年教师研修活动列表

序号	举办时间	研修讲座、工作坊主题	主讲人	主要面向对象
1	1月6日	从教学学术的角度看大学教学成果的内涵、评价与提炼	贾永堂（华中科技大学）	第五届研修班　第10期
2	4月16日	在线教学的互动设计	邢　磊（上海交通大学）	云端讲坛　第1期
3	4月22日	如何在课堂上为学生学习赋能	田俊国（实战派培训家）	云端讲坛　第2期
4	5月9日	线上教学评价理念与策略	李　娟（华中师范大学） 由继禹（美国密歇根大学） 杨　军（美国马里兰大学）	云端讲坛　第3期
5	5月14日	对分课堂——从经验到科学的教学革命	张学新（复旦大学）	云端讲坛　第4期
6	5月20日	混合式金课——探索总是在路上	杨　芳（清华大学）	云端讲坛　第5期
7	5月26日	开班典礼& 回归本分　以站好讲台为天职	桂富强、冯晓云（西南交通大学） 冯博琴（西安交通大学）	第六届研修班　第1期
8	5月29日	谈学习能力、学习结构与学习方式	盛群力（浙江大学）	云端讲坛　第6期
9	6月3日	在线教学辅导的方法策略	冯晓英（北京师范大学）	第六届研修班　第2期
10	6月5日	线上教学平台考试培训	赵　青（学堂在线高级培训顾问） 宋　瑛（超星研究院副院长） 徐　滔（智慧树高级培训师）	云端讲坛　第7期
11	6月19日	课程思政教学设计理念与实施路径	沈火明（西南交通大学）	第六届研修班　第3期
12	7月7日	不同学习环境下主动式学习的教学法与实践	Abby Cathcart、Sarah Dart、Lauren Woodlands、Polly Lai（澳大利亚昆士兰科技大学）	第六届研修班　第4期
13	9月29日	面向学生能力培养的教学设计	洪　玫（四川大学）	第六届研修班　第5期
14	10月13日	课程思政教学设计与实施	李赛强（山东大学）	云端讲坛　第8期
15	10月23日	以积极心理学方式促进新时代教学	喻　丰（武汉大学）	第六届研修班　第6期
16	10月29日	科研与教学深度融合　提升教学质量与水平	易思蓉（西南交通大学）	第20期首开课培训　第1期
17	11月13日	师德师风大讲堂《“百年未有之大变局”教师的职责与使命》	桂富强（西南交通大学） 傅勇林（成都市原副市长）	300余位新入职教师、第20期首开课第2期
18	11月24日	《习近平总书记教育重要论述讲义》使用培训	教育部组织	我校相关任课教师
19	11月25日	全英文课程的课堂“组织艺术”	贾蕃、袁冉、张睿（西南交通大学）	全英文授课教师
20	11月30日	PowerPoint 神操作——借助讲稿的力量使您的教学更具魅力	赖国雄（华南师范大学）	第六届研修班　第7期、第20期首开课第3期
21	12月15日	教育教学研究与教学成果形成	李　辉（西北工业大学）	第六届研修班　第8期

8. 骨干教师研修选派。做好四川省优秀中青年骨干教师赴中国社科院参加为期一年研修的选派工作。

【教师评奖推优】

1. 立德树人评奖表彰。开展首届“立德树人”先进集体和先进个人评选工作，并在教师节庆祝大会上进行表彰宣传。牵头做好唐立新教师奖的评审工作。拟定《西南交通大学思国伉俪奖教金评奖办法》，做好奖项评审的前期建设。

2. “三全育人”建设。协助做好组织申报，力学与工程学院入选首批四川省“三全育人”综合改革试点院系。

3. 省部级及以上评奖推优。完成全国教书育人楷模、“最美教师”个人和团队的校内推荐工作。

【教师考核评价工作】

1. 严把拟入职教师综合考察。修订完善《西南交通大学拟入职教师思想政治与品德综合考察工作规程》，量化考察指标，细化考察内容，优化考察程序，对 190 人开展综合考察工作。

2. 全面推进在职教师师德考核。将师德考核摆在教师考核的首要位置，全校在职教职工的年度师德考核与年度人事考核同步进行，科学精简考评内容设置和考评程序，实现教职工全覆盖。在各类职称评聘、推优评先、表彰奖励和人才项目申请等工作中纳入教师思想政治和师德师风的审查意见。

3. 细化党建考核指标。将教师思政与师德师风建设情况纳入党建工作布置、检查、总结、考核、反馈等全过程，形成闭环工作链条。

【教师支持与服务】

1. 完成 48 名教师的教师资格证认定工作。

2. 完成 182 名新入职教师的 2020 年度（川师）岗前培训的组织和服务工作。

3. 统筹安排与指导各学院为参加职称评审的 108 位教师进行了课堂教学效果评价。

（六）学生党建及思想政治工作

【学生党建】

精心组织建党百年行动。在全体学生党员中开展“知党史　跟党走”“最美讲述者”专题活动，开展“青春的我　信仰的光”“不忘初心　不负韶华”主题党日活动。举办校级示范性学生党支部活动、支部建设项目 46 项，开展“十佳”主题党日活动、优秀主题党日活动案例评选。加强全国高校研究生党支部、党员“双百”培育。探索园区党建，拟定《学生园区党员工作站实施方案》，打造工作站示范点。

【日常思政】

1. 实施铸魂工程，构建价值塑造工作体系。

（1）构建“四季四月四周四日”日常思想政治教育工作体系，将理想信念、道德法治、励志奋斗、责任担当、感恩奉献、诚实守信、廉洁自律等主题思想政治教育做在日常、做进生活，覆盖学生成长成才全过程，增强日常思政的针对性、科学性和实效性。

（2）制定实施《西南交通大学学生“四史”学习教育及新冠肺炎疫情防控知识竞答讲述活动实施方案》《关于开展学生党支部常态化疫情防控“四个一”行动的通知》，以学习分享交流会、“云”观展、微党课、专题网络课程学习、主题讲座、知识竞赛等多种形式，推进疫情防控期间学生“四史”学习教育，做到疫情防控不放松、“四史”学习教育不间断。

（3）2020 年 6 月，举办学校史上首次“云毕业典礼”，将老师、校友的祝福与嘱托温暖传递。“云毕业典礼”微博阅读量超过 10 万人次，云播视频在线观看达 4.5 万人次，全国高校思想政治工作网予以报道。2020 年 9 月，举办学校史上首次万人开学典礼，配合宣传部特别安排“青春告白祖国”新生第一堂思政课。开学典礼全程在央视新闻客户端、央视新闻新浪微博、央视频、学校新浪官微及哔哩哔哩等平台进行网络直播，累计播放点击量超过百万。加强“扬华微语”“扬华研究生”微信公众号建设，建好新闻资讯、时讯热点、文创周边等主题内容，办好《扬华人物》《学工微谈》《扬华青声》等精品栏目，讲好交大学子青春故事，传递校园正能量。2020年，平台推出原创思政类文章765篇，总关注量超过7万，累计阅读量超过110万，在第四届全国大学生网络文化节中获得一等奖一项、三等奖两项，实现学校在该赛事中一等奖零的突破，平台建设入选“2019年四川省教育厅网络思政优秀工作案例”。

2. 实施导航工程，构建行为引领工作体系。

（1）坚持正向引导，严格管理。落实《中共中央国务院深化新时代教育评价改革总体方案》，制定《西南交通大学本科生综合素质评价办法》（征求意见稿），对学生德智体美劳进行全面评价，扭转不科学的学生评价导向。修订《西南交通大学学生纪律处分规定》《西南交通大学学生申诉管理规定》，持续完善学生日常管理规章制度。

（2）在“表彰季”评选各类先进集体202个、优秀学生7751人，举办“忠忱班集体”“竢实扬华奖章”评选展示会，推送“忠忱班集体”“竢实扬华奖章”获奖班级（学生）专访。坚持“严管就是厚爱”，严肃校规校纪执行，坚决遏制违章电器、不假离校等学生违纪突出问题，全年给予纪律处分10人，实行服务消过187人。

3. 实施强基工程，构建能力提升工作体系。

（1）学风建设方面，拟制《关于进一步推进构建学生工作系统本科生学风建设工作体系的实施意见》，推进构建学风建设教育体系、支持体系、管理体系、保障体系，加强开展研究生学术文化营造及学术诚信教育，纳入学院学生工作考核体系。

（2）综合能力方面，实施SITP大学生思想政治素质训练计划项目50项、PADP研究生班级学术素养提升项目50项，举办研究生励志讲坛“致敬英雄”系列和工程参观“力行实践”系列。

4. 实施美心工程，构建文化浸润工作体系。

（1）坚持以文化人，以美育人。立项高水平文化艺术活动23项，活动形式涵盖音乐歌舞、书画展览创作、中华优秀传统文化体验、主题摄影比赛、中华传统文化讲座等。

（2）实施SCTP大学生文化艺术审美与创新训练计划项目18项，产生以原创民谣、文创产品、校史资料4K数字修复为代表的一批优秀作品。构建文化艺术学习鉴赏一体化平台，开展艺术科普和线上展演，以品牌、创新为亮点增进文化浸润体验感。

5. 实施暖心工程，构建资助弘志工作体系。

（1）坚持精准资助，励志强能。精准开展资助工作，认定家庭经济困难学生9824人；评选本科生奖助学金13 327人次、4108.63万元；发放国家助学贷款5283人、4129.45万元；发放困难补助1995人次、118.44万元；办理学费和国家助学贷款代偿毕业生1252人、943.2万元；办理应征入伍和退役士兵国家资助30人、37.3万元；办理新生缓缴学费616人、368.34万元；发放本科毕业生就业求职创业补贴417人、62.55万元；设立勤工助学岗位2158个，发放酬金558.1万元；办理研究生老生缓缴学费277人、新生绿色通道825人；帮助学生办理地方政府资助408人、118.28万元。

（2）精心设计“暖冬大礼包”，内装一条交大黑天鹅围巾、一个交大定制保温杯、一包防疫口罩、一张暖心慰问卡、一个帆布手拎袋，让学生幸福多一度。

6. 实施平安工程，构建安稳保障工作体系。

落实“教育到位、掌控有力、信息畅通、处置得当”总要求，落实学生思想动态定期收集、安全稳定信息周报、信息报告、重点支持学生台账、研判会商等制度。全年采集学生安全稳定信息358条，通过OA系统向相关单位报送学生安全稳定通报43次，落实值班制度，组织学生工作干部1315人次开展联合值班，值班天数共计104天，占全年28.5%。组织校级宿舍检查10轮，实现学生宿舍检查全覆盖，核实使用违章电器133人，依据校规校纪严肃处理。加强安全教育，围绕消防安全、网络安全、禁毒防艾、防范诈骗等主题开展宣传教育，增强学生安全防范意识。顺利完成峨眉校区2017级、2018级两个年级1850名学生搬迁工作，实现平稳搬迁、快速融入。

7. 紧抓学生群体疫情防控工作有序有效。

（1）研发“西南交通大学防控防疫大数据平台”，在延期返校期间对全体学生每日健康状况信息进行采集，切实掌握每一天每一名学生的去向、位置和健康状况。4.2万名学生、全体辅导员2月6日—5月27日、8月14日—8月30日每天自觉填报、认真检核健康数据累计128天，平台累计采集处理数据3000余万条。

（2）第一时间发布疫情防控《倡议书》《一封信》，嘱托学生坚定信心、科学防疫。开展“湖北师生集体报平安”“我把‘加油’说给你听”等系列线上活动，邀请抗疫英雄、学生志愿者网络分享抗疫故事，开设“笔尖战‘疫’”辅导员网文专栏，累计发布原创网文36篇、6万余字。全覆盖组织开展“支部云端战疫情　爱国担当吾践行”研究生党支部云组织生活会和云班会。

（3）切实做好湖北籍学生关心关爱工作。发放临时困难补助（新冠肺炎专项）344人、24.89万元，提供网络流量包补助205人、4.1万元，建立湖北籍学生心理辅导群，落实家庭经济困难学生经济资助，帮助学生化解疫情所带来的心理困扰。

（4）先后制定五批次学生返校工作方案，针对属地不同疫情防控情况和学生返校需求，引导学生分期分批返校。精准做好武汉籍学生、发热学生返校健康观察，及时发放体温计、口罩、免洗洗手液等防疫物资，确保学生顺利返校，保障学生平安在校。

（5）5月学生返校后，落实疫情防控常态化要求，严格执行“七案七制三流程”。应对12月郫都区疫情，严格执行体温“一日三报告”制度、出入校园审批制度等，12月11日凌晨组织完成3.2万名师生全员核酸检测。

8. 加强精选优育，夯实学生工作队伍基础。

（1）落实巡视整改相关要求，构建起包括配备选聘、培养培训、科学研究、职业发展、支持保障、团队建设、工作考核、表彰奖励、精品培育9个方面的辅导员队伍建设工作体系。

（2）2020年，招聘专职辅导员15人、免研辅导员29人、兼职辅导员42人。构建起以学生、学院以及党委学生工作部为考核主体，以工作述职、学生评价、素质能力考试、学生情况熟悉度测试以及谈心谈话开展情况为考核形式的多主体全方位辅导员考核体系，进一步强化辅导员考核结果运用，明确“后20%”规则和“两取一限”规则。

（3）全年选送12名专职辅导员参加教育部及四川省骨干培训，开展13期校内培训，培训1000余人次，极大地解决了大批新入职辅导员对业务内容、业务流程掌握不清，对重点工作、关键环节把握不准等问题。

（4）组织辅导员骨干40余人次前往清华大学、西安交通大学、中山大学等国内兄弟高校进行调研交流学习。组织全体辅导员观看爱国主义题材电影《金刚川》，组织素质拓展训练提升学生工作队伍的凝聚力、战斗力。2020年立项科学研究基金（学生工作专项）29项，资助12.8万元，立项教改项目（学生工作专项）10项，资助20万元。

（5）2020年12月8日～18日，开展学生在线评价辅导员工作。其间共有36 831名学生从联系学生、深入宿舍、参加活动、关心重点支持学生、公平公正公开、学生熟悉程度、教育管理水平、为人师表、关心生活以及总体评价10个方面对206名辅导员进行评价，学生评价参与度达89.8%，全校辅导员“优秀”评价率76.9%、“称职”评价率17.23%、“基本称职”评价率4.89%、“不称职”评价率1.79%，“优秀”评价率+“称职”评价率达到93.32%。数据显示，学生对辅导员工作、学校学生工作整体评价较好。

（七）老干部与离退休工作

【离退休人员和离退休工作基本情况】

截至2020年12月，全校离退休教职工总人数 2269人（离休干部33人，退休教职工2236人）。其中，100岁及以上1人，90～99岁51人，80～89岁563人，70～79岁592人，60～69岁838人，60岁以下224人。80岁以上的高龄离退休老同志合计615人，在全校离退休老同志总数中占比27.1%。

2020年，新冠肺炎疫情突如其来，学校紧紧围绕中心工作，以“让学校党政放心、让老同志满意”为工作出发点和落脚点，以确保老同志生命安全和身体健康为第一原则，努力克服新冠肺炎疫情带来的困难和挑战，持续推进“1135晚晴计划”，用心用情、敬爱致恭，创造性开展疫情防控常态化下离退休管理服务工作，得到了上级部门和全校离退休老同志的充分肯定，有关工作多次被教育部离退休干部局公众号全文转发，离退休干部年统工作被教育部离退休干部局发文通报表扬，获评“四川省高校离退休干部工作先进集体”荣誉称号。

【加强思想引领，引导老同志与党中央同心同行】

1. 狠抓学习教育。采用线上线下相结合、集中学习与上门送学相结合的方式组织离退休老同志学习，着力加强离退休老同志思想引领，引导老同志与党中央同心同向同行。一是邀请林伯海、刘占祥等省市宣讲团成员为老同志解读全国“两会”精神和十九届五中全会精神；二是以支部为单位组织离退休党员开展了十九届五中全会精神知识竞答；三是首次面向全校离退休老同志围绕防疫抗疫、老龄化等主题组织3期“云”课堂，提升老同志防疫抗疫的意识和能力；四是安排在职人员兼任离休支部委员，通过上门送学、关怀慰问等方式帮扶高龄支部组织生活正常开展；五是组织老同志学习观看教育部思政司高校党组织战“疫”示范微党课和《金刚川》等爱国主义电影，激发老同志铭记时代担当的爱国主义情怀，引导老同志树牢理想信念，增强“四个意识”，坚定“四个自信”，做到“两个维护”。

2. 组织校情通报。在重阳节期间组织召开全校离退休教职工专题校情通报会，由校党委书记王顺洪主持，校长杨丹亲自为全校离退休教职工做校情通报。在做好疫情防控和通报校情同时，为每位老同志赠送重阳糕，表达庆贺慰问，得到老同志高度评价。

3. 开展红色教育。以纪念中国人民志愿军抗美援朝出国作战70周年为教育契机，组织全校退休党支部书记赴中江黄继光纪念馆，开展以“追忆先烈黄继光，传承抗美援朝精神”为主题的革命传统教育，引导离退休党员同志谨记英雄精神，在力所能及的情况下退而不休，将学习落实到行动上，以饱满的热情为学校事业的发展做出自己的贡献。

4. 加强信息沟通。一是通过专题座谈会、见面会的方式，及时就社保、电梯加装等老同志关心的问题进行沟通，做好老同志思想工作；二是通过电话、微信、公众号、网站等，及时发布学校和党委老干部部的防疫抗疫工作开展情况及要求，引导老同志对疫情树立正确意识，坚定战胜疫情的必胜信念。同时，在离退处网站、微信群等工作平台不定期转发官方疫情防控报道和科普知识，引导老同志不恐慌、不信谣、不传谣，缓解恐慌心理、维护学校稳定大局。

【创新工作思路，积极探索疫情防控常态化下服务举措】

认真贯彻落实党中央决策部署，结合疫情防控和老同志实际，用心用情，开拓创新，通过线上线下结合，错时、错峰、错域、错点、上门服务相结合，努力克服疫情带来的困难，认真细致做好疫情防控期间和疫情常态化离退休教职工的服务管理工作，最大限度保障老同志正常的生活秩序，最大限度保障老同志活动防疫安全，最大限度丰富老同志精神生活，首次实现“晚晴文化”活动组织三校区全覆盖。教育部离退休干部局的微信公众号全年共4次全文转发学校离退休有关工作，转发量在部属高校中名列前茅。

1. 用心用情做好老同志防疫服务。一是开创性建立15个退休教职工联络互助组，选取认真负责、热心公益、经验丰富、身体较好的老同志担任联络互助组组长，发挥上情下达、下情上达和联络互助作用，实现离退休教职工联系关爱全覆盖。二是逐一通过电话、微信联系离退休老同志，实现离退休教职工疫情信息和健康情况摸排全覆盖。三是精细用心及时帮助高龄、空巢、重病等特殊困难老同志抗疫期间的开药取药、保姆进校、上门送菜、取送快递等生活困难和特殊需求。四是扎实细致做好晚晴苑室内外活动场所的疫情防控工作。五是克服疫情影响，用心用情做好抗美援朝纪念章发放、生病住院慰问、异地就医和困补重疾报销等关爱服务，认真落实离退休政策待遇。离退休干部统计年报工作获评满分被教育部离退休干部局发文通报表扬。

2. 创造性开展晚晴文化活动。一是首次在犀浦校区举行“乐龄健身走”，实现分校区组织、三校区全覆盖。二是首次在三校区家属区门口组织开展“抗疫情·云校庆”有奖知识问答活动，实现送学上门、关爱上门。三是首次举办3期离退休教职工书画、摄影、诗歌“云”展，选送教育部《最美的校园最美的你》“云”展、四川省高校离退处教职工摄影作品展并获奖。四是举行“庆重阳·抗疫情·享生活”为主题的重阳游园活动，扎实做好疫情防控，全校1100多名老同志参加活动，得到高度评价。五是为今年满80周岁、90周岁的离退休教职工举办了以“康乐新时代 福寿享晚晴”为主题的集体生日庆典集体祝寿庆典。六是结合疫情防疫要求和实际防控情况，小范围组织了成峨两地4次外出参观工农业生产活动。

3. 扎实推进离退休信息管理系统建设。基本完成离退休信息管理系统一期建设，相关的模块已建立完毕，正在完善和调试，来年将启动二期即移动端建设。该系统包括PC端和移动端，涵盖离退休人员管理、活动管理、分组管理、工作管理、党建管理、老年大学、关工委等模块，可以实现数据查询与发布、数据统计与分析等功能，助力离退休管理信息化、科学化水平提升。

【集聚品牌效应，不断拓展和提升“晚晴”文化内涵】

1. 开创性启动《晚晴时光》出版物编撰工作。为重点挖掘和宣传离退休老同志老有所为、老有所乐的典型案例和先进事迹，投入建党100周年专项经费，开创性启动《晚晴时光》出版物的编撰工作。分“晚晴记忆”“晚晴有为”和“晚晴乐享”三个篇章，扎实做好文章征集、修改、审稿、编撰工作，拟于2021年6月出版，为迎接建党100周年献礼。《晚晴时光》是学校首次编撰出版的“晚晴”文化刊物，为学校离退休工作文化积淀打下坚实基础。

2. 首次制作发布《晚晴时光》短视频。依托青年传媒学生组织，组建专项工作团队，在短时间内制作完成《晚晴时光》短视频，分“晚晴乐享”“晚晴有为”“晚晴乐学”三个篇章，重点向新退休教师介绍学校老有所为、老有所乐、老有所学的“晚晴文化”。短视频在学校2020年度荣休仪式上正式发布和播放，受到一致好评。该视频的制作，作为学校“晚晴文化”视觉产品，为丰富和完善晚晴文化，也为离退休工作宣传奠定了坚实基础。

3. 开创性建成并启用峨眉校区晚晴苑。峨眉校区晚晴苑（老年活动中心）于2020年9月18日建成并正式启用。峨眉晚晴苑位于峨眉校区景区路二段6号22栋（原交通运输系大楼，校医院对面）1楼，总建筑面积约400平方米，除办公室、接待室外，开设了舞蹈室、棋牌室、书画阅览室、乒乓球室、多功能厅等老年活动室。峨眉校区晚晴苑的正式启用，极大满足了常驻峨眉校区老同志文娱活动的需求，得到了老同志们的高度肯定。

4. 制定完善“晚晴之星”等先进集体和个人评选方案。为贯彻落实《中共西南交通大学委员会关于进一步加强和改进离退休工作的实施意见》，深入推进实施学校“1135”晚晴计划，进一步弘扬中华民族尊老敬老的良好传统，营造孝老爱老的文化氛围，展示积极向上的“交大晚晴”风采，宣传“老有所为”的先进典型，根据学校表彰奖励工作管理相关办法，拟定了面向离退休教职工的“晚晴之星”（包括长寿、公益、有为之星）评选方案，以及面向在职教职工的离退休工作先进集体和先进个人的评选方案，待学校离退休工作领导小组审定后实施。

（八）武装保卫工作

【安全稳定工作】

勇于担责，确保校园安全稳定。做好安稳信息分析、研判，不断完善各类安全预案；主动作为，合理处置各类突发事件，着力排查化解矛盾纠纷；妥善处置峨眉学生家长、九里东门商铺、犀浦 BOT 商家等多起群体性聚集事件，最大限度地把各种不稳定的因素消除在萌芽状态，努力确保校园的安全稳定；通过不断夯实基础数据、落实定期走访制度，做好全校重点人员的管理。

【疫情防控】

第一时间对校园进行封闭管理，牢牢“管住门、看住人”，坚决遏制疫情向校园蔓延；先后向全体安保人发出三封信，针对各个阶段的工作提要求，要求全体安保人勇于任事、冲锋一线，用实际行动践行安保人的初心，为全校防疫工作做出积极的贡献。常态化疫情防控期间，坚持防控工作不松懈，三次修订学生返校工作方案，坚持做好管控工作。面对突发的冬季疫情反复，及时调整校园管控方案，紧盯重点区域，严格校园管控，坚决遏制疫情向校园蔓延。

【消防管理】

依托消防管理系统，努力构建学校消防工作体系。建设完成西南交通大学消防数据管理云平台，摸清了三校区消防基础数据，并实现了智能查询、数据分析和隐患上报等功能，消防安全管理向智能化、信息化、一体化的方向迈进。本年度组织消防安全检查 20 余次，排查整理了全校消防管网问题 9 项，全校实验室消防安全隐患等重大隐患 30 余项，并形成详细报告上报学校安稳办；进一步加强器材配置工作和消防设备维修保养工作，完成消防维修工作 100 余项，检查发现技防设备问题共 11 处，200 余项具体问题并提出解决方案，为进一步维修工作提供了依据。

【治安管理】

突出重点，多措并举，着力抓好安全防范、秩序维护、群防群治、安全教育等工作，维护好校园治安秩序。针对电信诈骗频发的情况，联合公安民警开展对辅导员、新生群体的安全讲座；完成 400 多人次的无犯罪记录审批、毕业生政审工作；严格按照相关制度，开展宣传品摆放审批检查 300 余次；妥善做好 100 余起领导到校、大型会议、学术活动、体育赛事等执勤保障工作；接各类报警 28 起、各类求助 8 起；查询监控 156 起，查出线索 67 起；找回被盗、丢失物品 36 件；查处嫌疑人 5 人；完成实验室易制毒药品约 200 次审批、实验室安防监控管理。

被四川高校保卫协会授予 2019 年“平安校园”先进单位。

【交通管理】

精准发力，综合施策，加强交通规划、优化交通组织，确保三校区校园交通秩序和谐、通畅。本年度，九里校区开展综合环境改造工程，前期主动摸排相关数据、现场调研分析，为改造提供数据支撑，同时提出停车位拓建方案；通过人防、物防等方式确保工程顺利开展，为保障教职工有序停车，规划 350 个临时停车位。针对犀浦校区废旧自行车占用停车位资源及消防通道的情况，开展长期清理工作，从重点楼宇到公共区域，持之以恒开展整治，最终形成良好的校园出行环境；3 次邀请地方交警配合西门道路执法，确保校园周边交通顺畅；严格入校车辆管理，对九里违停车辆进行锁车处置，三次违停将禁止入校。目前已取证第一次违章车辆 134 车次，第二次违章车辆 3 车次；配合地方公安做好 2021 年大运会学校排球赛区相关安保及交通组织规划工作，多次现场配合勘查校内路线及车辆停放位置。

【安全宣传教育】

成峨三校区请进交警部门进校执法 8 次，开展校园交通环境专项整治工作 6 次，普及交通安全知识讲座 20 余次；请进消防机构进校开展消防安全检查，配合开展“11·9”学校消防演练及疏散活动；联合辖区派出所、地方政府开展禁毒宣传、电信诈骗讲座等活动，联合犀浦派出所开展反恐防爆演练，全面提高学校师生的安全防范意识和防范能力。

【办证服务】

为满足毕业生多批次户口迁移、个性化（返校毕业生自主办理、未返校毕业生网络办理）需求等，加强校地沟通合作，想方设法在现有户政管控政策下最大限度做好户口迁移工作，通过提前考虑毕业生个性化需求，全天候、全程开展工作，让毕业生享受到有“温度”的服务。

探索建设网络办事大厅，仅上半年疫情管控期间在线办理师生户政、车辆等业务超过 1100 人次，受到师生的普遍欢迎。

【武装工作】

狠抓调查研究、教学改革，推动武装工作上新台阶。多渠道、多形式开展线上线下大学生入伍宣讲会，共有 42 名学生在学校属地兵役机关报名应征，入伍大学生共计 22 人；认真组织，实施 2020 级学生开展线上线下“军事理论”教学，并做好教学督促检查及后续考试等工作环节；积极鼓励参与教育教学课题申报工作，申报学校教学实践类课题 1 项子课题 4 项，不断推进项目进程及军事课教育教学工作任务；搭建大学生退伍兵平台，拟成立退伍兵之家，逐步完善工作机制，组织成立退役大学生士兵宣讲团，强化典型示范引领作用，鼓励学校学生参军入伍，报效祖国。

（九）工会与教代会工作

【思想引领】

1. 强化理论武装。组织校院两级工会干部学习宣贯习近平新时代中国特色社会主义思想和党的十九大精神。充分运用自学、集中学习、研讨交流、专家解读等多种方式，学习十九届四中、五中全会精神和习近平总书记重要讲话精神。全年召开专题学习会 25 次，组织部门工会主席集体学习 5 次。

2. 加强思想引领。坚持正确方向，切实把广大教职工紧密团结在以习近平同志为核心的党中央周围坚定不移听党话，矢志不渝跟党走。依托“西南交通大学工会”微信平台，建设融媒体宣传阵地，适时推送“坚决打赢抗疫战”“国家宪法日”、青年教师教学竞赛、“光盘行动”、传统节日问候等主题宣传，开展接地气的实践活动，着力提升广大教职工对党的路线、方针、政策的政治认同、思想认同和情感认同，打牢广大教职工团结奋斗的思想基础。全年发布推文 198 篇，微信粉丝关注 4800 人。

3. 大力弘扬劳模精神、劳动精神和工匠精神。深度挖掘身边劳模、电气学院李群湛教授的感人事迹，营造爱岗敬业、做成做优的工作氛围。广泛宣传校工会副主席王文彬同志驻村担任第一书记，坚守峨边彝族自治县五渡镇双凤村，在扶贫一线奋斗六年的先进事迹。

【民主管理】

1. 做好教代会工作。西南交通大学第二十届工会会员暨第七届教职工代表大会第六次会议因疫情防控原因，以书面报告与线下会议相结合的方式举行。会议听取了题为《继往开来　矢志奋斗　开创西南交通大学高质量发展新格局》的学校工作报告、学校财务报告、题为《勤于创造　勇于奋斗　为学校高质量发展凝聚强大力量》的工会、教代会工作报告，审议了提案工作报告。代表们围绕学校改革发展大事和教职工普遍关心的热点难点问题，认真履行职责、积极建言献策，提出了许多建设性意见和建议。会上，党委书记王顺洪发表了《团结奋斗　传承创新　共同绘制西南交通大学发展新蓝图》的讲话。

2. 持续推进民主管理。不断完善以教职工代表大会为基本形式的学校民主管理制度，涉及学校改革发展的重大问题，提交教代会讨论。召开教代会团长联席会专题会3次，专门听取代表团对《西南交通大学“十四五”规划编制情况》《西南交通大学经济收入分配管理办法》《西南交通大学教师兼职管理办法》的意见和建议。加大提案督办力度，努力提高提案办理质量。学校七届五次教代会立案提案 25 份，分别由 13 个承办单位办理完毕。

【建功立业】

1. 选树先进典型。李群湛创新工作室被中华全国总工会命名为“全国示范性劳模和工匠人才创新工作室”。易思蓉创新工作室荣获“四川省五一巾帼创新工作室”。丁国富教授、孟涛教授领衔的两家技能人才创新工作室获批“四川省教科文卫体系统劳模（职工技能人才）创新工作室”。何正友教授获评“四川省先进工作者”，郝莉教授获评“四川省五一巾帼标兵”，王新星荣获“四川省三八红旗手”称号，郑江同志获评“全国先进工会工作者”。

2. 参加教学竞赛。多部门共同开展省青教赛备赛工作。在第五届四川省高校青年教师教学竞赛中，土木学院袁冉获得工科组二等奖 1 项，数学学院卢鹏获理科组三等奖 1 项，学校获得优秀组织奖。

3. 开展岗位建功活动。深度挖掘立足岗位，抗疫奋战教师的先进事迹，开展“交大力量，助力抗疫”主题活动，以生命学院孟涛教授微纳米生物技术团队研究成果捐赠防疫工作的捐赠仪式、抗疫故事分享会和学术沙龙相组合的方式，弘扬抗疫精神、科学家精神和劳动精神，激发全校教职工建设“双一流”和立德树人的精神动力。

4. 积极参与疫情防控工作。认真贯彻落实中华全国总工会《关于充分发挥工会组织作用，团结动员广大职工坚决打赢新型冠状病毒感染肺炎疫情防控阻击战的通知》，按照《西南交通大学关于新型冠状病毒感染的肺炎防控工作方案》，充分发挥紧密联系教职工的优势，团结广大教职工凝心聚力、众志成城，顺利完成各项疫情防控任务。

【维权服务】

1. 对口帮扶学校定点扶贫地区。2020 年，3 次赴甘肃秦安县胡坪村，2 次赴峨边县双凤村，1 次赴阿坝县阿布洛村看望扶贫干部，开展消费扶贫。精心比选、积极对接和落实购买当地特色农产品。动员全校教职工“以购代捐”认购“124元校庆礼包”，为秦安农产品“直播带货”。全年完成购买贫困地区农产品 189 万余元，有力支撑学校完成教育部“六个 200”的定点扶贫任务。

2. 提高节日慰问标准。千方百计改善工会会员的节日慰问，将教职工节日慰问品、教职工活动奖品、教职工专项慰问品的采买与扶贫工作紧密结合，提高了教职工节日慰问标准。2020年人均节日慰问经费 385 元，是上年的 2.18 倍。采买帮扶地区农产品，集中 4 次发放 2.04 万份。发放离退休人员节日慰问金 86.24 万元，慰问 13 518 人次，显著增强了教职工的获得感。

3. 完善教职工帮扶制度。推动完善以教职工需求为导向的服务机制，实现帮扶常态化，日常化。第一，不断加大教职工普惠化服务力度。坚持开展会员生日“送祝福”活动，发送量身定制短信问候；增加教职工体检自选医院（市三医院），以团购、教职工个人自选自费零散预约方式体检，并享受优惠价格和绿色通道服务；优化体检项目［改进为数字化摄影（DR），增加经颅多普勒（TCD）］，主要涵盖了应检的健康体检项目和部分肿瘤标志物检验。第二，精简各项困补、重大疾病医疗补助等申领程序。2020 年发放季度困难补助 942 人次，金额 63.25 万元；办理离退休人员住院护理费报销 135 人次，金额 5.20 万元；办理教职工互助补充保险报销 32 人次，金额 1.10 万元。

4. 依托教职工“心灵驿站”，开通疫情防控心理援助专线，开展线上心理讲座 2 次，推出西南交大心理支持系列电子手册 4 期，为广大教职工提供专业的心理防护指导和建议。开展“善爱我，敬畏生命，交同心，科学防疫”为主题的疫情防控、心理防护和校史校情知识竞赛，全校有 4201 人，68 547 人次教职工参与网上竞答和防疫知识普及。

5. 关心关爱抗疫一线医务人员和教职工。采购定点帮扶地区农产品作为慰问品，创新开展针对抗疫一线医务人员和教职工等群体的专项慰问。组织工会赴成都市三医院，看望我校医学院硕士生导师、附属医院医务人员。还开展了迎新工作、校区综合整治等专题工作的专项慰问。

【女工工作】

1. 凝聚抗疫战线的“她力量”。发布《姐妹们行动起来，筑牢家庭防线，开启疫情防控“战时”模式》，开展“我们在一起”家庭抗疫健身活动和“宅在家里欢乐多”主题征集活动；峨眉校区开展了“宅家有道，‘艺’起抗疫家庭才艺秀网络展示活动”，28 个家庭提交 70 余件作品。三校区共收到作品 220 件，涵盖书法、绘画、朗诵、摄影、插花、厨艺等形式。充分展现了女教职工坚定信念、抗击疫情，源源不断地为家庭、社会贡献着自己力量的美好形象。

2. 开展定制“六一”活动。推出“交小苗：这个‘六一’，我做主”主题活动，号召教职工家庭满足孩子过“六一”个性化订制的愿望，收到 361 份图片、音频、视频作品，展现了“交小苗”充满诗意的童年。

3. 附中学生体验大学。策划组织附属中学学生 150 人到大学开展为期一天、主题为“认识交大，认识机械”的研学活动。

4. 推出女职工大病互助保障计划。2020 年面向全校女教职工、女性社会用工、教职工家属进行申请，协助 1200 名女性购买保险，保费 18.24 万元。协助 4 位女教工进行了女工大病赔付，赔付金额为 6 万元。

5. 家风建设有亮点。物理学院的孙燕云、徐利华家庭，心理中心杨劼、陈广洁家庭，因在疫情期间积极应对、工作勤恳、热心奉献等突出表现，荣获 2020 年四川省教科文卫体系统“最美职工家庭”称号。

【自身建设】

1. 阵地建设不断巩固

（1）校院两级教职工之家等教职工活动场地建设不断加强，投入建家经费 50 万元。加大对部门工会建家支持力度，将更多资源用于支持部门工会建家，鼓励他们创建各自的特色，增强自身活力。

（2）积极构建网上教职工之家平台建设，依托“西南交通大学工会”微信公众号小程序，实现微信推送、健步走网上打卡、网络知识竞答、网络调查问卷、网络预约报名等多种功能，实施“智慧建家”。推进四川省总工会“川工之家”网络平台注册认证工作，2661 名会员完成注册认证。

2. 首次举办荣休仪式

以举行“交大感谢您——西南交通大学 2020 年教职工荣休仪式”为起点，探索建立教职工荣誉制度。全校 9 个部门，首次开展全校性荣休仪式，致敬致谢 98 位荣休老师。通过邀请校领导宣读荣休榜，颁发纪念铭牌，播放主题片，演唱主题歌等，将仪式做成了致敬教书育人前辈，弘扬尊师重教风尚，传承立德树人使命，助力学校振兴的品牌活动。受到荣休教师和校内广泛好评，增强了教职工的归属感和职业荣誉感。

3. 加强校园文化建设

（1）举办校内活动丰富多彩。校庆日当天举行“防疫有我，健步同行”为主题的 2020 年教职工健步走启动仪式。2236 名教职工随后健步打卡 124 天，庆祝学校 124 周年校庆，收获定点帮扶地区的“特色餐”奖品。开展了阳光体育之教职工排球赛、篮球赛、羽毛球赛等赛事，还举办了教职工葫芦丝培训、网球培训等。

（2）参加省市比赛成绩优秀。组织教职工各文体协会，分别参加了“爱成都，迎大运”成都市第十四届运动会的气排球、网球、游泳等项目群众组比赛。气排球获得男子中年队第三名，网球获得中年组男子团体第三名，游泳获中年组女子 50 米蛙泳第八名等好成绩。参加第二十九届四川省高校“中国移动·智博杯”网球赛，在 12 个组别中，我校获 2 项冠军、2 项亚军和 2 项第三名。全校 23 个教职工文体协会 1000 余名会员常年坚持开展活动。

（十）共青团工作

【加强青年思想政治引领】

1. 深化“青年大学习”行动。深入学习宣传贯彻习近平新时代中国特色社会主义思想和党的十九大及历次全会精神、团的十八大历次全会精神。制定“共抗疫情·爱国力行”主题宣传教育实践活动的实施方案，指导全校1413个团支部组织、全校团员青年分别以“抗击”“守护”“践行”“圆梦”为重点，贯穿全年开展疫情防控、理论学习、社会实践等14项系列学习实践活动。“青年讲师团”持续深入青年宣讲，全年开展线上线下宣讲近50场次，在学习强国、全国高校思政网等平台上推出宣讲网上慕课5期。常态化开展“青年大学习”行动，每周超过30 000人参与网上主题团课学习。

2. 构建“互联网+青年思想引领”融媒体矩阵。严格落实各级团组织意识形态工作责任制，以“青年传媒”融媒体中心为牵引，构建全方位、多层次、分声部的团学工作融媒体矩阵。以“智慧团建”和“青年之声”为重点，建设工作网、联系网、服务网“三网合一”的“网上共青团”，形成“互联网+青年思想引领”格局。青年传媒融媒体中心获评学校“十佳校园媒体”；“新时代青年团员价值观培育”工作室获评四川省高校名团干工作室，“交大 Kelly 说”获评四川省十佳校园媒体。策划推出“习语青声”等3件新媒体产品在第四届“全国大学生网络文化节”中获奖。

3. 培养“青年政治骨干队伍”。制定《西南交通大学关于进一步深入实施“青年马克思主义者培养工程”的意见》，形成“四维四化”人才培养新格局，构建党委领导下的协同育人工作新机制。以培养青年政治骨干为目标，“精英人才班”学员纳入辅修思想政治教育专业第二学位培养。青年教师人才班依托党校集中轮训班开课，切实加强团干队伍建设和工作能力提升。

4. 培育选树“先进榜样”引领青年。注重发挥榜样示范作用，持续抓好“最美交大人”“自强之星”等先进典型推选工作，创新开展“新冠肺炎疫情防控先进集体/个人”“交大青年说”榜样选树宣传活动。全年共表彰170个先进集体和2442名优秀个人，推荐14名师生、11个集体获得全国铁路系统、团省市委等表彰。2名青年学生获评“中国大学生自强之星”荣誉称号。

【提升青年综合素质】

1. 推进第二课堂育人体系建设。制定《西南交通大学大学生综合素质提升计划》，修订《西南交通大学“第二课堂成绩单”制度实施办法》，科学构建第二课堂“761”综合素质提升工程，纵深推进“第二课堂成绩单”制度。全年第二课堂开设7个类别共计1700余个项目，为28 000余名学生累计提供超过770 000学时，学生覆盖率实现 100%。《新时代第二课堂育人模式探索与实践》获评西南交通大学2016—2020年校级教学成果一等奖。编写出版专著《西南交通大学第二课堂项目质量保障手册》，承担全国学校共青团研究课题重点项目《建立第二课堂活动质量管理制度》《研究第二课堂“金课”建设标准和评价办法》研究，经验成果纳入高校共青团“第二课堂成绩单”制度典型案例，在全团推广。

2. 构建实践育人体系。举办学校共青团实践育人成果展暨2020年表彰大会，全方位构建实践育人体系初见成效。组织开展了寒假“返家乡”调研社会实践、暑期“三下乡”社会实践，全年1600余支团队、近万名师生参与实践活动。校团委获评团中央、团省市委“社会实践优秀单位”，数十支队伍获评全国及省市优秀实践队伍。常态化开展社区志愿服务、“交通·公益”志愿服务季、疫情防控志愿服务工作，在第五届中国青年志愿服务项目大赛中摘得全国赛铜奖1项、省赛金奖1项、省赛银奖2项。

3. 力促青年学生创新创业。不断丰富科创育人平台，助力学校创新人才培养。全力做好“互联网+”“挑战杯”等科创赛事校内选拔赛及省赛、国赛有关工作，做好重点项目的挖掘和培育，营造良好的创新创业氛围。学校科创项目在“挑战杯”中获国赛铜奖1项、省赛金奖2项、银奖

8 项、铜奖 8 项，学校荣获“优秀组织奖”和“优胜杯”。2 个项目获“互联网 +”红旅赛道省赛铜奖。在第三届“交通 · 未来”全国大学生科创作品大赛获特等奖 1 项、一等奖 1 项、二等奖 3 项、三等奖 1 项，获奖数量并列全国第一，学校获评优秀组织奖。

【推进改革落地落实】

1. 全面深化基层组织改革。树立大抓基层的鲜明导向，全面推进从严治团，制定并实施《西南交通大学团的组织力提升三年行动计划》《关于加强新形势下团支部建设的实施意见》，修订《共青团西南交通大学委员会关于推优入党工作的实施细则》《团支部工作手册》，全面梳理党的十八大以来 55 项基层工作规范，全面推进“班团一体化建设”和研究生团建工作，持续开展“特称团支部”建设，探索建立交大特色团支部工作模式。根据高等教育规律和青年学生成长发展规律，结合青年工作热点开展调查研究。承担全国学校共青团研究课题重点项目研究 2 项。立项本科教育教学研究与改革项目 13 项，研究生教育教学改革与研究项目 1 项，累计获得专项支持 22 万元。高质量完成上年度 13 个第二课堂专项教改项目结题验收工作。

2. 全面推进学生会（研究生会）改革。将学生会（研究生会）改革纳入学校党建工作整体格局统筹谋划，学校党委亲自部署并印发《中共西南交通大学关于推进学生会（研究生会）深化改革的实施方案》，结合学校特色和工作实际，提出了明确职能定位、优化组织体系、改革运行机制、严抓队伍建设、强化组织领导等 16 条改革举措。学生会组织迅速响应深化改革，聚焦主责主业，在强化思想政治引领、服务同学成长成才、丰富校园文化活动、维护同学权益等方面发挥积极作用。成功召开第三十次学生代表大会、第九次研究生代表大会，顺利通过四川省高校学生会组织深化改革评估，15 条考核项目全部落实。

3. 全面深化学生社团改革。将学生社团工作纳入学校思想政治工作和群团工作整体格局进行谋划部署，制定并印发《中共西南交通大学委员会关于推进学生社团深化改革的实施方案》，结合学校特色和工作实际，提出了 10 条改革举措，全面实施“八个一”社团管理工程，实行社团管理双导师制，形成具有学校特色的社团管理育人模式。成立青年发展（学生社团管理）部，严格学生社团管理，规范学生社团建设，优化学生社团指导教师评价激励机制，将指导教师纳入学校思想政治工作队伍培训计划，指导教师工作量参照学校人才培养相关文件进行核算认定。科学修订并实施《西南交通大学特色社团培育管理办法（试行）》，进一步深挖社团特色发展内驱力，不断凝练总结社团建设成果，推动学生社团健康发展。

（十一）安全稳定与疫情防控工作

【着力构建“平安交大”】

坚持安全稳定周研判工作机制，有效提升了工作的前瞻性与针对性。顺利取得新一轮军工保密资格证书，为学校开展新的国防科研项目奠定基础。保障网络信息安全，校内 7 个主要信息系统通过四川省公安厅审批备案和等保测评工作。加强物防、技防、人防联动力度，凝聚起“平安交大”建设的巨大合力。全年未发生失泄密事件、网络安全事故和重大安全稳定、安全生产事故。

【统筹推进疫情防控】

一是加强组织领导。学校党委深入学习贯彻习近平总书记关于疫情防控的重要讲话、重要批示指示精神，统筹推进疫情防控和学校改革发展，第一时间成立疫情防控工作领导小组研究部署有关工作，及时组织开展师生情况摸排，印发一系列工作应急预案。

二是做好物资保障。开通抗疫物资采购“绿色通道”，多渠道筹措抗疫物资，出台《关于新型冠状病毒感染的肺炎疫情防控物资管理规定》，规范物资审批发放程序，坚持做好全区域卫生清扫和预防性消杀工作，严格做好校门管理，举全校之力构筑校园健康防线。

三是推进线上教学。坚持“抗疫一线”和“教学一线”双线作战。上半年，93.4%的本科理论课程教学班、91.49%的研究生非实验（实习、实践）类课程教学班开展了线上教学，公共课、公共基础课、专业基础课的开班率为100%，切实做到“停课不停教、停课不停学”，确保线上教学和线下课堂实质等效。

四是增强抗疫决心。在扎实推进疫情常态化防控工作期间，全力配合地方有序组织犀浦校区3.2万名师生完成核酸检测工作，极大增强全校上下抗击疫情的信心和决心。附属医院刘之超获全国抗击新冠肺炎疫情先进个人表彰。

（十二）机关党委与机关工会工作

【加强班子建设】

强化政治建设，机关党委班子带头落实“一岗五责”。“五大工程”落实“一岗五责”。全年召开机关党委委员会议8次。中心组开展“学习马克思主义基本理论是共产党人的必修课”等18个专题的学习。单位正职党员兼任支部书记达100%，副职党员兼任支部纪检委员工作不断推进。机关党委书记、副书记带头，各支部书记积极讲党课。推动党风廉政建设，落实巡视整改长抓长严。2020年12月，因年龄原因，苏小桦同志不再担任机关党委书记职务；学校党委任命贺平同志担任机关党委委员、书记。

【思想政治建设】

持续推进“党委先学、支部同步、党员跟进、全员覆盖、每周坚持”政治理论学习机制，专题学习习近平总书记关于新冠肺炎疫情防控系列重要指示精神、党的十九届五中全会精神等10多个专题。结合学校布置的主题、结合抗疫工作、结合本职工作、结合红色教育基地等先后开展“纪念抗美援朝70周年”等系列主题党日活动和理想信念教育。通过网站宣传、微信公众号推送、实体宣传等多种形式，拓宽党建好声音宣传途径，推动习近平新时代中国特色社会主义思想入脑入心。

【严格党内政治生活】

认真落实领导干部双重组织生活制度，党员校领导认真参加所在支部的组织生活。落实机关党委委员联系党支部制度并定期通报。党支部书记每学期讲党课，认真开展党组织政治功能诊断自查。疫情期间坚持党建不停步，在网上开好“三会一课”，在“云端”过好组织生活，分享战“疫”故事。严格每单周四下午固定开展组织生活，每学期开展党支部组织生活督导，及时督查提醒党支部换届。

【组织与作风建设】

高要求推进支部标准化规范化建设，高标准党员教育管理监督，严格开展党支部书记述职评议。十个党支部被评为2020年度先进党支部，分别为：组织部党支部、宣传部党支部、纪监巡党支部、人事处党支部、党政办党支部、学工部党支部、校工会党支部、研究生院党支部、资实处党支部、统战部党支部。9个党支部项目获得“2020年度基层党建示范创建和质量创优培育”校级立项，全年各支部开展政治理论学习教育超过475场次，35名党员被评为疫情防控“党员先锋岗”。大力实施“神秘访客双访”访查制度。以“一套指标、两班人马、三全监督、双线互补、同向发展”要求不断优化访查工作，既查找问题和短板，又发现亮点和先进，既列出负面清单，又进行正面激励，机关部门服务意识和服务水平不断提升。

【群团工作】

组织开展“红色微马＋习语诵读”主题党日活动。启动开展第四届机关优秀工作案例评比。机关党委组织的大学生暑期“三下乡”活动获团市委表彰。

六、“双一流”与学科建设

（一）“双一流”建设

1. 成功组织召开学校“双一流”建设周期总结专家咨询评议会，专家组成员一致同意通过西南交通大学“双一流”建设周期评估。专家组成员由中国工程院院士、中国科学院院士、国务院学位委员会交通运输工程学科评议组专家、教育部科技委能源与交通学部委员、轨道交通行业专家等组成，对学校“双一流”建设给予高度评价，认为：西南交通大学在建设“交通特色鲜明的综合性研究型一流大学”征程中卓有成效，为行业特色型高校创建高水平大学提供了具有示范意义的成功模式；学校“双一流”建设特色鲜明、亮点突出、成效显著，全面超额达成建设目标；学校轨道交通学科领域已进入世界前列，在服务轨道交通国家重大工程领域发挥了不可替代的重要作用。

2. 高质量完成“双一流”监测平台数据填报工作。按照教育部要求，全面总结梳理2016年“双一流”建设以来的各项工作成绩，完成79个大学监测点、42个学科监测点的填报工作。而后教育部对“双一流”建设监测指标体系进行了全面修改完善，增加了7个大学监测点和1个学科监测点，同时还增加了部分数据的填报字段，学校于2020年9月进行了第二次填报。

3. 以项目建设为抓手，持续推进“双一流”建设。以“建一流”和“创一流”两大类项目建设为抓手，通过项目中期检查、定期诊断与汇报，抓好一流学科建设与一流培育学科的建设。

（二）学科建设

1. 学校以工科见长，形成了工、理、文、生“四大学科群”。目前拥有交通运输工程、数学、马克思主义理论等18个一级学科博士学位授权点和3个专业类别博士授权点，拥有41个一级学科硕士学位授权点和21个专业类别硕士授权点。

2. 形成了“工科卓越、理科强基、文科优新、生医拓展、智能引领、交叉融合”的“十四五”学科发展思路。

3. 努力探索学科建设与学科管理新模式。学校ESI学科排名持续上升，工程学、材料科学、计算机科学、化学4个学科进入ESI排名前1%。其中，工程学成功进入ESI世界排名前1‰。

4. 积极推进学术组织建设工作，完成校学术委员会换届工作，正式成立第九届校学术委员会，指导各分委会完成换届工作。

5. 认真组织第五轮学科评估工作。学校召开校长办公会，领导小组对第五轮学科评估工作进行专题研究。组织召开第五轮学科评估工作布置会，校长杨丹对参评第五轮学科提出工作要求，副校长周仲荣深入解读《第五轮学科评估工作方案》等文件精神。积极组织、指导、协调全校各学科填报“学科评估简况表”。

七、人才培养

（一）办学层次

1. 学位授权一级学科

序号	学科代码	学科名称	层次	牵头学院	获批时间
1	0823	交通运输工程	博士		1998
		082301 道路与铁道工程		土木工程学院	
		082302 交通信息工程及控制		信息科学与技术学院	
		082303 交通运输规划与管理		交通运输与物流学院	
		082304 载运工具运用工程		牵引动力国家重点实验室	
2	0814	土木工程	博士	土木工程学院	2000
3	0305	马克思主义理论	博士	马克思主义学院	2018
4	0802	机械工程	博士	机械工程学院	2000
5	0808	电气工程	博士	电气工程学院	2000
6	0810	信息与通信工程	博士	信息科学与技术学院	2003
7	0812	计算机科学与技术	博士	信息科学与技术学院	2011
8	1201	管理科学与工程	博士	经济管理学院	1998
9	1202	工商管理	博士	经济管理学院	2011
10	0801	力学	博士	力学与工程学院	2006
11	0805	材料科学与工程	博士	材料科学与工程学院	2011
12	0816	测绘科学与技术	博士	地球科学与环境工程学院	2006
13	0811	控制科学与工程	博士	电气工程学院	2011
14	0813	建筑学	博士	建筑与设计学院	2016
15	0809	电子科学与技术	硕士	信息科学与技术学院	2011
16	0835	软件工程	硕士	信息科学与技术学院	2011
17	0702	物理学	博士	物理科学与技术学院	2016
18	0818	地质资源与地质工程	博士	地球科学与环境工程学院	2011
19	0502	外国语言文学	硕士	外国语学院	2011
20	0833	城乡规划学	硕士	建筑与设计学院	2011
21	1204	公共管理	硕士	公共管理与政法学院	2011
22	1305	设计学	硕士	建筑与设计学院	2011

续表

序号	学科代码	学科名称	层次	牵头学院	获批时间
23	0501	中国语言文学	博士	人文学院	2011
24	0701	数学	博士	数学学院	2018
25	0714	统计学	硕士	数学学院	2011
26	0830	环境科学与工程	硕士	地球科学与环境工程学院	2006
27	0831	生物医学工程	硕士	材料科学与工程学院	2003
28	1007	药学	硕士	生命科学与工程学院	2011
29	0101	哲学	硕士	人文学院	2011
30	0201	理论经济学	硕士	经济管理学院	2011
31	0202	应用经济学	硕士	经济管理学院	2011
32	0301	法学	硕士	公共管理与政法学院	2011
33	0503	新闻传播学	硕士	人文学院	2011
34	0711	系统科学	硕士	交通运输与物流学院	2011
35	0834	风景园林学	硕士	建筑与设计学院	2011
36	0837	安全科学与工程	硕士	交通运输与物流学院	2011
37	0402	心理学	硕士	心理研究与咨询中心	2016
38	0703	化学	硕士	生命科学与工程学院	2019
39	0710	生物学	硕士	生命科学与工程学院	2018
40	0807	动力工程及工程热物理	硕士	机械工程学院	2018
41	1002	临床医学	硕士	医学院	2016

2. 专业学位授权点一览表

序号	类别代码	专业学位类别	牵头学院	博士专业学位类别获批时间	硕士专业学位类别获批时间
1	0855	机械	机械工程学院	2019	2019
2	0858	能源动力	电气工程学院	2019	2019
3	0861	交通运输	牵引动力国家重点实验室	2019	2019
4	0351	法律硕士	公共管理与政法学院		2009
5	0452	体育	体育部		2019
6	0453	汉语国际教育	外国语学院		2014
7	0551	翻译	外国语学院		2010
8	0552	新闻与传播	人文学院		2018
9	0851	建筑学	建筑与设计学院		1998
10	0853	城市规划	建筑与设计学院		2014
11	0854	电子信息	信息科学与技术学院		2019

续表

序号	类别代码	专业学位类别	牵头学院	博士专业学位类别获批时间	硕士专业学位类别获批时间
12	0856	材料与化工	材料科学与工程学院		2019
13	0857	资源与环境	地球科学与环境工程学院		2019
14	0859	土木水利	土木工程学院		2019
15	0860	生物与医药	生命科学与工程学院		2019
16	0953	风景园林	建筑与设计学院		2010
17	1251	工商管理	经济管理学院		1996
18	1252	公共管理	公共管理与政法学院		2007
19	1253	会计	经济管理学院		2010
20	1256	工程管理	经济管理学院		2010
21	1351	艺术	建筑与设计学院		2009

3. 本科专业设置（按学科门类排序）

序号	专业代码	专业名称	所属教学单位	学制	学位授予门类
1	030101K	法学	公共管理与政法学院	4年	法学
2	030201	政治学与行政学	公共管理与政法学院	4年	法学
3	030503	思想政治教育	马克思主义学院	4年	法学
4	080203	材料成型及控制工程	材料科学与工程学院	4年	工学
5	080401	材料科学与工程	材料科学与工程学院	4年	工学
6	080407	高分子材料与工程	材料科学与工程学院	4年	工学
7	082601	生物医学工程	材料科学与工程学院	4年	工学
8	081201	测绘工程	地球科学与环境工程学院	4年	工学
9	081202	遥感科学与技术	地球科学与环境工程学院	4年	工学
10	081401	地质工程	地球科学与环境工程学院	4年	工学
11	081403	资源勘查工程	地球科学与环境工程学院	4年	工学
12	082502	环境工程	地球科学与环境工程学院	4年	工学
13	083102K	消防工程	地球科学与环境工程学院	4年	工学
14	080601	电气工程及其自动化	电气工程学院	4年	工学
15	080604T	电气工程与智能控制	电气工程学院	4年	工学
16	080701	电子信息工程	电气工程学院	4年	工学
17	080202	机械设计制造及其自动化	机械工程学院	4年	工学
18	080207	车辆工程	机械工程学院	4年	工学
19	080301	测控技术与仪器	机械工程学院	4年	工学
20	080501	能源与动力工程	机械工程学院	4年	工学

续表

序号	专业代码	专业名称	所属教学单位	学制	学位授予门类
21	081002	建筑环境与能源应用工程	机械工程学院	4年	工学
22	081806T	交通设备信息工程	机械工程学院	4年	工学
23	120701	工业工程	机械工程学院	4年	工学
24	080205	工业设计	建筑与设计学院	4年	工学
25	082802	城乡规划	建筑与设计学院	5年	工学
26	082803	风景园林	建筑与设计学院	5年	工学
27	081801	交通运输	交通运输与物流学院	4年	工学
28	081802	交通工程	交通运输与物流学院	4年	工学
29	082901	安全工程	交通运输与物流学院	4年	工学
30	120602	物流工程	交通运输与物流学院	4年	工学
31	080102	工程力学	力学与工程学院	4年	工学
32	082002	飞行器设计与工程	力学与工程学院	4年	工学
33	081302	制药工程	生命科学与工程学院	4年	工学
34	083001	生物工程	生命科学与工程学院	4年	工学
35	081001	土木工程	土木工程学院	4年	工学
36	081005T	城市地下空间工程	土木工程学院	4年	工学
37	081006T	道路桥梁与渡河工程	土木工程学院	4年	工学
38	081007T	铁道工程	土木工程学院	4年	工学
39	080714T	电子信息科学与技术	物理科学与技术学院	4年	工学
40	080702	电子科学与技术	信息科学与技术学院	4年	工学
41	080703	通信工程	信息科学与技术学院	4年	工学
42	080801	自动化	信息科学与技术学院	4年	工学
43	080802T	轨道交通信号与控制	信息科学与技术学院	4年	工学
44	080901	计算机科学与技术	信息科学与技术学院	4年	工学
45	080902	软件工程	信息科学与技术学院	4年	工学
46	080903	网络工程	信息科学与技术学院	4年	工学
47	080904K	信息安全	信息科学与技术学院	4年	工学
48	080905	物联网工程	信息科学与技术学院	4年	工学
49	08717T	人工智能	信息科学与技术学院	4年	工学
50	080704	微电子科学与工程	信息科学与技术学院	4年	工学
51	120401	公共事业管理	公共管理与政法学院	4年	管理学
52	090503	森林保护	建筑与设计学院	4年	管理学
53	120601	物流管理	交通运输与物流学院	4年	管理学
54	120102	信息管理与信息系统	经济管理学院	4年	管理学
55	120103	工程管理	经济管理学院	4年	管理学

续表

序号	专业代码	专业名称	所属教学单位	学制	学位授予门类
56	120201K	工商管理	经济管理学院	4年	管理学
57	120203K	会计学	经济管理学院	4年	管理学
58	120801	电子商务	经济管理学院	4年	管理学
59	120901K	旅游管理	经济管理学院	4年	管理学
60	120105	工程造价	土木工程学院	4年	管理学
61	082801	建筑学	建筑与设计学院	5年	建筑学
62	020101	经济学	经济管理学院	4年	经济学
63	020301K	金融学	经济管理学院	4年	经济学
64	020401	国际经济与贸易	经济管理学院	4年	经济学
65	070504	地理信息科学	地球科学与环境工程学院	4年	理学
66	071003	生物信息学	生命科学与工程学院	4年	理学
67	100801	中药学	生命科学与工程学院	4年	理学
68	070101	数学与应用数学	数学学院	4年	理学
69	070102	信息与计算科学	数学学院	4年	理学
70	071201	统计学	数学学院	4年	理学
71	080910T	数据科学与大数据技术	数学学院	4年	理学
72	070202	应用物理学	物理科学与技术学院	4年	理学
73	071102	应用心理学	心理研究与咨询中心	4年	理学
74	050101	汉语言文学	人文学院	4年	文学
75	050303	广告学	人文学院	4年	文学
76	050304	传播学	人文学院	4年	文学
77	050103	汉语国际教育	外国语学院	4年	文学
78	050201	英语	外国语学院	4年	文学
79	050203	德语	外国语学院	4年	文学
80	050204	法语	外国语学院	4年	文学
81	050207	日语	外国语学院	4年	文学
82	050261	翻译	外国语学院	4年	文学
83	050262	商务英语	外国语学院	4年	文学
84	130402	绘画	建筑与设计学院	4年	艺术学
85	130502	视觉传达设计	建筑与设计学院	4年	艺术学
86	130503	环境设计	建筑与设计学院	4年	艺术学
87	130504	产品设计	建筑与设计学院	4年	艺术学
88	130201	音乐表演	人文学院	4年	艺术学

4. 成人教育专业

专业代码	专业名称	专业方向	培养层次	学习形式
080202	机械设计制造及其自动化		专升本	函授
080601	电气工程及其自动化		专升本	函授
080703	通信工程		专升本	函授
081001	土木工程		专升本	函授
081801	交通运输		专升本	函授
120103	工程管理		专升本	函授
120201K	工商管理		专升本	函授
120203K	会计学		专升本	函授
081007T	铁道工程		专升本	函授
080801	自动化		专升本	函授

5. 网络教育专业

专业代码	专业名称	专业方向	培养层次	学习形式
020301K	金融学		专升本	网络教育
080202	机械设计制造及其自动化		专升本	网络教育
080207	车辆工程		专升本	网络教育
080207	车辆工程	城市轨道交通车辆	专升本	网络教育
080601	电气工程及其自动化		专升本	网络教育
080601	电气工程及其自动化	电力机车	专升本	网络教育
080601	电气工程及其自动化	铁道电气化	专升本	网络教育
080601	电气工程及其自动化	城市轨道交通供电及其自动化	专升本	网络教育
080801	自动化	铁道通信	专升本	网络教育
080801	自动化	铁路信号	专升本	网络教育
080901	计算机科学与技术		专升本	网络教育
081001	土木工程	工民建	专升本	网络教育
081001	土木工程		专升本	网络教育
081006T	道路桥梁与渡河工程		专升本	网络教育
081007T	铁道工程		专升本	网络教育
081801	交通运输	高速铁路	专升本	网络教育
081801	交通运输		专升本	网络教育
081801	交通运输	城市轨道交通	专升本	网络教育
120103	工程管理		专升本	网络教育
120201K	工商管理		专升本	网络教育
120203K	会计学		专升本	网络教育

续表

专业代码	专业名称	专业方向	培养层次	学习形式
120401	公共事业管理		专升本	网络教育
120601	物流管理		专升本	网络教育
600606	城市轨道交通运营管理		高起专	网络教育
600202	道路桥梁工程技术		高起专	网络教育
540502	工程造价		高起专	网络教育
560301	机电一体化技术		高起专	网络教育
540501	建设工程管理		高起专	网络教育
540301	建筑工程技术		高起专	网络教育
600102	铁道车辆		高起专	网络教育
600104	铁道工程技术		高起专	网络教育
600103	铁道供电技术		高起专	网络教育
600101	铁道机车		高起专	网络教育
600108	铁道交通运营管理		高起专	网络教育
600106	铁道信号自动控制		高起专	网络教育

6. 西南交通大学2020年遴选招收博士生指导教师汇总表（2021年上岗招生）

序号	姓　名	一级学科	研究方向	职称	性别	出生年月	工作单位
1	艾长发	交通运输工程	1. 路面结构设计理论与方法 2. 路面新材料研发及应用技术	教授	男	1975年1月	土木工程学院
2	陈　嵘	交通运输工程	1. 高速重载铁路轨道结构与轨道动力学 2. 城市轨道交工轨道新结构及减振降噪技术	教授	男	1981年9月	土木工程学院
3	何　庆	交通运输工程	1. 大数据铁路运维 2. 铁路选线与BIM	教授	男	1986年1月	土木工程学院
4	蒋　鑫	交通运输工程	1. 路基路面工程 2. 道路工程精细化数值仿真技术	教授	男	1976年2月	土木工程学院
5	罗　强	交通运输工程	1. 路基工程 2. 土工技术	教授	男	1963年12月	土木工程学院
6	邱延峻	交通运输工程	道路工程	教授	男	1966年2月	土木工程学院
7	任娟娟	交通运输工程	1. 高速铁路无砟轨道结构设计理论与损伤机理 2. 铁路及城市轨道结构及轨道动力学	教授	女	1983年7月	土木工程学院
8	苏　谦	交通运输工程	1. 线路工程路基结构（路基新结构，地基处理新技术，路基工程动力学） 2. 高速铁路基础设施检测与灾害防治	教授	男	1972年3月	土木工程学院

续表

序号	姓　名	一级学科	研究方向	职称	性别	出生年月	工作单位
9	王　平	交通运输工程	1. 高速重载轨道结构及轨道动力学 2. 铁路轨道不平顺及动力学	教授	男	1969 年 7 月	土木工程学院
10	韦　凯	交通运输工程	1. 铁路轨道结构 2. 铁路轨道高等动力学 3. 轨道交通环境振动噪声预测与控制	研究员	男	1980 年 12 月	土木工程学院
11	严贺祥	交通运输工程	1. 交通运输规划与管理 2. 系统工程	教授级高工	男	1964 年 2 月	国家铁路局
12	杨荣山	交通运输工程	1. 高速重载轨道结构 2. 轨道动力学	教授	男	1975 年 9 月	土木工程学院
13	赵国堂	交通运输工程	1. 铁路建设项目管理 2. 轨道动力学	教授	男	1964 年 2 月	京沪高速铁路公司
14	赵坪锐	交通运输工程	高速重载轨道结构与轨道动力学	教授	男	1978 年 11 月	土木工程学院
15	刘先峰	交通运输工程	1. 特殊岩土力学及路基土工结构设计理论 2. 交通岩土防灾减灾基础理论及维修加固技术	教授	男	1980 年 1 月	土木工程学院
16	卢春房	交通运输工程、土木工程	1. 铁路及城市轨道工程 2. 路基土木结构设计理论与路基工程建造技术 3. 隧道工程耐久性设计 4. 隧道工程维修加固	教授/院士	男	1956 年 5 月	中国铁道学会
17	孙晓丹	土木工程	1. 重大工程设定地震动输入 2. 强震破坏作用场模拟	副教授	女	1980 年 5 月	土木工程学院
18	杨长卫	土木工程	1. 高铁防灾减灾 2. 岩土工程抗震	副研究员	男	1987 年 12 月	防灾减灾研究所
19	张建强	土木工程	1. 水处理理论与技术 2. 生态环境	教授	男	1963 年 1 月	地球科学与环境工程学院
20	崔圣爱	土木工程	1. 桥梁结构动力行为研究（地震易损性、车桥耦合振动） 2. 混凝土材料宏观性能及微观机理分析	教授	女	1981 年 1 月	土木工程学院
21	郭　迅	土木工程	1. 结构抗震 2. 桥梁抗震	研究员	男	1967 年 9 月	防灾科技学院
22	刘成清	土木工程	1. 结构冲击与防护 2. 结构抗震与减灾	副教授	男	1976 年 1 月	土木工程学院
23	杨　成	土木工程	1. 工程结构抗震 2. 城市韧性	副教授	男	1977 年 7 月	土木工程学院
24	余志祥	土木工程	1. 结构冲击与防护 2. 风雪流作用及结构行为	教授	男	1976 年 1 月	土木工程学院
25	岳清瑞	土木工程	1. 工业与民用建筑诊治 2. 碳纤维土木工程应用的理论与应用研究	教授级高工/院士	男	1962 年 1 月	中冶建筑研究总院有限公司

续表

序号	姓　名	一级学科	研究方向	职称	性别	出生年月	工作单位
26	曾艳华	土木工程	1. 大型交通隧道工程运营环境控制及防灾救援技术 2. 高地温及高寒隧道围岩-风流传热分析	教授	女	1968 年 7 月	土木工程学院
27	方　勇	土木工程	1. 隧道施工力学 2. 盾构掘进对环境影响及控制	教授	男	1981 年 1 月	土木工程学院
28	高宗余	土木工程	深水大跨桥梁设计理论	教授级高工	男	1964 年 1 月	中铁大桥勘测设计院集团有限公司
29	耿　萍	土木工程	1. 隧道与地下结构抗减震理论 2. 盾构隧道结构设计理论	教授	女	1964 年 4 月	土木工程学院
30	勾红叶	土木工程	1. 复杂环境桥梁结构安全性 2. 高速铁路桥梁服役安全 3. 桥梁结构动力响应	教授	女	1983 年 8 月	土木工程学院
31	郭　春	土木工程	1. 地下工程环境控制及防灾减灾 2. 地下工程低碳节能及新技术	副教授	男	1979 年 1 月	土木工程学院
32	蒋雅君	土木工程	1. 隧道及地下结构防排水理论与技术 2. 隧道及地下结构维护理论与技术	副教授	男	1980 年 12 月	土木工程学院
33	晋智斌	土木工程	1. 桥梁结构动力响应 2. 桥梁抗震	教授	男	1979 年 8 月	土木工程学院
34	马存明	土木工程	1. 桥梁风工程 2. 大跨桥梁结构动力学	研究员	男	1976 年 7 月	土木工程学院
35	马述起	土木工程	1. 隧道围岩支护技术及数值开发 2. 岩土本构模型开发	教授	男	1984 年 1 月	土木工程学院
36	马中国	土木工程	1. 预应力混凝土桥梁的基本行为及快速建造技术 2. 高性能材料的高效利用及结构优化设计	教授	男	1964 年 8 月	美国田纳西大学土木及环境工程系
37	牟廷敏	土木工程	钢-混凝土组合结构桥梁开发、设计与施工	教授级高工	男	1964 年 9 月	土木工程学院
38	任辉启	土木工程	1. 武器毁伤效应 2. 工程防护技术	教授/院士	男	1953 年 5 月	总参工程兵科研三所
39	邵长江	土木工程	1. 桥梁抗震 2. 结构抗震试验	副教授	男	1970 年 1 月	土木工程学院
40	申玉生	土木工程	1. 高烈度地震区山岭隧道工程抗减震理论 2. 连拱隧道及大跨度隧道施工力学特性	教授	男	1976 年 11 月	土木工程学院

续表

序号	姓　名	一级学科	研究方向	职称	性别	出生年月	工作单位
41	汪　波	土木工程	1. 高地应力隧道支护理论与控制对策 2. 地下工程中新型锚固理论与支护技术	教授	男	1975年1月	土木工程学院
42	王　骑	土木工程	桥梁风工程	副教授	男	1980年7月	土木工程学院
43	王士民	土木工程	1. 盾构隧道施工安全与控制 2. 盾构隧道衬砌结构新型防水体系	教授	男	1978年1月	土木工程学院
44	卫　星	土木工程	1. 现代桥式及桥梁结构设计理论 2. 复杂环境桥梁结构安全性	教授	男	1976年1月	土木工程学院
45	向活跃	土木工程	桥梁风工程及车桥耦合振动	副教授	男	1986年1月	土木工程学院
46	徐国际	土木工程	1. 桥梁、结构流体动力学 2. 机器学习和深度学习在土木工程中的应用	教授	男	1984年1月	土木工程学院
47	徐腾飞	土木工程	1. 现代桥式及桥梁结构设计理论 2. 既有桥梁结构损伤识别与健全性评估理论	副教授	男	1983年11月	土木工程学院
48	杨万理	土木工程	1. 跨海桥梁结构理论与建造技术 2. 复杂环境桥梁结构安全性	教授	男	1979年7月	土木工程学院
49	杨文波	土木工程	1. 隧道结构动力响应特性 2. 隧道结构长期力学行为推演与安全评价	教授	男	1985年2月	土木工程学院
50	于　丽	土木工程	1. 隧道与地下工程通风与防灾 2. 隧道与地下工程动力损伤与分析	教授	女	1978年12月	土木工程学院
51	占玉林	土木工程	1. 混凝土及钢-混凝土组合结构桥梁 2. 土木工程高性能材料	教授	男	1978年1月	土木工程学院
52	张俊儒	土木工程	1. 超大断面隧道围岩稳定性及支护理论 2. 软岩隧道大变形支护理论及控制技术 3. 隧道单层衬砌支护机理及设计方法	副教授	男	1978年4月	土木工程学院
53	张　迅	土木工程	桥梁结构动力响应	副教授	男	1985年7月	土木工程学院
54	赵灿晖	土木工程	1. 桥梁抗震 2. 组合结构桥梁	教授	男	1970年1月	土木工程学院
55	郑东生	土木工程	1. 深水桥梁基础流固土耦合动力学 2. 海洋岩土工程	教授	男	1964年12月	澳大利亚格里菲斯大学黄金海岸校区格里菲斯工程学院

续表

序号	姓　名	一级学科	研究方向	职称	性别	出生年月	工作单位
56	陈俊敏	土木工程	1. 水处理理论与技术 2. 环境风险评估与应急管理 3. 建筑防火与火灾风险评估	教授	男	1976 年 3 月	地球科学与环境工程学院
57	龚正君	土木工程	1. 水处理理论与技术 2. 城市生态修复理论	教授	女	1976 年 3 月	地球科学与环境工程学院
58	崔　凯	土木工程	1. 特殊土力学 2. 地基基础	教授	男	1979 年 12 月	土木工程学院
59	刘家男	土木工程	1. 边坡工程及支挡结构 2. 环境岩土工程	教授	男	1966 年 3 月	暨南国际大学
60	肖清华	土木工程	1. 爆破工程与岩土动力学 2. 隧道与地下空间振动病害防治技术	副教授	男	1969 年 12 月	土木工程学院
61	杨　涛	土木工程	1. 边坡失稳机理及支挡防护 2. 岩土体大变形及其控制 3. 深基坑工程	副教授	男	1973 年 3 月	土木工程学院
62	张迎宾	土木工程	1. 岩土工程减灾 2. 岩土地震工程 3. 深基坑工程	教授	男	1983 年 4 月	土木工程学院
63	王东元	土木工程	1. 交通岩土/岩土可靠度和风险控制理论 2. 能源岩土/陆地和近海风电基础工程	教授	男	1967 年 1 月	美国得克萨斯州立大学（Texas State University）
64	付永胜	土木工程	1. 水处理理论与技术 2. 市政工程规划与管理	教授	男	1963 年 1 月	地球科学与环境工程学院
65	黄　涛	土木工程	1. 工程水环境效应及其控制 2. 工程节能减排	教授	男	1970 年 8 月	地球科学与环境工程学院
66	李明水	土木工程	1. 建筑结构风工程 2. 桥梁结构抗风	教授	男	1966 年 7 月	土木工程学院
67	潘　毅	土木工程	1. 复杂结构隔震与减震设计理论 2. 既有建筑抗震鉴定与加固方法	教授	男	1977 年 9 月	土木工程学院
68	孙玉平	土木工程	1. 节能型高恢复性抗震结构的开发 2. 钢管混凝土结构的极限能力理论与设计	教授	男	1961 年 6 月	日本神户大学
69	陈寿根	土木工程	1. 复杂地质和复杂环境条件下的隧道施工力学行为研究 2. 不连续岩体隧道施工全过程离散单元模拟技术	教授	男	1963 年 9 月	土木工程学院
70	陈新中	土木工程	1. 桥梁结构动力响应 2. 工程风工程	教授	男	1964 年 9 月	美国得克萨斯理工大学

续表

序号	姓　名	一级学科	研究方向	职称	性别	出生年月	工作单位
71	单德山	土木工程	1. 桥梁结构健康监测与损伤识别 2. 大跨度桥梁施工控制	教授	男	1969 年 7 月	土木工程学院
72	何　川	土木工程	1. 大型及复杂交通隧道结构安全 2. 长大交通隧道营运控制	教授	男	1964 年 6 月	党政办公室
73	雷升祥	土木工程	1. 交通隧道设计理论与施工 2. 城市地下铁道减灾防灾理论	教授级高工	男	1965 年 3 月	中国铁建股份公司
74	李小珍	土木工程	1. 桥梁结构动力响应 2. 复杂桥梁结构安全性	教授	男	1970 年 1 月	土木工程学院
75	蒲黔辉	土木工程	1. 大跨度预应力混凝土桥结构行为的研究 2. 新建桥梁及既有桥梁结构的研究与评估	教授	男	1965 年 9 月	土木工程学院
76	秦顺全	土木工程	1. 桥梁施工控制理论与技术、关键施工装备研究 2. 深水大跨桥梁	教授	男	1963 年 7 月	土木工程学院
77	沈锐利	土木工程	1. 现代桥式及桥梁结构设计理论 2. 桥梁结构动力响应	教授	男	1963 年 5 月	土木工程学院
78	王明年	土木工程	1. 隧道机械化-智能化建造技术研究 2. 交通隧道设计理论与施工技术 3. 隧道及地下工程运营节能与通风防灾	教授	男	1965 年 3 月	土木工程学院
79	晏启祥	土木工程	1. 盾构 TBM 隧道结构理论与施工控制 2. 交通隧道设计理论与施工	教授	男	1971 年 1 月	土木工程学院
80	杨永清	土木工程	1. 现代桥式及桥梁结构设计理论 2. 既有桥梁结构损伤与健全性评估	教授	男	1965 年 1 月	土木工程学院
81	张清华	土木工程	1. 高性能桥梁新结构与新材料 2. 桥梁结构智能监测与检测理论、方法与关键技术	教授	男	1975 年 2 月	土木工程学院
82	张志强	土木工程	1. 大型及复杂地下结构施工力学 2. 隧道与地下工程信息化理论与方法 3. TBM 隧道施工控制及技术	教授	男	1968 年 11 月	土木工程学院
83	郑凯锋	土木工程	1. 钢桥 2. 复杂桥梁精细仿真计算分析	教授	男	1963 年 1 月	土木工程学院

续表

序号	姓　名	一级学科	研究方向	职称	性别	出生年月	工作单位
84	郑史雄	土木工程	1. 桥梁抗风与抗震分析 2. 桥梁结构动力行为	教授	男	1965年8月	土木工程学院
85	周晓军	土木工程	1. 隧道与地下工程结构设计与计算理论 2. 隧道与地下工程施工力学	教授	男	1969年5月	土木工程学院
86	祝　兵	土木工程	1. 现代桥式及桥梁结构设计理论 2. 跨海桥梁工程流固耦合动力学行为及建造关键技术	教授	男	1965年2月	土木工程学院
87	李永乐	土木工程	1. 桥梁风工程及防灾 2. 车桥耦合振动	教授	男	1972年7月	土木工程学院
88	廖海黎	土木工程	1. 桥梁风工程 2. 结构风工程	教授	男	1956年6月	土木工程学院
89	张继春	土木工程	1. 爆破工程 2. 岩石动力学与工程	教授	男	1963年2月	土木工程学院
90	王复明	土木工程、交通运输工程	1. 基础工程设施安全维护理论 2. 基础工程渗漏防水	教授/院士	男	1957年3月	郑州大学
91	杜彦良	土木工程、交通运输工程	1. TBM施工技术与故障诊断 2. 大型结构健康诊断与控制	教授/院士	男	1956年1月	石家庄铁道大学
92	朱　颖	交通运输工程	1. 综合交通系统优化 2. 城市及区域交通规划与发展战略研究 3. 道路与铁道工程 4. 交通工程 5. 综合运输	教授级高工	男	1963年6月	中铁二院
93	赵　锐	土木工程、测绘科学与技术	1. 城市固体废物管理理论与技术 2. 城市低碳发展理论与技术 3. 工程环境风险管理与决策 4. 资源与环境信息技术 5. 环境风险与决策	教授	男	1983年3月	地球科学与环境工程学院
94	范美坤	土木工程、测绘科学与技术	1. 水处理理论与技术 2. 水体中污染物的迁移转化与分布	教授	男	1976年1月	地球科学与环境工程学院
95	王　峰	土木工程	隧道工程	副教授	男	1982年6月	土木工程学院
96	孙克国	土木工程	1. 地下工程施工力学行为研究 2. 复杂环境隧道灾害发生机理与防控	副教授	男	1981年3月	土木工程学院
97	汪　斌	土木工程	1. 桥梁风工程 2. 桥梁动力学	副教授	男	1983年11月	土木工程学院
98	林　鹏	土木工程	1. 隧道火灾动力学 2. 结构防火 3. 人员疏散及应急管理	教授	男	1976年9月	地环学院环境科学与工程系

续表

序号	姓　名	一级学科	研究方向	职称	性别	出生年月	工作单位
99	封　坤	土木工程	1. 现代盾构隧道设计理论 2. 隧道与地下工程结构耐久性	教授	男	1983 年 3 月	土木工程学院
100	赵才友	交通运输工程	轨道交通振动与噪声控制	副教授	男	1984 年 1 月	土木工程学院
101	施　洲	土木工程	桥梁结构模型试验及运营性能评估	副教授	男	1979 年 7 月	土木工程学院
102	章慧健	土木工程	1. 大跨大断面隧道的施工过程力学研究 2. 隧道与地下工程的近接施工力学机理与对策研究	副教授	男	1982 年 6 月	土木工程学院
103	余　炎	土木工程	1. 环境岩土工程 2. 边坡工程	教授	男	1980 年 11 月	土木工程学院
104	Craig Herbert Benso	土木工程	1. 交通岩土工程 2. 环境岩土工程	教授/院士	男	1962 年 9 月	美国弗吉尼亚大学
105	丁渭平	机械工程	1. 汽车噪声、振动及声振舒适性 2. 汽车现代设计理论与方法 3. 汽车智能化理论与技术	教授	男	1968 年 8 月	机械工程学院
106	卢耀辉	机械工程	1. 振动疲劳及焊接结构疲劳断裂 2. 车辆空气动力学	教授	男	1973 年 9 月	机械工程学院
107	王俊国	机械工程	1. 轨道车辆系统动力学与可靠性 2. 轨道车辆智能监控与图像处理	副教授	男	1965 年 4 月	机械工程学院
108	闫楚良	机械工程	1. 结构疲劳可靠性与安全性 2. 载荷谱分析 3. 结构寿命评定	研究员/院士	男	1947 年 8 月	机械工程学院
109	祝　乔	机械工程	1. 新能源汽车能源管理 2. 车辆主动/半主动悬架	副教授	男	1982 年 1 月	机械工程学院
110	郭　俊	机械工程	轮轨关系、轮轨摩擦学	研究员	男	1972 年 12 月	牵引动力国家实验室
111	支　宇	机械工程	设计文化与设计理论研究	教授	男	1969 年 7 月	建筑与设计学院
112	陈春俊	机械工程	1. 机电系统测试、诊断与控制 2. 交通设备性能测试及主动控制	教授	男	1967 年 7 月	机械工程学院
113	陈　翔	机械工程	1. 智能控制 2. 机器视觉	教授	男	1963 年 6 月	加拿大温莎大学
114	张　洁	机械工程	1. 状态监测与系统分析 2. 机器学习与智能控制 3. 监测技术与模式分析 4. 机器视觉与智能控制	教授	女	1975 年 4 月	机械工程学院
115	陈　磊	机械工程	超精密表面加工机理研究	副研究员	男	1985 年 2 月	机械工程学院

续表

序号	姓名	一级学科	研究方向	职称	性别	出生年月	工作单位
116	何朝明	机械工程	1. 机构学、机器人学及设计自动化、智能系统设计 2. 图像处理与识别	副教授	男	1972年1月	机械工程学院
117	靳忠民	机械工程	生物摩擦学、人工关节设计及制造、有限元在工程中的应用及计算、组织工程	教授	男	1963年4月	机械工程学院
118	莫继良	机械工程	1. 摩擦学及表面工程 2. 摩擦振动噪声	副研究员	男	1982年2月	机械工程学院
119	王战江	机械工程	1. 机械结构表界面设计 2. 计算机辅助工程设计	教授	男	1981年1月	机械工程学院
120	余丙军	机械工程	1. 微纳制造 2. 纳米操纵	副研究员	男	1981年9月	机械工程学院
121	张则强	机械工程	1. 机械智能优化与动态仿真 2. 制造系统与智能优化	教授	男	1978年5月	机械工程学院
122	邹益胜	机械工程	智能制造	副研究员	男	1980年8月	机械工程学院
123	董大伟	机械工程	震动与噪声控制	教授	男	1963年4月	机械工程学院
124	米彩盈	机械工程	机车车辆设计理论	教授	男	1965年3月	机械工程学院
125	赵永翔	机械工程	1. 疲劳可靠性及安全性 2. 服役可靠性及维修性 3. 关键部件可靠性	教授	男	1963年2月	机械工程学院
126	邓斌	机械工程	机电液系统集成及智能控制、电液控制与电子—气动控制	教授	男	1964年9月	机械工程学院
127	高宏力	机械工程	机电一体化技术	教授	男	1971年12月	机械工程学院
128	柯坚	机械工程	机电液系统集成及智能控制、电液控制与电子—气动控制	教授	男	1963年7月	机械工程学院
129	乐嘉陵	机械工程	高超声速空气动力学/飞行器结构与控制系统	研究员/院士	男	1936年3月	中国空气动力研究与发展中心
130	肖世德	机械工程	机电一体化系统数字化设计与控制	教授	男	1967年4月	机械工程学院
131	陈光雄	机械工程	1. 载流摩擦学、摩擦噪声 2. 钢轨波磨和车轮多边形磨耗	教授	男	1962年3月	机械工程学院
132	程文明	机械工程	数字物流与智能技术、现代物流技术与设备	教授	男	1963年6月	机械工程学院
133	何其昌	机械工程	1. 力学 2. 材料 3. 实验技术 4. 数值模拟	教授	男	1963年11月	机械工程学院
134	李柏林	机械工程	1. 图形图像处理及逆向工程 2. 机构学机器人与优化技术	教授	男	1962年1月	机械工程学院
135	李立	机械工程	1. 机构学、机器人学及设计自动化、智能系统设计 2. 高速轮轨型面优化	教授	女	1965年6月	机械工程学院

续表

序号	姓　名	一级学科	研究方向	职称	性别	出生年月	工作单位
136	李　炜	机械工程	1. 生物摩擦学 2. 材料表面工程 3. 医疗器械设计及制造	研究员	女	1969 年 5 月	机械工程学院
137	刘启跃	机械工程	轮轨关系、轮轨摩擦学	教授	男	1964 年 5 月	机械工程学院
138	欧阳华江	机械工程	1. 摩擦震动噪声 2. 动力学	教授	男	1963 年 7 月	英国利物浦大学
139	汪旭光	机械工程	安全工程	教授/院士	男	1939 年 12 月	北京矿冶研究总院
140	王文健	机械工程	1. 轮轨关系、伤损及预防措施 2. 轮轨检测与监测	研究员	男	1980 年 6 月	机械工程学院
141	郑　靖	机械工程	1. 表界面科学与技术 2. 仿真设计与制造	研究员	女	1974 年 2 月	机械工程学院
142	丁国富	机械工程	数字化设计与制造技术	教授	男	1972 年 2 月	机械工程学院
143	秦圣峰	机械工程	1. 复杂机电产品数字化设计与制造 2. 虚拟样机技术	教授	男	1962 年 12 月	英国布鲁内尔大学
144	阎开印	机械工程	数字化设计与制造技术	教授	男	1961 年 8 月	党委组织部
145	蔡振兵	机械工程、材料科学与工程	摩擦学及表面工程	研究员	男	1981 年 3 月	机械工程学院
146	圣小珍	交通运输工程、机械工程	1. 铁路振动与噪声 2. 车辆/轨道系统动力学 3. 车用涡轮增压器振动噪声与可靠性	教授	男	1962 年 6 月	机械工程学院、牵引动力国家重点实验室
147	雷　波	土木工程	通风技术、建筑节能	教授	男	1961 年 5 月	机械工程学院
148	余南阳	土木工程	空调过程控制与节能	教授	男	1961 年 2 月	机械工程学院
149	胡广地	机械工程、控制科学与工程	1. 汽车发动机及排放控制 2. 汽车车辆电子控制；新能源汽车与智能网联汽车技术 3. 机电/电液控制与电子气动控制 4. 新能源汽车 5. 智能网联汽车、车联网	教授	男	1964 年 11 月	机械工程学院
150	陈锦雄	交通运输工程、控制科学与工程	1. 机车车辆系统动态模拟 2. 机车车辆测控技术及故障诊断	教授	男	1962 年 8 月	电气工程学院
151	张祖涛	机械工程、交通运输工程	1. 新能源机能采集与存储技术 2. 智能车辆及其关键技术、智能车辆环境感知及控制技术、车辆辅助安全技术	教授	男	1974 年 9 月	机械工程学院
152	支锦亦	机械工程、建筑学	1. 交通工具设计研究、老龄产品设计及人因工程 2. 国际老龄科学研究、交通工具设计研究、老龄产品设计与人因工程	教授	女	1974 年 1 月	建筑与设计学院

续表

序号	姓　名	一级学科	研究方向	职称	性别	出生年月	工作单位
153	袁艳平	土木工程、建筑学	建筑节能、建筑可再生能源技术、热湿环境控制技术	教授	男	1973 年 6 月	机械工程学院
154	崔树勋	机械工程、材料科学与工程	1. 高分子单链力学 2. 分子自组装	教授	男	1977 年 4 月	机械工程学院
155	周仲荣	机械工程、材料科学与工程	生物摩擦学、微动摩擦学	教授	男	1965 年 8 月	党政办公室
156	朱旻昊	机械工程、材料科学与工程	1. 摩擦学、表面工程、高铁材料、核电材料服役行为研究 2. 表面工程及摩擦学	教授	男	1968 年 7 月	机械工程学院
157	钱林茂	机械工程、材料科学与工程	纳米摩擦学、纳米制造、生物摩擦学	教授	男	1971 年 6 月	机械工程学院、摩擦学研究所
158	陈　辉	机械工程、材料科学与工程	先进表面修复及再制造、高速铁路焊接技术、高速列车焊接、表面工程	教授	男	1970 年 5 月	材料科学与工程学院
159	宁　静	机械工程	机械工程	副教授	女	1976 年 8 月	机械工程学院
160	刘伟群	机械工程	机械工程	副教授	男	1983 年 1 月	机械工程学院
161	江　亮	机械工程	机械工程	副研究员	男	1986 年 1 月	机械工程学院
162	肖新标	交通运输工程	铁路噪声与振动	副研究员	男	1978 年 8 月	牵引动力国家重点实验室
163	鲁彩江	机械工程	机械电子工程	副教授	男	1986 年 1 月	机械工程学院
164	缪炳荣	机械工程	多学科设计优化与结构健康监控	副研究员	男	1970 年 9 月	牵引动力国家重点实验室
165	张昆仑	电气工程	1. 磁浮技术与磁浮列车 2. 线性驱动与直线弹射	教授	男	1964 年 6 月	电气工程学院
166	王　豫	电气工程	1. 电磁能量存储、变项与新型电磁推进技术 2. 超导工程与新型电工材料应用	教授	男	1960 年 11 月	电气工程学院
167	郑　珺	电气工程	1. 高温超导体电磁特性及其磁体技术 2. 超导混合磁悬浮机理与技术	副教授	女	1980 年 8 月	牵引动力国家重点实验室
168	朱　峰	电气工程	1. 电磁兼容设计与技术 2. 电磁环境分析与评估	教授	男	1963 年 1 月	电气工程学院
169	卿安永	电气工程	1. 毫米波与太赫兹 2. 自然优化	教授	男	1972 年 5 月	电气工程学院
170	丁荣军	电气工程	机车车辆交流传动与网络控制技术理论	教授级高工/院士	男	1961 年 11 月	南车株洲电力机车研究所有限公司
171	冯晓云	电气工程	1. 电力牵引交流传动与控制 2. 列车运行优化控制	教授	女	1962 年 1 月	党政办公室
172	葛兴来	电气工程	1. 电力牵引系统控制 2. 电力牵引系统故障预测与诊断分析	教授	男	1979 年 11 月	电气工程学院

续表

序号	姓　名	一级学科	研究方向	职称	性别	出生年月	工作单位
173	马红波	电气工程	1. 高效率、高功率密度电力电子变换器及其应用 2. 无线电能传输技术及其应用	副教授	男	1981 年 1 月	电气工程学院
174	舒泽亮	电气工程	1. 同相供电系统中的变换器及其控制 2. 多电平变换器及其应用	教授	男	1979 年 5 月	电气工程学院
175	宋文胜	电气工程	1. 电力电子技术 2. 列车电力牵引交流传动控制技术	副教授	男	1985 年 1 月	电气工程学院
176	许建平	电气工程	1. 高频开关功率变换器电路拓扑和控制技术 2. 电力电子系统的非线性现象和动力学行为	教授	男	1963 年 6 月	电气工程学院
177	杨　平	电气工程	电力电子技术在新能源领域中的应用	副教授	女	1983 年 1 月	电气工程学院
178	周国华	电气工程	1. 电力电子变换器建模分析、调制方法和控制策略 2. 电力电子技术在新能源与储能领域中的应用	教授	男	1983 年 2 月	电气工程学院
179	庄圣贤	电气工程	1. 电机及其传动控制技术 2. 新型能源电力变换及控制技术	教授	男	1964 年 9 月	电气工程学院
180	何晓琼	电气工程	1. 电力电子技术及其应用 2. 轨道交通电气化与自动化	副教授	女	1974 年 1 月	电气工程学院
181	陈民武	电气工程	1. 牵引供电理论与新技术 2. 电能质量分析与控制	教授	男	1983 年 2 月	电气工程学院
182	陈维荣	电气工程	1. 轨道交通新能源技术 2. 铁道电气化与自动化	教授	男	1965 年 1 月	电气工程学院
183	戴朝华	电气工程	1. 电力系统规划与运行优化 2. 轨道交通新能源技术	副教授	男	1973 年 8 月	电气工程学院
184	符　玲	电气工程	1. 电力系统广域量测及其应用 2. 电力系统故障分析、信号处理、电能质量谐波研究	副教授	女	1981 年 1 月	电气工程学院
185	高仕斌	电气工程	1. 牵引供电系统及其自动化 2. 牵引供电系统安全与经济运行	教授	男	1963 年 12 月	电气工程学院
186	何正友	电气工程	1. 电力系统保护与控制 2. 能源与交通融合	教授	男	1970 年 6 月	电气工程学院
187	胡海涛	电气工程	1. 牵引供电系统 2. 电能质量与稳定性	教授	男	1987 年 7 月	电气工程学院
188	解绍锋	电气工程	1. 牵引供电系统 2. 电能质量	教授	男	1976 年 4 月	电气工程学院
189	李　奇	电气工程	1. 轨道交通新能源技术 2. 综合能源系统运行与控制	教授	男	1984 年 2 月	电气工程学院

续表

序号	姓　名	一级学科	研究方向	职称	性别	出生年月	工作单位
190	李群湛	电气工程	1. 电能质量与控制 2. 牵引供电理论	教授	男	1957 年 12 月	电气工程学院
191	林　圣	电气工程	1. 电力系统继电保护与故障定位 2. 牵引供电系统健康诊断与主动运维	副教授	男	1983 年 12 月	电气工程学院
192	刘　炜	电气工程	1. 牵引供电 2. 电力系统分析	副教授	男	1982 年 8 月	电气工程学院
193	刘志刚	电气工程	1. 轨道交通自动化系统及关键技术 2. 信号处理及信息理论在电力系统中的应用	教授	男	1975 年 11 月	电气工程学院
194	麦瑞坤	电气工程	1. 非接触牵引供电技术 2. 电力系统广域测量技术	副教授	男	1980 年 11 月	电气工程学院
195	钱清泉	电气工程	1. 工业监控技术、牵引供电系统调度自动化 2. 微机保护与变电所综合自动化、电气系统故障诊断检测与诊断	教授/院士	男	1936 年 5 月	电气工程学院
196	童晓阳	电气工程	1. 能源互联网、电网故障诊断、电网连锁故障分析、广域后备保护 2. 智能变电站	副教授	男	1970 年 7 月	电气工程学院
197	王德林	电气工程	1. 电力系统机电动态、扰动传播及频率稳定 2. 风力发电、并网调频	副教授	男	1970 年 7 月	电气工程学院
198	王晓茹	电气工程	1. 电力系统继电保护及安全稳定控制 2. 新能源并网与智能电网	教授	女	1962 年 11 月	电气工程学院
199	张雪霞	电气工程	1. 燃料电池技术及应用 2. 智能优化算法及其在电力系统中的应用	副教授	女	1979 年 3 月	电气工程学院
200	赵海全	电气工程	1. 智能信息处理、主动噪声控制及自适应滤波 2. 电能质量控制	教授	男	1974 年 8 月	电气工程学院
201	曹晓斌	电气工程	过电压防护及绝缘配合	副教授	男	1974 年 11 月	电气工程学院
202	高国强	电气工程	1. 高电压与绝缘技术 2. 电弧与电接触	副教授	男	1981 年 1 月	电气工程学院
203	吴广宁	电气工程	1. 高压电气设备绝缘评估及状态检修 2. 过电压防护与绝缘设计	教授	男	1969 年 7 月	电气工程学院
204	张血琴	电气工程	1. 复杂环境外绝缘系统的故障机理及关键技术研究 2. 输电线路状态检测与安全防护技术研究	副教授	女	1979 年 8 月	电气工程学院

续表

序号	姓　名	一级学科	研究方向	职称	性别	出生年月	工作单位
205	周利军	电气工程	1. 电气设备状态检测与故障诊断 2. 过电压保护	教授	男	1978 年 5 月	电气工程学院
206	马　磊	电气工程、控制科学与工程	1. 列车牵引传动控制 2. 机器人控制	教授	男	1972 年 4 月	电气工程学院
207	周克敏	控制科学与工程	1. 鲁棒控制、多目标最优控制 2. 系统故障诊断与容错控制	教授	男	1962 年 5 月	电气工程学院
208	陈　杰	控制科学与工程	1. 网络控制与信息理论 2. 系统辨识、鲁棒控制	教授	男	1963 年 1 月	电气工程学院
209	黄德青	控制科学与工程	1. 现代控制理论及应用 2. 人工智能及机器人技术	教授	男	1980 年 4 月	电气工程学院
210	王　涛	控制科学与工程	电机控制	副教授	男	1972 年 7 月	电气工程学院
211	张宏伟	控制科学与工程	1. 多智能体系统分布式协调控制及其在智能电网和轨道交通中的应用 2. 主动噪声控制	副教授	男	1979 年 1 月	电气工程学院
212	秦　娜	控制科学与工程	智能信号处理与模式识别	副教授	女	1978 年 9 月	电气工程学院
213	陈全芳	电气工程、材料科学与工程	1. 高强高导纳米导电线与高性能电器 2. 微纳米传感器 3. 高强高导纳米材料 4. 微纳传感	教授	男	1959 年 3 月	电气工程学院
214	江　奇	电气工程、材料科学与工程	1. 储能器件与应用 2. 新能源器件与应用 3. 纳米功能材料 4. 储能材料与器件	教授	男	1974 年 4 月	超导与新能源研究开发中心、超导中心
215	赵　勇	电气工程、物理学	1. 超导储能技术 2. 超导磁浮技术、电工材料应用 3. 新能源材料 4. 超导物理与超导材料 5. 超导与新能源材料 6. 先进功能材料	教授	男	1960 年 5 月	超导与新能源研究开发中心、超导中心
216	张　勇	电气工程、物理学	1. 超导电工技术 2. 超导磁浮技术、超导材料、能源材料 3. 超导物理 4. 新能源材料物理	研究员	女	1969 年 4 月	超导与新能源研究开发中心
217	杨健维	电气工程	电动汽车充电规划调度、新形态城市电网故障分析与自愈控制	副教授	女	1983 年 9 月	电气工程学院
218	韩正庆	电气工程	继电保护	副教授	男	1977 年 2 月	电气工程学院
219	严仲明	电气工程	电磁场调控与新型电磁推进技术	副研究员	男	1982 年 7 月	电气工程学院

续表

序号	姓名	一级学科	研究方向	职称	性别	出生年月	工作单位
220	徐　伟	电气工程	电机设计、控制及系统集成应用	教授	男	1980年2月	华中科技大学
221	王小敏	计算机科学与技术	轨道交通控制与运维安全、交通大数据处理理论与技术、人工智能与机器学习	教授	男	1974年4月	信息科学与技术学院
222	陈红梅	计算机科学与技术	智能信息处理、大数据分析与数据挖掘	教授	女	1971年6月	信息科学与技术学院
223	洪西进	计算机科学与技术	智能信息处理、云计算技术	教授	男	1957年1月	台湾科技大学
224	刘　兵	计算机科学与技术	大数据分析与数据挖掘、城市计算	教授	男	1963年1月	伊利诺伊大学芝加哥分校
225	彭　博	计算机科学与技术	计算机视觉、图像处理	副教授	女	1980年9月	信息科学与技术学院
226	孙林夫	计算机科学与技术	工业互联网平台及互联智能、工业大数据及数据智能	教授	男	1963年7月	信息科学与技术学院
227	吴奇石	计算机科学与技术	大数据及机器学习、高性能计算和网络	教授	男	1972年12月	信息科学与技术学院
228	吴　晓	计算机科学与技术	人工智能、计算机视觉	教授	男	1976年8月	信息科学与技术学院
229	徐　洁	计算机科学与技术	大数据分析与数据挖掘、云计算技术	教授	女	1961年9月	英国利兹大学
230	杨　燕	计算机科学与技术	人工智能、机器学习	教授	女	1964年1月	信息科学与技术学院
231	黄柏铭	计算机科学与技术、交通运输工程	大数据分析与数据挖掘、云计算技术	教授	男	1965年4月	信息科学与技术学院
232	郑　宇	计算机科学与技术、交通运输工程	城市计算、大数据分析与数据挖掘	教授	男	1979年1月	京东数字科技
233	李天瑞	计算机科学与技术、交通运输工程	大数据分析与数据挖掘、云计算技术	教授	男	1969年6月	信息科学与技术学院
234	彭　强	计算机科学与技术、交通运输工程	视频图像处理、人工智能	教授	男	1962年5月	信息科学与技术学院
235	邢焕来	计算机科学与技术、信息与通信工程	软件定义网络、网络功能虚拟化、计算智能、机器学习	副教授	男	1983年3月	信息科学与技术学院
236	郭　进	交通运输工程	铁路信号控制、系统安全性与可靠性	教授	男	1960年5月	信息科学与技术学院
237	张　锦	交通运输工程	物流系统规划与设计、交通系统优化及规划、轨道交通大数据与智能化、轨道交通智能传感与智能运维技术	教授	男	1963年6月	交通运输与物流学院

续表

序号	姓　名	一级学科	研究方向	职称	性别	出生年月	工作单位
238	顾国祥	控制科学与工程、交通运输工程	网络化控制、多智能体一致性控制	教授	男	1955 年 9 月	信息科学与技术学院
239	Turgay Celik	信息与通信工程	遥感图像分析、处理及应用，视频图像处理与智能分析，智能信息处理，大数据分析与数据挖掘	教授	男	1977 年 6 月	信息科学与技术学院
240	陈向东	信息与通信工程	信息获取与处理、智能感知技术与系统	教授	男	1967 年 5 月	信息科学与技术学院
241	代　彬	信息与通信工程	信息论、信息安全	教授	男	1981 年 7 月	信息科学与技术学院
242	范平志	信息与通信工程	1. 大规模物联网多址接入与编码问题、高移动无线通信 2. 信号设计与信息编码	教授	男	1955 年 12 月	信息科学与技术学院
243	郝　莉	信息与通信工程	大连接物联网通信关键技术、下一代无线通信网络关键技术	教授	女	1971 年 5 月	信息科学与技术学院
244	和红杰	信息与通信工程	1. 图像处理，信息隐藏，人工智能 2. 计算机应用技术 3. 网络与空间安全	教授	女	1971 年 9 月	信息科学与技术学院
245	类先富	信息与通信工程	无线通信理论、6G 无线通信网络	副教授	男	1981 年 12 月	信息科学与技术学院
246	罗　斌	信息与通信工程	光纤通信、光电子技术	教授	男	1968 年 4 月	信息科学与技术学院
247	罗明星	信息与通信工程	信息安全、量子信息处理	教授	男	1982 年 6 月	信息科学与技术学院
248	马　征	信息与通信工程	信息理论与编码、无线通信	教授	男	1977 年 1 月	信息科学与技术学院
249	潘　炜	信息与通信工程	光通信与光网络、微波光子学、激光混沌通信与量子通信	教授	男	1959 年 12 月	信息科学与技术学院
250	韦联福	信息与通信工程	量子信息和量子通信、信号检测	教授	男	1965 年 11 月	信息科学与技术学院
251	闫连山	信息与通信工程	信息光子、轨道交通传感检测，网络安全	教授	男	1971 年 12 月	信息科学与技术学院
252	张家树	信息与通信工程	信号与信息智能处理及应用、机器学习与人工智能安全保障技术	教授	男	1965 年 6 月	信息科学与技术学院
253	邹喜华	信息与通信工程	5G/6G 无线通信、微波光子学、光通信与信息处理、集成光子学	教授	男	1981 年 8 月	信息科学与技术学院
254	冯全源	信息与通信工程、计算机科学与技术	1. 射频数据的安全技术、RFID 防冲撞算法及电路实现技术、电磁兼容与环境电磁学 2. 嵌入式系统研究、计算机仿真及 EDA 技术、计算机网络技术、无线及移动 Internet、人工智能	教授	男	1963 年 7 月	信息科学与技术学院

续表

序号	姓　名	一级学科	研究方向	职称	性别	出生年月	工作单位
255	方旭明	信息与通信工程、交通运输工程	移动通信系统、轨道交通移动通信	教授	男	1962 年 1 月	信息科学与技术学院
256	李恒超	信息与通信工程、交通运输工程	1. 遥感图像分析、处理及应用 2. 通信中的信号处理 3. 雷达信号处理及其在轨道交通中的应用 4. 智能信息获取与处理技术	教授	男	1978 年 11 月	信息科学与技术学院
257	漆一宏	信息与通信工程、管理科学与工程	精准定位、噪声理论研究、智能数据管理、信息系统、数据挖掘	教授	男	1961 年 5 月	西南交通大学行为大数据研究院
258	孙湛博	交通运输工程	车联网与自动驾驶环境下的协同决策控制、绿色交通、交通信息安全与隐私保护、交通管理与控制	教授	男	1987 年 11 月	交通运输与物流学院
259	倪少权	交通运输工程	运输组织优化、智能运输系统	教授	男	1967 年 9 月	交通运输与物流学院
260	严余松	交通运输工程	交通运输信息及网络、交通运输系统仿真、智能铁路系统及其应用、物流信息技术、物流系统仿真及优化、运输组织理论及系统优化	教授	男	1963 年 5 月	成都工业学院
261	邓自刚	交通运输工程、力学	超导磁悬浮交通、管道磁悬浮交通、超导磁浮交通、管道磁浮交通	研究员	男	1982 年 4 月	牵引动力国家重点实验室
262	徐　扬	计算机科学与技术、数学	智能信息处理、自动推理、符号计算与机器证明	教授	男	1956 年 9 月	数学学院
263	周正春	计算机科学与技术、信息与通信工程、数学	分布式存储编码理论、机器学习、强化学习、编码理论、密码函数、代数编码、压缩感知	教授	男	1978 年 12 月	数学学院
264	唐小虎	信息与通信工程、计算机科学与技术、数学	编码技术、大数据安全及隐私保护、大数据分布式存储及处理技术、大数据的统计学习	教授	男	1972 年 3 月	信息科学与技术学院
265	叶　佳	信息与通信工程	微波光子学、光通信	副教授	男	1985 年 12 月	信息科学与技术学院
266	刘　刚	信息与通信工程	下一代无线通信与网络、网络优化及算法设计	副教授	男	1988 年 8 月	信息科学与技术学院
267	龚　勋	计算机科学与技术	计算机视觉与人工智能、图像处理	教授	男	1980 年 9 月	信息科学与技术学院
268	韩　敏	计算机科学与技术	1. 多核价值网理论及群智协同技术 2. 工业互联网平台（云服务平台）支撑技术	教授	女	1970 年 6 月	前沿科学技术研究院
269	王建琼	工商管理	项目投融资、公司金融	教授	男	1966 年 12 月	经济管理学院
270	肖作平	工商管理	会计理论与实证研究、公司财务、公司治理	教授	男	1975 年 11 月	经济管理学院

续表

序号	姓　名	一级学科	研究方向	职称	性别	出生年月	工作单位
271	郝辽钢	工商管理	市场营销管理、企业战略管理	副教授	男	1978 年 3 月	经济管理学院
272	汤　明	工商管理	企业战略与组织行为、投资与公司金融	教授级高工	男	1964 年 7 月	中电建路桥集团有限公司
273	唐春勇	工商管理	组织行为学、人力资源管理、劳动关系管理	教授	女	1965 年 3 月	经济管理学院
274	周嘉南	工商管理	公司财务与公司治理、财务会计与资本市场	教授	女	1979 年 2 月	经济管理学院
275	官振中	工商管理	1. 物流与供应链管理 2. 行为运作管理	教授	男	1976 年 1 月	经济管理学院
276	蒋丹凌	工商管理	实证资产定价、行为资产定价和公司财务、个人投资	教授	女	1976 年 2 月	美国佛罗里达州立大学
277	蒋玉石	工商管理	市场科学与行为、工商管理中的大数据研究	教授	男	1979 年 1 月	经济管理学院
278	徐　飞	工商管理	战略管理、市场营销	教授	男	1964 年 3 月	上海财经大学
279	杨　平	工商管理	1. 财务会计和披露 2. 资本市场	教授	男	1977 年 7 月	经济管理学院
280	刘　春	管理科学与工程	产业发展理论、产业发展政策与监管	教授	男	1976 年 1 月	经济管理学院
281	贾建民	管理科学与工程	服务管理、市场科学与行为	教授	男	1957 年 8 月	经济管理学院
282	陈　蛇	管理科学与工程	城市治理、组织变革管理	研究员	男	1969 年 1 月	成都市社会科学院
283	廖楚晖	管理科学与工程	财税理论与政策研究、教育经济研究	教授	男	1972 年 1 月	公共管理与政法学院
284	陈彦如	管理科学与工程	物流与供应链管理、优化与决策	副教授	女	1974 年 6 月	经济管理学院
285	李妍峰	管理科学与工程	物流优化、交通优化	副教授	女	1980 年 9 月	经济管理学院
286	刘　盾	管理科学与工程	系统分析与决策、电子商务与管理信息系统	教授	男	1983 年 3 月	经济管理学院
287	谭德庆	管理科学与工程	博弈理论与应用、决策科学	教授	男	1966 年 1 月	经济管理学院
288	袁红平	管理科学与工程	建筑废弃物管理、项目管理	教授	男	1983 年 7 月	经济管理学院
289	董大勇	管理科学与工程	金融工程理论与应用、投资与公司金融	副教授	男	1972 年 3 月	经济管理学院
290	李　军	管理科学与工程	物流与供应链管理、决策分析	教授	女	1967 年 5 月	经济管理学院
291	朱宏泉	管理科学与工程	金融工程理论与应用、投资与公司金融	教授	男	1963 年 7 月	经济管理学院
292	陆绍凯	管理科学与工程	组织行为、项目管理	教授	男	1979 年 1 月	经济管理学院
293	蔡小强	管理科学与工程	物流与供应链管理、排程模型、算法及应用	教授	男	1961 年	香港中文大学、西南交通大学
294	耿　维	管理科学与工程	物流与供应链管理	副教授	男	1982 年 8 月	经济管理学院
295	郭秀萍	管理科学与工程	资源优化管理、决策科学	教授	女	1977 年 8 月	经济管理学院
296	胡仁华	管理科学与工程	商业智能、电子商务	教授	男	1962 年 5 月	美国犹他大学

续表

序号	姓　名	一级学科	研究方向	职称	性别	出生年月	工作单位
297	舒　嘉	管理科学与工程	管理科学与工程	教授	男	1977 年 7 月	东南大学
298	许钜秉	管理科学与工程	物流与供应链管理、运作与服务管理	教授	男	1966 年 9 月	台湾大学
299	张　兵	管理科学与工程	农村金融、农业经济管理	教授	男	1962 年 11 月	党政办公室
300	周国华	管理科学与工程	项目管理与投资分析、大型复杂项目与企业多项目管理	教授	男	1966 年 2 月	经济管理学院
301	聂佳佳	管理科学与工程	物流与供应链管理、生产与运营管理	教授	男	1981 年 1 月	经济管理学院
302	郭　强	管理科学与工程、工商管理	服务管理、运营管理	教授	男	1970 年 1 月	经济管理学院
303	刘继才	管理科学与工程、工商管理	项目融资 PPP	教授	男	1976 年 5 月	经济管理学院
304	代　颖	管理科学与工程、工商管理	物流与供应链管理、运作与服务管理	教授	女	1975 年 5 月	经济管理学院
305	黄登仕	管理科学与工程、工商管理	会计与公司财务、金融工程理论与应用	教授	男	1961 年 6 月	经济管理学院
306	廖少毅	管理科学与工程、工商管理	数据科学与方法、工商管理中的大数据研究	教授	男	1962 年 1 月	香港城市大学、西南交通大学
307	马祖军	管理科学与工程、工商管理	物流与供应链管理、运作与服务管理	教授	男	1974 年 8 月	经济管理学院
308	叶　勇	管理科学与工程、工商管理	金融理论与应用研究、公司财务与公司治理	教授	男	1974 年 1 月	经济管理学院
309	刘人怀	工商管理	企业战略与组织行为、旅游管理	教授	男	1940 年 5 月	暨南大学
310	马　锋	应用经济学	金融风险管理	副教授	男	1986 年 8 月	经济管理学院
311	蒲　云	管理科学与工程、交通运输工程	城市交通网络、交通规划交通经济、物流管理等	教授	男	1962 年 4 月	党政办公室
312	李维萍	管理科学与工程、数学	金融风险管理、金融工程与金融复杂性、微分几何、代数拓扑	教授	男	1963 年 3 月	数学学院
313	王顺洪	管理科学与工程、马克思主义理论	项目管理、公共工程组织与政府管理	教授	男	1963 年 4 月	党政办公室
314	江欣国	交通运输工程	1. 交通安全 2. 交通运输规划与管理	教授	男	1975 年 1 月	交通运输与物流学院
315	马　剑	交通运输工程	1. 行人与疏散动力学 2. 交通运输系统仿真理论与方法 3. 交通运输信息技术 4. 风险评估理论与方法	教授	男	1983 年 1 月	交通运输与物流学院
316	牟瑞芳	交通运输工程	1. 交通安全科学与工程 2. 交通规划管理与信息技术 3. 交通智慧化技术 4. 物流规划理论及智慧物流	教授	男	1962 年 1 月	交通运输与物流学院

续表

序号	姓　名	一级学科	研究方向	职称	性别	出生年月	工作单位
317	刘　澜	交通运输工程	1. 运输自动化与交通控制 2. 交通运输信息理论与技术 3. 交通运输系统规划与管理	教授	男	1965年1月	交通运输与物流学院
318	刘晓波	交通运输工程	1. 交通系统优化 2. 智能交通技术	教授	男	1974年7月	交通运输与物流学院
319	刘昱岗	交通运输工程	1. 城市交通智能控制理论与方法 2. 城市公交线网优化方法 3. 基于大数据的出行行为研究 4. 大型枢纽场站设计优化	教授	男	1978年9月	交通运输与物流学院
320	罗　霞	交通运输工程	1. 城市及区域交通规划与发展战略研究 2. 综合交通系统优化 3. 大数据智能交通系统	教授	女	1962年7月	交通运输与物流学院
321	聂　宇	交通运输工程	1. 交通网络及可靠性分析 2. 可持续交通系统	教授	男	1976年6月	美国西北大学
322	杨　飞	交通运输工程	1. 交通大数据 2. 智能交通技术与应用 3. 交通行为理论与实证	教授	男	1980年4月	交通运输与物流学院
323	郑芳芳	交通运输工程	1. 交通系统可靠性建模 2. 交通流理论与仿真 3. 交通控制优化 4. 智能网联交通系统	教授	女	1981年9月	交通运输与物流学院
324	付立平	交通运输工程	1. 交通运输系统分析和优化 2. 智能交通系统	教授	男	1963年9月	加拿大沃特卢大学
325	何华武	交通运输工程	铁路运输组织优化、高速铁路规划设计与运营优化	教授级高工/院士	男	1955年8月	中国工程院
326	蒋朝哲	交通运输工程	1. 交通运输系统分析和优化 2. 轨道交通大数据应用 3. 交通排放与智能交通系统工程 4. 物流系统工程与供应链金融风险（BRI）	副教授	男	1969年9月	交通运输与物流学院
327	蒋阳升	交通运输工程	1. 交通大数据 2. 智能交通	教授	男	1976年7月	交通运输与物流学院
328	李宗平	交通运输工程	1. 交通运输、物流系统规划与优化 2. 最优化理论与方法	教授	男	1963年9月	交通运输与物流学院
329	鲁工圆	交通运输工程	1. 交通运输规划与管理 2. 交通运输系统仿真与优化	副教授	男	1983年8月	交通运输与物流学院
330	吕红霞	交通运输工程	1. 运输组织优化 2. 智能运输系统	教授	女	1969年1月	交通运输与物流学院

续表

序号	姓　名	一级学科	研究方向	职称	性别	出生年月	工作单位
331	彭其渊	交通运输工程	1. 综合运输系统规划 2. 运输组织优化理论与方法 3. 智能交通系统理论与方法 4. 高铁铁路调度指挥智能化	教授	男	1962 年 7 月	交通运输与物流学院
332	帅　斌	交通运输工程	1. 交通运输规划 2. 交通运输经济 3. 交通与供应链 4. 交通运输安全与运输系统可靠性	教授	男	1967 年 8 月	交通运输与物流学院
333	王郴平	交通运输工程	交通运输规划	教授	男	1964 年 1 月	美国俄克拉何马州立大学
334	文　超	交通运输工程	1. 铁路运输组织优化 2. 铁路大数据应用	副教授	男	1984 年 5 月	交通运输与物流学院
335	晏启鹏	交通运输工程	1. 交通运输系统分析与决策 2. 区域与城市交通系统规划	教授	男	1964 年 1 月	四川旅游学院
336	冯　春	交通运输工程	1. 物流与供应链管理 2. 人道物流与供应链扶贫 3. 现代物流与交通运输系统 4. 运输组织优化理论与方法	教授	男	1970 年 4 月	交通运输与物流学院
337	甘　蜜	交通运输工程	1. 交通运输系统大数据分析 2. 智慧物流 3. 综合交通 4. 物流系统优化	副教授	女	1984 年 7 月	交通运输与物流学院
338	贺政纲	交通运输工程	1. 物流系统规划与优化 2. 铁路货运与物流 3. 物流投资决策	教授	男	1977 年 2 月	交通运输与物流学院
339	蹇　明	交通运输工程	1. 供应链管理 2. 物流系统优化 3. 供应链金融与物流经济 4. 博弈论与商品流通理论	教授	男	1973 年 5 月	交通运输与物流学院
340	梁宏斌	交通运输工程	1. 5G 车联网关键技术 2. 交通云计算资源的优化管理与调度 3. 交通数据关键技术 4. 智慧物流关键技术	教授	男	1972 年 1 月	交通运输与物流学院
341	徐　菱	交通运输工程	1. 物流规划与设计 2. 智能物流系统与技术 3. 交通大数据分析研究 4. 运输安全与服务质量研究	教授	女	1965 年 6 月	交通运输与物流学院
342	张　锦	交通运输工程	物流系统规划与设计、物流管理及优化、交通系统优化与规划、物流交通大数据技术及应用	教授	男	1963 年 6 月	交通运输与物流学院
343	张小强	交通运输工程	1. 铁路运输规划与管理 2. 供应链优化 3. 智慧物流与人工智能 4. 城市轨道交通运营管理	副教授	男	1975 年 11 月	交通运输与物流学院

续表

序号	姓　名	一级学科	研究方向	职称	性别	出生年月	工作单位
344	何　娟	交通运输工程	1. 物流金融与经济 2. 交通运输经济	教授	女	1975 年 1 月	交通运输与物流学院
345	韩　科	交通运输工程、系统科学	1. 交通系统建模、优化和管理 2. 大数据与人工智能	教授	男	1985 年 5 月	交通运输与物流学院
346	毕凌岚	建筑学	生态城市设计理论	教授	女	1972 年 5 月	建筑与设计学院
347	崔　叙	建筑学	交通景观与建筑、城市规划与设计	教授	男	1974 年 5 月	建筑与设计学院
348	刘弘涛	建筑学	乡土建筑文化与保护、文化遗产防灾减灾	副教授	男	1977 年 11 月	建筑与设计学院
349	邱　建	建筑学	城市设计及景观规划理论与实践、城乡规划设计及其理论	教授	男	1961 年 5 月	四川省建筑厅
350	沈中伟	建筑学	交通建筑规划与设计	教授	男	1965 年 1 月	建筑与设计学院
351	舒　波	建筑学	建筑设计方法论、建筑创作理论与实践	教授	男	1971 年 1 月	西华大学
352	杨青娟	建筑学	生态城市设计、公共建筑及景观	教授	女	1975 年 4 月	建筑与设计学院
353	于　洋	建筑学	交通建筑与规划、城市空间结构	教授	男	1978 年 3 月	建筑与设计学院
354	袁　红	建筑学	可持续城市及建筑、地下空间规划及设计	副教授	女	1982 年 12 月	建筑与设计学院
355	张樱子	建筑学	城市微气候、绿色建筑设计	教授	女	1983 年 6 月	建筑与设计学院
356	付　飞	建筑学	生态城市	教授	男	1982 年 1 月	建筑与设计学院
357	杨林川	建筑学	1. 城市规划 2. 城市交通	研究员	男	1991 年 1 月	建筑与设计学院
358	余　敏	材料科学与工程	表面工程	副教授	女	1984 年 8 月	材料科学与工程学院
359	苟国庆	材料科学与工程	焊接残余应力及变形	教授	男	1979 年 1 月	材料科学与工程学院
360	熊　俊	材料科学与工程	金属构件增材制造	教授	男	1986 年 11 月	材料科学与工程学院
361	杨　涛	材料科学与工程	1. 激光加工技术 2. 机器人智能化高效化焊接技术	副教授	男	1982 年 11 月	材料科学与工程学院
362	张英波	材料科学与工程	1. 轻金属材料设计 2. 制备及加工技术与表征	副教授	男	1978 年 9 月	材料科学与工程学院
363	朱宗涛	材料科学与工程	激光焊接技术	副教授	男	1983 年 4 月	材料科学与工程学院
364	李远星	材料科学与工程	钎焊	副教授	女	1982 年 8 月	材料科学与工程学院
365	吕　军	材料科学与工程	聚合物成型加工过程中的物理化学变化	教授	男	1971 年 1 月	材料科学与工程学院
366	杨维清	材料科学与工程	纳米能源材料与微电子器件	教授	男	1977 年 9 月	材料科学与工程学院

续表

序号	姓　名	一级学科	研究方向	职称	性别	出生年月	工作单位
367	Salvatore Grasso	材料科学与工程	1. 陶瓷 2. 闪电烧结 3. 烧结机制 4. 结构表征 5. 性能评价	教授	男	1982 年 5 月	材料科学与工程学院
368	范希梅	材料科学与工程	纳米功能材料、环境净化材料	教授	女	1970 年 2 月	材料科学与工程学院
369	方际宇	材料科学与工程	1. 碳纳米管材料 2. 液晶材料	教授	男	1961 年 8 月	材料科学与工程学院
370	胡春峰	材料科学与工程	结构陶瓷	教授	男	1980 年 7 月	材料科学与工程学院
371	李卫东	材料科学与工程	1. 天然产物全合成及结构修饰 2. 有机及生物有机反应机理和催化	教授	男	1968 年 1 月	生命科学与工程学院
372	杨志禄	材料科学与工程	1. 心血管植入 2. 介入器械	教授	男	1980 年 1 月	材料科学与工程学院
373	赵安莎	材料科学与工程	生物材料	教授	女	1977 年 5 月	材料科学与工程学院
374	封　顺	材料科学与工程	新型色谱材料的制备	教授	男	1973 年 12 月	生命科学与工程学院
375	高　峰	材料科学与工程	药用天然产物的发现与合成	教授	男	1979 年 12 月	生命科学与工程学院
376	孟　涛	材料科学与工程	微纳米药物载体材料	副教授	男	1977 年 2 月	生命科学与工程学院
377	陈俊英	材料科学与工程	生物材料	教授	女	1968 年 11 月	材料科学与工程学院
378	戴光泽	材料科学与工程	金属材料工程、环境功能碳材料	教授	男	1963 年 3 月	材料科学与工程学院
379	戴尅戎	材料科学与工程	1. 数字医学与康复工程 2. 3D 打印技术在骨与关节系统中的应用	教授/院士	男	1934 年 6 月	上海交通大学医学院
380	葛昌纯	材料科学与工程	粉末冶金喷射成形高性能合金、核材料、先进陶瓷	教授/院士	男	1934 年 3 月	材料科学与工程学院
381	郭　星	材料科学与工程	1. 环境敏感型纳米粒子在肿瘤治疗中的应用 2. 药物传递系统用于神经紊乱性疾病的治疗	教授	女	1988 年 2 月	材料科学与工程学院
382	呼永河	材料科学与工程	1. 创新药物与生物分子 2. 临床医学	主任医师	男	1968 年 1 月	西部战区总医院
383	胡凯锋	材料科学与工程	1. 天然药物药效物质基础，代谢组学 2. 药物作用分子机制，结构生物学	研究员	男	1974 年 2 月	中国科学院昆明植物研究所
384	冷永祥	材料科学与工程	表面处理	教授	男	1972 年 6 月	材料科学与工程学院

续表

序号	姓　名	一级学科	研究方向	职称	性别	出生年月	工作单位
385	李孝红	材料科学与工程	生物材料	教授	男	1969 年 7 月	材料科学与工程学院
386	鲁　雄	材料科学与工程	1. 材料学 2. 生物材料	教授	男	1977 年 5 月	材料科学与工程学院
387	茆灿泉	材料科学与工程	小分子多肽研究	教授	男	1965 年 5 月	生命科学与工程学院
388	欧建臻	材料科学与工程	材料学	教授	男	1984 年 12 月	材料科学与工程学院
389	彭　羽	材料科学与工程	1. 有机发光材料的多样性合成及应用 2. 靶向给药材料的合成及应用	教授	男	1976 年 12 月	生命科学与工程学院
390	屈树新	材料科学与工程	材料学/生物材料、生物摩擦	教授	女	1967 年 6 月	材料科学与工程学院
391	谭　睿	材料科学与工程	生物材料及医疗器械	教授	女	1969 年 1 月	医学院
392	汤礼军	材料科学与工程	1. 干细胞移植技术及其临床应用 2. 急性重症胰腺炎的诊断与治疗	教授/主任医师	男	1965 年 12 月	西部战区总医院
393	万国江	材料科学与工程	生物材料、材料腐蚀与应用电化学、纳米膜技术	教授	男	1975 年 1 月	材料科学与工程学院
394	汪建新	材料科学与工程	生物材料、功能材料	教授	男	1965 年 1 月	材料科学与工程学院
395	王　进	材料科学与工程	1. 医用高分子材料的制备、改性和性能评价 2. 人工器官和植介入器械的制造	教授	女	1968 年 9 月	材料科学与工程学院
396	王雅雯	材料科学与工程	1. 功能性主体分子对客体物种的荧光识别材料的研发 2. 稀土发光材料	教授	女	1977 年 11 月	生命科学与工程学院
397	王　勇	材料科学与工程	高分子材料	教授	男	1976 年 1 月	材料科学与工程学院
398	翁　杰	材料科学与工程	材料先进制备技术、生物材料、复合材料、纳米材料、表面工程	教授	男	1962 年 11 月	材料科学与工程学院
399	晏为力	材料科学与工程	1. 纳米材料与生物系统的作用 2. 纳米材料在药物制剂组织工程中的应用	教授	男	1973 年 1 月	生命科学与工程学院
400	杨　苹	材料科学与工程	生物材料、材料表面工程	教授	女	1965 年 3 月	材料科学与工程学院
401	杨永健	材料科学与工程	1. 心力衰竭、心肌重构的分子机制 2. 缺血性心血管重构的分子机制	主任医师	男	1965 年 1 月	西部战区总医院

续表

序号	姓　名	一级学科	研究方向	职称	性别	出生年月	工作单位
402	张兴栋	材料科学与工程	1. 材料物理与化学 2. 材料学	教授/院士	男	1938 年 4 月	四川大学
403	周绍兵	材料科学与工程	生物材料	教授	男	1972 年 7 月	材料科学与工程学院
404	周先礼	材料科学与工程	药物化学、药物缓释	教授	男	1969 年 1 月	生命科学与工程学院
405	周祚万	材料科学与工程	功能高分子材料,纳米材料,天然高分子材料，抗菌与环境净化材料	教授	男	1964 年 5 月	材料科学与工程学院
406	罗胜年	材料科学与工程、物理学	1. 材料物理和力学 2. 高压物理 3. 固体物理	教授	男	1970 年 12 月	材料科学与工程学院
407	安立楠	材料科学与工程、力学	聚合物前驱体陶瓷、材料微观力学、多场耦合效应、金属基纳米复合材料力学行为	教授	男	1964 年 5 月	力学与工程学院
408	何　庆	材料科学与工程	1. 危重与急救技术 2. 复苏后心功能的分子生物学基础	教授/主任医师	男	1963 年 5 月	成都市第三人民医院
409	邱忠平	材料科学与工程	1. 资源微生物技术 2. 微生物材料	教授	女	1967 年 1 月	生命科学与工程学院
410	张海涛	材料科学与工程	电化学储能	副教授	男	1985 年 3 月	材料科学与工程学院
411	翁亚军	材料科学与工程	生物医用材料	副教授	女	1976 年 1 月	材料科学与工程学院
412	李可洲	材料科学与工程	1. 医用植物材料创成及表界面处理 2. 医学工程材料与医学人工智能	主任医师	男	1966 年 6 月	四川大学华西医院
413	李　琦	材料科学与工程	1. 环境与可持续发展功能材料 2. 水与空气污染净化	教授	男	1977 年 4 月	材料科学与工程学院
414	孙强强	材料科学与工程	界面材料设计与开发；材料表面浸润性研究	副教授	男	1991 年 6 月	材料科学与工程学院
415	祝凤荣	电子科学与技术、物理学	1. 探测器技术研究 2. 宇宙线物理	副教授	女	1974 年 9 月	物理科学与技术学院
416	许宇鸿	物理学	磁约束核聚变等离子体物理	教授	男	1966 年 8 月	物理科学与技术学院
417	贾焕玉	物理学	宇宙线与核天体物理	教授	男	1966 年 5 月	物理科学与技术学院
418	贾文志	物理学	1. 量子光学理论 2. 腔量子电动力学和腔光力学	副教授	男	1979 年 3 月	物理科学与技术学院
419	林文斌	物理学	1. 广义相对论与宇宙学 2. 人工智能与物理	教授	男	1970 年 1 月	物理科学与技术学院
420	周勋秀	物理学	1. 宇宙线与核天体物理 2. 大气物理	教授	女	1975 年 1 月	物理科学与技术学院

续表

序号	姓　名	一级学科	研究方向	职称	性别	出生年月	工作单位
421	刘福生	物理学	1. 高压物理 2. 含能材料	研究员	男	1966 年 1 月	物理科学与技术学院
422	刘其军	物理学	1. 高压物理 2. 含能材料	副教授	男	1985 年 3 月	物理科学与技术学院
423	马小娟	物理学	1. 高压下材料物性 2. 地球物理学	副教授	女	1976 年 5 月	物理科学与技术学院
424	倪宇翔	物理学	1. 新材料的多尺度计算模拟 2. 低维材料和纳米结构的原子分子设计	副教授	男	1984 年 1 月	物理科学与技术学院
425	王红艳	物理学	1. 新材料的多尺度计算模拟 2. 低维材料和纳米结构的原子分子设计	教授	女	1970 年 4 月	物理科学与技术学院
426	谢　东	物理学	1. 薄膜物理 2. 低温等离子表面改性技术及应用	教授	男	1974 年 11 月	物理科学与技术学院
427	王　辉	物理学	1. 团簇及纳米材料的结构及物性研究 2. 分子间弱相互作用的理论研究	副教授	女	1980 年 1 月	物理科学与技术学院
428	李相强	物理学、能源动力	1. 天线理论与无线通信 2. 电磁环境与电磁兼容 3. 电工新技术新材料 4. 轨道交通电气化与信息技术	教授	男	1982 年 1 月	物理科学与技术学院
429	廖　成	物理学	1. 天线理论与技术 2. 计算电磁学	教授	男	1964 年 1 月	物理科学与技术学院
430	刘庆想	物理学	1. 高功率微波理论及技术 2. 天线理论与技术	教授	男	1964 年 6 月	物理科学与技术学院
431	彭建平	物理学	1. 光学成像检测关键技术研究 2. 无损检测关键技术研究	副教授	男	1976 年 3 月	物理科学与技术学院
432	张健穹	物理学	1. 天线理论与技术 2. 电磁环境与电磁兼容	教授	男	1983 年 4 月	物理科学与技术学院
433	张　渝	物理学	1. 光电检测与光学信息处理 2. 超声无损检测	教授	女	1977 年 1 月	物理科学与技术学院
434	张政权	物理学	1. 电能变换与控制技术 2. 脉冲功率技术	副研究员	男	1983 年 4 月	物理科学与技术学院
435	钟选明	物理学	1. 天线与传播 2. 计算电磁学	教授	男	1972 年 7 月	物理科学与技术学院
436	王邦继	物理学	1. 天线理论及应用 2. 电机驱动与控制技术	副教授	男	1984 年 8 月	物理科学与技术学院
437	王先驱	物理学	磁约束核聚变等离子体物理	副研究员	男	1985 年 11 月	物理科学与技术学院
438	王轶文	物理学	1. 微纳光电子学 2. 超导量子器件	副教授	男	1981 年 3 月	物理科学与技术学院

续表

序号	姓　名	一级学科	研究方向	职称	性别	出生年月	工作单位
439	羊新胜	物理学	1. 半导体薄膜 2. 新型功能材料	副研究员	男	1977年6月	物理科学与技术学院
440	程　钧	物理学	1. 等离子体物理 2. 等离子体诊断技术	研究员	男	1980年11月	物理科学与技术学院
441	乐　源	力学	非线性动力学、非光滑系统动力学	教授	男	1974年2月	力学与工程学院
442	李映辉	力学	工程结构仿真、结构振动与控制、非线性动力学	教授	男	1964年1月	力学与工程学院
443	冯志强	力学	计算力学	教授	男	1963年2月	力学与工程学院
444	杨　杰	力学	血管支架-血管力学耦合关系、制造力学	教授	男	1970年1月	力学与工程学院
445	杨翊仁	力学	流固耦合动力学	教授	男	1959年2月	力学与工程学院
446	沈火明	力学	结构振动与控制、微动磨损与微动疲劳	教授	男	1968年8月	党政办公室
447	蔡力勋	力学	结构安全评价、疲劳与断裂力学	教授	男	1959年7月	力学与工程学院
448	江晓禹	力学	复合材料力学、接触疲劳	教授	男	1965年1月	力学与工程学院
449	蒋　晗	力学	高分子材料本构关系、材料表面损伤	教授	男	1973年1月	力学与工程学院
450	阚前华	力学	智能材料多场耦合循环本构关系、高速/重载铁路滚动接触疲劳	教授	男	1980年5月	力学与工程学院
451	康国政	力学	固体材料本构关系、固体材料破坏与结构安全评估	教授	男	1969年8月	力学与工程学院
452	李翔宇	力学	复杂随机介质的力学行为、多场耦合材料力学	教授	男	1979年9月	力学与工程学院
453	刘金铃	力学、材料科学与工程	1. 金属基纳米复合材料力学行为、材料强韧化机理 2. 新型结构陶瓷、金属基纳米复合材料	教授	男	1983年11月	力学与工程学院
454	师明星	力学	柔性电子中的力学问题、微纳米力学	教授	男	1972年5月	力学与工程学院
455	张　旭	力学	多尺度力学、固体本构关系	教授	男	1985年3月	力学与工程学院
456	朱志武	力学	材料冲击动态力学性质、材料本构关系	教授	男	1974年8月	力学与工程学院
457	袁江宏	力学	软材料与柔性结构力学、位错弹性理论与弹性动力学	副教授	男	1984年12月	力学与工程学院
458	范东明	测绘科学与技术	1. 卫星重力测量与全球变化检测 2. 空间大地测量与地球动力学	教授	男	1964年6月	地球科学与环境工程学院
459	熊永良	测绘科学与技术	1. 高精度GNSS定位理论与应用 2. GNSS大气反演	教授	男	1964年7月	地球科学与环境工程学院

续表

序号	姓　名	一级学科	研究方向	职称	性别	出生年月	工作单位
460	袁林果	测绘科学与技术	1. 卫星大地测量 2. 地球潮汐形变	教授	男	1980年1月	地球科学与环境工程学院
461	周乐韬	测绘科学与技术	1. 卫星导航定位数据处理 2. 卫星大地测量	副教授	男	1977年12月	地球科学与环境工程学院
462	黄丁发	测绘科学与技术	1. 卫星导航与位置服务系统理论 2. 应急辅助抉择支持信息系统 3. 卫星对地观测与全球变化	教授	男	1963年12月	地球科学与环境工程学院
463	黄　波	测绘科学与技术	1. 地理信息科学 2. 遥感影像融合	教授	男	1968年11月	香港中文大学
464	刘纪平	测绘科学与技术	1. 地理空间大数据分析 2. 互联网地理信息提取与挖掘	研究员	男	1967年12月	中国测绘科学研究院
465	逄　鹏	测绘科学与技术	1. 地图可视化 2. 空间信息可视化	副教授	男	1977年2月	地球科学与环境工程学院
466	徐　柱	测绘科学与技术	1. 时空数据分析与挖掘 2. 空间多尺度模型与空间数据自动综合 3. 空间数据共享与地理信息服务	教授	男	1972年4月	地球科学与环境工程学院
467	张福浩	测绘科学与技术	空间数据挖掘分析	研究员	男	1973年2月	中国测绘科学研究院
468	朱　军	测绘科学与技术	1. 三维地理信息系统 2. 虚拟地理环境 3. 时空过程建模与可视化 4. 地理协同技术与方法	教授	男	1976年11月	地球科学与环境工程学院
469	李志林	测绘科学与技术	1. 空间多尺度表达与自动综合 2. 遥感影像解译与信息提取 3. 高分辨率遥感	教授	男	1960年6月	香港理工大学
470	曹云刚	测绘科学与技术	1. 遥感信息提取与变化检测 2. 环境与灾害遥感	副教授	男	1978年1月	地球科学与环境工程学院
471	陈　军	测绘科学与技术	1. 全球地表覆盖遥感制图与分析 2. 国家基础地理信息更新与服务	教授	男	1956年1月	国家基础地理信息中心
472	高　贵	测绘科学与技术	合成孔径雷达信号处理	教授	男	1981年12月	地球科学与环境工程学院
473	朱　庆	测绘科学与技术	1. 数字摄影测量 2. 三维GIS与虚拟地理环境	教授	男	1966年7月	地球科学与环境工程学院
474	陈　强	测绘科学与技术	1. 雷达干涉测量 2. 数字摄影测量 3. 地球物理大地测量与地震反演	教授	男	1974年9月	地球科学与环境工程学院

续表

序号	姓　名	一级学科	研究方向	职称	性别	出生年月	工作单位
475	刘国祥	测绘科学与技术	1. 高分辨率卫星遥感影像处理与分析 2. 合成孔径雷达干涉（InSAR）	教授	男	1968 年 9 月	地球科学与环境工程学院
476	程谦恭	地质资源与地质工程	1. 地质灾害及其防治工程 2. 特殊岩土与工程 3. 隧道工程地质	教授	男	1962 年 12 月	地球科学与环境工程学院
477	丁明涛	地质资源与地质工程	1. 地质灾害及防治工程 2. 地质环境评价与 GIS 技术	教授	男	1981 年 9 月	地球科学与环境工程学院
478	胡卸文	地质资源与地质工程	1. 边坡及地下洞室围岩稳定性 2. 地质灾害成因及防治	教授	男	1963 年 11 月	地球科学与环境工程学院
479	王　虎	地质资源与地质工程	1. 活动构造与区域稳定性 2. 构造地貌	副教授	男	1983 年 1 月	地球科学与环境工程学院
480	巫锡勇	地质资源与地质工程	1. 地质灾害及防治工程 2. 岩石的风化过程及其工程特性弱化评价研究 3. 特殊岩土工程	教授	男	1963 年 5 月	地球科学与环境工程学院
481	席北斗	地质资源与地质工程	1. 固体废物处理处置 2. 面源污染控制	研究员	男	1969 年 1 月	中国环境科学研究院
482	肖世国	地质资源与地质工程、交通运输工程	1. 岩土支挡结构计算理论 2. 岩土体稳定性分析理论 3. 边坡工程与基础工程 4. 路基土工结构设计理论与路基工程建造技术	教授	男	1973 年 1 月	地球科学与环境工程学院
483	张玉春	地质资源与地质工程、土木工程	1. 隧道及地下空间灾害防治 2. 应急救援及防灾减灾 3. 工程灾害防治 4. 智慧消防	教授	男	1980 年 2 月	地球科学与环境工程学院
484	赵晓彦	地质资源与地质工程	1. 地质灾害与防治工程 2. 土力学与特殊土工程	教授	男	1977 年 6 月	地球科学与环境工程学院
485	唐菊兴	地质资源与地质工程	固体矿产勘查评价	研究员	男	1964 年 9 月	中国地质科学院矿产资源研究所
486	丁雨淋	测绘科学与技术	1. 三维 GIS 2. 虚拟地理环境	副教授	女	1986 年 9 月	地球科学与环境工程学院
487	叶沅鑫	测绘科学与技术	1. 遥感影像处理与分析 2. 摄影测量与遥感	副教授	男	1985 年 3 月	地球科学与环境工程学院
488	张　涵	测绘科学与技术、土木工程	1. 区域污染时空分析及溯源研究 2. 流域水质模拟技术 3. 水污染治理及防治研究 4. 区域污染时空分析及溯源研究	教授	女	1980 年 7 月	地球科学与环境工程学院
489	张　瑞	测绘科学与技术	1. 合成孔径雷达干涉 2. 微波遥感	副教授	男	1982 年 5 月	地球科学与环境工程学院
490	陈　敏	测绘科学与技术	1. 数值摄影测量 2. 计算机视觉	副教授	男	1986 年 11 月	地球科学与环境工程学院

续表

序号	姓　名	一级学科	研究方向	职称	性别	出生年月	工作单位
491	游　为	测绘科学与技术	1. 卫星重力测量 2. 测量数据处理	副教授	男	1985 年 12 月	地球科学与环境工程学院
492	胡　翰	测绘科学与技术	1. 倾斜摄影测量 2. 三维 GIS	教授	男	1988 年 7 月	地球科学与环境工程学院
493	尹高飞	测绘科学与技术	1. 植被定量遥感（反射率建模、植被参数反演等） 2. 遥感图像处理（辐射校正、时空融合等）	教授	男	1985 年 12 月	地球科学与环境工程学院
494	马　军	土木工程	1. 水处理工艺理论与技术 2. 污水深度处理技术	教授/院士	男	1962 年 7 月	哈尔滨工业大学
495	多　吉	地质资源与地质工程	1. 地热成因及开发利用研究 2. 隧道工程水热灾害防治研究	教授级高工/院士	男	1953 年 9 月	西藏地质矿产勘查开发局
496	李清泉	测绘科学与技术	1. 动态精密工程测量 2. 基础设施状态检测	教授	男	1965 年 1 月	深圳大学
497	曾　虹	中国语言文学	1. 比较文学，比较诗歌研究 2. 符号学，电影符号学	教授	女	1969 年 1 月	外国语学院
498	李成坚	中国语言文学	1. 英美文学 2. 比较文学	教授	女	1969 年 6 月	外国语学院
499	莫光华	中国语言文学	1. 译介学 2. 德语文学	教授	男	1972 年 12 月	外国语学院
500	徐行言	中国语言文学	1. 中外诗学比较 2. 中外文学交流与互动研究	教授	男	1954 年 8 月	人文学院
501	余夏云	中国语言文学	1. 中外文学关系 2. 海外汉学（中国文学）研究	教授	男	1982 年 5 月	人文学院
502	俞森林	中国语言文学	译介学、海外汉学	教授	男	1967 年 9 月	外国语学院
503	胡志红	中国语言文学	比较文学与世界文学文艺学	教授	男	1965 年 11 月	人文学院
504	周俊勋	中国语言文学	1. 汉语词汇语法史 2. 语言接触	教授	男	1967 年 3 月	人文学院
505	安　燕	中国语言文学	1. 电影美学 2. 中国电影史	教授	女	1975 年 7 月	人文学院
506	王长才	中国语言文学	1. 文学理论 2. 叙事学	副教授	男	1975 年 12 月	人文学院
507	石　磊	中国语言文学	1. 传媒与文化 2. 网络与新媒体	教授	男	1970 年 1 月	人文学院
508	翟惠生	中国语言文学	1. 新闻 2. 文化艺术	高级记者	男	1956 年 5 月	人文学院
509	刘玉珺	中国语言文学	1. 域外汉籍研究 2. 汉唐文学与文献研究	教授	女	1976 年 1 月	人文学院
510	罗　宁	中国语言文学	唐宋文学文献	教授	男	1971 年 11 月	人文学院
511	吕鹏志	中国语言文学	道教文献、道教思想、道教史；中国宗教	教授	男	1969 年 6 月	人文学院
512	邢　文	中国语言文学	1. 中国简帛学、技术书法学 2. 中国美术史论、数理美术史	教授	男	1965 年 9 月	人文学院

续表

序号	姓　名	一级学科	研究方向	职称	性别	出生年月	工作单位
513	汪启明	中国语言文学	1. 古籍整理与出版研究 2. 西南地域文献研究 3. 汉语文献方言学研究	教授	男	1955年2月	人文学院
514	柏　桦	中国语言文学	1. 现当代作家作品研究 2. 中国现当代诗歌	教授	男	1956年1月	人文学院
515	段从学	中国语言文学	中国现当代文学	教授	男	1969年11月	人文学院
516	蔡成标	机械工程	高速列车与线路及桥梁的相互作用、铁路大系统动力学理论及仿真	研究员	男	1963年5月	牵引动力国家重点实验室
517	池茂儒	机械工程	铁道车辆系统动力学、空轨列车系统设计理论、真空管道悬浮列车控制技术	研究员	男	1973年1月	牵引动力国家重点实验室
518	敬　霖	机械工程	1. 列车碰撞安全与冲击防护 2. 轮轨动态接触与损伤行为	研究员	男	1984年4月	牵引动力国家重点实验室
519	罗世辉	机械工程	车辆设计及理论、车辆强度及可靠性	教授	男	1964年4月	牵引动力国家重点实验室
520	马卫华	机械工程	1. 机车及重载列车动力学 2. 磁浮列车悬浮架设计及车辆动力学	研究员	男	1979年1月	牵引动力国家重点实验室
521	姚　远	机械工程	1. 机车车辆设计理论 2. 车辆系统动力学及控制	研究员	男	1983年6月	牵引动力国家重点实验室
522	张继旺	机械工程	1. 高速列车结构强度及寿命预测 2. 材料与结构的损伤和评估	副研究员	男	1983年6月	牵引动力国家重点实验室
523	刘建新	机械工程	机车车辆结构与强度分析、机车车辆动力学	教授	男	1965年1月	牵引动力国家重点实验室
524	翟婉明	机械工程、交通运输工程	铁路大系统动力学理论及应用、高速列车运行安全性、高速列车与线桥结构动态相互作用、重载铁路轮轨动力作用	教授/院士	男	1963年8月	牵引动力国家重点实验室
525	王开云	机械工程、交通运输工程	铁路大系统动力学、现代铁路轮轨动态相互作用及其安全控制	研究员	男	1974年7月	牵引动力国家重点实验室
526	陈再刚	交通运输工程	1. 车辆系统动力学 2. 机械振动测试与分析	研究员	男	1984年1月	牵引动力国家重点实验室
527	戴焕云	交通运输工程	机车车辆结构及可靠性、列车系统动力学	研究员	男	1966年3月	牵引动力国家重点实验室
528	丁建明	交通运输工程	1. 车辆安全检测、故障诊断与性能评估研究 2. 非线性、非平稳信号处理理论与方法研究	副研究员	男	1981年8月	牵引动力国家重点实验室
529	林建辉	交通运输工程	机车车辆测控技术及故障诊断、轨道交通车辆的运行安全测试和关键技术研究	教授	男	1964年1月	牵引动力国家重点实验室
530	鲁连涛	交通运输工程	材料疲劳与断裂、结构疲劳与断裂	研究员	男	1965年1月	牵引动力国家重点实验室

续表

序号	姓　名	一级学科	研究方向	职称	性别	出生年月	工作单位
531	马光同	交通运输工程、电气工程	1. 磁悬浮理论与技术 2. 磁悬浮系统动力学 3. 新型直线电机理论与技术	研究员	男	1982 年 1 月	牵引动力国家重点实验室
532	温泽峰	交通运输工程	列车与运行环境相互作用、车辆减振降噪及环境工程	研究员	男	1976 年 5 月	牵引动力国家重点实验室
533	邬平波	交通运输工程	铁道车辆系统动力学、铁道车辆强度及疲劳可靠性	研究员	男	1968 年 8 月	牵引动力国家重点实验室
534	杨　冰	交通运输工程、机械工程	1. 车辆结构强度理论及可靠性 2. 材料疲劳与断裂	研究员	男	1979 年 1 月	牵引动力国家重点实验室
535	张卫华	交通运输工程、机械工程	高速列车耦合大系统动力学理论与应用、高温超导磁浮与高速真空管道技术	教授	男	1961 年 4 月	牵引动力国家重点实验室
536	赵春发	交通运输工程、机械工程	1. 铁路车辆与轨道系统动力学 2. 轨道结构振动与疲劳损伤	研究员	男	1973 年 1 月	牵引动力国家重点实验室
537	曾　京	交通运输工程、机械工程	车辆系统动力学、车辆设计及理论	教授	男	1963 年 9 月	牵引动力国家重点实验室
538	张继业	机械工程、交通运输工程	车辆动力学与控制、混合动力车辆控制、多车辆协调控制	教授	男	1965 年 6 月	牵引动力国家重点实验室
539	吴圣川	交通运输工程、力学	车辆强度及可靠性、车辆设计及理论、结构的损伤、疲劳与断裂、结构完整性与安全评价	研究员	男	1979 年 8 月	牵引动力国家重点实验室
540	陈滋利	数学	泛函分析	教授	男	1961 年 1 月	数学学院
541	范翠玲	数学	代数编码、组合数学	教授	女	1983 年 9 月	数学学院
542	黎定仕	数学	1. 随机动力系统 2. 无穷维动力系统	副教授	男	1984 年 8 月	数学学院
543	刘　品	数学	1. 环与代数 2. 表示论	副教授	男	1980 年 1 月	数学学院
544	潘小东	数学	模糊逻辑可靠性统计	副教授	男	1979 年 7 月	数学学院
545	秦克云	数学	多值逻辑、粗糙集理论	教授	男	1962 年 1 月	数学学院
546	唐家银	数学	可靠性统计、应用概率	副教授	男	1976 年 9 月	数学学院
547	王　璐	数学	金融时间序列分析	副教授	男	1979 年 7 月	数学学院
548	吴至友	数学	1. 最优化理论与算法 2. 优化算法在人工智能中应用	教授	女	1967 年 12 月	重庆师范大学
549	杨　晗	数学	应用偏微分方程	教授	男	1969 年 8 月	数学学院
550	杨　洋	数学	序列设计、密码函数	教授	男	1983 年 1 月	数学学院
551	张文萌	数学	微分方程与动力系统	教授	男	1983 年 5 月	重庆师范大学
552	郑海涛	数学	数理统计、生物统计	教授	男	1971 年 5 月	数学学院
553	刘　军	数学	自动推理及形式化验证	Reader	男	1970 年 7 月	英国阿尔斯特大学
554	冉绵惠	马克思主义理论	马克思主义中国化、中国近代史基本问题	教授	女	1964 年 1 月	马克思主义学院

续表

序号	姓　名	一级学科	研究方向	职称	性别	出生年月	工作单位
555	田雪梅	马克思主义理论	当代中国廉政与治理、比较思想政治教育	教授	女	1970 年 12 月	马克思主义学院
556	王　菁	马克思主义理论	中国共产党政治宣传研究、中国共产党基层治理研究	教授	女	1982 年 3 月	马克思主义学院
557	刘占祥	马克思主义理论	中国化马克思主义	教授	男	1968 年 3 月	马克思主义学院
558	王炳林	马克思主义理论	中共党史	教授	男	1961 年 1 月	北京师范大学
559	谢　瑜	马克思主义理论	马克思主义科技观、马克思主义科技伦理	教授	女	1975 年 11 月	马克思主义学院
560	颜　军	马克思主义理论	马克思主义人学理论研究、马克思主义经典著作研究	教授	男	1977 年 12 月	马克思主义学院
561	陈井安	马克思主义理论	马克思主义国家学说与政治理论	研究员	男	1964 年 3 月	四川省社会科学院
562	吴　江	马克思主义理论	党的建设研究	研究员	男	1953 年 8 月	中国人事科学院
563	杨先农	马克思主义理论	马克思主义中国化、中国特色社会主义文化建设	研究员	男	1957 年 12 月	四川省社会科学院
564	冯　刚	马克思主义理论	思想政治教育	教授	男	1968 年 8 月	教育部思想政治工作司
565	李春梅	马克思主义理论	青年政治参与、大学生思想政治教育	教授	女	1980 年 3 月	马克思主义学院
566	林伯海	马克思主义理论	马克思主义政治理论与国家学说、社会思潮与青年教育	教授	男	1964 年 9 月	马克思主义学院
567	宁维卫	马克思主义理论	心理健康教育、应用心理学	教授	男	1962 年 1 月	心理研究与咨询中心
568	胡子祥	马克思主义理论	思想政治教育、中国近现代史基本问题研究	教授	男	1974 年 5 月	马克思主义学院
569	田永秀	马克思主义理论	中国近现代史、马克思主义中国化	教授	女	1970 年 9 月	马克思主义学院
570	张雪永	马克思主义理论	铁路与民族复兴研究、中国共产党老龄理论与政策研究	教授	男	1973 年 5 月	文科建设处
571	李学勇	马克思主义理论	思想政治教育与方法、代际与思想政治教育	教授	男	1976 年 1 月	马克思主义学院

（二）办学规模

1. 2020 年各省（自治区、直辖市、特别行政区）招生人数

省份	成都	峨眉	总计
安徽	186	13	199
澳门	1	—	1
北京	48	—	48
重庆	315	113	428

续表

省份	成都	峨眉	总计
福建	119	2	121
甘肃	270	20	290
广东	158	—	158
广西	184	7	191
贵州	166	85	251
海南	11	—	11
河北	193	76	269
河南	246	89	335
黑龙江	118	4	122
湖北	160	77	237
湖南	252	11	263
吉林	101	—	101
江苏	316	—	316
江西	204	6	210
辽宁	146	2	148
内蒙古	102	5	107
宁夏	48	2	50
青海	70	3	73
山东	326	2	328
山西	212	4	216
陕西	182	9	191
上海	21	—	21
四川	1504	337	1841
台湾	3	—	3
天津	65	2	67
西藏	53	—	53
香港	4	—	4
新疆	170	3	173
云南	140	79	219
浙江	268	8	276

2. 2020年各专业硕士研究生招生统计表

学院代码	学院名称	专业代码	专业名称	招生人数
001	土木工程学院	081401	岩土工程	17
001	土木工程学院	081402	结构工程	24
001	土木工程学院	081406	桥梁与隧道工程	99
001	土木工程学院	082301	道路与铁道工程	48
001	土木工程学院	085900	土木水利	318
001	土木工程学院	086100	交通运输	23
002	机械工程学院	080200	机械工程	78
002	机械工程学院	080204	车辆工程	21
002	机械工程学院	0802Z1	城市轨道交通技术与装备	4
002	机械工程学院	080700	动力工程及工程热物理	10
002	机械工程学院	081404	供热、供燃气、通风及空调工程	27
002	机械工程学院	085500	机械	259
003	电气工程学院	080800	电气工程	107
003	电气工程学院	0808Z1	轨道交通电气化与信息技术	11
003	电气工程学院	0808Z2	电磁悬浮与超导工程	8
003	电气工程学院	081100	控制科学与工程	24
003	电气工程学院	085400	电子信息	53
003	电气工程学院	085800	能源动力	181
004	信息科学与技术学院	080902	电路与系统	5
004	信息科学与技术学院	080903	微电子学与固体电子学	7
004	信息科学与技术学院	081000	信息与通信工程	53
004	信息科学与技术学院	0810Z1	信息安全	11
004	信息科学与技术学院	081101	控制理论与控制工程	5
004	信息科学与技术学院	081200	计算机科学与技术	57
004	信息科学与技术学院	082302	交通信息工程及控制	25
004	信息科学与技术学院	083500	软件工程	16
004	信息科学与技术学院	085400	电子信息	270
004	信息科学与技术学院	086100	交通运输	55
005	经济管理学院	020100	理论经济学	3
005	经济管理学院	020200	应用经济学	20
005	经济管理学院	120100	管理科学与工程	31
005	经济管理学院	120201	会计学	8
005	经济管理学院	120202	企业管理	17
005	经济管理学院	120204	技术经济及管理	1

续表

学院代码	学院名称	专业代码	专业名称	招生人数
005	经济管理学院	125300	会计	61
005	经济管理学院	125601	工程管理	31
005	经济管理学院	125602	项目管理	19
005	经济管理学院	125603	工业工程与管理	53
007	交通运输与物流学院	071100	系统科学	3
007	交通运输与物流学院	082303	交通运输规划与管理	66
007	交通运输与物流学院	0823Z1	物流工程	18
007	交通运输与物流学院	0823Z2	交通工程	11
007	交通运输与物流学院	083700	安全科学与工程	4
007	交通运输与物流学院	085700	资源与环境	19
007	交通运输与物流学院	086100	交通运输	203
007	交通运输与物流学院	125604	物流工程与管理	39
008	建筑与设计学院	0802Z2	工业设计与工程	2
008	建筑与设计学院	081300	建筑学	26
008	建筑与设计学院	083300	城乡规划学	14
008	建筑与设计学院	083400	风景园林学	9
008	建筑与设计学院	085100	建筑学	48
008	建筑与设计学院	085300	城市规划	26
008	建筑与设计学院	085500	机械	26
008	建筑与设计学院	095300	风景园林	14
008	建筑与设计学院	130500	设计学	24
008	建筑与设计学院	135100	艺术	29
009	材料科学与工程学院	080500	材料科学与工程	76
009	材料科学与工程学院	083100	生物医学工程	11
009	材料科学与工程学院	085500	机械	42
009	材料科学与工程学院	085600	材料与化工	118
010	生命科学与工程学院	071000	生物学	20
010	生命科学与工程学院	086000	生物与医药	65
010	生命科学与工程学院	100700	药学	70
011	物理科学与技术学院	070200	物理学	89
011	物理科学与技术学院	080900	电子科学与技术	27
012	力学与工程学院	080100	力学	81
013	外国语学院	045300	汉语国际教育	10

续表

学院代码	学院名称	专业代码	专业名称	招生人数
013	外国语学院	050200	外国语言文学	30
013	外国语学院	055101	英语笔译	28
014	地球科学与环境工程学院	081600	测绘科学与技术	52
014	地球科学与环境工程学院	081800	地质资源与地质工程	28
014	地球科学与环境工程学院	083000	环境科学与工程	25
014	地球科学与环境工程学院	085700	资源与环境	119
014	地球科学与环境工程学院	085900	土木水利	79
018	人文学院	010100	哲学	7
018	人文学院	045300	汉语国际教育	16
018	人文学院	050100	中国语言文学	43
018	人文学院	050300	新闻传播学	26
018	人文学院	055200	新闻与传播	26
019	公共管理与政法学院	030100	法学	10
019	公共管理与政法学院	035101	法律（非法学）	19
019	公共管理与政法学院	035102	法律（法学）	15
019	公共管理与政法学院	085700	资源与环境	19
019	公共管理与政法学院	120400	公共管理	67
019	公共管理与政法学院	125200	公共管理	232
021	牵引动力国家重点实验室	080204	车辆工程	39
021	牵引动力国家重点实验室	082304	载运工具运用工程	50
021	牵引动力国家重点实验室	086100	交通运输	125
025	MBA中心（经济管理学院）	125100	工商管理	483
040	数学学院	070100	数学	48
040	数学学院	071400	统计学	23
042	心理研究与咨询中心	040200	心理学	22
043	马克思主义学院	030500	马克思主义理论	59
044	医学院	100700	药学	5
044	医学院	107200	生物医学工程	12
045	临床医学院	100200	临床医学	52
046	唐山研究生院	085400	电子信息	34
046	唐山研究生院	085500	机械	30
046	唐山研究生院	085800	能源动力	36
合计			5109人	

3. 2020 年各专业博士研究生招生统计表

学院代码	学院名称	专业代码	专业名称	招生人数
001	土木工程学院	081401	岩土工程	9
001	土木工程学院	081402	结构工程	8
001	土木工程学院	081405	防灾减灾工程及防护工程	2
001	土木工程学院	081406	桥梁与隧道工程	52
001	土木工程学院	082301	道路与铁道工程	23
001	土木工程学院	086100	（专业学位）交通运输	23
002	机械工程学院	080201	机械制造及其自动化	2
002	机械工程学院	080202	机械电子工程	5
002	机械工程学院	080203	机械设计及理论	25
002	机械工程学院	080204	车辆工程	8
002	机械工程学院	081404	供热、供燃气、通风及空调工程	5
002	机械工程学院	085500	（专业学位）机械	10
003	电气工程学院	080800	电气工程	47
003	电气工程学院	081100	控制科学与工程	4
003	电气工程学院	085800	（专业学位）能源动力	12
004	信息科学与技术学院	081000	信息与通信工程	12
004	信息科学与技术学院	0810Z1	信息安全	7
004	信息科学与技术学院	081101	控制理论与控制工程	2
004	信息科学与技术学院	081200	计算机科学与技术	21
004	信息科学与技术学院	082302	交通信息工程及控制	6
004	信息科学与技术学院	086100	（专业学位）交通运输	10
005	经济管理学院	120100	管理科学与工程	16
005	经济管理学院	120200	工商管理	13
007	交通运输与物流学院	082303	交通运输规划与管理	20
007	交通运输与物流学院	0823Z1	物流工程	5
007	交通运输与物流学院	0823Z2	交通工程	5
007	交通运输与物流学院	086100	（专业学位）交通运输	6
008	建筑与设计学院	0802Z2	工业设计与工程	2
008	建筑与设计学院	081300	建筑学	8
008	建筑与设计学院	085500	（专业学位）机械	1
009	材料科学与工程学院	080500	材料科学与工程	36
009	材料科学与工程学院	085500	（专业学位）机械	2
010	生命科学与工程学院	080500	材料科学与工程	13
011	物理科学与技术学院	070200	物理学	16
012	力学与工程学院	080100	力学	19
013	外国语学院	050100	中国语言文学	4
014	地球科学与环境工程学院	081403	市政工程	5

续表

学院代码	学院名称	专业代码	专业名称	招生人数
014	地球科学与环境工程学院	0814Z1	工程环境与景观	3
014	地球科学与环境工程学院	081600	测绘科学与技术	20
014	地球科学与环境工程学院	081800	地质资源与地质工程	8
014	地球科学与环境工程学院	086100	（专业学位）交通运输	6
018	人文学院	050100	中国语言文学	10
021	牵引动力国家重点实验室	080204	车辆工程	11
021	牵引动力国家重点实验室	082304	载运工具运用工程	21
021	牵引动力国家重点实验室	085500	（专业学位）机械	2
021	牵引动力国家重点实验室	086100	（专业学位）交通运输	8
040	数学学院	070100	数学	9
043	马克思主义学院	030500	马克思主义理论	22
合计			584 人	

4. 2020 年各教学单位全日制本科生入学、毕业、在校人数

院、系（所）	毕业人数	入学人数	本科在校生人数
总计	6873	7202	28 755
土木工程学院	912	989	3976
机械工程学院	701	785	3091
电气工程学院	691	590	2371
信息科学与技术学院	649	610	2571
经济管理学院	399	385	1514
外国语学院	305	287	1101
交通运输与物流学院	559	526	2168
材料科学与工程学院	302	362	1268
地球科学与环境工程学院	382	533	1922
建筑与设计学院	386	335	1605
物理科学与技术学院	233	305	1178
人文学院	190	252	1078
公共管理与政法学院	205	200	815
生命科学与工程学院	200	295	932
力学与工程学院	109	186	655
数学学院	168	175	628
马克思主义学院	44	50	198
心理研究与咨询中心	27	53	176
茅以升学院	234	0	391
利兹学院	177	284	1117

5. 2020年各专业硕士研究生毕业、在校人数

类别	专业名称	年制	毕业生数	授予学位数	在校生数			
					合计	一年级	二年级	三年级
合计	硕士研究生	3	3374	3268	13 658	5109	4216	4333
合计	学术学位硕士研究生	3	1376	1328	5061	1849	1647	1565
哲学	哲学	3	6	6	23	7	8	8
经济学	理论经济学	3	3	3	7	3	1	3
经济学	应用经济学	3	22	22	66	23	23	20
法学	法学	3	13	13	32	10	10	12
法学	政治学	3	4	4	5	0	0	5
法学	马克思主义理论	3	27	27	156	62	48	46
教育学	心理学	3	4	4	57	22	18	17
文学	中国语言文学	3	37	37	123	43	42	38
文学	英语语言文学	3	16	16	12	0	0	12
文学	法语语言文学	3	2	2	0	0	0	0
文学	德语语言文学	3	3	3	6	0	0	6
文学	日语语言文学	3	4	4	0	0	0	0
文学	外国语言文学	3	0	0	58	30	28	0
文学	比较文学与跨文化研究	3	0	0	4	0	0	4
文学	翻译学	3	0	0	5	0	0	5
文学	新闻传播学	3	27	27	86	26	27	33
理学	数学	3	43	41	125	52	41	32
理学	理论物理	3	1	1	8	0	0	8
理学	原子与分子物理	3	4	4	7	0	0	7
理学	等离子体物理	3	0	0	4	0	0	4
理学	凝聚态物理	3	11	11	19	0	0	19
理学	光学	3	24	20	18	0	0	18
理学	无线电物理	3	3	3	2	0	0	2
理学	物理学	3	0	0	159	89	70	0
理学	生物化学与分子生物学	3	20	20	29	0	0	29
理学	生物学	3	0	0	20	20	0	0
理学	系统科学	3	0	0	3	3	0	0
理学	统计学	3	15	15	59	23	19	17
工学	力学	3	39	39	196	85	57	54
工学	车辆工程	3	36	34	167	60	62	45
工学	工业设计与工程	3	2	2	4	2	2	0

续表

类别	专业名称	年制	毕业生数	授予学位数	在校生数			
					合计	一年级	二年级	三年级
工学	城市轨道交通技术与装备	3	1	1	8	4	2	2
工学	机械工程	3	57	57	215	82	66	67
工学	工业设计与工程	3	0	0	3	0	0	3
工学	材料科学与工程	3	71	62	207	76	67	64
工学	动力机械及工程	3	5	5	11	0	0	11
工学	动力工程及工程热物理	3	0	0	10	10	0	0
工学	电气工程	3	104	104	325	107	111	107
工学	轨道交通电气化与信息技术	3	5	5	32	11	9	12
工学	电磁悬浮与超导工程	3	6	6	23	8	5	10
工学	物理电子学	3	8	8	4	0	0	4
工学	电路与系统	3	4	4	16	5	7	4
工学	微电子学与固体电子学	3	3	3	16	7	4	5
工学	电磁场与微波技术	3	10	10	12	0	0	12
工学	电子科学与技术	3	0	0	46	28	18	0
工学	信息与通信工程	3	57	57	177	57	53	67
工学	信息安全	3	10	10	29	13	11	5
工学	控制理论与控制工程	3	5	5	13	5	5	3
工学	控制科学与工程	3	13	13	62	24	22	16
工学	计算机科学与技术	3	37	34	139	59	45	35
工学	建筑学	3	22	22	72	26	23	23
工学	岩土工程	3	26	23	50	17	15	18
工学	结构工程	3	13	13	60	24	18	18
工学	市政工程	3	3	3	4	0	0	4
工学	供热、供燃气、通风及空调工程	3	4	4	78	27	28	23
工学	防灾减灾工程及防护工程	3	5	5	2	0	1	1
工学	桥梁与隧道工程	3	118	110	268	99	88	81
工学	工程环境与景观	3	0	0	2	0	0	2
工学	测绘科学与技术	3	26	26	140	55	45	40
工学	化学工程与技术	3	1	1	0	0	0	0
工学	地质资源与地质工程	3	29	29	84	28	30	26
工学	道路与铁道工程	3	39	39	128	48	43	37
工学	交通信息工程及控制	3	26	26	178	25	79	74
工学	交通运输规划与管理	3	0	0	1	0	1	0

续表

类别	专业名称	年制	毕业生数	授予学位数	在校生数			
					合计	一年级	二年级	三年级
工学	载运工具运用工程	3	30	30	129	50	40	39
工学	物流工程	3	13	13	45	18	13	14
工学	交通工程	3	14	14	35	11	12	12
工学	环境科学与工程	3	23	23	73	25	25	23
工学	生物医学工程	3	3	2	53	22	21	10
工学	城乡规划学	3	17	16	44	14	13	17
工学	风景园林学	3	7	7	21	9	6	6
工学	软件工程	3	5	5	41	16	13	12
工学	安全科学与工程	3	2	2	8	4	2	2
医学	临床医学	3	10	10	126	52	38	36
医学	药学	3	49	44	193	75	72	46
军事学	密码学	3	1	1	0	0	0	0
管理学	管理科学与工程	3	25	25	90	29	33	28
管理学	会计学	3	10	10	23	8	8	7
管理学	企业管理	3	10	10	32	17	11	4
管理学	技术经济及管理	3	1	1	4	1	0	3
管理学	工商管理硕士	3	2	1	0	0	0	0
管理学	公共管理	3	55	49	195	69	63	63
艺术学	美术学	3	4	4	4	0	0	4
艺术学	设计学	3	21	18	70	24	25	21
合计	专业学位硕士研究生	3	1998	1940	8597	3260	2569	2768
国际商务	国际商务	3	2	2	0	0	0	0
法律	法律（非法学）	3	14	14	48	19	14	15
法律	法律（法学）	3	18	14	41	15	12	14
汉语国际教育	汉语国际教育	3	19	19	72	26	24	22
翻译	翻译	3	24	21	25	0	0	25
翻译	英语笔译	3	0	0	58	28	30	0
新闻与传播	新闻与传播	3	0	0	26	26	0	0
建筑学	建筑学	3	55	55	163	48	48	67
工程	建筑与土木工程	3	274	262	610	0	302	308
工程	交通运输工程	3	279	276	612	0	294	318
工程	机械工程	3	139	134	367	0	189	178
工程	车辆工程	3	52	52	113	0	56	57
工程	电气工程	3	190	186	366	0	181	185

续表

类别	专业名称	年制	毕业生数	授予学位数	在校生数			
					合计	一年级	二年级	三年级
工程	控制工程	3	39	39	57	0	29	28
工程	电子与通信工程	3	69	69	146	0	73	73
工程	集成电路工程	3	11	11	23	0	9	14
工程	计算机技术	3	57	57	197	0	105	92
工程	软件工程	3	24	24	45	0	26	19
工程	工业工程	3	23	23	62	0	39	23
工程	安全工程	3	42	41	88	0	43	45
工程	物流工程	3	60	54	99	0	54	45
工程	工业设计工程	3	31	31	55	0	14	41
工程	材料工程	3	88	84	170	0	85	85
工程	生物医学工程	3	15	15	59	0	31	28
工程	制药工程	3	9	9	24	0	12	12
工程	生物工程	3	3	3	21	0	12	9
工程	测绘工程	3	62	59	132	0	67	65
工程	地质工程	3	55	55	89	0	39	50
工程	环境工程	3	40	36	82	0	41	41
工程	项目管理	3	13	13	0	0	0	0
城市规划	城市规划	3	7	7	64	26	26	12
电子信息	电子信息	3	0	0	371	371	0	0
机械	机械	3	0	0	357	357	0	0
材料与化工	材料与化工	3	0	0	118	118	0	0
资源与环境	资源与环境	3	0	0	157	157	0	0
能源动力	能源动力	3	0	0	224	224	0	0
土木水利	土木水利	3	0	0	397	397	0	0
生物与医药	生物与医药	3	0	0	65	65	0	0
交通运输	交通运输	3	0	0	422	422	0	0
风景园林	风景园林	3	11	11	37	14	10	13
会计	会计	3	79	74	118	61	50	7
工程管理	工业工程与管理	3	2	2	53	53	0	0
工程管理	物流工程与管理	3	0	0	39	39	0	0
工程管理	项目管理	3	0	0	25	19	0	6
工程管理	工程管理	3	0	0	31	31	0	0
工商管理	工商管理	3	149	146	1641	483	459	699
工商管理	高级工商管理	3	6	6	0	0	0	0
公共管理	公共管理	3	35	35	599	232	195	172
艺术	艺术	3	2	1	29	29	0	0

6. 2020 年各专业博士研究生毕业、在校人数

类别	专业名称	年制	毕业生数	授予学位数	在校生数				
					合计	一年级	二年级	三年级	四年级及以上
合计	博士研究生	4	269	264	2883	584	490	437	1372
合计	学术学位博士研究生	4	269	264	2738	504	440	422	1372
法学	马克思主义基本原理	4	5	5	32	0	0	7	25
法学	思想政治教育	4	6	6	28	0	0	8	20
法学	马克思主义理论	4	0	0	44	22	22	0	0
文学	中国语言文学	4	3	2	93	14	14	17	48
理学	数学	4	0	0	18	9	9	0	0
理学	物理学	4	0	0	79	16	14	12	37
工学	一般力学与力学基础	4	0	0	0	0	0	0	0
工学	固体力学	4	1	1	0	0	0	0	0
工学	工程力学	4	0	0	0	0	0	0	0
工学	力学	4	11	11	125	19	18	20	68
工学	机械制造及其自动化	4	0	0	11	2	1	2	6
工学	机械电子工程	4	1	1	42	5	3	8	26
工学	机械设计及理论	4	14	14	132	25	22	17	68
工学	机械制造及理论	4	0	0	4	0	0	1	3
工学	车辆工程	4	8	8	146	19	27	26	74
工学	城市轨道交通技术与装备	4	1	1	2	0	0	0	2
工学	工业设计	4	0	0	0	0	0	0	0
工学	工业设计与工程	4	2	2	20	2	3	3	12
工学	机械电子工程	4	0	0	1	0	1	0	0
工学	驱动技术与智能系统	4	0	0	0	0	0	0	0
工学	信息化制造工程	4	0	0	0	0	0	0	0
工学	材料学	4	0	0	0	0	0	0	0
工学	材料科学与工程	4	16	16	224	49	37	34	104
工学	电工理论与新技术	4	0	0	0	0	0	0	0
工学	电力电子与电力传动	4	0	0	0	0	0	0	0
工学	电力系统及其自动化	4	0	0	0	0	0	0	0
工学	电气工程	4	27	27	232	47	38	36	111

续表

类别	专业名称	年制	毕业生数	授予学位数	在校生数				
					合计	一年级	二年级	三年级	四年级及以上
工学	电磁悬浮与超导工程	4	0	0	5	0	1	1	3
工学	电气系统控制与信息技术	4	0	0	0	0	0	0	0
工学	轨道交通电气化与信息技术	4	0	0	6	0	0	0	6
工学	轨道交通电气化与自动化	4	0	0	0	0	0	0	0
工学	高电压与绝缘技术	4	0	0	0	0	0	0	0
工学	电磁场与微波技术	4	6	6	0	0	0	0	0
工学	通信与信息系统	4	0	0	0	0	0	0	0
工学	信号与信息处理	4	0	0	0	0	0	0	0
工学	交通信息工程及控制	4	0	0	3	3	0	0	0
工学	信息与通信工程	4	15	15	102	14	16	17	55
工学	信息安全	4	0	0	17	6	4	2	5
工学	控制理论与控制工程	4	0	0	9	2	2	1	4
工学	系统工程	4	0	0	2	0	2	0	0
工学	控制科学与工程	4	3	3	30	4	5	5	16
工学	计算机应用技术	4	0	0	0	0	0	0	0
工学	计算机科学与技术	4	9	9	91	18	14	13	46
工学	软件工程	4	1	1	0	0	0	0	0
工学	建筑学	4	0	0	38	8	6	6	18
工学	防灾减灾工程及防护工程	4	1	1	9	2	0	0	7
工学	供热、供燃气、通风及空调工程	4	1	1	34	5	5	7	17
工学	结构工程	4	4	4	29	8	4	7	10
工学	桥梁与隧道工程	4	33	32	277	52	44	42	139
工学	市政工程	4	7	7	36	4	3	7	22
工学	工程环境控制	4	2	2	0	0	0	0	0
工学	工程环境与景观	4	5	5	9	3	2	0	4
工学	景观工程	4	1	1	0	0	0	0	0
工学	市政工程	4	0	0	1	1	0	0	0
工学	岩土工程	4	9	9	40	9	3	8	20
工学	大地测量学与测量工程	4	1	1	0	0	0	0	0

续表

类别	专业名称	年制	毕业生数	授予学位数	在校生数				
					合计	一年级	二年级	三年级	四年级及以上
工学	摄影测量与遥感	4	0	0	0	0	0	0	0
工学	地图制图学与地理信息工程	4	0	0	0	0	0	0	0
工学	测绘科学与技术	4	6	6	111	20	17	15	59
工学	地球探测与信息技术	4	0	0	0	0	0	0	0
工学	地质工程	4	1	1	0	0	0	0	0
工学	地质资源与地质工程	4	7	7	52	8	8	10	26
工学	道路与铁道工程	4	8	7	105	22	22	14	47
工学	交通信息工程及控制	4	2	2	26	5	4	4	13
工学	交通运输规划与管理	4	10	9	111	20	18	16	57
工学	运载工具运用工程	4	0	0	4	0	0	1	3
工学	载运工具运用工程	4	11	11	100	21	16	13	50
工学	道路与铁道工程	4	0	0	1	1	0	0	0
工学	交通工程	4	5	5	41	5	6	9	21
工学	交通运输安全工程	4	0	0	0	0	0	0	0
工学	物流工程	4	4	3	28	5	2	4	17
工学	综合运输	4	0	0	0	0	0	0	0
管理学	管理科学与工程	4	13	13	104	16	13	15	60
管理学	公共工程组织与管理	4	0	0	0	0	0	0	0
管理学	决策科学	4	0	0	0	0	0	0	0
管理学	项目管理	4	0	0	0	0	0	0	0
管理学	资源优化管理	4	0	0	0	0	0	0	0
管理学	工商管理	4	3	3	84	13	14	14	43
管理学	会计学	4	3	3	0	0	0	0	0
管理学	旅游管理	4	0	0	0	0	0	0	0
管理学	企业管理	4	3	3	0	0	0	0	0
合计	专业学位博士研究生	4	0	0	145	80	50	15	0
工程	先进制造	4	0	0	65	0	50	15	0
机械	机械	4	0	0	15	15	0	0	0
能源动力	能源动力	4	0	0	12	12	0	0	0
交通运输	交通运输	4	0	0	53	53	0	0	0

7. 成人高等学历教育办学规模

年份	毕业数	入学数	在校生数
2020 年	998	1590	2677

8. 网络教育办学规模

年份	毕业数	入学数	在校生数
2020 年	36 536	23 993	104 410

（三）教育质量及水平

1. 教学改革与建设

（1）2020 年一流本科专业建设点

序号	专业名称	所在教学单位	建设级别
1	汉语言文学	人文学院	国家级
2	翻译	外国语学院	国家级
3	广告学	人文学院	国家级
4	数学与应用数学	数学学院	国家级
5	应用心理学	心理研究与咨询中心	国家级
6	材料成型及控制工程	材料科学与工程学院	国家级
7	电子信息工程	电气工程学院	国家级
8	软件工程	信息科学与技术学院	国家级
9	建筑环境与能源应用工程	机械工程学院	国家级
10	制药工程	生命科学与工程学院	国家级
11	城乡规划	建筑与设计学院	国家级
12	信息管理与信息系统	经济管理学院	国家级
13	物流管理	交通运输与物流学院	国家级
14	日语	外国语学院	省级
15	能源与动力工程	机械工程学院	省级
16	电子信息科学与技术	物理学院	省级
17	环境设计	建筑与设计学院	省级

（2）2020年MOOC课程上线项目

线上一流本科课程				
序号	课程名称	课程负责人	课程团队其他主要成员	建设教学单位
1	结构力学（一）	罗永坤	蔡婧、江南、齐欣	土木工程学院
2	高速铁路工程	易思蓉		土木工程学院
3	高速铁路桥梁与隧道工程	王英学	李小珍、周佳媚、申玉生、周晓军	土木工程学院
4	高速铁路规划与选线	易思蓉	李远富、曾勇、张家玲	土木工程学院
5	高速铁路运营与维护	王　平	吴积钦、肖杰灵	土木工程学院
6	机械设计	吴鹿鸣、罗大兵	张祖涛	机械工程学院
7	高速铁路动车组技术	李芾、杨美传		机械工程学院
8	大学生科技创新系列课程	张祖涛、罗大兵	潘亚嘉、李毅、代宁	机械工程学院
9	大学生创新与创业实践	张祖涛	罗大兵、潘亚嘉、代宁、姬晓旭	机械工程学院
10	高速铁路牵引供电系统	陈维荣	权伟、胡海涛、邱忠才、黎松奇、赵丽平	电气工程学院
11	高速铁路信号系统	郭　进		信息科学与技术学院
12	全球化与中国文化	王俊棋	侯斌英、王昕、高岚、崔罡	外国语学院
13	职场英语	杨安文	尹思婧、陈丽颖、刘波、陈晓红	外国语学院
14	西方现代化视野下的英美文学	李成坚	侯斌英、孙颖、但鸽、钱亚旭	外国语学院
15	高速铁路概论	彭其渊	文超、李力、马驰	交通运输与物流学院
16	高速铁路运输组织	彭其渊	马驰、闫海峰、文超	交通运输与物流学院
17	工程伦理学	肖　平	刘丽娜	人文学院
18	中华名相之管仲管理思想	李任飞	向仲敏、崔罡	人文学院
19	中国衣裳——传统服装文化	李任飞	向仲敏、崔罡	人文学院
20	理论力学	鲁　丽	葛玉梅、刘菲、杨翊仁	力学与工程学院
21	材料力学	龚　晖		力学与工程学院
22	工程力学	沈火明	蒋晗	力学与工程学院
23	当代青年心理学（一）（二）（三）	宁维卫		心理研究与咨询中心
24	走进心理学	宁维卫	罗维惟、何亚男、费宁、刘灵馨	心理研究与咨询中心
25	探索心理学	宁维卫	刘媛媛、吴丹、李斯琦	心理研究与咨询中心
26	从大学生到经理人的36项修炼	李泽尧		工程训练中心
虚拟仿真实验教学一流课程				
序号	课程名称	课程负责人	课程团队其他主要成员	建设教学单位
1	简支钢桁架静载非破坏性虚拟仿真实验	蒲黔辉		土木工程学院
2	高速铁路供电综合监控虚拟仿真实验	陈维荣	赵丽平、陈奇志、林圣、陈金强	电气工程学院
3	高速铁路列车调度指挥虚拟仿真实验	彭其渊		交通运输与物流学院

续表

虚拟仿真实验教学一流课程				
序号	课程名称	课程负责人	课程团队其他主要成员	建设教学单位
4	库存管理与自动化仓储虚拟仿真实验	张光远	龚迪、王坤、刘晓波、张锦	交通运输与物流学院
5	高速铁路虚拟场景建模与列车运行仿真实验	朱　庆		地球科学与环境工程学院
6	高铁客站地上地下一体化建筑设计虚拟仿真实验	沈中伟	支锦亦、王俊、蔡燕歆、林荣	建筑与设计学院
7	地铁车内空间布局及配色设计虚拟仿真实验	支锦亦	徐伯初、李然、王超、李芳宇	建筑与设计学院
线下一流课程				
序号	课程名称	课程负责人	课程团队其他主要成员	建设教学单位
1	选线设计	易思蓉		土木工程学院
2	高电压技术	吴广宁		电气工程学院
3	电力牵引传动与控制（含实验）	葛兴来		电气工程学院
4	英语Ⅱ	吕长竑		外国语学院
5	交通管理与控制	罗　霞		交通运输与物流学院
6	大学物理实验	樊代和	周勋秀、崔雅静、魏云、高思敏	物理科学与技术学院
7	新媒体概论	石　磊	曹璞、蒋宁平、李钢、张诗婷	人文学院
8	概率论 A	刘　赪		数学学院
9	毛泽东思想和中国特色社会主义理论体系概论Ⅰ	冉绵惠		马克思主义学院
10	运动、科技与智慧人生	宋爱玲	朱志武、张血琴、杜润、蒋玉石	体育工作部
线上线下混合式一流课程				
序号	课程名称	课程负责人	课程团队其他主要成员	建设教学单位
1	西方现代化视角下的英美文学	李成坚	孙颖、郑博仁、侯斌英、钱亚旭	外国语学院
2	大学物理 M	吴　平		物理科学与技术学院
3	材料力学 M	龚　晖		力学与工程学院
4	理论力学 B	鲁　丽		力学与工程学院
5	工程力学 C	沈火明	师明星、刘娟、蒋晗	力学与工程学院
社会实践一流课程				
序号	课程名称	课程负责人	课程团队其他主要成员	建设教学单位
1	从代码到实物：造你所想	李　君	王　衡	信息科学与技术学院
2	创新创业创青春	苗　苗	周静、杨樱、夏高发、高恒	经济管理学院

（3）2020年获四川省“省级一流本科课程”课程名单

序号	课程名称	课程负责人	单 位
1	土木工程试验与量测技术	崔 凯	土木工程学院
2	结构力学	罗永坤	土木工程学院
3	自动化控制系统	孟祥印	机械工程学院
4	电力系统暂态分析（含实验）	陈民武	电气工程学院
5	计算机程序设计基础	刘 霓	信息科学与技术学院
6	英语Ⅰ	李 捷	外国语学院
7	国际工程承包和管理实务英语	戴若愚	外国语学院
8	高速铁路运输组织基础	李 力	交通运输与物流学院
9	材料物理	倪宇翔	物理科学与技术学院
10	建筑设计方法	韩 效	建筑与设计学院
11	城市综合社会实践调查	毕凌岚	建筑与设计学院
12	振动测试与分析	范晨光	力学与工程学院
13	高等数学	何 莎	数学学院
14	创新能力基础训练	朱 洁	人文学院
15	人格心理学	陈 华	心理研究与咨询中心
16	心理学研究方法	雷 鸣	心理研究与咨询中心
17	奥运裁判教你学规则（排球篮球）	刘 江	体育工作部

（4）2020年获四川省“省级精品在线开放课程”认定名单

序号	课程名称	课程负责人	单 位
1	高速铁路建设管理	李远富	土木工程学院
2	高速铁路规划与选线	易思蓉	土木工程学院
3	高速铁路运营与维护	王 平	土木工程学院
4	大学生创新与创业实践	张祖涛	机械工程学院
5	大学生科技创新系列课程	张祖涛	机械工程学院
6	成本会计学	段 宏	经济管理学院
7	管理沟通	周 静	经济管理学院
8	管理学原理	范莉莉	经济管理学院
9	基础会计学	胡 杨	经济管理学院
10	微观经济学	郑亚非	经济管理学院
11	全球化与中国文化	王俊棋	外国语学院
12	职场英语	杨安文	外国语学院
13	西方现代化视野下的英美文学	李成坚	外国语学院
14	高速铁路运输组织	彭其渊	交通运输与物流学院
15	音乐与人生	甘 霖	人文学院
16	中国衣裳——传统服装文化	李任飞	人文学院
17	探索心理学	宁维卫	心理研究与咨询中心
18	走进心理学	宁维卫	心理研究与咨询中心

（5）2020年获四川省“创新创业教育示范课程”名单

序号	课程名称	课程负责人	学　院
1	创新创业创青春	苗　苗	经济管理学院
2	大学生科技创新系列课程	张祖涛	机械工程学院

（6）2020年MOOC课程上线项目

序号	慕课课程名称	课程负责人	课程上线网站
1	工程经济与管理	张　敏	中国大学MOOC平台
2	可修塑形体的运动魔方——体育舞蹈及瑜伽两项	王　彦	中国大学MOOC平台
3	大学生的智慧篮球	闻　杨	中国大学MOOC平台
4	车辆工程	付茂海	中国大学MOOC平台
5	轨道交通信号基础	王小敏	中国大学MOOC平台
6	机械设计基础	潘亚嘉	中国大学MOOC平台
7	机械原理	谢　进	中国大学MOOC平台
8	机械工程概论	董大伟	中国大学MOOC平台
9	制造技术A	张　剑	中国大学MOOC平台
10	户外攀登技术与绳结实用教程	李增强	中国大学MOOC平台
11	交通运输规划管理	杨　飞	中国大学MOOC平台
12	供应链管理	蹇　明	中国大学MOOC平台
13	数学建模精讲	王　璐	中国大学MOOC平台
14	液压传动与控制	邓　斌	中国大学MOOC平台
15	环境工程概论	彭道平	中国大学MOOC平台
16	网球学习的根与魂	何江明	中国大学MOOC平台
17	体质健康智慧教程	张问宇	中国大学MOOC平台
18	创业营销	唐志红	中国大学MOOC平台
19	电路分析AⅡ	徐英雷	中国大学MOOC平台
20	物流系统仿真	邱小平	中国大学MOOC平台
21	物流中心规划与设计	徐　菱	中国大学MOOC平台
22	城市设计	唐由海	中国大学MOOC平台
23	城市文明演变与遗产保护	田　凯	中国大学MOOC平台
24	建筑工程法学	颜诗树	中国大学MOOC平台
25	疲劳与断裂力学	康国政	中国大学MOOC平台
26	人格与社会心理学	陈　华	中国大学MOOC平台
27	塑性力学	杨　杰	中国大学MOOC平台
28	建筑施工技术	杨玉容	中国大学MOOC平台

2. 教学成果

（1）2020年四川省重点教改项目（排名不分先后）

序号	项目名称	项目负责人	所在单位
1	全员全过程全方位深度融合的思想政治工作协同育人新机制的研究与实践	王顺洪	马克思主义学院
2	新时代高校课程思政教育教学改革研究与实践	桂富强	党委宣传部
3	以川藏铁路建设领军人才培养为依托，构建复合式工程拔尖创新人才培养体系	王　平	土木工程学院
4	“双一流”背景下高层次工程教育人才培养质量保障体系的探索与实践	周先礼	研究生院
5	基于通识教育的大学生阅读与写作能力培养模式与路径研究	高　凡	公共管理与政法学院
6	构建信息化背景下工科基础课程教学改革新生态打造“金课”提升质量	沈火明	力学与工程学院
7	面向新工科的工程教育课程体系重构方法与实践研究	郝　莉	信息科学与技术学院
8	外语类通识课程体系的建设研究	李成坚	外国语学院
9	双一流背景下，支撑人才培养的高水平实验室体系建设的研究与探索	钟　冲	资产与实验室管理处
10	新时代社会转型升级中专业布局的历史经验与战略对策	邱延峻	战略与学科处
11	“卓越”“拔尖”人才培养2.0背景下“书院＋学院”模式的改革与实践研究	崔　凯	教务处
12	融合在线教学与项目制培养，探索机械基础课程教学新模式	罗大兵	机械工程学院
13	面向“一带一路”的铁路高等工程教育“走出去”模式研究与探索	冯晓云	电气工程学院
14	构建在线教学与项目推动教学体系，加强信息类大学生创新创业能力	蒋朝根	信息科学与技术学院
15	面向国家重大需求、基于重大项目科教产深度融合培养创新创业卓越人才	陈　辉	材料科学与工程学院
16	慕课教学质量评价和保障体系的研究和制定	龚　晖	力学与工程学院
17	基于慕课的教学模式探索与应用推广相关制度建设与实践	崔　凯	教务处

（2）2020年获批产教融合示范项目

序号	项目名称	合作企业	备注
1	西南交通大学-华为“智能基座”产教融合协同育人基地	华为技术有限公司	教育部产教融合协同育人基地 西南首家
2	交大-九洲电子信息装备产教融合示范	四川九洲电器集团有限责任公司	四川省首批立项产教融合示范项目

（3）2020年西南交通大学本科生参加学科竞赛获奖情况

序号	项目	国家级				省级				备注
		一等奖	二等奖	三等奖	优秀奖	一等奖	二等奖	三等奖	优秀奖	
1	全国大学生机械创新设计大赛	5	4			7	5	2	1	全国第二
2	全国高校数字艺术设计大赛	4	8	11	2	12	26	45		杰出贡献奖
3	全国大学生市场调查与分析大赛	5		5		14	1	1		全国第一
4	高教社杯大学生数学建模竞赛	6	15			31	36	41		
5	中国大学生服务外包创新创业大赛	2	6	15		8	15			全国第一、高校组织奖
6	全国大学生起重机创意大赛	3	2	2	2	/	/	/	/	全国第一、优秀组织奖
7	全国大学生交通运输科技大赛	1	1	5		/	/	/	/	
8	全国大学生“创意、创新及创业”电子商务挑战赛	1				2	5	5		冠军、优秀组织奖
9	中国大学计算机设计大赛		2	3		4	5	1		
10	中国国际大学生“互联网+”创新创业大赛		1	3		6	7	4		
11	全国大学生智能汽车竞赛	2	1	1		1	1	3		
12	全国大学生光电设计竞赛	1	1	3		4	4	6		优秀组织奖
13	全国大学生广告艺术大赛		5	3	7	11	24	35	110	优秀院校奖
14	全国大学生先进成图技术与产品信息建模创新大赛	37	21	12		12	7	14		团体一等奖
15	全国大学生节能减排与社会实践大赛	1		3		/	/	/	/	优秀组织奖
16	全国大学生电子设计竞赛	/	/	/	/	2	6	7		
17	全国周培源大学生力学竞赛	/	/	/	/	27	39	38		
18	北美数学建模竞赛	4	20	35		/	/	/	/	Outstanding
19	全国大学生集成电路创新创业大赛	2	2	2						
20	中国大学生材料热处理创新创业大赛决赛	1				/	/	/	/	
21	全国“挑战杯”大学生创业计划大赛			2		2	8	8		
22	“蓝桥杯”全国软件专业人才设计与创业大赛	1	3	3	2	17	22	20	5	
23	大学生计算机设计大赛		2	3		/	/	/	/	
24	全国大学生数学竞赛	/	/	/	/	51	117	158		
25	中美青年创客大赛		1		2	3				
26	全国大学生金相技能大赛	1	1	2						
27	全国大学生化工设计竞赛		1			1				
28	全国大学生工程训练大赛	/	/	/	/	2	12			
29	全国大学生机器人大赛		1	3		1				

续表

序号	项目	国家级				省级				备注
		一等奖	二等奖	三等奖	优秀奖	一等奖	二等奖	三等奖	优秀奖	
30	大学生程序设计竞赛（ACM）					1	3	1		
31	全国大学生生命科学竞赛	6	10	20		12	24			
32	外研社杯全国大学生英语挑战赛（Uchallenge）					2	7	3		
33	全国大学生英语竞赛	/	/	/	/	12	104	162		
总计		80	107	135	15	223	477	551	116	1704

3. 2020年毕业生就业情况

学校2020届毕业生共计10 603人（不含国际学生与港澳台学生），其中本科7122人，硕士3223人（不含MBA、MPA），博士258人。截至2020年12月31日，我校毕业生总体就业率为87.17%，博士生就业率为95.76%，硕士生就业率为96.46%，本科生就业率为82.64%。本科生升学率为37.80%（其中国内升学2200人，境外升学441人），硕士升学率为5.08%（其中国内升学127人，境外升学35人）。

毕业生签约世界500强企业占所有签约企业毕业生的31.87%，毕业生就业人数排名前十的城市分布是成都、北京、武汉、深圳、广州、上海、重庆、西安、杭州、南京，前往这十个城市就业的毕业生比例达68.48%。全校毕业生就业与专业相关度为90.15%。全校毕业生月均薪酬（不含五险一金）为8490元（其中本科为7370元，硕士为9459元，博士为11 124元）。到轨道交通领域相关单位就业的毕业生有1504人，占签约毕业生的26.53%。

八、科学研究

（一）科研概述

1. 科研项目及经费

科研项目经费保持逐年增长态势。学校理工医项目立项总经费 7.93 亿元（其中横向 4.43 亿元、纵向 2.98 亿元，军工 0.52 亿，数据统计至 2020 年 12 月 30 日），较去年同比增长了 10.77%。文科项目立项总经费 0.277 亿元。

获批重点研发计划项目 2 项，课题 10 项，总经费 3820 万；获国家自然科学基金项目资助 166 项，总经费超 1.3 亿元［其中：面上 86 项、青年 55 项、优青 4 项、国家重大科研仪器研制项目 2 项、高铁联合基金重点项目 3 项、重点国际（地区）合作研究项目 1 项、区域创新发展联合基金重点项目 1 项、重大项目课题 1 项、其他项目 13 项］；获批四川省科技计划项目 180 项，项目立项经费 5231 万元（其中科技创新团队项目 5 项，科技创新人才项目 3 项，杰出青年科技人才 7 项，应用基础研究项目 52 项，重点研发项目 31 项，重大专项 1 项，中央引导地方专项 3 项）；获批成都市科技计划项目 45 项，项目立项经费 470.02 万元（其中软科学研究项目 27 项，技术创新研发项目 10 项，国际科技合作资助项目 5 项，国家重大科技奖励配套资助 2 项，科普基地活动资助 1 项）。

获批国家社科基金各类项目 20 项（其中重大项目 2 项，一般项目 7 项，青年项目 3 项，西部项目 1 项，中华学术外译项目 1 项，教育科学 2 项，后期资助 3 项，艺术科学 1 项，专项项目 1 项），总经费 520 万。获批教育部人文社会科学研究项目 16 项（其中一般项目 4 项，青年项目 9 项，专项项目 1 项），总经费 122 万。获批四川省哲学社会科学规划项目 23 项（其中重大项目 3 项，规划项目 12 项，专项项目 7 项，普及项目 1 项），总经费 38.95 万。

2020 年科研经费立项情况一览表（亿元）

类别	经费
纵向立项经费	3.102
横向立项经费	4.585
军工立项经费	0.520
合计立项经费	8.207

2020 年科研项目情况一览表

序号	项目类别	数量	备注
1	国家重点研发计划	12 项	项目级 2 项、课题级 10 项
2	国家自然科学基金项目	166 项	面上 86 项、青年 55 项、优青 4 项、国家重大科研仪器研制项目 2 项、高铁联合基金重点项目 3 项、重点国际（地区）合作研究项目 1 项、区域创新发展联合基金重点项目 1 项、重大项目课题 1 项、其他项目 13 项
3	国家社会科学基金项目	21 项	重大项目 2 项，一般项目 7 项，青年项目 3 项，西部项目 1 项，中华学术外译项目 1 项，教育科学 2 项，后期资助 3 项，艺术科学 1 项，专项项目 1 项

续表

序号	项目类别	数量	备注
4	教育部人文社会科学研究项目	16 项	一般项目 4 项，青年项目 9 项，专项项目 1 项
5	四川省哲学社会科学规划项目	23 项	重大项目 3 项，规划项目 12 项，专项项目 7 项，普及项目 1 项
6	四川省科技计划项目	180 项	科技创新团队项目 5 项、科技创新人才项目 3 项、杰出青年科技人才 7 项、应用基础研究项目 52 项、重点研发项目 31 项、重大专项 1 项、中央引导地方专项 3 项
7	成都市科技计划项目	45 项	软科学研究项目 27 项、技术创新研发项目 10 项、国际科技合作资助项目 5 项、国家重大科技奖励配套资助 2 项、科普基地活动资助 1 项

2020 年国家重点研发计划总体情况一览表

序号	负责人	单位	项目名称	专项名称	级别
1	赵　锐	地学	城市固废大数据挖掘及全生命周期管控技术	固废资源化	项目级
2	丁国富	机械	面向产品全生命周期及闭环反馈的信息物理系统融合理论	网络协同制造和智能工厂	项目级
3	徐　柱	地学	固废堆场及产生源智能解译技术研究	固废资源化	课题级
4	陈俊英	材料	植/介入医用导管及器械表面超亲水超润滑改性研究	生物医用材料研发与组织器官修复代替	课题级
5	黎　荣	机械	多域协同定制产品智能设计与可视化仿真验证技术	网络协同制造和智能工厂	课题级
6	邹益胜	信息	第三方多价值链协同云服务平台研发与应用示范	网络协同制造和智能工厂	课题级
7	江　亮	机械	超精密低损伤复杂曲面创成及机理研究	变革性技术关键科学问题	课题级
8	孟祥印	机械	数据智能驱动的产线实时运行优化技术研究	网络协同制造和智能工厂	课题级
9	华泽玺	电气	价值驱动的产品服务全生命周期管理	网络协同制造和智能工厂	课题级
10	李恒超	信息	海域要素信息高精度智能提取与移动目标多属性识别技术研究	地球观测与导航	课题级
11	王开云	牵引	轮/轨/车体/升力翼/流场耦合作用列车动力学性能分析和评估方法	变革性技术关键科学问题	课题级
12	逄　鹏	地学	全球地表覆盖时空变化专题地图集编制	科技基础资源调查	课题级

2020 年国家社科基金重大项目一览表

序号	负责人	单位	项目名称	项目类别
1	吴江	公共管理与政法学院	构建具有全球竞争力的人才制度体系研究	国家社科基金项目重大项目
2	刘玉珺	人文学院	中越书籍交流研究（多卷本）	国家社科基金项目重大项目

2020 年四川省科技计划重点、重大项目情况一览表

序号	负责人	单位	项目名称	专项名称	金额（万元）
1	周祚万	材料	绿色环保竹深加工制品产业化关键技术研究	重点研发项目	600
2	徐晓玲	材料	高品质石墨烯及类石墨烯材料研发与应用示范	重大科技专项	400

续表

序号	负责人	单位	项目名称	专项名称	金额（万元）
3	马　磊	电气	时速400公里高速列车运行智能控制关键技术研究	重点研发项目	150
4	谭　锐	生命	藏药二十五味松石丸防治肝病作用机制研究及安全性再评价	重点研发项目	100
5	邱　建	建筑	公园城市的韧性协同规划设计研究及示范	重点研发项目	100

2020年重大横向科研项目情况一览表

序号	项目名称	金额（万元）	项目负责人
1	四川省地下水环境调查评估与能力建设二期服务13包政府采购合同	768	付永胜
2	隧道综合智能作业平台研制	432	郭仕章
3	墨尔本地铁动力学试验（安全性及舒适性）	404.79	王　勇
4	朔黄铁路2万吨重载列车精准操纵辅助驾驶技术研究	401.08	王青元
5	基于深度学习的人员行为智能检测关键技术、大数据平台构建与系统可信性研究	1000	韦洪雷
6	常导高速磁浮运控、牵引及供电系统仿真平台	330	张昆仑
7	常导短定子中低速磁浮列车悬浮供电系统技术研究	720	刘志刚
8	高速列车高压系统三维可视化仿真设计平台构建及仿真分析方法研究	303	吴广宁
9	国铁集团复兴号高速动车组跟踪项目运营服役性能对比研究试验	494.4	戴焕云
10	CRH5G型动车组兰新二线服役跟踪测试	409.94	石怀龙
11	川藏铁路高山峡谷桥址区风特性实测、区域地形CFD分析及桥梁设计风速标准研究	610	李永乐
12	新轨制式车辆开发	500	梁树林
13	车线耦合系统动力学实时仿真建模及关键技术研究	900	王开云
14	江阴第二过江通道工程高水压大埋深超大直径隧道结构性能试验与现场实测技术服务合同	415.6	何　川
15	朔黄铁路两万吨重载列车安全保障技术研究	580	王开云
16	富水圆砾与泥岩互层地质条件下泥水/土压双模式盾构施工关键技术研究	368	何　川
17	中山西环高速公路（含小榄支线）项目新型正交异性钢桥面板与复合铺装层一体化结构方案研究	549	张清华
18	新建川南城际铁路自贡至宜宾线临港长江大桥科研服务	979	李永乐
19	时速350公里中国标准动车组车轮踏面磨耗及圆度长期跟踪测试	325	王　勇
20	时速350公里中国标准动车组车辆振动服役性能跟踪研究	645	邬平波
21	CRH2A统型动车组三级修优化扩大验证动力学跟踪	417	曾　京

2. 科研基地与平台

科研基地与平台建设稳步发展。

本年度，教育部工程中心、四川重点实验室、国家国际科技合作基地等 13 个平台接受主管部门评估（验收），均顺利通过，其中：先进驱动节能技术教育部工程研究中心评估优秀，制造业产业链协同与信息化支撑技术四川省重点实验室评估优秀。多态耦合轨道交通动模试验平台正式批复启动建设，总投资 5.8 亿元；四川省列车运行控制技术工程研究中心、四川省轨道交通高电压技术工程研究中心获四川省发改委批准建设；牵引动力国家重点实验室获批中国铁道学会科普教育基地；先进能源牵引与综合节能铁路行业重点实验室和运营安全保障铁路行业工程研究中心获国家铁路局批准建设。

文科拥有教育部示范中心（培育）、教育部国际司备案基地（四川国别研究中心）、四川省哲学社会科学重点研究基地等省部级以上平台 13 个，完成了预定目标，起到了良好的示范效果。

2020 年科研基地新增情况一览表

序号	基地名称	批准部门
1	四川省列车运行控制技术工程研究中心	四川省发改委
2	四川省轨道交通高电压技术工程研究中心	四川省发改委
3	先进能源牵引与综合节能铁路行业重点实验室	国家铁路局
4	运营安全保障铁路行业工程研究中心	国家铁路局
5	牵引动力国家重点实验室中国铁道学会科普教育基地	中国铁道学会

3. 科研人才与团队

科研人才与团队建设成效显著。2020 年获得国家级人才计划青年项目资助 4 人；四川省人才计划项目资助 14 人；四川省科技创新团队 2 项。

4. 科研成果

（1）奖励方面：继续发挥特色优势，通过“科技奖项培育计划”，斩获多项高水平大奖。全年参与获国家科技进步二等奖奖 3 项；主持获高等学校科学研究优秀成果奖（科学技术）自然科学奖一等奖 1 项、二等奖 2 项；主持获高等学校科学研究优秀成果奖（科学技术）技术发明奖一等奖 1 项；主持获四川省技术发明奖一等奖 1 项；主持获四川省科技进步奖一等奖 5 项、二等奖 1 项、三等奖 1 项；主持获中国铁道学会科学技术奖一等奖 3 项、二等奖 2 项；主持获中国电力科学技术进步奖一等奖 1 项；主持获中国公路学会科学技术奖一等奖 1 项；主持获中国测绘学会科学技术奖一等奖 1 项；主持获第八届高等学校科学研究优秀成果奖（人文社会科学）二等奖 1 项，三等奖 2 项，普及读物奖 1 项。主持获中国大陆语言学界影响力最大的语言学专项奖王力语言学奖一等奖 1 项。

（2）专利申请方面：专利申请总数 227 件，授权总数 712 件。其中，发明专利申请数 156 件，授权数 394 件。

（3）发表论文方面：全校科技论文收录指标呈增加态势。2020 年我校化学学科（CHEMISTRY）首次进入 ESI 世界排名前 1%，成为继工程学、材料科学、计算机科学之后第四个进入全球前 1%的学科；工程学首次进入 ESI 世界排名前 1‰，这是我校第一个进入 ESI 世界排名前 1‰ 的学科，实现了我校学科建设新突破。SCI 收录篇数增加 23%，达 1758 篇，全国高校位次前进 4 位，居第 57 位；EI 收录篇数增加 4.8%，达 2036 篇，全国高校位次前进 1 位，居第 31 位；CSSCI 收录 166 篇。从 2012 年起我校科技论文收录指标已经实现了 8 年高速增长。高被引论文（ESI 高被引论文是指近 10 年内发表的 SCI/SSCI 论文且被引次数排在相应学科领域全球前 1%以内的论文），我校作为一作或通讯作者单位的 82 篇，我校作为合作参与单位的 70 篇。

2020年度理工类获奖项目清单（主持）

序号	成果名称	校内单位	第一完成人	奖励名称	奖励等级
1	高速铁路基础结构动态性能演变及服役安全研究	牵引动力	翟婉明	高等学校科学研究优秀成果奖（科学技术）自然科学类	一等奖
2	高速铁路线路状态多维多参量光纤传感技术	信息学院	闫连山	高等学校科学研究优秀成果奖（科学技术）技术发明类	一等奖
3	高非线性密码函数及其相关编码	数学学院	周正春	高等学校科学研究优秀成果奖（科学技术）自然科学类	二等奖
4	动态不确定条件下的增量学习理论与方法	信息学院	李天瑞	高等学校科学研究优秀成果奖（科学技术）自然科学类	二等奖
5	新一代轨道交通牵引供电系统关键技术与应用	电气学院	李群湛	四川省科学技术奖技术发明类	一等奖
6	复杂环境下适应型天线与可重构滤波调控技术及产业应用	信息学院	冯全源	四川省科学技术奖科技进步类	一等奖
7	高速钢轨疲劳磨损评价与控制技术及应用	机械学院	周仲荣	四川省科学技术奖科技进步类	一等奖
8	西部大跨度山区桥梁风场特性、抗风关键技术及工程应用	土木学院	李永乐	四川省科学技术奖科技进步类	一等奖
9	铁路列车运行图编制系统成套技术及应用	交运学院	倪少权	四川省科学技术奖科技进步类	一等奖
10	大型复杂钢结构数字化建造理论、技术与应用	土木学院	余志祥	四川省科学技术奖科技进步类	一等奖
11	高原藏区适应性城市空间规划设计理论创新及实践	建筑学院	张樱子	四川省科学技术奖科技进步类	二等奖
12	B/C级汽车车身冲压工艺装备关键技术及产业化应用	机械学院	谢延敏	四川省科学技术奖科技进步类	三等奖
13	牵引供电广域保护测控成套技术与装备	电气学院	高仕斌	中国铁道学会科学技术奖	一等奖
14	高速列车弓网受流关键技术及装备	电气学院	吴广宁	中国铁道学会科学技术奖	一等奖
15	高速铁路调度指挥实时风险分析预警及主动控制理论与关键技术	交运学院	彭其渊	中国铁道学会科学技术奖	一等奖
16	车网耦合下的高次谐波综合治理技术与关键装备	电气学院	周福林	中国铁道学会科学技术奖	二等奖
17	京沪高速铁路列车运行图编制优化理论及技术	交运学院	倪少权	中国铁道学会科学技术奖	二等奖
18	含大规模电气化交通负荷的城市电网保护控制关键技术及应用	电气学院	何正友	中国电力科学技术进步奖	一等奖
19	富水岩溶及硫化氢地层特长高速公路隧道建设及营运关键技术	土木学院	方勇	中国公路学会科学技术奖	一等奖
20	时空数据的地图表达理论方法及应用	地环学院	李志林	中国测绘学会科学技术奖	一等奖

2020年度文科获奖清单（主持）

序号	奖励名称	成果名称
1	教育部第八届高等学校科学研究优秀成果奖（人文社会科学）二等奖	全面创新改革试验区建设与高校职务科技成果混合所有制改革实践研究

续表

序号	奖励名称	成果名称
2	教育部第八届高等学校科学研究优秀成果奖（人文社会科学）三等奖	宏观审慎监管视角的国家系统性洗钱风险与反洗钱研究
3	教育部第八届高等学校科学研究优秀成果奖（人文社会科学）三等奖	思想政治教育的人学取向
4	教育部第八届高等学校科学研究优秀成果奖（人文社会科学）普及读物奖	中国衣裳
5	第十八届王力语言学奖一等奖	中上古蜀语考论

2020 年论文情况一览表

序号	类别	数量（篇）
1	SCI	1758
2	EI	2036
3	CSSCI	166

2020 年专利情况一览表

序号	类型	申请数量（项）	授权数量（项）
1	专利	227	712
2	发明专利	156	446

5. 科研合作与成果转化

全年理工医板块项目签订横向合同 1517 个，合同经费 8.04 亿元，立项经费 4.43 亿元。文科板块签订横向合同 87 个，合同金额合计 2389.99 万元。

重大工程深度参与。对接川藏铁路建设国家战略，深度融入川藏铁路建设，学校 6 个科技创新平台纳入“国家川藏铁路技术创新中心”组建方案；主编了《川藏铁路隧道施工安全监测技术规程》；作为编审单位参与了《川藏铁路勘察设计暂行规定》及 16 部川藏铁路其他各专业设计、施工暂行规定的修编和评审工作。

产学研合作体制改革纵深推进。深入落实学校“向改革要动力、向创新要活力，坚定不移推进科技成果权属混合所有制改革”工作部署，获批教育部、科技部等 9 部门认定的“赋予科研人员职务科技成果所有权或长期使用权试点单位”，全国仅 40 家，持续引领科研领域职务科技成果混合所有制改革。同时大力加强合作智库建设。对接成渝双城经济圈国家战略，抢抓成渝双城科技中心建设等重大机遇，向川渝政协和科技主管部门提交了《关于共建“城市群综合交通川渝工程技术中心”的建议》《关于深化职务科技成果混合所有制改革助推成渝科技创新体系建设的建议》。

6. 科研政策

持续推进学校科技领域“放管服”改革，赋予项目负责人更大的自主权，进一步释放科研活力；全面加强科研管理信息化建设，上线“科研服务创新平台”，实现横向合同审批、项目建卡立项、结题结账、经费外拨、预算调整等业务线上办理，科研人员获得感不断增强；坚决破除论文“SCI”至上和“五唯”顽瘴痼疾，探索建立科学的评价体系和奖励制度，如在校内项目评审、科技奖励评审和基地考核中，采取代表作评价、学术同行评价以及科研业绩综合评价机制，树立正确评价导向；出台《西南交通大学基础研究培育支持计划实施细则（试行）》（西南交大科研院〔2020〕3 号文），激励开展基础性原创性研究。

7. 学术性质研究院

继续大力推动产学研深度融合，实现科技与产业无缝对接。2020 年，青岛研究院共申报山东省重点研发计划项目、山东省高等学校重点科研项目、中国城市轨道交通协会科研专项等重点科研专项 3 项，各类知识产权 55 项，已授权 28 项，其中授权发明专利 2 项；上海研究院促成太原铁路局和中国水利水电 2 项技术开发课题；唐山研究生院启奥、百川技术创新研究中心孵化出科研项目 4 项，累计获得科研经费近 150 万元；城市轨道交通研究院在科研方面促成土木学院、电气学院等学院与南昌地铁、常州金路公司等企业的重大科技项目合作，推动中速磁浮落地北京、乌鲁木齐、南昌、大连，推动高速铁路运营安全空间信息技术国家地方联合工程实验室（新都实验室）规划建设。

8. 期刊工作

（1）切实履行意识形态工作责任。坚持正确的办刊方向，坚决执行党和政府的各项出版方针政策。

（2）按时保质保量完成期刊社各刊全年的编辑出版工作。

《西南交通大学学报》全年出版正刊 6 期，发表论文 168 篇；*Railway Engineering Science*（RES）全年出版正刊 4 期，发表论文 24 篇；*Biosurface and Biotribology*（BSBT）全年出版正刊 4 期，发表论文 22 篇。

（3）在习近平总书记发表关于加强科技期刊建设的讲话、四部委联合发布《关于深化改革培育世界一流科技期刊》、并推出“中国科技期刊卓越行动计划”的背景下，紧跟国家战略，聚焦交通工程学科的建设，积极推进新刊发展，支持我校“双一流”建设。

（4）在科技期刊建设已经成为国家战略的背景下，积极推进我校建设“一流高校、一流学科、一流期刊”。

为支持学校轨道交通学科领域发展，提高国际声誉和影响力，由 *Journal of Modern Transportation*（《现代交通学报》），更名的 *Railway Engineering Science*（《铁道工程科学》），于今年正式上线。

参加“铁路运输领域中文科技期刊评价会”，通过寻找差距、设定目标，推动《西南交通大学学报》更高质量、更高水平发展。

（5）切实做好服务各学院工作。

充分认识到科技期刊是学院的重点软平台，积极与相关学院沟通交流，为其提供学术及学科发展平台。大力助推交通运输学院、土木学院背靠优势学科创办高水平期刊，目前创新刊工作正在积极筹备中。

（6）积极接受上级部门的监督与管理。

①《西南交通大学学报》、RES、BSBT 均通过了教育部期刊年检。

② 按照四川省委宣传部的《关于期刊出版单位社会效益评价考核工作的紧急通知》，认真开展了自评，并提交了西南交通大学期刊社社会效益情况自评报告。

（7）不断完善与加强自身建设。

① 加强提升编辑队伍业务能力。全体编辑参加 2020 年四川省出版专业技术人员继续教育培训班和省外举行的编辑出版培训班，进行继续教育和学习。

② 进一步规范期刊出版管理。积极贯彻落实《中国共产党章程》《关于加强和改进出版工作的意见》及《出版管理条例》等制度规定。

期刊社 2020 年工作亮点与成绩：

（1）紧跟国家战略，结合学校优势学科，推进 RES、BSBT、ABE 和 EBE、ABE 国际期刊建设。

（2）《西南交通大学学报》：

① 在 2020 年推出的《中国学术期刊评价研究报告》（第 6 版）中，被评为“RCCSE 中国权威学术期刊（A+）”。

② 继续被 EI、《中文核心期刊要目总览》、CSCD、中国科技论文统计源期刊等重要数据库收录。

③ 荣获 2020 年中国高校科技期刊研究会颁发的“中国高校百佳科技期刊奖”。

④ 根据《2020 中国学术期刊影响因子年报（自然科学与工程技术版）》，学报位列中文期刊

工程技术综合类Q1区第10名。

（3）RES《铁道工程科学》：

① 更名后2020年5月被ESCI及Scopus等数据库收录。

② 荣获2020年中国高校科技期刊研究会颁发的“中国高校优秀科技期刊奖”。

③ 荣获“2020中国国际影响力优秀学术期刊”。

（4）BSBT《生物表面与生物摩擦学》：

继续被EI收录、Scopus检索；2020年12月，根据中国科协统一部署，中国机械工程学会发布《机械工程领域高质量科技期刊分级目录》结果，BSBT入选T2级，表明期刊进入国际知名和非常重要的较高水平权威期刊行列。

（5）EBE《能量与建筑环境》：

2020年12月，由北京科爱森蓝文化传播有限公司举办的“2020科爱编辑论坛”在科学出版社召开。会议期间，EBE荣获“Newcomer Award”奖项。目前正在申请进入Scopus数据库。

（6）ABE《桥梁工程进展》：

成立了第一届期刊理事会，并成功召开期刊理事研讨会，首次探索了“高校+企业”协同新型办刊模式。

（二）科技产业

1.“职务科技成果混合所有制”改革试点和推广

“职务科技成果混合所有制”改革是在四川省委省政府的发动下，成都市委市政府的推动下，由西南交大全面启动的一项校级改革试验。历经五年，在省委省政府的鼎力支持下，如今已经成长为一项省级改革试验。在此期间，西南交大一手抓理论研究，一手抓案例实践，密切配合省委省政府的工作，积极推广“职务科技成果混合所有制”改革经验。

在理论方面，西南交大对“职务科技成果混合所有制”进行了理论研究，已形成资源论、价值论、主体论三足鼎立的初步理论框架，推动了国家对《专利法》和《事业单位国有资产管理办法》的修订，以及出台了一系列相关政策意见。“职务科技成果混合所有制”改革的核心学理基础也得到了中财办原副主任杨伟民、中财办副主任尹艳林、国务院发展研究中心副主任王一鸣、北京大学国家发展研究院周其仁教授以及一大批国内经济学家、知识产权法专家的肯定和支持。

在实践方面，西南交大积极推进改革落地，改革近五年西南交大已有230项（其中包含198件专利、30项软著、2项专有技术）职务科技成果知识产权分割确权，通过“职务科技成果混合所有制”注册成立了24家高科技创业公司，知识产权评估作价入股总值超过1.3亿元，带动社会投资近8亿元。

在推广方面，西南交大积极与四川省发改委、省科技厅、省知识产权局等部门积极配合，大力推广“职务科技成果权属混合所有制”改革经验。在四川省和西南交大的共同努力下，2020年捷报频传。2020年2月14日，中央深改委第十二次会议通过了《赋予科研人员职务科技成果所有权或长期使用权试点实施方案》，5月9日由科技部、发改委、教育部、工信部、财政部、人社部、商务部、国家知识产权局、中科院九部门联合印发。2020年3月30日，中共中央、国务院发布的《关于构建更加完善的要素市场化配置体制机制的意见》，其中第十五条提出“开展赋予科研人员职务科技成果所有权或长期使用权试点”。5月11日，《中共中央 国务院关于新时代加快完善社会主义市场经济体制的意见》中也提到“试点赋予科研人员职务科技成果所有权或长期使用权”。

改革五年来，国务院副总理韩正、时任科技部部长万钢、中纪委驻科技部纪检组组长王宾宜、科技部创发司领导、国家发改委副主任林念修、国家发改委宏观经济研究院专家、国家知识产权局副局长贺化、财政部科技司领导、国办一局、国办三局、中央编译局相关干部均到四川、西南交大实地调研“职务科技成果混合所有制”。北京、江苏、广东、陕西、云南、山东、辽宁、黑龙江、广西、上海等兄弟省市科技、知识产权、人大法工委系统也听取了西南交大关于“职务科技成果混合所有制”的汇报。三十多所兄弟高校、院所到西南交大实地调研了“职务科技成果混合所有制”。目前在西南交通大学制度创新的影响下，北京、浙江、上海、广东、陕西、四川都已经出台了支持“职务科技成果混合所有制”的地方性法规，其他省市的相关法规也在起草之中。同时，上海交通大学、四川大学及在川的和四川省属高校 19 所、科研院所 20 所、卫生机构 3 所、科技型企业 3 家等一批高校、科研院所、企业等也已经开始了“职务科技成果混合所有制”改革。

2. 学校所属企业体制改革工作全面扎实推进

2020 年所属企业体制改革进入全面实施阶段，改革工作进入“深水区”，面临“硬骨头”，改革任务十分艰巨，学校产业克服新冠疫情带来的影响，勇于担当、攻坚克难，制定分类实施方案，全力推进企业体制改革任务。

（1）统筹协调，科学制订改革方案和工作计划。

按照国家有关文件精神，经过多方征求意见、反复研讨，科学制定了《西南交通大学所属企业体制改革方案》并通过了教育部审核。强化责任，因企施策，再次对全校企业进行全面摸底，制定各企业工作方案，明确工作流程、时间节点和任务目标，建立体制改革工作台账，形成《西南交通大学所属企业体制改革进度表》，使每项工作紧密衔接，积极推进。

（2）攻坚克难，切实有效推进体制改革。

实施过程注重组织领导，定期召开工作小组会议，解决改革中出现的各种问题；重点关注改革中的难点、痛点，打通堵点，主动协调地方政府，争取支持，推进“僵尸”企业的处置工作；成立清理关闭、脱钩剥离两个体制改革工作小组，配备专人推进下属各企业相关工作；落实跟踪督促，确保实施举措落地见效。截至 2020 年 12 月底，已完成脱钩剥离或关闭的企业 6 家。

（3）依法依规，有效防止国有资产流失，确保平稳过渡。

严格按照上级文件规定和改革方案的要求，积极稳妥推进各项改革措施。全面加强国有资产监管，依法依规履行国有资产管理程序，确保处置程序合法合规。对脱钩剥离的企业，进行公开挂牌出让和协议转让，有效防止国有资产流失；严肃政治纪律和财经纪律，防范廉政风险，“守住底线，不碰红线”；制定企业人员风险预案，维护好企业职工和学校的合法权益，确保平稳过渡。

（4）提质增效，抓好体制改革与回报学校、科技成果转化“三不误，三促进”。

处理好所属企业体制改革与回报学校、科技成果转化之间的关系，做好所属企业结构优化和提质增效，多渠道反哺学校。2020 年，集团公司所属企业支持学校大科学装置建设，向学校支付科研经费 2400 余万元，向扬华教育基金会捐款 200 万元，有力支持了学校“双一流”建设；继续加快科技成果转化孵化，科技园公司强力推进检验检测和认证认可工作，成功获批 CNAS 检验检测机构资质、CURC 城市轨道交通技术装备产品认证机构资质、安全评价机构资质。西南交通大学国家大学科技园新都园区正式落户新都，园区面积 11 400 m^2，已落实 12 家入驻单位。西南交大科技园西藏园区在拉萨市高新区拥有 1700 m^2 的孵化场地，顺利中标拉萨市高新区管委会“基于轨道交通高端服务平台改造项目”。

3. 产业性质研究院在载体平台建设方面取得重大突破

青岛研究院、烟台研究院成功获批山东省 2020 年度第一批省级新型研发机构，天府新区研究院被正式批准成为四川省科技企业孵化器（2020 年全省只有 12 家获得通过），在载体平台建设方面取得重大突破，这既是对研究院工作的认可，也对今后研究院密切与地方创新合作，服务学校“双一流”建设有重要意义。

（三）高等教育研究

1. 强化研究力

（1）首聘任咨询专家。

遴选和聘任若干政策水平高、管理经验丰富、高教研究能力强的教授和中层为咨询专家，把脉研究方向。

（2）扩大兼职研究队伍。

遴选若干具有高教研究兴趣和意愿的青年教师和管理干部为兼职研究人员，发挥研究中坚作用。

2. 强化精准服务

针对学校办学实际，确立研究生培养、教师与人才、大学排名与评价、多校区办学、高校筹资、学科布局、课程与教学等选题，一一对标、专题调研，形成近 10 份高水平研究报告，约 10 万字，精准服务学校改革发展。

3. 强信息参考

在原有基础上重新策划，围绕高教领域的重点热点，面向全校编发《高教参考》10 期，20 余万字，受到机关部门和教学科研单位的欢迎，较好地发挥了信息参考作用。此外，通过省高教学会面向省内高校发布，扩大了影响。

4. 强化影响辐射

由学校作为秘书处单位，充分发挥四川省高等教育学会教学质量保障专委会、高教研究专委会作用，接受学校扶贫办委托为甘肃省秦安县研制“十四五”教育发展规划，深度参与四川“十四五”高校设置调研、高校“十三五”发展规划评估、“全面推进在蓉高校高质量发展”研究等专项工作，增强了学校在省内的影响力和话语权。

（四）教育国际化研究

1. 持续打造大学国际化评价研究品牌

（1）及时布局研究方向。积极开展后疫情时代下大学国际化面临的挑战、机遇及转型发展研究，已形成若干成果。

（2）调整《大学国际化水平排名》呈现方式。经多轮研讨，并报请学校主要领导批准，2020 年调整大学国际化水平评价指标体系、数据来源、评价方式和呈现方式，最大限度降低受影响面，持续巩固和提升大学国际化评价研究品牌效应。

（3）积极服务学校国际化办学。对标学校，找差距、寻出路，撰写高水平报告三份，约 5 万字，送学校领导和有关部门参考。

2. 建设国际学术组织高端研究智库

2020 年 7 月，由高等教育研究院牵头，联合国际铁路联盟（UIC）、德国国际生态交通联盟牵头申报的中国科协 2020 年“‘一带一路’国际科技组织合作平台建设项目”获批，学校为西南地区唯一一家入选高校。11 月 17 日，中国科协书记处书记宋军（副部级）、国际部部长刘阳来校为“一带一路”国际科技组织联合研究中心揭牌，为学校争得了名誉与合作机遇。需要强调的，这是高教院代表学校成功申报、并具体负责，中央部委有关司局与学校共建的第二个高水平研究基地，给学校带来了平台、资金和项目，更提升了学校在全国科技研究领域的影响力和话语权，在校内实属不多，更属不易。

3. 深化了中外人文交流诊断研究

以服务成渝地区双城经济圈建设国家战略为契机，一是实质参与和推进“成渝地区双城经济圈教育对外开放协同发展”机制建设，高教院代表学校，与四川外国语大学（重庆市国际教育发展研究中心）作为共同牵头单位，统筹推进成渝双城教育开放专家智库建设。二是服务中外人文交流首个试验区（成渝）建设。我院闫月勤院长成为教育部中外人文交流首个试验区（成渝）专家组成员，指导成都市 12 所中职学校的特色学校建设。

4. 有效支撑了学校“双一流”建设

依托国际化系列研究成果，有效服务了学校“双一流”建设，主要表现在：一是为国际合作与交流提供了 2 个研究平台。二是支撑了相关学科建设，如外国语学院（区域国别研究学科建设方向）、公共管理学院（公共政策与公共治理学科建设方向）、经济管理学院（组织行为学研究方向）等。

九、师资工作

（一）教职工队伍结构

1. 教职工人员结构

单位：人

	编号	教职工数									聘请校外教师	离退休人员	附属中小学幼儿园教职工	集体所有制人员
		合计	校本部教职工					科研机构人员	校办企业职工	其他附设机构人员				
			计	专任教师	行政人员	教辅人员	工勤人员							
总　　计	1	4434	4227	2666	915	503	143	46	138	23	404	2251	138	
其中：女	2	1709	1654	978	425	245	6	19	27	9	10	1105	89	
正高级	3	524	519	483	34	2		2	2	1	260	341		*
副高级	4	1186	1138	892	122	124		16	26	6	14	502	37	*
中　级	5	2019	1926	1067	546	313		18	65	10		*	*	*
初　级	6	299	269	80	135	54		3	25	2		*	*	*
未定职级	7	406	375	144	78	10	143	7	20	4	130	*	*	*

2. 专业技术人员学历年龄结构

单位：人

		编号	合计	29岁及以下	30～34岁	35～39岁	40～44岁	45～49岁	50～54岁	55～59岁	60～64岁	65岁及以上
甲		乙	1	2	3	4	5	6	7	8	9	10
总　　计		1	2666	130	393	505	569	441	273	321	29	5
其中：女		2	978	73	138	185	239	181	90	67	5	
获博士学位		3	1668	51	353	380	324	229	140	165	23	3
获硕士学位		4	872	74	40	113	225	190	106	120	4	
按专业技术职务分	正高级	5	483		3	48	67	76	91	168	27	3
	副高级	6	892	2	66	157	224	199	116	128		
	中　级	7	1067	22	263	280	263	158	59	22		
	初　级	8	80	66	3	2	5	2	2			
	未定职级	9	144	40	58	18	10	6	5	3	2	2

续表

		编号	合计	29岁及以下	30～34岁	35～39岁	40～44岁	45～49岁	50～54岁	55～59岁	60～64岁	65岁及以上
按学历（学位）分	博士研究生	10	1668	51	353	380	324	229	140	165	23	3
	其中获博士学位	11	1668	51	353	380	324	229	140	165	23	3
	获硕士学位	12										
	硕士研究生	13	804	74	40	108	198	173	90	117	4	
	其中获博士学位	14										
	获硕士学位	15	804	74	40	108	198	173	90	117	4	
	本科	16	194	5		17	47	39	43	39	2	2
	其中获博士学位	17										
	获硕士学位	18	68			5	27	17	16	3		
	专科及以下	19										
	其中获博士学位	20										
	获硕士学位	21										

（二）专任教师增减变动情况

单位：人

专任教师变动情况																	
	编号	上学年初专任教师数	增加教师数								减少教师数						本学年初专任教师数
			合计	录用毕业生			调入		校内变动	其他	合计	自然减员	调出	校内变动	辞职	其他	
				计	其中：研究生		计	其中：外校									
					计	其中：本校毕业											
甲	乙	1	2	3	4	5	6	7	8	9	10	11	12	13	14	15	16
总　计	1	2706	99	80	80	19	19	15			139	31	5	76	23	4	2666
其中：女	2	993	26	23	23	2	3	3			41	12	2	20	7		978

（三）人才工作

截至2020年12月，学校共有中国科学院和中国工程院院士（含双聘院士）25人次，IEEE FELLOW 6人次，国家人才计划入选者130人次，国家杰出青年科学基金项目获得者20人次，国家优秀青年科学基金项目获得者11人次，四川省及成都市人才计划入选者131人次；国家有突出贡献中青年专家8人次，四川省有突出贡献专家86人次，四川省学术和技术带头人106人次。

（四）2020年新增具备高级专业技术职务任职资格人员名单

序号	单　位	姓　名	专业技术职务任职资格	备注
1	土木工程学院	于　丽	教授	
2	土木工程学院	申玉生	教授	
3	土木工程学院	封　坤	教授	
4	土木工程学院	赵坪锐	教授	
5	土木工程学院	晋智斌	教授	
6	土木工程学院	马述起	教授	
7	土木工程学院	徐国际	教授	
8	土木工程学院	余　炎	教授	
9	机械工程学院	刘伟群	教授	
10	机械工程学院	张　剑	教授	
11	电气工程学院	王　涛	教授	
12	电气工程学院	韩正庆	教授	
13	信息科学与技术学院	代　彬	教授	
14	信息科学与技术学院	龚　勋	教授	
15	交通运输与物流学院	郭孜政	教授	
16	交通运输与物流学院	梁宏斌	教授	
17	牵引动力国家重点实验室	张继旺	研究员	
18	地球科学与环境工程学院	张　涵	教授	
19	地球科学与环境工程学院	胡　翰	教授	
20	地球科学与环境工程学院	尹高飞	教授	
21	材料科学与工程学院	翁亚军	教授	
22	材料科学与工程学院	熊　俊	教授	
23	材料科学与工程学院	欧建臻	教授	
24	材料科学与工程学院	郭　星	教授	
25	建筑与设计学院	付　飞	教授	
26	力学与工程学院	于　超	教授	
27	物理科学与技术学院	张　渝	教授	
28	数学学院	杨　洋	教授	
29	生命科学与工程学院	邱忠平	教授	
30	马克思主义学院	李学勇	教授	
31	经济管理学院	李　良	教授	
32	经济管理学院	郭秀萍	教授	
33	公共管理与政法学院	罗梁波	教授	

续表

序号	单　位	姓　名	专业技术职务任职资格	备注
34	人文学院	杨　琴	教授	
35	外国语学院	李孝英	教授	
36	外国语学院	杨安文	教授	
37	土木工程学院	马龙祥	副教授	
38	土木工程学院	石　莹	副教授	
39	土木工程学院	朱　艳	副教授	
40	土木工程学院	任东亚	副教授	
41	土木工程学院	江　南	副教授	
42	土木工程学院	张艳阳	副教授	
43	土木工程学院	陈　德	副教授	
44	土木工程学院	周　强	副教授	
45	土木工程学院	袁胜洋	副教授	
46	土木工程学院	唐浩俊	副教授	
47	土木工程学院	黄俊杰	副教授	
48	土木工程学院	黄群艺	副教授	
49	土木工程学院	常志旺	副教授	
50	机械工程学院	牛纪强	副研究员	
51	机械工程学院	杜　润	副教授	
52	机械工程学院	杨婷婷	副研究员	
53	机械工程学院	张亚丽	副教授	
54	机械工程学院	张　楠	副研究员	
55	机械工程学院	袁中原	副教授	
56	机械工程学院	郭　亮	副教授	
57	机械工程学院	梁红琴	副教授	
58	电气工程学院	王　嵩	副教授	
59	电气工程学院	李砚玲	副教授	
60	电气工程学院	苟　斌	副教授	
61	电气工程学院	周福林	副教授	
62	电气工程学院	魏文赋	副教授	
63	信息科学与技术学院	杜圣东	副教授	
64	信息科学与技术学院	李　阳	副教授	
65	信息科学与技术学院	汪志刚	副教授	
66	信息科学与技术学院	章正权	副教授	
67	交通运输与物流学院	陈　韬	副教授	
68	交通运输与物流学院	傅志坚	副教授	

续表

序号	单　位	姓　名	专业技术职务任职资格	备注
69	牵引动力国家重点实验室	陈是扦	副研究员	
70	牵引动力国家重点实验室	曾东方	副研究员	
71	地球科学与环境工程学院	万华仙	副教授	
72	地球科学与环境工程学院	王晓文	副教授	
73	地球科学与环境工程学院	田玉淼	副教授	
74	地球科学与环境工程学院	李　勇	副教授	
75	地球科学与环境工程学院	杨情情	副教授	
76	地球科学与环境工程学院	陈龙飞	副教授	
77	地球科学与环境工程学院	陈仕阔	副教授	
78	地球科学与环境工程学院	贾洪果	副教授	
79	材料科学与工程学院	刘　妍	副教授	
80	材料科学与工程学院	刘建华	副教授	
81	材料科学与工程学院	孙　奇	副教授	
82	材料科学与工程学院	陈　松	副教授	
83	材料科学与工程学院	陈静青	副教授	
84	材料科学与工程学院	姜　欣	副教授	
85	材料科学与工程学院	徐晓玲	副教授	
86	材料科学与工程学院	甯红波	副教授	
87	材料科学与工程学院	谢超鸣	副教授	
88	建筑与设计学院	李　然	副教授	
89	建筑与设计学院	舒兴川	副教授	
90	力学与工程学院	李　燕	副教授	
91	力学与工程学院	杨　洋	副教授	
92	物理科学与技术学院	杨　凯	副教授	
93	物理科学与技术学院	唐永亮	副教授	
94	数学学院	乔高秀	副教授	
95	数学学院	刘　裕	副教授	
96	数学学院	陈树伟	副教授	
97	数学学院	陈桂玲	副教授	
98	数学学院	郑　军	副教授	
99	数学学院	韩冬春	副教授	
100	生命科学与工程学院	陈　琳	副教授	
101	生命科学与工程学院	童　妍	副教授	
102	医学院	杨　光	副研究员	
103	医学院	陈星羽	副研究员	

续表

序号	单　位	姓　名	专业技术职务任职资格	备注
104	马克思主义学院	刘晓玲	副教授	
105	马克思主义学院	李　茂	副教授	
106	马克思主义学院	彭晓伟	副教授	
107	公共管理与政法学院	王浩宇	副研究员	
108	公共管理与政法学院	王路昊	副教授	
109	公共管理与政法学院	刘　鑫	副教授	
110	公共管理与政法学院	林晶晶	副教授	
111	公共管理与政法学院	郭佳良	副教授	
112	公共管理与政法学院	颜学勇	副教授	
113	人文学院	刘　蕊	副教授	
114	人文学院	李任飞	副教授	
115	外国语学院	张　粲	副教授	
116	体育工作部	刘媛粒	副教授	
117	心理研究与咨询中心	毛燕辉	副教授	
118	土木工程学院	张明金	高级工程师	工程技术
119	交通运输与物流学院	韩立东	高级工程师	工程技术
120	轨道交通国家实验室	张　胜	高级工程师	工程技术

（五）2020年度博士后科研流动站一览表

序号	流动站名称	主要研究领域	批准时间
1	力学	1. 固体的强度、损伤与破坏 2. 现代非线性动力学 3. 高速冲击动力学 4. 流固耦合振动 5. 接触力学 6. 新兴交叉力学 7. 成型制造力学与数值模拟 8. 计算流体力学等	1988
2	交通运输工程	1. 交通运输规划与管理 2. 交通工程 3. 物流工程 4. 系统工程 5. 安全科学与工程 6. 系统科学等	1991
3	土木工程	1. 桥梁工程 2. 隧道工程 3. 道路与铁道工程 4. 岩土工程 5. 结构工程 6. 防灾减灾工程与防护工程等	1998

续表

序号	流动站名称	主要研究领域	批准时间
4	机械工程	1. 表面与界面 2. 微纳制造 3. 车辆及城市轨道装备 4. 起重运输与物流装备 5. 机电液系统设计与可靠性 6. 现代机电测试及控制技术 7. 暖通空调及工业空气动力学 8. 数控技术及虚拟制造 9. 新能源汽车与内燃机创新设计 10. 机器人机构学及设计自动化等	1999
5	电气工程	1. 电气工程 2. 控制科学与工程 3. 电子信息工程等 4. 固态锂电池技术 5. 燃料电池技术	1999
6	管理科学与工程	1. 服务管理 2. 物流与供应链管理 3. 金融工程理论与应用 4. 产业发展理论与应用 5. 项目管理与投资分析 6. 工程组织与管理 7. 数据科学与方法等	2001
7	信息与通信工程	1. 信息编码理论及应用 2. 移动通信理论与技术 3. 信息光子与通信 4. 网络与信息安全 5. 信号及信息处理理论与应用	2003
8	测绘科学与技术	1. 大地测量学与测量工程 2. 遥感科学与技术 3. 地图制图学与地理信息工程等	2007
9	地质资源与地质工程	1. 地质灾害与防治工程 2. 高速滑坡机理及其早期识别 3. 黑色岩层特性及其致灾机理等	2009
10	计算机科学与技术	1. 工业互联网平台与互联智能 2. 大数据分析与挖掘 3. 智能信息处理 4. 计算智能与未来网络 5. 跨媒体智能与智能交通 6. 科技云服务与务联网	2012
11	工商管理	1. 市场科学与行为 2. 会计与公司财务 3. 运作与服务管理 4. 投资决策与风险管理 5. 企业战略与组织行为 6. 工商管理中的大数据研究等	2014

（六）2020年博士后出站人员名单

力学： 卢　磊　　刘建华　　安　琪

交通运输工程： 韦　伟　　崔大宾　　陈　鹏　　李　擎　　刘胜久　　付川云　　王　莹

土木工程： 刘玉涛　　钟志彬

机械工程： 蒋小松　　黄铁雄　　李　浩　　朱胜阳　　张　林

电气工程： 刘　熠　　Prithwineel Paul

计算机科学与技术： 林　颖　　王恪铭

信息与通信工程： 李　可　　张吉烈

管理科学与工程： 王　璐

工商管理： 彭文敏

（七）2020年在聘名誉教授名单

任辉启　　杨先农　　王建国　　聂建国　　闫楚良　　吴以岭　　樊代明
黄润秋　　隋森芳　　陈木法　　李安民　　卢春房　　岳清瑞　　常　青
陈湘生　　谢先启　　陈　军

（八）2020年在聘顾问教授名单

蒋兴宇　　马国伟　　包亦望　　周延春　　张喜刚　　宫　鹏　　倪一清　　王　宁
戴琼海　　涂善东　　杨　涛

（九）2020年在聘兼职教授名单

汤　明　　成子桥　　陈　钒　　顾勇新　　刘勇华　　刘　迁　　丁树奎　　牛大鸿
崔志刚　　吴艳宏　　蔡利平　　金旭炜　　代彦军　　韩振勇　　蒋中贵　　刘宜丰
王栋民　　徐升桥　　王彦刚　　宋少民　　向　阳　　高培勇　　胡必亮　　刘迎秋
涂　宏　　朱光耀　　丁　睿　　蒋　捷　　李　强　　罗　劲　　徐丽明　　刘荣刚
李建斌　　苏世怀　　陈应陶　　崔　冰　　万田保　　赵仕兴　　肖作平　　袁红平
吴至友　　张文萌　　畅洪亮　　姚攀峰　　常好诵　　王立军　　李清泉　　樊　晟
刘　艺　　牛　力　　陈　亮　　董建明　　朱　颖　　李国良　　兰　涛　　贾华强
严金秀　　严爱国　　谭新亚　　闫浩文　　吴桂毅　　蒋振雄　　熊国斌　　杨　斌
张　鸿　　周泳涛　　杨怀志　　张鹏程　　李志宏　　吴玉韶　　蒋振雄

十、学院工作

（一）土木工程学院

【党建及思想政治工作】

土木工程学院现有党员人数1440名（含峨眉），其中教职工党员人数307名（含峨眉），其中在职教职工党员251人，退休教职工党员56名，学生党员1133名。学院党委下设3个党总支，共有61个党支部（其中12个教职工党支部，49个学生党支部），是西南交通大学规模最大的基层教学科研单位党组织。

土木学院党委高质量完成教育部“双创”建设100个“全国党建工作标杆院系”验收工作，持续推进教育部“三全育人”综合改革试点，严格落实并顺利完成学校第三轮政治巡察整改工作，疫情期间有效组织开展了“新型冠状病毒肺炎”的防控工作。

【师资队伍建设】

建立健全人才准入制度，构筑更加全面的人才引育和留任机制。以智能化引领土木学科、专业交叉融合和转型升级，学院人才需求由传统学科向土木智能化等交叉学科方向上倾斜；定期召开“智能建造与运维”土木海内外青年学者线上论坛，探索智能建造与运维未来发展趋势和发展道路。持续推进专任教师岗位聘任制度改革，进一步发挥绩效考核和绩效工资分配的督促、激励作用。

继续构建重点突出、层次分明、衔接紧密、持续发展的人才师资队伍培养体系。2020年土木学院的人才工作取得重大突破和进展，实现了本土“四青”人才的零突破。2020年新增国家人才计划入选者6人，新增四川省人才计划7人。新增“扬华计划”2人，“雏鹰计划”1人，“青苗计划”6人。新增“先聘后评”引进人才4人，准聘一般师资4人，全日制博士后7人，兼职教授6人。2020年申报国家人才计划2人，1人上会；申报国家人才计划青年项目2人，2人均上会。

【人才培养】

以有序推进疫情防控常态化下的教育教学为目标，着力线上线下教育教学资源体系。线上拥有5门国家精品在线开放课程、4门精品资源共享课程、1门精品视频公开课程、2门精品网络课程、21门线上MOOCs课程，14门微专业课程、4门教育部首批英文版在线课程，拥有以“土木工程制图”“结构力学”“基础工程”“地下建筑学”“地铁文化漫谈”等课程为代表的全校示范交流的优秀线上教学设计案例；线下选线设计、结构力学等7门课程入选国家一流课程（金课），在全国土木工程领域名列前茅，建成9门省一流课程，建成22门校级一流本科课程建设项目。

以“金专建设”“工程认证”为核心，打造人才培养新体系。修订与完善人才培养方案，贯通教学实践组织与实施、教学效果评价等环节；实施日常巡查与线上教学专家检查组双轨制度，实现82门完成听课全覆盖；用线上形式开展第四期暑期夏令营，以“聚焦川藏线”为主题，吸引了来自115所国内高校共525名学生报名；申报土木水利博士授权点。

以“人人思政、课课思政”为目标，建成课程思政育人新体系。土力学教学团队入选四川省课程思政教学示范团队，土力学与混凝土结构设计原理入选四川省课程思政示范课程，土木工程专业入选四川省课程思政示范专业。

新增西南交通大学2020年校级本科教育教学研究与改革教学实践类重点项目3项（含子项

目 30 项）；新增已发表教改论文共计 42 篇；新增 2020—2024 年四川省普通本科高等学校土木与水利类专业教学指导委员会主任单位，中国交通教育研究会高教研究分会第十届理事会副理事长 1 名，中国交通教育研究会常务理事 1 名，2018—2022 年教育部高等学校工程图学课程教学指导分委员会西南地区工作委员会副主任委员 1 位，委员 1 位。

荣获第五届四川省高校青年教师教学竞赛二等奖 1 项、优秀奖 1 项；荣获 2019 全国大学生结构设计信息技术大赛特等奖；荣获第二届国际大学生混凝土龙舟邀请赛特等奖；荣获第十三届“高教杯”全国大学生先进成图技术与产品信息建模创新大赛团体国家级一等奖 2 项。

【科学研究】

总体克服了上半年疫情的影响，科研经费达到 12 712 万元，仍然保持在高位运行，基本与上一年度持平，其中纵向科研到账经费 2275 万元，横向科研到账经费 10 437 万元；

积极开展基金组织申报工作，共申报基金项目 99 项，较去年增长 15%，共获批 25 项，较去年同期增长 19%，其中面上项目 14 项，青年基金项目 9 项，优秀青年科学基金项目 1 项，国际（地区）合作与交流项目 1 项。

新增 SCI 论文 288 篇，相比去年增长 27.3%，其中新增 ESI 前 3%高被引论文 15 篇，前 1%高被引论文 6 篇，基于 CNCI 指标的高水平论文数量达 86 篇，最高指标值达到 21.49；授权发明专利 78 项，国际专利 4 项，软件著作权 41 项；出版学术专著 12 部，其中英文专著 1 部；参加各类规范标准编写 19 部。

获省部级以上科技奖励 15 项，包括国家科技进步二等奖 1 项，主持四川省科技进步一等奖 2 项，参与四川省科技进步二等奖 1 项、三等奖 3 项，山东省科技进步一等奖 1 项，辽宁省科技进步二等奖 1 项，广东省科技进步二等奖 1 项，安徽省科技进步奖 1 项，主持中国岩石力学与工程学会科学技术二等奖 1 项，参与特等奖 2 项、二等奖 1 项；获批四川省青年科技创新团队 1 项；此外，还获得第十五届詹天佑铁道科学技术贡献奖 1 项，青年奖 1 项，茅以升科学技术青年奖 1 项，中国钢结构协会创新人才奖 2 项。

参加各类学术会议 167 人次，采用线上或线下形式开展学术报告 120 余次。主办和协办各类高水平学术会议 7 次：第十届全国土工合成材料大会、第十二届全国随机振动理论与应用学术会议暨第九届全国随机动力学学术会议、第四届全国巨震应对学术会议、2020 中国隧道与地下工程大会（CTUC）暨中国土木工程学会隧道及地下工程分会第二十一届年会、第 3 届轨道交通噪声与振动环境影响青年学者论坛、深水大跨桥梁新进展研讨会。

继续在开展科研育人工作方面不断探索，设立了“科研创新训练项目”22 项，将思政元素多角度地融入科学研究的全过程；构建了“科研育人”典型示范体系，编写了西南交通大学土木工程学院科研育人探索《奋进交通强国主战场，锻造顶天立地土木人》，目前已交付出版中。

【学科专业建设】

两个国家级教学示范中心运行规范，虚拟仿真实验项目（包括国家级和省级）运行正常；着力解决 600 ~ 1000 人的实验教学高负荷实验教学问题，为成峨一体化实验教学提供了有力保障；完成 65 台（套）大型仪器设备在学校“大型仪器设备开放共享平台”的开放使用，通过 2019—2020 学年大型仪器设备共享使用考核。

陆地交通地质灾害防治技术国家工程实验室圆满完成“快堆一回路主循环钠泵电机”试验（两次），成功实现“军工项目”零的突破；“山区公路自然灾害防治交通运输行业野外科学观测研究基地（联建）”顺利获批 2020 年交通运输行业野外科学观测研究基地（首批）；探索实验室（平台）实体化改革，积极进行开展陆地交通土建工程灾害防治应用基础理论研究。

【管理服务】

致力于为 4006 名本科生（峨眉 561 人）、1860 名硕博研究生，共计 5866 名学生提供丰富的线上学习成长活动及平台，多层次、全方位、人性化开展学生疫情防控工作。

完成 603 名学生导迁、993 人次各类优秀学生评选、1342 人次家庭经济困难认定等日常事务工作。936 名本科生、527 名研究生顺利毕业就业，就业率 85.65%。

全面提升学生能力素质，举办“劳动文化节”；创新实施“红志班”学生干部研修班；组织实施“2020 土木科技月”，1399 人次学生参加；打造“红土”文化品牌，有效提升文化育人效度。

作为今年我校唯一的推荐申报引智基地的二级单位，组织实施了高等学校创新引智基地申报，邀请加拿大皇家科学院和加拿大工程院两院院士理查德·巴瑟斯特（Richard J. Bathurst）作为引智基地的学术大师，比利时根特大学的贝祖恩教授（Bezuijen）、北海道大学的石川（Tatsuya Ishikawa）教授等 12 位国外专家作为学术骨干。

（二）机械工程学院

【党建及思想政治工作】

机械工程学院党委按照学校党委要求认真制定和落实学院党委中心组、教职工和党支部学习计划，完善学习制度，强化理论和业务学习；积极进行新时代高校党建“双创”培育，学院党委成功申报学校 2020 年度基层党建重点项目，摩擦学党支部成功申报创建“四川省高校党建工作样板支部”。教师党支部书记“双带头人”全覆盖；进行党支部书记“不忘初心　牢记使命”党性教育专题培训；开展警示教育，组织学习《习近平关于国家总体安全观重要论述》，开展“强意识，守法规，认真做好保密工作”专题培训；开展课程思政与师德师风建设，总结凝练学院历年来思政工作成果，构建“党委统领、主体引领、多方协作”的思政育人模式；做好迎接建党 100 周年组织建设，开展相关主题党日活动，推进“党课开讲啦”和党建“四个一”行动。学生工作中，构建了“新生入学导航计划到就业能力训练营计划”、大学生课外科技创新工作平台、本科生“阶梯人才培养模型”、“研究生培养全阶段、师生全员参与、全方位、多教育手段并举”等多维架构能力培养平台，协同共建“三全育人”机制。制定《机械工程学院学风建设实施方案》，构建“三全育人”的学风建设工作体系。积极开展具有机械学院特色的“机缘印象”新生启航，“虹桥畔的记忆”毕业纪念，“11·22”诚信教育，“感于心，化为行”感恩教育，“学霸说”学风建设，“步步精心”求职指导，“镜湖半月谈”研究生学术交流等系列活动等，以文化人协同构建立体文化育人新格局。

【学科专业建设】

机械工程学院以第五轮学科评估为契机，积极推进学科建设工作，取得了系列成效。主持获四川省科技进步一等奖 1 项，参与获国家科技进步二等奖 1 项，主持获批国家重点研发计划项目 2 项、国家自然科学基金重大仪器研制项目 1 项、国家自然科学基金重点项目 2 项；主持建设的先进驱动节能技术教育部工程研究中心评估优秀；新增国家、省级双万建设专业各 1 个；主持创建的 *Biosurface and Biotribology* 入选机械工程领域高质量科技期刊分级 T2 级。全面梳理总结机械工程学科 2016—2020 年五年周期的发展成绩，圆满完成第五轮学科评估填报工作，撰写完成学科发展“十四五”规划初稿。

【师资队伍建设】

机械工程学院新增国家人才计划入选者 4 名、省教学名师 1 人、享受政府特殊津贴 1 人、1 家省级创新工作室、唐立新奖 2 人，续聘国家人才计划入选者 2 人，入选校 2019 年度人才师资队伍培育计划 15 人；申报国家人才计划 6 人、四川省人才计划 14 人、校 2020 年度人才师资队伍培育计划 13 人；成功举办西南交通大学 2020 年“交天下菁英，通宇内鼎甲”学者论坛机械工程学院分论坛——轨道交通运维及车辆智能化技术前沿论坛；副高先聘后评引进和一般师资共 12 人（已正式入职 10 人）；通过 2020 年度专业技术职务评审 10 人（正高 2 人，副高 8 人）。

【人才培养】

机械工程学院建筑环境与能源应用工程获批国家一流专业建设点，能源与动力工程获批省级一流专业建设点，机械设计制造及其自动化专业工程教育专业认证复评申请通过；获批国家线上一流课程 4 门，省级线下一流课程 1 门，校级一流课程 25 门；获批校级教材建设项目 11 门，校级思政项目 2 个，校级教改项目 40 个，院级教改项目 17 个；获 2016—2020 年校级教学成果奖 16 项；学生竞赛获 24 项国家级科创竞赛奖；强化毕业设计规范，注重毕业设计过程管理，实施毕业设计工作“八个一”质量工程，确保线上毕业设计与线下毕业设计质量实质等效，提升毕业设计（论文）质量，评选校级优秀毕业设计 9 个，院级优秀毕设 11 个，优秀毕业设计指导教师 20 个；开展 2020 年线上教学工作，完成线上教学理论课程 157 门，线上实习教学课程 37 门，线上考试 101 门，线上毕业设计 736 个，编撰《机械工程学院 2020 年线上教学工作案例集锦》《机械工程学院 2020 届毕业设计（论文）中期检查优秀案例汇编》《机械工程学院 2020 届优秀毕业设计（论文）摘要汇编》；完成 691 个本科毕业生毕业资格审核、毕业证、学位证发放工作。第九届全国大学生机械创新设计大赛获国家级一等奖 5 项、二等奖 4 项；第五届全国大学生起重机创意大赛获一等奖 3 项、二等奖 2 项、三等奖 2 项和优秀奖 2 项；第十三届全国大学生节能减排社会实践与科技竞赛获一等奖 1 项、三等奖 3 项；第十三届“高教杯”全国大学生先进成图技术与产品信息建模创新大赛获一等奖 4 项、二等奖 3 项、三等奖 2 项和团体三等奖；第 13 届全国 3D 大赛获国家二等奖 1 项、四川赛区特等奖 1 项、二等奖 2 项、三等奖 1 项；第五届“创富靖江”创业创新大赛获市一等奖。2020 年博士招生 55 人，硕士招生 398 人；新增博士生导师 4 名，硕士生导师 5 名；获校级优博论文 3 篇，优硕论文 13 篇；获校级国家奖学金博士 4 人，硕士 18 人；获校级优博培育项目 2 人；博士毕业 31 人，硕士生毕业 308 人；完成博士 31 人、硕士 341 人授位；获批校级学位与研究生教育改革重点项目 1 项，子课题 5 项；15 名研究生申请校级建候科创竞赛项目获批；获校级 2020 年往届生博士学业奖 118 人，往届生硕士学业奖 655 人，2020 级硕士学业奖 397 人，2020 硕士优质生源奖 1 人，2020 级博士学业奖 44 人，2020 级博士扬华新秀奖 3 人。

【科学研究】

机械工程学院新增国家自然科学基金重大科研仪器研制项目 1 项、重点项目 2 项，科技部重点研发计划项目 2 项，重点研发计划课题 4 项，交大-九洲电子信息装备产教融合示范项目 1 项；主持四川省科技进步一等奖 1 项、三等奖 1 项，参与国家科技进步二等奖 1 项；先进驱动节能技术教育部工程研究中心以优秀的成绩通过评估，轨道交通运维技术与装备四川省重点实验室通过验收，年度考核优秀；与彭州签订了成果转化基地协议；全年到账科研经费 8199 万元，在榜 ESI 论文 13 篇，授权发明专利 63 件，授权国际发明专利 2 件。

【管理服务】

机械工程学院完成 2 号楼机械馆修缮工作，打造有机械特色的育人环境。制订机械工程学院“121”本科教学实验室建设体系规划。申报“智能装备设计与制造”四川省虚拟仿真实验教学中心。

（三）电气工程学院

【党建及思想政治工作】

电气工程学院党委下设 55 个党支部，其中：教工支部 8 个，退休教工支部 1 个、本科生支部 6 个、研究生支部 40 个。截至 2020 年 12 月底，共有党员 902 名，其中教职工党员 153 名，退休教职工党员 29 名，学生党员 720 名。

2020 年，学院党委深入学习贯彻习近平新时代中国特色社会主义思想，落实各项思想政治教育工作，着力夯实基层党建。学院党委、国家工程中心党支部、国家工程中心党支部何晓琼同志工作室分别获评四川省委教育工委标杆院系、样板支部、“双带头人”教师党支部书记工作室培育单位。

第一，党员和领导带头，全面抗击疫情。策划推出四个系列网络思政教育专题；全面部署线上教学工作和集中答辩工作；树立服务意识，全面做好环境消杀、物资筹集发放等，保障了全院工作平稳开展。

第二，细致开展第三轮巡察反馈整改工作，党委核心作用进一步发挥。组织召开教师代表座谈会、学生代表座谈会听取意见建议，确定整改方案，落实责任人和整改时限，共制定了工作举措 45 项；完善各项集体议事规则，规范会议记录和纪要，全面加强了党委对教育教学、学科建设、干部梯队建设、人才队伍建设、意识形态和师德师风建设等工作的领导和指导。

第三，指导党群工作取得佳绩。李群湛教授工作团队成功获评全国示范性劳模和工匠人才创新工作室；何正友教授获评四川省先进工作者称号；毕业微电影《你曾是少年》获“我们正青春”——2020 全国校园星歌声毕业季特别活动“最佳作品奖”。

【师资队伍建设】

师资队伍建设成绩突出。高仕斌教授入选首届最美铁道科技工作者。新增国家人才计划入选者 2 人、四川省人才计划 5 人；茅以升铁道科技奖 1 人；詹天佑铁道科技奖 3 人；四川省青年科技奖 1 人。

2020 年，新入职年轻博士 8 人，招聘外籍教师 1 人；新增博导 7 人、硕导 12 人。

【学科专业建设】

专业建设方面，“电子信息工程”专业入选国家级一流本科专业建设点；“能源动力类”领域工程博士和工程硕士学位授权点开始招生；进一步完善了学院 3 个本科专业培养方案。

平台建设方面，正式获批高等学校学科创新引智计划（111 计划）——轨道交通电气化与自动化学科，实现学院“零”的突破；获批首批国家铁路局铁路行业重点实验室——先进能源牵引与综合节能行业重点实验室；获批四川省轨道交通高电压技术工程研究中心；获建西南交通大学-国网四川省电力公司交通能源融合联合研究院；推进国家工程中心转建国家技术创新中心并获省科技厅支持。工程中心综自检测实验室取得 CNAS、CMA 证书，完成 5 个厂家的认证检测，为 16 个铁路工程出具抽检报告；完成 10 个班、382 人培训任务。

制定学院“学科建设‘十四五’规划”“学院‘十四五’分规划”；启动第五轮学科评估工作，完成学科评估材料。

【科学研究】

科研成果再创佳绩。主持获省部级科技进步一等奖 6 项，包括：四川省技术发明一等奖（李群湛）、中国铁道学会科技一等奖（吴广宁）、中国电力科学技术进步一等奖（何正友）、中国科技产业化促进会科技创新一等奖（陈维荣）、黑龙江省技术发明一等奖（高国强），以及中国铁道学会科技二等奖 1 项（周福林）。

科研项目经费取得突破。到账科研经费超 7400 万、签订合同金额首次超过 1 亿，远超预期；获批学院第一个国家自然科学基金重大科研仪器项目；获批国家自然科学基金 10 项（含优青 1 项）；首次获批 4 项博士后科学基金面上资助；获批四川省科技项目 20 项，创历史新高。

2020 年，共发表 SCI 论文 242 篇、EI 论文 286 篇（2019 年检索），其中 ESI 高被引 8 篇、热点论文 1 篇，高水平论文持续增长；授权发明专利 191 件，专利申请数、授权数较前一年有所增长。

【人才培养】

1. 教育教学。

教育教学成果突出。疫情困难条件下，采用线上教学方式，教学课程 83 门，保证了本科教学的顺利进行；获批国家级一流课程 4 门：线下 2 门（吴广宁、葛兴来）、线上 1 门（陈维荣）、虚仿 1 门（陈维荣），参与 2 门国家一流课程；“电力牵引传动与控制”课程成功上线“中国大学 MOOCs”课程；获批国家级教改项目 2 项，与机械学院联合申报的省产教融合示范项目 1 项（首批经费 2000 万元）。与华为技术有限公司合作建立机器视觉联合实验室（获赠设备 100 多万）。

学生科创再创佳绩。“互联网 + ”创新创业大赛国家级铜奖 1 项，省级银奖 2 项、铜奖 1 项；大学生电子设计竞赛省级一等奖 1 项、二等奖 2 项、三等奖 2 项；“挑战杯”大学生科技竞赛省级银奖 4 项、铜奖 1 项。完成 11 项国创、18 项省创、64 项校级 2019 年 SRTP 项目结题，完成 10 项国创、18 项省创、60 项校级 2020 年 SRTP 项目立项。

2. 学生工作。

团队及学工队伍建设方面，张异获“四川省第六届高校辅导员年度人物”；林静英获校级“华为优秀辅导员”；李诗涵、郭冰倩获学校“优秀学生工作者”荣誉称号。“竢实扬华 · 交通天下”实践团队获“2020 年成都市大中专学生志愿者暑期文化科技卫生‘三下乡’社会实践活动优秀团队”。分团委获评学校年度五四红旗团委；学生组织获“十佳学生会”“十佳研究生会”。

学生获奖方面，6名博士生、19名硕士生、19名本科生获国家奖学金，67名本科生获国家励志奖学金；王创、王雪琪、王天宏获得“竢实扬华”奖章；余彬、蔡君懿、陶孟兴等获评四川省优秀大学毕业生。

学生活动方面，共举办学生大型活动50余项，参与学生人数达17 600人次。

招生与就业方面，招收本科生589名、研究生382名、博士生50人。本科生升学率达36.73%，本科毕业生667人、研究生343人，继续保持高质量就业率。

【实验室建设】

完成学院实验室建设2021—2023年规划，申报教育部修购计划8项；执行修购计划2项，“城轨交通牵引与供电综合实验系统设备购置”和“电气智能控制实验系统设备购置”，总经费613万元；双一流基建项目“磁技术实验室”建设稳步推进；2020年建设并拟申报四川省虚拟仿真实验项目3项；组织第十二届大学生电气与自动化创新实验竞赛活动。

【交流合作】

与英国伯明翰大学签署硕士“1＋2”联合培养协议，选拔2021级联合培养硕士生候选人3人。

承办了第十四届中国高校电力电子与电力传动学术年会；成功召开中国电工技术学会第二期青年云沙龙；成功主办“交天下菁英，通宇内鼎甲”青年学者电气云论坛。

2020年，学院继续加强校友工作。电气学院创办的《电气人校友通讯》继续推出，包括今日电气、校友活动、教育基金、我与电气、感恩母校等版块，全面介绍学院的重大新闻、院友活动相关报道、曹建猷基金以及捐赠情况，在校友中反响热烈。

学院通过各种渠道，积极推动社会及校友个人对学院学科建设的支持，全年获捐赠到账经费401万元。

【管理服务】

以“成绩、成果、成效”为导向，继续推进岗位责任考核、绩效工资改革等综合改革，电气工程学院绩效考核管理系统（网站）成功上线；全力做好疫情防控及师生安全稳定工作，做好师生离川备案及校外人员进校审核等工作；组织离退休老师及困难教职工慰问；按照学校要求，进一步推进学院房屋资源优化配置；积极组织开展实验室安全生产工作。

（四）信息科学与技术学院

【党建及思想政治工作】

信息科学与技术学院党委积极做好新冠疫情防控，落实各项防控举措：停课不停学，保障网络教学工作有序开展；隔屏不隔爱，积极做好宣传教育引导；精心筹备，有序完成学生错峰返校工作。发挥政治核心作用，全年召开党委会16次，围绕“双一流”建设、第五轮学科评估以及学院人才培养、学科建设、科学研究及管理服务等统筹推进工作开展。加强思想政治教育，强化意识形态责任和管理。注重对网络阵地建设、师德师风考察、授课内容引导、突发性事件及舆情应对等方面的管理强化。巩固教工政治理论学习“三定三有一参加”特色，全年教职工政治理论学习11期。认真开展师生思想政治教育工作，加强政审把关和宣传引导，开展课程思政建设，注重专业课程教育过程中的思政元素挖掘。打牢党建工作基础，以巡察整改工作推进为契机，全面加强基层党建工作规范性。统筹推进工作协同，带动学院团委、工会、离退等各项服务工作开展。

【师资队伍建设】

2020年度，完成各类应聘人员80余人的对接工作。全年入职新教师7人，校内转入2人，新入职专职辅导员1人。组织实施西南交通大学“交天下菁英，通宇内鼎甲”学者论坛——新一代信息技术分论坛组织完成国家和四川省及校内人才计划申报及推荐，新增四川省人才计划入选者1人。

【人才培养】

本科教育：平稳有序开展疫情期间的线上教学。软件工程专业获批国家级一流本科专业建设点。计算机科学与技术工程教育专业认证今年正式批复通过复评，有效期 6 年（至 2025 年 12 月）。通信工程教育专业认证申请被受理。学院 1 门课程获批国家一流课程，1 门课程获批省级一流课程，21 门课程获批校级一流课程，学院 3 门线上线下混合课程、3 门线下课程、1 门社会实践类课程正在申报国家或省级一流课程。MOOC 课程建设取得进展。学院被列为教育部人工智能课程资源建设单位，微电子科学与工程专业获批成都市集成电路人才培养专项经费。以信息学院为共建中心，学校与华为签约共建“智能基座”产教融合协同育人基地。成功获批三大教改项目，包含 30 个子项。出版教材《区块链原理与技术应用》，发表十余篇教改论文。《铁路信号基础》（郭进主编）被评为四川省优秀教材。获 2016—2020 年校级教学成果一等奖 4 项，二等奖 2 项，三等奖 4 项。3 人次获西南交通大学第九届青年教师教学竞赛二等奖，4 人次获竞赛三等奖。在成都市“中国软件名城人才基地”推荐评选活动中，信息学院获批“新型软件学院”。

学位与研究生教育教学：全力克服疫情影响，组织研究生疫情防控期间的教学及科学研究等各项工作。持续推进研究生教育教学改革，新增西门子工业软件研发中心成都基地、中车株洲所等知名企业加入“人才培养专项”。顺利完成了工程硕士专业学位授权点对应调整后的招生工作。深入贯彻学校国际化战略，落实研究生教育国际化举措。动员、组织研究生参加各类科技竞赛。在 2020 年“兆易创新杯”第十五届中国研究生电子设计竞赛全国总决赛中，荣获全国总决赛团队一等奖 2 项，获全国一等奖项数量并列西南高校第一、全国第四。在 2020 年第四届全国大学生集成电路创新创业大赛中获得 1 项特等奖（共 12 项）、2 项二等奖、2 项三等奖。在 2020 年集成电路 EDA 设计精英挑战赛中获全国一等奖，并荣获企业特别奖。获 2019 年“SCF 计算机科学技术优秀学生论文奖”2 篇（全省 4 篇）。

【实验室建设】

创新思路制定灵活机动的实施方案，盘活疫情期间实验课教学：组织开设线上实验课程、远程硬件实验课程 23 门，累计近 1500 人次。在各类重点赛事中，共计培养本科生、研究生荣获国家/省级奖励 362 人次，其中国家级奖 154 人次（一等奖 31 人次），省部级 208 人次（一等奖 45 人次）；其中，荣获全国大学生创新创业“互联网＋”竞赛银奖 1 项、服务外包赛一等奖 2 项、智能车大赛一等奖 2 项等。组织实施 2020 年度“信息技术＋”课外实验竞赛活动，荣获金奖 1 项、银奖 3 项，优秀指导教师 13 人。积极争取和改善实验教学条件和设施，组织申报中央高校基本科研业务费修购计划项目 3 项，人工智能专业实验室建设列入 2021 年度执行计划；组织申报智慧轨道交通信息与控制四川省虚拟仿真实验教学示范中心。

【学科专业建设】

积极投入全国第 5 轮学科评估工作。树立全院一盘棋的大局意识，形成统筹协调、分工明确的工作机制，建立科学的成果优化分配机制，全力确保交通信息工程及控制参与学校交通运输工程评估成果材料，同时力争信息与通信工程、计算机科学与技术、电子科学与技术、软件工程学科取得最优成绩。

【科学研究】

动员组织完成了 4 项省部级科技成果申报工作，其中“高速铁路线路状态多维多参量光纤传感技术”获教育部技术发明一等奖、“复杂环境下适应型天线与可重构滤波调控技术及产业应用”获四川省科技进步一等奖、“动态不确定条件下的增量学习理论与方法”获教育部自然科学二等奖。实现了学院继去年获得省部级一等奖后三大奖种的全覆盖。科研合同经费再创历史新高，纵向合同经费超过 8000 万元、横向合同经费达到 1600 万元，年度到账经费达到 8400 万元。与 2019 年相比，纵横向合同经费和到校科研经费均实现了 200%的增长。积极组织参与科研平台规划和申报工作，其中学院申报的四川省“列车运行控制技术”工程研究中心获批，学校申报的轨道交通国家研究中心建设方案通过专家论证咨询。

【学生工作】

做好疫情期间的健康排查、线上思政、学生返校、陪护等各项工作，圆满完成疫情下的毕业生典礼、开学典礼、迎新晚会等大型活动。辅导员全部进入学生支部；本科辅导员利用暑期排查学生档案材料；重新划分支部，加强基层组织建设，落实巡察整改要求。充分做好学生的思想引领工作，召开各党支部的学习十九届五中全会精神，召开各党、团支部的“共抗疫情·爱国力行”主题党（团）课，在线团支部答辩会，先进班集体答辩会，学四史等活动；利用学院文化产品引领学生；在抗疫期间，主动挖掘爱国、爱党、奋斗、担当等元素，充分运用新媒体平台，调动信息学生从接受教育到内化价值到传播社会主义核心价值观。加强班风学风建设，做好就业指导工作和评奖评优育人工作。截至 12 月，2020 届就业率为 93.5%，位列全校第三，考、保本校率 18.52%（较上一年度稳步增长），出国率 4.59%。立项“交大人-未来的高铁人”专项、简历工作室、工科女生工作室等专项活动与工作室，共计开展 4 大类 36 项内容，简历指导、生涯讲座覆盖到大三和大一 54 个班级，硕士研究生 41 个班级，覆盖率达到 70%。加强研究生的生涯规划与就业指导工作，线上线下共开展七场研究生生涯与就业指导；开展线上企业 openday 5 次。本年度获 2 个忠忱班集体、13 个先进班集体、3 个特色班集体称号；竢实扬华奖章 2 名；评选并发放各类奖学金 1 688 000 元；创新创业奖学金奖励 6 个项目；评选发放国家助学金等资助 602 人次；勤工助学固定岗位 95 个，临时岗位 48 个，招聘勤工助学岗位学生 350 人次，获校“自强之星”1 人。

【交流合作】

首次举办了兰州铁路局电务段中层管理人员信号技术培训班，建立了学院与兰州局的联系。与中国国信信息总公司成立了“国信区块链研究中心”；与西安纸贵互联网科技有限公司成立了“交通区块链技术”联合实验室，与华为技术有限公司签订共建“智能基座”产教融合协同育人基地协议。代表学校参加了 2020 年铁路合作组织 OSJD 第五专门委员会“通信信号”专家会议，并争取到了 2021 年的通信信号专家会议举办权，对提升学校在轨道交通领域高级别国际会议的影响力具有积极作用。完成网络学院 2000 余名专升本毕业设计指导及答辩任务。

【管理服务】

关注民生，配合学院做好有关民生工作，关心教职工的实际困难。在抗击新冠疫情过程中，组织开展纪念“三八”国际妇女节暨“宅在家里欢乐多”主题活动。组织参加 2020 年西南交通大学阳光体育系列活动：在教职工排球赛中，男排获得亚军，女排获第 6 名；在教职工篮球比赛中获得第 5 名；在教职工羽毛球赛中，获得亚军。此外，还组织教职工参加健步走活动，丰富了教职工的业余文体生活，增强了学院的凝聚力。响应学校“交”同心，“秦”相连，迎校庆，“安”民心的迎 124 周年校庆“以购代捐”倡议活动。组织全院教职工积极参与购买扶贫专享福袋，助力精准扶贫、展现了学院全体教职工的责任担当与爱国爱校情怀。

（五）经济管理学院

【党建及思想政治工作】

2020 年，经济管理学院党委把深入学习贯彻习近平新时代中国特色社会主义思想和党的十九届五中全会精神作为首要政治任务，强化政治理论学习，引领师生思想动态。新冠疫情发生以来，学院党委从严落实中央和学校各项疫情防控措施，严格落实相关责任，始终把师生生命安全和身体健康放在第一位。

学院党委大力加强支部建设，持续提升党支部的创造力、凝聚力和战斗力。做好党员培养和发展工作，强化发展党员过程中的程序监督，严把党员发展质量关。设立党员先锋岗，持续发挥党员的先锋模范作用。大力支持群团统战工作，汇集学院发展正能量。本年度，我院学生分会、研究生分会荣获市级优秀学生分会和研究生分会荣誉称号。

【师资队伍建设】

学院积极推进人才引进与招聘工作，设有人才工作专员，对人才配套及兑现工作进行全面追踪及协助，负责人才工作的领导随时与新进人才保持沟通，制定学系主任或教授带新人，帮助他们尽快进入团队，顺利开展科研工作。为人才提供办公空间和科研平台，按照学校的制度分配研究生指标，给予人才专项配套经费，人才评价满意度高。

截至 2020 年 12 月，学院共有专职教师 109 人，78.9%拥有博士学位，13 位教师拥有海外博士学历，并申报国家人才计划 3 人，成功引进加拿大工程院院士 1 人，引进国（境）外青年教师 14 人，新增四川省人才计划入选者 3 人，成都市人才计划入选者 2 人。

学院积极组织申报国家高层次人才计划，高层次人才及校内人才培育计划年度考核、聘期考核“通过”率达到 100%。

【学科专业建设】

学院工程管理和会计学获批“双万计划”国家级一流本科建设专业，获批率 100%。经学校专家委员会审核，学院金融学专业和信息管理与信息系统专业申报 2020 年“双万计划”国家级一流本科建设专业。

学院开展了教育部第五轮学科评估“管理科学与工程”和“工商管理”等学科前期资料和数据的整理工作；完成各学科人员协调分配和材料的撰写工作。

【人才培养】

2020 年上半年，学院共开设课程 164 门，其中：必修课 137 门，限修课 9 门，选修课 18 门，涉及任课教师 76 位。因疫情原因，实施线上教学课程的共 148 门，其中网络直播教学方式 75 门，利用在线开放课程教学 59 门，录制教学视频教学 15 门。本科毕业设计（论文）优良率为 44.70%。

2020 年下半年，恢复正常教学秩序后，学院共开设本科各类课程 133 门，其中犀浦校区 17 门，九里校区 107 门，峨眉校区 7 门，必修课 97 门，限选课 17 门，选修课 17 门，78 位老师为本科任教课程，按教学计划正常开课率为 100%，教授为本科生授课 100%。

本年度学院录取推免学术型硕士研究生 61 人（含首次招生的直博生 6 名），其中“211”+“双一流”高校生源占比 45.9%；完成 2020 年学术型硕士招生工作，共招生 80 人；完成春季博士招生工作，共招收博士研究生 29 人；完成留学研究生招生工作，共招收博士研究生 15 人、硕士研究生 1 人。

本年度共有 64 名学术型硕士研究生、23 名博士研究生、2 名留学生顺利通过答辩/毕业。受疫情影响，2017 级学术型硕士有 63 名研究生完成小论文发表及毕业论文，3 位尚待毕业，毕业率达 95.45%。

本年度召开授位学术分委会会议 4 次。讨论了学术型硕士研究生 70 人次、博士研究生 26 人次、专业硕士（含专业型硕士、MBA、EMBA、在职工程硕士）328 人次、同等学力 3 人次的授位材料；最终完成学术型硕士研究生 66 人、博士研究生 19 人、专业硕士 305 人、同等学力 1 人授位；并讨论通过经管类成人高等教育本科毕业生学士学位授予工作（两批共计 700 余人）。

本年度还完成 2020 年 MBA 招生录取 483 人，促 2021 年 MBA 招生推广，达 MBA 招生报考历史之最，现场确认 2639 人。共组织了 2 场 MBA 学位线上答辩，申请人数 204 人，预审总人次 469 人次，送出评议人次 195 人次，督查人次 94 人次，培训秘书 18 人次。2 次答辩共 79 人毕业，授予学位 98 人。答辩从申请到答辩通过率约 41%，重点审议总通过率约 70%。

【科学研究】

2020 年，我院 41 位老师参与国家自然基金、社科基金和教育部人文社科基金项目申报，申报数分别为 32 份、7 份和 9 份。最终国家自然科学基金获批 6 项、国家社会科学基金项目获批 1 项、教育部人文社科规划项目获批 2 项。我院第二个国家自然科学基金重大项目“大数据环境下的顾客洞察与市场营销策略研究”和学院首个四川省科技厅重大前沿计划项目顺利结题。

截至2020年11月1日，新立项项目39项，合同经费834.49万元。其中纵向项目21项，合同经费464万元，纵向到账经费414.54万元；横向项目18项，合同经费370.49万元，横向到账经费363.545万元。截至2020年12月1日，在CNKI能查询到的我院全年公开发表的中文学术论文共124篇，在Web of Science能查询到的我院全年公开发表的英文论文共130篇，其中SSCI/SCI共114篇。

组织“西南交通大学经济管理学院2020年度夏季学术论坛”和“西南交通大学经济管理学院2020年度第二次学术论坛”，邀请23名国内外著名专家学者在腾讯会议上为全院师生做报告。

我院教师向中国管理案例共享中心投稿9篇，入库7篇，其中三篇案例入选第十一届“全国百篇优秀管理案例”。

我院完成了服务科学与创新四川省重点实验室的周期考核工作，获得良好评价，并获得四川省科技厅资助经费20万，学校资助经费10万。

【交流合作】

2020年，在学院的总体部署指导下，在各中心、各部门的紧密配合和国际认证中心全体工作人员的努力下，国际认证中心的工作得以稳步推进，学院的AACSB国际认证自评估报告获得通过，完成了AMBA再认证现场专家组改进意见的回复报告，撰写完成CAMEA报告及CAMEA学生报告。

2020年，全院在册来华留学生85名，其中本科生17人、硕士生24人、博士生39人，交换生5人。

【管理服务】

本年度，峨眉高端培训基地建成启动运营，并积极开展业务拓展。学院办学条件继续优化，进行了九里校区零号教学楼三楼MBA中心教室、办公室以及六、七楼研究生科研工作位装修改造，完成了学生工作组、本科教育中心、实验中心从犀浦校区到九里校区的搬迁工作。校友中心协助组织校友参加一系列线上线下校友活动，如：西南交大EMBA校友会会长龙贤明随同朱建梅副校长前往甘肃省秦安县扶贫，西南交大EMBA“戈赛俱乐部”14名队员参加第十五届玄奘之路戈壁挑战赛，获得团体33名和“沙克尔顿奖”“奋进奖”等。

（六）外国语学院

【党建及思想政治工作】

外国语学院党委设有10个党支部，其中教工党支部7个，学生党支部3个。截至2020年12月，学院共有党员255名；其中，在职教工党员113名，离退休教工党员16名，学生党员126名。2020年共发展党员45人，转正39人。

2020年，学院全面加强党的政治建设、思想建设、作风建设、纪律建设、制度建设和党风廉政建设，深入学习贯彻习近平新时代中国特色社会主义思想、党的十九大和十九届二中、三中、四中、五中全会精神，引导广大师生增强“四个意识”，坚定“四个自信”，做到“两个维护”；扎实推动疫情防控、返校复学工作，持续深化巡察整改工作落实；加强班子建设，规范开展党政联席会、党委会、党委中心组学习；加强基层支部建设；强化对群团组织的领导，建设风清气正、团结进取的学院文化。

【师资队伍建设】

截至2020年12月，学院共有教职工200人，其中专任教师176人，专任教师中教授12人，副教授34人。2020年接收知名大学青年博士2名；通过专业技术职务评审2人（正高1人，副高1人）；4位教师通过博士答辩；青年教师全部进科研团队，4个学科方向下人才结构合理，梯队形成。

【学科专业建设】

1. 学科建设

自启动《外国语言文学博士点建设实施方案》以来，学院教研成果产出丰硕，2020年开启博士点申建冲刺工作，班子成员团结一致，意志坚定，学院上下一心，对标要求，凝练成果，完成了2020年外国语言文学一级学科博士点申建工作；制定了《西南交通大学外国语学院外国语言文学学科“十四五”发展规划》；完成第五轮学科评估校内材料准备与申报工作。

2. 专业建设

依托外语教学传统优势和多语种专业特色，深入贯彻落实全国教育大会精神和新时代全国高校本科教育工作会议精神，持续推进各专业内涵式建设。在2020年全国本科专业排名（武大榜）中，学院英语专业和翻译专业稳步提升，全国排名分别为前6.1%和8.6%，持续保持全国五星级专业；翻译和德语专业省内排名第一，英语、日语、法语和汉语国际教育专业省内排名第二。翻译专业获批国家级一流专业建设点资格，日语专业获批省级一流专业建设点。截至2020年12月，学院在建国家一流专业2个，省级一流专业2个。

学院各专业2020年全国排名情况（武大榜）

本科专业	位次	总数	百分比	星级	备注
英语	58	955	6.1%	5★－	国家一流专业，省内第二
翻译	23	267	8.6%	5★－	国家一流专业，省内第一
日语	72	473	15.2%	4★	省级一流专业，省内第二
德语	31	112	27.7%	3★	省级一流专业，省内第一
汉语国际教育	36	353	10.2%	4★	省内第二
法语	47	146	32.2%	3★	省内第二
商务英语	239	382	62.6%	2★	

国家级和省级一流专业建设点：4个

序号	专业名称	级别	专业负责人	入选时间
1	英语	国家级	李成坚	2019.12
2	翻译	国家级	徐晓燕	2020.12
3	德语	省级	莫光华	2019.12
4	日语	省级	李海振	2020.12

【人才培养】

1. 学生规模

2020年在校生1317人，其中硕士研究生196人，博士研究生19人，本科生（含峨眉校区）1102人。

2. 课程建设

（1）全面推进外语课程教学改革，2门课程获批教育部正式公布的首批国家级一流本科课程，4门课程入选四川省首批省级一流本科课程，另有23门课程获批校级一流本科课程建设项目。同时，学院积极开展在线开放课程建设，新建慕课1门，累计建成13门慕课并全部在线运行。截至2020年底，学院已累计建成国家级课程6门（其中精品资源共享课程1门，在线开放课程3门，一流课程2门），省级一流课程4门，校级一流课程23门。课程类型涉及通识课程与专业课程，理论课程与实践课程；授课模式涵盖线上教学、线下教学和线上线下混合式教学等多种教学模式。

新增国家级和省级一流课程：5 门

序号	课程名称	级别	课程负责人	入选时间	备注
1	西方现代化视角下的英美文学	国家级	李成坚	2020.11	线上线下混合式课程
2	英语Ⅱ	国家级	吕长竑	2020.11	线下课程
3	国际工程承包和管理实务英语	省级	戴若愚	2020.12	线上线下混合式课程
4	英语Ⅰ	省级	李捷	2020.12	线下课程
5	中日关系研讨	省级	李海振	2020.12	课程思政示范课程

新增精品教材：5 部

序号	教材名称	主编	出版时间	出版社	备注
1	创新大学英语（第 3 版）	杨安文，易红，张露蓓等	2020.06	华东师范大学出版社	“十二五”本科国家级规划教材；四川省优秀教材
2	英美文学与西方现代化进程	李成坚，孙颖	2020.01	中国人民大学出版社	国家级一流课程配套教材
3	全球化与中国文化	王俊棋，王昕	2020.12	西南交通大学出版社	国家精品在线开放课程配套教材
4	国际工程承包和管理实务英语	戴若愚	2020.09	外语教学与研究出版社	四川省一流课程配套教材
5	实用英语教学语法	贾蕃	2020.12	西南交通大学出版社	西南交通大学一流课程建设和西南交通大学“课程思政”建设课程立项成果

2020 年外国语学院慕课情况列表

序号	课程名称	在建情况
1	西方现代化视野下的英美文学	上线运行中，国家级精品课程
2	职场英语	上线运行中，国家级精品课程
3	全球化与中国文化	上线运行中，国家级精品课程
4	《红楼梦》在域外的接受与传播	上线运行中
5	国际工程承包与管理实务英语	上线运行中
6	国际礼仪场景英语	上线运行中
7	大学法语	上线运行中
8	比较文学视野下的世界文学	上线运行中
9	学术英语视听说	上线运行中
10	学术英语写作	上线运行中
11	世界遗产在中国（全英文授课）	上线运行中
12	学术素养英语	上线运行中
13	英语专业四级考试新题型全攻略	上线运行中

（2）全面开展课程思政工作，组织了“立德树人”年度优秀个人评选表彰和课程思政优秀案例评比活动，涌现出了一批课程思政示范课、优秀教学案例和先进典型：荣获2020年外研社“教学之星”大赛英语专业组全国一等奖1项（运用课程思政理念进行课程设计与授课讲解）；荣获西南分会会员校日语专业教师日语课程教学比赛特等奖1项（运用课程思政）；1门课程入选省级课程思政示范课，获批省教育厅外语课程思政研究项目。举办了“西南交通大学外语课程思政教学论坛”，进一步浓厚了学院课程思政氛围。

3. 大学英语

大英英语成绩提升明显，全校2019级非外语专业本科生第一学期四级考试成绩优异，第一学期四级笔试通过率达 90.38%，平均分达509.67分，优良率为60.72%，较2018级同期优良率数据上升 4.48 个百分点；第一学期四级口试一次性通过率达98.97%，优良率为59.45%，较2018级同期上升6.94个百分点，四级口试参试人数、通过人数、通过率、优良率均为历年级同期最高。

4. 获奖情况

本科生就业率全校排名第八，文科第一，研究生毕业50人，49人就业，就业率全校排第五，文科第一；研究生优质生源率 75%，全校排名第二；研究生全年发表论文28篇，其中A+论文6篇，B级论文13篇，C级论文9篇；2020大学生英语挑战赛（Uchallenge英语演讲、写作、阅读大赛）写作国赛一等奖1项，省级一等奖2项，二等奖3项，三等奖2项，演讲赛省级二等奖1项，阅读赛省级二等奖3项，三等奖1项；研究生获各级各类学科竞赛奖68项，其中国家级4项，大区级5项，省级26项，校级33项；学校抽检研究生毕业论文4篇，4篇论文的评审结论均为“良好”。1个研究生班级获得“忠忱班集体”荣誉称号，5个先进集体和67名优秀个人获得学校团委表彰，学院荣获学校“新冠肺炎疫情防控专项先进集体”称号；2名学生获得“竢实扬华”奖章。

5. 学生工作

牢牢把握疫情防控重点主线，安全工作常抓不懈；以理论学习为抓手，强化思想政治教育，认真落实“三会一课”制度，开展云上组织生活会、云上党课30余次，积极开展“抗击疫情·语你同行”主题团日活动、“爱国爱校”主题党日活动等；创新文体活动，开展了线上2020届研究生毕业欢送会、开展模拟教学比赛、院徽（LOGO）征集活动、寝室文化节、新生辩论赛、为新生派发“迎新大礼包”等，营造学校文化氛围；加强班团组织建设，开展语言类专业特色帮扶活动，组织“倾我之力　语你同行”英语四级帮扶活动，累计帮扶200余人，通过率超过80%；落实开展峨眉校区学生工作，书记带头走进学生宿舍，参加学生活动，召开年级大会、学生干部座谈会等，圆满完成商英系两个年级四个班倒迁工作。

【科学研究】

2020年新增国家级项目7项，其中国家社科基金2项，国家社科基金后期资助项目2项，全国教育科学规划项目1项，国家社科基金重大招标项目子项目1项，国家社科中华学术外译项目1项，新增国家级项目创历史新高；新增教育部项目5项，省级项目6项；发表国际检索期刊论文16篇，C刊论文15篇；出版专著8部，编著6部，译著15部，科研工作取得突破性进展。

国家和省部级人文社科课题：18项

序号	名称	主持人	类别	编号
1	20世纪美国文学教学中的公民教育理论研究	樊亚琪	全国教育科学规划项目	BEA200109
2	文学地理学视域下中日古代跨境诗歌图考	徐　臻	国家社科基金一般项目	20BZW072
3	藏族学生汉、英心理词汇的动态网络结构模式研究	黎　明	国家社科基金西部项目	20XYY012

续表

序号	名称	主持人	类别	编号
4	捷克宗教改革家约翰·胡斯的思想与实践研究	曾祥敏	国家社科基金后期资助项目	20FSSB005
5	论活动诗歌：20世纪中期纽约派诗歌研究	蒋　岩	国家社科基金优秀博士论文出版项目	20FYB039
6	《美学散步》（德文版）	何　俊	国家社科基金中华学术外译项目	
7	世界汉学家口述中文与中华文化北美和大洋洲传播史	俞森林	国家社科基金重大招标子项目	20&ZD330
8	西方汉学家与传教士视野中的中国道教形象与性质研究（英语国家卷）	俞森林	教育部人文社科重大攻关项目子课题	19JJD730002
9	西方汉学家与传教士视野中的中国道教形象与性质研究（德语国家卷）	廖文武	教育部人文社科重大攻关项目子课题	19JJD730002
10	中国新时期文学在俄罗斯的译介和传播研究	祝　晶	教育部人文社科青年项目	20YJC751056
11	《庄子》在爱尔兰的传播与接受研究	蒋　婧	教育部人文社科青年项目	20YJC751010
12	种族主义与排外主义：美国多民族"熔炉"的历史痼疾	张举燕	教育部国别和区域研究项目	G31
13	中医药文化在重大疫情防控中的作用研究	李孝英	四川省社科规划重大项目	SC20YJ022
14	中医防疫特色和优势的对外译介与传播	李孝英	四川省科技厅年度重大项目	21RKX0614
15	四川中医药文化挖掘、整理、翻译及传播研究	李孝英	四川省政府调研项目	202035
16	《中国英语能力等级量表》在大学英语教材评估中的应用研究	贾　蕃	四川省社科规划一般项目	SC20WY035
17	《红楼梦》礼文化漫谈	钱亚旭	四川省社科普及规划项目	SC20KP010
18	《铁路斜拉桥设计规范》英文译本	戴若愚	国家铁路局项目	2020FY006

国际检索期刊发表论文：18篇

序号	作者姓名	论文标题	期刊名称	发表时间	期刊类型
1	李舟	Home-in-language：Examining Tibetan Migrants' Narratives of Homeplace amid China's Urbanization	*Language and Intercultural Communication*	2020.12	SSCI 一区
2	范鹏华 俞森林	Stephen Mitchell's Version of the Tao Te Ching：A Spiritual Interpretation	*Literature and Theology*	2020.12	A&HCI
3	何俊	Eine sprachenpolitische und verglei-chendeBetrachtung der deutschenSprache…und Zukunftsperspektive	*Muttersprache*	2020.12	A&HCI
4	蒋婧 李成坚	Oscar Wilde's Reading of Zhuangzi in Chinese Sage	*Literature and Theology*	2020.12	A&HCI
5	李成坚	Leela Ganhdi，Postcolonial Theory：A Critical Introduction	*Ariel*	2020.10	A&HCI
6	李舟	Xi Jinping's Keynote in the Belt and Road Forum：A Pentadic Cartography	*Critical Discourse Studies*	2020.05	SSCI 三区
7	任显楷	Four Uses of Tao in the Chinese Translation… Chugao and Xinjing Quanji	*Literature and Theology*	2020.12	A&HCI

续表

序号	作者姓名	论文标题	期刊名称	发表时间	期刊类型
8	唐弦韵	The Opposites and Unity：A Study of Chinese Taoist thought found in Hermann Hesse's The Glass Bead Game	*Literature and Theology*	2020.12	A&HCI
9	俞森林	Translations of Max Weber's The Protestant Ethic and the Spirit of Capitalism in China	*Critical Sociology*	2020.06	SSCI 二区
10	曾虹	A Comparative Study of Zhuangzi and Niezsche's Aesthetics and Tragic Vision	*Literature and Theology*	2020.12	A&HCI
11	李继亚	Editorial Board for Key Concepts in Chinese Thought and Culture. 2019. Key Concepts in Chinese Culture (Chinese-English)	*Terminology*	2020.12	A&HCI
12	宋美华	A (bio) semiotic theory of translation：the emergence of social-cultural reality	*Perspectives：Studies in Translation Theory and Practice*	2020.10	SSCI 三区
13	谢攀	Review of Reflexive Translation Studies：Translation as Critical Reflection	*Journal of Translation Review*	2020.08	A&HCI
14	张露蓓	Exploring Sustainable Multilingual Language Policy	*Sustainability*	2020.12	SSCI 二区
15	林力丹	"Merging the 'Zephyrs of Purgatory' and 'Old（Chinese）K'in Music'：The Modernist as Mystic Purist in Beckett's Dream of Fair to Middling Women"	*Literature and Theology*	2020.09	A&HCI
16	林力丹	Viral Modernism：The Influenza Pandemic and Interwar Literature by Elizabeth Outka	*Modernism/Modernity*	2020.11	A&HCI
17	苏竹筠	Review of 百苗图抄本汇编（Research and compilation of 11 Miao albums）	*Visual Studies*	2020.12	A&HCI
18	苏竹筠	百苗图汇考（Systematic textual analysis of the Miao Albums）	*Early Popular Visual Culture*	2020.12	A&HCI

CSSCI 期刊和重要报刊发表论文：16 篇

序号	作者姓名	论文标题	期刊名称	发表时间	类型
1	罗载兵	论语义波的合法化识解：以科学语篇为例	外语教学与研究	2020.07	CSSCI
2	宋美华	后现代翻译研究：后殖民、女性、解构	中国翻译	2020.04	CSSCI
3	游贤育	再论理雅各之“合儒”与柯大卫之“攻儒”	中国翻译	2020.12	CSSCI
4	张　杨	仿唐诗《瓷亭》的德译菱形诗寻踪	光明日报	2020.08	重要报刊
5	李孝英	翻译和网络——中医药走向全球的突破口	光明日报	2020.02	重要报刊
6	李孝英	中医“中和”及相关术语英译的认知研究	外语与外语教学	2020.06	CSSCI
7	曾　虹	数字影像化的流放叙事和伦理引导：以罗卓瑶的《秋月》和《爱在异乡的季节》的教学为例	中外文化与文论	2020.10	CSSCI
8	成　蕾	德里达的战争	文学理论前沿	2020.01	CSSCI
9	成　蕾	顾赛芬《论语》法语译本出版沿革考证	汉学研究	2020.07	CSSCI
10	成　蕾	让列维《论语》翻译中的阐释变异	中外文化与文论	2020.05	CSSCI

续表

序号	作者姓名	论文标题	期刊名称	发表时间	类型
11	罗载兵	论语义波的显性识解：以科学语篇为例	外国语	2020.03	CSSCI
12	唐佳路	精英教育与教育公平	法兰西思想评论	2020.12	CSSCI
13	王俊棋	走出悲观：哈贝马斯对后现代技术文化的反思	中外文化与文论	2020.11	CSSCI
14	张　粲	20 世纪 30 年代旅法中国留学生对《红楼梦》的翻译与研究	明清小说研究	2020.04	CSSCI
15	张　粲	法国汉学家儒莲《太上感应篇》法译本考析	汉学研究	2020.07	CSSCI
16	祝　晶	中国文学“走进”俄罗斯的转译之路——以刘慈欣作品的俄传为例	出版发行研究	2020.12	CSSCI

【交流合作】

2020 年成功获批“教育部创新人才国际合作培养项目”（交大共获两项：交运、外语）；重新设计与完善学院英文网站，在全校英文网站建设评比中获得前三名；启动国汉与英国斯克莱德大学、苏格兰中小学孔子学院与苏格兰皇家动物协会的合作项目，依托该项目开展“语言 + 文化”线上课程项目，建立汉硕学生与海外学生交流平台；以“熊猫课堂”项目为推手申报的“苏格兰中小学中文课堂‘熊猫课程’教材设计与应用”获批 2020 年度国际中文教育研究课题立项。

（七）交通运输与物流学院

【党建及思想政治工作】

2020 年学院党委下设 53 个党支部，共有党员 790 人，其中在职教职工党员 123 人，离退休党员 14 名，学生党员 653 名。

学院党委以习近平新时代中国特色社会主义思想为指导，认真学习贯彻落实党的十九大和十九届二中、三中、四中、五中全会和全国高校思想政治工作会议、全国教育大会精神，紧紧围绕“双一流”建设和“大思政”两大牵总工作，落实立德树人根本任务，落实全面从严治党主体责任，抓疫情防控和复工复学，深化巡视巡察整改和“不忘初心、牢记使命”主题教育整改，推进学院各项工作健康发展。

一是重学习，构建多维学习机制，强化师生思想引领。加强理论武装，加强政治引领，坚定政治方向，增强“四个意识”，坚定“四个自信”，坚决做到“两个维护”。全年，党委理论中心组学习 11 次，组织领导干部和党员代表赴张思德干部学院开展党性教育，开展教工政治理论、业务学习 135 次，围绕全面从严治党、新冠肺炎疫情防控、“四史”等 16 个专题开展党员集中教育培训学习 32 学时，开展“献礼百年华诞，致敬建党伟业”等主题党团日学习活动 450 余项，覆盖 5800 余人次。

二是战“疫”情，积极主动汇聚“智”“力”，扛起疫情政治责任。响应号召，主动扛起疫情防控的政治责任；引导师生科学防疫；统筹协调，防疫复工复学同步推进，164 名教师复工，3361 名学生复学，857 名学生返校参加毕业答辩；发挥专长，贡献交运抗疫智慧。国家教学名师彭其渊教授团队、安全工程系主任马剑教授、学科带头人张锦教授团队等结合专业研究向有关部门建言献策；物管系党支部副书记甘蜜同志在“智慧物流 Lab”公众号上推送疫情防控研究成果。全国高校思想政治工作网分别以《党员初心筑根基　师生齐心担使命》和《庆党的生日、讲战疫故事、悟初心使命》为题报道了我院抗疫工作。

三是夯基石，党建工作精细管理，提高科学化水平。学院党委认真落实党建工作责任，贯彻落实中央、教育部党组和学校党委各项工作部署，科学谋划，加强指导，不断提升党建科学化水平。认真部署，推进建党 100 周年行动实施方案；选优配强，加强支部工作指导，开展培训3次。严格考察，做好党员发展工作。全年累计培养入党积极分子党课培训226人，发展对象培训150人，发展党员150人。示范引领，提高支部建设质量。注重“以点带面”示范引领与创建、创优培育工作，完成教育部首届“百名研究生党员标兵”总结材料上报；党建双创培育“头雁计划”持续推进；获批学校党建示范创建和质量创优培育工程3项，校级示范性党支部特色活动2项，“领航先锋”工程子活动2项。严管厚爱，加强党员管理服务。出台党员出国（境）管理办法和党员慰问实施细则，开展慰问党员13人次。校企共建，党建引领共促发展。继续推进与中铁二院土建三院党委的共建工作。

四是扬清风，从严治党纵深推进，落实党委主体责任。学院党委履行主体责任，积极探索构建学院廉政风险三级预防体系，落实廉政建设主体责任。加强教育，筑牢思想防线；加强监督，支持纪委工作；风险排查，完善内控机制；对标对表，持续推进整改；一岗五责，压实专项责任。

【师资队伍建设】

2020年全职引进教授1人，公开招聘助理教授5人，新增教授2人，副教授2人，高级工程师1人，入选校人才师资队伍培育计划9人。

经过学院近年的师资引进与建设工作，学院的青年学者团队已经成了学院科研建设的主力军，青年教师的科研产量在学院纵向产量占比占绝对多数。积极组织申报各类高层次才项目，举办“数据驱动，智通天下”青年学者分论坛。

【学科专业建设】

2020年学院学科建设主要围绕编制学院学科“十四五”发展规划和完成全国第五轮学科评估开展了相关工作。在学院“十三五”学科建设的基础之上，学院领导班子和各学科负责人组织完成了《交通运输与物流学院学科“十四五”发展规划》，对学院各学科整体状况进行了SWOT分析，进一步凝练了学科创新方向，梳理了学院学科建设组织机制、学术团队引培机制、学科支撑协同发展机制、协调保障与激励机制；建立了学科核心数据统计与监测机制，明确了学院各学科带头人和新一轮学科评估所要达成的目标。

2020年学院完成了全国第五轮学科评估材料申报工作，包括交通运输规划与管理二级学科、系统科学一级学科以及安全科学与工程一级学科。在学院内筹备系统科学与系统工程研究所，搭建系统科学师资队伍，并在学校层面培育系统科学新增长点。

2020年学院“双一流”建设学科综合实力持续增强，“双一流”学科支撑体系能力明显提升，师资队伍呈现高层次化、国际化、年轻化、团队化，与学科建设重点任务和前沿方向的匹配度得到进一步增强；以“双一流”学科建设成果指标达成为核心引领的人才评价与发展机制、资源分配机制、绩效激励监督机制成为促进学院发展的共识。

【人才培养】

1. 本科生培养

2020年学院共招收本科生525人，毕业561人。物流管理专业获批“双万计划”国家级一流专业；修订交通运输专业茅以升班的培养方案；推进交通运输、物流管理与工程微专业建设；实施交通运输统计和高速铁路运输组织基础两门课程的跨校区异地同步援藏教学；省部级教改项目立项5项；新增立项课程建设12门；获批四川省优秀教材奖2部；获批国家级一流课程3门，省级一流课程1门。组织创新讲座共计10场次，组织申报SRTP、省创、国创项目，分别立项36项、14项、6项。

2. 研究生培养

2020年招收硕士研究生363名、博士研究生30名、工程博士6名、留学生2名，博士优质生源率达84%，硕士优质生源率达70%，均居全校第一；16名研究生获得工学博士学位、314名研究生获得工学硕士学位；新增硕士研究生导师7名，目前共计105名在岗硕士研究生导师和37名在岗博士研究生导师；3篇论文获校级优秀博士论文、18篇论文获校级优秀硕士论文；完成2020研究生教材及专著申报项目并获批9项，2018年研究生教材及专著结题共计13项；完成专业学位综合改革项目的申报工作，获批7项，研究生课程案例库建设项目1项；开展优质生源培育工作，组织2020年优秀大学生学术夏令营活动，来自各相关专业院校营员共计110余名，优秀营员60名；制定了《西南交通大学交通运输与物流学院研究生导师上岗遴选与聘任办法》，并开展全院研究生导师师德师风建设以及研究生学术素养提升计划；组织学位与研究生教育改革发展系列研讨活动以及新增导师的岗前培训。

3. 学生工作

固本培元，党团思政主阵地奏强音。抗疫思政扬大爱，党支部开展抗疫专题学习250余次，640名师生党员主动为一线战疫捐款，75名学生参与疫情防控志愿服务，完成宣传报道269篇，覆盖3000余人次，1名学生获疫情防控专项先进个人、1个团支部获疫情防控先进集体。开展“四史”大学习130余场，开展党员时政热点研读班7场，党团日活动450余项，覆盖5800余人次。

学风为要，精勤学业平台夯实根本。搭建多层次班风学风建设平台，举办相关活动45场，覆盖3200余名学生。构建“学术道德养成—学术思政融合—学术沙龙碰撞—学术报告争鸣”四位一体的学术文化体系。开展“薪火计划”40余场，“交运之星”评选、先进事迹报告会覆盖两校区3000余人次。

育心育德，学生发展平台培塑筑基。举办学科竞赛10余项，打造“交通+”创新创业品牌。加强美育和体育引导，利用“运思逸言”辩论赛、主持人基地等活动提高学生人文素养。开展志愿服务活动30余项，参与人数达3000余人次，疫情防控专项活动5项，新增志愿服务基地2个、获市级“优秀志愿者”称号。遵循学生身心发展规律，开展心理健康教育活动8项，覆盖1600余人次。开展第二课堂活动118项，2020年开设紧缺选调生重点工作室，建设“专业与职业”资料库。

传承为基，深挖学院文化育人元素。传承交运精神，学院党委书记授讲“守教育报国初心担交通强国使命”院史专题，学院院长讲“双一流学科建设”下的人才培养。采访学院3位学科奠基人，丰富学科发展历史资料，征集优秀校友典型事迹50条，开设思源论坛激励学生专业报国。

117相伴，倾心计划用时用心用情。全年召开班会400余次，深入学生课堂、专业实践93次，深入学生宿舍280次，参加学生活动420次，与重点学生谈话896次，与家长联系361人次。圆满完成224名峨眉学生搬迁，落实管理模式回归工作方案，保障学生培养同质同效，资助905人次，勤工助学岗位260余人次，新增“川铁奖学金”“朗夫奖学金”共计53万元；疫情期间，逐一联系106名湖北学生，针对性帮扶重点地区学生70余次，为返校学生发放防疫爱心包。

【科学研究】

2020年，科研合同金额和到账经费与2019年基本持平，依然均超4000万，纵向经费到账经费逆势增长。共获批国家自然科学基金12项，其中青年科学基金项目4项，面上项目7项，“中欧人才项目”1项，获批数量创历史新高；获批四川省科技计划项目18项，其中杰出青年科技人才1项，科技创新研究团队1项，重点研发计划项目1项，国际合作项目3项，省院省校合作项目1项，应用基础研究项目3项，软科学研究项目5项，苗子工程项目1项，科普培训2项，获批数量也创历史新高。共发表学院为第一单位的SCI论文128篇，其中A++34篇，A+56篇，增长势头依旧强劲。新获批省部级科研平台——运营安全保障铁路行业工程研究中心。本年度荣获中国铁道学会科学技术一等奖1项、二等奖1项，荣获四川省科学技术进步一等奖1项。

【交流合作】

组织部分师生在线参加在美举办的TRB国际会议与运筹学和管理科学研究协会年会等；接收“高校研究生”“丝绸之路”中国政府奖学金项目博士留学生2名；完成2021年日本富山大学交换学生选派工作；实施学院与英国利兹大学联合培养硕士协议，完成学生选派工作；与美国西北大学签署研究生培养合作协议，成功申请国家留学基金委项目——西南交通大学与美国西北大学交通运输工程双硕士研究生教育项目；推进与新加坡国立大学和瑞典延雪平大学合作；与国（境）外大学联合培养在册博士生15人次，学生参加国际会议并做学术报告17人次，成功申请公派研究生项目硕士2人次，博士14人次；成功举办6场高水平的国际知名学者和专家的学术报告与讲座；组织教师参加国际铁路联盟组织的“提高轨道交通系统基础设施及货物运输效率及标准的制定”研讨会；参与国家铁路局综合司关于征求铁组国际货协问题例会。

对外交流工作方面，承办2020中国国际车联网技术大会；协办“互联网+交通运输”创新创业大赛之智慧公路主题赛；邀请20余位国内外顶级专家来校进行学术交流，举办至少5场50人以上参加的学术报告会；主办西南交通大学2020年“交天下菁英　通宇内鼎甲”学者论坛分论坛；持续推进与陕西铁路物流集团的智慧铁路与物流联合实验室建设工作；深化与中国通信学会的合作；承办“2020‘创客中国’工业互联网中小企业创新创业大赛”西部片区赛；与滴滴出行初步达成产学研合作意向；完成国家铁路局、杭州交投集团等单位实验室调研与交流；完成近100人次的实验室调研参观交流工作；参与组织部组织的秦安县扶贫讲座工作；签署2项产学研合作协议。

对外培训累计开展培训班12个，培训管理干部、技术干部等各层次人员625人。开展“交通运输与物流学院硕士学位基础理论知识课程班”同等学力课程培训，招收学员146人。对外培训总收入达515.8万元。

【管理服务】

学院起草和修订内部规章制度7项；组织协调各部门完成各类重要会议和大型活动11项；统筹协调学院新冠疫情防控工作，制定疫情防控相关规章制度，开展新冠疫情信息排查及上报工作，防疫知识宣传教育，环境消毒工作，组织疫情时期值班工作，撰写学院防疫工作总结报告；完成学院各类建设工程13项。

【实验室建设】

1. 综合交通运输智能化国家地方联合工程实验室

实验室团队成功申报国家自然科学基金2项，已授权发明专利8项。获中国铁道学会科学技术一等奖1项，二等奖1项，四川省科技进步一等奖1项，学术专著入选国家科学技术学术著作出版基金资助项目1项。成功申报《库存管理与自动化存储虚拟仿真实验》国家级虚拟仿真实验项目，课程入选首批国家级一流本科课程。协助专业教师组织开展实验课课程建设工作，组织完成物流相关专业课内实验项目。

2. 综合交通大数据应用技术国家工程实验室

完成基础技术研发平台设备综合交通大数据与智能计算平台建设及应用技术研发平台的智能车联网平台设备安装调试验收工作；成功申请教育部产学研协同育人项目“基于百度AI平台的综合交通+人工智能实验室建设”，获批校内研究生实践基地，获批校级研究生教改项目的研究与实践。实验室（含共建四个学院数据）承担了科研项目90项，合同经费总计2176万元，其中，纵向项目43项，获批经费787万元，包括国家重点研发计划1项、国家自然科学基金10项、省部级项目24项；发表高水平论文284篇，其中SCI、SSCI论文134篇，EI论文51篇，中文核心论文63篇；出版著作4部；制定标准1项；申请专利20项，获得发明专利授权20项，实用新型专利授权6项；获得软件著作权4项；获科技奖励奖11项，其中省部级奖励一等奖1项，二等奖2项；一级协会与学会奖励3项。依托实验室校外基地完成31项知识产权申请与授权、2项成果转化；完成了实验室校内基地12项开放基金项目结题考核，完成了校外成果转化基地创新中心5个项目的立项工作。校企联合申请了省交通运输厅、省科技厅2项，成都市科技局重大研发项目1项，联合团队获中卫协科技进步二等奖一项。承办了2020中国国际车辆网技术大会。

3. 实验教学中心

承担并完成6门独立实验课程共计26 784生时的实验教学任务，协助完成20门课内实验、独立实验课，支持完成9门课程的实验教学组织工作；主持2020年度校级（本科）教材建设研究项目2项，校级教改重大、重点项目结题1项；完成“2021—2023年中央高校改善基本办学条件专项资金申报”工作；完成中央高校改善基本办学条件专项“物流专业实验室建设”项目实施；实验项目中入选首批国家级一流本科课程2门，四川省一流本科课程1门；修订并完善《交通运输专业基础实验》等教学指导书；组织召开2020年度交通运输国家级示范实验教学示范中心教学指导委员会会议；完成实验室年度公众开放活动的组织，接待校外单位共 8 次，近 100 人次的参观交流；获得西南交通大学第十二届课外创新实验竞赛优秀组织奖，2020 年度实验室安全管理工作先进单位和先进实验室。

（八）材料科学与工程学院

【党建及思想政治工作】

1. 理论武装不断加强

学院党委在思想上、政治上、行动上始终与以习近平同志为核心的党中央保持高度一致。党委理论学习中心组、各支部开展各类学习逾 100 次，34 位志愿者参与抗疫工作，推送专题报道 13 篇，多人受到地方政府表彰，相关事迹被“学习强国”等平台报道。其中，留学生参与志愿工作、捐赠口罩的事迹被“学习强国”、中国网、中国社会科学网等多家媒体报道。

2. 安全稳定不断巩固

学院、系室、团队、班级层层负责，确保了疫情防控有序到位。制定各类方案，防控体系到位，实施组织、管理、服务和关爱师生到位，教学、科研工作有序推进，工作零失误，师生零感染。出台《复学返校疫情防控实验室工作管理办法》等 7 项工作制度。实验室管理、学生管理、意识形态、保密工作均实现零事故。

3. 基层党建不断夯实

学院党委强化对支部的指导，优化支部设置。以系为单位设立教工支部，支部书记兼任系主任，覆盖率 100%；按“横向模式”设立学生支部，确保支部工作、年级工作一体化。优化学生支部管理。高年级博士生党员划入导师所在教工支部。对全体支部书记开展业务培训，业务能力不断提升。以“规定动作 + 自选动作”的项目制和党员公开承诺方式实施“学生党员先锋工程”。本科第三（2017 级）党支部获学校十佳主题党日活动荣誉，获学校基层党建示范创建和质量创优培育工作项目立项。

4. 从严治党更加有力

切实抓好宣传教育，充分利用学院网站、微信群持续做好“中央八项规定精神”和“反四风”教育提醒工作。及时传达学习上级会议精神和从严治党工作部署，通报相关警示案例。加强对重要领域和关键环节的监督。推进专项经费使用、津补贴发放等工作的自查自纠。梳理《学院风险事项清单》，制定《学院督查督办制度》《学院信息公开管理实施办法》等。切实抓好新任干部、新进教师入职谈话、科职干部年度履职谈话、学院领导班子成员谈话，坚持开展重大风险事项提醒谈话。学院未出现违规违纪案件。

【师资队伍建设】

切实做好对高层次人才的联络与服务，高层次人才无流失现象。引进人才 10 人（副教授 3 名，中级职称 7 名），聘任兼职教授 2 人；1 名教师入选国家级青年人才计划；1 人当选国际生物材料科学与工程学会联合会生物材料科学与工程会士；1 人入选 2020 福布斯中国 30 岁以下精英榜；5 名教师入选四川省人才计划；王勇教授团队入选四川省青年科技创新团队；成功举办 2020 年“交天下菁英，通宇内鼎甲”学者云论坛——“材料先进技术”分论坛。

【学科专业建设】

完成材料科学与工程专业、材料成型及控制工程专业工程教育认证相关工作；推进本科教学“双万计划”申报建设工作；组织材料成型及控制工程、生物医学工程申报国家级一流专业，启动高分子材料与工程专业 2021 年冲击国家级一流专业的筹划工作，遴选课程参与 2021 年一流课程“双万计划”的申报，推进材料科学与工程专业国家级一流专业建设工作；建设开发两个虚拟仿真实验项目。

积极申报生物医学工程一级学科博士点，制定“材料科学与工程”和“生物医学工程”两个一级学科的“十四五”发展规划。材料学 ESI 排名稳步提升，从年初的第 351 位前进到年底的第 308 位，材料学科 ESI 排名到达 3.3‰；此外，学院作为主要贡献单位，还强力支撑学校化学学科首次进入全球 ESI 前 1%。根据美国相关机构评选认定，学院在全球材料科学领域最好的大学中，排名第 290 位。

【人才培养】

1. 本科生培养

招收本科生材料大类 280 人，生物医学专业54人，卓越拔尖人才试验班28人。疫情防控背景下，上半年应开理论课程共 66 个班级，线上授课开课率 100%，确保“停课不停教、停课不停学”。以教学团队建设为核心的基层教学组织重建工作全面开展，专业与课程建设效果明显。拥有国家资源共享课 1 门，省级资源共享课 2 门，开设新生专业研讨课 11 门。国家级精品课程2门，省级精品课程4门。学院获得西南交通大学 2016—2020 年校级教学成果一等奖 3 项，二等奖 2 项，三等奖 1 项。

2. 研究生培养

积极开展招生宣传工作,完善研究生招生和分配管理制度；招收博士研究生 38 名，硕士研究生 249 名，学院研究生规模达到 800 人。完善研究生培养和管理的各项规章制度,加强研究生各类创新实践项目的评定和推荐,着力提高研究生创新能力和学术素养；严控学位论文质量，加强审核和监督。博士生三年毕业率达到 63%；硕士毕业率达到 98.3%；博士生均发表 SCI 论文 2.9 篇，硕士生均发表 SCI 论文 0.76 篇。在多轮次学位论文抽检中，反映良好。

3. 实验教学

开设实验教学项目 258 个，其中独立设课 31 门，综合设计型实验占比为 63.9%，累计生时数为 77 763。获得实验教学改革项目 4 项。

组织开展本科生科研实践项目,立项国创项目 8 项，省创项目 15 项，校级 SRTP 项目 44 项，重点实验室开放项目 23 项，个性化实验 28 项，参与学生总人数 421 人。

承办了“四川省第二届‘恒宇-蔚仪杯’金相大赛”，校级竞赛项目 5 项，直接受益学生人数达到 360 人。组织学生参加“第九届全国大学生金相技能大赛”“第五届全国失效分析大奖赛”“第三届全国材料专业大学生研究能力挑战赛”“第六届全国大学生微结构摄影大赛”等国家级竞赛，获得特等奖 7 项，一等奖 6 项，二等奖 8 项，三等奖 1 项，团体三等奖 7 项，获奖学生人数 50 人次。实验教学示范中心获评校先进实验室。

【科学研究】

重视科研育人与项目培育,自然基金获批数创历年新高（19 项，含重点项目 1 项），位列全校第 2。ESI 高被引论文 18 篇（列全校第一）。陈辉教授团队申报国家科技进步奖进入会评,是今年学校唯一进入会评项目。作为合作单位在 *Nature* 发表科研论文。累计到账科研经费 3300 余万元。科研成果有力支撑材料学科、化学学科进入 ESI 前 1%。

【交流合作】

组织申报英国伯明翰大学“2 + 2”本科双学位项目、创新型人才国际合作项目、促进与俄乌白国际合作培养项目等。访问中国化学第七建设公司，并邀请对方到院座谈，邀请来校招聘材料学科毕业生。与成都地铁、中车等单位积极联系，推荐学院研发的环境保护新材料。接待海军某部、核动力研究院、中车长客、扬州政府等单位来访。

【管理服务】

以提升毕业率、深造率，降低挂科率、违纪率为目标,已构建全员、全周期的学风建设体系，深化“1 + 1 + 1”导师计划，2020 届深造人数同比增长 40 人，深造率同比上升超过 2%，达到 45.02%；2020 级本科生四级一次性通过率提升 6.5%。获竢实扬华奖章 2 人，研究生忠忱班集体 1 个。

举办“第四届安全知识竞赛暨材料安全文化月”等系列活动，包括安全演习、实验室安全文化、身心安全教育、寝室安全教育和安全知识竞赛等多个部分，切实提升了师生实验室安全防范意识和应急处理能力。学院获评实验室安全管理先进单位。

团委考核全校第一，获评“五四红旗团委”和疫情防控专项先进集体，获全国铁路系统优秀团干部 1 人，疫情防控专项先进个人 1 人，最美志愿者 2 人（全校 10 人），自强之星 2 人（全校 10 人），校优秀“三下乡”社会实践队 2 支（全校 30 支）。搭建 5 个国家级比赛平台。共有 167 人次在各类科创竞赛中获奖。获批“成都市新时代文明实践阵地”。

学生工作开展院内业务培训8次，参加学校培训13期，有效提升辅导员政治与业务素养。全年新申报学工专项、教改项目共9项，在研课题13项，撰写论文6篇，已发表2篇，向“扬华微语”供稿5篇，指导学生SITP项目4项、学生支部十佳主题党日活动1项、研究生PADP项目2项、二课堂金课项目1项。

学院在校生对辅导员满意度评价位列全校第5；学生工作年度考核位居全校前列。

（九）地球科学与环境工程学院

【党建及思想政治工作】

2020年学院通过分党校党员研修班、“互联网+”微党课、“研读习语”“知行学堂”等系列特色品牌活动，加强师生理想信念教育，推进习近平新时代中国特色社会主义思想、“四史”及十九届五中全会精神入脑入心，筑牢全院师生思想根基；构建“思政课程+课程思政”育人大格局，2020年4门课程获得学校课程思政建设立项，SCTP计划重点项目立项1项，学生思政专项基金项目立项2项；疫情期间，通过开展专题微党课，征集各类视频、H5类作品，爱心募捐，组织返乡大学生组建党员防疫志愿队等系列活动，做好非常时期师生员工的疫情防控、思想引导、心理疏导工作，强化爱国情怀。学院党委认真落实全面从严治党工作任务，紧盯“四风”问题新动向，做好领导干部反腐倡廉的教育，确保领导干部廉洁自律，党政班子成员无违规违纪现象；高度重视统战工作，19名教师在各民主党派及统战团体中发挥作用；重视少数民族学生党员发展、教育工作，2020年共培养少数民族入党积极分子25名，吸纳少数民族学生党员9名。

【师资队伍建设】

2020年学院全职引进教授2人（外籍或境外）、副教授3人（其中外籍副教授1人），一般师资5人，年度教师招聘计划执行率100%；新增国家级人才入选者3人；1人获学校唐立新优秀学者奖；2人申报国家级人才计划，3人申报四川省人才计划，12人申报学校人才师资队伍培育系列支持计划。

【人才培养】

1. 本科生教学方面

学院教师全年完成本科线上课程教学161门，线下课程教学189门，指导本科毕业设计419项，采用线上线下多类型实习模式，完成55个教学班，4120人的实习教学；专业建设取得突破，测绘工程、地质工程专业获批国家一流专业建设；推进申报遥感科学与技术、环境工程专业国家一流专业建设和遥感科学与技术专业认证；获批校级教学改革项目3大项，26小项，获校级教学成果一、二和三等奖各4、1和2项；获批校级一流课程建设13门、思政课程建设4门；组织学生积极参加学科竞赛、创新创业和科研训练，参与国家级科创项目8项，省级10项，校级35项，设立院级项目19项；本科生申报专利6项，发表教改论文3篇，获第九届全国大学生GIS应技能大赛二等奖1项，获2020年四川省大学生测绘技能大赛团体一等奖，共获得奖励336项，其中，国家级奖励48项，省级以上奖励131项。

2. 研究生教育教学方面

疫情大环境下，我院线上研究生教学、答辩、招生工作顺利开展，尤其是招生工作做到了零差错、零事故、零投诉。硕士研究生优质生源率为54.8%，博士研究生优质生源率为66.7%。全年硕士研究生授位261人，授位率高达93%，博士授位27人，人均发表SCI论文1.8篇。参加校级抽样的8名研究生学位论文全部合格。新增名博士生导师8名、硕士研究生导师17名（含外籍3名）。成功申报4项校级教材改革项目、1项校级课程案例库建设项目、1项校级研究生教材专著建设项目。邀请国内外专家学者以线上线下相结合的方式做学术报告52次，研究生共参加学术交流活动42次。参加公派研究生项目的博士研究生共6人，参与国际科研合作的共10人，其中包括4名博士生及6名硕士生，参加中俄互换奖学金项目1人，出国攻读学位2人。获得学术类奖项“高校GIS新秀奖”“2020 RSC

Poster WeChat Conference 优秀奖”各 1 项，获得“2020 数字中国创新大赛——建筑智能普查一等奖”“第六届四川省‘互联网 +’学生创新创业大赛金奖”“第四届全国大学生创新方法应用大赛一等奖”等团体竞赛类奖项共 7 项。

3. 实验教学方面

全年开设实验教学课程 54 门，实验项目数 372 个，受益学生数 32 129 人次，实验教学学时 143 860 人时数；全院 2020 暑期实习队共计 39 个，参与学生数 3868 人，实习教学学时 261 906 人时数；综合设计型、研究创新型实验比例超过 65%；开设个性化实验及重点实验室项目 24 项；开设 SRTP 项目 72 项，其中国创 8 项，省创 10 项，校创 35 项，院创 19 项；主办校级实验竞赛 3 项；参加国家级、省级知识技能大赛 5 项，获得团体一等奖 1 项，优秀指导教师 5 人，学生获一等奖 6 项，二等奖 6 项，三等奖 11 项。

4. 学生育人工作方面

以高度政治责任感坚决做好疫情防控工作，深入推进“疫情防控四个一”专项行动，抓紧抓细抓实疫情防控各项事务工作；开展形式多样的“四史”学习教育，全年共开展各类主题党日活动十余次，开展各类组织生活 500 余次，共申报校级十佳党日活动 8 项；以“四度四率”为重要考核指标强抓学风建设，升学深造率高达 50.4%，位列全校前茅；评选本科忠忱班集体 1 个、先进班集体 8 个、特色班集体 3 个，PADP 班级立项 2 个；开展院级品牌文化活动 38 项、校级品牌文化活动 10 余项；学生优秀率达 37.53%，评选国家奖学金 33 人，各类专项奖助学金 63 人，综合奖学金 273 人；498 人获评学生个人荣誉称号，其中 3 人获竢实扬华奖章；54.32%受助学生获得各类奖学金和荣誉称号。党政联席会多次研究和推进就业工作，在学生二次考研压力巨大的背景下，力保学生就业率达到 90%，开展各类就业、职业生涯规划教育 50 余场。

【科学研究】

本年度获批国家自然科学基金项目 16 项（其中川藏铁路重大专项 2 项，面上项目 9 项，青年科学基金项目 4 项，应急管理项目 1 项），总经费 1047 万元；学院连续 8 年保持较高获批数量，今年获批数量位居全校第四；其他纵横向重大科研项目 3 项，总经费 1322.89 万元。

截至 2020 年 12 月 21 日，全院纵向科研经费到账 3029.46 万元（其中国家级 46 项，经费 1893.39 万元；省部级 37 项，经费 1136.07 万元），横向科研经费累计 2631.87 万元（共立项 140 项），全年科研经费合计 5661.33 万元，创历史新高；新增发明专利 15 项，实用新型专利 26 项，新增发明专利申请 24 项、实用新型专利 27 项。

地学学院本年度深化科研创新模式，稳步推进学科内科研团队、学科间大地学交叉团队建设。初步凝练了学院各学科的科研团队，形成 11 支较稳定、有潜力的科研团队。依托国际化示范学院的申建及外籍专家的引进，提出建设 1 支测绘、地质、环境大地学交叉国际化科研团队，从而创新学院科研创新模式。

【管理服务】

1. 学生日常管理

学院以安稳工作为保障，强化制度建设，健全工作体系，统筹协调“六大安全”，抓细抓实管理工作。着力加强辅导员深入联系学生工作，严格落实学校“117 工程”，建立健全学院辅导员《深入联系学生半月报表》，规范管理学院《重点支持学生管理台账》和《谈心谈话记录本》，扎实开展心理健康教育。及时掌握学生思想动态，妥善处置有关安稳舆情，学生工作全年零事故，高效完成学生工作各项任务。学生党建工作、就业创业指导、升学深造工作卓有成效、成绩显著。

2. 实验室日常管理

对环境工程实验中心的危化品仓库进行改造，增加专用危化品存储柜；加强了本科生和研究生用危化品进行环境工程实验的管控工作，危化品管控责任到人；全年无安全事故发生。

3. 产学研合作情况

与成都轨交质量监督检验有限公司、陕西铁路职业技术学院、成都工业职业技术学院、四川省冶金地质勘查局 604 队（广元）签署了战略合作框架协议，并达成落实了具体的联合申报科研平台、科研技术合作、人才培养等事项：刘成龙教授作为兼职教授指导陕西铁路职业技术学院的精密测量实验室建设，并向西南交通大学研究生开放；604 地质队将为西南交通大学资勘专业本科生提供实习基地，将合作科研成果向教学资源转化。

4. 国家级平台建设与管理

完成国地实验室年度总结及发展规划，完善实验室管理组织架构及平台网站，在学校组织的国家级实验平台考核中取得较好成绩；继续推进峨眉 OSU 中外合作办学项目实验室建设工作，规划 OSU 中外合作办学项目在犀浦校区实验室建设工作；国地实验室牵头申报并获批四川省国际科技合作基地（轨道交通安全运营空间信息技术国际科技合作基地），积极申报四川省实验教学示范中心。

【其他工作】

学院继续深入推进综合改革；切实提升学院自主募集办学资金能力，全面改善教育教学基础设施；国际化示范学院申建工作取得新进展；稳步推进安全工程中外合作办学项目犀浦校区实验室建设与搬迁工作。

（十）建筑与设计学院

【党建及思想政治工作】

学院党委在学校党委的领导下，坚持以习近平新时代中国特色社会主义思想统领学院各项工作，学习贯彻党的十九大和十九届二中、三中、四中、五中全会精神、全国教育大会和全国高校思政会议精神，充分发挥政治核心作用，紧密围绕学院中心工作，推进学院“双一流”建设和教育事业科学发展。

2020 年度，党委理论中心组学习会议 8 次，召开党委会会议 13 次，党政联席会 21 次，党委书记办公会 6 次。制定规则 14 项。将意识形态、师德师风建设和党风廉政相关工作摆上重要议事日程。党委书记讲党课 10 次，组织基层党支部书记工作交流及党员发展专项培训 8 次。学院下设党支部共计 18 个，中共党员总计 353 人。全年推荐参加党课培训 143 人次，发展党员 64 名，按期转正党员 44 名。其中，培养发展青年教师党员 2 人，发展少数民族党员 2 人。引进留学归国教师党员 1 人，纳入党组织培养计划青年教师 4 人。组织多项主题党日活动。完成教师党支部书记“双带头人”全覆盖。

加强思想政治工作，落实立德树人与文化建设，构建特色文化育人体系，专业美育协同。认真接受学校第四轮政治巡察。统筹做好疫情防控，党员自发捐款、投入家乡抗疫，收到数封当地政府的感谢信。严把师资、人才引入关，加强阵地监管，编印《高校师德师风政策与教师师德失范行为警示教育案例选编——以案为鉴、筑牢底线》，在教工党支部设立纪检委员。

新华网等其他各级媒体发布（报道）我院 20 余次。CCTV-10 科教频道专题报道《把论文写在大地上・刘弘涛》；建筑类 2020 级 01 班写给抗疫医务工作者的感谢信被人民日报等媒体广泛报道，该文公众号阅读量逾亿次。

【师资队伍建设】

2020 年，学院坚持以“引育并举”为宗旨，贯彻落实《建筑与设计学院党委领导联系人才工作制度（试行）》，全年引进海内外高层次人才 4 人，新增兼职教授 7 人。2020 年，新增国家级人才入选者 1 人，首获“四川省教书育人名师”1 人，“巴渝学者”1 人，第十三批四川省学术技术带头人 1 人，获四川省“最美科技工作者”1 名，新增省级人才称号 4 人，新增扬华计划 1 人，雏鹰学者 1 人，青苗计划 3 人。2020 年，学院新晋副教授 2 人。线上举办 2020 年学者论坛建筑与设计学院分论坛。

【学科专业建设】

建筑与设计学院目前拥有建筑学一级学科博士点，工业设计与工程 2 个二级学科博士点；并拥有建筑学、城乡规划学、风景园林学、设计学 4 个一级学科硕士点。高质量完成了建筑学一级学科博士点专项评估工作，得到了国务院学科评议组专家的高度评价。展开了第五轮学科评估，各学科精细组织，材料已经提交。展开了专业学位点评估工作，与第五轮学科评估同步。城乡规划学、设计学学科积极准备博士点申报工作。

【人才培养】

1. 本科生教学

学院城乡规划专业获批国家一流专业建设资格，环境设计专业获批四川省一流专业。获批国家级一流课程 2 门，省级一流课程 2 门。获四川省教学育人名师 1 名。获批设立“城市设计”新专业。

全院教师积极参加各类教改项目和教学交流合作项目，获批《中国交通教育研究会 2020—2022 年度交通教育科学研究课题》4 项，立项校级教改课题 3 项，一共包括子项目 31 项。课程思政教改校级 4 项，院级 1 项。新增学校教学设计师 2 名。获得 2020 年校级教学成果一等奖 4 项，二等奖五项。全年度共发表教研论文 11 篇；完成 6 本新编、2 本再编“十四五”教材申报工作。

完成了全国建筑学专业教育评估申请工作。作为主场成功举办多项联合教学、教研活动。师生参加第八届全国高校数字艺术设计大赛等重要专业竞赛获奖百余项。

2. 研究生教学

研究生培养方面，克服疫情带来的影响，各项工作取得了积极的进展。师德师风严管理：多次召开导师师德师风建设和相关政策宣贯培训活动。在线招生应疫情：疫情下，迅速购置和调试网络会议设备，圆满完成了线上研究生复试工作。云夏令营有突破：优秀大学生在线云上夏令营顺利举办。人才培养有进步：西南交通大学优秀硕士学位论文 10 篇，规范研究生发表论文期刊目录。研教结合有效果：发表研究生教改论文 11 篇，教育部教改立项 1 项，教改立项 5 项，组织学生参加竞赛并获得国家（际）级奖项 11 项。

【科学研究】

本年度学院教师获得国家自然科学基金项目立项总数 6 项，获批 1 项国家自然科学基金区域创新发展联合基金重点项目，是学院首个国家自然基金重点类项目，青年基金立项率达到 40%，为全校最高。获得四川省科技进步二等奖 1 项。申报省社科成果奖近 30 项，有 2 项通过校内评审。上半年的疫情对我院的科研经费入账有较大影响，学院到账纵向经费 241 万元，到账横向经费 710 万元，比上一年度减少 50%。新增纵向项目共 31 项，横向项目共 39 项。学院师生发表学术论文 190 余篇，其中 SCI 检索论文 13 篇，是上一年度的 2 倍。此外，学院举办线上线下多种类型的学术交流活动 40 余场。

【交流合作】

自新冠肺炎疫情暴发以来，我院一方面严格执行国家相关防疫政策，一方面积极调整国际化工作思路和方法。主要以云端线上的形式参与国际学术论坛、专题学术报告、联合设计工作坊等多种形式的国际学术交流与合作。教师参加国际主流学会（协会）惯例性学术年会以及做大会报告（交流）60 人/次。我院举办有影响力的国际学术会议 3 场，持续提升国际影响力。继续积极开展与美国、意大利、西班牙等国高校的联合培养和学生交换项目，提升学生国际化培养比例，研究生公派留学 10 人，3 个月以上出国（境）交流研究生 15 人次。继续推进国际化人才引进工作，提升全职外籍教师、短聘海外专家的数量；多种形式地吸引境外高水平专家来校任职、任教或开展学术活动。与境外高水平高校、科研院所建立国际科研合作伙伴关系 5 项（密切伙伴）。并积极建设了学院国际化英文网站，学院国际化工作整体水平持续得到提高。

【管理服务】

1. 学生工作

2020 年，建筑学工立足多学科交叉、多领域融合、多平台联动的学科特点和优势，坚持“以美育人、专业协同”育人思路，全年顺利完成了 480 名毕业生和 2244 名本、研在读学生的思想政治教育、日常事务管理等工作。

本年度，学院共有学生党员 258 人，各支部开展抗疫主题活动 10 余项，成功申报校级示范性学生党支部特色活动 2 项，疫情期间，党员特色服务队开展活动 9 次，覆盖人数 200 余人次。全年开展“朋辈新语”等活动 30 余次；疫情期间停课不停育，本研共计 2000 余人次参与线上活动。学院研会、青协分别获得“十佳研会”“十佳青协”荣誉称号。本年度，开展第二课堂项目共 74 项，其中立项校级精品活动 5 项。参与总人数达 10 213 人次。学院有 22 支队伍、191 人次参与“三下乡”社会实践，2 支队伍获得校级优秀实践队称号。2020 年度我院学生共获各类奖助学金 633 人次。

2. 学院行政办公及工会工作

行政管理服务方面，学院本年度修订、起草了《学院党政联席会议事规则》等 14 项规章制度；协调组织疫情期间疫情防控及防疫物品购买储备工作；协助接待了来自同济大学等兄弟院校和国外知名大学、企业到我院的访问。

一年来，学院工会做好民生工作，关爱生病职工、老年同志，组织教职工秋游活动、教师节前慰问老同志等。首次牵头开展新进教师座谈会活动及退休教工荣休典礼。积极组织教职工参加学校各项比赛，并取得了好成绩。

3. 实验室工作

我院建设的 2 门虚拟仿真实验课程获评国家级一流本科课程，分别是“高铁客站地上地下一体化建筑设计虚拟仿真实验”“地铁车内空间布局及配色设计虚拟仿真实验”。在实验活动方面，第十二届学校课外创新实验竞赛活动中，举办 5 大主题院级竞赛项目，参赛学生近 500 人，参与的指导教师 29 人。经过评选，学院继续获得校级“优秀组织奖”，学生作品获校级金奖 1 项，银奖 2 项，铜奖 3 项，优秀奖多项，有 7 位教师获评优秀指导教师称号。在实验室老师广泛动员下，个性化实验竞赛项目达到 30 项，达到历史新高。

持续强化安全管理与安全教育，确保学院实验室全年无安全事故。暑期配合学校的空调进教室工程，持续改善我院部分教学与实验环境。

（十一）物理科学与技术学院

【党建及思想政治工作】

物理科学与技术学院坚持以党的政治建设为统领，提升党建质量，突出政治功能，发挥党建引领作用。

在各项工作中以思想政治和“双一流”建设为工作总牵引。坚持发挥党委的政治核心作用，坚持党委集体领导，认真落实思想政治教育和意识形态工作，深入推进党组织建设，加强党建引领，提升学院党建水平，充分发挥了基层党组织政治核心和战斗堡垒作用。按照“八个有力”标准规范党支部建设。严把党员入口关，发展优秀教师党员，2020 年发展党员 50 名（其中教师 3 名，学生 47 名）。

发挥党委会政治引领作用，同时发挥党政联席会审核把关作用和科学、民主议事决策的作用，全年召开党委会 15 次，党政联席会 17 次。围绕中心工作抓党建，以一流的党建引领学院人才培养、学科专业发展、平台建设和科研工作，稳步推动学院持续发展。正本清源，健全体系，不断夯实“大思政”育人和师德师风建设；配合学校做好精准扶贫工作，超额完成以购代捐任务。

新冠疫情发生以后，迅速响应，周密部署。第一时间成立学院疫情防控领导小组和工作组，制定防控工作方案，落实工作责任。适时排查，联防联控。安排专人作为学校疫情防控联络员，建立“学院—系—学生工作组”三级防控联动机制，全面排查师生寒假去向，建立重点地区师生台账（尤其是湖北地区）。加强宣传，提振信心。充分发挥网络新媒体矩阵，全面宣传疫情防控知识，进行舆情引导，增强师生思想认同、防护意识和必胜信心。学院师生积极参与当地疫情防控志愿服务。师生党员率先带头交纳特殊党费，共计 29 271.52 元。加强师生心理疏导，积极开展各类云端活动。配合学校开展对困难学生疫情困难资助，对湖北籍师生逐一进行电话慰问。“停课不停学，停课不停教”。按照学校要求，学院迅速制定疫情期间线上教学工作方案，各系积极准备，线上教学工作圆满完成。开设大学物理公共课及各专业理论课程 99 门（含成都和峨眉校区），线上开课率达 100%。

学院党委高度重视巡视整改，针对巡视反馈问题，认真做好巡察工作后半篇文章，坚持以巡促改，以改促建，以问题为导向，不回避矛盾，扎实开展专项整治行动，保证了整改事项事事有着落、件件有回音。党委抓过程管理，定期检查指导，有效保证了整改工作落到实处。巡察反馈问题 31 个，学院党委制定整改措施 72 项，已经完成整改措施 71 项，正在推进 1 项。

【师资队伍建设】

引育结合，加强师资队伍建设。适应学院发展需要，加大引才力度，不断优化招聘流程、完善招聘环节。2020 年共组织招聘 4 批次，共 21 人参加面试，有 4 人已办理入职，3 人待办理入职手续。成功引进国家人才计划学者一名，同时申报了“长江学者”及科技部领军人才，科技部领军人才进入最后评审阶段。做好各类人才申报及考核工作。完成了 2017、2018 年雏鹰及青苗学者的年度考核，及 2020 年各类人才的申报工作，新增雏鹰学者一人（陈元正），青苗学者 10 人，许宇鸿教授被评为“最美交大人”；另有雏鹰 1 人、青苗 3 人、唐立新优秀教师 2 人等待审批中。

【学科专业建设】

以物理学第五轮学科评估和学院“十四五”规划的编写为契机，大力推进学科建设，促进学院科学发展、内涵式发展。集中智慧，认真调研，严密组织，坚持目标导向、问题导向，以评促建，顺利完成第五轮学科评估材料。

全面布局学院中长期发展规划，遵循“强化优势特色，寻求重点突破，带动整体升位”工作思路，做好学科发展规划，并与党建与思想政治、科研、师资与人才队伍、研究生教育教学、物理国家级实验教学示范中心、应用物理系、电子信息科学与技术系和物理系等 9 个分规划为基础，形成学院“十四五”发展规划，目前规划编写工作基本完成。

推进一流专业建设，提升本科教育培养质量。2020 年应用物理学专业获学校推荐申报国家一流专业建设点（正在申报）；电子信息科学与技术专业获学校推荐省级一流专业建设点(已公示）；已完成各专业中长期发展规划；积极推进“以项目为导向”的专业课课程教学改革。在疫情防控的特殊时期，顺利完成 2020 届毕业生毕业设计（论文）的答辩工作，通过率为 97%。

2020 年“大学物理”(线上线下混合式)、“大学物理实验”（线下）两门课程获批国家一流课程建设；8 门课程获学校一流课程建设支持；5 门课程获学校教材建设立项；3 项教改项目获学校支持。物理国家级实验教学示范中心建设规划稳步推进。

【人才培养】

推进建设具有物理特色的“三全育人”大思政体系，建设“党委统领、系为主体、辅导员班导师联动”的物理特色“112”三全育人机制。继续完善三全育人协同保障机制，多措并举系统推进课程思政建设；围绕学生成长成才，创新学工模式，落实辅导员专项工作机制下沉到系；书记院长深入班级，坚持上好新生第一堂思政课。

为加强学院研究生教育教学管理，提高研究生培养质量，成立学院研究生教育教学中心，制定研究生教育教学发展规划和相关制度，为学院研究生工作发展奠定良好体制机制基础。《物理科学与技术学院研究生教育教学发展规划》的编写，形成《关于深化研究生课程体系建设和质量管理的意见》《研究生学位论文过程管理办法》《研究生奖学金评定改革意见》和《研究生教育教学津贴分配指导意见》等文件，为学院研究生教育的高质量发展奠定了基础。

不断推进科教融合、协同育人的人才培养新模式。多途径、多方式推进培养基础学科拔尖创新人才的试点。开办第二期西南交通大学基础学科“物理学拔尖学生培养试验班”(简称物理拔尖班)，出台《西南交通大学基础学科“物理学拔尖学生培养实验班”培养实施细则》。继续与中科院高能物理研究所合办“钱三强英才班”；2020 年起与核工业西南物理研究院共建“物理学聚变菁英班”。

设置以项目为导向专业课程，构建开放式学习环节，有效提升人才培养质量。明确依托科研平台和科研团队开展“以项目为导向专业课程”学习。在项目实施过程中遵循“因材施教、分类指导”的原则，充分满足学生个性发展需求，注重引导和培养学生的学习自主性。项目为导向的专业课自然衔接毕业设计（论文），也有利于学生将来进一步深造。

积极拓展实践育人平台，系统地开设了专业基础实验、专业实验、创新专题实验课程，建设了 7 个实习实践基地，实现理论、仿真、实习实践的人才培养全链条化，提升学生创新创业能力，提高人才培养质量。

积极开展科研育人实践：依托科研项目，近三年指导学生科创项目30余项，在提高学生创新能力和实践能力方面起到积极作用。学生参与高质量本科生科研训练计划（SRTP）、个性化实验室等科研项目50余项。在学科竞赛方面，获省部级以上奖项共143项，其中6人斩获国家级一等奖。学生参与高质量本科生科研训练计划（SRTP）、个性化实验室等科研项目50余项。

围绕班风学风建设，创建品牌活动。本年度，学院组织开展"最强·学霸"寝室、"百分达人"活动，以点带面，促进优良班风、学风建设。持续开展朋辈教育，传承优秀经验。定期开展菁英讲师团、毕业生说、竞赛指南、优秀毕业生分享会等活动。

【科学研究】

全力推进重要科研平台申报与建设，激发科研活力，提升科研水平。科技部国际合作司批准西南交大（聚变所）作为缔约方代表中国加入国际能源署仿星器技术合作项目。参与国家重大科技基础设施平台项目（高海拔宇宙线观测站LHAASO）研究与建设，主要承担WFCTA激光标定系统的建设任务。"极端条件物理"四川省重点实验室申建进入最后审批阶段。积极推进与中科院成都分院、四川大学联合申报"宇宙线物理"四川省重点实验室申建。学院高性能计算平台正式投入使用，建立了管理制度及使用流程，为全院教师提供计算服务。

2020年新增纵向项目15个，横向项目16个，到校科研经费共计3050万元（增加30%），SCI收录论文130多篇（增加19%），授权发明专利18项。

【管理服务】

建立健全育人协同保障机制。学院机关团队深度参与大思政育人体系，完善院系两级学生管理与培养工作机制，将原有学生工作组辅导员专项工作机制延伸到系，形成系、班导师、辅导员闭合双循环工作体系；强化各系专业人才培养的主体责任，实现育人质量与工作绩效挂钩，切实保障了育人质量与成效。

规范新闻宣传、媒体监管与舆论引导管理。进一步合理化设置新闻中心架构，开展宣传队伍专项培训，加强学院网站及新媒体建设，对学院中英文网站改进完善。

积极配合学校做好统战、相关干部推荐等工作。推荐2名党外人士校内外挂职，5名无党派人士通过学校认定。成功获批校首批基层党组织统战特色项目。

加强与校友联系，成功举办86级校友毕业30周年暨校庆124周年师生云庆祝活动。

（十二）人文学院

【师资队伍建设】

学院重视师资队伍建设及高层次人才引进，坚持引培并重，推进人才强院战略。2020年度，招聘海内外优秀博士3人，晋升教授1人，副教授2人。校内人才称号方面，董首一获西南交通大学"雏鹰"计划，魏刚、朱亚希、周尚琴获西南交通大学"青苗"计划。

【人才培养】

1. 2020年本科教学方面

（1）传播学专业获批国家级一流专业建设，汉语言文学专业获批省级一流专业建设。

（2）肖平"伦理学"、石磊"新媒体概论"、李任飞"中华名相之管仲思想研究"、李任飞"中国衣裳传统服饰文化"共4门课程获批国家一流本科课程建设（全校共50门）。

（3）王强老师获得第五届四川省高校青年教师教学竞赛优秀奖。

（4）因疫情防控，2019—2020第二学期线上教学130门。发表教改论文6篇。出版本科教材3本。2020—2021学年一流本科课程建设项目立项10项，其中线下一流课程7门，线下线上一流课程3门。2020年度本科教育教材建设研究项目立项8项。2020年本科教育教学研究与改革项目立项3项。第14期SRTP共结题27项，其中省级4项，校级23项，其中梅红、刘玉珺老师指导的获评优秀。15期SRTP共立项22项，其中1项国创、4项省创、17项校级，中期检查进展良好，全部通过。

（5）课堂教学与比赛实践结合，人才培养质量提升。人文学子在第十二届全国大学生广告艺术大赛中共获得 11 项国家奖，国家级二等奖 4 项、三等奖 3 项、优秀奖 4 项；149 项省级奖，占全校获奖数的 83.2%。学院荣获“优秀院校奖”。音乐系师生在四川省第九届大学生艺术展演中，荣获 6 个一等奖，2 个二等奖，声乐作品《高铁开到尔玛人家》节目进入国赛，实现入围全国大学生艺术展演零的突破。人文学院的七名学子在丝路国家青少年国际摄影竞赛中获奖，传播系李阳老师获优秀指导教师称号。

2. 学位与研究生教育

（1）应疫情防控要求，首次探索线上云模式招生复试，精心准备，多方合作，圆满完成工作。研究生线上复试：硕士共有 88 人参加线上复试（共有 52 位教师参与复试）；博士共有 7 人参加线上复试（共有 18 位教师参与复试）。

（2）研究生线上云夏令营，共有 393 人报名，236 人参加，极大地宣传了学院的学科学术声誉。

（3）2019—2020 学年第二学期研究生线上授课 41门。研究生教育教学改革项目立项2项。其中，吕鹏志老师组建了国际化教学团队，其主讲的“中国宗教文献导读”“道教仪式”国际研讨课程吸引了众多国内外该领域的专家学者参与，中国宗教研究中心网站也获得了众多媒体的转载，吕鹏志老师为研究生线上课程的探索与实践做出了表率。

（4）研究生教材（专著）立项 8 项。加强学位论文质量及授位管理。规定学制年限内，硕士授位率 93%（授位人数 76 人/总人数 82 人）。

（5）由我院 2017 级博士康世伟导演，影视文化研究中心出品的纪录片《轮回情》在第三届中国民族志学术展中，征服了在场所有评委，斩获银收藏奖。中国民族志学术展是国家级专业影展，属国内影视人类学研究领域的最高级别。

【学科专业建设】

学院不断提升学科科研水平，打造基础文科高地。

（1）国家社科基金重大项目。中文系刘玉珺教授担任首席专家申报的《中越书籍交流研究（多卷本）》（项目批准号：20&ZD333）获得 2020 年度国家社科基金重大项目立项。截至目前，我院中文系共获得 2 项国家社科基金重大项目、2 项重点项目。

（2）教育部优秀成果奖。2020 年李任飞老师专著《中国衣裳》获得第八届全国高等学校科学研究优秀成果奖。这是以人文学院教师身份首次获得的教育部奖，有力支撑了学科评估工作。

（3）科研项目、高级别论文及著作。2020 年，学院教师获批国家社科基金等国家级项目 6 项，获批教育部、国家语委等部级项目 2 项。获四川省规划项目、基地项目等省级项目 3 项。全院师生在 CSSCI 来源刊物发表论文 54 篇。出版学术专著 4 部，尚还有多部待出版。

（4）学术活力迸发，学术影响力彰显。共邀请国内外著名学者举办线上线下学术交流多场，拓展了师生学术视野。邀请中国人民大学资深教授金元浦教授、著名诗歌评论家吴思敬教授、西北民族大学新闻传播学院朱杰教授来院讲学。邀请北京外国语大学张西平教授、《中国电视》杂志李跃森执行主编、中国人民大学张文良教授等线上讲学。我院汪启明教授 2020 年先后接受《三联生活周刊》《中国社会科学报》对其深度访谈，并获全球华人国学大典国学成果奖，极大地提升了学科的声誉及影响力。

（5）学院完成“十四五”学科规划，完成第五轮学科评估工作。

【管理服务】

党政联席会本年召开 12 次，严格执行“三重一大”决策制度。召开教职工大会 4 次，保证教职工充分的知情权。通过《人文学院绩效分配方案》及其附件。

【党建及思想政治工作】

人文学院党委认真履行抓党建工作主体责任，牢记为党育人、为国育才使命，以习近平新时代中国特色社会主义思想为指导，深入贯彻落实党的十九大和十九届四中、五中全会精神，以提升组织力为重点，以提升育人实效为目标，为学院高水平发展提供坚强的政治保障、思想保障和组织保障。

坚持政治引领，强化党委核心作用。以深化学习习近平总书记重要讲话、重要指示批示精神为统一主线，将习近平新时代中国特色社会主义思想和十九届五中全会精神融入“深读《习近平谈治国理政》”等16个学习专题。高度重视巡察工作，积极配合学校党委第四轮巡察第二巡察组，针对问题即知即改、立行立改。

坚定政治信仰，提升思政工作本领。在学院官网发布综合报道《记核酸检测那一夜的人文师生》，教育部“全国高校思想政治工作网”封面栏目头条全文转发。100余名师生以制作抗疫音视频、参加志愿服务等形式支持抗疫工作，1名教师自发捐款7000元；坚持6年打造社区志愿服务项目土地村“爱之家”，年均服务800余人，获第五届中国青年志愿服务项目大赛四川赛区银奖、校级“十佳优秀青协”。学院选送作品获省第九届大学生艺术展演6项一等奖（2项被推荐参加全国比赛）、高校美育改革案例甲组二等奖；在学校第四届网络文化节中获二等奖5项、三等奖3项以及优秀组织奖。学生会以总分第一与研究生会双双斩获“十佳”，参评成都市优秀学生会组织；74人获评校级学生组织优秀骨干（占全校16.5%），5人服兵役（占全校40%），5人获评校十佳学生记者（占全校50%），本科传播2017级2班获忠忱班集体（全校唯一一个获奖的文科本科班集体），杨树青同学获“四川省最美女大学生”称号。

夯实政治基础，突出基层组织功能。2020年发展青年教师党员1名。7位党委委员全年到支部指导工作66次，全年报送基层党建新闻160余篇。严格按照“三上三下”完成2个教师党支部换届工作。

提高政治能力，推动学院改革发展。结合专业特点推出原创抗疫歌曲9首、专辑1个，党员参与词曲创作12人次，《2020年的春天》（甘霖词，刘飞云曲）、《南山赞》（向仲敏、沈如泉词）分别获四川省原创优秀抗疫歌曲二等奖和三等奖。就业率由倒数第一提升至全校前列（87%）。出台《人文学院毕业生就业工作考评奖励办法》，激励系所教职工支持就业工作。

（十三）公共管理与政法学院

【党建及思想政治工作】

2020年，在院党委的领导下，全院师生凝心聚力，党建工作务实笃行，为实现学院的全面发展而砥砺奋进。学院共有党支部16个，党员223名。学院党委以立德树人为根本，以理想信念教育为核心，从全局出发，担负好思想政治工作的主体责任。严格贯彻执行中心组学习和政治理论学习制度，本年度学院党委理论中心组学习7次，组织教职工政治理论学习13次。新型冠状病毒肺炎疫情暴发以来，学院党委认真落实党中央和教育部、四川省、学校的有关精神，始终将全院师生的身体健康安全放在首位，第一时间对学院的疫情防控工作研究部署，预见到位，应对及时，有效防范疫情影响，保障学院安全稳定发展。领导班子带头投身到防控疫情第一线，充分发挥了“领头雁”的作用；发布《静心抗疫读来毒往——阅读倡议书》，倡导全院师生在面对疫情时积极地阅读与思考。坚持民主集中制，健全完善党委、党政联席会议制度，议事规则清晰明确，决策事项执行到位，领导班子团结高效。本年度学院共召开党委会议22次，党政联席会议31次，依据学院“三重一大”集体决策制度实施办法，充分发挥对重大事项的把关作用，对于重大事项集体研究、科学决策、民主决策。建立学院领导班子联系党支部制度，每名党委委员至少联系1个教师党支部、2个学生党支部。严格党支部工作考核评价办法，按照学校要求严格落实党支部书记抓党建述职评议考核工作；严格党支部学习制度，定期组织“三会一课”，坚持“两学一做”常态化工作；严格党支部生活制度，规范党支部民主评议会。严格党员发展，做好积极分子、党员发展对象、预备党员以及正式党员的考察工作。注重“双带头人”教师党支部书记的培养和使用，目前学院教师党支部书记“双带头人”比例达100%。全面落实党风廉政建设责任制，开展贯彻中央八项规定精神专题教育和检查，梳理《公共管理与政法学院安全稳定风险点清单》并形成月报制。加强招生录取、教师选聘、科研经费、专项经费等重点领域动态化监控，全面净化政治生态。严格落实意识形态工作责任制，增强全院师生的风险防控意识，每学期至少一次进行意识形态工作研判。严格执行“一会一报”“一事一报”制度。四位老师获得校“立德树人”先进个人表彰。学院工会主动担当积极作为，不断探索常态化疫情防控下的工作方式方法，积极参加校工会的活动，“教职工小家”建设成绩突出并向全校进行展示和推广。

【师资队伍建设】

截至 2020 年 12 月底，学院现有教职工 90 人，专职教师 75 人，其中，具有博士学位 58 人，占专职教师的 77.3%，教授 12 人，副教授（含副研究员）38 人，高级职称占专职教师的比例 66.7%；教育部优秀青年教师奖获得者 1 人、霍英东青年教师奖获得者 1 人、“黄达-蒙代尔经济学奖”获得者 1 人。另外，学院还聘有国内外兼职教授 60 余人。2020 年度实际到岗副教授 1 人，正常师资补充 1 人。

截至 2020 年 12 月，学院共有国家人才计划入选者 1 人，四川省人才计划入选者 14 人。

【学科专业建设】

完成了公共管理学一级学科博士点申请并从省上报出，法学申请了国家一流专业，公共管理学、法学两个学科参加了第五轮学科评估工作。

【人才培养】

2020 年，学院全体师生和教职员工坚决响应教育部和学校号召，认真做好疫情期间线上教学的各项相关工作，确保“停课不停学”，保障本科教学任务的顺利开展。

坚持“以本为本”的管理思想和服务理念，全面做好本科质量保障体系建设和“双一流”本科专业建设。强化管理工作的科学化和实效性，加大力度做好过程管理，多方位提升本科教育质量。2020 年学院成功申报了四门校级一流课程和一项教材建设立项。学院成为校本科教学质量保障校院两级联动试点单位，设立了院级教改基金项目和科研基金项目。申报并立项校级本科教育教学改革项目一项（包含 8 个子项目）。

获得“第八届四川省大学生模拟法庭竞赛”“团体第三名”“最佳书状奖”“优秀指导教师”等荣誉；组织师生参加第六届国际“互联网”大学生创新创业大赛的主赛道学院初赛环节，并有 4 支队伍参加校级决赛。

2020 年，我院录取全日制硕士研究生 126 人（其中学术型研究生 74 人，专业型研究生 52 人），公共管理硕士（MPA）研究生 232 人，共录取 2020 级硕士研究生 358 人，接收 2021 级推免研究生 32 人。全年共计授予 165 名研究生硕士学位。完成 64 位硕士研究生导师的遴选工作（含 7 位新增导师）。制定了《公共管理与政法学院研究生培养质量管理办法（试行）》，修订研究生学业奖学金评选细则。MPA“英语”和“中国特色社会主义建设理论与实践”的慕课投入使用。

【科学研究】

共立项国家社科基金项目 6 项。

学院陈光教授领衔完成的研究报告《全面创新改革试验区建设与高校职务科技成果混合所有制改革实践研究》，获教育部第八届高等学校科学研究优秀成果奖（人文社会科学）二等奖，也是我校首次在教育部高等学校科学研究优秀成果奖（人文社会科学）评选中获得二等奖；成渝地区双城经济圈交通与城市发展研究院成为省级基地；发表重要研究论文 50 余篇。

【交流合作】

成功举办了抗击疫情与提升国家治理能力学术研讨会、学习习近平关于人才发展重要论述学术研讨会，举办首届西南交通大学案例大赛。

【管理服务】

2020 年共举办 56 期培训班，共计 3482 人。其中省内培训班 50 期、省外 6 期。

（十四）医学院

【党建及思想政治工作】

医学院直属党支部全年组织政治理论学习11次，安排教职工就“习近平总书记在科学家座谈会上的讲话”展开讨论并撰写心得体会。直属支部以“初心读书班”为载体，体系化开展党史学习，以分党小组集体研学、分享研学成果、集体讨论、书记点评的形式，开展专题党史学习10期。全年推荐入党积极分子参加党课学习12人。发展党员1人，确定发展对象7人。

加强团学组织建设、学院工会建设。支持民主党派积极参政议政,学院致公党党员王兴副研究员积极参与成都市统一战线“同心智库”建设，助力成都高质量发展。

加强意识形态阵地建设。学院网站全新改版，在网站、微信公众号发布一线医护人员抗疫故事、宣传抗疫精神等新闻共26篇，推送至学校3篇。

加强学院师德师风、特别是加强了附属医院研究生导师的师德师风建设。组织召开学院全体研究生导师参加的医学院人才培养研讨会，邀请教工部王蔚副部长就师德师风进行了专题讲解，介绍师德失范行为负面清单和师德师风警示案例，要求全体导师遵守职业道德，发扬交大双严传统，以高尚的师德和卓越的师才促进研究生成长成才。书记牵头组织召开导师座谈会3次，拜访附属医院教师15人次，与医学院教职工谈心谈话20余人次。教师招聘试讲会议中书记列席，与每名拟引进教师进行政治谈话，做到了思想政治严格把关。

加强课程思政建设。学院现开设的20门课程中，涵盖思政元素课程11门。

加强学院学生思想政治工作。以学院团学组织为载体，开展专题学习教育活动5次，以班级为单位开展“四史”学习12次，组织了红色经典PPT制作与演讲大赛。

【师资队伍】

2020年新增博士生导师2名，硕士生导师41名。推荐上报“雏鹰学者”A类计划候选者1名，“青苗”计划候选者1名。申报晋升高一级职称评审4名（正高1名、副高3名）。组织面试了16名师资补充人选。引进副教授1名（先聘后评），校内调动专职教务员1名。

【学科专业建设】

2020年1月，学院确定了以高原医学为特色的临床医学学科和以医用材料和再生医学为特色的生物医学工程两个学科，作为主要发展方向。在临床医学一级学科下，凝练形成了内科学、外科学、高原医学、急诊医学等12个二级学科。完成并通过了临床医学硕士点评估工作。申报了临床医学专业型硕士学位，已通过四川省审核。

2020年12月，分子医学基因检测、器官与组织再生医学、新型医疗器械制造、病原微生物等实验室平台正式运行。

【人才培养】

2020年招收硕士研究生66名（其中生物医学工程专业12名、药学5名、临床医学49名）；毕业44名，学位论文抽检合格率100%，就业率100%。现有在校硕士研究生178名。新开研究生课程20门，其中核心课程8门。研究生为第一作者发表论文26篇，其中SCI收录论文9篇。研究生公派留学1人。通过重新制订培养方案、重新设置教学课程，制订修订教学管理考核制度等，建立了以医科、工科相结合为特色的硕士研究生人才培养体系。

【科学研究】

2020年新增自然基金面上项目2项、新增四川省科技厅面上项目2项、新增成都市软科学项目1项、新增其他科技项目1项、新增中央高校基本科研业务费项目5项。截至2020年12月，学院6名全职专任教师总计在研国家自然基金6项（含面上项目2项，合作项目1项），在研四川省科技厅项目5项，在研成都市软科学项目1项，在研中央高校基本科研业务费项目5项。另外，附属医院依托我院在研国家自然基金2项。以医学院或附属医院为第一单位，2020年共发表论文43篇，其中SCI论文27篇，申报专利5项，授权专利2项。

【管理服务】

2020年8月至12月，经过多次研讨修改，学院制定了《医学院发展规划》《生物医学工程（医学）学科发展规划》，形成了《医学院“十四五”发展规划》，为学院近远期如何发展指明了方向。

（十五）生命科学与工程学院

【党建及思想政治工作】

学院现有教工党支部4个，学生党支部6个，全年发展党员37人，送培入党积极分子和预发展党员98人，送培师生党员248人次。全年共召开党政联席会议10次、党委会5次、中心组学习4次，组织开展党支部及教职工各类学习活动近50次。学院党委高度重视思想政治和意识形态工作，紧紧围绕习近平总书记一系列重要讲话精神、党的十九大和十九届二中、三中、四中、五中全会精神，确保中央重大决策和学校重要部署在学院学科建设、师资队伍建设、人才培养等方面落地生根，通过推动领导班子成员严格落实“一岗五责”，不断增强全体党员和师生员工的“四个意识”、坚定“四个自信”、做到“两个维护”，推动干部师生在真学真信中坚定理想信念。在疫情防控特殊时期，涌现出了一批先进集体和优秀个人，他们在本职工作中起到了非常好的先锋模范作用。

【师资队伍建设】

全院现有在职教职工105人（2020年新入职4人），其中专任教师83人，教授17人，副教授38人（含副研究员等），博导16人（含兼职），硕导160人（含兼职），60%以上的教师具有博士学位，50%以上的教师具有国外学习或工作的经历。专任教师中有国家人才计划入选者2人，四川省人才计划入选者十余人。

【学科专业建设】

学院现有生物工程和制药工程二个本科专业，其中制药工程为国家一流专业，生物工程为四川省一流专业。学院与美国佐治亚州立大学设立（3＋1）生物工程本科中外合作办学项目和（1＋2）研究生联合培养项目。

学院现有药学、生物学和化学3个一级学科硕士学位授予点，生物与制药专业学位授予点，依托材料科学与工程博士点（药物及载体材料方向）招收博士生。化学学科进入ESI前1%。

【人才培养】

1. 本科教学工作

制药工程专业获批2020年度国家级一流本科专业，生物工程类（中外合作办学项目）顺利延期至2028年且招生规模扩招为70人。构建教学质量保障体系，开展教学检查、教师自评、师德师风考核等工作，“三全育人”全覆盖，课程思政全覆盖，优良率达到总课程的90%以上。

受新冠肺炎疫情影响，2020年上半年所有70门理论课均采用线上教学，出台“生命科学与工程学院 2019—2020（2）疫情防控期间线上教学运行指南”，有序开展各项工作。2020年下半年，实验教学共计52门，理论课85门，任课教师87人，在岗教授12人100%为本科生上课。

正式出版教材2本，发表教改论文5篇，2019年度校级教改项目结题8项，2018—2020年度省级教改项目结题1项，2020年度校级教改项目立项3项，一流课程立项申报11门，5门校推国家级省级一流课程，83人次参加教学竞赛和教学能力提升培训。本科生参加教师科研项目37项，发表科研论文9篇，科创活动获奖148人次，毕业生深造87人。以中外合作办学项目学生为主要成员，获2020年第17届国际遗传工程机器竞赛银奖。

2. 研究生教学工作

2020年共招收博士研究生13人，全日制硕士研究生156人。授位硕士研究生71人，学位论文采取100%“双盲评审”，并且由校内两位评审专家盲审认可后再送两位校外专家评审；发表文章89篇（其中SCI 25篇），申请专利10项，授权2项（排名在导师后）；获校优秀硕士论文5篇；新增硕士生导师28人，博士生导师2人。承担省部级教改项目2项，校级教改项目3项，校级教材（专著）建设项目4项，研究生MOOCs课程1门；正式出版研究生教材1本。

成功举办2020年优秀大学生暑期学术夏令营、创源大讲堂、博士论坛、实验室安全专题讲座等系列交流活动。

【科学研究】

学院获批国家自然基金5项，其中青年基金2项，面上项目3项。周先礼教授主持获批四川省中医药管理局“花椒药用价值开发”重大项目，到账经费300万元。发表SCI论文102篇。

【对外合作】

本科生出国（境）交流17人次，12位美国佐治亚州立大学（Georgia State University，GSU）教师通过网络教学为学院生物工程中美班学生授课。深入推进生物工程本科中外合作办学“3＋1”项目（本年度招生规模由30人扩大至70人）及硕士中外联合培养“1＋2”项目（实现了生物及化学两个专业的联合培养）。学院与GSU继去年首次联合组队参加国际基因工程机器大赛（International Genetically Engineered Machine Competition，iGEM）并荣获铜奖后，本年度再次与GSU联合组队参加iGEM并斩获银奖。

【管理服务】

1. 学生工作

筑牢“安全重于泰山，诚信为立足之本”学生工作基石，生命学院安全与诚信教育系列活动（Safety Integrity Series，简称SIS），联合保卫处、心理中心、资实处举办心理安全培训6场、反恐演练8次，联合资实处举办全校实验室安全知识竞赛，参与学生444人，完成心理测评453人。开展主题教育30余次，荣获校级示范党支部特色、先进党支部。

营造良好的学风和科创学生成才之道。建立特色志愿服务基地17个，开展志愿服务活动51余项，服务31 800余人次。荣获“全国铁路五四红旗团委”荣誉称号，青协连续9年获评“十佳青协”。荣获2020年“新冠肺炎疫情防控专项”先进集体、个人荣誉称号。“木灵珠”—树椒产业振兴调研实践队获中青网“镜头中的‘三下乡’”优秀报道团队、获成都市优秀实践团队。荣获国际遗传工程机器大赛（iGEM）银奖、生命之星科技竞赛国家一等奖；学生SRTP立项38项，结题47项；获国家级、省市级、校院级奖项124人次。荣获竢实扬华奖章、忠忱班集体等。

2. 工会工作

联合校工会举办了交大力量·助力抗疫——生命学院微纳米生物技术团队研究成果捐赠仪式及抗疫故事分享会。组织老师参与“2020健步走”、学校献言献策等，荣获工会教代会提案优秀组织奖。关注女教职工、青年教职工的工作和生活，按时完成困难职工补助申报。积极响应国家精准扶贫，组织工会会员申购扶贫农产品。

3. 实验室工作

完成本科实验教学课程58门，约6200名学生、248个实验班的实验教学工作，申报个性化项目67项，完成毕业论文200余人。

C座科研实验室的修缮工程已经完成验收，通风设施及实验台柜完成整体安装。完成一楼报告厅、二楼会议室的投影和音响的集中招标采购、空调的网上竞价采购，以及一楼报告厅的阶梯座椅采购安装。每间本科教学实验室安装应急洗眼器，科研实验室共新增20套门禁系统和4个摄像头，向学校申请安装C座门禁100套和监控60个。

完成“双一流”建设冻干机、高分辨台式核磁共振波谱仪等共277.65万元设备、教育部国拨购置68.36万元设备的验收、报账以及退还履约保证金等工作，及2016和2017年国拨采购计划的设备退还履约保证金工作。

本科和科研实验室每周安全巡查。疫情期间，三次向学院全体师生发布《关于生命学院新冠肺炎疫情期间实验室使用告知书》，并为迎接学生返校制定颁布《生命学院疫情防控期间学生返校后实验室安全使用预案》。共组织相关人员参加各类培训5次，对学生进行培训讲座3次，协助参与学校消防演练一次。

制定管制类危化品申购与管理标准操作流程、危废品标准处理流程，危化品每个季度进行盘点。完成3校区4批次共计13.084吨危废品的处理工作。

被评为学校2020年度实验室安全管理工作先进单位。

（十六）力学与工程学院

【党建及思想政治工作】

力学与工程学院党委以习近平新时代中国特色社会主义思想为指导，以承扬“双严”传统为载体，持续推进建设“三全育人”体系，立德树人。

一是“四个动员”战疫情。结合“党员先锋力”行动，党员、师生、社团、班级“四个总动员”，积极防控疫情，其中“努力讲坛”被四川党建网专题报道，相关工作被全国教育新闻联播、教育部“高校辅导员在线”和“高校思政网”推送；3门课程入选国家级一流课程，1门课程入选四川省课程思政示范课程，学院入选四川省课程思政试点单位和四川省“三全育人”综合改革试点院系。

二是“双严”传统育新人。承扬学院“双严”传统，树立“双严”榜样，涵养“双严”师德师风，营造“双严”班风学风。在全校开展第一届基础力学课程优秀笔记作业评选和“我身边的双严故事”征文活动；探索开设“大国动力”研究生新生研讨课；邀请校史专家杨永琪、蔡力勋老师以“回望孙训方”、力学星空为主题讲述“双严”故事，激励全院师生。

【师资队伍建设】

2020年学院新增国家人才计划入选者1人，1名教师进入国家人才计划答辩环节，1名教师获评“詹天佑专项奖”，西南交通大学“雏鹰学者A类”计划入选者1名，西南交通大学“青苗计划”入选者3名，“唐立新专项奖”入选者3名。引进“双一流”建设高校毕业生3名；另有1名博士毕业后来校报到，1名博士后出站后来校报到，1名毕业生正经学校审核中。1名教师在芬兰进行为期1年的访问学习。

【学科专业建设】

积极参与学校“双一流”建设项目，加强力学学科建设，着重推进飞行器设计与工程系的后续持续发展。加强导师队伍建设，现有博导19人，硕导48人。建设力学学科平台，做好准备工作，迎接省科技厅对应用力学与结构安全省重点实验室的周期评估。

【人才培养】

疫情防控期间有效开展在线教学，圆满完成全部教学任务：根据不同类型课程教学的特点，研究课程教学平台选择和线上教学设计、课程质量保障、课程质量反馈等，实现在线教学各个环节的“同质等效”，实现了本科生课程100%线上教学和10多门研究课程线上教学。

积极开展教育教学改革，成效突出：通过统筹规划和提前布局，3门课程入选国家级一流课程，获批立项校级本科教育教学改革项目重大项目3项，子项目30项，课程思政项目3项，一流课程17门，研究生教育研究课题2项，专著/教材5部，发表教育教学改革论文19篇，申报全国优秀教材集体1个，优秀教材4部。

课程思政建设取得突破：单位入选四川省课程思政试点单位、校院两级联动质量保障体系试点单位。3门课程入选国家级一流课程，1门课程入选四川省课程思政示范课程。

组织和参加多项竞赛，学生获奖丰硕：获国际大学生工程力学竞赛亚洲区竞赛一等奖6项，团队赛一等奖1项，团体赛一等奖1项，四川省孙训方大学生力学竞赛一等奖13项，2名教师获优秀指导教师奖，2名本科生获得力学类专业教学指导委员会优秀论文奖，1名本科生获校级最高荣誉竢实扬华奖章。

强化研究生创新能力培养，学术成果丰硕：本年度发表高水平SCI论文100余篇，1名博士生获校级最高荣誉竢实扬华奖章，1名博士获西南交通大学校级优秀博士论文，8名研究生获四川省力学学会2020年学术交流会优秀论文奖。

【科学研究】

加强高层次平台、项目、成果的组织策划和过程管理，2020年没有经费外流，经费使用规范。师生发表高水平论文115篇，其中SCI论文94篇，ESI高被引论文3篇；授权软件著作权2项、发明专利9项、实用新型专利5项；发布国家标准中文版、英文版各1项；发布国家CSTM团体标准1项。新增科研项目78项，其中国家级8项，省部级5项，横向65项；到账经费 1802 万元，其中纵向经费 465 万元，横向经费 1337 万元。获军队科学技术进步奖二等奖 1 项（排名 2、8）。

【交流合作】

师生积极参加国内外学术交流，共参加国内学术会议 150 余人次（含线上），国外学术会议 20 余人次（含线上）；积极承办西南交通大学 2020 年“交天下菁英，通宇内鼎甲”学者云论坛之分论坛“航空航天中的力学”；组织“创源大讲坛”13 次。

【管理服务】

一是推进实施学生党员“先锋力”行动，出台战疫版“五个先锋”关键任务清单，学生党员作用发挥好评率从 2019 年的 89.2%上升至 92.9%。

二是推进“三全育人”工作，学院入选首批四川省“三全育人”综合改革试点院系（全校唯一）。牵头开设研究生新生研讨课“大国动力”、拔尖班新生研讨课“大学之道”、通识课“悠然见君子”，建设君子（虚拟）书院，入选 2020 年高校学生思想政治工作百佳案例。开办“努力讲坛”网络版，吸引来自全国 30 多所高校的 1700 多名同学们进群，邀请院士、全国劳模、全国优秀教育工作者等从不同层面开展讲座 23 场，被全国教育新闻联播、高校思政网、四川党建网等多个平台报道。

三是加强学风建设，第一期“努力班”出班率 92.1%，学习进步率 73.68%。成立学院班级联合会，编写《力学秘笈》第一期，受到师生一致好评。在全校开展了第一届基础力学课程优秀笔记作业评选和“我身边的双严故事”征文活动，发布以“战疫中的双严”为主题的多个系列推文近 20 篇。2020 届毕业生就业率 93.4%、深造率 53.8%，名列全校前茅。

四是推进辅导员队伍建设，继续完善深入学生联系学生“三因工作法”，辅导员的学生好评率从去年的 90.88%升至 95.64%，2020 届全校毕业生第三方调研“学生工作满意度”排名全校第一。学工组团队在中国高校航空航天类院系大学生思政工作研讨会（清华大学）等会议上做学生工作相关内容报告 11 次。

（十七）数学学院

【党建及思想政治工作】

以思政建设为统领，围绕“双一流”建设，切实履行主体责任，聚焦基层党建五个关键，发挥政治核心和政治引领作用。

1. 聚焦基层党建质量抓贯穿

坚持政治理论学习与教育，贯彻落实党的政治建设、全面从严治党、风险防控等方案，完成“十四五”规划制定、第五轮学科评估等十余项重点工作。夯实意识形态工作责任，注重师德师风建设。着力组织内部治理和能力提升，推动“对标争先”建设，党建引领，团建引导，凸显育人实效。

2. 聚焦“三全育人”抓结合

以“人才培养质量提升和教师卓越发展”为主线，“三项工作”结合：学院思政工作体系和制度建设；“三位一体”班导师与辅导员协同育人机制和工作模式探索；推进课程思政和数学文化的融入。

3. 聚焦“课程思政”抓融入

以“课程思政”与“卓越拔尖计划 2.0”为引擎，梳理挖掘蕴含的思政元素和资源，开发课程思政教学案例库，实现思政教育与知识传授的有机融入。

4. 聚焦风险防控抓稳定

强化责任，从十个方面梳理排查，建立风险点台账，制定防控措施。以制约和监督权力运行为核心，完善管理制度，规范工作流程。以岗位防控为基础，强化重点领域和环节风险防控。坚持党建带动工会组织建设，凝聚人心，推动发展，增强师生归属感和获得感。

5. 聚焦疫情防控抓落实

疫情防控紧张有序，党员干部身先士卒，返校复学保运行，防控物质有保障，疫情防控常态化。

【人才培养】

本科日常教育教学管理工作运行平稳、有序，管理成效明显。疫情期间，数学学院除实习、实践类课程外，全部42门课程均开展线上教学，共151个教学班，涉及选课人数12 529人次，周平均出勤人数为12 464人次，出勤率超过99%。数学学习中心运行情况良好，服务效果比较明显。中心克服疫情带来的不利影响，通过腾讯课堂、腾讯会议等线上平台开展考研大型讲座活动，开展考研经验交流和模拟考试，服务学生4000余人次。全国大学生数学建模大赛成绩优异，获得“高教杯全国大学生数学建模竞赛”全国一等奖6项，二等奖13项。第十届全国大学生市场调查与分析大赛荣获全国一等奖5项。承办了第12届全国大学生数学竞赛省赛。我校获一等奖52项，二等奖117项，三等奖248项；其中2人取得全国决赛资格，刘镇谋同学位列数学类全省第一。

研究生人才培养质量显著提升。组织优秀大学生夏令营活动，接受2021年推免研究生14名。2020招收硕士研究生71名，博士研究生9名。硕士研究学位论文抽查全部合格，3人获得校优秀硕士论文。第十七届“华为杯”全国研究生数学建模竞赛获国家一等奖1队，二等奖15队，三等奖10队。

持续推进本科教育教学改革。本年度学院新增校级教改项目3个大项，25个小项，省部级教改项目2项。一流专业和一流课程建设持续推进，数学与应用数学获批国家一流专业建设，统计学获批省级一流专业建设。概率论（刘赪）获批国家级线下一流本科课程，高等数学（何莎）获首批省级线上线下混合一流本科课程，校级一流本科课程建设立项11门，其中2门课程已经推荐申报国家级一流课程。

【科学研究】

获批国家自然科学基金面上项目2项，青年项目3项。同时全年新增纵向科研项目11项，横向科研项目14项，获批科研经费2200万元，今年到账800余万元。

周正春教授领衔团队获教育部自然科学二等奖1项，黄磊副教授获四川省数学会第一届应用数学奖一等奖，周正春教授获应用数学奖二等奖，刘品副教授获四川省数学会第一届基础数学奖二等奖，黎定仕副教授、陈新红副教授获四川省数学会第一届基础数学奖三等奖。

应用数学特色的科研项目立项明显增加，项目合作单位包括中铁集团、华为技术有限公司、中国核动力相关研究院、电子科技集团下属研究所、四川省地方戒毒所等机构单位，科研向服务国家及地方重大战略及需求发展转化。

积极开拓医学数学及统计合作增长点，通过与陆军总医院、成都三医院等附属医院的沟通交流，为后续合作打下基础。

【师资队伍建设】

学院现有教职工135人，其中专任教师121人，拥有博士学位的教师99人。在职教授13人、副教授43人，讲师65人。国家人才计划入选者3人，四川省人才计划入选者10人。

【学科专业建设】

围绕“双一流”建设，以学科（博士点）建设为核心，加强基础，结合应用，突出特色。不断凝练学科方向，加强导师队伍建设，现有博导17人（新增6人，含兼职2人），硕导65人（新增11人）。

系统可信性自动验证国地实验室积极整合组建应用团队，与校内其他学院8个科研团队建立技术合作，2020年实验室新增联合申报项目8项，在研批准6项。

【交流合作】

国家人才计划入选者到学院开展学术交流30余场。

系统可信性自动验证国地实验室积极开展线上线下交流，接洽专家学者寻求合作。邀请航天十二院王瑞教授级高工、四川省测评中心主任王丹琛研究员、核动力研究院仪控中心主任吴志强高工到校技术交流；邀请百度安全首席科学家李康教授、青岛四方北京创新中心丁忠锋总经理来实验室进行技术交流。新签署合作协议1份，新增共建平台“工业互联网网络安全工程技术中心”，新增独立建设平台“四川省学生体质健康大数据中心”。

【管理服务】

学院努力创建服务型、学习型、创新型机关办公室，加强业务学习，建立党员服务示范岗，全方位为师生服务。加强资产与实验室管理，疫情期间保证资产设备等安全运行，实现实验室全年零事故运行。

围绕人才培养目标，全方位构建育人体系，服务学生成长成才。2020 年校级集体荣誉 5 个（含研究生忠忱班集体），科创竞赛获奖 276 人次（国家级 24 人次）；2020 届毕业生深造率 40.8%，包括北京大学、复旦大学、约翰斯·霍普金斯大学等名校（双一流占 96.4%，世界一流占 41.2%）。

全面推动学生会组织和学生社团改革，通过校级“青马工程培训计划”“镜堂计划”，依托学院 5 个学生组织、7 个学生活动平台，建立校内外 4 个实习基地、3 个志愿服务基地，15 支暑期社会实践团队，支教团队获得团中央第四届中国大学生农村支教“校级优秀奖”，“数派传媒”团队获得团中央知行计划 2020 年未来创客“全国优秀团队”和“西南交大 2020 年优秀校园媒体”表彰；学院团委连续第三次获评团中央知行计划“最佳组织奖”，荣获校“五四红旗团委创建单位”“新冠肺炎疫情防控先进集体”。

（十八）马克思主义学院

【党建及思想政治工作】

2020 年，学院党委紧扣增强政治核心建设、提升政治引领力这一主题，切实推进党的政治建设和思想政治工作取得实效。

2020 年，学院将学习《习近平谈治国理政》第三卷和党的十九届五中全会精神作为重大政治任务，取得明显成效。林伯海教授将学习党的建设和脱贫攻坚结合起来，其成果《党建引领授人以渔的脱贫新探索》《“一头两翼”共助力“圣洁甘孜”奔小康》发表在《光明日报》，他还将学习《习近平谈治国理政》第三卷的心得写成论文《永远做人民最可靠的主心骨》，发表在《红旗文稿》；颜军教授学习成果《习近平新时代中国特色社会主义思想国际传播研究》发表在《马克思主义研究》。

积极开展校内外宣讲，林伯海教授入选党的十九届五中全会省委宣讲团，并在省内各地进行宣讲。两名学生入选党的十九届五中全会四川省委宣讲团青年宣讲团；党委书记刘占祥结合精准扶贫工作，两赴秦安以《不忘初心，牢记使命——习近平新时代中国特色社会主义思想的学习与思考》等为题进行宣讲。此外，他还为成都市武侯区宣讲《中国共产党中央委员会工作条例》，为校内各单位宣讲习近平新时代中国特色社会主义思想。

学院切实以思想政治理论课建设作为抓手推动思想政治工作建设。2020 年，“毛泽东思想和中国特色社会主义理论体系概论”课程入选首批国家级一流本科课程，“形势与政策”被认定为“四川省高等学校省级‘课程思政’示范课程”。

专业和课程建设成果

序号	类　别	名　称	级　别	负责人
1	首批国家级一流本科课程	毛泽东思想和中国特色社会主义理论体系概论	国家级	冉绵惠
2	四川省高等学校省级“课程思政”示范课程	形势与政策	省级	林伯海

指导学生获“我心中的思政课”全国大学生微电影展示特等奖、四川省一等奖；全国高校大学生讲思政课公开课展示三等奖，四川省一等奖。

思政课指导获奖情况

序号	姓　名	作品名称	类　别	级　别	等　级
1	景星维等	翻转	“我心中的思政课”全国高校大学生微电影展示活动	全国特等奖、四川省一等奖	国家级
2	龚禹竹	交通扶贫中精神密码	全国高校大学生讲思政课公开课展示活动	全国三等奖、四川省一等奖	国家级

2020 年，学院紧扣抗击疫情人民战争总体战阻击战，制作《中国战“疫”密码》系列微课12 期，该系列微课在全国产生较大影响力，被学习强国和高校思政网全部推送。

《中国战“疫”密码》微课一览表

序号	课程名称	主讲人
1	战胜“疫情”的主心骨——中国共产党为什么能？	林伯海
2	战胜疫情的举国体制——如何做到全国一盘棋？	王　菁
3	疫情防控的最前线——社区如何发挥坚强堡垒作用	方　纲
4	战胜疫情的“压舱石”——为什么要坚持公有制经济的主体地位？	李鑫诚
5	战胜疫情的辩证思维——如何化危为机？	颜　军
6	战胜疫情的科学自由观——何为自由？谁之自由？	李世敏
7	战胜疫情的精神力量——伟大抗疫精神的三大特色	康厚德
8	为了谁？——抗疫中的人民情怀	胡子祥
9	战“疫”中的天下情怀——什么样的胸襟？	刘玉标
10	战胜疫情的中国贡献——什么样的大国担当？	杨伟宾
11	世界怎么变？我们怎么办？——后疫情时代的全球治理的中国主张	熊　昊
12	敢问路在何方？——构建人类卫生健康共同体	李学勇

【师资队伍建设】

2020 年，新增博士生导师 1 人：李学勇；硕士生导师 3 人：刘莹、刁成林、杨伟宾；晋升教授 1 人：李学勇，副教授 3 人：李茂、刘晓玲、彭晓伟；新进教职员工 3 人：郜清攀、张露露、闫磊。

2020 年 12 月 4 日 14 时，召开西南交通大学 2020 年“交天下菁英，通宇内鼎甲”学者论坛马克思主义学院分论坛。

【学科专业建设】

2020 年，学院组织精干力量开展迎接第五轮学科评估的准备及填报工作，优化了学科方向。

学科优势与特色

序号	二级学科	优势与特色
1	马克思主义基本原理	致力于综合性地研究马克思主义的理论体系和基本内容，形成特色与优势：① 马克思主义及其教育规律研究，侧重于马克思主义经典著作阐释研究。② 马克思主义与当代研究，侧重于意识形态研究。
2	马克思主义中国化研究	探讨马克思主义实现中国化的历程、规律和理论成果，形成特色与优势：① 习近平新时代中国特色社会主义思想研究，侧重于社会主义核心价值观研究。② 中国共产党革命精神研究，侧重于长征精神、抗震救灾精神和科学家精神研究。
3	思想政治教育	研究人们思想品德形成的规律和对人们开展思想政治教育的规律，形成特色和优势：① 当代社会思潮与青年教育研究，侧重于当代西方社会思潮批判。② 思想政治教育原理与方法研究，侧重于高校思想政治工作规律、教书育人规律研究、大学生成长规律研究。
4	中国近现代史基本问题研究	研究近现代中国的历史发展及其规律，形成特色与优势：①“四史”研究，侧重于中国共产党创立、共产国际与中国革命、苏区史、隐蔽战线史。② 铁路与民族复兴研究，侧重抗战与铁路建设、中华人民共和国铁路建设与制度自信。
5	党的建设	探索揭示中国共产党建设与执政的规律，形成特色与优势：① 马克思主义政党建设理论研究，侧重于习近平关于党的建设与组织工作重要思想研究。② 党风廉政建设研究，侧重于廉政与治理的理论与实践研究。

【人才培养】

2020 年，易刚博士学位论文《社会主义核心价值观大众认同机理研究》获第二批全国高校马克思主义理论学科优秀博士学位论文（全国 4 篇），褚奕雄获全国高校马克思主义理论类本科生学术论文竞赛一等奖（全国 3 项），罗田获评“全国铁路向上向善好青年”。

【科学研究】

2020 年，学院林伯海教授获得教育部高等学校科学研究优秀成果奖（人文社会科学）；马先睿、熊昊获国家社科基金 2 项；蒲仕勋获教育部人文社会科学研究专项任务项目（中国特色社会主义理论体系研究）；熊钰、魏人民、饶世权等 7 名教师获四川省社科规划项目；林伯海、刘占祥、胡子祥、李学勇、颜军、罗敏、杨伟宾等 7 名教师任四川省中国特色社会主义理论体系研究中心专家委员会委员及特约研究员。

组织广大师生积极撰写抗疫系列文章，及时发出思政课教师应对新冠重大疫情的声音，在光明日报客户端、党建网、权威学术期刊发表抗疫文章三十余篇，其中 3 篇文章入选主送四川省委常委的《成果要报》，二十余篇文章在学习强国推送，在全国产生了较大的影响力。

【交流合作】

学校积极发起成立了四川省首个大中小学思想政治教育联盟——金牛区大中小学思想政治教育联盟，并且充分发挥核心成员单位的骨干、引领、示范作用，对口支援成都七中万达学校、成都铁中、锦西中学、锦西外国语实验小学、九里堤小学、新桥小学、兴盛小学、西南交大子弟小学等中小学，全方位开展师资队伍联建、课程资源联享、思政课题联研，全力推动联盟工作走深、走实，着力打造共融、共建、共育、共进的大中小学思想政治教育共同体，成效明显。其中，《人的生命高于一切》大中小学同上一堂思政课教学展示被中国教育新闻网、成都日报等多家媒体广泛报道，社会反响良好。

同时，学院已经与成都医学院、西南财经大学、四川师范大学、西昌学院、四川农业大学等学校的马克思主义学院签订共建协议，在学院建设、人才培养、科学研究、教育教学方面开展全方位合作。

【管理服务】

2020 年，学院继续以“五星工程”评选活动为抓手，加强学院各方面的建设与管理服务，克服疫情带来的不利影响，评选出 2019 年度五星工程奖，其中教学明星：刘锋、李世敏；科研明星：田永秀、李学勇；服务明星：田岚冰；学子明星：贾姣妹、龚禹竹、吴昊、王亚梅、冷书恒、张旭；系室明星：形势与政策课教研部。

通过“五星工程”奖的评选，学院内部各方面工作凝聚了正能量，形成比学赶超拼的良好氛围。

（十九）心理研究与咨询中心

【党建及思想政治工作】

1. 以政治建设为统领，强化理论武装、发挥政治核心作用

强化领导班子建设，发挥“领头雁”作用。本年度开展中心组学习 7 次，教职工政治理论学习 11 次。刘咏梅书记主讲的《让党旗在心理战疫的第一线高高飘扬》入选教育部思想政治工作司指导的“让党旗始终高高飘扬”全国高校党组织战“疫”示范微党课。雷鸣副主任根据抗疫工作实践撰写的《构建社会心理应急服务体系》一文发表在《中国社会科学报》，学习强国、中国社会科学网、学校官网都进行转载。

2. 以组织建设为基石，夯实党建工作规范化管理

（1）严肃党内政治生活，严格落实“三会一课”制度。本学期共召开支部委员会 15 次、党员大会 7 次，支部书记讲党课 3 次，设立疫情防控党员先锋岗 1 个，发展教师预备党员 1 名，发展学生入党积极分子 41 名，发展学生预备党员 14 名，学生党员转正 9 名。

（2）进一步强化支部和支部委员会规范化建设。获批学校基层党建示范创建和质量创优培育项目 1 项，组织建设日趋完善。

3. 以风险防控为抓手，严格落实全面从严治党主体责任

（1）坚持巡察整改不放松，对巡察反馈的问题持续加强整改落实。截至目前，5 个方面 14 个问题 28 个具体表现完成销号 26 项并持续改进，2 项正在持续整改中。

（2）加强内部治理，切实落实监督。制定《心理中心深入推进风险防控管理工作方案》，共梳理 30 项工作任务，建立工作台账。

（3）落实意识形态工作责任制，加强党风廉政和师德师风建设。修订完善《心理研究与咨询中心直属党支部关于落实和加强意识形态工作责任制实施办法》，制定《心理研究与咨询中心宣传工作方案》。

【师资队伍建设】

中心重视师资队伍建设及高层次人才引进，坚持引育并重，2020 年，校内调入有海外留学背景的博士后 1 名，招聘国内知名高校助理教授 1 名。校内培育青苗计划 1 人。推荐校内挂职干部 1 人，派驻学校党委第四轮巡察干部 1 人。

【学科专业建设】

2020 年，国务院学位委员会心理学科评议组全票通过中心心理学一级硕士学位授权点合格评估；同年中心获批心理学专业硕士学位点。中心心理学科在 2020 软科排名中位列 29，跻身前 30%，形成学科支撑专业建设的长效机制。中心应用心理学专业入选 2020 年度国家级一流本科专业建设点，是四川省部属高校心理学类唯一入选国家级一流本科专业建设点的专业。学科带头人宁维卫教授担任教育部心理援助平台专家委员会委员，负责的“探索心理学”被评为国家级一流课程，建成心理健康教育线上国家级“金课”集群。中心直属党支部与利兹学院直属党支部签署合作共建协议，推进学院二级心理辅导站试点工作，拓宽校内心理育人平台。

【人才培养】

1. 以思政工作为生命线，实现心理育人

中心系统谋划“大思政”育人工作体系下的心理育人实践体系，强化“五位一体”基本格局，努力构建“中国特色、交大风格”的心理育人示范模式。先后获得教育部高校思想政治工作精品项目 1 项、四川省高校思想政治工作精品项目 1 项、学校新时代“大思政”育人工作项目 3 项。

2. 正面引导，传播心理能量

中心主动向社会开放国家精品在线开放课程“走进心理学”等 6 门心理健康通识系列慕课、“心理咨询理论和技术”等 4 门心理健康服务微专业系列慕课，以满足社会大众对疫情心理和心理健康知识的需求。其中，“走进心理学”“探索心理学”“幸福心理学”3 门心理健康通识慕课被学习强国学习平台收入，供全国 9000 多万党员和广大社会群众学习，四川省人民政府官网也进行宣传报道。

3. 营造心理健康校园文化，“善爱我”理念深入人心

充分发挥心理专业优势，继续开展 3·25（善爱我）大学校园心理健康文化节，以“善爱我，敬畏生命，拥抱生活”为主题，通过开展线上知识竞答、在线微视频、在线心理疏导讲座等活动，营造积极向上的校园心理文化。

4. 应用心理学专业人才培养效果显著

获评西南交通大学 2019 届毕业生就业工作先进集体三等奖 1 项，1 人获评就业工作先进个人（综合奖）。2020 届就业率 93%，有 4 位毕业生获评西南交通大学 2020 届毕业生就业奖。1 名本科生获评西南交通大学学生最高荣誉“竢实扬华”奖章，55 人被评为校级优秀，优秀率超过学生总数的 30%。35 人获得省级及以上奖学金，34 人获得校级专项、综合奖学金，研究生学业奖学金覆盖率 100%。

【科学研究】

中心获批国家自然科学基金项目 1 项、社科基金项目 1 项；省基地项目 7 项，横向项目 1 项；获得 2 项校级教育教学改革项目，共有 20 项子课题立项，发表高水平学术论文 9 篇。“一带一路”国家铁路教育国际化教材《大学生心理健康（全英文）》获建校级精品教材建设，《心理健康传播与普及》《人格与社会心理学》获建校级新形态教材，《心理学工作伦理》《心理学工作者职业伦理案例教程》获建校级一般教材；出版

《学校　社区应对新冠肺炎疫情心理援助手册》《幸福心理学（修订版）》；在中央文献出版社出版专著 1 部；到校科研经费 65.9 万元。科普基地荣获 2020 年度成都市科普工作“先进集体”荣誉称号。承办中国心理学会工程心理学专业委员会 2020 年学术年会。

新增心理健康教育平台

级别	平台名称	授予机构	获批时间
省级	四川省高校心理健康教育示范中心	四川省教育厅	2020 年
省级	四川省心理学类专业指导委员会主任单位	四川省教育厅	2020 年

【交流合作】

中心获评并保留港澳与内地高等学校师生交流计划之“西南交通大学‘交通 + 心理’社会实践项目”、2020 年西南交通大学对台教育重点交流项目“‘交通 + 心理’台湾师生天府行文化交流项目”。1 人获国家留学基金委访问学者资助。

宁维卫教授作为四川省专家服务团成员在凉山州、雅安市开展决战脱贫攻坚智力服务和心理援助工作，《中国教育报》、四川省人社厅官网“专家风采”专栏进行了报道。中心主动承担秦安县中小幼心理辅导教师培训任务，抗疫不忘“扶贫攻坚”。

发挥“职工心灵驿站”辐射作用，为高校教师心理健康提供心理防护直播讲座。心理中心杨劼、陈广洁家庭荣获四川省教科文卫体系统“最美职工家庭”称号。

【管理服务】

1. 服务全校师生心理健康

2020 年，三个校区共接受心理咨询 1038 人次，处理危机干预 32 人。为 2020 级新生开设心理健康讲座 31 场，团辅 118 场。组织对三校区 11 813 名本科和研究生新生进行心理健康测评，筛查心理问题倾向学生一级 893 人，二级 1438 人，并对 893 名一级心理问题倾向学生进行一对一约谈。邀请成都市第四人民医院临床心理科主任袁茵教授为全校研究生辅导员和新生心理观察员做“抑郁情绪与抑郁症”的线上讲座。依托中心“心之轩”心理健康辅导员工作室组织开展“辅导员心理素养提升训练营”，组织对学校在职辅导员开展“辅导员心理压力调查”。与学工部联合举办“研究生心理素养训练营”，开展新生到中心实验室体验活动、研究生心理观察员团体辅导和心理健康技能培训。

2. 科学防控，增强师生心理防护

疫情期间，中心第一时间成立了以党员为骨干的“西南交大抗疫情心理援助小组”，开通心理援助热线，发布《致全校师生的一封信》；第一时间组织开展社会心态调查、助力心理疏导，编写和发布心理抗疫防护手册……推送七期《心理支持手册》，阅读人次 2 万余人；开通 QQ 心理咨询服务热线、微信群，接受线上心理咨询 460 人次，超过 500 个小时；举办“抗疫情”心理线上讲座 40 场，受益 7.8 万人；开展网络团体辅导 19 次，40 余人参加；心理健康微信公众号的信息转发千余次，2.4 万余人次阅读。

3. 服务社会，涵养积极社会心态

中心选派陈华、杨兴鹏等 7 名党员骨干教师参与四川新冠肺炎心理援助热线、教育部华中师大心理援助热线、北师大心理援助热线等平台的公益服务。2 名中国心理学会注册系统督导师开展了公益督导活动，接受心理咨询 78 人次，超过 150 小时；网络心理督导 60 多人次，超过 50 小时。中心被四川省心理学会评为“抗击新冠肺炎疫情心理服务先进集体”，杨兴鹏、冉俐雯两名党员被评选为“抗击新冠肺炎疫情心理服务先进个人”。

中心宁维卫教授组织十多名老师，在 2 月 15 日出版电子图书——《学校　社区应对新冠肺炎疫情心理援助手册》，得到人民日报、学习强国等多家媒体的广泛报道。高飞、冉俐雯两位党员教师制作的“5·25”心理健康大讲堂系列微课在教育部“中国大学生在线”、高校辅导员在线、高校思政网等国家平台上推广，1 万余人次浏览，并作为教育部思政司心理健康月的教育成果进行了播放和展示。

（二十）牵引动力国家重点实验室

【党建及思想政治工作】

2020 年，实验室党委以习近平新时代中国特色社会主义思想为指引，深入学习贯彻党的十九大和十九届二中、三中、四中、五中全会精神，充分发挥党委政治核心作用和党建引领作用，全面推进党建工作和中心工作深度融合，坚持把组织优势转化为推动实验室改革与发展的动力，把党组织活力转化为推动实验室不断进步的内在能量，为实验室更好更快发展提供了坚实的组织保障。坚持“防疫为先、发展为重、师生为本、安稳为上”，坚决打赢疫情防控阻击战，围绕“疫情防控”“教学科研”“学生思政”等在各类媒体报道 28 篇次，其中全国高校思政网、全国高校思政网官微报道 7 次；精准对标“五个到位”，努力建成标准化规范化工作体系，持续推动牵引党建“动车模式”建设。党建“标准化建设”工作成效显著，思想政治宣传工作亮点纷呈，顺利通过“全国党建标杆院系”中期验收，自实验室党委设立以来首次获得学校党建考核“优秀”（2019 年度），2020 年党建满意度测评满意率 98.67%。

【师资队伍建设】

实验室现有教职员工 93 名，其中专任教师 72 名，正高职 34 名、副高职 28 名、博士生导师 27 名、硕士生导师 67 名，教师中博士学位比例达到 92%，已形成一支以院士等为带头人、以 45 岁左右教师为核心、35 岁左右教师为骨干的教学科研队伍。截至 2020 年 12 月，实验室共有中国科学院院士 1 人、国家人才计划入选者 11 人、全国创新争先奖状获得者 3 人、四川省人才计划入选者 4 人、腾讯科学探索奖获得者 2 人、四川省天府杰出科学家 1 名、天府创新领军人才 1 名、天府科技菁英 2 名、校扬华学者 2 名和雏鹰学者 7 人。

【学科专业建设】

实验室始终将一流学科建设作为牵总性工作之一，直接参与交通运输工程一级学科和机械工程一级学科建设，严格按照学校部署积极主动开展相关工作。承担西南交通大学一流学科建设重点项目 2 项，2020 年度经费 942 万元，形成了包括教育部自然科学一等奖在内的一批有显示度的学科建设成果。实验室作为交通运输工程一级学科主要支撑单位，在学部的领导下保质保量完成了第五轮学科评估相关工作，同时也为机械、力学、材料、信息等学科提供了必要支持。同时，即便在疫情影响较为严重的情况下，实验室仍承办“轨道交通装备系统关键技术前沿论坛”“超导与新材料应用技术研讨交流会”“第五届超级电容器及关键材料学术会议”三场学术盛会，对学科进步和行业发展起到了积极作用。

【人才培养】

2020 年，实验室继续加大青年人才培养力度。多名青年教师作为主要完成人获得了省部级及以上的科技奖励；张卫华、王开云获得了全国创新争先奖状；王开云获第二届腾讯“科学探索奖”（全国 50 名）、陈再刚获中国振动工程学会青年科技奖、另有 2 人入选四川省人才计划、1 人入选校“雏鹰学者”计划。在研究生培养方面，实验室本年度招收博士研究生 42 人（含工程博士 10 人），毕业 23 人；招收硕士研究生 213 人，毕业 139 人。实验室研究生会获评“成都市优秀学生会组织”，8 人获省级优秀毕业生荣誉称号，3 个硕士生班级获评校优秀班集体。

【科学研究】

实验室 2020 年度主持在研国家级项目 50 余项，包括国家自然科学基金重大项目 1 项、重点项目 1 项、国家杰出青年科学基金 1 项、优秀青年科学基金项目 1 项、国际科技合作专项 5 项、联合基金重点项目 6 项、国家重点研发计划课题 2 项；新增国家自然科学基金项目 16 项（重点项目 1 项、优青项目 2 项、面上项目 8 项、青年项目 5 项）；主持横向项目 400 余项，其中 100 万元以上项目 75 项。本年度总计到账科研经费 1.71 亿元。主持获得教育部自然科学一等奖 1 项；共发表论文 306 篇，其中 SCI 论文 184 篇，入选 ESI 论文 11 篇；授权专利 42 项，其中发明专利 13 项。本年度，实验室共设自主研究课题 14 项，总经费 440 万元。在自主课题的资助下，实验室在轮轨关系及损伤、列车流-固耦合关系、结构强度及疲劳可靠性、车-线-桥耦合动力学、磁悬浮列车动力学、列车故障诊断与检测技术、机车车辆系统动力学与控制、弓网关系等方面取得了重要研究进展。

【交流合作】

本年度，实验室共承办国内学术会议 3 次；参加国际学术会议并作口头报告 7 人次，其中特邀报告 2 人次；参加国内学术会议并作口头报告 21 人次，其中特邀报告 11 人次。新增国际学术组织委员 5 人次，国内学术组织委员 5 人次；新增国际学术期刊编委 5 人次，国内学术期刊编委 3 人次。本年度，实验室新增国际合作项目 2 项，在研国际合作项目 8 项；批准资助 13 项开放课题，其中 2 项的负责人为国外学者；在国际合作项目和开放课题资助下，本年度共发表 SCI 论文 70 余篇，另有 5 篇论文入选本年度 ESI 高被引论文。此外，受疫情影响，实验室积极探索新方式、新方法开展公众开放活动，充分利用自身的科研、人才和资源优势，在传播科学知识、科学普及、提升公民科学素质等方面做了大量工作，共开展活动近 100 场次，受众约 4000 人次，并被认定为中国铁道学会“全国铁路科普教育基地”。教育部副部长钟登华、四川省委常委/宣传部部长甘霖等领导来实验室参观视察。

【管理服务】

2020 年，实验室继续健全和完善服务管理体系，对“综合管理办公室”的功能设置和人员配备进行了优化，聘任兼职资产与设备管理秘书以进一步提高“装备运行与保障办公室”试验服务能力和装备保障水平。坚持推进“以横向养纵向”相关制度实施，多措并举提升实验室高水平基础研究能力和青年教师队伍综合素质。此外，实验室顺利通过中国合格评定国家认可委员会（CNAS）的扩项和复审，现已拥有成都、犀浦（新增）、常州 3 个检测场所，覆盖检测对象 17 类（新增 4 类），并向社会提供服务，2020 年共审查签发 CNAS 报告 103 项。

（二十一）西南交大—利兹学院

【党建及思想政治工作】

1. 发挥党组织领导核心作用，沉着应对疫情考验

直属党支部积极响应学校党委和防疫工作领导小组统一部署，快速反应，实现了“停课不停教、线上安全有保障”的目标。一是第一时间成立防控工作小组，研究防疫对策。党政班子和党员干部、师生始终站在疫情防控第一线。支部书记带头值班值守，党员干部主动多轮值班，教职工党员在湖北疫区争当志愿者等。二是迅速筹集防控物资。按照防疫工作要求，学院先后采购三批应急防疫物资共计 8 万余元，靳忠民院长还通过多方渠道筹集一万余只口罩、体温计、防护服等物品。学院累计为学生发放口罩一万余只。三是迅速决策，加强对在利兹大学就读学生的关心和管理，研究制定“2 + 2”和“3 + 1”学生回国学习方案，消除学生和家长焦虑。学院第一时间发出《致全体在利兹大学学习同学的一封信》，积极组织在线防疫抗疫，保持与海外同学的密切联系。

2. 严把意识形态关，确保中外合作办学政治安全

一是针对线上教学，学院直属党支部在课程建设、教材选用、学术活动等重大问题上把好政治关。按照《西南交通大学-利兹学院教材审查办法》的要求，各专业完成对 76 门课程的“引进教材”内容（含方向性、科学性、前沿性、系统性、配套性）的审查及备案。二是加强教育教学人员培训。三是按时按规备案学院所有团学组织新媒体账号，严格信息发布流程管理。四是严格活动组织审查，坚持正确政治导向，全年共有 11 场讲座、读书会、论坛通过哲学社科类活动平台备案。

3. 促进支部共建，推进思政课程改革

一是学院与马克思主义学院合作，在学院率先开设《马克思主义基本原理》《毛泽东思想和中国特色社会主义理论体系概论》两门教学改革试点班。试点班通过教师与辅导员协作、课程组织重新建构、理论与实践相结合等方式，探索思政课程教学新模式，课堂反响热烈。同时，试点

班赴峨边彝族自治县双凤村开展实践教学，师生深受鼓舞。二是直属党支部围绕人才培养的中心工作，积极探索，与心理研究与咨询中心直属党支部、成都城投集团党组织、峨边学校对口帮扶点村支部进行支部共建，将党建与实习实践、就业深造、扶贫攻坚结合起来。三是学院大力支持学校课程思政建设。2020—2021 学年课程思政建设项目校级立项 1 项，院级立项 4 项。

4. 提高政治站位，全力配合完成巡察工作

直属党支部和全体党政班子高度重视党委巡察工作，严格按照巡察办要求，认真学习领会巡察精神，坚守政治站位，积极准备汇报材料，全力配合巡察。认真开展自查，深入剖析原因，建立整改台账，明确整改措施，落实整改实效。珍惜巡察反馈，通过制度建设，建立长效机制，促进学院高质量发展、稳健发展。

【师资队伍建设】

引育并举，持续打造师资队伍。一是做好校内师资培训。学院通过教师大会、校内培训等方式，加强教师培训工作。与学校党委教师工作部联合举办《全英文课程的课堂“组织艺术”》教学工作坊，全校 60 余位全英文/双语授课教师及其他青年教师参加培训。二是全面启动利兹学院“青年优才”特聘教授/副教授引才计划，制定《利兹学院“青年优才”思想政治与品德综合考察实施方案》《利兹学院“青年优才”招聘工作组工作规程》，2 名“青年优才”申请者通过学校师资遴选委员会评议。三是关心、关爱全球招聘教师。学院现有 2 名全球招聘教师，定期联络告知国家、学校及学院相关政策与信息，协助解决在线教育、子女入学等困难，让其安心进行教学工作。四是正式启动“双博士学位人才”联合培养，完成招生指标设置等程序。

【人才培养】

2020 年 6 月，学院顺利完成首轮办学，2016 级共计 178 名毕业生顺利完成培养方案各项学业要求，达到中英双方毕业条件，获得两校学位，如期毕业。首届毕业生毕业率为 90.8%，实际深造率达到 73.6%，其中 91 名学生获得世界排名前 100 高校录取通知书，成绩斐然。

1. 毕业率高，获一等学位比例高于英方

毕业率高达 90.8%（英方为 80%～90%），其中获得英方一等荣誉学位比例达到 61.02%（英方为 25%～30%）。

2. 深造率高，获境内外高质量院校青睐

首届毕业生深造率 73.6%。人均获 1.85 封海外院校录取通知书，出国（境）深造的 104 人中，81.7%的同学被帝国理工学院（27 人）、伦敦大学学院（25 人）、爱丁堡大学（13 人）、加州大学伯克利分校（2 人）、卡内基梅隆大学（2 人）等 QS 排名前 100 的世界一流名校录取，直博生总数为 13 人，有 2 人获国家留学基金委和利兹大学全额奖学金；国内升学的 27 人主要进入清华大学、浙江大学、中国科学院大学等国内“双一流”名校。

3. 就业情况好，就业质量优良

除选择读研深造的学生外，其余 16.85%的毕业生就业。学生任职于华为、中国工商银行等世界 500 强企业，参与国际合作与竞争；任职于中铁上海铁路局、广州铁路局等轨道交通龙头企业，服务国家“交通强国”战略；任职于东方电气、华西集团等区域经济支柱企业，为地方经济发展服务。

【交流合作】

随着利兹学院中外合作办学效益的不断增显，学院的社会知名度也有持续上升，形成了良好的口碑，国内一批其他中外合作办学机构/项目来到学院调研交流。在 2020 年度，电子科技大学、陕西科技大学、天津大学佐治亚理工深圳学院、南京农业大学密歇根学院、长安都柏林国际交通学院、四川师范大学教育发展集团、浙江工商大学萨塞克斯人工智能学院来到利兹学院交流调研。同时王晓茹校长助理带领利兹学院一行调研西南大学西塔学院。利兹学院的办学成果得到了同行的高度肯定。

【管理服务】

1. 凝练和总结工作亮点，形成评估报告

为进一步加强中外合作办学规范管理，促进依法办学，提高中外合作办学水平和可持续发展能力，教育部国际司开展 2020 年度中外合作办学机构评估工作。自去年 5 月，学院开始积极筹备迎评。今年年初，学院协助学校拟定印发《西南交通大学-利兹学院迎接教育部评估工作方案》（西交校外〔2020〕1 号），正式开展迎评工

作。学院于每周二开展专题工作会议，疫情期间从未间断，搜集并梳理评估材料。据不完全统计，共召开30余次会议，其中线上会议超过50个小时。在学校领导和相关部门的大力支持与帮助下，围绕办学宗旨、管理体系、资金资产、质量管理、师资队伍、教学设施、培养质量、办学特色、社会效益九大方面，形成《融汇中西，交通天下，培育英才——西南交通大学-利兹学院自评报告》。

2. 开展满意度测评，学生满意度高

根据满意度调查（回收92.3%有效问卷，共947份），学生对培养质量和效果满意度高，对自身学业进步和未来职业发展有较高自信。对教师水平、课程设置、教学效果满意度为95.49%；对学院提供学生成才成长的支持，如奖学金、出国交流、学生活动、教学和实验设施满意度为95.73%；对自身成长、发展的满意度为95.46%；对自身职业生涯发展、就业指导满意度为91.50%。

3. 合作伙伴高度肯定

在合作伙伴的评价反馈报告中，利兹大学对合作办学给予高度评价："我们与全球多所大学建立了战略合作伙伴关系，其中与西南交通大学的合作迄今为止最为重要，也最具成效。""到目前为止，所有相同考试的成绩至少都与利兹大学学生成绩持平（而且很多成绩比利兹大学好）。我们有信心（根据学生们已经收到的录取通知），世界各地极具竞争力的研究生项目将会对利兹学院毕业生敞开大门。"

学院以评促建，全面总结了过去几年的成绩、经验和不足，向四川省教育厅提交《提质增效、示范引领——西南交通大学-利兹学院中外合作办学成果报告》。为进一步扩大教育对外开放、助力学校"双一流"建设提供绵薄之力。

（二十二）茅以升学院（唐臣书院）

【党建及思想政治工作】

2020年茅以升学院党总支在学校党委的坚强领导下，结合"不忘初心、牢记使命"主题教育和落实学校党委巡察整改工作要求，切实担负起全面从严治党的主体责任，深入学院各个工作层面全面调研、明确目标、细致谋划，精准整改方案，严抓整改落实，全体师生党员认真学习思考，提高政治站位、强化作风建设，以党建带动学院各项工作的发展，并通过整改的深入推进和在学生工作突发事件中总结经验教训，做到举一反三，形成长效机制。通过一年的工作和持续整改，院领导班子的精气神、全体教职工的精神面貌焕然一新，学院的管理水平、工作成效持续提升。定期开展政治理论和业务学习，成立了"唐臣党员读书班"，强化政治理论学习，提升理论学习效果。进行了《党的十九届五中全会精神》《深化新时代教育评价改革总体方案》和习近平总书记系列讲话精神等专项学习，全年线下理论学习12次；采取主题党日活动、专题报告会、红色教育和实践锻炼相结合的学习方式，开展"承先辈革命精神，展唐臣青年担当"等特色活动13次。全体党员通过"学习强国"app等进行日常线上学习。同时，邀请专家举办专题讲座，先后邀请了分管校领导和党建方面专家教授为学院师生讲党课，开设思政讲座。建立了党总支书记任组长的意识形态工作领导小组，明确意识形态工作责任，强化党风廉政建设。充分依托书院制改革示范区，推动思政工作与教育教学实践相结合，坚持把立德树人作为核心环节，广泛开展理想信念教育，发挥"三全育人综合改革试点区"的辐射带动作用，牢牢把住以弘扬"科学报国、奋斗奉献"为导向的育人方向。紧密围绕卓越拔尖创新人才培养这一中心工作，积极整合育人资源，助力人才培养。邀请专业学院党政领导及教学负责人前往唐臣书院座谈、交流，加强对学生深度辅导；在书院定期组织召开"班导师、教务员、辅导员工作沟通会"，加强双院协同，合力育人。将专业教育与通识教育有机结合，将在校培养与远期发展有机结合，注重科研训练和跨学科培养，提升学生的专业归属感与使命荣誉感，实现"六卓越一拔尖"计划2.0新形势新要求下，书院与专业学院人才培养特色与教学模式差异的深度融合，与各专业学院形成共商共建、协同育人，特色鲜明的联合培养体，全面提升学生的身心素质、创新能力、知识结构、协作能力，构建德智体美劳五育并举“交叉融合”的“卓越拔尖”人才培养体系。

疫情防控方面。根据学校对疫情防控工作的总体要求，学院党总支全面做好防疫工作部署，制定“疫情防控方案”，落实疫情防控工作主体责任，加强统一领导、统一指挥，对全体师生健康状况进行细致摸排、密切跟踪，教育引导广大师生自觉配合防疫工作、履行防控义务，形成严防严控、群防群治的战疫合力。开展“党员先锋在行动，共战疫情迎复学”等主题党日活动，全体教工党员走进书院，分别对唐臣书院各楼层公共区域进行统一清洁消毒，对书院设施仔细检查，为迎接茅院学子返校做好充分准备。

思政工作方面。为了提升学院的思政教育特色和育人效果，打造“艺术思政”品牌，坚持以党建为引领，依托学生党支部、学生社团组织和“唐臣文化认证体系”，将思政教育与美育结合，把立德树人根本任务贯穿于书院教育的全过程，开展具有书院特色的“艺术思政”活动，所谓“艺术思政”就是“思政的艺术”，彰显了思政教育与美育在本质上的一致性、贯通性与互补性，思政教育引导美育沿着正确的政治方向实施，美育提升思政教育的育人效果，两者的结合是一加一大于二的效果，充分发挥艺术的审美力、感染力、影响力，赋予思政教育鲜明而生动的艺术形象，使思政教育更能打动人心、入脑入心。通过创编院刊《唐臣青年》，举办“唐臣诗会”“唐臣弦歌”“橙读品鉴”“唐臣书圈”等“艺术思政”品牌活动，持续提升书院育人品质，唐臣书院美育实践案例《以“唐臣书院”为载体的艺术化三全育人》入选 2020 年四川省高校美育改革创新优秀案例，并获甲组一等奖。

【协同改革】

加强与专业学院的沟通协作。组织开展“学院进书院”工作，邀请涉及茅院办学的专业学院教学负责人、系主任、教务员等到唐臣书院答疑，与学生深度交流，共计 11 次。组织开展 2017 级、2018 级“班导师教务员辅导员”工作协调会 2 期，沟通会的召开连接了茅以升学院和各专业学院，对进一步提高人才培养质量，培养创新性复合型人才具有指导意义。

2019 级、2020 级由专业学院招生，共计八个专业 240 名学生集中入住唐臣书院，包括土木工程专业、机械类、电气工程及其自动化专业、计算机大类和人工智能专业、交通运输专业、测绘类、材料类、建筑学专业。学籍由专业学院负责管理。茅以升学院聚焦书院制荣誉学院的建设发展，与专业学院协同开展工作。

【学科专业建设】

学院 2017 级、2018 级学生涵盖土木工程、机械工程及其自动化、电气工程及其自动化、通信工程、交通运输、工程力学、材料科学与工程、测绘工程、数学与应用数学、汉语言文学共 10 个专业。其中“计算机 +”“测绘 +”“数学 +”“中文 +”4 个跨学科专业，实施交叉复合型人才培养。

【人才培养】

在学生培养方面，茅以升学院完成 2021 届免试研究生推荐工作，共计 73 人获得推荐资格。

春季在线教学期间，成立学院“线上教学联络小组”，按照“停课不停学”要求，平稳完成 2019—2020 学年第二学期线上教学工作，及时发布教学类信息，并和学生工作进行联动沟通，确保了疫情期间茅以升学院学生线上学习，在合情合理范围内解决学生困难。学院教务办公室组织开展“线上答疑工作坊”帮助困难学生提升疫情期间学习能力。为学院 626 名本科生提供服务。及时发布《学生在线学习小贴士》，引导学生平稳有序参与在线学习。主持疫情期间在线学习调查，从在线学习终端使用情况、学习方式以及习惯、学习感受、学生收获等方面进行探索研究，从而为在线教学效果的总体评价形成进一步支撑。组织“茅以升学院‘免研-科研’主题经验本研学生分享交流会”1 次，邀请优秀研究生同学和本科生进行交流。帮助茅院全体同学把握疫情中交流窗口期、机遇期的未来规划，让全体同学们更加理性、自律、自觉、积极应对居家学习的特殊情况。

2020 年开设跨学科课程 50 个教学班，面向全校本科生开放，有千余名本科生选课，涉及全校 60 余个专业。

【管理服务】

在管理与服务方面国家《关于深化教育体制

机制改革的意见》中郑重提出“探索建立书院制、住宿学院制等有利于师生开展交流研讨的学习生活平台。”这是在探索了十几年大学书院制教育之后，国家对书院制教育的充分肯定。到目前为止，内地高校先后创建了150余家书院，茅以升学院（唐臣书院）作为中国西部高校第一所大学书院，其特殊的“书院制荣誉学院”育人模式，在其办学的探索中具有天然的不确定性、复杂性和效果评估的难度。但是，这也为书院制荣誉学院的建设、发展和模式探索留下了较大的创新空间，这既是目前学院最大的问题，也是最大的挑战与机遇。

学院创新思路，拓展书院党建新模式：以“唐臣书院”为载体，打造书院党建典型范例和优质品牌。在学校党委的领导下，与合作专业学院共同创建“学生园区党建示范基地”，创立“一体共建”的党建教育新模式。同时，依托书院综合育人体系，充分发挥党组织的政治核心作用，把党的政治建设和组织优势转化为书院立德树人的教育优势，将中华优秀传统文化、革命文化和社会主义先进文化的育人资源引入书院，统筹整合，突出政治功能、强化党的领导，形成党建引领、五育并举的育人合力。

搭建平台，延展书院育人空间：创新“唐臣书院”学生社区功能定位，充分发挥书院在思想政治引领、社会主义核心价值观培育、行为规范养成等方面的功能。延展书院党建育人空间，优化书院党建育人环境，继续打造书院内部党建走廊、党员课堂、党员责任区等党建公共空间，并依托党建空间开展书院特色党课、主题党日活动，唐臣党员志愿服务等书院党建活动。同时，积极拓展校内外的党员教育平台，引入校内外红色教育资源，并与各类党建配套相支撑，将书院打造成为党建育人的生活园区、信仰激荡的能量场所、党群交流的共享空间、学生精神成人的红色基地。

典型引领，营造浸润式育人环境：强化学生党支部和学生党员典型示范引领作用，加强“唐臣党员志愿服务先锋队”的建设，开设党员事迹专栏，定期推送优秀党员先进事迹，做好先进典型的深度宣传与跟踪报道，大力营造学习先进、争当先进的书院党建“正能量育人场”。以真理立人、真情感人、真爱化人的书院式党建活动提升书院党建的影响力与引领力，常态化邀请从事党建理论和实践研究的专家教授、英模先进、机关干部，以及优秀党员走进书院开展交流。充分利用党建育人空间，开展丰富多彩的党建活动，落实党员联系宿舍、党员先锋示范岗、党员宿舍挂牌、党员标兵行动计划，使党员“亮身份、树形象、做表率”成为自觉。

作为西南交通大学唯一的以杰出校友、老校长茅以升先生的名字命名的书院制荣誉学院，交大茅院工作团队深知自己的教育使命和责任担当。弘扬“爱国、科学、奋斗、奉献”的茅以升精神，培育新时代的茅以升是我们矢志不渝的奋斗目标。我们坚信，在学校党委的坚强领导下，在各部门和兄弟学院的关心与支持下，在巡察整改的不断深化中，茅以升学院党总支一定不忘初心、牢记使命，紧密团结在以习近平同志为核心的党中央周围，更加树牢“四个意识”、坚定“四个自信”、坚决做到“两个维护”，为把我校建设成为交通特色鲜明的世界一流大学贡献茅院力量！

（二十三）体育工作部

2020年体育工作部全面贯彻全国教育大会和国务院《体育强国纲要》，遵循习近平总书记“培养德、智、体、美、劳全面发展的社会主义建设者和接班人”“牢固树立健康第一的教育理念，开齐开足体育课，帮助学生在体育锻炼中享受乐趣、增强体质、健全人格、锤炼意志”的指导思想。着力打造体育固本工程，优化体育工作顶层设计，开齐开足体育课，建设好“体育运动健康超市”，积极推动体育教育教学向纵深改革，为促进西南交大体育教学和体育锻炼的全覆盖，构建交大特色的体育文化，针对不同学院、高水平运动队制定适应不同学科专业特点的多元化本科健康素质培育新方案，为全面提升师生体质健康水平保驾护航。

【党建及思想政治工作】

（1）根据全国教育工作大会习近平总书记讲话精神和国务院《“健康中国 2030”规划纲要》，以及学校党代会和学校人才培养工作会议、学校开展学生体质健康提升计划要求，学校制定出台了《西南交通大学体育工作建设实施办法》和《西南交通大学开足开齐体育课实施办法》，构建了“开足开齐体育课”的理论框架、具体执行及综合保障体系。

（2）加强党的建设，将党建工作和学校教育、体育师生体质提升等方面有机结合，全面推进部门各项工作。加强党员理论学习，不断提升队伍素质，制定党员理论学习计划。重视部门意识形态和宣传思想工作，抓好教职工政治理论学习和师德师风教育。坚持“三会一课”制度，抓好党员创先争优，积极开展主题党日活动；认真配合教育部巡视组检查工作。

（3）加强领导干部和党员的党纪条规学习，完善领导班子建设内部管理体制机制持续优化。针对体育部在教学、考试、高水平运动员选拔、领导干部作风建设等方面进行了认真自查和全面总结。

【教学工作】

（1）本年度为犀浦、九里、峨眉 3 校区本科生开设体育课程涉及 27 项运动项目。必修课程开设 20 项，选修课程开设 10 项，其中包括跨学科通识课程 3 门、双语课程和全英文课程各 1 门，共计 5 门。两地三校区大一、大二必修课 616 个教学班、个性化特色选修课共 26 个教学班，大三选修课 85 个教学班。教授为本科生授课平均达到每人/每学期/96 学时。合理配置了成峨两地 3 校区的师资力量和体育教学资源。

（2）及时制订《2020 年春季学期防疫阶段体育教学组织安排》和《2020 年春季学期延期开学相关体育教学工作具体要求》。依托体育部多个教师慕课团队建设和开发的 15 门在线视频课程，通过网络视频组织与监控，指导全体大学生居家学习和锻炼。经过一年多的精心准备，15 门体育慕课全部在中国大学 MOOC 平台（“爱课程”网）正式上线。

（3）成功举办各种赛事，参与校内体育竞赛、体育运动同学较往年增加了 60%：体育健康超市全年开设 165 课次、参与学生总人次 422 650 人、校园路跑 504 800 人次、主办校级体育竞赛 27 项、31 478 人次参与、指导体育协会活动 1684 次、参与 47 484 人次、指导学院开展活动 79 次、参与 13 704 人次，学校所有场馆从 9：30—19：30，全是参与体育运动的学生，这是全国高校少有的优良现象。

（4）2019—2020 年度大学生体质健康标准的达标率 98.69%。体育课程学生评教平均分数均在 4.7 分以上。2020 年 11 月教育部组织全国学生体质健康测试抽查复核，我校作为被抽评高校，对教育部《标准》抽查复核高度重视，全部采用标准电子测试设备，测试方案制定周密，人员分工、场地布置、测试流程及规范要求、抽测学生名单彩印成册，组织有序。

（5）疫情期间，由体育部领导班子成员、教学分管领导、工会、教学秘书、教研室主任、教务员、机能实验室组成的教学质量保障团队，实时对线上教学情况进行跟踪检查，评估风险，研判对策，应对处理发生的问题。巡查每周每个上课时段，分析评价线上教学质量。配合学校教务处统一部署线上教学期中大检查。

【课内外一体化改革工作】

（1）推进体育课内课外一体化教学改革，把课外“体育健康超市”和“校园路跑”计算入体育课内成绩，通过教学改革，真正实现同学们“走下网络、走出宿舍、走进操场”。本学期超市参与人次合计 518 700 人次，总体开展情况较以往学期有质的转变。

（2）本年度建成 15 门体育慕课（居于全国高校前列），探索通过“慕课和体育课堂教学”相融合的创新教学模式，实现了慕课 + 翻转课堂的体育教学改革。体育课堂教学从大一、大二推向大三，通过“线上资源课程 + 翻转课堂”的线上线下混合式教学新模式指导学生开展内容丰富的体育活动。推出具有特色的体育参与跨学科课程，形成对运动技能实践课程的有益补充和拓展，培养更加全面和具有联系性的体育认知。

（3）上线了国内首家信息化管理的 15 个运动项目“体育健康超市”，作为传播运动健康理念、方法和提供健康运动的项目和平台，再通过慕课建设实现了信息化与传统教学的融合。

【科研工作】

鼓励全体教师积极投身教育教学创新和改革，制订了《青年教师提升计划》，加强青年教师教学基本功和能力训练，培养青年教师爱岗敬业、立德树人、严谨治学的态度，激励青年教师积极投身教学工作，2020 年体育部共获得校级“本科一流课程”建设立项 4 项；校级“课程思政”建设立项 6 项；“本科教育教学”教改立项 17 项；刘江主任为课程负责人的“奥运裁判教你学规则”获得四川省级线上线下混合式一流课程认定，宋爱玲老师为课程负责人的“运动、科技与智慧人生”获得国家级一流线下本科课程认定。

【高水平运动队工作】

针对疫情以及延迟开学等因素，各代表队坚持“停课不停训”，保证运动员训练质量和效果。开学后均按计划进行学运会备战完成集训。下半年顺利完成高水平测试与复试工作，完善高水平运动队管理工作。本学期共参与 5 项比赛，成绩良好，取得全国冠军 1 项，亚军 1 项，第四名 2 项，第七名 1 项。男篮晋级分区赛。

【工会工作】

体育工作部工会制订工作计划、按计划要求针对工作中存在的问题及时研究严格遵守并完成体育部疫情防控任务；组织教职员工送温暖服务工作，举办六一儿童节关爱活动。参加了校工会组织的气排球、排球、羽毛球、篮球等体育活动，并从各项比赛的编排、组织、裁判培训等各方面积极发挥体育专长，配合校工会圆满完成各项比赛工作。配合校工会完成了“首届退休教职工荣休仪式”活动，“川工之家”会员认证活动。同时还完成体育部工会之家家具采购与布置工作，以及配合体育部党支部完成教职工体质测试党员活动。

（二十四）工程训练中心

【党建及思想政治建设】

党建引领，彰显党组织铸魂强基优势。

紧抓政治理论及业务学习。（1）分层开展：全年共进行中心组学习 12 次；党支部支委会共 11 次；党员学习会共 12 次；全体教职工学习共 12 次。（2）严格落实：制定并颁布了《工程训练中心 2020 年下学期政治理论和业务学习安排》《工程训练中心部门业务学习制度》，对学习的具体要求和责任人进行落实，将学习开展情况纳入考核内容。（3）精心组织：对于政治理论和业务学习，做到提前安排，充分准备，在双周四的政治学习中，及时安排时政内容，及时学习习近平总书记系列重要讲话，《高等学校课程思政建设指导纲要》《教育部关于一流本科课程建设的实施意见》，教育部《高等学校课程思政建设指导纲要》，党的十九届五中全会精神等，确保了及时将时政精神传达到位、学习到位。在单周四的业务学习中，围绕教学质量和教师教学能力提升精心组织了关于一流本科课程建设研讨、中心教改立项项目专题报告交流、线上课程建设研讨、课程思政建设研讨等内容。（4）形式多样：除开展常规学习会议外，还以邀请龚晖教授等专家开展讲座、对课程思政进行专题学习、教师交流研讨座谈、书记和主任讲课示范等多种形式开展学习活动。

中心充分发挥政治理论学习的思想引领作用，促进教职员工树立正确政治观，社会主义核心价值观及立德树人责任感；以业务学习促进业务素质和教学能力提升，开展学习研讨，理清了思路，强化了认识。

注重环境育人，精心选择宣传内容。通过设立宣传栏、宣传墙、活动室等在美化环境的同时对师生思想发挥潜移默化作用。

【师资队伍建设】

2020 年共补充师资 3 人。

【人才培养】

圆满完成教学任务。（1）基础训练：2020 年完成的基础训练教学：实训学生共计 2884 人，人时数达 339 584 人学时。其中：① 校内：2437 人，315 224 人学时，涵盖了机械、力学、电气、信息、材料、建筑与设计、物理、生命、心理中心、茅院等 11 个学院共 20 个专业。② 校外：447 人，人时数 24 360，主要涉及四川师范大学电气、材料学院的学生。（2）综合训练：2020

年完成的综合训练教学；其中信息学院 2019 级信息类和轨道交通信号控制专业，建筑与设计学院 2018 级产品设计专业共计 334 人，36 736 人学时。（3）选修课：积极拓展教学内容，丰富教学手段，以教学促进竞赛，竞赛带动教学，2020 年工训中心面向全校开设理论与实践相结合的选修课程有：①“以项目驱动的机械创新设计与实践”。②“机器人技术与实践”。两门课程为工程训练大赛提供了技术支撑、选拔和培训了参赛队员。

积极开展各种创新实践活动，取得优异成绩。（1）2020 年 7—10 月，中心组织第七届全国大学生工程训练综合能力竞赛校赛，共有 38 队 120 余人报名参加重力势能驱动车、热能驱动车、智能物流机器人、垃圾分类、全地形爆破小车五个赛项比赛。（2）2020 年 11 月，经过校赛选拔，15 支参赛队由工程训练中心带队参加了第七届全国大学生工程训练综合能力竞赛省赛，获得一等奖 2 项、二等奖 12 项、三等奖 10 项。在国赛选拔赛中，取得智能垃圾分类项目第二名、智能物流小车项目第四名的好成绩。（3）承办 2020 中美青年创客大赛成都赛区比赛。大赛吸引了来自四川、重庆、云南、贵州和甘肃等多个西南地区省市的 166 个团队、800 余人的报名参与。中心教师指导了多个项目团队参赛，最终我校的项目团队获得一等奖 3 项、二等奖 5 项、三等奖 4 项。中美青年创客大赛总决赛中完成了成都分会场的承办工作，并在决赛中获得二等奖 1 项，获得优胜奖 4 项。（4）响应资产与实验室管理处开展第十二届大学生课外科技创新实验竞赛活动的号召，组织开展了热能驱动车、势能驱动车、智能物流机器人、生活垃圾智能分类四个项目比赛。（5）为学校机械创新设计大赛、起重机创意大赛、节能减排设计竞赛、桥梁工程模型设计及承载能力竞赛、力学创新实验大赛等学生课外科创活动提供了加工支持和指导。（6）撰写的《基于创客空间的新工科人才创新创业能力培养模式实践》获 2020 年中美青年创客交流中心优秀工作案例。

积极推进教学改革。（1）积极响应教育部、学校“停课不停学、停课不停教”的要求，中心组织全体教师积极准备，与学校理论课同步开展线上教学，在全国工训中也是最早一批开展线上教学的单位。在中心的支持和全体老师的共同努力下，顺利完成了上半年实训的线上教学任务。以此为契机，顺势而为，中心持续推进工程训练课程的线上线下混合式教学改革，申报并获批了校级线上线下混合一流课程建设项目。下半年，在中国大学慕课平台开设了工程训练 SPOC 课程。（2）根据学校“以整体打包的形式申报教育教学研究与改革项目”的要求，经过研究和讨论，中心组织全体教师从三个方向申报了三项教改项目，获批 2 项。两个项目共获得学校经费 17 万元，其中 2020 年 7 万元已全部使用完。两个项目均按计划正常推进。（3）组织完成了学校 2019—2020 年度共 7 个 SRTP 项目的结题验收。组织中心教师申报 2020—2021 学年 SRTP 项目，共申报 14 项，获批 9 项。申报校级个性化实验 4 项。（4）参加由教育部工程训练教学指导委员会名义推荐申报的教育部第二批新工科研究与实践项目：“构建学科交叉、虚实结合、校企协同、赛课融合的大学生工程创新能力竞赛平台”。

持续对外交流。（1）全年多次接待各高校工训中心、相关企业等单位到中心调研交流，也多次派出教师外出调研交流。接待校内机械、电气、信息、继续教育学院等单位到中心调研交流。（2）申请教育部产学合作协同育人项目 1 项。（3）工程训练中心今年继续当选工程训练研究会西南地区副理事长单位。

【管理与服务工作】

加强廉政风险教育管理研究。立项西南交通大学 2020 年度科学研究基金（廉政与治理专项）项目 1 项，发表文章 2 篇。

完善业务学习制度。修订《工程训练中心业务学习制度》，编印《工程训练中心业务学习记录本》。

完善安全管理制度。修订《铣工安全操作规程》等制度。

加强安全宣传教育管理。（1）中心教师于 2020 年 6 月 7 日至 6 月 19 日期间分散参与高校实验室建设与安全线上培训多项学习活动，参加学习共 108 人次。老师们参加了 9 月 8 日、9 月 10 日以及 9 月 25 日的多场高校实验室线上安全培训教育活动。（2）中心 7 位老师于 2020 年 6 月 15 日至 6 月 19 日参加了“全国高校实验室安全管理 2020 年第一期培训班（网络）”在线学习，学习期满取得结业证书。教师们积极参与资实处组织的各期线上安全知识有奖答题。

加强管理理论研究。发表《高校实验室安全管理工作探讨》《新形势下提高办公室管理效率的策略研讨》文章 2 篇。

改善环境条件。完成了工会活动室（教师研讨室）二期建设工作，为教师开展学习活动提供了良好的条件；对 A 座窗台、B 座焊接实训场地设备房屋顶等进行维修，使环境得到极大改善。

加强教学管理。（1）召开中心青年教师座谈会 3 次。（2）开展教学质量评估、教学过程监督，全年听课累计 74 人次。

加强设备管理。完成中心 2021—2023 年中央高校改善基本办学条件项目申报工作；完成起重机、气瓶压力表等特种设备的年检工作等。

十一、合作与交流

（一）对外/对港澳台合作与交流

2020 年，全球新冠疫情叠加复杂的国际形势，对大学国际交流合作带来前所未有的冲击。学校面对诸多新变化、新挑战，紧紧围绕国家加快和扩大新时代教育对外开放及“双一流”建设的要求，以服务师生和学校事业发展为中心任务，精心谋划，统筹推进，创新举措，落实大学国际交流合作的使命担当。

1. 以人为本，高质量完成疫情防控工作

一是为在国（境）外的中国学生提供有效的疫情防控支持。精准研判形势，结合国别、疫情和学生个人情况，为出境学生提供个性化咨询和校内外协调服务，做到“一人一策”；在教育厅支持下，向在海外 26 个国家的 244 名海外学子邮寄健康防疫包，将祖国、学校的关心落到实处；简化办事流程，疫情特殊时期在学生报名、返校、信息变更等手续上尽最大可能提供便利。

二是高质量服务在华外籍专家教师。进行全员一对一联系，疫情期间共发送疫情提示信息、邮件及通话 500 余次，送关心慰问，讲解政策要求。全年保持动态统计，对境外、境内外籍教师逐一摸排、精准统计，并积极与省委外办、省教育厅、省科技厅和属地公安机关出入境部门对接，及时报送动态数据。

2. 提升学生全球胜任力

以提升学生全球胜任力为核心，修订、出台系列文件，做到精细化管理，服务学生成长。

在学生出国（境）交流方面，制定实施了《西南交通大学学生出国（境）交流工作行动计划（2020—2022 年）》和《西南交通大学学生出国（境）管理实施细则》，进一步明确了下一阶段工作目标、任务分工、工作举措和资助政策，进一步简化了学生出国（境）申报流程。同时，精心编写了《西南交通大学学生出国（境）交流项目指南》，向全校新生发放，方便学生了解各类出国（境）交流项目渠道，为同学们提前做好学业规划提供导图。

中外合作办学方面，制定实施了《西南交通大学中外合作办学项目本科生学籍管理办法》及配套实施细则，进一步明确了中外合作办学项目的学生培养、学籍、毕业、学位等方面的要求，为项目的规范、可持续发展提供了有力保障。制定实施了《西南交通大学-利兹学院迎接教育部评估工作方案》，协同利兹学院顺利完成教育部评估工作。

来华留学方面，着眼提升学历留学生管理服务工作的科学、规范水平，推进管理配套文件制定及修订工作，完成 11 个文件、2 份手册，使得来华留学全链条管理更完善。

2020 年，我校成功入选教育部中外人文交流中心首批“高层次国际化人才培养创新实践基地”，成为我校培育国际组织人才的重要载体。在国家留学基金委项目方面也成果不断，申报“创新型人才国际合作培养项目”4 项，其中已成功获批 2 项；获批“促进与加拿大、澳大利亚、新西兰及拉美地区科研合作与高层次人才培养项目”1 项（全国部属高校获批共 29 项，我校为四川唯一获批单位）；成功推荐 1 名学生获国际组织人才培养项目资助。利兹学院顺利通过中外合作办学评估，生物工程专业中外合作办学项目的招生规模进一步扩大，安全工程专业中外合作办学项目的培养质量进一步提升。

3. 积极参与国际组织相关事务

全年共参加 15 场交通类国际组织线上工作会议，包括铁路合作组织（OSJD）铁路运输领域职业教育第十六次会议、国际铁路联盟（UIC）高速铁路高校联盟（AUHSR）全会等，多途径、多渠道深化与交通类国际组织的交流与合作关系。同时，我校申请了 UIC 亚太地区 2021 年度科研项目 7 项，与国际铁路联盟、德国国际生态交通联盟合作申报的"'一带一路'国际科技组织联合共建研究/培训中心"入选 2020 年中国科协"一带一路"国际科技组织合作平台建设项目。此外，我校获批加入国际能源署"仿星器-螺旋器"技术合作项目（IEA SH-TCP）。

4. 加强学校国际传播力建设

2020 年，学校聚焦将办学综合实力转变为国际影响力，强化学校和教学科研单位英文网站建设。学校领导把握学校英文网站总体方向，并全方位对网站建设工作给予指导，听取工作汇报、中外专家意见建议，召集职能部门研讨。党委宣传部等十余个部门提供了网站建设图片和文字素材，信息化与网络管理处给予技术指导与支持。

（二）国内合作与交流①

学校与政府、企业、高校、科研机构等单位签订合作协议 18 项。其中，与四川省人民政府、成都市人民政府合作，共同推进"多态耦合轨道交通动模试验平台""仿星器试验平台"等重大科研平台建设，"多态耦合轨道交通动模试验平台"作为四川省创建综合性国家科学中心第一批 6 个支撑项目已正式启动，是唯一由高校牵头建设的项目，得到了四川省、成都市和天府新区的大力支持，总投资 5.8 亿元，是学校历史上投资规模最大的科学试验装置，也将成为引领未来超高速轨道交通科技发展的重要平台。与成都市人民政府合作共建智慧城市与交通学院（城市轨道交通学院），着力打造高层次、复合型、创新型、国际化人才培养摇篮，全球"轨道营城"育人科研高地，"人城产"融合发展的未来技术学院样板。与宜宾市人民政府合作共建西南交通大学宜宾园区，占地 216 亩，规划建筑面积 12.6 万平方米，目前园区完成第一期 5.6 万平方米的建筑建设。与唐山市人民政府合作共建西南交大唐山园区，占地 85.5 亩，建筑面积 4.2 万平方米，目前，园区已全面开工建设。

截至 2020 年底，董事会单位共 93 家。

（三）服务社会

1. 精准扶贫

学校定点帮扶四川省阿坝县、马尔康市、峨边县和甘肃省秦安县。全年学校共投入和引进帮扶资金 1148 万元，为定点扶贫地区累计培训基层干部 2100 余人次，培训技术人员 5000 余人次。选派 7 名干部赴扶贫一线工作，300 余人次赴帮扶点开展慰问、调研、督导等工作，召开了 22 次扶贫工作领导小组会议。开展了扶贫农产品采购工作、4 次"以购代捐"活动。在"全国第七个扶贫日"前举办了定点帮扶与援藏（疆）工作成就展及扶贫农产品展销会。捐赠中小学课外读物及电脑合计价值 87.9 万元，设立"竢实扬华"奖助学金 20 万元，设置"教育扶贫专项基金"，捐赠合计到账 181.52 万元。促成举办秦安县农特产品推介暨招商引资签约会，签售金额达 5.9 亿元。发动学校基金会、校友、社会各界为秦安县购买教师通勤车辆价值 120 万元，开展捐赠"爱心清洁包"等活动。2020 年 6 月 7 日，提前超额完成了国务院原扶贫办和教育部要求的定点扶贫工作"六个 200"目标任务。对口帮扶的贫困村共计 1876 人全部脱贫，所有帮扶点均实现摘帽脱贫。学校被评为甘肃省 2020 年度脱贫攻坚先进集体、在四川省定点扶贫考核中连续被评为"好"。张国正被评为甘肃省级脱贫攻坚先进个人，王克贵、魏振兴同志被评为四川省级脱贫攻坚先

① 本部分未收录港澳台数据，其相关数据见"（一）对外/对港澳台合作与交流"。

进个人。教育部网站专题报道了我校“你的那个文章”，人民网、中国青年报、学习强国等多家中央媒体报道了学校扶贫相关工作。

2. 对口支援。

学校继续做好对口支援相关工作。

援藏工作方面，共选派4名教师和1名研究生赴西藏大学开展支教工作，完成了13门课程、共计644学时的教学任务。选派1名干部开展实验室管理工作。接收西藏大学35名联合培养学生和4名硕士研究生来校学习。组织学校相关部门启动“十四五”援藏工作规划，共同探索与西藏大学开展“1＋1＋1＋1”本科生联合培养模式，探索异地同步教学助力西藏大学人才培养。组织召开“第二十期援藏教师及干部交流会”。

援疆工作方面，选派刘先峰同志到新疆工程学院挂职，担任土木与交通学院院长，全力支持新疆工程学院申建铁道工程专业。

（四）基金会工作

截至2020年12月31日，基金会接收捐赠收入4382.47万元，创五年来历史新高，申报中央财政配比80笔，47个项目，共计1771.54万元。教育基金会排名进入教育部高校30强。

2020年发起“我在云端与你同在年度捐赠”活动，新设立22个捐赠项目。启动了教育扶贫基金项目，继续推广树木冠名认捐、图书馆桌椅认捐等项目。设立143个学生类社会资助项目。疫情期间，接收校友及爱心企业捐赠口罩、消毒液、防护服等防护用品，价值55.28万元，红外线测温仪、电脑等疫情防控物品，价值174.63万元。收到海外非营利组织美洲校友会捐赠1720美元。

加强捐赠项目执行，通过推出捐赠新闻、信息公开、给捐赠人发感谢信、反馈奖学金执行情况，邀请校友返校参观等方式，维护良好的捐赠关系。成立投资管理委员会，推进基金会收入多元化。

十二、校友工作

校友凝聚力进一步增强,校友工作影响力进一步提升，校友会官微影响力西部高校第一名，阅读总排行量全国第9名,影响力跻身全国高校前12。

组织124周年专场“云”直播、“云”相聚、“优秀校友工作者”评选等各类线上活动，得到校友和社会各界广泛关注。云校庆互动18万余人次参与，35万余人关注；6个学院近500位校友分别召开线上班会；为86级本科校友制作电子学籍卡；协助各地校友会举办校友迎新活动、换届大会、校友会成立大会、年会、交流会、读书会等活动。

积极发挥校友育人作用，依托云毕业典礼、“1896交子讲堂”、第二课堂等平台，邀请张敏、周泽敏、王鑫鑫、周力军等7位校友在线上为师生做讲座。通过网络平台直播李泽甘校友向学校捐赠抗美援朝纪念章仪式，弘扬抗美援朝精神。

开展校友志愿者培训和实践,聘任校友班级理事391名，积极宣传学校和校友事迹。2020年，推出战“疫”系列报道8篇，报道了32位校友的抗疫捐赠先进事迹，微信公众号推文314篇，累计阅读量近100万。

十三、财务收支情况

（一）2020年决算收入情况

2020 年，学校预算收入总额为 370 532.44 万元。其中财政拨款预算收入 167 048.54 万元，占收入总额 45.08%；事业收入 160 613.07 万元，占收入总额 43.35%；其他收入 42 870.83 万元，占收入总额 11.57%。

从 2020 年预算收入变动情况看，教育拨款预算收入减少 8 537.94 万元。其中基本支出拨款减少 458.79 万元，主要原因是本年度受疫情影响相关财政拨款额度下调；项目支出拨款减少 8 079.15 万元，主要原因是本年度受疫情影响相关财政拨款额度下调。

科研拨款预算收入增加 216.24 万元。其中基本支出增加 6.00 万元，主要原因是 2060201 机构运行基本经费增加；项目支出增加 210.24 万元，主要原因是 2060204 重点实验室及相关设施本年度划拨专项设备购置费用。

其他拨款预算收入增加 25.00 万元。其中基本支出增加 25.00 万元，主要原因是住房公积金拨款增加。

教育事业预算收入减少 23 566.29 万元。主要原因是本年度部分上缴经费尚未返还，受疫情影响上半年学生相关费用收入减少。

科研事业预算收入增加 11 195.75 万元。主要原因是学校持续鼓励教职工进行科研申报等，本年度外部科研经费到校增加。

非同级财政拨款预算收入减少 155.41 万元，主要原因是本年受疫情影响其他部委和地方拨款减少。

其他预算收入减少 4 163.46 万元，主要原因是本年受疫情影响，学校开办培训班等对外业务量下降。

（二）2020年决算支出情况

从 2020 年预算支出结构看，学校预算支出总额为 397 500.95 万元，其中基本支出 290 593.49 万元，占支出总额的 73.11%；项目支出 106 907.46 万元，占支出总额 26.89%。

从资金来源看，财政拨款支出 166 897.95 万元，占支出总额的 41.99%；其中，财政专项拨款预算执行率为 99.56%，较上年降低 0.48%，主要原因是 2019 年及 2020 年港澳与内地大中小学师生交流计划经费因疫情等特殊情况无法使用。2020 年高校哲学社会科学繁荣计划专项经费名单下发较晚，学校于 11 月初才拿到具体项目人员名单，项目负责人仅有 1 个多月时间进行账务报销，时间过于紧张，部分经费无法顺利执行完毕；同时由于该项目为 5 年期项目，往年结转部分经费仍继续使用中，尚未执行完毕。非财政拨款支出 223 003.73 万元，占比 56.10%。

从支出经济用途看，人员经费支出 225 256.98 万元，占总支出 56.67%，较上年增长 3.01%，主要原因是本年度学校将往年暂存的社保费职工个人缴交部分及单位缴交部分转交给地方社保局，同时补缴职业年金。公用经费支出 172 243.97 万元，占总支出 43.33%，较上年降低 3.01%，主要原因是受疫情影响部分业务开展受阻，相关支出减少，同时由于资金紧张，学校厉行节约严格控制相关经费支出。

十四、审计工作

（一）审计制度建设

加强党对学校内部审计工作的全面领导，以校党委发文的形式出台了《西南交通大学关于内部审计工作的实施意见》（西交党〔2020〕18 号），重构审计工作架构，进一步激发了审计工作活力，完善了审计工作机制。

（二）经济责任审计

1. 紧抓经济责任审计整改落实工作

本年度完成了对2019年下半年的13位领导干部经济责任审计整改督办工作。根据经济责任审计报告披露的问题，截至目前，完成审计整改 27 项，正在整改 7 项，整改率近 80%。以整改为契机，促使 6 家单位完善了“三重一大”等各项制度建设 8 项、6 家单位规范了合同管理、2 家单位完善了会议记录、冲销往来款 27.9925 万元、7 家单位规范了资产管理，特别是推动图书馆进一步完善了其归口负责的电子资源管理工作。

2. 分类梳理促进风险防控能力提升

分类梳理了教育部 2020 年经济责任审计情况通报中 10 所高校 17 个方面的 288 个问题提醒有关单位防微杜渐，积极整改。同时对所开展的 2015—2019 年 84 个经济责任审计项目、8 个专项审计项目以及学校党政同审中所披露问题，分类列出问题清单，从预决算管理、资产管理、财务收支管理、合同管理、采购管理和建设工程管理等六个重要风险领域进行了风险分析，初步形成了《学校风险分析报告》。

（三）专项审计

1. 加大力度推进“党政同审”整改

“党政同审”整改牵头部门，后续问题的整改，时间紧、任务重、难度大，我处提高政治站位，强化责任落实，坚持把方向、抓重点、解难点，全力推进工作。多次组织各牵头责任单位召开沟通协调会，对存在的问题逐一剖析，研讨应采取的措施和解决问题的办法，同时为深入落实该项工作，组织召开了学校层面的“党政同审整改专题工作会”，强化整改工作的重要性，完善整改牵头责任单位问题清单。

针对仍未销号的“14＋1”个问题，每月跟踪进度定期汇总汇报，为牵头责任单位进行专业咨询和整改建议，使得整改拟销号率近 60%。为整改进入“攻坚阶段”以来开展此项工作的最好水平。

2. 首次实现学校资金大数据审计

学校资金大数据系统是学校“十四五”规划四大行动之治理体系和治理能力现代化行动的“重头戏”。我处全员参与，联合财务部门、监察部门在极短时间内完成了系统平台建设和试运行任务，助力学校成为教育部第二批试点高校。

借助该系统打通了“校内财务系统数据”“校内与财务相关的其他数据”“校外与‘校内经济活动’相关的数据”三个层次数据，并在学校首次实现了“线上审计”。截至 2020 年 12 月 17 日，全年共监控凭证 87 549 条，项目 40 281 条，人事信息 9756 条，企业数据 5200 条，累计触发预警 2124 条，智能办结 693 条，人工办结 1401 条，预警比例 0.27%，规范了会计核算，遏制了拆分合同、关联交易等涉嫌违规的报销行为，资金监控初见成效。

3. 首次开展内部控制专项审计

根据学校《2019 年度行政事业单位内部控制报告》中披露的“政府采购业务管理未轮岗”事项和内外部审计多次披露的“资产管理使用变更、交接方面内控仍需加强”事项，审计处启动了业务层面的内部控制审计，以加强岗位和特殊事项的审计监督。

（四）工程建设审计

1. 关口前移，高效实施全过程跟踪审计

2020 年开展了“九里环境综合整治”“犀浦校区 3 号教学楼”等四个全过程跟踪审计项目，审减招标控制价 1245.46 万元，审减工程进度款 8721.49 万元。

2. 履职尽责，做好工作结算审计

全年完成建设工程竣工结算审计 110 项，审减金额 918.74 万元。

3. 其他工作

实施了“犀浦校区南区小高层学生公寓”项目竣工财务决算审计；完成工程合同审核会签 68 份；“即交即审”，为本年度 8050 万元的国拨修缮资金顺利完成提供了有力的审计保障。

（五）审计管理

1. 以岗位职责入手，扎实推进审计工作全覆盖

对业务科室岗位职责进行了重新梳理，将以往工作的空白——内部控制审计、绩效审计等纳入相关科室工作职责。

2. 建立任务销号机制，增强执行力

学校审计处每周召开会议，总结上周工作，布置本周任务，责任到人落实到岗，明确完成时限，每周任务销号。将任务销号情况与绩效考评相结合，以调动职工积极性，从而提升部门整体工作能力和水平。

3. 加强委托审计监督管理，提高审计工作质量

为进一步规范委托社会中介机构审计工作，提高审计质量，防范审计风险。通过审前培训，加强纪律要求，强化事务所对委托任务、目的理解，确保项目顺利开展；通过审中控制，强化现场实施全过程质量管理，及时协调出现的问题，确保取证记录准确；通过审后多级复核，强化报告审核控制责任，确保审计报告质量。

4. 工作创新

（1）创新审计工作方法。建立大数据监督“分类治理部门统筹联动”新机制，形成会计监督、审计监督、巡察监督新合力：对低风险预警，由财务部门综合研判处理，审计部门抽样检查；对中风险预警，由财务部门综合研判处理，审计部门全程跟踪；对高风险预警，由审计部门协同财务部门综合研判处理，监察部门全程跟踪。

（2）创新审计工作方式。犀浦校区 3 号教学楼是我校目前单体建筑面积最大的建筑物（总面积 7.6 万平方米）。审计关口前置，提前介入，第一次在主体结构验收后立即进行分阶段结算审计，拓展了工程管理审计的深度和广度，增强了风险防控的力度。本年度，3 号教学楼主体结构结算审计审减 589.02 万元，“智慧教室”等 4 项分包工程招标控制价审减 136.42 万元。

（六）审计队伍建设

2020 年审计处增加副教授 1 名、高级工程师 1 名、讲师 1 名。组织内部审计人员参加后续教育和培训学习 12 人次，其中教育部高端会计人才培训 1 人次，中国内部审计协会培训 2 人次，四川省教育审计学会培训 4 人次，会计继续教育培训 5 人次。处内组织业务学习 15 次，通过学习，加强审计队伍建设，提高审计业务能力。

十五、采购与招标工作

（一）2020年政府采购基本情况

1. 政府采购预算情况

2020 年，我校政府采购信息统计报表范围内的采购计划金额为 55 270 万元，其中，一般公共预算为 46 070 万元，其他资金为 9200 万元。其中，货物预算金额为 16 289 万元，工程预算金额为 32 181 万元，服务预算金额为 6800 万元。

2. 采购预算执行情况

2020 年，我校政府采购信息统计报表范围内的实际采购金额为 40 845.978 564 万元，其中，一般公共预算为 33 721.280 751 万元，其他资金为 7124.697 813 万元。货物采购金额为 9787.074 016 万元，工程采购金额为 28 543.336 018 万元，服务采购金额为 2515.568 530 万元，共节约资金 14 424.021 436 万元，其中，货物采购节约资金 6501.925 984 万元，工程采购节约资金 3637.663 982 万元，服务采购节约资金 4284.431 470 万元。

3. 采购主体、采购组织形式情况

我校为事业单位，预算均为中央级预算。2020 年，我校政府采购实际采购金额为 40 845.978 564 万元，其中集中采购金额 229.943 316 万元，分散采购金额 40 616.035 248 万元。门槛价以上无集中采购、分散采购金额为 10 784.878 030 万元，门槛价以下集中采购金额为 229.943 316 万元、分散采购金额为 29 831.157 218 万元。

4. 采购方式情况

2020 年，我校采用公开招标方式采购金额为 38 732.464 044 万元、竞争性磋商方式采购金额为 995.821 704 万元、单一来源采购方式采购金额为 799.52 万元、竞争性谈判方式采购金额为 117.8 万元，其他方式采购金额为 200.372 816 万元（其中协议供货 173.724 316 万元、电子卖场 26.648 500 万元）。综上，可以看出公开招标为我校政府采购的主要方式，对于达到公开招标数额标准的采购项目，需要采用公开招标以外采购方式的，在采购活动开始前，严格履行报批手续，经财政部批复同意后才开展采购活动。对于未达到公开招标数额标准的采购项目，根据采购项目具体情况合理选择采购方式。我校建立采购人采购需求管理制度，合理确定政府采购需求，不断加强内控管理，加强风险防控，充分发挥政府采购的效能，极大地提高了采购效率。

5. 采购合同授予情况

2020 年，我校政府采购合同授予国内厂商 40 024.138 564 万元，占采购总金额的 97.99%；授予国外厂商 821.84 万元，占采购总金额的 2.01%。我校严格落实国内自主创新产品的采购政策要求，绝大多数政府采购合同授予国内厂商。采购的进口设备主要为科研用途，主要原因为国产类似产品在关键技术指标、性能功能上无法满足要求，2020 年我校政府采购的进口产品来源于美国、英国、韩国、奥地利 4 个国家。

采购合同授予大型企业 16 633.324 544 万元、中型企业 11 140.752 328 万元、小微企业 13 071.901 692 万元，采购合同授予中小微企业占比达 59.28%（中型企业为 27.28%，小微企业为 32.00%），授予大型企业占比为 40.72%。我校的政府采购项目中向小微企业、监狱企业、残疾人福利性单位倾斜，对其产品价格给予 6%的扣除，用扣除后的价格参与评审。扶持不发达地区和少数民族地区，投标人为不发达地区或少数民族地区企业的，给予加分。

6. 政府采购品目情况

2020 年，我校政府采购货物类采购金额为

9 787.074 016 万元（其中门槛价以上采购金额为 8 816.310 7 万元，门槛价以下采购金额为 970.763 316 万元），占采购总金额的 23.96%；工程类采购金额为 28 543.336 018 万元，全部为门槛价以下，占采购总金额的 69.88%；服务类采购金额为 2 515.568 53 万元（其中门槛价以上采购金额为 1 968.567 33 万元，门槛价以下采购金额为 547.001 2 万元），占采购总金额的 6.16%。

7. 节能节水产品情况

2020 年，我校政府采购涉及节能节水产品的采购总金额为 3 106.487 8 万元，实际采购节能节水产品金额为 3 047.197 8 万元，所占比重为 98.09%。

8. 环保产品情况

2020 年，我校政府采购涉及环保产品的采购总金额为 1 120.470 6 万元，实际采购环保产品金额为 1 117.090 6 万元，所占比重为 99.70%。

（二）2020年政府采购工作情况

1. 完善规章制度，加强风险防控

按财政部要求，全力推进政府采购意向公开工作，加强政府采购信息发布管理，规范政府采购公告和公示信息的发布格式。出台《西南交通大学工程项目采购人代表选派管理办法》，完成《西南交通大学采购管理办法》《西南交通大学快速采购管理办法》《西南交通大学分散采购限额标准》等办法的初步修订。建立代理机构服务质量评价体系和随机抽取机制。以支撑学校“双一流”建设为目标，进一步规范政府采购行为，保证了学校整体预算执行进度。

2. 克服疫情影响，保障学校建设

针对疫情防控和定点扶贫相关采购工作开通绿色通道，在采购限额标准、合同签订等各方面提供便利化支持，支持了学校疫情防控和脱贫攻坚工作。疫情防控期间，以信息化手段辅以校外开评标方式，确保采购工作不间断、疫情风险不进校。封校期间克服困难，在校外安排开评标 74 次，保障了国拨资金项目和学校重点工作的采购进度。全力推进学校重点建设项目，如多态耦合轨道交通动模试验平台、深水大跨桥梁波流试验池平台、九里校园综合治理、空调进教室、学术交流中心维修改造、大运会场馆、犀浦 3 号楼配套等，保障了学校重点建设项目的稳步推进。

3. 规范开展工作、提升服务质量

按规范开展采购工作，编制采购计划、统计信息报表、发布信息公示及公告、严格评审组织、整理采购档案，确保工作质量。积极开展政策宣讲，虚心听取意见建议，认真学习法律法规，不断优化工作流程，完善采购文件。

十六、办学条件

（一）校舍构成

截至 2020 年末，我校房屋面积总计 1 717 871.26 平方米，其中犀浦校区 908 079.27 平方米，九里校区 595 943.29 平方米，峨眉校区 204 002.48 平方米，唐山校区 9846.22 平方米。

单位（平方米）	合计	犀浦校区	九里校区	峨眉校区	唐山校区
总　计	1 717 871.26	908 079.27	595 943.29	204 002.48	9846.22
一、教学科研及辅助用房	633 234.13	338 628.40	228 873.80	57 263.16	8468.77
教室	155 299.85	99 655.55	37 525.71	18 118.59	
图书馆	38 209.02	28 337.99	3534.09	6293.93	43.01
实验室、实习场所	195 364.99	134 312.09	24 794.48	27 832.66	8425.76
专用科研用房	200 137.63	47 510.90	150 748.79	1877.94	
体育馆	36 645.17	28 811.87	6570.73	1262.57	
会堂	7577.47		5700.00	1877.47	
二、行政办公用房	225 512.97	116 544.01	90 405.20	17 443.61	1120.15
三、生活用房	758 762.47	426 554.32	231 358.23	100 592.62	257.30
学生宿舍（公寓）	504 469.46	303 989.94	137 637.56	62 841.96	
学生食堂	39 333.71	27 723.22	7295.96	4314.53	
教工宿舍（公寓）	12 002.66	2590.20	3561.75	5850.71	
教工食堂	3298.42	3241.78	56.64		
生活福利及附属用房	199 658.22	89 009.18	82 806.32	27 585.42	257.30
四、教工住宅	23 513.73		13 868.60	9645.13	
五、其他用房	76 847.96	26 352.54	31 437.46	19 057.96	

（二）实验室分布

截至 2020 年末，我校有登记备案各级各类实验室 169 个，其中，国家实验室 1 个、国家重点实验室 1 个、国家级实验教学示范中心 8 个、国家工程实验室 2 个、国家工程技术研究中心 1 个、国家地方联合工程实验室 3 个、国际联合研究中心 1 个、国家国际科技合作基地 1 个、国家工程实验教学中心 2 个、国家级工程技术研究中心 1 个、国家级虚拟仿真实验教学中心 3 个；教育部重点实验室 4 个、教育部工程研究中心 1 个、四川省高校重点实验室 18 个、四川省省级实验教学示范中心4个、四川省虚拟仿真实验教学中心1个、四川省重点实验室9个、四川省工程技术研究中心5个、四川省工程实验室1个、四川省国际科技合作基地4个、四川省青年科技创新研究团队1个，其他各类实验室98个。

序号	学院	实验中心（室）名称	实验室名号	所在校区	所在地点
1	土木工程学院	土木工程实验教学中心	国家级实验教学示范中心	犀浦校区	馆外区
2	土木工程学院	陆地交通地质灾害防治技术国家工程实验室	国家工程实验室	犀浦校区	陆地交通地质灾害防治技术国家工程实验室
3	土木工程学院	高速铁路线路工程教育部重点实验室	教育部重点实验室	九里校区	高速铁路线路工程实验室
4	土木工程学院	交通隧道工程教育部重点实验室	教育部重点实验室	九里校区	交通隧道工程教育部重点实验室研发大楼
5	土木工程学院	抗震工程技术四川省重点实验室	四川省重点实验室	犀浦校区	国工室大楼
6	土木工程学院	道路工程四川省重点实验室		九里校区	道路工程实验室
7	土木工程学院	风工程四川省重点实验室	四川省重点实验室	犀浦校区	XNJD-3 风洞
8	土木工程学院	重大交通土建工程智能建造与运维		犀浦校区	
9	土木工程学院	结构工程试验中心		九里校区	结构试验中心
10	土木工程学院	土工离心机试验中心		九里校区	离心机实验室
11	土木工程学院	岩土工程试验中心		九里校区	岩土工程试验中心
12	土木工程学院	工程制图实验室		犀浦校区	4号教学楼
13	土木工程学院	西南交通大学BIM工程研究中心		犀浦校区	4号教学楼
14	土木工程学院	峨眉校区交通土建实验室		峨眉校区	1-4号实验大楼
15	土木工程学院	土木工程虚拟仿真实验教学中心	国家级虚拟仿真实验教学中心		
16	机械工程学院	机械基础实验中心	国家级实验教学示范中心	犀浦校区/峨眉校区	5号教学楼
17	机械工程学院	现代制造技术实验中心		九里校区	先进设计与制造技术研究所
18	机械工程学院	车辆热能动力机械实验室	四川省高校重点实验室	犀浦校区	5号教学楼
19	机械工程学院	机车车辆实验室		九里校区	车辆实验室
20	机械工程学院	机电测控实验中心		犀浦校区	5号教学楼
21	机械工程学院	热工与建筑环境实验中心		犀浦校区	5号教学楼
22	机械工程学院	机械基础实验中心（峨眉）		峨眉校区	2号教学楼
23	机械工程学院	工程训练中心（峨眉）		峨眉校区	5号实验楼
24	机械工程学院	动车组技术实验室（峨眉）		峨眉校区	6号实验楼
25	机械工程学院	地铁与轻轨车辆实验室（峨眉）		峨眉校区	7号实验楼
26	机械工程学院	工程施工与设备实验室 （峨眉）		峨眉校区	线路机械实验区

续表

序号	学院	实验中心（室）名称	实验室名号	所在校区	所在地点
27	机械工程学院	起重运输与工程机械实验室	四川省高校重点实验室	九里校区	馆外实验室
28	机械工程学院	先进驱动节能技术教育部工程研究中心	教育部工程研究中心	九里校区/犀浦校区	馆外实验室、2号教学楼（九里）/工业中心（犀浦）
29	机械工程学院	生物摩擦学与仿生制造学科创新引智基地		九里校区	摩擦学实验室
30	机械工程学院	轨道交通运维技术与装备四川省重点实验室		九里校区	馆外实验室
31	机械工程学院	新能源汽车四川省国际科技合作基地	四川省国际科技合作基地	九里校区	馆外实验室
32	机械工程学院	高端装备服役及可靠性设计与制造四川省国际科技合作基地	四川省国际科技合作基地	九里校区	馆外实验室
33	机械工程学院	物料搬运机械实验室	四川省高校重点实验室	九里校区	馆外实验室/2号教学楼
34	机械工程学院	新型驱动技术实验室	四川省高校重点实验室	九里校区	2号教学楼
35	机械工程学院	摩擦学研究所	四川省高校重点实验室	九里校区	摩擦学实验室
36	机械工程学院	四川省绿色人居环境控制与建筑节能工程实验室		九里校区	2号教学楼
37	电气工程学院	电气工程基础实验中心	国家级实验教学示范中心	犀浦校区	6号教学楼
38	电气工程学院	轨道交通电气化与自动化虚拟仿真实验教学中心	国家级虚拟仿真实验教学示范中心	犀浦校区	10号教学楼
39	电气工程学院	电气工程专业实验中心		犀浦校区	10号教学楼
40	电气工程学院	国家轨道交通电气化与自动化工程技术研究中心	国家工程技术研究中心	犀浦校区	10号教学楼
41	电气工程学院	轨道交通电气化与自动化学科创新引智基地		犀浦校区	10号教学楼
42	电气工程学院	先进能源牵引与综合节能铁路行业重点实验室	国家铁路局重点实验室	犀浦校区	10号教学楼
43	电气工程学院	磁浮技术与磁浮列车教育部重点实验室	教育部重点实验室	犀浦校区	10号教学楼
44	电气工程学院	四川省轨道交通高电压技术工程研究中心	四川省工程技术研究中心	犀浦校区	10号教学楼
45	电气工程学院	交通能源互联网关键技术四川省国际科技合作基地	四川省国际科技合作基地	犀浦校区	10号教学楼
46	电气工程学院	四川省先进轨道交通装备制造创新中心		犀浦校区	10号教学楼/伯雅工业园
47	电气工程学院	四川省磁浮列车与磁力应用工程重点实验室		犀浦校区	10号教学楼
48	电气工程学院	四川省燃料电池工程技术研究中心	四川省工程技术研究中心	犀浦校区	10号教学楼/东方电气

续表

序号	学院	实验中心（室）名称	实验室名号	所在校区	所在地点
49	电气工程学院	四川省城市轨道交通车辆系统集成实验室		犀浦校区	10号教学楼/新筑路桥/新津
50	电气工程学院	铁道电气化与自动化铁道部重点实验室	铁道部重点实验室	犀浦校区	10号教学楼
51	电气工程学院	国家级工程实践教育中心（株洲所）		犀浦校区	10号教学楼/株洲
52	电气工程学院	国家级工程实践教育中心（长虹）		犀浦校区	10号教学楼/绵阳
53	信息科学与技术学院	轨道交通信息工程与技术	国家级实验教学示范中心	犀浦校区/峨眉校区	9号教学楼（犀浦）/中学楼（峨眉）
54	信息科学与技术学院	计算机科学与技术实验室		犀浦校区	9号教学楼
55	信息科学与技术学院	软件工程系实验室		犀浦校区	7号教学楼
56	信息科学与技术学院	通信工程实验室		犀浦校区	9号教学楼
57	信息科学与技术学院	电子技术基础实验室		犀浦校区	6号教学楼
58	信息科学与技术学院	计教中心实验室（原软件学院）		犀浦校区	7号教学楼
59	信息科学与技术学院	自动化综合实验室		犀浦校区	9号教学楼
60	信息科学与技术学院	铁道信息工程系实验中心		峨眉校区	中学楼
61	信息科学与技术学院	铁道信息工程系铁路信号实践基地		峨眉校区	信号教学楼
62	信息科学与技术学院	现代交通通信与传感网络国际联合研究中心	国家级重点科研基地	犀浦校区	南区浴室改造
63	信息科学与技术学院	无线通信与列控研究中心	国家级重点科研基地（筹、校长办公会）	犀浦校区	南区浴室改造（内）
64	信息科学与技术学院	信息编码与传输四川省重点实验室	四川省重点科研基地	犀浦校区	9号教学楼
65	信息科学与技术学院	制造业产业链协同与信息化支撑技术四川省重点实验室	四川省重点科研基地	九里校区	0号教学楼
66	信息科学与技术学院	四川省现代服务科技工程技术研究中心	四川省重点科研基地	九里校区	0号教学楼
67	信息科学与技术学院	四川省列车运行控制技术工程研究中心	四川省重点科研基地（省发改委）	犀浦校区	7号教学楼
68	信息科学与技术学院	云计算与智能技术	四川省高校重点实验室	犀浦校区	9号教学楼
69	信息科学与技术学院	移动通信实验室	四川省高校重点实验室	犀浦校区	9号教学楼
70	信息科学与技术学院	信息安全与国家计算网格实验室	四川省高校重点实验室	犀浦校区	9号教学楼
71	信息科学与技术学院	信号与信息处理	四川省高校重点实验室	犀浦校区	9号教学楼

续表

序号	学院	实验中心（室）名称	实验室名号	所在校区	所在地点
72	信息科学与技术学院	交通信息工程及控制	四川省高校重点实验室	犀浦校区	9号教学楼
73	信息科学与技术学院	网络通信技术实验室	四川省高校重点实验室	犀浦校区	9号教学楼
74	信息科学与技术学院	信息协同与物联网工程实验室	四川省高校重点实验室	犀浦校区	9号教学楼
75	信息科学与技术学院	轨道交通信息传输与处理技术平台	四川省创新团队	犀浦校区	9号教学楼
76	信息科学与技术学院	无线通信与编码高等学校学科创新引智基地	四川省国际科技合作基地（属教育部和外专局）	犀浦校区	南区服务区
77	信息科学与技术学院	交通安全监测与管控平台	四川省青年科技创新研究团队	犀浦校区	9号教学楼
78	信息科学与技术学院	高速光信息传输处理及传感应用四川省国际科技合作基地	四川省国际科技合作基地	犀浦校区	9号教学楼
79	信息科学与技术学院	交通信息工程实验室（原铁道部重点实验室）		犀浦校区	9号教学楼
80	信息科学与技术学院	制造业产业链云服务平台技术协同创新中心——第一批四川2011协同创新中心		九里校区	0号教学楼
81	信息科学与技术学院	四川省现代服务科技研究院		九里校区	0号教学楼
82	信息科学与技术学院	计算机应用实验室		犀浦校区	9号教学楼
83	信息科学与技术学院	信息光子与通信研究中心		犀浦校区	9号教学楼
84	信息科学与技术学院	软件工程实验室		犀浦校区	9号教学楼
85	信息科学与技术学院	智能传感器与微系统		犀浦校区	9号教学楼
86	信息科学与技术学院	虚拟现实与多媒体技术实验室		犀浦校区	9号教学楼
87	信息科学与技术学院	微电子研究所		犀浦校区	9号教学楼
88	信息科学与技术学院	智能系统与先进控制实验室		犀浦校区	9号教学楼
89	信息科学与技术学院	信息量子技术实验室		九里校区	0号教学楼
90	信息科学与技术学院	西南交通大学中国土地信息大数据研究院		犀浦校区	9号教学楼
91	信息科学与技术学院	铁道信息工程系大学生科创开放性实验室		峨眉校区	老中学楼
92	信息科学与技术学院	创新创业实验中心		犀浦校区	9号教学楼
93	经济管理学院	经济管理实验中心	省级实验教学示范中心	九里校区	0号教学楼/行政楼

续表

序号	学院	实验中心（室）名称	实验室名号	所在校区	所在地点
94	经济管理学院	服务科学与创新四川省重点实验室	四川省重点实验室	九里校区	0号教学楼/行政楼
95	外国语学院	外语教育技术实验中心		九里校区/犀浦校区/峨眉校区	4号教学楼（九里）/1号教学楼（犀浦）/中山梁3号教学楼（峨眉）/6号教学楼（峨眉）/网络中心楼（峨眉）
96	交通运输与物流学院	交通运输与实验中心		犀浦校区	5号教学楼
97	交通运输与物流学院	货物运输包装检测实验室		犀浦校区	11号教学楼
98	交通运输与物流学院	综合交通运输智能化国家地方联合工程实验室	国地联合实验室	犀浦校区	11号教学楼
99	交通运输与物流学院	综合交通大数据应用技术国家工程实验室	国家工程实验室	犀浦校区	2、5号教学楼
100	交通运输与物流学院	四川省轨道交通智能运输组织工程技术研究中心	四川省工程技术研究中心	犀浦校区	11号教学楼
101	交通运输与物流学院	综合运输四川省重点实验室		犀浦校区	5号教学楼
102	交通运输与物流学院	交通安全工程技术实验室	四川省高校重点实验室	犀浦校区	11号教学楼
103	交通运输与物流学院	数字化城市交通综合实验室	四川省高校重点实验室	犀浦校区	11号教学楼
104	交通运输与物流学院	智慧交通与物流		犀浦校区	11号教学楼
105	交通运输与物流学院	运营安全保障铁路行业工程研究中心		犀浦校区	11号教学楼
106	交通运输与物流学院	交通运输虚拟仿真实验教学中心	国家级虚拟仿真实验教学示范中心	犀浦校区	5号教学楼
107	材料科学与工程学院	材料先进技术教育部重点实验室	教育部重点实验室	九里校区	材料先进技术教育部重点实验室
108	材料科学与工程学院	人工器官表面工程实验室	四川省高校重点实验室	九里校区	0号教学楼
109	材料科学与工程学院	现代焊接技术实验室	四川省高校重点实验室	九里校区	九里校区焊接实验室
110	材料科学与工程学院	材料科学与工程实验教学中心		犀浦校区	5号教学楼
111	材料科学与工程学院	四川省先进焊接及表面工程技术研究中心	四川省工程技术研究中心	九里校区	九里校区焊接实验室
112	材料科学与工程学院	四川省低维复合材料工程技术研究中心	四川省工程技术研究中心	九里校区	3号教学楼
113	材料科学与工程学院	材料动态行为研究所		九里校区	2号教学楼
114	材料科学与工程学院	高分子材料研究所		九里校区	3号教学楼

续表

序号	学院	实验中心（室）名称	实验室名号	所在校区	所在地点
115	材料科学与工程学院	功能材料		九里校区	0号教学楼
116	地球科学与环境工程学院	测绘科学与技术实验中心		犀浦校区	4号教学楼
117	地球科学与环境工程学院	消防工程实验中心		犀浦校区	犀浦馆外（风洞旁）
118	地球科学与环境工程学院	地质资源与地质工程实验中心		犀浦校区	4号教学楼
119	地球科学与环境工程学院	SWJTU-OSU合作办学实验中心		犀浦校区、峨眉校区	犀浦校区馆外（风洞旁），峨眉中山梁实验大楼
120	地球科学与环境工程学院	环境科学与工程实验中心	四川省高校重点实验室	犀浦校区	犀浦馆外（风洞旁）
121	地球科学与环境工程学院	高速铁路安全运营空间信息技术国家地方联合工程实验室	国家工程实验室	犀浦校区	4号教学楼
122	地球科学与环境工程学院	轨道交通安全运营空间信息技术		犀浦校区	4号教学楼
123	建筑与设计学院	建筑实验中心		犀浦校区	8号教学楼
124	建筑与设计学院	艺术实验教学中心	省级实验教学示范中心	犀浦校区	馆外实验室/8号教学楼
125	物理科学与技术学院	物理实验中心		犀浦校区	6号教学楼
126	物理科学与技术学院	无损检测实验室		九里校区	工业中心
127	物理科学与技术学院	高压科学与技术实验室	四川省高校重点实验室	九里校区	九里校区馆外
128	物理科学与技术学院	量子光电实验室		九里校区	0号教学楼
129	物理科学与技术学院	电磁场与微波技术实验室		九里校区/犀浦校区	0号教学楼（九里）/5号教学楼（犀浦）
130	物理科学与技术学院	高功率微波技术实验室		九里校区	0号教学楼
131	物理科学与技术学院	磁约束等离子体物理与工程		九里校区	0号教学楼
132	人文学院	影视传播实验室		犀浦校区	8号教学楼
133	人文学院	语言学实验室		犀浦校区	8号教学楼
134	人文学院	音乐教学实验室		犀浦校区	体育场一楼
135	公共管理与政法学院	电子政务综合实验中心		九里校区/犀浦校区	5号教学楼（犀浦）/0号教学楼（九里）
136	生命科学与工程学院	犀浦实验中心		犀浦校区	6号教学楼
137	生命科学与工程学院	峨眉工程化学实验中心		峨眉校区	5号教学楼

续表

序号	学院	实验中心（室）名称	实验室名号	所在校区	所在地点
138	生命科学与工程学院	九里实验中心		九里校区	3号教学楼
139	生命科学与工程学院	中药化学实验室（二级）	国地联合实验室	九里校区	3号教学楼
140	生命科学与工程学院	天然药物仿生合成工程研究中心	四川省重点实验室	犀浦校区	6号教学楼
141	生命科学与工程学院	药物质量标准规范化与安全性实验室		九里校区	3号教学楼
142	力学与工程学院	力学实验中心	国家级实验示范中心		
143	力学与工程学院	应用力学与结构安全四川省重点实验室	四川省重点实验室	九里校区	0号教学楼
144	力学与工程学院	振动冲击噪声中心		九里校区	摩擦所
145	力学与工程学院	力学研究所		九里校区	2号教学楼
146	力学与工程学院	高性能材料与器件研究中心		犀浦校区	5号教学楼
147	力学与工程学院	界面流体与功能界面实验室		犀浦校区	5号教学楼
148	力学与工程学院	峨眉校区力学实验中心		峨眉校区	电机馆
149	力学与工程学院	强度与振动实验室四川省高校重点实验室	四川省高校重点实验室	九里校区	摩擦所、0号教学楼
150	力学与工程学院	基础与应用力学虚拟仿真实验教学中心	省级虚拟仿真实验教学中心		
151	数学学院	数学实验实践中心		犀浦校区	5号教学楼
152	数学学院	公共数学学习基地		犀浦校区	2号教学楼
153	数学学院	数据分析与统计建模实验室		犀浦校区	2号教学楼
154	数学学院	数学专业实验室		九里校区	0号教学楼
155	数学学院	数学实验室		峨眉校区	
156	数学学院	系统可信性自动验证国家地方联合工程实验室	国地联合实验室	九里校区	0号教学楼
157	数学学院	数据处理与仿真控制实验室		犀浦校区	2号教学楼
158	数学学院	数学与信息交叉实验室		犀浦校区	7号教学楼
159	心理研究与咨询中心	心理健康教育实验中心	省级实验教学示范中心	犀浦校区	5号教学楼
160	牵引动力国家重点实验室	牵引动力国家重点实验室	国家重点实验室	九里校区	牵引动力大厅/国实大厅试验区
161	牵引动力国家重点实验室	现代轨道交通车辆设计与安全评估技术国家国际科技合作基地	国家级科技合作基地	九里校区	牵引动力大厅/国实大厅试验区
162	牵引动力国家重点实验室	轨道交通工程动力学国际合作联合实验室	国际合作联合实验室	九里校区	牵引动力大厅/国实大厅试验区
163	牵引动力国家重点实验室	中国-拉共体轨道交通联合实验室	国际联合研究中心	九里校区	牵引动力大厅/国实大厅试验区
164	牵引动力国家重点实验室	轨道交通工程动力学创新引智基地		九里校区	牵引动力大厅/国实大厅试验区

续表

序号	学院	实验中心（室）名称	实验室名号	所在校区	所在地点
165	牵引动力国家重点实验室	现代轨道交通车辆设计与安全评估技术		九里校区	牵引动力大厅/国实大厅试验区
166	体育工作部	运动人体机能实验中心		犀浦校区	北区田径场/主体育馆
167	工程训练中心	工程训练中心	省级实验教学示范中心	犀浦校区	工程训练中心A座/B座
168	超导与新能源研究开发中心	超导与新能源中心		九里校区	3号教学楼/1号教学楼
169	轨道交通国家实验室（筹）	轨道交通国家实验室（筹）		九里校区	明诚堂

（三）教学科研仪器设备

单位名称	仪器设备（2020年年末）		较2019年变动量		其中：单价5万元（含）以上仪器设备	
	件数	金额/万元	变动台件	变动金额/万余	件数	金额/万元
土木工程学院	12 268	31 626.84	560.00	7963.44	701.00	23 444.58
机械工程学院	9108	18 325.46	140.00	1148.54	495.00	12 516.80
电气工程学院	12 416	18 432.83	808.00	1884.22	654.00	11 595.26
信息科学与技术学院	12 579	15 356.49	174.00	783.08	448.00	7445.46
经济管理学院	3100	2878.34	206.00	151.38	75.00	998.63
外国语学院	3567	1532.51	0.00	－3.69	18.00	254.96
交通运输与物流学院	4607	8085.25	451.00	1401.32	318.00	5243.00
材料科学与工程学院	4729	14 238.44	477.00	725.52	465.00	11 116.27
地球科学与环境工程学院	5197	7943.02	303.00	415.72	258.00	4086.27
建筑与设计学院	2457	2454.64	49.00	71.79	57.00	824.96
物理科学与技术学院	5888	6887.62	142.00	215.81	183.00	3344.12
人文学院	1575	1148.36	－7.00	－5.16	9.00	123.53
公共管理与政法学院	651	1073.23	36.00	12.60	6.00	58.18
医学院	107	199.87	28.00	69.20	14.00	138.74
生命科学与技术学院	3684	4315.30	146.00	173.95	136.00	2241.27
力学与工程学院	3093	7391.91	74.00	393.47	218.00	4973.23
数学学院	1850	1737.19	51.00	50.94	41.00	569.79
马克思主义学院	366	211.18	－16.00	－4.08	0.00	0.00
心理研究与咨询中心	667	882.34	17.00	16.36	32.00	431.97
牵引动力国家重点实验室	8100	32 748.24	605.00	2431.93	631.00	26 927.70
利兹学院	958	270.02	0.00	0.00	5.00	34.54
体育工作部	835	840.88	33.00	71.74	29.00	375.25

续表

单位名称	仪器设备（2020年年末）		较2019年变动量		其中：单价5万元（含）以上仪器设备	
	件数	金额/万元	变动台件	变动金额/万余	件数	金额/万元
北京研究院	18	12.64	0.00	0.00	0.00	0.00
上海研究院	15	15.04	15.00	15.04	0.00	0.00
唐山研究院	20	10.69	0.00	0.00	0.00	0.00
信息化研究院	396	2691.36	35.00	51.92	137.00	2422.96
超导与能源中心	556	2953.99	－6.00	－15.47	65.00	2495.36
工程训练中心	900	2047.91	56.00	19.24	109.00	1463.31
高等教育研究院	12	10.52	8.00	7.83	0.00	0.00
轨道交通国家实验室	31	621.76	－18.00	－135.54	7.00	599.87
轨道交通办公室	3	1.79	0.00	0.00	0.00	0.00
轨道交通电自工程中心	378	2222.60	0.00	0.00	42.00	1909.33
轨道交通学院	12	6.13	12.00	6.13	0.00	0.00
国际创新创业学院	1	0.38	0.00	0.00	0.00	0.00
机车仿真中心	56	123.84	0.00	0.00	3.00	91.92
竺可桢书院	151	38.00	8.00	1.68	0.00	0.00
党政、业务部门（含峨眉）	17 734	17 386.38	1965.00	1250.41	326.00	9287.22
其他	83	228	4	4	11	171
总计	118 168.00	206 950.80	6356.00	19 173.06	5493.00	135 185.59

（四）新增大型仪器设备

单位	数量	价值（元）
材料科学与工程学院	5	4 138 800.00
地球科学与环境工程学院	1	799 800.00
电气工程学院	4	2 855 497.52
机械工程学院	5	3 380 400.00
交通运输与物流学院	3	3 578 594.00
力学与工程学院	2	2 392 000.00
牵引动力国家重点实验室	7	4 759 811.30
生命科学与技术学院	1	650 000.00
土木工程学院	8	72 716 584.40
信息化与网络管理处	2	990 827.16
信息科学与技术学院	2	1 421 500.00
资产与实验室管理处	3	4 346 600.00
总　　计	43	102 030 414.38

数据说明：单台套购置金额大于人民币40万元的设备纳入统计范围。

（五）多媒体课室

校区	总课室数/间	多媒体课室数/间	总座位数/个	多媒体课室座位数/个	多媒体课室座位数百分比/%
九里	129	119	12 833	12 167	94.81%
犀浦	404	271	33 954	28 192	83.03%
峨眉	106	92	10 079	9039	89.68%

（六）图书馆年度经费

项　　目	金额（万元）
本年度文献资源购置费	1829.00
购纸质资源	745.41
中文图书购置费	303.09
外文图书购置费	51.11
中文报刊购置费	22.47
外文报刊购置费	368.74
电子资源购置费	1083.59
购中文电子图书	15.80
购外文电子图书	53.40
购中文电子期刊	25.95
购外文电子期刊	613.44
购其他电子资源	375.00

（七）图书馆馆藏文献

项　　目		计量单位	数量
文献累积量	文献资源累积总量	册（件）	18 051 195
	图书累积总量	册	16 529 880
	纸质图书累积量	册	3 092 584
	中文纸质图书累积量	册	2 847 532
	外文纸质图书累积量	册	245 052
	电子图书累积量	册	13 437 296
	中文电子图书累积量	册	10 447 020
	外文电子图书累积量	册	2 990 276
	电子期刊累积量	册	1 521 217
	中文电子期刊累积量	册	460 085
	外文电子期刊累积量	册	1 061 132
	其他电子资源累积量	个	98

续表

项目		计量单位	数量
当年新增文献量	当年购置图书	册	13 285 683
	当年购置中文纸质图书	册	58 290
	当年购置外文纸质图书	册	626
	当年购置中文电子图书	册	10 435 718
	当年购置外文电子图书	册	2 791 049
	当年购置报刊	份	59 831
	当年购置中文纸质报刊	份	1222
	当年购置外文纸质报刊	份	116
	当年购置中文电子报刊	册	460 085
	当年购置中文电子报刊	份	31 629
	当年购置外文电子报刊	册	850 336
	当年购置外文电子报刊	份	26 864
	当年购置其他电子资源	个	92
	其他来源新增文献	册	4219
	当年剔除、注销文献	册	67

（八）图书馆服务状况

项目			数量
文献传递	传入量		273
	传出量		1
信息服务	查新		332
	定题服务		2
	查收查引		1341
用户教育	信息检索课	开课学时数	576
		学生数量	1574
	素质教育讲座	专题讲座（次）	85
		培训人次	15 009

（九）档案馆馆藏档案（资料）利用情况

项目			单位	数量
馆藏档案情况	综合档案	明清档案	卷	3
		民国档案	卷	2053
		新中国成立后档案	卷	166 937

续表

项目			单位	数量
馆藏档案情况	人事档案	教工档案	卷	8170
		学生档案	卷	65 343
	案卷排架长度		米	6806
本年度进馆档案			卷	21 362
本年度转递档案			卷	13 130
馆藏资料			册	2713
档案编目情况	机读目录	案卷级	条	14.16 万
		文件级	条	21.93 万
本年度利用档案情况			人次	5735
			卷次	23 993

（十）校史馆服务

1. 场馆建设

为满足疫情防控常态化背景下师生校友的参观需求，于124周年校庆之际开通上线网上校史馆，得到广大师生校友和各界观众的广泛好评。网上校史馆可通过电脑或手机访问浏览，有导览和点选两种模式。除普通模式外，网上校史馆还提供了VR（虚拟现实）模式，观众可使用VR眼镜、VR头盔等设备获得身临其境的观看效果。系统提供4种视角：正常、小行星、鱼眼、水晶球，观众可根据自身偏好进行切换。

在疫情防控常态化的形势下，为便捷校史馆参观预约服务，将原有的“西南交大校史馆”微信订阅号升级为微信公众号——“西南交通大学校史馆”，并增设集体参观网上预约模块。

2. 开放接待

2020年，校史馆接待新生入学教育、新教职工入学教育3000余人；接待各类参观团体113个。总计接待参观约5000余人（次），网上校史馆点击量30 000余次。

3. 宣传教育

2020年，继续面向全体本科生开设通识课程“走进交大历史文化”，并积极加入“青年讲师团”，为师生校友各群体进行校史文化宣讲，构建以校史馆、“不忘初心、交通强国”红色主题馆和网上校史馆为“本体”，以“走进交大历史文化”通识核心课程和校史校情专题讲座为“两翼”的校史育人新模式，在学校“双一流”建设中更好地发挥立德树人作用。

4. 实物征集

值“中国人民志愿军抗美援朝出国作战70周年”之际，1949级内燃机车专业校友李泽甘向校史馆捐赠“中国人民志愿军抗美援朝出国作战70周年”纪念章。受疫情的影响，李泽甘校友不能亲自回母校捐赠，校史馆会同对外合作与联络处策划组织网上捐赠仪式。

12月，学校“五老”之一伍镜湖先生的长孙伍尚濂偕夫人宋瑞雪莅临我校档案(校史)馆，将伍镜湖教授生前部分珍贵物品赠予学校。

5. 校史编研

2020年8月，编写的《西南交通大学师德师风经典文献导读》（50.2万字）由西南交通大学出版社正式出版；9月，中国高等教育学会校史研究分会组织编纂的《中国大学校史研究（2018）》正式出版，学校2篇文章入选。

在研究课题方面，本科生教育教学研究与改革项目重点项目《西南交通大学师德师风经典文献导读》和中国高等教育学会档案分会高校档案科研项目一般项目《新时期档案活化与思政育人新模式探究与实践》均已顺利结题。

（十一）信息化与网络建设

加大信息化资源供给、打造网络安全空间、提升信息服务质效、助力疫情精准防控，充分发挥信息化对管理服务、教学科研和民生工程的支撑作用，有力助推“网络强校、数字交大、智慧交大”和“双一流”建设。

（1）实施数据治理，建设面向全校的全域数据中心，实现全校数据共享，消除数据孤岛，已有28个系统近7000万条数据进行交换与共享。

（2）打造互联网+公共应用服务平台，实现师生服务“一网通办”，可在线办理89项校园服务，月均服务8000人次；实现云上交大“一号漫游”，启用覆盖全校57 000名师生的个人专属“交大ID”；实现全校消息“一键直达”，建成学校统一通信信息平台，活跃用户单位达26个，年发送消息量达60万条；实现园区生活“一码通用”，推出了虚拟校园一卡通－交大电子证件，逐步涵盖实体一卡通功效，极大方便了后疫情时代师生的身份认证和校园通行。

（3）升级学校高算中心，总计算能力达230万亿次，年累计作业运算25 000次，涉及交运、地环、力学、材料等5学院19支团队，为学科建设和科学研究提供了强有力支撑保障和资源赋能。

（4）建设首批智慧教室，完成三校区48间智慧教室的建设，实现了交大智慧教室“0到1”的突破，教学空间与教学理念、教学模式和教学方法的双向促进，为教育教学变革打下坚实的基础。

（5）三校区有线网络覆盖100%，教学区、公共区的无线网络全覆盖，总出口带宽123G，居西南第一，全国前列。

（6）对三校区5万师生全面放开微软Windows、Office系列正版化软件，持续推进云空间管理平台建设，免费为师生和单位提供200G和500G存储空间。

（7）用大数据助力校园精准防疫，保障停课不停学、安全返校和智慧高效迎新。

（8）通过健全制度、加大监管、升级技术、加强宣传育人等，实现2020年网络安全零事故，获得教育部综治考核评分99.75分，居四川省第一，在公安部组织的网络安全攻防演练中，取得好成绩。

（9）继续发挥我校在省内的示范领先作用，作为四川省高等教育学会教育信息化专业委员会理事长单位，承办省教育厅组织的全省106所高校教育网络安全培训会议；组织了9所高校专家开展《四川省普通高等学校“十四五”信息化工作参考指南》的研究制定，取得了阶段性成果。

学校网络运行情况

网络信息点数（个）		电子邮件系统用户数（个）	管理信息系统数据总量（GB）	信息化工作人员数（人）	学校总出口带宽（G）
合计	其中：无线接入				
62 142	8452	31 182	24 500	75	123

（数据来源：2020年学校高基表522）

十七、后勤与基建工作

（一）基建工作

1. 主要建设工程

学校建设工程主要分为基本建设项目、国拨修缮项目和大型自筹修缮项目。

（1）基本建设计划在建项目共计 6 个。其中，正在施工项目 3 个，本年完成竣工财务决算项目 1 个，准备启动项目 1 个，待摊土地征购项目 1 个。全年完成投资 11 271 万元，其中国拨资金 9131 万元。

（2）国拨修缮项目共计 6 个，房屋修缮类 4 个，基础设施改造类 2 个。全年完成投资 9244 万元，其中国拨资金 8050 万元。

（3）大型自筹修缮项目共计 2 个，包括九里学术交流中心维修改造项目和三校区校园环境综合治理工程，正在有序推进。

在学校党政坚强领导下，各项目组同志团结奉献、攻坚克难，圆满完成了学校下达的各工程项目工作任务。

同时，已完成西南交通大学基本建设“十四五”规划编制，已经上报教育部，审批后将正式印发。

2. 立项报建及争取国拨情况

（1）争取到国拨资金 17 181 万元，其中中央预算内投资 9131 万元，用于犀浦校区 3 号教学楼建设项目和犀浦校区现代交通先进装备创新研究基地项目（“双一流”项目），中央改善基本办学条件专项资金 8050 万元，均已按期完成资金支付。

（2）按时完成 2021 年度 6 个国拨修缮项目（基础设施改造类）的编制、审核和申报工作，并顺利通过教育部的评审，申报金额 4070 万元，最终评审金额 3757 万元。

3. 在建基建（含修缮）项目情况

（1）犀浦校区 3 号教学楼建设项目完成全部施工内容，于 11 月 12 日正式竣工验收，并在 12 月 4 日上午学校教职工荣休仪式完成“首秀”。

（2）犀浦校区现代交通先进装备创新研究基地项目（“双一流”项目）建设顺利推进，工期进展快速，1 号楼主体封顶，会议中心装饰设计招标完成，计划 2021 年竣工验收。

（3）犀浦校区大学生创新创业教育中心项目（“双创中心”项目）可行性研究报告获教育部批复，进一步调整了功能论证、优化了设计方案。

（4）如期完成 6 项国拨修缮项目任务，包括 2021 年第 31 届世界大学生夏季运动会西南交通大学犀浦校区体育馆提升改造、九里校区扬华斋 2、3、4 号楼学生公寓修缮、九里校区 2 号教学楼修缮工程、成都两校区校舍修缮项目（四期）、峨眉校区体育场地改造、九里校区学生一食堂改造。

（5）完成九里学术交流中心维修改造项目前期设计，施工正在有序推进，计划 2021 年 4 月底竣工，确保满足学校 125 周年校庆接待服务保障需求。

（6）九里校区校园环境综合治理工程将海绵城市的概念引入校园，打造首条会“呼吸”的透水混凝土道路，实现全沥青道路并采用彩色沥青混凝土的慢跑道及自行车骑行道，制作安装首批 3000 余套交大元素空调外机格栅。首次采用柔性装面砖铺贴建筑外立面，路面改造面积达 11.3 万 m^2，外立面翻新 4.7 万 m^2，绿化改造 3 万 m^2。九里校区整体风貌焕然一新，全面提升了校区教学科研生活环境，提高了学校文化氛围，展现了新时代学校新形象。

4. 基建竣工交付情况

（1）完成犀浦校南区小高层学生公寓项目的竣工财务决算，并在教育部基建投资计划中销号。

（2）2020 年度 6 个国拨修缮项目建设，其中 5 个项目已经顺利竣工验收并交付使用，尤其是学生宿舍及教学楼改造项目，确保开学前学生顺利入住。

（3）清理完成多个合同的遗留结算工作，大力推进了固定资产交付工作。截至 2020 年年底，已经完成了新校区建校以来大部分已完工项目的资产交付工作。

5. 基建项目投资计划完成情况

（1）本年基建投资计划情况：计划总投资 11 677 万元，其中中央预算内投资 9131 万元，自筹投资 2546 万元。

（2）年度基建投资完成情况：合计完成总投资 11 271 万元，其中中央预算内投资 9131 万元，自筹投资 2546 万元，中央预算内投资 100% 完成。

（3）本年在建项目施工建筑面积：合计面积为 147 215 平方米，其中本年新增项目建筑面积为 32 525 平方米，具体项目为犀浦校区大学生创新创业教育中心。本年竣工建筑面积合计面积为 51 195 平方米，主要是犀浦校区南区小高层学生公寓。

（4）本年新增固定资产情况：根据竣工财务决算情况，本年新增固定资产价值为 14 453 万元。

（5）顺利完成国拨修缮项目 6 项，完成总投资 9244 万元。其中：成都校区完成投资 8955 万元，峨眉校区完成投资 289 万。

（二）饮食服务

饮食服务中心现有员工 402 人，其中事业编制员工 17 人，社会聘用员工 385 人，中心下设 4 个保障部门（综合事务部、质量监督部、经营拓展部和运行保障部）、1 个加工配送中心、13 个食堂（餐厅）及 1 个便民超市。作为学校后勤服务实体（业务部门），负责为全校师生员工提供餐饮服务与保障。

2020 年，中心统筹做好疫情防控和饮食服务保障工作，加快推进中心改革建设发展，不断提升餐饮服务保障质量，全年实现营业收入 5968.32 万元。其中，下半年学生食堂全面复工复产后，实现营业收入 4990.29 万元，同比 2019 年下半年上涨 1110.61 万元，涨幅 28.63%。

（1）根据学校疫情防控工作总体部署和要求，统筹抓好疫情防控与饮食服务保障工作，中心疫情防控工作做到区域全覆盖、过程全覆盖和人员全覆盖，中心 400 余名员工分期分批安全返校返岗，全校 6 万余名师生的饮食服务得到切实保障，食堂工作安全高效有序开展，未发生疫情和食品卫生安全事故，为学校疫情防控和全面复工复学提供了强有力的支撑和保障。

（2）牢固树立安全红线意识和底线思维，不断完善食品安全、安全生产与安全稳定工作的运行机制、应急预案和管理制度，全面落实安全责任，坚持“人物同防”，强化闭环管理，积极开展安全隐患排查及整改，组织开展安全生产培训 20 余次，建立健全安全隐患排查、安全生产培训等工作台账，强化食堂“明厨亮灶”及安防监控系统建设，全年未发生食品安全、安全生产和安全稳定责任事故。

（3)对食堂 160 余种主要菜品的价格进行梳理，建立健全饭菜价格体系；严格饭菜价格控制和投料标准控制；以师生需求和满意度为导向设置多档次菜品结构；不断提升烹饪技能，持续完善满足师生多样化需求的饮食服务保障体系。

（4）配合完成九里学生一食堂国拨改造，打造现代化多功能食堂；集中改善锦华苑餐厅、犀浦校区三食堂和四食堂就餐大厅以及风华苑包间就餐环境；以简装、添置或更换设施设备等方式逐步改善其他食堂就餐条件；加强食堂及周边环境卫生整治、安全隐患排查整改以及餐具消毒、灭蝇灭鼠和卫生防疫工作。

（5）加强饮食“民生工程”建设。持续做好流动送餐、网络订餐和超市便民服务；继续向师生提供特色月饼以及粽子等食堂自制食品；开设扶贫特色菜品窗口；探索开设“小份菜”窗口和“轻食”窗口；持续办好“食话食说”素质教育课，打造交大特色饮食“民生工程”和校园餐饮文化；为离退休老同志赠送寿桃；为教职工体检提供早餐服务3000余人次。

（6）加大社会化工作力度，以“互补性、差异化”为原则，与四川兴百年餐饮管理有限公司在锦华苑餐厅开展技术合作，一方面利用社会资金150余万元全面改造锦华苑食堂后厨和就餐环境，另一方面为师生提供更为丰富的餐饮品种和更加优质的餐饮服务，满足师生差异化、个性化、多样化饮食需求。

（7）继续加大政策支持和资金投入，为食堂分担经营成本，确保饭菜价格和质量不受市场物价波动影响，为食堂严格执行统一价格体系、稳定伙食质量、在同一价格下提供无差别服务创造有利条件，促进食堂饭菜价格和质量长效保障机制建设。

（8）深入贯彻落实习近平总书记关于坚决制止餐饮浪费行为、切实培养节约习惯的重要指示精神，按照学校工作部署，通过广泛开展“厉行节约、反对浪费”宣传教育、组织开展光盘送月饼（送牛奶）等活动、设立光盘督导员、组织师生参观食堂后厨和原材料供货基地、推进节约型智慧食堂建设、加强食材供应链信息化管理、在食堂设置意见簿、开展“食堂开放日”活动等系列措施，建立健全制止餐饮浪费长效机制。

（9）积极搭建季节性农副产品购销平台，与学校定点帮扶的阿坝州马尔康市松岗镇、大藏乡和甘肃省秦安县达成农副产品购销协议，投入资金130余万元，集中采购青笋、牛肉、土豆、面粉、花椒、辣椒粉等农副产品40余万斤，助力贫困户脱贫增收；同时积极开展“扶贫消费月”活动，在食堂开设定点帮扶贫困区特色菜品窗口，为师生提供优质服务，将学校扶贫工作落到实处。

（10）完善内部治理体系，全面推进中心岗位职责梳理、制度完善和工作流程再造，进一步规范中心调价、盘库、招标、采购、投诉处理等工作，修订完善中心成本核算、绩效考核分配办法和员工薪酬体系，出台新的《饮食服务中心成本核算与绩效考核分配办法》。

饮食服务中心被评为“全国高校餐饮系统疫情防控工作先进集体”；1名员工获评“四川省高校后勤协会2017—2019年度高校后勤先进个人”；1名员工获评“四川省高校后勤协会思想政治工作先进个人”；4名员工获评“四川省高校后勤协会伙食专业委员会2019—2020年度高校伙食工作先进个人”；2名员工获评学校“唐立新后勤服务杰出员工”。

（三）物业服务

物业服务中心现有员工270名，其中事业编制员工16人，社会聘用员工254名，中心下设4个保障部门（综合事务部、质量保障部、运行保障部、公共服务部）。作为学校后勤服务实体（业务部门），负责成都两校区委托范围内（不含社会化区域）教学办公楼宇、学生公寓物业服务工作，校园植物养护、校园绿化、美化，人工湖湖面清理，监督环卫公司做好大环境保洁及生活垃圾收运处置，配合做好物业服务范围内公用电梯、中央空调的巡检，负责做好相关经营管理工作。

（1）科学应对新冠疫情，坚决打赢疫情防控阻击战。面对突如其来的新冠肺炎疫情，深入研判，科学制定防控策略。明确提出中心疫情防控要做到“三覆盖”，即区域全覆盖、过程全覆盖、人员全覆盖；全面推演，精准落细落实防控举措。疫情防控期间，先后制定了《物业服务中心学生返校期间疫情防控工作实施方案》《物业服务中心学生返校后疫情防控工作实施方案》《物业服务中心毕业生离校期间疫情防控工作实施方案》《物业服务中心迎新期间疫情防控工作实施方案》《物业服务中心常态化疫情防控工作实施方案》等工作方案，按照不同人群、不同阶段、不同区域、不同防控要求，明确细化具体工作举措，确保各项措施落细落实；广泛动员，全面落实防控责任。及时传达工作要求，凝聚共识，统一思想，通过编制《物业服务中心新冠肺炎防控知识宣传手册》等方式，确保每一名员工掌握新冠疫情防控知识，对操作规程了然于胸。

（2）主动求变，加快推进。后勤社会化改革，不断适应学校“双一流”建设发展需要。为加快构建起学校提出的“保障有力、质量达标、成本合理、师生满意”的后勤保障服务体系，按照学校审定通过的《后勤保障运行阶段性实施方案》要求，积极筹划推进物业服务项目社会化工作，服务于学校后勤社会化改革工作大局。犀浦校区部分教学楼通过公开招标，于 2020 年 10 月成功引入专业物业服务公司进驻学校开展工作。

（3）2020 年完成全年修剪草坪 13 次，草坪治虫 44 次，修剪灌木 7 次，喷药 56 次，刷白防虫 2 次；全年打捞人工湖杂草 20 余吨，清掏沱江河进水口 70 余次；全年完成学校大型活动物业保障 24 次。

（4）拓宽经营范围，开展多种经营模式，满足师生日常生活需求。为了使师生生活更加便利，在两校区开设服务性便利店，经过前期多方考察调研、资质办理、基础装修、试营业等准备工作，目前两校区三店已全面正常营业。2020 年 12 月郫都区疫情出现散发病例，中心便利店最大程度上保障了约 4 万名师生在校期间的日常生活。

（四）医幼及场馆服务

医幼及场馆服务中心现有员工 156 人，其中事业编制员工 40 人，社会聘用员工 116 人，中心下设 2 个保障部门（综合事务部和目标督察部）。作为学校后勤服务实体（业务部门），负责师生医疗保障服务、公费医疗、师生医保、预防保健、公共卫生防疫、医疗继续教育，负责学前教育、体育场馆及学生会堂保障服务等工作。

2020 年，全面加强与各兄弟部处及院校的协同联动，以“立德树人”为根本任务，秉承“服务满意、保障全面、监管有效、措施有力”的工作理念，不断深化改革，积极创新工作方法，全面提升服务水平，切实做好师生职工的医疗、幼教、场馆及文整服务保障工作。

1. 疫情防控保障

2020 年，面对突如其来的新冠肺炎疫情，医幼及场馆服务中心在学校新型冠状病毒肺炎防控工作领导小组和后勤与基建管理处的领导下，责无旁贷贯彻医疗保障职责，将疫情防控深入到日常工作中，全力助力学校打赢疫情防控阻击战及后期常态化疫情防控工作。

从 1 月起，在物资短缺的情况下想方设法多方筹措防疫物资，同时坚持做好防疫物资出入库规范管理，全力做好学校的防疫保障。开学复工前，制定《西南交通大学新冠肺炎疫情防控期间校内发热或有呼吸道症状人员应急处置预案》，在两校区医院设置隔离候转区、观察区、发热哨点室，与学生处、后勤其他兄弟部门一起通力合作多次预演并优化流程。开学复工后，校医院承担起校内隔离区域的医疗保障工作，并持续为广大校内师生提供核酸检测服务。与此同时，密切对接上级医疗机构，定期、及时反馈校内人员情况，为各学院机构引进专家给予学生和教职工实时正确的防疫指导。

同时，校医院加强联防联控，严格落实各项疫情防控措施，对疫情期间入院就诊人员实行严格预检；幼儿园制定了“三案九制”，稳抓疫情防控，居家隔离期间开展“停课不停学”的线上教学活动，保障教学，关注幼儿健康；场馆全力做好运动场所与公共区域的消毒消杀，坚持做好运动人员体温检查登记，杜绝运动人群集中聚集，确保广大师生生命安全。

2. 校医院保障

本年度多次组织校医院各科室医护人员参加讲座和培训；联合校内单位协作，组织开展形式多样的艾滋病、肺结核等传染病宣教工作；认真开展对成都两校区校内所有食堂及摊点、商铺的监督检查和卫生指导工作，保证了学校食品安全，2020 全年未发生校内食源性疾患及食品安全事件。

2020 年校医院积极推进大学生参保工作，全年完成 2.5 万余人次参保，完成 2106 人次学生医保的手工报销。校医院牵头完成全校离休人员（包括唐山的离休人员）、享受特殊医疗待遇人员医疗费的审核、报销 300 余人次，在职、退休教职员工的异地就医医保报销 200 余人次；完成了全校特殊疾病门诊的医保报销 2000 余人次；完成报销记录的上传工作 2.7 万多条。

通过加强医护培训、寻求与三甲医院合作、革新引进体检 PPD 项目等方式提升体检服务质量，改善教职工体检舒适感，圆满完成全年完成全校 3700 余人次教职工的健康体检和电子建档工作，以及约 1.3 万人次本硕博新生入学体检工作，全年共计完成 3 万余人次的检查。

3. 幼儿园保障

2020 年投入近百万资金，对园区监控、教室、卫生间等在内的多处硬件设施和教学环境进行升级改造；加强安保设施投入，实现园内监控全覆盖、接入 110 一键报警系统、专门针对防疫安装了热成像体温监测仪；通过改造阅览室、新增千册绘本、新辟种植园、添置乐高、拆除假山、扩大沙池、添置大型多功能黄花梨实木玩具等，进一步提升办园条件。

4. 场馆保障

本年度圆满完成了学生体育课 6001 课次、高水平运动训练 615 场次、学生处和团委各类学生社团活动 375 场次、教职工各类协会 328 场次、学校大型活动 10 余次、以及各二级部门其他活动的保障服务工作，深得全校师生员工的好评。

5. 文整保障

今年 8 月正式启动的文整业务，保质保量完成了学校不同时段各类考试的试卷印刷保障任务，实现 88.7 万张以上试卷印刷量以及 2.7 万册教辅材料印刷量。通过监控覆盖、流程监督、严格收发分类等措施做好保密工作，另一方面高标准、严要求、执行物资系统出入库系统管理，规范化管理。

6. 计划生育

2020 年计划生育工作职责调整到医幼及场馆服务中心，在学校人口和计划生育委员会的领导下，负责教职工、学生、流动人口的计划生育宣传教育与管理服务工作。2020 年，中心计生办圆满完成全校人口与计划生育工作报表数据的统计，各项材料及时准确报送街道办事处并得到好评。本年度主要工作包括录入全校育龄妇女信息数据，完成的电子信息归档；配合街道办对我校领取生育指标的师生婚育情况进行核查，并出具婚育情况证明；组织全校流入育龄妇女三查及月报；完成全校纳入计划生育家庭特别扶助对象的申报；发放慰问物资、陪同办理特扶、失能补助、心理疏导、查证年审等活动；联合学校人事处完成峨眉与成都两校区计划生育“独子金”发放等工作。

（五）维修、水电及运输服务

维修、水电及运输服务中心现有员工 150 人，其中事业编制员工 30 人，社会聘用员工 120 人。中心下设 5 个保障部门（综合事务部、运营管理部、维修服务部、水电保障部、运输服务部）。作为学校后勤服务实体（业务部门），负责九里、犀浦两校区供水、供电保障服务工作；负责校内水、电设备及基础设施的维修、抢修工作；负责校内各单位委托的各类修缮及改造工程工作；负责校区间交通运输服务、犀浦校园内交通运输服务、学生实习、会议等大型活动的交通运输服务工作；负责学校公务用车的管理工作。

1. 疫情防控和支部建设

在疫情防控与保障服务工作中，切实发挥了党支部的战斗堡垒作用和党员的先锋模范作用。中心成立了党员志愿者服务队，配合支持中心运输服务部顺利完成了学生返校复课、新生报到等大型运输服务保障工作；疫情防控期间，中心严格按照学校疫情防控工作统一部署和要求，统筹有序推进疫情防控和保障服务工作，做到“两手抓”“两不误”。严格落实对员工健康管控，建立员工健康台账，执行每日信息“零”报告制度，并加强了防疫物资储备管理和员工岗前防疫防控知识宣传教育。

贯彻习近平总书记关于制止餐饮浪费行为的重要指示精神，并围绕“厉行节约、反对浪费”，结合中心新时代“大思政”育人项目的推进，开展“勤俭节约始于心、珍惜资源践于行”主题党日活动，并充分结合“世界水日”“中国水周”“地球熄灯一小时”“全国城市节水宣传周”“全国节能宣传周”等活动，通过一系列活动开展，进一步向师生宣传强化节能环保意识，杜绝铺张浪费。

2. 维修服务保障

针对学生反映的犀浦、九里两校区教学楼区域、学生宿舍区晚上灯光暗淡，部分区域路灯配置不合理等问题，制定详细的整改工作方案，进行了路灯线路重新铺设、灯具更换、调整路灯布局、重新设计路灯控制系统等，完成犀浦、九里两校区路灯亮化改造工作，新增及更换路灯、庭院灯共 860 套，总投入 300 余万元；为了保障犀浦、九里两校区的正常教学、科研和师生生活用电，对两校区 49 个低压配电站、11 个箱式变压器进行了检修。

3. 水电服务保障

有效处理了九里校区地下主供水管网老化问题，更换了 13 个主供水阀门，其中 3 个 DN500、7 个 DN400、2 个 DN250、1 个 DN150，解决了大面积停水问题，减少了水资源消耗，预计每年为学校节约水费 50 余万元；全年共回收水电费 1364.55 万元，两校区水电净支出 2693.77 万元；2020 年共完成 63 处给水管网的抢修，节约水费 120 余万元。

4. 运输服务保障方面

全年交通车安全运行 25 万公里，运送师生 33 万人次，全年免费运送 70 岁以上老同志 2.2 万人次。

本年度，维修、水电及运输服务中心 1 名员工荣获“四川省高校后勤协会优秀共产党员”；1 名员工荣获“四川省高校后勤协会思想政治工作先进个人”。

（六）峨眉校区后勤服务

峨眉校区后勤服务中心现有员工 236 人，其中事业编制员工 40 人，社会聘用员工 196 人，中心下设五个保障部门（综合事务部、物业及运输服务部、饮食服务部、水电及维修服务部和学生公寓及医幼服务部）。作为学校后勤服务实体（业务部门），负责峨眉校区餐饮服务、校园公共区域和楼宇的卫生保洁、校园植物养护绿化、校园垃圾清运等物业管理、公共体育场馆的管理维护、水电管理与基础设施的维护维修、学生公寓管理服务、卫生防疫及医疗服务、计划生育、交通运输服务、幼儿园学前教育、接待服务等后勤服务保障工作。

2020 年峨眉校区后勤服务面临的压力和困难比以往更加突出，一是校区定位优化工作仍在推进过程中，包括后勤保障在内的发展定位仍在确定中；二是在校师生人数持续下降，后勤服务的规模效益无从实现；三是叠加疫情影响，2020 年 8 月之前校区未开学复课，后勤服务只有付出而无收入。即使开学复课后，有些后勤服务项目的收入亦无法实现。

1. 党建工作扎实有效

峨眉校区后勤服务中心党总支高举习近平新时代中国特色社会主义思想伟大旗帜，深入贯彻十九大和十九届四中、五中全会精神，树牢“四个意识”，坚定“四个自信”，坚决做到“两个维护”，落实立德树人根本任务，设立党员先锋岗

4 个，全年共有两名预备党员按期转为正式党员，组建退休党支部 1 个。以党员永远跟党走的政治站位，发挥了基层党组织的战斗堡垒作用和党员的先锋模范作用，在后勤保障服务中提供了坚强的政治领导。

2. 党风廉政建设常抓不懈

认真抓好党总支、各党支部学习，筑牢思想防线，认真贯彻落实“一岗五责”，认真贯彻落实“三重一大”决策机制，认真梳理岗位风险点并继续强化各项制度建设、狠抓规范管理，进一步规范原材料特别是零小物资采购的规范化，未有违反党风廉政建设规定的现象出现。

3. 疫情防控成效显著

新冠疫情暴发以来，中心认真贯彻落实学校防控工作会议精神，按照高度重视、全员参与、积极应对、联防联控、科学处置的总体要求，第一时间制定了《峨眉校区后勤服务中心新型冠状病毒感染的肺炎防控工作方案》，成立了防控工作小组，中心领导全部提前结束休假，返回峨眉校区，加强组织领导，认真做好了各项防控工作，线上、线下召开专题工作会议七次，狠抓疫情防控措施落实到位和督促检查，确保后勤系统疫情防控万无一失，避免因疏漏对师生健康和学校安全稳定造成危害。

（1）统筹协调好校区和后勤疫情防控物资的购买、申领、运输和发放工作，从校区最初的几支测温枪、近 200 个口罩，到开学复课时保证师生一个月消耗的防疫物资储备量，其间积极与学校物资保障组、峨眉山市应急指挥部沟通协调，做了大量的购买、申领、运输、保管和发放工作。从 2 月初开始，从成都校区集中 4 次、零星 7 次调拨运输防疫物资到峨眉校区，保障了校区防疫物资的供给使用。

（2）医院和医护人员是疫情防控的重要阵地和防线，校区医院医护人员第一时间集结到位，投入疫情防控主战场。克服医院基础条件差、医护人员严重不足的困难，发挥好校区医院和医护人员在疫情防控过程的应有作用，做好发热诊疗处置和集中隔离区的建设、日常运转管理工作，多次组织开展疫情防控知识培训，指导对校区环境和重点部门的消毒工作，为疫情防控提供坚强的技术支撑。

（3）配合校园封闭管理工作，从符合疫情防控要求的施工队伍组织到项目实施，反应快捷，整治项目落实迅速。封堵了六号教学楼通往凤凰湖宾馆的人行通道以及南大门桥头部分路段，在欧尚通往黄湾三组路口和西山梁通往报国六组路口分别增设两道铁门，修补加固了东坡围墙，短时间内使校园封闭管理具备基本条件。

（4）切实抓好后勤队伍的疫情防控工作。加强内部管理，强化值班，增强各部门各岗位联防联控，建立中心全体员工信息摸排统计长效机制，每日报告各部门状况，随时掌握全体员工的身体状况及日常行程，并通过疫情防控微信群及时传达学校相关通知精神，教育引导员工增强自我防护。

（5）做好校区环境卫生清扫和消杀工作，规范设置“废弃口罩收集”点，做到所有垃圾日产日清。狠抓留学生公寓管理、水电供气保障、食堂伙食供应等各项后勤服务工作不停摆、不断线，确保校区正常运转。

疫情期间，坚持做好全校区域清扫和消杀工作，为师生创造安全放心的工作环境。

（6）认真做好后勤系统开学复课评估验收及各项整改工作。在峨眉校区东门口学生进门检测环节，要对完成进校学生的行李消杀、洗手、更换口罩等工作，在学生转运环节，如：对车内座椅、扶手等部位消毒，保证车辆卫生安全。开展多次演练，为学生顺利返校复课打下基础。

同时，在短短几天时间内完成了学生食堂软硬件提升、校区病媒生物防治等大量工作任务，通过校区 3 次、后勤内部 1 次的开学复课演练及评估验收，校区学生在 8 月 20 日如期返校。

4. 安全工作持之以恒

制定并与各部门签订年度社会治安综合治理及安全目标责任书，复工复产后，坚持每月召开安全工作专题会议的惯例，传达学习上级、学校安全工作相关精神，研判中心安全生产形势，开展后勤安全工作检查，对安全隐患进行整改，并以《峨眉校区后勤服务中心安全工作简报》形式通报中心安全工作，落实会议相关要求。结合实际情况，今年安全工作的重点放在了各项疫情防控措施的落实和食品安全、消防安全和防汛等方面。通过全体员工共同努力，后勤服务中心全年无安全责任事故。

5. 重点工作推进有力

（1）设立后勤服务大厅。水电交费、维修是涉及峨眉校区广大教职工的大事，前来交费的用户要跑水电及维修服务部、综合事务部等多个部门，程序烦琐。有维修事项时，很多师生不清楚报修程序，影响水电故障的及时排查与维修，对此广大教职员工，特别是退休老同志、留学生反映较多。峨眉后勤服务中心经多方调研，以方便师生员工办理业务为出发点，结合峨眉校区地形特点，整合多部门的人力、物力资源，于2020年6月在学生公寓大板片区设立后勤服务大厅。

服务大厅整合水电缴费、业务咨询、投诉建议于一体，梳理服务事项，简化服务流程，畅通信息反馈渠道，使师生员工办事不用在几个部门来回跑路，极大地方便了师生员工办理业务。

服务大厅成立以来，热心为广大教职工服务，认真听取师生的意见和建议，及时处理投诉、报修等事项，贴心的服务迎得了师生们的一致好评，也取得师生员工对后勤工作的支持。

（2）更新换种明湖荷花，打造美丽校园。每年7、8月份，峨眉校区的明湖风景这边独好，湖面上荷叶碧绿，荷花竞相绽放，颜色多样，有红的、粉红的、白的、黄的、彩纹的，美丽的景色令人流连忘返，校内师生和大批校外人员纷纷拍照打卡留念，一度成为峨眉山市荷花观赏的“网红地”。

随着时间的推移，湖内水体出现浮萍病害，荷花长势逐渐衰弱，开花数量逐年减少，花小且颜色淡化，2019年开花数量更是寥寥无几。为了进一步美化峨眉校区校园环境，打造明湖美丽的荷花景观，给师生提供一个赏心悦目的休憩和学习场所，2020年3月组织人员对明湖原荷花种藕进行了清理，平整了湖底淤泥，对土壤病虫害进行了消杀工作，消灭了湖中浮萍。经过充分调研，先后两次安排专人远赴都江堰选购荷花新品4种2000多株，严格按照荷花种植标准规范完成了荷花更新换种工作。2020年夏季，鲜艳的荷花又重新绽放在美丽的校园，明湖恢复了往日“荷花宫样美人妆，荷叶临风翠作裳”的美丽景象。

（3）学生食堂克服疫情影响，全力保障师生员工用餐，尽可能调整菜品的花色品种，满足师生需求。响应习近平总书记倡议，及时调整食堂供餐方式，引导师生理性消费、节约粮食。对师生提出的意见和建议及时整改落实，不断提升服务质量水平。

6. 常规工作力保质量

（1）顺利完成2017、2018级学生搬迁至成都校区，2019级学生倒迁至合理的宿舍区域等工作。顺利完成2020级新生入学报到工作。

（2）加强与峨眉山市卫健局联系，指导校区各单位做好疫情防控工作。克服医技人员短缺、医疗科室和服务许可项目不齐等困难，完成了校区教职员工体检以及新生入学体检。同时，做好肺结核、诺如病毒等传染病防治相关工作，积极配合相关部门做好艾滋病防治宣传工作。

（3）加强对全校区高低压线路、设备全面的检修，消除了安全隐患。加强对校区供水设施的检查，抢修爆管20多次。在人员少、任务重的情况下，加班加点保质保量地完成了学生公寓的维修。

（4）完成了校区的绿化养护，定期进行修枝、整形，进行白蚁等病虫害防治，清理了校园内的枯枝树叶，对电机馆附近枯枝进行了专项整治。消除了安全隐患，维护了校园环境，保持了校区良好的景观效果。

（5）幼儿园科学筹备，严密部署，顺利通过了峨眉山市教育局开学复课评估验收，4月13日开学复课。同时，装修改造多功能室，不断提升和改善教学条件，突出教学和办园特色，并获批普惠性幼儿园。

（6）科技交流中心在做好疫情防控的前提下，于8月中旬恢复营业，并积极开拓培训市场，8—12月经营收入同比增长超过50%，实现了较好的经营业绩。

（七）学术交流服务

学术交流服务中心现有员工 73 人，其中事业编制员工 3 人，社会聘用员工 3 人，购买服务人员 67 人。中心下设 6 个保障部门（综合事务部、客房部、餐厅部、营销部、财务部、安保部）。作为学校后勤服务实体（业务部门），负责成都两校区各类来访、会议、餐饮、住宿的综合接待服务工作。2020 年中心营业收入 166 万余元，支出费用 348 万余元。

2020 年初，因疫情原因，中心决定并报学校、远程与继续教育学院，于 1 月 26 日（大年初二）全面关闭学术交流中心（原镜湖宾馆），停止对外服务。

（1）学校 2020 年 5 月 13 日发布《西南交通大学关于成立“学术交流服务中心”机构的决定》文件，根据 2020 年 4 月 27 日学校第十四届党委第 147 次党委（扩大）会议关于“成立‘学术交流服务中心’机构”的有关决定（西交党常纪〔2020〕5 号），成立“学术交流服务中心”，相对独立运行，归口学校后勤与基建管理处，解除“学术交流中心”机构与远程与继续教育学院的挂靠关系，并撤销该机构，全部职责和业务并入新成立的学术交流服务中心。

（2）中心全力配合学术交流中心维修改造工程项目，确保项目进度有序推进。

（3）东门宾馆作为学校指定的健康隔离观察点，部分员工返岗，恢复客房设施、设备用以待客，购置隔离所需大量备品，培训员工防护和基本要求，得到学校有关部门、金牛疫控部门的高度认可。

十八、资产管理与实验教学

截至 2020 年底，资产与实验室管理处（分析测试中心）共设科室（中心）11 个：资产综合科、实验教学科、实验室建设科、实验室安全管理科、设备家具科、公共资源科、资产运行监管科、房屋资源科、房屋修缮计划管理科、分析测试中心、峨眉资产办公室，在职员工 44 人。

（一）实验教学

（1）积极开展国家虚拟仿真实验教学一流课程（项目）申报工作。2020 年，我校在国家级虚拟仿真实验教学项目的申报工作中再创佳绩，获批国家虚拟仿真实验教学一流课程（项目）4 门。截至 2020 年底，我校共获批国家虚拟仿真实验教学项目（一流课程）7 门，省级虚拟仿真实验教学项目 15 门。目前我校国家虚拟仿真实验教学一流课程数量位居四川高校第一。

序号	学院	项目名称	级 别	批准年度
1	交运	高速铁路列车调度指挥虚拟仿真实验	国家级	2018
2	地环	高速铁路虚拟场景建模与列车运行仿真实验	国家级	2019
3	土木	简支钢桁架静载非破坏性虚拟仿真实验	国家级	2019
4	电气	高速铁路供电综合监控虚拟仿真实验	国家级	2020
5	建设	高铁客站地上地下一体化建筑设计虚拟仿真实验	国家级	2020
6	交运	库存管理与自动化仓储虚拟仿真实验	国家级	2020
7	建设	地铁车内空间布局及配色设计虚拟仿真实验	国家级	2020
8	交运	城市轨道交通调度指挥虚拟仿真实验	省级	2018
9	土木	钢筋混凝土简支梁静载破坏虚拟仿真实验	省级	2018
10	机械	汽车驾驶室人机交互界面虚拟仿真设计与校核实验	省级	2018
11	电气	铁路机车电气控制电路板组装虚拟仿真实验	省级	2019
12	土木	土的力学性质三轴虚拟仿真实验	省级	2019
13	经管	产销协同模式下企业运营管理虚拟仿真实验项目	省级	2019
14	物理	广角切伦科夫望远镜探测高能宇宙线虚拟仿真实验	省级	2019
15	机械	地铁环控系统虚拟仿真实验	省级	2019

（2）疫情期间，学校根据各专业实验教学课程的特点，多措并举，采用“线上教学、制作线上学习视频、线上线下结合的居家实验、线下教学”方式，积极做好春季学期实验教学工作安排，保障本科生实验教学“停课不停学”。在线开展实验教学的课程 55 门，开展实验项目 435

个，涉及学生 74 020 人次；毕业学生返校考试涉及 132 门课程。

（3）2020 年，持续完善“3 + 3”课内外实验教学体系，增加综合设计型和研究创新型实验项目比例，达到 57%。实验教学课程开设 568 门，其中独立设课 206 门，非独立设课 362 门，实验项目总数 3387 个，其中独立设课项目 1618 个，非独立设课项目 1769 个，涉及学生 663 814 人次。继续开展实验教学检查。聘请实验室工作指导委员会专家、学院主管实验室领导、各学科一线教师及相关管理人员，根据实验教学安排，对实验课程进行随机抽查，全年开展实验教学检查 7751 讲次。

第十二届大学生课外创新实验竞赛活动，共有 17 个教学单位组织了 61 项赛事，318 位指导教师、9919 学生人次参与，经各单位推荐、专家评审，学校从教学单位推荐的 308 项作品中最终评选出校级金奖 10 项、银奖 20 项、铜奖 50 项和优秀奖 100 项；评选出优秀组织奖 8 项，优秀指导教师 90 名（含特殊贡献奖 10 名）。

第 14 期个性化实验项目立项 262 个，参与学生 1019 人次；第 19 期重点实验室开放项目，立项 115 个，参与学生 437 人次。

（4）为提高本科实验教学质量，提升人才培养质量，编印了《西南交通大学本科实验教学质量保障工作手册》（已正式出版）；出台了《西南交通大学个性化实验项目管理办法》（西交校资实〔2020〕7 号）、《西南交通大学教学单位本科实验教学工作考核办法》（西交校资实〔2020〕8 号）、《西南交通大学重点实验室向本科生开放的工程实践项目管理办法》（西交校资实〔2020〕9 号）、《西南交通大学大学生课外科技创新实验竞赛管理办法》（西交校资实〔2020〕10 号）。

（二）房屋资源

（1）紧密围绕学校战略发展，克服学校房屋用途结构不合理的困难，利用增量及到位调整盘活存量房屋资源，为高水平人才、团队、平台建设提供房产资源保障。

（2）房屋资产宏观管理综合改革工作。① 科学合理地推进并落实有偿使用制度，实现公有房屋的定额核算，全面落实“符合定额无偿配置、超出定额有偿使用、少于定额适度补贴”的思路执行管理，转变房屋使用和管理思路。② 采用契约化管理模式，引入市场机制，提高科研用房的周转效率和使用效益。注重房屋效益产出。③ 以房屋修缮为契机，推进楼宇集中的到位调整工作。涉及机械学院，材料学院、力学学院、物理学院、外语学院、马克思学院、人文学院、利兹学院、档案馆等单位。形成相对集中的物理空间发展布局。④ 加强房屋巡查力度，整合回收使用效率低的房屋资源，并及时进行房屋用途调整，投入教学、科研使用。⑤ 配合地方政府开展诸葛庙、银桂桥区域棚改工作。合理并依法推动解决历史遗留问题。

（3）房屋资产管理信息化建设工作。完成公房信息管理系统部署，简化相关流程，完善内控，让数据多跑路，老师少跑路。① 完善所有房屋的图文数据，将图纸数据及实物一一对应。② 引进周转用房智能门锁管理系统。实现教职工手机、密码入住，便捷缴费等功能，提高管理效率。③ 统一了学生宿舍及床位数据，与学生处、物业管理方共用一套数据，为学校定位调整提供硬件支持。

（4）学生公寓管理工作。① 完成峨眉校区学生倒迁住宿保障工作，并制定学生入住条件建设计划。② 继续推进扬华斋片区的住宿条件改善，按本硕博分片区管理规划进行分步导迁修缮。

（5）修缮类工作。完善、规范修缮资金使用流程，建立全过程管理理念，提升了施工过程及资金执行的可控性，经费使用效益最大化，项目修缮效果得到明显改观。2020 年，统筹国拨修缮资金 6276 万元，完成了 6 个项目的修缮实施，完成了九里校区 5 栋建筑单体的整体维修改造；统筹校拨修缮资金 1069.09 万，完成公共设施、公共区域等修缮项目 106 个，基本做到“有漏必修”，第一时间消除安全隐患。

（三）设备家具

（1）三校区空调进教室顺利完工。投入经费2704.8 万元对三校区 604 间教室加装了空调。空调进教室项目的顺利完工，极大改善了师生的工作学习条件。

（2）严格精准把控设备资产管理各个环节。理顺设备进口代理业务流程，规范进口设备技术协议和进口设备外贸代理合同，防范购置风险；精简流程，取消设备家具采购计划审核环节，简化两类固定资产建账方式；推动个人资产盘亏赔偿制度落地执行，打通解决历史遗留问题的通道；按规配置，把好资产配置需求关，统筹编制党群行政部门预算计划，把好设备家具配置关；厉行节约，加强维修，全年维修、回收再利用设备家具 282 台件，节约购置经费 21.2 万元；盘活资产，推动闲置资产调剂再利用，全年完成700 余笔资产调拨涉及 200 余万元。

（3）截至 2020 年底，设备家具类资产总量、变动情况。

2020 年底设备家具类资产总量变动情况

项　　目	年初余额（元）	本年增加（元）	本年减少（元）	年末余额（元）
专用设备	465 911 799.40	38 063 281.29	3 952 068.46	500 023 012.23
通用设备	1 694 244 048.51	191 580 569.38	21 022 299.28	1 864 802 318.61
家具、用具、装具	151 237 435.57	12 801 864.54	2 864 699.12	161 174 600.99
合计	2 311 393 283.48	242 445 715.21	27 839 066.86	2 525 999 931.83

（四）资产综合运行监管

认真贯彻落实上级部门加强国有资产出租出借的文件精神，迎难而上，推进房屋出租出借整改，强化管理规范化、流程化，积极推动资产回收工作；全面梳理学校 BOT 项目基本情况，根据项目特点，制订了 2020—2025 年内到期项目经营权回收工作计划；持续推动解决资产整改中的遗留问题，通过诉讼、谈判等多种形式合理合法解决，保障学校资产运行监督管理和学校权益。目前学校资产运行存在三种模式，一是资产委托管理模式；二是 BOT 项目管理模式；三是直接出租出借模式。2020 年直接借出租资产，资产账面原值总计 500.62 万元。全部属于固定资产中房屋类资产，占固定资产比值为 0.072%；资产性质上，全部属于事业资产。2020 年出租出借取得的收入 172.33 万元。

（五）公共资源

（1）公共资源服务保障。2020 年，完成研究生入学考试等 3 次国家级标准化考场需求保障工作及“全国教育系统新型冠状病毒感染肺炎疫情防控工作会”“教育系统全面从严治党工作”“直属高校定点扶贫工作推进会”“首届全国教材工作会”“全国研究生教育会议”等上级部门视频会议 42 场保障工作。完成 2020 中央改善基本办学条件等项目，投入 491.21 万元实现 121 间教室 386 台套教学设备的更新、新增；20 间教室 2388 位桌椅的更换、更新。

（2）大型仪器设备共享。进一步优化现有大仪开放共享平台，强化统计分析和报表管理功能，与国家网络管理平台无缝对接。2020 年底纳入平台管理的在用大仪 463 台，价值 5.42 亿元。在科技部办公厅、财政部办公厅进行的 2020 年高校和科研院所等单位重大科研基础设施和大型科研仪器开放共享评价考核中，考核良好，获得 85 万元奖励，位居四川省高校第一。

（六）实验室建设

（1）组织并实施中央高校改善基本办学条件项目（设备购置类）申报、论证、执行与验收工作。完成国拨项目（设备购置类）2020 国拨项目预算执行工作，执行项目数 9 个，执行金额 2083.86 万元；按期完成 2020 年国拨项目验收，仪器设备共计 2821 台/套/件，家具共计 5126 套/件；完成国拨项目（设备购置类）2021—2023 年项目（设备购置类）申报工作。其中，2021 年申报项目 31 项，申报经费达到 12 262.90 万元，其中备购置类 4059.87 万元。

（2）在深入推进成峨一体化管理的基础上，积极响应峨眉校区定位调整工作，按《2020 年成都校区实验室教学仪器设备等的应急补充方案》，组织实施校级拨款项目申报、执行与验收工作。对涉及 5 个学院的 8 个子项目的采购指标严格把关，合同金额共计 506.638 万元；严把验收关，做到对紧急补充项目购入的仪器设备性能、水平、服务对象、支撑课程等充分了解，确保所购设备满足学生实验需求。

因峨眉定位调整成都校区教学实验室仪器增购明细表（2020 年）

序号	学院	总预算（万元）	项目预算（万元）	项目名称	中标金额（万元）
1	土木学院	190.00	43.50	结构实验室钢桁架模型及门式反力架等实验教学设备采购项目	38
			60.50	结构实验室非金属超声波检测仪等实验教学设备采购项目	48
			86.00	岩土工程实验室教学设备购置项目	85.5
2	电气学院	95.00	95.00	2020 年度城轨电气实验教学适应性扩容设备购置	93.94
3	机械学院	142.00	54.40	单片机、热工及液压设备采购	41.38
			71.60	测控基础综合实验平台采购	71.53
4	信息学院	158.00	82.00	信息学院 2020 年实验室导迁采购项目	80.638
5	地学学院	49.00	48.52	地学学院实验室仪器设备应急补充项目	47.65
总计		634	541.52	506.638	

（七）实验室安全

（1）为进一步加强实验室安全管理的规范性、有效性和针对性，预防事故的发生，控制和减少事故发生所带来的危害，出台《西南交通大学实验室安全考试准入办法（修订）》（西交校资实〔2020〕4 号）、《西南交通大学实验室安全责任追究办法（修订）》（西交校资实〔2020〕5 号）。

（2）2020 年，学校按照“日常抽查、定期巡查、专项自查、外部检查”的工作方式，共开展实验室安全检查 40 余次，其中校领导带队检查 1 次、公安部门进校检查 4 次、聘请校外第三方专业机构检查 1 次，向所在学院发送安全隐患整改通知书 22 份。

（3）2020 年，投入专项经费 216 万元，在生命学院、材料学院、地环学院、机械学院、信息学院、物理学院、电气学院、经管学院、工业中心等单位 80 间实验室加装门禁、监控设备，重点打造了九里校区 3 号教学楼、犀浦校区 6 号教学楼涉化实验室区域，实现了远程控制、实时监控、开放预约等功能。

（4）2020 年疫情期间，通过线上模式，开展“实验室安全知多少”知识答题（8 期，2600 余人次）、安全教育培训（10 场）、安全事故案例巡展等多种教育活动，营造安全氛围。

（5）“2020 年实验室 +” 安全教育系列活动。开展实验室安全知识竞赛，146 支队伍 438 人参赛；开展“实验室安全知多少”有奖知识竞答共 20 期，约 6000 余人次参与；开展实验室安全演练活动 5 场，共 1000 人次参加。

（6）2020 年 11 月，成立了实验室安全大使学生助理团（第一届），助理团 19 位同学将协助开展实验室安全知识宣讲及实验室安全巡查活动，此举将丰富我校实验室安全管理的形式，进一步增强学生的实验室安全意识，提升学校的实验室安全氛围。

（八）分析测试中心

2020 年，分析测试中心为学校 201 个课题组（今年新注册 31 个课题组）637 名老师学生进行了分析测试工作，涉及各类分析测试 1477 人次；测试各类样品 5097 个；使用机时合计 2437.79 小时；面向全校师生组织各类分析测试技术及应用培训研讨会 15 场，合计参加人员 1600 余人次；联合国内知名企业开展仪器培训、技术研讨、竞赛等活动，全年支撑科研团队发表高水平研究论文 42 篇。

十九、附属学校

（一）附属中学

西南交通大学附属中学始建于1940年，其前身是国立交通大学唐山工程学院兼办平越中山中学高中班。1986年被首批命名为“四川省重点中学”，1988年被命名为“四川省校风示范学校”，2013年被四川省教育厅命名为“四川省二级示范性普通高中”，同年被评为“四川省阳光体育示范学校”，2018年，被教育部认定并命名为“全国青少年校园篮球特色学校”。办学80多年来共培养出4名四川省文理科高考第一名，17名市、区理科高考第一名。

1. 办学基本条件

学校建有理、化、生标准化实验室，设置了通用技术专用教室、信息技术教室、“茅以升”班专用教室及其他功能室，学校每间教室均配置了教学需要的多媒体设施设备。学校图书馆藏书7万余册，有100平方米的学生阅览室，有报纸杂志100多种，建有250米塑胶田径运动场、3个标准化篮球场、1个排球场、1个足球场，学校建有标准化学生公寓，学生食堂由西南交大饮食服务中心管理，为师生提供安全、可口、实惠的饮食。

2. 专业师资队伍情况

2020年全校教职工有111人，专任教师107人，其中高级教师39人，硕士毕业生及研究生学历33人，教师学历达标率100%。金牛区学科中心组成员17人，中青年学科带头人、骨干教师51人。特聘西南交通大学院士、西南交通大学首席教授翟婉明为附中名誉校长。

学校遵循“分层培养、层级递进”原则，依托“金字塔”培养模式，积极参加金牛区“名优教师队伍梯队建设”“名师闪耀工程”“T + N”星光计划、“和悦教师成长工作站”等项目，积极构建教师队伍梯队发展和优秀教师孵化平台，促进青年教师、骨干教师水平再提升。鼓励名优教师参加各种教育教学研究活动、课题研究活动，为名优教师发展提升提供充足的经费、充足的平台和充分的机会。

2020年9月，附中新进3名新教师，制定了教学研究及班主任老带新计划，具体规划新教师成长工作。

3. 办学规模

2020年学校占地面积25 333 m^2，建筑面积13 741 m^2，学校设置有党政办公室、教师发展中心、教务处、德育处、总务处5个部门结构。学校现有23个教学班，学生866人。

4. 教育教学业绩

（1）教学工作业绩。

因应新冠疫情、坚持在线教学。按照学校“抗疫情、保开学”工作方案总体部署，教务处在2月中旬制定《西南交通大学附属中学关于延迟开学的教学工作预案》《西南交通大学附属中学“抗疫情、保开学”教学工作方案》，下发《西南交通大学附属中学延迟开学线上教学告家长、学生书》，通过细化准备教学、落实教材教辅以及调整教学计划和教学时间促进学校教育有序进行，充分利用七中网校、北京四中网校、成都数字学校学校、正确云、班级教学QQ群、腾讯课堂、钉钉等在线资源和平台实现全校师生在线教学的全覆盖。教师每天填报《在线教学每日统计表》，对当天学生到位情况、在线教学方式、教学内容、作业布置内容检查情况进行统计，及时掌握每天各班的学生情况，教务处随时进行在线课堂听课并做好听课记载，对在线教学进行监督和管理，定期开展线上教学质量和效果评估。在线教学中始终坚持"一校一策"与"一班一策"、规范提升与精细管理以及技术支撑与全程管控三结合，实现在停课不停学期间"教学过程可持续，教育质量有保障"，打造有温度、有实效、有质量的附中特色"在线课堂"。

中高考取得优异成绩。克服招生规模大幅缩减、生源质量下滑等困难，2020 届高考一本率 70.45%，本科率 98.86%；中考成绩继续在金牛区保持优势。

（2）德育工作业绩。

加强德育品牌建设。开展"思源大讲堂""走进交大生涯规划"等，获批"成都市高水平篮球后备人才基地校"；以名家效应、榜样教育为主线，开展理想责任、感恩自信教育，如《致武汉学子一封信》、吴颖校友抗疫事迹报告会、"唱响红色经典"校园合唱比赛、成人礼等；依托细致心理咨询辅导和广泛激情教育活动加强学生心理健康教育；严格落实学生社团管理办法，建立与大学、社区、地方"三创联动"育人机制，充分发挥社团在校园文化建设中重要作用。

坚持提升班主任专业化发展。严格落实班主任量化考核，通过外出培训、德育论坛等提升班主任职业素养。

（二）子弟小学

交大子弟小学秉承金牛区"学校有口碑、教师有风范、学生有素养"的教育发展理念，以"爱以及国、学以生问、知以行为"为办学理念，以"扬百年名校荣光，育五爱交大少年"为办学目标，将学生培育为"爱家国、爱读书、爱运动、爱思问、爱劳动"的新时代五爱少年，实践创新"思问教育"模式，提升学校的辐射和示范作用。

1. 办学基本条件

学校占地 10 亩，建筑面积 4165 平方米。学校拥有自然科学实验室、师生阅览室、微机室、音乐教室、校园广播电视台、心理咨询室等。本年度，我校全校网络全部更新升级，校园信息化建设稳步向前迈进。

2. 师资队伍建设

学校现有教师 46 名，本科及以上学历占比 100%（硕士研究生 9 人），高级教师 3 名，一级教师 36 名，市学科带头人 1 名，区学科带头人 6 名，省级骨干教师 2 名，区教育专家 1 名，全国优秀班主任 1 名，成都市优秀班主任 3 名，区优秀班主任 6 名。

3. 办学规模

学校目前有 17 个教学班，学生 701 人，其中校内子弟 444 人。

4. 教育教学业绩

学校集体获奖共约 31 项。教师获奖共约 54 项。学生获奖共约 133 项。新闻公众号推送 125 篇报道，扩大了学校的影响力和美誉度。

2020 年，成功创建"成都市阳光体育示范学校"和成都市"金牛区新优质学校"。

在教育科研方面，获一项市级课题结题，一项市级课题立项，两项区级课题结题并分获区级一、三等奖。教师的教育科研论文在各级评选活动中获奖 55 人/次。学生在金牛区学业水平测试中，获区排名数学第四、语文第八的优异成绩。

在科教创新方面，参加"青春有我携手战疫"青少年线上编程展评优秀组织奖，受到省少工委表彰。参加 2020 年度 stema 考试初级 scratch 组中获得全国前 1%的优异成绩。在市、区中小学电脑制作活动中获一等奖 6 人，二等奖 1 人，三等奖 1 人。

在艺体教育方面，"环保故事情景剧"《西天垃圾分类》表演获市级一等奖，受到共青团市委、成都市教育局表彰。在市小学生棋类比赛中，获团体项目一等奖 2 项、二等奖 3 项。第四届红领巾韵律操团体比赛（57 人）获区一等奖。作为航模、足球传统学校，在市级航空航海模型比赛中获团体一等奖 5 项，二等奖 3 个，三等奖 1 个，在区 2020"金教杯"小学校园足球联赛中获一等奖 2 个，二等奖 2 个。

在课程建设方面，打造教授课堂，开创了品

牌课程 5 个，因地制宜地去开发满足学校自身发展所需要的课程，从而推动学校办学特色的形成。

同时，黎子琳同学被成都市教育局、市团委、市精神文明办评为 2020 成都市“新时代好少年”。同年，被评为四川省“新时代好少年”。

5. 党建与德育工作

党建工作紧扣学校教育教学中心工作，结合学校的名校建设目标，努力发挥党支部在学校建设中的政治核心作用，确保了疫情防控、教育教学工作的有序开展。学校召开了少先队第三次代表大会、开展了青少年法制宣传教育活动等系列主题教育活动，彰显学校党建特色。疫情发生后，学校迅速响应、周密部署，制定“三案九制”等应急方案；教研组长带领组员参与成都市疫情专项课题的研究；全体党员同志始终坚守教育岗位，克服各种困难进行线上教学活动。

尽管 2020 年新冠疫情肆虐，在大学的坚强领导和亲切关怀下，在班子带领下，全校师生克服困难，齐心协力，取得了可喜的成绩。学校将继续坚持立德树人、五育并举，突出内涵发展，创新教育教学模式，凸显特色办学，积极推进成都市优质名校建设。

二十、附　录

（一）2020年大事记

【一月】

1月3日，与宜宾市人民政府签署共建西南交通大学宜宾园区合作协议。双方将合作共建西南交通大学宜宾园区，统筹对西南交通大学宜宾研究生院、国际教育办学基地、宜宾西南交通大学产业技术研究院、西南交通大学国家大学科技园宜宾分园的综合管理和运营。学校党委书记王顺洪，宜宾市委书记刘中伯出席仪式。

1月6日，西南交通大学与中铁二院工程集团有限责任公司校企战略合作协议签约仪式举行。双方将以川藏铁路等国家重点工程建设项目为契机，共同开展前沿技术、关键技术研究，在科技创新、科技成果转化、科技人才培养以及教育培训等方面建立全面战略合作伙伴关系。校党委书记王顺洪、校长杨丹出席仪式。

1月6日，西南交通大学第4次院长工作会议在犀浦校区召开，聚焦科技创新，校长杨丹出席会议并讲话，指出科技创新是建设高水平大学的核心工作，提升科技核心竞争力至关重要。

1月7日，西南交通大学文科学科发展研讨会举行。校长杨丹出席会议并讲话，强调学校应保证对学校文科学科发展的基本支持，设立相关专项经费，建立适合的人才引进评价体系。

1月9日，九三学社四川省委举办第六期“四川九三讲堂”。九三学社中央委员、西南交通大学校长杨丹受邀作了题为《促进新一代信息技术与实体经济融合发展的思考》的专题报告。

1月10日，2019年度国家科学技术奖励大会在人民大会堂隆重召开，西南交通大学主持完成的2项成果获奖。其中，何川教授主持的“复杂艰险山区高速公路大规模隧道群建设及营运安全关键技术”获国家科技进步一等奖，这是学校继1999年（沈志云院士主持）、2005年（翟婉明院士主持）以来，第三次获得国家科技进步一等奖殊荣。王开云研究员、翟婉明院士等共同完成的“重载列车与轨道相互作用安全保障关键技术及工程应用”获国家科技进步二等奖。

1月13日，住房和城乡建设部公布了第九批全国工程勘察设计大师名单，西南交通大学5位校友张瑞龙、孟祥连、崔冰、吴德兴、汤友富入选。

1月14日，西南交通大学召开2020年外事工作会议，学习贯彻全国教育外事工作会议精神，部署下一阶段学校国际合作与交流工作。

1月15日，西南交通大学入选省委统战部颁发的“2019年四川省基层（校区）统战工作创新先进单位”。

1月20日，学校党委书记王顺洪深入学生宿舍并前往各值班岗位，看望和慰问寒假留校本研学生、留学生，以及后勤各中心、保卫处、信息网络处坚守一线的值班员工，为他们送上温暖的问候和新春祝福。

1月，新春之际，学校党委书记王顺洪、校长杨丹，以及学校领导班子成员分别率领相关职能部门负责人，以多种形式走访慰问了院士、退休老领导、部分老教授、老同志代表。

1月，教育部公布了2019年度国家级和省级一流本科专业建设点名单，我校共22个专业进入国家级一流专业建设点，8个专业进入省级一流专业建设点。我校2019年共申报国家级一流本科专业建设点25个，获批22个，获批率88%，获批率位于全国前列、获批数量位居省内第二。

1月，教育部公布了第二批新时代高校党建示范创建和质量创优评审结果，西南交通大学牵引动力国家重点实验室党委入选“全国党建工作标杆院系”，马克思主义学院党委博士生党支部、电气工程学院党委电力工程系教工党支部入选“全国党建工作样板支部”，入选数量位列川内高校第一，全国高校前列。

【二月】

2月13日，教育部网站在“一线采风”栏目刊发了《西南交通大学全力以赴打好疫情防控阻击战》报道。

2月22日，在由中国高等教育学会公布的2015—2019年全国普通高校竞赛评估结果（本科，TOP300）排名中，西南交通大学以494项获奖数量、总分92.62分的总成绩高居全国第十二；在2019年全国普通高校学科竞赛排行榜（本科，TOP100）排名中，我校以208项获奖数量、87.1的成绩位列全国第十二；在2015—2019年理工类本科院校学科竞赛评估结果（本科）中，西南交通大学高居全国第九。

2月26日，学校举办了第一场大型综合类空中双选会。本场空中双选会参会单位达980家，提供职位3960个，共有来自917所高校的6145名毕业生参加双选会，招聘会期间投递简历31 721份。

2月26日，四川省委教育工委副书记李光华一行来到西南交通大学犀浦校区，就学校新冠肺炎疫情防控工作及学校线上教学、复课准备情况进行调研。学校党委书记王顺洪，校长杨丹参加调研。

2月28日，为深入贯彻习近平总书记关于扶贫工作的重要论述，贯彻落实党中央、国务院关于打赢脱贫攻坚的决策部署，统筹推进滇西扶贫、定点扶贫，安排部署2020年脱贫攻坚收官工作，教育部召开2020年滇西脱贫攻坚部际联系会暨教育部直属系统扶贫工作推进会。校党委书记王顺洪、校长杨丹参加视频会议。

2月，翟婉明院士专著《车辆—轨道耦合动力学》英文版 *Vehicle-Track Coupled Dynamics: Theory and Applications* 由世界著名科技期刊、图书出版机构 Springer（施普林格）正式出版，面向全球发行。

2月，学校杰出校友、英国皇家工程院院士 Simon Iwnicki 教授所领衔的哈德斯菲尔德大学铁路研究所荣获2019年度代表英国学术界最高成就之一的女王周年纪念奖。

2月，由学校翟婉明院士与王郴平教授共同发起并任主编，西南交通大学与泰勒-弗朗西斯集团（Taylor & Francis Group）合作出版的 *International Journal of Rail Transportation*（*IJRT*）被 *Science Citation Index Expanded* 正式收录，标志着其学术质量和影响力已经获得国际学术界和出版界的进一步认可，拓展了全新的国际学术平台。

【三月】

3月12日，成都市委常委、组织部部长、社治委主任邓涛来校看望学校党外代表人士高增安，并调研学校牵引动力国家重点实验室。校党委书记王顺洪会见邓涛一行，并汇报介绍学校改革发展情况。

3月24日—25日，西南交通大学在犀浦校区召开2020年工作务虚会，全体校领导及相关单位负责人参加会议。会议就学校师资队伍建设、提升科研核心竞争力、建设一流支撑服务保障体系、发展的政治保障、1＋X分管重点工作以及学校2020年工作要点等有关内容逐一进行研讨。会议由校党委书记王顺洪主持，校长杨丹作工作要求。

3月，西南交通大学心理研究与咨询中心“走进心理学”“探索心理学”“幸福心理学”3门心理健康通识慕课被收入“学习强国”学习平台，供全国8000多万党员和广大社会群众学习。这是对西南交通大学心理健康教育工作的高度肯定。

【四月】

4月9日，校长杨丹一行前往成都市新津县调研考察并参加座谈会。在座谈会上，新津县相关负责人汇报了新津第四功能区策划思路及与西南交大开展全方位合作的思路。

4月10日，校党委书记王顺洪，校长杨丹一行前往成都市新都区调研考察和座谈。座谈会上，王顺洪表示未来学校将与新都区、中车成都公司等在轨道交通运营安全、新制式轨道交通、货运动车等方面加强合作，在智能化的大背景下，实现科教融合、产教融合，实现共赢。

4 月 14 日，全国哲学社会科学工作办公室公布了研究阐释党的十九届四中全会精神国家社科基金重大项目立项名单,西南交通大学公共管理与政法学院特聘教授吴江担任首席专家申报的《构建具有全球竞争力的人才制度体系研究》获得立项。至此，我校公共管理与政法学院实现国家社科基金重大项目零的突破。

4 月 16 日，央视新闻客户端以《川藏铁路拉林段今天完成首次长钢轨无缝焊接》为题，报道了西南交通大学材料科学与工程学院钢轨焊接技术团队研制“高原型钢轨现场闪光焊机和双频现场电正火设备”，助力川藏线建设的故事。

4 月 16 日，中共四川省委宣传部副部长高中伟来校调研考察,深入了解学校重点马克思主义学院建设和长征文化研究情况。校党委副书记桂富强陪同调研。

4 月 21 日，省委、省政府在成都举行四川省科学技术奖励大会,隆重表彰为我省科技事业作出突出贡献的科技工作者。我校主持 6 项成果荣获 2019 年度四川省科学技术奖，其中，王平教授主持的“高速铁路轮轨滚振动耦合作用机理与接触行为调控”、张卫华教授主持的“高速列车结构安全服役试验评价技术及应用”、冯晓云教授主持的“高速列车电力牵引系统关键技术及应用”、周祚万教授主持的“载人航天器舱内抗菌材料研制及推广应用”、邱建教授主持的“汶川地震灾后城乡重建规划理论、关键技术及应用”等 5 项成果获四川省科技进步一等奖，占一等奖授奖率 1/7，创历年新高。吴圣川教授主持的“高速铁路关键部件伤损机理及服役行为评估技术”获四川省科技进步二等奖。

4 月 29 日,西南交通大学经济管理学院 2017 级硕士研究生袁韵在导师指导下与国内外多名教授共同合作研究，在国际顶级期刊《自然》（*Nature*）在线发表论文《人口流动驱动新冠肺炎疫情在全国的时空分布》（*Population Flow Drives Spatio-Temporal Distribution of COVID-19 in China*）。

4 月 28 日，爱课程国际平台启动仪式在京举行，并通过网络面向全国及海外同步直播，我校校长杨丹作为受邀嘉宾以视频形式作了发言。西南交大学高质量打造了包括高速铁路系列在内的 100 余门在线开放课程,其中国家级精品课程 23 门，本次推出 7 门英文在线开放课程，面向全球开放、共享。

4 月，西南交通大学与美国西北大学正式签署交通运输人才培养合作协议,构建交通运输双硕士学位和学术交流计划。

【五月】

5 月 4 日，人民日报刊发本专科生国家奖学金获奖学生代表名录,西南交通大学信息科学与技术学院 2016 级本科生唐大伟入选。

5 月 7 日，爱思唯尔（Elsevier）正式发布的 2019 年中国高被引学者（Chinese Most Cited Researchers）榜单。本次国内共有来自 242 个高校/科研单位/企业的 2163 位学者入选，西南交通大学 7 人入选，按照各高校入选人数进行统计，我校位列第 50。

5 月 12 日，西南交通大学召开 2020 年工作部署会，全体校领导、各单位中层领导干部、各民主党派主要负责人、教师代表等出席会议。会议由党委书记王顺洪主持。校长杨丹以《凝心聚力　抢抓机遇　对标一流　加快发展》为题进行了工作部署。

5 月 12 日，中共西南交通大学委员会 2020 年全面从严治党工作会议在犀浦校区召开,会议学习贯彻落实习近平总书记在第十九届中央纪委四次全会上的重要讲话精神，总结 2019 年工作，分析研究新形势新任务，对 2020 年全面从严治党工作作出安排部署。校党委书记王顺洪、校长杨丹及校领导班子全体成员出席会议。

5 月 12 日，成渝地区双城经济圈高校联盟成立大会在四川大学国际学术交流中心召开。四川省人民政府副省长杨兴平会见成渝地区 20 所联盟成员高校的负责同志，学校是 20 所联盟成员高校之一，校长杨丹参加联盟成立大会。

5 月 13 日，西南交通大学开通网上校史馆。

5 月 15 日，校党委书记王顺洪、校长杨丹检查指导学生返校准备工作,重点查看了学校校门、宿舍园区、学生食堂、健康观察区等关键场所的准备情况，并就下一阶段工作进行了部署。

5 月 15 日，西南交通大学力学学院张旭教授研究组在固体力学领域顶级期刊 *Journal of the Mechanics and Physics of Solids* 上在线发表论文 *Cyclic plasticity of an interstitial high-entropy alloy: Experiments, crystal plasticity modeling, and simulations*，论文通讯作者为张旭教授，第一作者为博士研究生陆晓翀。

5 月 20 日，四川省创建综合性国家科学中心第一批支撑项目正式启动，我校多态耦合轨道交通动模试验平台作为本次启动建设中的 6 个项目之一，是唯一由高校牵头建设的项目，该项目为学校历史上投资规模最大的科学试验装置，建成后，将成为引领未来超高速轨道交通科技发展的重要平台。省委常委、常务副省长罗文，成都市委常委、常务副市长谢瑞武，省发改委主任李刚，西南交通大学党委书记王顺洪等出席启动仪式。

5 月 26 日，西南交通大学与四川省交通投资集团公司进行战略合作协议签约。据协议，校企双方将充分发挥各自优势，在高速铁路、城市轨道交通，以市域铁路、山地轨道交通、磁浮为代表的新制式轨道交通，和以真空管道为代表的前沿性轨道交通、公路交通、民用及商业建筑等领域大力开展有组织的科研、人才培养、产业融合等合作。省交投集团党委书记、董事长冯文生；西南交大党委书记王顺洪，校长杨丹等出席仪式。

5 月 27 日—28 日，学校党委书记王顺洪一行到甘肃省秦安县调研推进相关工作，实地查看学校援建基础项目进展情况，看望慰问对口帮扶的贫困群众。

5 月 28 日，西南交通大学党委书记王顺洪等一行到访铁一院并开展座谈交流，双方就人才培养、科研合作、校企共建等事宜进行了友好交流。铁一院党委书记、董事长刘为民，院长董勇等参加了座谈。

5 月 29 日，西南交通大学党委书记王顺洪等一行到访中铁一局，双方就加强校企合作进行了深入交流。中铁一局党委书记、董事长马海民等领导参加交流。

5 月 29 日，四川省委教育工委、四川省教育厅刊发简报，以《西南交通大学发挥党外知识分子优势开辟“三全育人”新路径》为题专题报道了我校创造性做好新时代大学生思想政治教育工作的具体举措。

5 月，我校机械学院 2017 级车辆工程专业本科生顾雨涵以第一作者在国际顶级期刊 *Applied Energy* 发表论文 *A goblet-like non-linear electromagnetic generator for planar multi-directional vibration energy harvesting*。这在促进西南交通大学本科生走向学术科研领域迈出了重要一步。

5 月，西南交通大学物理科学与技术学院雏鹰学者倪宇翔副教授课题组在纳米结构对材料声子热传导的调控机理研究方面取得一系列进展，连续在 *Physical Review B* 上发表 2 篇研究论文。

【六月】

6 月 3 日，西南交通大学召开院长工作会议，专题研究师资队伍建设。校长杨丹参加并主持会议。

6 月 4 日，校长杨丹到力学与工程学院开展工作调研，要求力学学院做好“十四五”规划，加强新专业建设，谋求学科的振兴升位，为学校建设交通特色鲜明的世界一流大学提供强大支撑。学院全体党政领导、各学科带头人等参加了本次会议。

6 月 8 日，教育部组织召开全面推进高等学校课程思政建设工作视频会议，部署《高等学校课程思政建设指导纲要》贯彻落实工作。会议强调，要深刻认识全面推进高校课程思政建设的战略意义，充分发挥好专业课教师“主力军”、专业课教学“主战场”、专业课课堂“主渠道”的作用，推动课程思政建设不断取得新进展新成效，使专业课与思政课同向同行，构建立德树人长效机制，实现全员全程全方位育人。我校设分会场参加视频会议，校党委书记王顺洪，校长杨丹参加会议。

6 月 9 日，西南交通大学与成都市政府签署《全面深化市校战略合作协议》。双方坚定贯彻落实习近平总书记重要指示精神，抢抓成渝地区双城经济圈建设战略机遇，在科技成果转化、科技创新平台建设、创新人才资源引聚等方面开展全方位合作，助力中国西部（成都）科学城建设，加快打造具有全国影响力的科技创新中心，构筑引领高质量发展的增长极和动力源。

6月10日，西南交通大学2020届学生“云毕业典礼”通过线上“云播”方式举行。

6月11日，四川省教育厅离退休人员工作处处长韩春蓉一行三人，到西南交大离退处调研检查、指导学校离退休管理与服务相关工作。

6月11日，广西壮族自治区科学技术厅党组书记、厅长曹坤华一行来校访问，校地双方就进一步深化合作开展交流座谈。西南交大党委书记王顺洪，校长杨丹出席座谈会。

6月24日，西藏大学校长纪建洲一行来校访问，西南交通大学校长杨丹出席座谈会。双方就受援需求及学科建设进行深入交流，涉及学科建设、人才培养、师资队伍建设、高层次人才引进、平台建设、“十四五”期间的重大科学研究项目申报、信息化建设、文献共建共享等议题。

6月29日，全省首个大中小学思政教育联盟——金牛区大中小学思政教育联盟成立大会在金牛区石笋街小学举行。西南交通大学作为金牛区大中小学思政教育联盟的主要发起人和核心成员单位受邀出席会议。

6月30日，人力资源社会保障部、中国科协、科技部、国务院国资委公布了《关于表彰第二届全国创新争先奖获奖者的决定》。西南交通大学张卫华教授、王开云教授荣获全国创新争先奖状，获奖人数位居全国14位。张卫华教授作为“复兴号动车组研发创新团队”核心成员获得全国创新争先团队奖。

6月，西南交大创办的*Railway Engineering Science*（RES）《铁道工程科学》第一期正式出版。

6月，在中国铁道学会开展2020年度“最美铁道科技工作者”遴选和学习宣传活动中，10名交大人受到“最美铁道科技工作者”表彰。

6月，学校人文学院杨树青同学荣膺由四川省妇联、省教育厅、省委网信办评选的四川“最美女大学生”。

【七月】

7月2日，“四川统一战线学习贯彻习近平总书记关于加强和改进统一战线工作的重要思想读书班”在四川省社会主义学院举行。作为全省唯一的高校代表，学校党委统战部部长、社会主义学院常务副院长卢世炬受邀在大会交流环节作主题发言。

7月8日，西南交通大学与京沪高速铁路股份有限公司在成都、北京两地举行战略合作框架协议“云”签约仪式。根据协议，校企双方将充分发挥各自优势，围绕人才培养、科技合作两大方面，在高层次人才联合培养、科技攻关协作、科技奖励联合申报等方面开展全方位战略合作。校党委书记王顺洪、校长杨丹出席签约仪式。

7月9日，根据科睿唯安（Clarivate Analytics）基本科学指标数据库（Essential Science Indicators，简称ESI），学校工程学学科（ENGINEERING）首次进入ESI世界排名前1‰。这是学校第一个进入ESI世界排名前1‰的学科，实现了学科建设新突破，标志着学校工程学领域已经具有较高的国际学术水平和影响力。

7月10日，李群湛教授领衔的“四川省劳模和工匠人才创新工作室”、易思蓉教授领衔的“四川省五一巾帼创新工作室”正式授牌。这标志着学校以创建创新工作室为主要载体，促进劳模和工匠人才在学校改革发展中发挥引领作用，取得了重要突破。

7月13日—14日，西南交通大学在犀浦校区召开2020年重点工作务虚会议。会上主要围绕城市轨道交通学院建设、“十四五”规划编制工作与学校发展中的若干关键指标等五个主题重点报告。党委书记王顺洪强调要全面努力提升学校各方面实力和水平，并部署重点工作；校长杨丹就如何推进工作、如何抓好落实提出了明确要求。

7月15日，西南交通大学2020年国际合作与交流工作会议在犀浦校区举行。会上指出国际合作与交流处应按照学校部署，加强统筹协调，做好“十四五”国际化工作规划，以更加优质的服务支持教学科研单位的国际化工作。

7月22日，中国铁建集团公司一行来校访问，学校和公司负责人分别介绍了学校科研基本情况、企业发展情况及校企战略合作推进情况。校企双方就进一步加强合作进行了充分交流。西南交大党委书记王顺洪出席座谈会。

7 月 28 日，校长杨丹一行赴重庆交通大学访问。双方签订了《西南交通大学—重庆交通大学校际战略合作协议》。

7 月，朱庆教授和胡翰教授带领的 VGE 团队荣获 2020 数字中国创新大赛 · 数字政府赛道建筑物智能普查创新应用赛亚军。

7 月，中国老龄协会公布老龄科研基地批准名单学校入围。这是西南交通大学继 2015 年获得全国老龄工作委员会办公室批准建设“国际老龄科学研究院”（国家老龄科学理论研究基地，首批两家）以来，再度在老龄和康养领域获得国家级科研基地称号。

7 月，材料科学与工程学院材料先进技术教育部重点实验室黄楠、杨志禄教授及其合作者，以我校为第一通讯单位在《美国科学院院刊》（*Proceedings of the National Academy of Sciences of the United States of America*，*PNAS*）上发表题为 *Bioclickable and mussel adhesive peptide mimics for engineering vascular stent surfaces* 的研究论文。

【八月】

8 月 14 日，由教育部思想政治工作司、中央网信办网络社会工作局联合主办的第四届“全国大学生网络文化节”和“全国高校网络教育优秀作品推选展示活动”遴选结果揭晓。我校师生的作品在全国 29 032 件参赛作品中脱颖而出，获得一等奖 1 项、二等奖 2 项、三等奖 4 项、优秀奖 3 项，获奖数量和质量再创新高，为我校参赛历史上最好成绩。

8 月 18 日—21 日，在“兆易创新杯”第十五届中国研究生电子设计竞赛中，西南交通大学信息科学与技术学院研究生在本次大赛中表现优异，荣获全国一等奖 2 项（最高奖），以及抗击疫情专项奖 1 项、最佳技术论文奖 1 项、华为专项奖 1 项。这创造了学校在本项赛事中的国家级奖项数新纪录：全国一等奖项数目并列西南高校第一、全国第四，且连续两年（2019、2020）在该竞赛中蝉联全国一等奖。信息科学与技术学院闫连山教授、郑宗良老师获全国“优秀指导教师奖”。

8 月 18 日，校党委书记王顺洪、校长杨丹来到 2020 年本科招生录取工作现场视察录取工作，看望假期坚守岗位的工作人员和志愿者。

8 月 19 日，西南交通大学外国语学院教师组建的参赛团队荣获 2020 年外研社“教学之星”大赛英语专业组全国一等奖。

8 月 20 日，在“2020 年四川省科普讲解大赛”中，我校土木学院陆地交通地质灾害防治技术国家工程实验室的青年教师王楠获得“2020 年四川省科普讲解大赛”一等奖并被授予“四川省十佳优秀科普使者”称号，交通运输与物流学院青年教师李力荣获二等奖。

8 月 21 日—22 日，在第十届全国大学生电子商务“创新、创意及创业”挑战赛总决赛中，我校团队代表四川省荣膺特等奖第一名，同时包揽了全国“最佳创意奖”“最佳创新奖”“最佳创业奖”“最佳指导老师奖”等所有单项大奖，指导老师经济管理学院苗苗教授被评为“优秀指导教师”，这也是学校连续三年斩获“三创赛”国家特等奖，在该项赛事中获特等奖次数位列全国第一。

8 月 22 日—23 日，学校信息科学与技术学院 6 支参赛队伍在第四届全国大学生集成电路创新创业大赛全国总决赛中，获得了 2 项特等奖、2 项二等奖、2 项三等奖，创造了学校在本项赛事中国家级奖项等级和数量的新纪录，学校为所有参赛高校中仅有的两所同时摘取 2 项特等奖的高校，特等奖数量并列全国第一。同时，我校荣获集创赛“优秀组织奖”。

8 月 28 日，学校 8 支代表队在第十一届中国大学生服务外包创新创业大赛总决赛中斩获一等奖 2 项、二等奖 6 项，学校荣膺全国高校“优秀组织奖”，获奖质量数量位列全国第一。

8 月 28 日—30 日，在第十三届全国大学生节能减排社会实践与科技竞赛全国总决赛中，学校学子荣获了 1 项一等奖、3 项三等奖，学校获得“高校优秀组织奖”。

8 月 29 日—30 日，在“正大杯”第十届全国大学生市场调查与分析大赛暨第九届海峡两岸大学生市场调查分析大赛中，学校 5 支代表队表现突出，全部斩获全国一等奖，取得了大满贯，我校荣膺全国高校“优秀组织奖”，获奖质量数量位列全国第一。

8 月 30 日，在第八届全国大学生光电设计竞赛中，学校五支队伍分别获得一等奖 1 项，二等奖 1 项，三等奖 3 项的好成绩。其中，学校的参赛项目《智“识”——GPU 加速的自校准虹膜识别系统》荣获一等奖，我校朱宏娜、徐利华老师获得“优秀指导教师”奖。这创造了我校在本项赛事中国家级奖项等级和数量的新纪录，同时，我校荣获“优秀组织奖”。

8 月，中国科学技术协会公布了 2020 年“‘一带一路’国际科技组织合作平台建设项目”立项名单。由学校国际学术组织研究中心联合国际铁路联盟（UIC）、德国国际生态交通联盟申报的“‘一带一路’国际科技组织联合共建研究/培训中心”从全国 434 个高校及科研机构申报的项目中脱颖而出，成功入选 62 个获批项目之一，为西南地区唯一一家入选高校。

【九月】

9 月 8 日，全国抗击新冠肺炎疫情表彰大会于在北京人民大会堂隆重举行。西南交大附属医院——成都市第三人民医院院党委宣传统战部部长，消化内科二病区护士长、大内科副护士长，副主任护师刘之超获得全国抗击新冠肺炎疫情先进个人表彰。

9 月 9 日，四川省“十佳”劳模和工匠人才创新工作室创建交流活动在西南交通大学天府新区研究院举行，学校李群湛教授领衔的“四川省劳模和工匠人才创新工作室”入围参评省“十佳”劳模和工匠人才创新工作室。

9 月 10 日，西南交通大学 2020 年教师节庆祝大会顺利举行。学校党委书记王顺洪，校长杨丹出席本次大会，与教师代表、教学科研及机关部处相关负责人共同庆祝全国第 36 个教师节。

9 月 12 日—13 日，西南交通大学 2020 级学生开学典礼分别于犀浦校区北区体育场和峨眉校区风雨操场举行。学校党委书记王顺洪，校长杨丹出席了开学典礼。

9 月 17 日，西南交通大学“双一流”建设周期总结专家咨询评议会在成都举行。专家组成员一致同意通过西南交通大学“双一流”建设周期评估。学校党委书记王顺洪，校长杨丹，中国科学院院士、校学术委员会主任、交通运输工程学部主任翟婉明等出席会议。

9 月 18 日，国家自然科学基金委员会公布了 2020 年首批获资助基金项目评审结果，学校 147 项项目获得资助，较 2019 年同期增长 24.6%。其中，面上项目 81 项，青年基金 52 项，优秀青年科学基金项目 4 项，重点项目 4 项，重点国际（地区）合作研究项目 1 项，国际（地区）合作与交流项目 3 项，联合基金项目 2 项。

9 月 21 日，教育部发展规划司副司长田福元来校调研 2020 年度高校书记校长履职亮点项目推进情况。校党委书记王顺洪，校党委常委、副校长蒲云向田福元一行汇报了“书记校长履职亮点项目”推进情况。

9 月 22 日，教育部在北京召开了首届全国教材工作会议。会议以习近平新时代中国特色社会主义思想为指导，深入学习贯彻习近平总书记关于教材建设的重要指示批示精神，全面落实教材建设规划和四个管理办法要求，总结交流教材建设工作进展，分析研判面临的新形势新任务新要求，部署推进下一阶段教材建设与管理工作。犀浦校区设分会场，学校教材委员会主任及委员校长杨丹出席会议，学校各职能部门负责人参加会议。

9 月 23 日，西南交通大学与江苏省产业技术研究院签署战略合作协议。双方在研发创新合作、人才培养和科研成果产业化合作等方面达成共识，西南交通大学校长杨丹出席签约仪式。

9 月 25 日，西南交通大学与山东铁路投资控股集团签署战略协议。双方将充分发挥各自优势和资源禀赋，开展靶向式科技协同创新、多层次人才交流共享、多元化科技产业合作。西南交通大学校长杨丹出席签约仪式。

9 月 25 日，腾讯基金会、“科学探索奖”执行委员会公布了 2020 年“科学探索奖”获奖名单。西南交通大学王开云老师获此殊荣，这是继去年邓自刚研究员荣获首届“科学探索奖”之后，西南交通大学的第二位获奖者。

9 月 27 日，四川省民族团结进步表彰大会在成都召开。西南交通大学党委统战部（民族宗教工作领导小组办公室）获得了四川省民族团结进步模范集体的殊荣，这是对学校民族团结进步工作的充分肯定。

9月，电气工程学院辅导员张异获得“第六届全省高校辅导员年度人物”称号，我校已连续六届获得四川省辅导员年度人物殊荣。

9月，2020年中秋、国庆“双节”前夕，学校党委书记王顺洪看望慰问了原全国人大代表陈大鹏教授，归侨侨眷李恒教授等离退休老同志。

【十月】

10月12日，教育部网站以“西南交通大学‘四个聚焦’抓好定点帮扶工作”为题，专题报道了学校定点帮扶工作。

10月12日，西南交通大学与华为技术有限公司《“智能基座”产教融合协同育人基地合作协议》签约仪式举行。西南交通大学校长杨丹、校相关单位负责人，华为技术有限公司相关负责人参与签约并展开交流。

10月12日，西南交通大学在犀浦校区召开本学期第一次院长工作例会，专题探讨新形势下研究生教育工作与第五轮学科评估。

10月14日，北京市基础设施投资有限公司党委书记、董事长张燕友一行访问学校。校党委书记王顺洪、校长杨丹进行会见，双方就进一步加强相关领域的密切合作进行了深入交流。

10月15日，学生在2020年“挑战杯”中国农业银行四川省大学生创业计划竞赛中获得金奖2项、银奖8项、铜奖8项，学校荣获“优秀组织奖”和“优胜杯”。

10月15日，定点帮扶及援藏（疆）工作成就展及扶贫农产品展销会在犀浦校区开展。校党委书记王顺洪、校长杨丹与师生一同观展，带头认购扶贫农产品。

10月16日，国际能源署聚变能技术合作项目工作会在西南交大犀浦校区召开，会议旨在更好地促进国内各单位借助聚变能平台开展国际学术交流与合作，扩大中国在该领域的影响力。科技部国际合作司副司长陈霖豪、核聚变中心主任罗德隆，校长杨丹，以及来自各大单位的专家出席会议。

10月16日，原中国驻法国使馆公使衔教育参赞马燕生来校调研大学国际化评价、国际组织研究、中外人文交流诊断等工作。

10月17日，西南交通大学土木、利兹、茅以升学院土木工程专业的10名同学组成的两支队伍参加了第二届国际大学生混凝土龙舟邀请赛。在土木工程学院四位老师的指导下，两支队伍打造的“雷神”龙舟和“火神”龙舟分别斩获特等奖和三等奖。

10月19日，中共四川省委教育工作委员会公布了四川省“三全育人”综合改革试点高校和试点院（系）评选结果，西南交通大学力学与工程学院成功入选四川省“三全育人”综合改革试点院系。

10月21日，西南交通大学与江苏省交通工程建设局合作交流会议在牵引动力国家重点实验室举办。西南交通大学党委书记王顺洪、校长杨丹出席会议。杨丹和蒋振雄代表校企双方签署了战略协议，并举行了蒋振雄兼任西南交通大学教授聘任仪式。

10月22日，西南交通大学信息科学与技术学院潘炜教授和闫连山教授主持的两项国家重点研发计划项目——“宽带微波光子信号调控核心器件与技术”（“光电子与微电子器件及集成”重点专项）和“新型光纤传输系统架构与关键技术研究”（“宽带通信和信息网络”重点专项）在犀浦校区启动。

10月23日，西南交通大学——金牛区政府校地合作座谈会在九里校区举行。座谈双方围绕校区周边环境打造、西南交大附中附小建设、落实引进人才政策、科技成果转化、产业发展合作、校地文化融合等方面展开了高效务实的恳谈，为进一步推动工作、落实协议打下坚实基础。西南交通大学校长杨丹出席座谈会，学校和金牛区政府相关部门负责人参加会议。

10月27日—28日，全国铁路行业共青团和青年工作指导委员会全体会议召开，西南交通大学当选为全国铁路行业团指委副主任单位，并受邀作主题发言。

10月28日，省委常委、宣传部部长甘霖来校专题调研研究生教育工作，强调要深入学习贯彻习近平总书记关于研究生教育工作的重要指示精神，贯彻落实全国研究生教育会议部署和省委有关要求，加快推进省研究生教育改革发展。甘霖主持召开座谈会，听取校长杨丹及师生代表对研究生教育改革发展有关意见建议。

10 月 28 日，2020 全球技术转移大会在上海展览中心开幕。西南交通大学党委书记王顺洪代表学校出席并作主旨发言。

10 月 29 日，在北京举行的 2020（第十九届）中国远程教育大会上，西南交通大学现代远程教育天津铁道职业技术学院学习中心和西南交通大学现代远程教育广州铁路职业技术学院学习中心，被评选为“2020 年度全国高校现代远程教育优秀校外学习中心”。

10 月 30 日，中国教育电视台《教育新闻直播间》节目以题为《西南交通大学：铭记伟大胜利　传承伟大精神》，报道了学校纪念中国人民志愿军抗美援朝出国作战 70 周年的活动。

10 月，经中央全面深化改革委员会第十二次会议审议通过，西南交大入选由《赋予科研人员职务科技成果所有权或长期使用权试点单位名单》，成为赋予科研人员职务科技成果所有权或长期使用权试点单位。

10 月 31 日—11 月 1 日，第十三届全国 MTS 材料试验学术会议在成都召开。会议由中国力学学会 MTS 材料试验专委会主办，西南交通大学力学与工程学院承办。会议收到论文 140 篇，其中，大会特邀报告 5 篇，分会场邀请报告 20 篇，参会人数 260 余人，论文第一作者涉及 70 个单位，其中 41 个高校单位、18 个研究院所单位和 11 个企业单位。

【十一月】

11 月 9 日，福布斯中国推出最新的 30 岁以下精英榜（30 Under 30）中，材料学院孙强强老师荣登榜单，被福布斯誉为“未来的新星”之一。在科学与医疗健康领域，全国仅有 30 人上榜。

11 月 9 日，以“智建新交通，协同新发展”为主题的世界交通运输大会（WTC）成都论坛开幕。学校作为协办单位之一，全程参与大会各项筹备工作。校长杨丹、中国工程院院士钱清泉出席大会，卢春房、何川受邀在开幕式做主旨报告。

11 月 12 日，西南交通大学举行犀浦校区三号教学楼顺利验收移交。

11 月 12 日，西南交通大学在犀浦校区举行共青团实践育人风采展暨 2020 年度共青团实践育人表彰大会。

11 月 13 日，全国铁道团委书记张腾、青少年捐助中心主任张荣娥、中国铁路成都局集团有限公司团委书记韩定鸿一行到访西南交通大学。校党委书记王顺洪会见了张腾书记，双方围绕“交通强国”战略、人才培养等工作进行交流。

11 月 13 日—16 日，在第十三届“高教杯”全国大学生先进成图技术与产品信息建模创新大赛决赛中，西南交通大学建筑组代表队斩获团体国家级一等奖 1 项，二等奖 1 项，个人国家级一等奖 8 项、二等奖 7 项、三等奖 3 项；西南交通大学建筑组代表队（峨眉校区）共斩获团体国家级三等奖 2 项，个人国家级一等奖 2 项、二等奖 5 项、三等奖 3 项。

11 月 17 日，四川省教育厅公布四川省第九届大学生艺术展演获奖名单。学校在本届展演中荣获一等奖 15 项、二等奖 6 项、三等奖 2 项，取得了学校参加四川省大艺展活动以来的最佳成绩，实现了“三大突破”。

11 月 17 日，“一带一路”国际科技组织联合研究中心成立暨揭牌仪式在西南交通大学犀浦校区举行。中国科协党组成员、书记处书记宋军，中国科协国际联络部部长刘阳，宜可城东亚秘书处北京代表处项目官员朱慧龄，校长杨丹出席会议。德国德中协会主席、欧洲科学院院士 Martin Woesler（马丁・吴莫汀）教授，国际铁路联盟客运部 Marc Guigon（马克・吉贡）主任，宜可城全球秘书处、可持续交通高级项目官员庄欣怡通过视频致辞。

11 月 17 日—18 日，校长杨丹率队赴峨边彝族自治县五渡镇双凤村开展精准扶贫工作。

11 月 20 日，西南交通大学地学学院青年教师王玉峰副研究员荣获 2019 年度国际地质灾害与减灾协会（ICGdR）杰出青年科学家奖。

11 月 21 日—22 日，“中铁工业杯”第九届全国大学生机械创新设计大赛决赛在犀浦校区举行，大赛主题为“智慧家居、幸福家庭”。

11 月 22 日，2020 年第七届四川省大学生“生命之星”科技邀请赛暨第四届全国大学生生命科学竞赛四川省决赛在犀浦校区举行。

11 月 23 日，西南交通大学（Southwest Jiaotong

University，SWJTU-China）生命科学与工程学院与美国佐治亚州立大学（Georgia State University，GSU-USA）组成的联合队伍“GA State SW Jiaotong”在第十七届国际遗传工程机器竞赛（International Genetically Engineered Machine competition，iGEM）中斩获银奖。

11 月 24 日，科技部国际合作司批准西南交通大学作为中国缔约方加入国际能源署仿星器技术合作项目。要求西南交通大学牵头国内同行参与仿星器技术合作项目的各项活动，遵循“自我为主、为我所用、逐步推进、互利共赢”的原则，充分利用国际资源，建立国内沟通机制和共享平台，及时向科技部汇报重大情况，并与科技部-国际能源署合作联络办公室保持沟通。

11 月 24 日，2020 年全国劳动模范和先进工作者表彰大会在北京人民大会堂隆重举行，西南交通大学多位校友荣获“全国劳动模范”表彰。

11 月 27 日，机械学院丁国富教授、生命学院孟涛教授领衔的两家技能人才创新工作室上榜教科文卫体系统劳模（职工技能人才）创新工作室。至此，省级以上创新工作室已经提升至 7 家。

11 月 28 日，外国语学院两名研究生在第二届全国大学生国别区域演讲比赛分获大赛特等奖，大赛优秀奖；外国语学院研究生辅导员张茜获得优秀指导老师，学校获得大赛优秀组织奖。

11 月 28 日，西南交通大学第三十次学生代表大会、第九次研究生代表大会在犀浦校区隆重召开。

11 月 28 日，人文学院汪启明教授所著《考据学论稿》荣膺第四届全球华人国学大典之国学成果奖。

11 月 30 日，学校党委召开第 160 次常委（扩大）会议，听取并研究定点扶贫工作完成情况，研究 2021 年特殊类型招生工作，学习传达并研究贯彻落实深化新时代教育评价改革有关工作。

11 月 30 日，学校 50 门课程入选教育部首批国家级一流本科课程，入选总数位列全国第 17 位，是唯一一所入选总数达到 50 门“一流学科”建设高校。

【十二月】

12 月 2 日，学校“五老”之一伍镜湖先生的长孙伍尚濂偕夫人宋瑞雪莅临我校档案（校史）馆，将伍镜湖教授生前部分珍贵物品赠予学校。

12 月 2 日，在四川省第八届劳动模范和先进工作者表彰大会上，何正友教授荣获四川省先进工作者荣誉称号。

12 月 3 日，西南交通大学与中车株洲电机有限公司签订战略合作协议。为更好发挥西南交通大学的人才优势和科研创新能力，借助中车株洲电机有限公司的行业优势，本着“资源共享、优势互补、互利共赢、共同提高”的原则，学校与中车株洲电机有限公司决定在教育合作与人才培养、学术交流与资源共享、科技创新与成果转化等方面开展合作。

12 月 3 日—10 日，西南交通大学第四届“交天下菁英，通宇内鼎甲”学者论坛在学校隆重举行。该论坛旨在诚邀活跃在科学前沿或热点研究领域的优秀人才，通过学术报告和研讨开展学术交流，促进联络与合作，吸引优秀学者来校干事创业，实现人生价值，与交大共同成长。

12 月 4 日—6 日，“2020 深水大跨桥梁新进展研讨会”在西南交通大学隆重举行。本次研讨会的成功举办，进一步加强了学校桥梁工程学科与兄弟院校之间的学术交流、促进了学校与兄弟企业之间的校企合作。

12 月 4 日，刘文思、于国祥伉俪向母校西南交通大学捐赠 300 万元设立“思国”奖教金。

12 月 10 日，国际顶级学术期刊 *Nature* 发表了材料科学与工程学院博士毕业生杨倩（现为英国曼彻斯特大学博士后）为第一作者的文章 *Capillary condensation under atomic-scale confinement*（*Nature*，2020，588，250-253，https://doi.org/10.1038/s41586-020-2978-1），报道了纳米限域毛细凝聚新理论，并对传统开尔文公式进行了修正，使其能够更好地描述亚纳米尺度的毛细凝聚现象，为解开毛细凝聚这一百年谜题提供了方案。西南交通大学前沿科学技术研究院院长、材料科学与工程学院材料先进技术教育部重点实验室教授周祚万为该文章的共同作者。

12 月 10 日，按照成都市防控办的统一安排，西南交通大学犀浦校区师生 3.2 万人全员有序接受核酸检测。

12 月 11 日，在九三学社第十四届中央常务委员会第十三次会议上，校长、九三学社四川省委主委杨丹当选为九三学社中央常委。

12 月 11 日，教育部网站以“西南交通大学以信息化推动教育教学改革创新”为题，专题报道了学校教育教学改革创新工作。

12 月 12 日，由西南交通大学公共管理与政法学院主办的第二届公共管理峨眉论坛“面向 2035 的国家治理现代化”（云端会议）成功举办，来自全国各大高校的四百余名公共管理专家学者、青年硕博群体参与论坛。

12 月 14 日，学校党委召开第 161 次常委（扩大）会议，研究全面从严治党、意识形态、“双代会”学校工作报告等工作，审定教职工岗位等级晋升办法、教学科研单位党组织委员会议和党政联席会议议事规则等。校党委书记王顺洪同志主持会议。

12 月 16 日，教育部第八届高等学校科学研究优秀成果奖（人文社会科学）评选结果公布，西南交通大学共 4 项成果获奖，其中，二等奖 1 项，三等奖 2 项，普及读物奖 1 项，实现了获奖数量和获奖等级双重历史性突破。

12 月 19 日，西南交通大学牵引动力国家重点实验室第八届学术委员会第二次全体会议顺利举行。全体委员与特邀专家充分肯定了实验室在科学研究、人才培养、平台建设等方面取得的成绩，认为实验室持续在轨道交通领域作出了重要贡献。同时，希望实验室制定好学科“十四五”发展规划，坚持目标牵引和问题导向，在队伍建设、人才培养、科学研究、平台建设、国际合作、社会服务等方面继续扎实工作，为推动轨道交通行业发展作出新贡献。

12 月 20 日，外国语学院英语专业本科生喜获 2020“外研社·国才杯”全国英语写作大赛全国一等奖第一名，张举燕老师荣获优秀指导老师奖。

12 月 21 日，在全校上下深入学习贯彻党的十九届五中全会精神之际，校党委书记王顺洪深入马克思主义学院调研指导工作，并参加学院党政联席会。

12 月 21 日—25 日，校党委书记王顺洪先后前往信息科学与技术学院、力学与工程学院、地球科学与环境工程学院、土木工程学院，调研指导第五轮学科评估工作。

12 月 24 日，为深入学习贯彻习近平总书记关于研究生教育工作的重要指示，全面落实全国研究生教育会议精神，加快推进学校研究生教育改革发展，西南交通大学在犀浦校区召开研究生教育改革发展大会。

12 月 24 日，西南交大建筑与设计学院首个重点类基金项目获批。建筑与设计学院副院长崔叙教授主持的国家自然科学基金区域创新发展联合基金重点项目“交通综合体与城市关联效应及效能优化方法研究”获批。

12 月 29 日，王顺洪参加马克思主义理论硕士研究生党支部活动并讲授形势与政策，解读党的十九届五中全会精神，分析国际国内形势，通报学校改革建设发展状况。

12 月 29 日，西南交通大学出版社在四川省第二届青年编校大赛中获奖数量居所有参赛图书出版单位之首。其中，叶瑞丰编辑获一等奖，郑丽娟编辑获二等奖，邱一平、吴启威、罗小红三位编辑获三等奖。

12 月，西南交通大学焊接学科发展取得新突破。基于 CNKI 数据库，学校在国内研究机构焊接学科发表论文数排名全国第 4 位，发表论文引用数排名全国第 5 位；国内焊接领域研究学者发表论文数排名，陈辉教授排名第 5 位。

12 月，由西南交通大学公共管理与政法学院刘鑫老师主持的国家知识产权局课题研究项目研究成果获得第十一届全国知识产权优秀调查研究报告暨优秀软课题研究一等奖。

12 月，西南交通大学材料科学与工程学院杨维清教授团队在纳米能源领域国际著名期刊上发表系列研究成果。

12 月，《三联生活周刊》《中国社会科学报》就巴蜀方言与巴蜀文化专访学校中文系汪启明教授。

12 月，建筑与设计学院刘弘涛老师获得 2020 年四川省“最美科技工作者”（全省共 10 人）称号。

12 月，西南交通大学校网通站获评 2020 年教育部中国大学生在线 2019—2020 年度全国“十佳校网通站”，是四川高校唯一入选的十佳通讯站。

12 月，西南交通大学出版社与印度 GBD Books 合作出版的《高铁问答》（*Questions & Answers of High-Speed Rail*）一书成功入选第十九届输出版引进版优秀图书推介活动中的优秀输出版图书。

（二）2020年表彰与奖励

西南交通大学2020年共青团工作表彰名单

1. 全国优秀共青团员

周泓宇　　电气工程学院

2. 四川省优秀共青团员

赵天胤　　交通运输与物流学院

王泓坤　　附属中学

3. 四川省五四红旗团支部

土木工程学院 2016 级 18 班团支部

4. 全国铁路系统五四红旗团委

生命科学与工程学院团委

5. 全国铁路系统五四红旗团支部

交通运输与物流学院交通运输 2016 级 4 班团支部

6. 全国铁路系统向上向善好青年

罗　田　　马克思主义学院

7. 全国铁路系统优秀共青团干部

黄德明　　材料科学与工程学院

8. 全国铁路系统优秀共青团员

张　倩　　公共管理与政法学院

9. 金牛区五四红旗团委

建筑与设计学院团委

10. 金牛区五四红旗团支部

茅以升学院金融学 2016 级 1 班团支部

11. 全国大学生自强之星

胡添凤　　公共管理与政法学院

杨文冲　　土木工程学院

12. 五四红旗团委（6 个）

信息科学与技术学院团委　　生命科学与工程学院团委

建筑与设计学院团委　　材料科学与工程学院团委

交通运输与物流学院团委　　公共管理与政法学院团委

13. 五四红旗团委创建单位（7个）

经济管理学院团委
电气工程学院团委
人文学院团委
土木工程学院团委
数学学院团委
茅以升学院团委
地球科学与环境工程学院团委

14. 校级示范团支部（10个）

材料学院高分子材料 2018 级 2 班团支部
信息学院通信工程 2017 级 2 班团支部
生命学院生物工程 2017 级 2 班团支部
外语学院国际汉语 2017 级 2 班团支部
电气学院电气工程及其自动化 2017 级 7 班团支部
牵引动力国家重点实验室 2018 级硕士 2 班团支部
土木学院土木工程 2017 级 15 班团支部
人文学院广告 2018 级 1 班团支部
茅以升学院交通运输 2017 级 1 班团支部
地学学院环境工程 2017 级 2 班团支部

15. 院级示范团支部（102个）

土木工程学院（11个）

2017 级土木 3 班团支部
2017 级土木 6 班团支部
2017 级土木 7 班团支部
2017 级土木 16 班团支部
2018 级土木 5 班团支部
2018 级土木 12 班团支部
2018 级土木 18 班团支部
2018 级土木 19 班团支部
2018 级土木 22 班团支部
2018 级铁道 4 班团支部
2018 级（研）隧道 1 班团支部

机械工程学院（9个）

2017 级车辆 2 班团支部
2017 级车辆 5 班团支部
2018 级车辆 3 班团支部
2018 级测控 2 班团支部
2017 级机械 9 班团支部
2018 级车辆 2 班团支部
2018 级硕士 3 班团支部
2018 级硕士 9 班团支部
2017 级机械 1 班团支部

信息科学与技术学院（8个）

2018 级轨道 2 班团支部
2017 级通信 1 班团支部
2017 级轨道 1 班团支部
2017 级轨道 2 班团支部
2017 级轨道 3 班团支部
2016 级网络 4 班团支部
2017 级计算机 1 班团支部
2018 级硕士 3 班团支部

电气工程学院（7个）

2016 级电气 11 班团支部
2017 级电气 5 班团支部
2017 级电气 10 班团支部
2018 级电气 2 班团支部
2018 级电气 10 班团支部
2017 级电子 4 班团支部
2018 级电子 1 班团支部

人文学院（3个）

2017级传播2班团支部
2017级汉语1班团支部
2018级汉语1班团支部

交通运输与物流学院（7个）

2017级交通运输4班团支部
2018级物流1班团支部
2018级交运詹天佑班团支部
2018级交管2班团支部
2018级交通运输2班团支部
2018级物流2班团支部
2017级交通运输3班团支部

经济管理学院（6个）

2018级硕士6班团支部
2017级工程管理2班团支部
2017级会计1班团支部
2018级经济1班团支部
2018级经济2班团支部
2018级会计2班团支部

建筑与设计学院（7个）

2018级城规1班团支部
2017级建筑1班团支部
2017级环艺2班团支部
2017级产品1班团支部
2017级视觉2班团支部
2018级绘画班团支部
2018级（研）城规班团支部

外国语学院（3个）

2017级英语1班团支部
2018级日语1班团支部
2018级翻译2班团支部

材料科学与工程学院（5个）

2017级成型1班团支部
2017级成型2班团支部
2017级高分子2班团支部
2018级生医2班团支部
2018级金属1班团支部

物理科学与技术学院（4个）

2017级电讯5班团支部
2017级应用物理3班团支部
2018级电讯3班团支部
2018级应用物理2班团支部

生命科学与工程学院（3个）

2017级制药1班团支部
2018级生物1班团支部
2018级生物2班团支部

力学与工程学院（3个）

2018级飞行1班团支部
2018级工力4班团支部
2017级飞行1班团支部

地球科学与环境工程学院（6个）

2017级测绘1班团支部
2017级地质2班团支部
2017级地质1班团支部
2018级环境3班团支部
2018级遥感1班团支部
2018级遥感2班团支部

公共管理与政法学院（3个）

2017级法学3班团支部
2017级公共管理事业3班团支部
2018级法学1班团支部

数学学院（2个）

2018级数学1班团支部
2018级数学2班团支部

心理应用与咨询中心（1个）

2018级（研）心理团支部

茅以升学院（2个）

2017级机械1班团支部

2017级中文1班团支部

马克思主义学院（2个）

2017级思想政治教育1班团支部

2018级思想政治教育1班团支部

牵引动力国家实验室（1个）

2017级（研）4班团支部

利兹学院（2个）

2017级机械2班团支部

2018级土木2班团支部

竺可桢书院（7个）

2018级道桥1班团支部

2017级道桥5班团支部

2018级网络1班团支部

2018级商务英语2班团支部

2018级交控4班团支部

2017级交控2班团支部

2018级电气3班团支部

16.“十佳”学生会（10个）

经济管理学院学生会

茅以升学院学生会

交通运输与物流学院学生会

人文学院学生会

地球科学与环境工程学院学生会

土木工程学院学生会

电气工程学院学生会

利兹学院学生会

公共管理与政法学院学生会

外国语学院学生会

17.“十佳”研究生会（10个）

电气工程学院研究生会

经济管理学院研究生会

建筑与设计学院研究生会

牵引动力国家重点实验室研究生会

土木工程学院研究生会

公共管理与政法学院研究生会

信息科学与技术学院研究生会

材料科学与工程学院研究生会

机械工程学院研究生会

交通运输与物流学院研究生会

18.“十佳”青年志愿者协会（10个）

信息科学与技术学院青年志愿者协会

交通运输与物流学院青年志愿者协会

外国语学院青年志愿者协会

材料科学与工程学院青年志愿者协会

土木工程学院青年志愿者协会
物理科学与技术学院青年志愿者协会
公共管理与政法学院青年志愿者协会
电气工程学院青年志愿者协会
经济管理学院青年志愿者协会
生命科学与工程学院青年志愿者协会

19.“十佳”团支部书记（10 人）

孙思雨	材料学院成型 2017 级 2 班团支部书记
王　创	电气学院电气工程及其自动化 2017 级 7 班团支部书记
黄　怡	信息学院计算机 2017 级 1 班团支部书记
马樱铭	外语学院国际汉语 2017 级 2 班团支部书记
李佳欣	土木学院土木工程 2017 级 17 班团支部书记
朱芳仪	交运学院交通运输 2017 级 3 班团支部书记
陈泽东	公政学院政治 2017 级 1 班团支部书记
龚禹竹	马克思学院思政 2018 级 1 班团支部书记
贾　瑞	建筑学院产品 2017 级 1 班团支部书记
于籍尧	人文学院广告 2018 级 1 班团支部书记

20. 优秀共青团干部（838 人）

土木工程学院（81 人）

王宇博	纪程杰	傅钦昭	庞鸿立	陈屹东	惠庆敏	沈芊蒙
耿明婧	杨雨谋	尹康帅	陈世航	卜亦秦	代溟伟	肖琪璋
杨宇杰	张成友	林从健	张千虹	常铭宇	黄静汶	王致远
唐启辉	周璐瑶	张毅峰	赵勇飞	苏胡鑫	康敬清	刘玉琳
陈俊杰	谢　鹏	张廷鹏	李梦然	李红裕	黄　柯	伍相宇
杨　浩	李佳欣	蔡　耀	黄绮淇	袁　竹	谢欣岑	刘丁熙
杨文来	钱克豪	杨宇豪	李修旺	李洪波	程业飞	向嫣然
陈　娜	陈家欣	邵晨超	张国庆	胡萧越	姜　浩	崔　鹏
杨淏博	邓　洋	任小川	戚幸鑫	周征昊	黄　杰	蒋新政
曾冠雄	付　忻	胡欣然	陈钲宜	赵海霖	于佳琪	白芷毓
董石林	刘伟雄	马荐驰	钟浩嘉	曹　琛	刘琛尧	顾　铮
侯凯祥	袁心怡	孙志昂	文嘉涵			

机械工程学院（59 人）

贾西贝	郑　重	张子晗	漆小虎	黄峥荣	刘亚妤	余秋霖
胡　玎	应晨宇	段　鹏	陈昱坤	曹　奥	钱仕琪	刘　浜
孟凡善	常凯荣	宋子洋	刘方吉	舒浩宇	田雯迪	李汉林
杨婧宜	赖　飞	刘根硕	杨天澍	李炎翰	刘吉潇	冯毅诚
张飞越	祁式展	姚建武	沈丹炜	周文博	肖丁诚	颜　深
欧阳鹏	同晓阳	陈思媛	郭子涵	卢雨昕	孙嘉祺	陶柯宇
李冠宇	丁　鑫	付昊宁	向松明	王博宁	郝　瑾	李　涛
杨义佼	刘亚磊	朱志轩	郑啟崴	余炯泽	柳权高	夏江南
丁则剑	刘仁哲	喻琳婕				

电气工程学院（54 人）

魏 来	李东杰	杨伟康	屈柏林	贺 飞	宋治东	秦传盛
吴 昊	戴睿鹏	巨 擘	杨健文	张嘉宇	王翼云	王 阳
李云笛	杨建桥	王卓然	唐康丽	赵 娜	蒋晓凤	朱 玲
李建为	刘 涵	戴松森	洪雅茜	梁俊浩	关 宇	许珂瑞
顾 颐	龚玺文	段展宇	徐嘉琪	陈 煜	刘雅淇	邱丹洛
赵 晨	孙海洋	吴天一	解淑祺	高江川	梁兴元	曹旭辉
王 潇	陈 靖	帅雨吉	孙浩博	雷小力	李林柘	蒋家豪
朱宇辰	陈羽航	斯 琪	周依萍	彭 俊		

信息科学与技术学院（62 人）

庞博文	邓思琦	王泽泷	秦晋哲	庞岳棋	张露月	鄢思娅
朱 迪	汪冬梅	刘洁铭	张小龙	吴炜琳	袁 杰	陶苇杭
杨丽华	孙雨欣	赵大燕	刘 洋	刘沐鑫	张 琪	张舒萌
董家希	姚 月	杨雯迪	陈希翔	王师晗	王 怡	胡一楠
孙泽龙	阳 怡	张天昱	王科锦	王养浩	张晓龙	黄 怡
曾雨晴	霍雨佳	毛慧慧	陈忠涵	李沁芮	李仕俊	赵宇星
陈 瑶	黄 超	杨思豪	张志满	王陆晞	成松林	黄竞磊
廖 涛	刘雅蕾	木铭浩	张继松	周超波	陶海波	焦雪莲
王 瑶	朱红艳	朱泉舟	李明飞	康梦瑶	陶 霄	

经济管理学院（41 人）

田竺鑫	王雯莉	邓梓峰	董亮祎	赵 琳	李汝洁	赵宗漾
丁 枫	孙雨婷	张倍倍	邓紫莹	何 松	邹雨涵	潘奕汀
傅诗琦	顾启泷	杨昌锦	王淼淼	叶佳静	吕海燕	杨 洋
王冰倩	李宜非	唐 敏	杨心浩	吉袖锟	黄思婕	黎曼仪
马浩惟	曲凌旭	李诗涵	李恒黎	安静泽	屠佳丽	周千越
张炜尔	张照艳	徐 璐	徐国丽	曹 蓉	莫代玉	

外国语学院（23 人）

肖 凡	王姝平	周 丹	廖韵秋	张宇佳	单欣怡	李丽安
陈亭竹	林 昕	谢春维	杨睿敏	文 萍	冯钰涵	韩晶雯
刘晨璐	王楚可	郭 央	王欣媛	高 琦	纪 航	刘敏娜
耿慧爽	温慧中					

交通运输与物流学院（55 人）

黄泓溥	梁 睿	张鑫洋	项光灿	赵 冰	谢泽鹏	法慧妍
田沛翎	冯 芊	陈 健	王梓宇	吴梦成	高佳颖	张训迪
姚清晨	张双燕	岑秋云	秦啸天	孟歆迪	冯宇静	刘宏伟
周文涛	刘 娇	刘 任	徐 勇	霍峥岩	陈新杰	张弘弢
盛 千	宋 杰	钱雨欣	江若彤	高志涵	吴学凯	邵 杰
安媚童	陈 锐	董文韬	沈嘉威	温宇轩	黄 宇	钟兴莉
杜文静	乔 宇	陈姝伶	欧丽丽	胡睿华	郑 倩	王园顺
刘宇航	沈 怡	钱 辰	钱泽林	刘 睿	胡炯麦	

材料科学与工程学院（34 人）

葛洁洁	金 灵	王兴龙	黄 及	宋 佳	李 进	王晓婷

李卓见	孙诗然	于睿智	黄牧野	许玲焱	邓文婷	段晓霖
张倩倩	文根硕	江金霞	慈吉洲	刘闻鑫	蒋丽君	陈可可
牛　茜	陈煦芬	邢国文	黄凯阳	刘心洁	秦路彦	路　伟
张鹏举	吴　俣	武孔昭	徐金跃	浦智能	张时瑞	

地球科学与环境工程学院（50 人）

池韬略	陈雨旋	乔亦弘	金　音	吴　越	郭梦岩	黄　镜
蒋硕匀	宋盼盼	刘懋桢	何　煦	崔耀丹	毛　筝	李成伟
王新天	张奔辉	张德虎	高文杰	罗　鑫	杨大鑫	徐荣辉
李孟娟	张佳澳	陈诗仪	崔新蕾	周睿枭	潘星宇	冉文韬
张昊雪	刘海蝶	苏刘鹏	曹正阳	彭鸿博	冀雅云	张　杰
魏红玉	张鹏阳	余唐杰	毕章青	范珈吟	高　露	孙海娇
王正一	刘佳宁	刘　鑫	陈　锋	陈康正	黎佳宝	段雯超
李智欣						

建筑与设计学院（52 人）

刘璐凡	严澍阳	孟君婕	陈宇豪	向梦琦	李嘉骏	姚凌涵
张　冰	何佩玲	张瀚天	陈雨芊	张　泉	冯　岩	车珍妮
秦梓萱	胡佳仪	刘　峥	乔　静	徐　蒙	王泽鑫	何泰成
张志鹏	夏谢栋	王文静	李晓易	王晓慧	娄晨霄	沈千惠
陶　婧	罗疑惠	何硕硕	梁　迅	周光耀	张浩宇	王　勇
王奕斐	陈晓曦	陆新元	贾庚辰	匡文欣	姜文文	丁亚轩
杨　娴	孙年娟	金　箫	钱秋凡	张慧媛	黄彦羽	叶子璇
金尚琪	张润旋	谌昊男				

物理科学与技术学院（22 人）

陈思洁	孙万寿	赵　鑫	汪　沛	杨　帆	蔡炳华	李若曦
李永杰	陈诗涵	李婉丽	倪浚哲	刘伟娇	杨晓东	孙浩妍
尚逸鸿	郭俊宏	刘成鑫	刘金茂	王天香	黄毓涵	骆懿帆
陈天鹏						

人文学院（54 人）

杜依洋	侯　蓉	梁晓瑜	关越元	魏　岚	陈泽远	杜俊椋
张靓怡	路　炜	吴曾钰	罗　艺	崔　洁	杨子淇	李盛兰
刘晗悦	陶雁茹	张嘉新	闫晓凤	张子晨	周欣宇	甘倬蔓
罗乔美	徐　洁	李国仪	罗晶晶	陈丹妮	高雅茹	代江兰
蒋清州	钱筱羽	赵紫琪	程慧仪	方彦然	宫　可	李奕潼
罗　洪	马雅婷	叶金莹	刘澍玥	袁文林	申佳玥	夏　鑫
叶雨洁	吴依蔓	汪鑫宇	万　奕	赵可心	周坤鹏	苏　丹
羊宇婷	叶小欢	安　然	唐聪睿	郎佩冉		

公共管理与政法学院（24 人）

李佳妮	莫皓月	陈镃丹	孙　杰	梁亚朝	焦思雨	王艺伟
姚　静	陈泽东	王泓泓	陈　芳	李新夷	蒋茜茜	傅　丽
晋志怡	曾雨欣	王姿惠	郭起飞	李秀娟	王　欣	张宝文
杨露沙	蒋欣昊	毛美琳				

医学院（2人）

宋可可　陈　杏

生命科学与工程学院（27人）

钟司媛清　向　月　胡婧雯　郑　颖　李翔宇　黄斌翰　孙茜沄
郭忠静　刘　月　许雨嫣　陈浩南　陈梓威　贺晶晶　陶成艳
古袁扬　王　珏　王玉峰　黄剑锋　池　伟　漆宇骋　朱黄瑶
邓迎春　彭译漫　柯家伟　陆雪蓉　郑玉龙　易　可

力学与工程学院（17人）

张佳鑫　花江童　娄喻森　刘宇轩　向星宇　李恒达　秦宇鹏
张天羽　魏其轩　胡冰晖　胡佳晨　程一晋　代梓尧　王锦涛
张　普　李宇豪　上官志浩

数学学院（12人）

安禾嘉　蔡　逸　蒋小玉　罗　玥　米贤惠　牛天骄　裴博尊
徐　倩　张　姣　李相江　毛梓年　邱　灵

马克思主义学院（10人）

周建全　刘　爽　黄一嫚　张佳旺　高泽赟　王亚梅　任秋艳
顾　欢　郭　杨　李　琦

心理应用与咨询中心（10人）

秦之韵　许永芳　张哲毅　张浩男　史可心　薛林凯　黄欣茹
游佳莹　李　斌　姜　妍

牵引动力国家重点实验室（9人）

吕锐娟　石广寒　周子伟　易科尖　陈超朋　雷亚南　赵景忠
雒耀祥　张笃超

利兹学院（30人）

盛永佶　周冠人　曾　欣　张泽蔚　聂琴枫　李泽仁　张雨农
朱　灵　王永鑫　郭轩宇　范朕铭　吴　迪　权　天　白智昳
王宇晨　耿小媛　胡毅豪　姜星芃　刘璐佳　刘先峻　王靖博
谢梓溪　姚沫初　张一帆　朱　君　许入月　陈一宁　姚宣羽
丁　玮　吴静远

茅以升学院（25人）

周庭渊　刘心然　孟　媛　颜凌轩　王雨润　廖海宇　魏易东
胡　光　白荣民　周睿琪　王麒铭　王伟豪　唐天利　李琪瑶
陈玥蓉　刘钊佚　肖霈霖　赵日鑫　张龙豪　蔡露城　李海杰
熊晓辉　李瑞雪　郭子硕　娄星宇

竺可桢书院（72人）

李祥瑞　蔡　玲　罗丽菊　曹　冲　蒋舒颖　王宇飞　余宣庆
林韵茹　肖炜东　舒　航　魏雅静　廖鑫玥　吕飞卓　张利敏
颜鑫芮　王云彪　王　东　黄泓晟　许　甜　吴俊豪　曾泓杰
陈海乐　詹　雨　胡子健　苏小田　况凌峰　周　喻　刘小余
刘天宇　贾舒婷　刘鸿宇　蔡伟健　彭　多　黄　胤　李　欣
张博豪　高　峦　胡凌聪　靳籽玉　李玄妙　赵文治　胡金泽
万宇翔　李昊洋　李永昕　岳梦凡　王　品　黄　卓　陈纪宇

蒋 洁	张雪芮	傅嘉铭	李柯依	刘子涵	钟雨辛	周楷贻
武 晗	黄新页	刘秋奇	黄云贤	谭雨轩	余芳菲	代盛仪
贾逸君	曹晓琦	张弘扬	何佳凤	杨鑫宇	叶子强	廖凌枫
刘文轩	丁 香					

附属中学（8人）

李燿君	蒋璐茜	刘丹丹	肖木子	黄 菊	黄 威	刘 琪
冯 越						

机 关（2人）

黄 原　杜 宋

后 勤（2人）

郑永川　潘 宇

图书馆（1人）

吴 蓉

21. 优秀共青团员（1325人）

土木工程学院（133人）

罗一鸣	张庆喜	林 豪	董唯佳	刘子敬	魏荣华	彭 鹏
方育智	李抒效	刘易然	饶千竺	王若天	张 战	郑宁哲
唐义海	徐晓静	李 赟	吴锜锋	豆留盼	沈 哲	翁林涛
郑 松	周久阳	吕文婷	徐清九	李泽阳	郑芙蓉	贺成博
周子程	胡 锐	门汝袆	杨景皓	杨钰浩	唐 嘉	代德鑫
蒋天佑	曾怡锋	白云璐	胡富亮	胡振宇	龙秋毅	展凤丽
王梓豪	许云龙	陈慧娟	柳宜淼	李 策	冯 应	雷江城
农雄建	范荣威	苏佳静	苏璟雯	张子灏	苏圣鹏	钟慧媛
康宇琼	徐展飞	陈千禧	殷 磊	王茜桐	潘 童	李阳阳
刘 涛	常小兵	陈文东	杜 轲	荆予涵	刘 茜	任政君
王鸿宇	魏子伟	赵金红	张朝月	欧阳惠怡	蔡心怡	郭珂依
刘家泰	武 波	李思濛	罗 益	曹思敏	陈雪莹	丛龙宇
辜世旺	李 可	任海容	余 翱	胡力志	李连逸	张晨晨
梁富兴	韩仁杰	柯 妍	蔡思琦	丁 毅	陈一凡	程薛清
彭畅宇	许浩南	耿文燕	叶凌志	韩 莹	乃麒元	夏 葳
何亚东	张尚达	蒋 辉	宋骏修	赵文垣	杜明哲	张 乾
余 健	王攀杰	姜兴洪	邹 鑫	王 宇	吴 冬	李 振
郭晓晗	郑鹏飞	梁 杰	李昱熙	夏源龙	熊梓旭	周文强
郝相龙	余丝雨	张又文	赵 玥	彭 烨	白涛硕	刘伊腾

机械工程学院（104人）

吕林灿	黄代喜	袁子淇	刘志鹏	杜 宽	刘思璐	何 莲
唐超毅	龙 浩	林承雄	李雨生	袁雨阳	涂家超	张庭生
李兆洋	邓昌邦	谭芳喜	周 杰	岑 鑫	李 望	曾清珣
任继炜	涂 昊	赵业林	樊孟杰	李 征	王 晶	李梦爽
李一凡	于新善	高钰翔	邹雨琦	黄金荣	崔 赫	王 昊
郭金龙	李林峰	李宇珩	吉宇昂	龙 兵	张博文	熊嘉铭
吴 森	王林威	魏贺晨	王 康	杨金致	徐冬冬	曾敏敏

任冠州	彭弘佳	马贵林	徐诺舟	段少东	杨　鹏	张英豪
海萨尔·吐尔德汗		刘天宇	龚屹昂	魏　俊	马炜鹏	施良宇
邢汉丞	唐君立	陈　杰	刘　畅	补　曦	程伟旗	谷　悦
王鹏鑫	罗江函	张乐乐	莫宇霄	邹　妙	陈汪琦	付浩然
龙邦林	张　安	宋　涛	刘　鑫	汪义飞龙	张峻崧	李晓玉
李念勋	侯彦竹	莫康辉	张籍丹	谢昂冶	马子非	王熙茹
游丙超	王敏瑞	王劭可	沈炼成	杨海烈	王雨双	夏大为
王熙然	张　震	李晨溪	艾子涵	高　括	罗浩洋	闫文博

电气工程学院（92人）

伏　瑞	邱子峻	沈　俊	王耀祖	王东昊	刘延滔	柯懿真
李美洁	马　超	陈宇舟	裴　锐	朱昕阳	王铭华	秦群淋
王　忠	潘　禹	高岩松	王晓菲	张晅阁	左语诗	唐仁卿
张博雯	王翰林	田武鑫	曾　理	何艺铭	谢宝平	张　舵
欧阳杰	李康文	李尚志	次凯旋	杨杰林	石义金	符　豪
杨　凯	文俊杰	曹逸滔	孙　娜	唐　岑	李林峪	王雪琪
孙久龙	曾开心	程丽红	陈思情	陈晓婷	王粤晖	岳枫云
寇家旋	魏文璇	郑智强	刘怡琳	邓倩文	徐炜强	周持杰
邸新喻	史可燃	刘子硕	蓝康铭	张栋雲	姜　攀	支启莹
吴沛阳	周新语	沈长春	胡鑫垚	王静虹	沈悦洋	李海辰
胡　静	雷　泽	祝　斌	张　跃	胡宇豪	朱　荣	徐悦康
马　杰	张　燃	晏启翔	陈迎迎	刘　帆	许智亮	罗兴隆
张雅琼	李竞航	梁一唐	王浩运	谭渌丹	贡子峰	赵淑丹
李宇婕						

信息科学与技术学院（118人）

张一然	冯姝雅	王荣鑫	张琦琦	范峻凌	冉怡明	王　湛
周云骄	孙诗翔	孙怡平	张　皓	张　懿	唐大伟	李琴鹏
李怡霏	王宇宸	王鹏旭	熊楚彤	董益民	戴　越	金天恺
冉鑫怡	宋源森	陈宗镭	薛一朴	史一诺	杨鑫浩	赵　盼
司继盛	覃蓉林	郑佳琪	陈乐施	钱　昊	罗俊豪	王皓焱
洪禧佳	余鸿兰	肖　渝	冯焌豪	任治宇	孟祥多	赵圣雅
李佳辰	唐　翰	李卓元	陈佳文	宋一帆	杨莉君	温露雄
廖思凯	吴　雪	宋毅飞	郑东妮	陈玉洁	张海桃	谷　蕊
魏杨洋	王　茜	文超豪	崔慧丽	高家豪	王文奕	寇宇娇
姜自强	曹佳琪	王生武	张德珉	翟冠霖	秦文萍	郭廷廷
余　林	马敏博	杨　浩	王建超	周亚晶	何勇杰	谭　航
马天宇	仝　航	褚心童	张　严	黎　辉	熊发庆	周　熹
樊　伟	张攸宁	赵文斌	袁　钟	李　祎	郑岩璇	周洋锐
段卓君	郭翔宇	俞　诣	乔晓云	张恒润	叶　紫	陈俊凯
邓靖博	张翰生	胡坤鹏	汪雨浓	张世涞	王语雁	林涵宇
金佳宁	孙青楠	李亚琼	郑晶丹	单琦洋	谢海龙	倪俊杰
兰健钟	胡雯雨	李一樊	魏名广	金嗣东	邓棋方	

经济管理学院（65 人）

胡 晓	黄俊橙	胡 伟	何 田	黄丘杰	李 金	梁爱玉
陈园园	何思雨	刘菁华	田思妮	费安绮	郑舒文	丘家琪
张欣欣	许逸岑	郭 芊	张艺馨	毛家雪	郑宇恒	王辰虎
胡昕宇	梁丽娜	柴 笛	艾思钰	刘文虎	吴思琦	蒋文轶
夏春莉	张沛然	孙小一	常 阔	谭应华	邱 璇	潘阿敏
俞璐琦	樊晓蕊	周金羽	刘金宇	陆 菲	蒋欣怡	陈莉莉
王镜博	邹小杰	程洪霞	林子渊	林 珑	王昱尧	孙海玥
宋梦鹏	熊剑云	黄佳乐	赵文荣	王菲菲	张 韫	林 琪
罗雨薇	孙默妍	魏 琦	王君豪	张 天	彭姝琪	刘锦滔
蓝 天	薛蓉蓉					

外国语学院（44 人）

美丽·阿尼帕		郗雨婷	薛枭枭	周远瑶	侯 爽	赵娜亨
陈泽健	洪 昂	熊 燕	湛 荣	吴柯颖	周 雨	夏荣林
唐 诗	王安钰	黎瑛琪	马凌云	李 倩	王玥月	郑云霞
陈 垚	黄雅琪	刘思旖	刘文利	张瑞军	周雨平	朱敏格
朱雅丽	余秋楠	杨雨馨	周青青	陈 玥	李琰清	邱 燕
凡 荣	杨之瑜	赵立志	万可怡	朱海溶	邹雨欣	陈静茹
刘玉洁	汪昊泽	李静宜				

交通运输与物流学院（84 人）

罗昊涵	彭宏宇	龙燕雨	王雨涵	邓安娜	刘一江	凌雲锋
栾 颖	刘昭君	吴沛敏	罗 寒	廖蜀娇	欧奕昕	刘希轩
廖玉洁	单 丹	于永林	刘杰鑫	刘英杰	蒋 乐	张志博
朱国栋	赏珂祺	郭小龙	朱 洁	郝京京	王 豹	黄彦宁
陈 硕	孟庆莉	贺山成	邹颜刚	陈心宇	张赫洋	何思佳
胡 笑	张 钰	莫金元	鲁庆华	欧 婷	吴修贤	徐如君
党沛宁	洪诗雨	侯淑芬	吴文成	王 钞	胡奉淋	唐中莉
陈海霞	陈洁旭	何昱欣	向云海	乔鸿欣	李 婧	谢同佳
祖鑫雨	杨逸帆	吴问涛	宋飞宇	张 燕	连晓荣	邹 加
王锐其	何沁悦	毛天戈	彭 程	梁洁林	谈 力	周瑶成
袁一帆	杨必成	谢俊濠	郝子萱	沈哲伊	宋嫣然	乔丽莹
李沁遥	王 颖	韩仕姣	李乐茜	罗樊朋	卢中文	刘欣然

材料科学与工程学院（63 人）

谭 利	戴雯颖	陈齐芊	李孟钊	何忠倩	任家宁	刘国娟
方麒博	刘玉婵	席 敏	邓偲焱	王 潇	潘星雨	彭 露
董一婷	刘新强	赵开创	韩 辉	李静霖	李翰儒	孙思淼
陈高伟	常栋彪	宋思齐	杨 悦	葛 桐	陈宇飞	曾千弋
郑芊宸	张 驰	李 欢	江 欣	刘丽华	杨 峰	杨 森
罗仁涓	张夏格	罗 茜	王靖宇	李卓航	张 沛	陈珍玉
吴卓尧	张 钊	韩予宁	尚艳磊	陈 兵	任莉莎	陈 龙
曹 胜	冯 雯	任和松	刘怡菱	廖晓蕾	张虹桃	巫 露
于 涵	章梦云	姚 嘉	刘志定	徐咏捷	王 悦	徐佳悦

地球科学与环境工程学院（73 人）

陈晓宇	伏 遥	孔佳仪	刘 刚	吴贵涛	周霄辉	韩奕菲
高涵科	黄淑怡	林其炜	冯媛橼	陈 蝶	司书铭	隋 艺
侯雨含	王晋昆	高嘉楠	王春翔	王子旖	王璐璐	徐子琦
周蕴培	付兴佳	刘民欢	胡致远	刘兆乾	聂金诚	吕 傲
郑熙熊	张梦媛	陆 童	刘梦琳	龙 伟	姜 莹	付 鱼
李嘉晋	文 怡	王 程	朱韵蓉	殷耀龙	葛晓艳	许钧涛
马祎扬	陈 珂	丁永哲	周仪雯	徐武宏	李 睿	王冰鑫
戴立涛	谭 霈	韩祝军	肖志杰	谷恒超	李嘉钰	肖宇凡
唐 川	潘 越	谢光磊	覃 耀	黄 雪	刘睿智	芦 静
那 强	钱 琛	石泽文	吴昌浩	杨碧红	孙靖杰	朱欢欢
张 梦	张思园	翟 珂				

建筑与设计学院（88 人）

徐雪竹	张子纯	焦丽蓓	张 钰	刘雨微	吴爱千	张传昌
吴承畅	罗冶婕	赵滢瀛	芮 典	向 鑫	申 萌	张玉阳
陈 凯	杨婧怡	金 磊	张文杰	刘 璐	谢瑞菊	史海磊
钱瑞琪	杨雨萱	孙诗雅	张 珂	徐鲁粤	周佳妮	赵茗锐
吴金星	赖紫依	詹亦琪	丁一珂	赵丽雅	周 涛	严晶晶
肖 帅	潘哲宇	李蓝欣	王星月	李 钰	曾 丽	李津臣
傅德天	王 萍	张继引	崔馨月	王志新	李 沛	罗晗瑞
熊英格	李奕轩	王 慧	朱砚清	薛 墨	黄寒钰	王佳磊
李悦茹	张梦莉	杜芯雨	冯紫涵	杨钰珊	谭 星	郑小飞
刘思源	章蕊玺	钟 熙	王智瑶	吕 薇	曾琳茹	徐梦园
王海旭	任逸敏	张李星月	李易清	许天翔	陈倩瑜	刘未然
彭 璨	徐子棋	张子寒	赵婧平	夏千烨	李骄芳	王佳妮
陈颖滢	刘静文	邹清华	罗勋锐			

物理科学与技术学院（43 人）

任旭东	朱晓梅	向伟铭	李蔚然	赵 鹏	严浩冥	郭 畅
龚华金	杨 淼	白京城	何 真	韩宝佳	曾添友	张 怡
李佳真	杨 浩	罗阿玲	徐紫彤	胡嫁琪	董姝月	李家文
纪名洋	张怡然	江星怡	陈天乐	王浩岚	孙梦怡	张 宸
张 溪	杨翊平	石金泽	唐汇雲	郑 龙	尹进然	刘伟红
李小霞	田小芮	王瑞枫	姜 地	叶 纤	杨翘睿	赵 嘉
周恒安						

人文学院（62 人）

黄诗倪	胡海月	崔惠洁	谭馨悦	尤丽琴	杨沁琳	季芷卿
万心怡	司逸飞	钱佳西	张兆鹏	李羿萱	曾碧君	陈 萱
帕尔文·帕尔哈提		张萌蕤	徐榕利	左一寒	孙 允	周怡廷
苏立维	高宜琴	方圆圆	吴敬港	毛春力	高艺菱	孙 蕊
马梦华	杨 顺	于籍尧	陶恒辉	张晓芸	韦虹汝	赵玉平
赵文豪	段艺帆	刘梦月	黄 洁	左瑞雪	欧阳青蕊	程思语
代沁雅	刘 钰	陆晓彤	王宜欣	杨怡诗	王子墨	鲍 娟

孟雨欣	张真琦	朱宇杰	吴柯阳	陈　晓	张馨月	姜日琪
陈梦婷	秦　杰	李珮珮	李青潞	李慧子	贾贝熙	徐舟雨

公共管理与政法学院（36 人）

伍婧恬	唐铭鸿	黄靖雯	卜来特	谢沁希	涂巧研	杜雨钊
李　衍	李亦可	侯小芳	李昱辰	黄　源	陈　渝	郑　娟
张雅蓉	熊文雄	刘金兴	顾晨曦	张晓燕	赖俊汝	胡诗甜
朱　欢	王力超	黎　思	张德霞	王韶雪	陈美如	余　露
叶照琪	张端坤	邱红平	柴　燕	柴可歆	刘鑫娟	罗文婧
孙伴澳						

医学院（2 人）

周金华	王婷婷

生命科学与工程学院（44 人）

康之汇	蒋文建	谢金华	兰　洁	车昌丽	韩芳平	朱　萌
李志学	贾承霖	胡昊哲	李林朋	王钰涓	李　璐	张钰淼
尚可欣	陈　渏	赵诚智	于心怡	程　宸	黄静群	陈沿君
罗海朦	刘川溯	李　晨	敖智广	王丽文	易舒婷	郑乔木
丁　贤	周朝梦	郭子扬	赖文静	张嘉彦	赵辰晖	姜　星
张馨元	庞思奇	王靖宇	曾旭东	张盛春	全慧鸽	王丹萌
林家慧	周芝兰					

力学与工程学院（30 人）

刘佳璐	向泓宇	谢　尧	陈俊枭	高海翔	李润佳	彭子豪
马鹏宇	刘文虎	伍贤骏	唐　淇	蒋粤洋	赵嘉华	黄满意
石乔木	周　瑞	吴兴杭	徐子高博	吴　凡	李佳静	杨静雷
朱韵融	王　烽	郭春艳	王梦雨	华　震	邓云瑶	汤毓宁
古定翱	曹渊超					

数学学院（19 人）

陈晓凡	何姝祺	李佳冰	李兰君	林　玉	卢哲园	闵琮惠
阮　航	商嗣源	施睿涵	王政慧	吴　双	杨沂昆	张　雪
郑艺梅	柴子瑞	何若晨	吉　利	王佳宵		

马克思主义学院（13 人）

胡　春	刘　茜	马亚慧	杨小青	王逸丹	李　军	郭修远
龚高秦	李玉梅	刘　华	罗紫薇	胡　玲	黄家美	

心理应用与咨询中心（8 人）

吴　丹	朱　莉	王　聪	李丙龙	倪　萍	刘馨洁	陈晓庆
杨涵玉						

牵引动力国家重点实验室（16 人）

吴启凡	刘　晨	张　茜	周　伦	周雄飞	何绍友	穆云飞
赵长雨	徐京涛	张伟海	张敬科	赵昀陇	胡彦霖	李　行
陈　杰	么超凡					

利兹学院（35 人）

吴怡宁	于耀翔	熊瑞涵	王奕楠	毛励洋	赵一凡	毕云峰
陈恺宇	雷奕达	黄　晨	黄子瑞	郑佳雯	王烨嘉	续嘉航

秦宇轩	周彧凝	刘文渤	周珂伊	杨圣宇	姜永哲	何昊阳
张潇月	王　舒	畅　远	付钰淇	钱煦和	吴俊谋	谢凌鲲
詹涛宁	白子键	朱程扬	聂　玥	高子基	曹恺悦	曾沁琰

茅以升学院（35人）

张浩楠	温乐鹏	郑若冰	刘长宝	戴　轶	何雪莹	瞿开城
王　欣	饶馨雨	彭　炜	赵海宁	武子轩	张维亚	张家诚
鲁　鑫	戎泽浩	蒋　威	刘　畅	史海超	刘　毅	丁睿建
陈小冲	王思羽	江　山	安　鹤	彭　韬	罗诗涵	方姣棱
周　姝	王　鑫	李　晴	周明玺	林子渊	杨家懿	贾寒琪

竺可桢书院（94人）

尚珂珮	周玉鑫	段庆乐	李恩宇	龙开天	谢子涵	沈云鹏
胡　爽	李昊卿	罗　帅	宋　一	张森皓	张義鑫	杨　悦
陈智超	刘怡杉	蒲　锐	陈松涛	王宁馨	张　鑫	李飞杨
林　鑫	马慧敏	牟　颖	赖岑枚	魏宏涛	邹新仟	董欣荣
于瀚辰	尤海林	高瑞玲	曾　慧	代思平	谢懿晗	朱重阳
任彬榭	李浩源	袁　铭	王艺晴	樊丁萌	周思源	简仕钊
卢春浩	周婧楠	肖　阳	丁　倩	李秋颖	张靖滨	赵玲巧
王振洋	丁涵悦	谷妮珊	李柯宇	霍睿哲	张紫竹	谭闻达
黄晓庆	王珑沄	马忻宇	赵　冉	张金驰	王千雨	宋世杰
农德政	陈天森	杨承浩	王　强	王淼琛	姚雨婷	王雅琴
闫　拓	靳孟婷	栗也茹	许篮心	粟琬清	黄晓嫔	陆　懿
陈　濛	尹邦扬	孟新宇	肖　茜	周　健	胡紫园	唐国耀
田小宇	陈博涵	王　潇	陈　旸	王照应	涂煜柯	谭　盼
曾仕廷	张紫奕	申书玥				

附属中学（18人）

熊昕阳	骆京成	罗津津	江　雯	李诗怡	江岚欣	王飞航
吴雨桐	张　静	易如意	吴昕妍	梁帅帅	廖浩鸿	简雨欣
王雯雯	刘彦伯	郑恒毅	陈思涵			

后　勤（5人）

梁佳玲	唐　勤	汤维坤	陈凯能	陈　茜

图书馆（1人）

奚　铮

22. 星级志愿者（244人）

土木工程学院（15人）

五星级志愿者（4人）：	康敬清	刘玉琳	谢　鹏	于佳琪	
四星级志愿者（11人）：	朱丽莎	耿明婧	李志豪	陈俊杰	刘　达
	康宇琼	张廷鹏	张凤明	钟慧媛	文　艺
	王永真				

机械工程学院（13人）

五星级志愿者（3人）：	袁增威	元　越	田　威		
四星级志愿者（10人）：	朱树鹏	李　娜	罗　鹏	钱仕琪	何　莲
	杨坤潼	唐超毅	穆亚玲	韩佩汶	闫文博

电气工程学院（13 人）

五星级志愿者（3 人）： 宋治东 王翼云 蒋晓凤

四星级志愿者（10 人）： 赵 鹏 覃 朝 文俊杰 杨纪磊 周新语 李逸飞 胡方鸿 施鹏缘 朱宇辰 蒋家豪

信息科学与技术学院（15 人）

五星级志愿者（3 人）： 李宇涵 成晨阳 鲁雨婷

四星级志愿者（12 人）： 钱 昊 赵雪豹 徐冰洁 阳 怡 王佩烨 马云韬 王惠之 周云骄 吕博闻 丁峥元 张露月 徐林溪

经济管理学院（13 人）

五星级志愿者（3 人）： 孙雨婷 赵宗漾 刘雅琦

四星级志愿者（10 人）： 董亮祎 袁宁遥 钱智超 周金羽 贺珂歆 吕海燕 廖方英 舒珂叠 赵文荣 安静泽

外国语学院（15 人）

五星级志愿者（4 人）： 张 洁 文 萍 赖雪华 赵立志

四星级志愿者（11 人）： 金蕊欣 耿慧爽 郑凌桑 赵 静 林 昕 张啸之 陈梦佳 仪哲甫 汪昊泽 李明菁 刘小熙

交通运输与物流学院（12 人）

五星级志愿者（2 人）： 何芙馨 吴梦成

四星级志愿者（10 人）： 江 欢 单 丹 邵 杰 李康雅 冯善源 杨凌程 钟兴莉 李 婧 王 颖 姚伟东

材料科学与工程学院（13 人）

五星级志愿者（4 人）： 常栋彪 张 渝 吕绍云 杨 峰

四星级志愿者（9 人）： 章梦云 林福龙 吴明俊 陈宇飞 江金霞 刘仪雯 张倩倩 杨佳路 杨 悦

地球科学与环境工程学院（13 人）

五星级志愿者（3 人）： 周睿枭 秦璇睿 崔新蕾

四星级志愿者（10 人）： 曹儒博 许钧涛 丁永哲 陈世贤 崔耀丹 王冰鑫 张清云 冉文韬 康 溪 岳润蕾

建筑与设计学院（15 人）

五星级志愿者（3 人）： 张 泉 吴金星 袁 蕊

四星级志愿者（12 人）： 胡佳仪 林 野 刘雨微 刘彩霞 缪新宇 孙笑鑫 刘雨欣 薛 墨 谷佳云 王佳磊 龚逸啸 王梦莎

物理科学与技术学院（10 人）

五星级志愿者（3 人）： 赵 鑫 李子隆 王瑞枫

四星级志愿者（7 人）： 杨翊平 薛 源 孙浩妍 陈 前 邓一凡 唐汇雲 肖 扬

人文学院（16 人）

五星级志愿者（4 人）： 陶恒辉 张晓芸 曾敏莉 欧阳青蕊

四星级志愿者（12 人）：贾贝熙 刘胡蝶 闫晓凤 韦虹汝 王宜欣 代沁雅 冯　雨 蒋清州 钱筱羽 代江兰 陈丹妮 高雅茹

公共管理与政法学院（10 人）

五星级志愿者（2 人）：陈　芳 余　赟

四星级志愿者（8 人）：胡诗甜 万奕伶 金莉娜 张宇衡 苏玉汝 王泓泓 杨易廷 黄茜睿

生命科学与工程学院：（14 人）

五星级志愿者（3 人）：丁　贤 何傲冉 赵艳妮

四星级志愿者（11 人）：杨　语 王泽世 陈沿君 周朝梦 贺晶晶 郭子扬 初曦卓 陈戎凯 王耀生 彭泽漫 郑玉龙

力学与工程学院（10 人）

五星级志愿者（3 人）：王一如 李宇豪 王梦雨

四星级志愿者（7 人）：杨静雷 张逸安 褚弓瑶 蒋粤洋 王诗琴 姜宇恒 王锦涛

数学学院（9 人）

五星级志愿者（2 人）：欧阳秋旭 何姝祺

四星级志愿者（7 人）：米贤惠 李宗翰 蒋名琪 杨松岩 吴雅祺 徐　倩 马　佳

马克思主义学院：（1 人）

五星级志愿者（1 人）：任秋艳

心理应用与咨询中心：（4 人）

五星级志愿者（1 人）：杨用欢

四星级志愿者（3 人）：杨涵玉 黄　倩 齐子行

利兹学院（11 人）

五星级志愿者（2 人）：徐　豪 卞松逸

四星级志愿者（9 人）：张雨农 张莹莹 贾　勇 王浩诚 张公傲 权　天 王　舒 张潇月 王宇晨

茅以升学院（10 人）

五星级志愿者（2 人）：刘艳丽 王麒铭

四星级志愿者（8 人）：孔　磊 孙文俊 饶馨雨 刘钊佚 伍文凤 李国新 肖霈霖 赵　晨

竺可桢书院：（12 人）

五星级志愿者（3 人）：杨　润 彭　多 李明东

四星级志愿者（9 人）：陈思佳 唐雁若 蔡伟健 高宏旺 森巴特 罗晗葳 张俊杰 陈万淞 肖发美

23. 自强奖学金（10 人）

胡添凤　公共管理与政法学院

王　云　生命科学与工程学院

周泓宇　　电气工程学院
沈　怡　　交通运输与物流学院
余　煜　　土木工程学院
舒　锐　　材料科学与工程学院
罗　洪　　人文学院
曾雨晴　　信息科学与技术学院
张鹏真　　材料科学与工程学院
王　创　　电气工程学院

24.“新型冠状病毒肺炎”疫情防控专项先进个人（15 人）

黄慧敏　　材料科学与工程学院
孙　辉　　土木工程学院
黄占秋　　马克思主义学院
王　璟　　电气工程学院
刘　宇　　公共管理与政法学院
周　熹　　信息科学与技术学院
刘志伟　　牵引动力国家重点实验室
何芙馨　　交通运输与物流学院
黄　鑫　　心理研究与咨询中心
钟琼瑶　　后勤医幼及场馆服务中心
周义杰　　数学学院
胡骋希　　竺可桢书院
郭振威　　茅以升学院
张　翼　　生命科学与工程学院
邹长吉　　机械工程学院

25.“新型冠状病毒肺炎”疫情防控专项先进集体（15 个）

材料科学与工程学院团委
土木工程学院团委
生命科学与工程学院团委
外国语学院团委
地球科学与环境工程学院团委
数学学院团委
人文学院团委
交通运输与物流学院安全 2018 年级 1 班团支部
公共管理与政法学院公共事业管理 2018 级 01 团支部
机械工程学院机械 2017 级 1 班团支部
竺可桢书院交通设备与控制工程 2017 级 2 班团支部
茅以升学院交通运输 2017 级团支部
信息科学与技术学院通信 2018 级 2 班团支部
马克思主义学院思想政治教育 2017 级 1 班团支部
建筑与设计学院城乡规划研究生 2018 级团支部

2019—2020学年先进集体、优秀学生表彰名单

竢实扬华奖章（30名）

本科生（22名）

张龙豪（茅以升学院） 杨璐璐（土木学院） 关剑宇（土木学院） 沈炼成（机械学院）
顾雨涵（机械学院） 王　创（电气学院） 王雪琪（电气学院） 刘家豪（信息学院）
孔欣杰（信息学院） 张　钰（交运学院） 卢默威（利兹学院） 李　欢（材料学院）
徐　琦（地学学院） 崔金龙（地学学院） 岳蓝雨（经管学院） 马樱铭（外语学院）
朱清扬（物理学院） 路　炜（人文学院） 陈镒丹（公管学院） 倪典墨（生命学院）
廖　晗（力学学院） 倪　萍（心理中心）

研究生（8名）

李正阳（机械学院） 王天宏（电气学院） 徐君翔（交运学院） 曹　开（材料学院）
陈炜鸣（地环学院） 郗雨婷（外语学院） 朱胜海（物理学院） 陆晓翀（力学学院）

忠忱班集体（19个）

本科生（10个）

茅院（土木）2018-01 班　土木 2017-10 班　电子 2018-01 班
计算机 2017-02 班　交运 2017-03 班　电子（利兹）2017-02 班
地质 2017-03 班　传播 2017-02 班　生物 2017-02 班
飞行 2017-01 班

研究生（9个）

土木 2019 级博士班　土木 2019 级结构硕士班　机械 2019 级硕士 1 班　电气 2019 级硕士 4 班
信息 2019 级硕士 13 班　交运 2019 级博士班　材料 2019 级硕士 5 班　外语 2019 级学硕班
数学 2019 级硕士班

本科生先进班集体（118个）

茅以升学院（2个）

茅院（机械）2017-01 班　茅院（信息）2018-01 班

土木工程学院（17个）

土木 2017-16 班　土木 2017-06 班　土木 2017-07 班　土木 2017-12 班
土木 2017-03 班　土木 2018-05 班　土木 2018-06 班　土木 2018-12 班
土木 2018-18 班　土木 2018-22 班　土木 2018-23 班　土木（茅班）2019-01 班
土木 2019-02 班　土木 2019-16 班　土木 2019-12 班　地下 2019-01 班
造价 2019-01 班

机械工程学院（11个）

车辆 2019-03 班　车辆 2019-04 班　测控 2018-02 班　机械 2018-05 班
机械 2017-01 班　建环 2017-01 班　交控 2018-04 班　车辆 2018-03 班
车辆 2018-01 班　测控 2018-01 班　交控 2019-01 班

电气工程学院（8个）

电气 2017-07 班　电气 2018-02 班　电气 2018-03 班　电气 2018-04 班
电气 2019-03 班　电气 2019-11 班　电子 2019-03 班　电气（茅班）2019-01 班

信息科学与技术学院（10个）

通信 2018-03 班　轨道 2018-02 班　网络 2018-05 班　轨道 2019-03 班
信息 2019-02 班　轨道 2019-01 班　通信 2018-01 班　自动 2018-01 班
信息 2019-06 班　自动 2019-05 班

交通运输与物流学院（9个）

物流 2017-01 班　交运 2017-04 班　运输（城轨）2017-02 班　交运（詹班）2018-01 班
交运 2018-02 班　物流 2018-02 班　交运（詹班）2019-01 班　交运（茅班）2019-01 班
运输（城轨）2019-03 班

利兹学院（3个）

机械（利兹）2017-02 班　计算机（利兹）2019-01 班　电子（利兹）2018-02 班

材料科学与工程学院（6个）

生医 2019-01 班　高分子 2018-01 班　金属 2018-02 班　金属 2018-01 班
成型 2018-02 班　高分子 2018-02 班

地球科学与环境工程学院（8个）

安全 2017-02 班　遥感 2018-01 班　地信 2018-02 班　地信 2017-02 班
测绘类 2019-06 班　地质 2018-01 班　安全 2017-01 班　遥感 2018-02 班

经济管理学院（6个）

金融 2017-01 班　金融 2017-02 班　会计 2017-02 班　经贸类 2019-03 班
管理类 2019-05 班　会计 2018-02 班

外国语学院（5个）

商英 2017-01 班　英语 2018-02 班　日语 2018-01 班　翻译 2018-01 班
商英 2018-02 班

建筑与设计学院（5个）

产品 2017-01 班　建筑 2017-01 班　建筑 2018-03 班　建筑 2017-03 班
城规 2018-01 班

物理科学与技术学院（6个）

电讯（光电）2017-02 班　电讯（光电）2018-01 班　电讯（电磁）2018-01 班
物理（拔尖）2019-01 班　物理 2019-06 班　物理 2018-02 班

人文学院（4个）

汉语 2018-01 班　广告 2018-01 班　汉语 2019-02 班　汉语 2019-03 班

公共管理与政法学院（4个）

法学 2019-03 班　法学 2019-02 班　政治 2018-01 班　法学 2018-01 班

生命科学与工程学院（4个）

制药 2017-01 班　生物 2018-01 班　制药 2018-03 班　生物（拔尖）2019-01 班

力学与工程学院（3个）

飞行 2018-01 班　工力 2019-02 班　工力（拔尖）2019-01 班

数学学院（3个）

统计 2019-01 班　数学（拔尖）2019-01 班　数学 2018-02 班

马克思主义学院（2个）

思政 2018-01 班　思政 2018-02 班

心理研究与咨询中心（2个）

心理 2017-02 班　心理 2017-01 班

研究生优秀班集体（27个）

土木工程学院（4个）

土木 2018 级道铁硕士 2 班　土木 2018 级桥梁硕士 3 班

土木 2019 级道铁硕士 1 班　土木 2019 级道铁硕士 3 班

机械工程学院（3个）

机械 2019 级硕士 4 班　机械 2019 级硕士 8 班　机械 2019 级硕士 9 班

电气工程学院（1个）

电气 2019 级硕士 6 班

信息科学与技术学院（3个）

信息 2019 级硕士 1 班　信息 2019 级硕士 3 班　信息 2019 级硕士 11 班

交通运输与物流学院（4个）

交运 2019 级硕士 2 班　交运 2019 级硕士 5 班　交运 2019 级硕士 6 班　交运 2019 级硕士 7 班

材料科学与工程学院（1个）

材料 2018 级博士班

经济管理学院（4个）

经管 2019 级硕士 1 班　经管 2019 级硕士 2 班　经管 2019 级硕士 3 班　经管 2019 级硕士 6 班

人文学院（1个）

人文 2019 级硕士中文班

公共管理与政法学院（2个）

公管 2019 级硕士 1 班　公管 2019 级硕士 2 班

牵引动力国家重点实验室（3个）

牵引 2019 级硕士 1 班　牵引 2019 级硕士 4 班　牵引 2019 级硕士 6 班

唐山研究生院（1个）

唐院 2019 级硕士班

本科生特色班集体（38个）

土木工程学院（5个）

铁道 2017-02 班　土木 2017-05 班　铁道 2018-05 班　道桥 2018-01 班

土木 2019-07 班

机械工程学院（3个）

车辆 2018-02 班　机械（茅班）2019-01 班　机械 2018-01 班

电气工程学院（3个）

电气 2017-09 班　电气 2018-01 班　电气 2019-02 班

信息科学与技术学院（3个）

轨道 2018-03 班　电科（微电）2018-02 班　信息 2019-03 班

交通运输与物流学院（3个）

交通 2018-03 班　交运类 2019-02 班　物流类 2019-03 班

利兹学院（1个）

机械（利兹）2018-02 班

材料科学与工程学院（2个）

金属 2018-03 班　金属 2019-02 班

地球科学与环境工程学院（4个）

测绘类 2019-05 班　测绘（茅以升班）2019-01 班　环境 2017-02 班

安全（中外）2019-02 班

经济管理学院（2个）

经济拔尖班 2019-01 班　工程管理 2018-01 班

外国语学院（2个）

日语 2019-01 班　商英 2019-02 班

建筑与设计学院（2个）

环艺 2017-02 班　建筑 2018-01 班

物理科学与技术学院（1个）

电讯（光电）2017-04 班

人文学院（1个）

汉语 2017-01 班

公共管理与政法学院（1个）

法学 2019-01 班

生命科学与工程学院（1个）

生物 2019-02 班

力学与工程学院（1个）

工力 2018-04 班

数学学院（1个）

数学 2019-01 班

马克思主义学院（1个）

思政 2019-02 班

心理研究与咨询中心（1个）

心理 2019-02 班

三好学生标兵（219名）

茅以升学院（4名）

崔飞杰　王　睿　伍文凤　周睿琪

土木工程学院（28名）

杨景皓　王宇博　纪程杰　曾梓恒　李红裕　苏震乾　尹康帅　张宗宇
邓富强　邱滟玲　葛　康　贺秀萍　姚思喆　肖琪璋　苏圣鹏　俞拓航
胡振宇　高乐心　王艺晴　周碧桦　吴子龙　尚晓朕　沐海星　徐天新
徐子鉴　戴宁杰　潘　阳　钱克豪

机械工程学院（23名）

姚建武　蒋吉鑫　闫皓博　刘小雨　罗梓淇　蒋舒颖　蒙春竹　李晓玉
丁　鑫　马子非　孙嘉祺　夏大为　张　安　吴　桢　曹毅恒　罗哲文
李照嵩　厉智鹏　陆　浩　邓　煜　张宇康　杜雪明　黄邱荟

电气工程学院（18名）

王翼云　孙　娜　王　敏　唐康丽　闫姝璇　朱　玲　王子健　许璐琳
叶存昕　解淑祺　斯　琪　谢懿晗　何冰鑫　叶雨润　方　心　吴泽棐
袁子傲　王干尧

信息科学与技术学院（19名）

刘君卿　侯　琴　邓思琦　顾　月　谭柯龙　金嗣东　唐泽龙　廖凌枫
宋毅飞　闫凌森　杨鑫浩　何康辰　吴　玮　贾　芳　胡允浩　吴房浩
陈鹏豪　方俊麟　旷森芸

交通运输与物流学院（19名）

杜剑飞　刘　娇　邹颜刚　叶旭泽　陈　硕　冯　禧　董文韬　钱泽林
邵　杰　吴问涛　赵凯文　郁铌轲　孙怡平　吴颖泉　张文利　令狐丹
王晨露　杨培杰　何佳原

利兹学院（8名）

陈恺宇　洪文轩　解炎山　姜永哲　周彧凝　周冠人　郭成杰　徐颂雨

材料科学与工程学院（9名）

徐金跃　姚　嘉　张斯涵　王凤莹　陈　洁　江金霞　孙耀坤　陈林旺
周孟雪

地球科学与环境工程学院（15名）

肖玥玥　张莉扬　罗　鑫　苗晨龙　朱畅畅　贺呈虎　张泽琪　叶志虎
贾舒婷　司书铭　杨碧红　刘洪江　崔耀丹　焦诗琴　蒋玉佳

经济管理学院（11名）

补金凤　李汝洁　罗雨薇　伍洛熠　刘丙琪　陈　澳　李佳益　李新阳
黄纪凯　刘　鑫　宁懿文

外国语学院（9名）

潘嘉仪　周　雨　魏雅静　袁　铭　林　昕　周雨平　孙芷欣　寇可歆
秦小涵

建筑与设计学院（13名）

张李星月　张子纯　邵晓白　王一初　李　熠　胡佳仪　李欣怡　任旭梅
罗勋锐　芮　典　徐添炜　李汝楷　樊祐宁

物理科学与技术学院（9名）

张　敏　何　真　陈济然　孙路易　张柏森　施逸蕾　张一凡　陈天乐
唐汇雲

人文学院（8名）

戚　玥　徐正阳　杨雨婷　梁晓瑜　曾蕙心　胡海月　安　然　夏　鑫

公共管理与政法学院（6名）

李昱辰　杨煜天　王姿惠　左依航　陈　哲　张晓丹

生命科学与工程学院（7名）

黄诗琪　刘艳艳　彭泽漫　杨　晨　易　可　贾承霖　张盛春

力学与工程学院（5名）

褚弓瑶　唐　淇　杨静雷　曹子粱　李俊鹏

数学学院（5名）

杨赫祎　李雨桐　李　劲　蒋小玉　常怀文

马克思主义学院（2名）

周水斌　林　煊

心理研究与咨询中心（1名）

蔡亚静

优秀研究生标兵（62名）

土木工程学院（10名）

黄恒伟　刘奕斌　何肖云峰　沈忠辉　江勇涛　王刘翀　漆启明　李　茜
高　浩　王　泗

机械工程学院（6名）

项载毓　刘思璐　董　勋　黄　瑶　段安东哲　杨浚颢

电气工程学院（6名）

田庆新　孟　翔　陶孟兴　余昊伦　何宗伦　康立烨

信息科学与技术学院（7名）

刘家明　尹　平　胡凯文　吴　伟　吴　旭　曾　嵛　周亚晶

交通运输与物流学院（5名）

李　琳　高明瑶　徐桃让　唐秋宇　张思宇

材料科学与工程学院（3名）

陈　兵　储　翔　刘俊峰

地球科学与环境工程学院（5名）

陈　瑞　　黄瑀羽　　樊碗丽　　潘旭秦　　吴智伟

经济管理学院（3名）

何玲玲　　刘玉婷　　周　雪

外国语学院（1名）

冯子玲

建筑与设计学院（3名）

宋航宇　　罗克乾　　王　蜜

物理科学与技术学院（1名）

刘伟红

人文学院（1名）

刘卫东

公共管理与政法学院（1名）

庄易霖

生命科学与工程学院（1名）

甄泳棋

力学与工程学院（1名）

赵吉中

数学学院（1名）

王学敏

马克思主义学院（1名）

张　旭

心理研究与咨询中心（1名）

杨　睿

牵引动力国家重点实验室（3名）

姚永明　　姜培斌　　徐湃文

医学院（1名）

宋可可

唐山研究生院（1名）

辜　杰

三好学生（1744名）

茅以升学院（44名）

李光浩　　赵一博　　徐　云　　王麒铭　　赵　成　　茹　行　　程　然　　刘俊杉
王　欣　　董逸飞　　李琪瑶　　赵海宁　　郭子硕　　彭　炜　　程　岚　　魏易东
夏之瑜　　徐庚辰　　曹思雨　　龙建君　　颜凌轩　　刘仁辉　　董　蓉　　李大鹏
郭振威　　安效灼　　吴峻伟　　杨　溢　　王嘉澎　　裴一诺　　李天怡　　鲁　鑫
翟岳华　　李明威　　王云帆　　李木森　　李泳江　　丁睿建　　王　鑫　　王思羽

朱文兵　杜　璞　肖霈霖　邓雨星

土木工程学院（242名）

杨桂畅　蔡　耀　李奇威　李搏凯　彭　烨　钟浩嘉　陈红宇　田　扬
董　杰　赵　阳　李昱熙　王慧君　冯钰虎　傅钦昭　王致远　乐誉清
周勇聪　黎成庆　陈峻博　陈远文　曾　强　张昕阳　方　哲　邓忠艺
惠庆敏　赵何霖　夏毛瑶　苟安迪　周振宇　赵　兴　王艳凤　彭　鹏
时一帆　袁心怡　侯明扬　任天唯　白铁磊　陈俊杰　崔　卓　李佳欣
何晓龙　沈　皓　朱　凯　王文正　刘议文　张晓驰　谢　鹏　张　琦
丁家浩　张廷鹏　蔡　玲　林海鑫　邱涌嘉　张博豪　牛云彬　赵铭洋
周逸昊　王鑫越　邓亚杰　黎向周　王　鑫　杨思杰　吴太恒　贾　康
钟雨薇　李煦丹　卞　澜　魏宏超　张诗杰　陈　茁　陈明浩　罗　帅
沈云鹏　车兴果　敬雅文　郭亚林　龙开天　罗　虎　罗丽菊　张晨妍
康潇月　曹思敏　胡　涛　陈世航　劳国峰　潘文佳　卜亦秦　祁昌号
向　往　杨宇豪　肖卓琦　刘金炜　彭　慧　陈璘潇　黄银华　徐展飞
孙志昂　刘肖汇　文嘉涵　豆留盼　贺俊钦　宋雨萌　张凤明　张成友
陈　龙　庞莹莹　何运清　李晓珊　杨　逸　魏子伟　李斯博　郑传湉
林从建　常小兵　耿文燕　王芝茏　高仕鹏　周久阳　冯　应　徐清九
黄亚阳　赵　磊　常铭宇　陈佳宜　李雨辰　贾庆霖　康宇琼　曹佳涛
唐家豪　王乃夫　胡家龙　周晓天　刘　茜　冯禧成　贺成博　白涛硕
刘语泉　梁小龙　范荣威　杨承志　王彬宇　欧阳惠怡　胡　锐　张津云
戴　昊　杨　展　周　童　刘雨欣　王洪一　宋美珍　李政贤　周思源
范栋奎　张　程　胡子威　熊　航　卢春浩　夏覃永　周婧楠　和　琦
张千源　张紫奕　肖　阳　段姝琪　孔凡澍　包雨滴　王一帆　曾泽淞
刘振宇　康子章　邵豪坤　苟　潇　夏烨豪　郭礼昱　俞泽炜　杨昌赣
韩晓彤　徐艳鑫　罗震涵　程爱棋　王年春　邓　钢　郑　博　陈　卓
申嘉若　谭　勇　李明劲　徐宁涛　胡千越　徐子健　朱文峻　石寰宇
李昊豫　何雅雯　贺文城　张　罗　唐秀琴　孙钦亮　谢　一　罗丁未
何晓芸　张骁哲　袁铨西　周弋力　骆仁舜　袁　曜　陈　颖　何春江
阮杰群　赵昕芸　沈淳宸　钟　浩　张友帅　王　江　罗　宇　叶海洋
刘　扬　曹有为　喻子康　李　政　熊煦莱　雷　电　冷双金　晏崇恩
邹天浩　马龙伟　李金蓉　李子徽　何　畅　司　念　龙叶成渝　郑传新
孟　迪　熊　颖　范子焱　付　锐　张卓涵　杨琳珂　李　驰　郝慧明
刘力模　李丽洁

机械工程学院（183名）

刘天宇　王紫航　徐诺舟　唐君立　朱广勋　申祎喆　漆小虎　周　洪
刘秋奇　薛竹婷　彭武茂　黄陶俊　刘　帅　刘　畅　孙　建　张　超
曹　婷　李逸群　郑　重　肖宇光　龚屹昂　余　熠　张一伟　曹铭航
张洪源　李　浩　詹金桦　刘一渴　王　硕　肖丁诚　范宇杰　唐文昊

程伟旗	马炜鹏	张英豪	庞帅宇	黄文建	刘峻志	陈力啸	谢昂治
张子晗	林奕辰	唐 勇	祁式展	刘天宇	朱茂源	胡玉炜	樊成亮
胡馨月	杨是龙	张森皓	常 锟	梁峻宁	丁士杰	熊 芹	郭 琪
尹 杉	邓胜江	钟 涛	谭龙坤	阮晨毅	杨小雨	曾楷煜	江晓星
熊国东	万俊豪	牟斌杰	王 芳	潘欣嫄	黄凌钰	侯彦竹	刘志鹏
刘浩煜	王智洋	张佳悦	李俊聪	孔令楠	陈文瑜	陆昕炜	张 严
徐新权	何文浩	龙 浩	刘 浜	王旭彤	唐超毅	雷沁霖	付浩然
卢秀杰	李柯桐	陈葛瑞	冯虎成	胡成宇	魏嘉辰	张 扬	丁则剑
沈博翰	王鹏鑫	张乐乐	余炯泽	胡 玎	黄峥荣	王雨双	钟欣悦
李俊泽	何 志	高一然	谢民辉	李子昂	龙邦林	王熙然	张 鑫
王 龙	许篮心	武 晗	王星童	蔡佳倜	黄新页	刘丽芝	彭若愚
张毛杰	吴思佳	王伟梁	高 原	刘家傲	汤嘉斌	丁 巍	陈华申
李宁搏	高鑫钊	王应隆	王彬江	李元琛	张海涛	蔡镇南	王 瑞
任禹尧	赵小宁	许 彪	陈明嘉	张钧天	涂蔓蝶	高飞翔	唐 翊
周林萱	张敏杰	孙海玥	杨芸菲	徐佳丽	钱泓宇	王海舟	汪天驰
吉向太	豆树森	马启元	吴晨曦	孙博文	费天基	武星宇	宋英卓
张淑滢	尚金星	骆皓羽	谢杭辰	尚修齐	蒋凯宁	缪家振	蔡佳文
张云烨	杨新宇	周文宏	杨文彪	殷悦莹	张 文	彭晓娟	李 想
温启军	王宇涛	申凌瑞	魏菻颉	屈王琨	谢 潼	何晨阳	

电气工程学院（142 名）

王诗琦	王秋实	何艺铭	武桢寓	廖海朱	秦传盛	李杨龙	邓山辉
戴睿鹏	李康文	李尚志	江丽娟	夏雁冰	次凯旋	杨 爽	杨 凯
李 杰	王 阳	刘洋洋	李云笛	张天艺	杨向阳	王昊文	李林柘
蒋祥宇	黄小凡	蒋婉月	罗兴隆	邹 帆	蒲艳玲	李双庆	严一舟
李建为	蒋晓凤	孙震宇	刘 涵	伍 军	张婉欣	陈金凤	陈纪宇
张 洋	邱艺丁	杨文欣	钟文梁	庞子傲	魏文璇	罗宇靖	张曦壬
郑智强	徐炜强	费正源	陈 瑀	关 宇	许珂瑞	王亚磊	史可燃
阴文湘	汪冠宇	段展宇	姜 攀	林雨眠	段君璋	杨键聪	宋泓默
徐嘉琪	高立乾	陈 煜	王 林	朱宇辰	陈羽航	王俊淳	牟晓慧
吴国桐	刘立敏	殷子浩	霍莎莎	甘润民	张思源	单招文	周依萍
张泽琨	于少筠	白 航	任 航	薛可钦	宋世杰	朱重阳	彭英杰
张紫竹	陈博涵	彭元贞	曹晓琦	卢 山	陈晓玄	韦玫桂	李博涵
吴海潮	季心宇	张翼扬	刘 湘	兰宇田	关子凌	杨 俊	常昊鑫
毛溢为	苏天乐	翟彦辰	佘光沿	王 娜	张 强	陶明路	曹昭祺
康 怡	甘雨沛	古一君	胡铃皎	曹 云	陈 洁	刘梦轩	姜凯方
张廷玉	周丽霞	张 斌	吕闻龙	罗彬欣	金 科	金 杰	刘 姣
高斯帖	朱晨杰	寇鸿毓	杨怡帆	岳秋艺	刘三峰	张林东	陈民鑫
唐天驰	祝深帅	安亚亚	邓卓立	徐诗鸣	陈治铃		

信息科学与技术学院（154 名）

和牧辰	宋一帆	安琪	邓康烨	杨莉君	王靖	曾文馨	温露雄
李明凯	李怡霏	阳怡	李明飞	陈林	王阳	陈鑫强	石鹏宇
李劲松	秦晋哲	赵双月	庞博文	黄旭光	陈宗镭	闫晗	薛一朴
丁峥元	赵大燕	苏圣	陈文博	李宇涵	刘震鑫	张凤娇	蒋欣洋
刘睿	陈瑾如	罗俊豪	曾雨晴	卢锐恒	李欣宜	刘佳欣	徐启涵
熊妮	卢诚城	郭旭	钟雨辛	赖岑枚	覃光怡	蔡檬屿	王宇
梅诗曼	付铄雅	李良平	肖能飞	唐琪	苏筠	于楫玉	王养浩
张星宇	熊静雯	司继盛	万冬静	木铭浩	吴炳文	曾沁琰	俞诣
孙诗翔	江胤佐	张清	孙硕人	杨睿祈	赵圣雅	汪思敏	丁振宇
郑泰川	徐启佳	王皓焱	王鹏旭	孙怡平	廖思凯	方一宇	杜欣洋
宁尚涵	应豪	吴雪	王健宇	丁桢炎	杨佳	余鸿兰	罗俊辉
邓靖博	梁源	邓艳槟	吴炯燃	沈力瑜	金智棋	刘龙吉	代天傲
叶子强	蒋滨	王商捷	舒新建	冯振洋	陈海乐	赵玲巧	曾玉宇
赖苏玲	陈书畅	张靖滨	王萌萌	林晨曦	宋尤虹	聂否	刘恩驿
王泓钰	陈淑婷	郭恺	张锴	冯天雄	徐润泽	颜飞扬	王珂
李晨鸣	颜海月	黄亦成	曾童	唐惟易	周佳怡	訾孟瑶	张致平
张伟琪	朱寅	蔡坷呈	张雨婷	杭成宇	王浩源	杨龙	曹津杰
陈欣雨	柴艺函	陈姝旬	倪利	王雪瑶	王一凡	徐梓航	陈妍言
邓慧敏	刘奎	游静蓓	谢捡龙	陈宏	王玉泽	宋俊	王雯静
王学彬	任宸睿						

交通运输与物流学院（130 名）

刘渊	闫倩倩	牛一帆	刘睿	肖翰林	张栩菲	麦启欣	朱芳仪
王灿	纪文	胡睿华	法慧妍	刘坤	刘元元	蒋雪莹	宋嫣然
张毓玉	袁洋	马家奇	丁路洒	常杜娟	周文涛	牛家鑫	俞诚成
彭炜康	冯绮璐	梁文馨	赵冰	钱凯旭	邹蕙伊翎	徐玉洁	罗飞
洪诗雨	刘圣敏	胡奉淋	林米雪	李永昕	王炳勋	侯艺琦	马玉琴
王宇飞	杜懿佳	邱鹏	鄢锐	刘洁鑫	许源	谢俊濠	罗维嘉
赵煜	彭程	李妍	高语桐	江若彤	钟兴莉	胡航绮	吴佳豪
丛红炜	谈力	周瑶成	彭哲	刘英杰	郑文涛	梅国栋	张燕
邹加	廖洋	张允涵	欧丽丽	张奕童	张炜晗	陈海霞	高佳颖
冯芊	安媚童	李心怡	向云海	郑倩	蒋乐	董国慧	王利
宋飞宇	刘盛林	粟琬清	代盛仪	黄晓庆	黄胤	陈濛	张弘扬
张洋	尹恒	张侃	刘洋	刘迅知	梁鸽	刘科隆	李煜霄
孙浩楠	秦徐哲	高业林	李林峰	于跃	曾艾馨	邓睿鑫	何亦清
平浩	张耀文	罗仕杰	李果恒	曹铭洋	蒲泓兵	白佳怡	程子嫣
王文靓	申芮	刘雨	冷远平	张一君	万霄潇	何远亮	刘祝银

史纪鑫	汪子露	赵　媛	陈文慧	张文静	李佳霖	周星宇	雷　兰
林颖馨	杨　颖						

利兹学院（67 名）

尹力威	陈　韬	许沂聪	张择正	盛永佶	邹德豪	刘　聪	李　鑫
杨　晨	曹恺悦	杜甫成	黄劲烨	褚欣然	丁俞杰	张羽翼	王姝晏
魏馨莹	廖人霖	方　浩	张子弋	武于凡	刘星辰	吴行健	娄永辰
胡怿添	梁明皓	何昊阳	周珂伊	张涵容	章若茗	朱　灵	曾　欣
曾子璇	徐淙洋	梁诗洋	郭启骋	郑　植	周子柯	魏毅民	彭浩然
范朕铭	曾新然	李正豪	马张辰	张博涵	夏天睿	江昕萌	刘维珩
黄佳漫	冯伊凡	赵欣怡	宋茂嘉	钱　锦	肖　添	李丰邑	任子骁
金泽楷	范诗卿	刘诗璟	陈闰生	钱　唐	穆　迪	赵一凡	杨苏炀
周家国	陈星宇	王宇晨					

材料科学与工程学院（73 名）

葛洁洁	孙雨航	李　倩	罗　辉	李孟钊	张智媗	肖　军	邱未灵
泮吉祥	左梁蕊	孙　悦	马瑞钰	王生龙	王月月	陈齐芊	孙美琪
刘红刚	金　敏	何忠倩	郭昱成	刘玉婵	刘　宇	常栋彪	王　燕
林东虎	刘景芳	段晓霖	王美娟	胡叶婷	孙道文	金　灵	陈宏宇
彭子龙	文根硕	刘施妤	何有灵	李建涛	肖玉玺	张倩倩	吴　忧
江　欣	王子月	李静霖	徐天培	罗仁涓	石远涛	虞琰昊	蔡　昂
于睿智	陈可可	赵瑞月	黄凯阳	许玲焱	陈高伟	李雨欣	高　川
龚　波	谢朋书	陈宇杰	刘芯怡	尹启明	罗康铭	王雅楠	邓绍韦
宋　威	魏　旭	黄纯奕	董欣瑞	唐　靓	殷宇轩	邹奕亮	高一波
肖逸洋							

地球科学与环境工程学院（117 名）

陆　童	陈　锋	池韬略	廉慧洁	杨汉纯	宋　晴	宋斌斌	唐健峰
刘梦琳	王新天	张弈辉	曾建顺	任晓月	姜　莹	韩兆晨	聂金诚
王　晨	王晓科	高怡凡	邓媛媛	徐荣辉	赵　爽	熊　标	霍子豪
钟浩淼淼	陈元天	陈康正	肖炜东	李子璐	向思源	吕　傲	陈西南
熊仁萱	陈梓薇	蒋朝阳	林韵茹	邵维旭	周子琪	陈诗仪	尹海钦
蒋硕匀	侯雨含	翟　珂	马静逸	杨　鹭	董雯雯	于松洋	蒋弘瑞
张绪明	王文涛	柯振宇	周悦恺	陈思宇	汪龙巍	冯昌隆	郭晓林
杨承翰	丁天皓	黄鸿泰	窦宇辰	王绍宇	郑力晗	阙柱沪	练培格
邵济民	王　朕	马启冲	徐　濛	马林强	余　君	靳胤宗	章　涛
秦笑彦	姜　胤	杨　杰	代雅姗	邓皓兮	石奥博	李奕冬	王　顺
徐巾杭	胡馨月	赵萤滢	崔馨文	张雨晴	王雨薇	陈千喜	殷耀龙
昌凡浩	乔亦弘	肖志杰	刘海蝶	李　洋	陈志强	付兴佳	邓嘉琳

马祎扬	赵玉好	邵佳宁	刘　刚	邓承东	范辰昕	陈　梅	龚学强
林其炜	张鹏阳	宋盼盼	王晋昆	严雨婷	那　强	谷恒超	卞佳润
刘欣宇	周柯杰	吴禛伟	姜俊平	李炫辰			

经济管理学院（92名）

胡庆一	马　彦	吴　涛	王　睿	蒋文轶	黄慧娟	肖　玥	李文文
杨佳艺	朱璇玮	于依帆	胡　茜	李巧琳	莫代玉	刘德亮	薛蓉蓉
魏　琦	王雯莉	刘雅琦	罗　莉	梁芮菠	龚英刚	张炜尔	刘　娇
常　阔	陈海波	赛汶君	吴嘉慧	雍林汇	邓茗心	孙雨婷	边浩铮
陈佳欣	尹玉萌	王安琼	彭姝琪	王　柳	黄佳乐	廖方英	张照艳
陈莉莉	曾宁欣	余逸杨	傅佳晨	潘奕汀	孙　冰	宁春明	徐励漪
苏莉莉	张腾晖	马睿彦	潘阿敏	杨昌锦	尹　艳	蒲柯羽	周唯佳
徐彬彬	李昕懿	邹雨涵	王子怡	贾烜洲	曹　蓉	甘吉双	曾馨仪
李思雨	孔筱箫	陈宇洋	徐子砚	喻富洪	金　月	章　雨	江浩然
龚湛翔	李晓聪	何之夏	张　雯	金本杰	周峻羽	王晓芸	秦泽唯
金李畅	刘江原	辛蔚然	杨欣怡	熊伟婷	郭波宏	王小雨	冯文进
潘传扬	唐山婷	崔天荣	汪旭梅				

外国语学院（66名）

郭　央	郑云霞	杨子衿	孙方炳	王楚可	李丽安	王安钰	刘晨璐
陈静茹	凡　荣	陈亭竹	余鸿霞	王玥月	朱秋甜	高　琦	孙小杰
程山芳	吴珺瑜	廖鑫玥	王玉莲	王禧雨	黄婉仪	陈澍树	王　燕
刘玉洁	顾王洁	刘思旖	黄泓晟	张偲嘉	高安娜	张瑞军	张一昕
杨之瑜	李孟璇	张宜远	刘育晨	谢春维	陈洪漫	朱敏格	宋凯悦
刘文利	陈　玥	安浅潜	王宇蒙	侯　玥	王姝予	许沙鳗	刘　月
戴子璇	韦溢雯	李子晴	吕靖宜	杨蕊遥	任佩仪	王　川	李展艺
刘　星	郑芝伊	刘馨蔓	杨雅涵	王思尧	欧阳睿	赵　静	白晋宜
唐烨玲	罗　晓						

建筑与设计学院（102名）

王靖瑶	贾诗涵	王筱璇	彭迦琛	舒欣润	吕　薇	文　静	丁舒琦
许天翔	向梦琦	罗　婷	赖紫依	郭慧慧	任仟禧	徐海华	黄紫嫣
石秋霞	陈宇豪	焦丽蓓	孙玉洁	贾　瑞	曾　辰	徐沁仪	苏靖涵
王紫绮	吴嘉玮	裰颖彪	陈　宇	张晓晗	楚冬惠	姚凌涵	李怡莉
齐　琪	徐静璇	杜　媛	杨雨萱	常真毓	史祎昕	王杰雅	苗露滋
苏巧敏	郭亚凝	史云帆	杨倩怡	陈颖滢	张梦莉	黄彦羽	孙陈玲
杨茹玥	曹峡锡	周佳妮	冯　岩	李骄芳	崔月婷	俞　锦	刘嘉铭
张虞骞	王子萱	吴承殷	程伊菲	李奕轩	冯紫涵	申　萌	曹予婕
杜明轩	蒋知航	丁一珂	冯习单	杜俞洁	杜芯雨	胡　越	张雨冰
冯康芸	刘艾娜	凌婳晗	赵丽雅	肖思涵	范雅茹	张玉阳	宋佳凝
谢千蒙	王永娣	刘　峥	金　箫	王义景	郑小飞	刘嘉诚	李　珉

刘怡麟　刘璐凡　张　珂　窦昊然　钟　熙　滕双宇　贺肖淇　汤　雨
曾宇晴　林　榕　庞淇文　李艾玥　杨湘钇　唐子宜

物理科学与技术学院（71 名）

廖川黎　夏良田　蔡炳华　张　磊　杨　帆　王瑞兰　胡　鸿　骆懿帆
赵　鑫　李蔚然　汪　沛　宋天助　王新龙　王家兴　周恒安　张佳磊
郭　畅　郑实琛　李若曦　陈长俊　张　怡　王　婧　黄庭岭　刘成鑫
胡嫁琪　范文博　荀　熠　陈诗涵　王一民　纪名洋　陈　龙　刘俊佑
郭俊宏　孙梦怡　江星怡　吴恩师　王弈维　金　辉　徐　开　张怡然
王鹏龙　李耀斌　郑熙凌　石金泽　杨守康　邱　阳　彭远鹏　谭海蛟
郭淏韬　徐灵珺　张相宜　章　坤　单欣卓　叶家杨　刘耀炫　陈泽嘉
杨坤萍　张笑宇　张泽腾　彭熙尧　薛张熙　寿毅航　童国烽　辛昱伶
唐晓凡　张渝佳　王宇捷　廖文奥　吴翊丹　汪雨林　罗宇辰

人文学院（64 名）

王沁岚　罗清华　郭　谣　秦小迪　朱扬扬　王雯珂　陈劲骁　宋子琪
张　杨　赵雅芳　魏钰泓　赖铭扬　史千雪　杨苏云　肖姝言　唐子璇
卫逸凡　史鸿宇　宋卓蕴　巫冬平　万　立　张嘉安　姚俊臣　叶金莹
钱佳西　万　奕　杜俊棣　彭宜淇　叶雨洁　谭馨悦　王　雯　孙　蕊
徐嘉怡　关越元　黄　欢　赵文豪　万心怡　蒋佳莹　季芷卿　蒋清州
司逸飞　贾贝熙　陈执庭　郎佩冉　卢玉倩　方彦然　陈　萱　袁嘉唯
张旭安　王安琪　李天媛　张萌蕤　赵文哲　王子墨　徐榕利　仲芷娴
帕尔文·帕尔哈提　徐东辰　王　岚　丁　凯　吴曾钰　齐晓雨　苏立维
孙　允

公共管理与政法学院（50 名）

袁　启　郭蕴仪　文紫静　翟龙娇　潘君豪　罗佼妮　刘子楠　刘　燕
刘金兴　傅晴晴　李丽婷　焦思雨　蒋芳琳　季许鸣　陈泽东　曾　馨
陈晓清　夏金晶　金莉娜　王力超　黎　思　鄢　睿　李　宁　丁观芳
章正源　王戬聪　邵　瑜　曾雨欣　陈丹妮　顾晨曦　李欣童　陈吉筠
靳瑞阳　廖慧娴　孔　熠　谢如涛　毛莎莎　米秋明　伍丁雨　方嘉伟
唐菀卿　杨雨婷　倪尘远　陈雪琼　吴孟颖　杨炳杰　王　卉　宁豪龙
严少劼　黄雪梅

生命科学与工程学院（52 名）

徐开燕　王　晶　车雨澂　王清林　苏　恒　翁正阳　周河汐　李　栋
陈中炜　李欢欢　尹　恒　樊丹晨　黄　兰　薛宝玉　肖林杰　周楚嘉
范晓婷　陈　漪　赵辰晖　石龙润　谭国栋　利　铭　李慧芳　全慧鸽
杨　语　张静妍　林家慧　马嘉擎　陶成艳　邵文浩　孙可一　吴亦鸣
李志学　梁子涵　胡昊哲　程瑞翔　刘可贞　郑家乐　杨燕春　朱黄瑶
郭忠静　王鉴瞩　黄　丽　艾佳媛　王傲雪　李　瑶　吴亭瑶　陈怡君
王文洋　何蒙蒙　杜好婕　陈　晨

力学与工程学院（39 名）

连心怡 邓鹤轩 曹朌丞 刘开忠 周瑞 王貌 马鹏宇 毛志坚
王烽 胡冰晖 李嘉权 张栖方 王逍 李润佳 马博涵 朱韵融
付明涛 易灵敏 向星宇 吴海瑞 赵嘉华 高泽图 张兴潮 史成凯
周欢 孙乾 谢梦真 梁文超 沈成鑫 胡豪 谢泽衍 李甜田
丁一鹏 郑欢庆 赵志辉 文鹏军 赵研昊 黄寒参 崔筱婷

数学学院（35 名）

冯玉 冯凯 田玉亭 尹懿 夏悦涵 郭义龙 李加龙 王国超
徐鹏飞 杜滔 何星阳 曹家琪 郭国林 舒浩哲 陈一扬 邓笛扬
蒋名琪 郑艺梅 李诗琦 刘镇谋 车可 付扬鑫 张澳 严媛媛
曾鑫垚 陈卓仪 张姣 唐旺霞 蔡文凯 张雨婷 蔡逸 居卓儒
林玉 商嗣源 王思源

马克思主义学院（12 名）

任秋艳 郭杨 杨小青 许珂馨 龚禹竹 张佳旺 郭修远 陈佳伟
吴昊 刘媜溪 雷斯瑞 黄几荣

心理研究与咨询中心（9 名）

刘馨洁 陈晓庆 杨涵玉 李泓仪 黄奕莛 姜舒阳 应滢莹 李世姣
刘琳

优秀研究生（416 名）

土木工程学院（61 名）

徐海岩 王旭 蒙伟 张艺腾 温宗意 王路明 李聪明 陈雨
王志龙 赵成功 王雪彤 王攀杰 徐天赐 张光明 马宏飞 阳剑
解丽萍 陈威庭 孙辉 魏欣宇 钱逸哲 张弘 王天琦 李拼
蒋辉 肖支飞 方晶 王蒙婷 荆祥 潘前 朱仁政 邵晨超
齐乐 姜沫臣 周聪 刘畅 张登科 胡棚 陈可道 吴昊南
晏先娇 王吉 袁海莉 牛亚文 梁新缘 廖田婷 鲍晶晶 沈明亮
张灏鹏 邓强胜 陈凡 张逸敏 邵子萌 蔡李斌 李金宜 邓宇航
刘洋 龚振华 禹壮壮 范乐雯 徐建峰

机械工程学院（39 名）

王瀚轩 陈薇 李齐章 敬瑶阁 成聪 王伟 臧付连 唐语
陈俊光 陈昱坤 刘宸宇 罗焕 王延朋 何东峰 陈涛 饶勇建
雷云聪 魏宇歌 陈辰 王诗祺 宁云志 杨戴蔚 田建康 谢云鹏
闫富乾 王浩 张训杰 马玉豪 袁宇 陈玉 黄伟 李远远
李振生 薛应花 王辉 由智超 管超 眭洋 李海

电气工程学院（40 名）

蔡君懿 张广骁 杨孝伟 肖壮 孟祥宇 周祥宇 李奕萱 曹伟东
梁世文 彭俊 郝建华 崔臻 虞子萱 罗远培 张灿 李沛东

周　芃	晏启翔	张传辉	史云涛	杨文钰	孔　杰	汪　艮	朱磊磊
张飞虎	贡子峰	黄勤琴	母婷佑	张一鸣	邓亚茹	李　楠	胡　梦
何志江	刘飞帆	刘　巍	宋　爽	刘　梓	任皓妍	李昱阳	喻　心

信息科学与技术学院（44名）

庞琦珂	孙瀚辰	冯家城	徐志锟	邹　宁	麻志鹏	冉丈杰	刘易民
曾舒宇	杨　翠	颜　静	蔡亚娟	王　锦	舒　琪	吴壮壮	朱　凤
李明旭	黄　斌	万里成	顾　执	邓彩连	周　银	周　熹	王　睿
王洋洋	魏国波	杨天懿	田友丽	邢志铖	冯俊鹏	杜玲玉	刘文博
孙日升	高自强	姚　月	杨善雯	王如斌	葛一飞	王　栋	邹海鹏
张　严	桑彬彬	谢　鹏	兰　浩				

交通运输与物流学院（33名）

江文辉	王利雷	毛剑楠	徐传玲	胡　蓉	彭小倩	向江海	张洪基
刘　琪	胡　瑞	任瀚堃	张怡贝	范千里	邓强强	冯利阳	刘　华
康雷雷	王　萍	肖国胜	吴佳媛	张斯嘉	李　栋	王思琛	朱　蔓
刘　卿	李定邦	陶　颖	游彬慈	姚　雪	宋思扬	马　赛	孙　燕
田丹琳							

材料科学与工程学院（23名）

谢岩廷	苏晓佳	吕星星	王　庆	许艳君	万杨杰	薛贵兰	王文燕
严　涵	马彦龙	李　天	钟　珅	李　浩	施孟含	刘　伟	陈　卓
刘　驰	郑志文	王　申	文　婷	江　震	胡彧孜	来　至	

地球科学与环境工程学院（30名）

吕继超	朱　柏	靳开颜	李　欢	周昊琪	吴丁页	姬彦东	范祥泰
雷　远	方　通	张仕林	李　敏	刘　雯	杨宗耀	肖　典	黄雨婷
钟雨田	刘迪一	程思茜	游舒航	陈媚特	吴仁哲	张文达	江水苹
陈彦毓	吴　越	骆　泽	朱成业	高　卉	唐亚鑫		

经济管理学院（19名）

杜银凤	余唯君	何晓凤	刘　佳	张　雨	杜　千	康怀飞	张　璐
王　娅	唐依珂	唐菱蔓	杨　娟	寇　钰	李静媛	涂家祺	牛彬婧
宋俊佑	欧阳凯宁	梁　超					

外国语学院（7名）

谢　梅	曾雨昕	付静怡	王　婷	唐小林	陈　蕾	邓　婕

建筑与设计学院（20名）

蒋　旎	官欣悦	邓实仟	余有成	陶志雄	邓欣阳	黄　杰	李　沛
韩佳勤	姚　菲	侍明成	邓舒曼	孟凡力	余佩蔓	荣　荇	唐雨浛
林子琦	杨飞帆	张　毅	姚鳗卿				

物理科学与技术学院（10名）

吴　潇	崔钰竹	高　娟	白志鑫	汪路遥	张榜丰	徐　霞	张　湉
蒋城露	孔歌星						

人文学院（10 名）

黄　舜　何　佳　张冬雪　莫　泽　李芝敏　杨金丽　任凌潇　冷　宇
连燕婷　刘　宇

公共管理与政法学院（12 名）

吴秀明　周　游　扈　婧　廖　鑫　唐小蓉　喻兴佳　黄亚楠　刘　荣
李梦韬　邱潇淘　王凤宇　钱　磊

生命科学与工程学院（9 名）

石海珠　邹　萌　邹　倩　阮子静　杨志华　肖玉美　卢若玮　张　田
卓　馨

力学与工程学院（8 名）

时丕顺　罗　茜　何广伟　周　廷　唐伟然　上官志浩　杨敬业　李高磊

数学学院（7 名）

李双伶　吴　娇　王　灯　余　涛　郝建阳　解　晋　沈炳声

马克思主义学院（5 名）

李念春　江　静　罗紫薇　王泓之　邢　斐

心理研究与咨询中心（2 名）

王雨晨　龙海霞

牵引动力国家重点实验室（23 名）

曾元辰　徐宏飞　苏凯新　黄双超　尹敏轩　王　文　徐　田　许　立
雷亚南　谢　腾　雒耀祥　刘禹清　杨逸凡　何　倩　黄梓幸　吴　键
蒋久福　陈之恒　袁盛铭　杨　晨　钱伟建　张　巍　杨　龙

医学院（6 名）

钱　进　陈　杏　吴　俊　张耀雷　周佩婷　毛　锐

唐山研究生院（8 名）

许高峰　郑　强　王晓锋　武鑫浩　李　宁　秦浩翔　吴成昊　朱露露

优秀学生干部（1885 名）

茅以升学院（36 名）

刘居真　张子佩　姚远洋　李海峰　娄星宇　张　飞　刘玉岳　瞿开城
庄　成　廖海宇　白荣民　肖　毅　周士祺　江　山　刘　毅　李子勇
王伟豪　刘　畅　林红利　李　晴　安　鹤　彭　韬　唐天利　罗诗涵
周　姝　李海杰　赵旭东　倪璐玥　屈姝君　关靖荧　蒋　威　熊晓辉
赵日鑫　黄睿杰　贾璇琦　刘钊佚

土木工程学院（249 名）

何　菁　郭玉丰　袁作兵　黄绮淇　荣忠乐　高振兴　董唯佳　徐旭航
崔冉冉　唐维泽　曾海琪　康逸飞　苏胡鑫　李一洋　何伟超　赵勇飞
丁　浩　庞鸿立　徐明晖　伍相宇　陈屹东　温安平　唐启辉　徐　毅
裴　蕾　杨易龙　张天一　沈芊蒙　沈煜轩　徐　舟　朱丽莎　高传松

刘家明	唐　嘉	耿明婧	朱宇星	谢欣岑	刘胤格	徐子峻	杨雨谋
付　忻	李　坦	吴蔓莹	邱启胶	李梦然	刘乙甫	张亦驰	张毅峰
刘玉琳	康　硕	刘丁熙	周文强	刘文琦	杨　灿	高　峦	谭　黎
李恩宇	苑慧杰	张　爽	房正龙	杨　雪	王冯雨露	曹　冲	朱崇巍
胡　爽	戴逸岩	毛凯旋	汪　曦	陈俊伟	成宣任	余　萍	石松阳
陈天森	李玄妙	任海容	陈雪莹	练家乐	辜世旺	赵金红	陈　豪
郭　婷	周靖翔	代溟伟	李洪波	温　宝	易新阳	李阳阳	王　涛
李基豪	徐晓静	刘富华	杨锦涛	孙峻枫	姚嘉怡	李　策	柯　妍
刘琛尧	赵雨生	汪育杭	王振宇	沈　哲	冯淑琪	刘　展	曾怡锋
曾弘锐	胡翰林	朱毕玉	张晨晨	马阳晨	张烨欣	胡　飞	远　洋
彭畅宇	尹　强	徐　成	钟慧媛	程业飞	展凤丽	吕文婷	荆予涵
吴轶群	陈千禧	王鸿宇	安宝琪	赖家乐	杜　轲	张书端	徐艺涵
李泽阳	郑芙蓉	王　蓉	苏璟雯	陈文东	陈家欣	陈　娜	胡靖康
李思濛	黄静汶	丛龙宇	向嫣然	汪小龙	蔡书涵	代光耀	黄枭冉
刘景羲	吴传航	王　潇	刘相程	简仕钊	张锐基	黄丙权	陈雨航
张　豪	赵　珏	夏邦桁	丁希嘉	汤　璠	李　想	曾　浩	陈　斌
史一帆	吴伟强	谌煜骁	陈柯儿	尹玲珑	敦浩诤	杨绍毅	陶籽含
梁子昭	李明磊	董嘉浩	霍东波	邢宇翔	侯志远	李凯臣	王艺为
刘采薇	满晓莉	郭　鑫	陈锦辉	骆成鑫	罗坤林	吴昕卓	赵　言
康爱梅	蒲嘉鹏	黄奕斌	连正洲	郭哲维	李心雨	游　浩	张经健
马驰诚	岑墨灵	俞子悦	刘添生	王　储	王凌宇	董彦均	郭林涛
董沐野	刘家树	陈欣雨	周子韩	李　松	陈智欣	周怡杰	王　彦
黄　钶	刘一凡	孙东一	张浩洋	申　河	郑雨航	杨　昱	张昊坤
张泽墉	张泽琪	张　曼	刘伊腾	靳籽玉	白云璐	刘子敬	陈励宇
白芷毓	马荐驰	赵　玥	王振洋	刘伟雄	熊梓旭	智海旭	王　龙
王　森	陈子豪	刘家豪	蒋子衡	林　涵	蒋志鹏	鲁佳欣	刘芸岑
殷淑敏	蒲　倩	杨　琴	欧阳宇轩	陈　丽	赵海涛	莫艺翔	李雨轩
周伟星							

机械工程学院（187名）

王劭可	刘　鹏	高晋琦	卢　一	邢汉丞	陈　杰	欧阳鹏	夏铭辰
白　冰	韩子轩	朱志轩	黄朝勇	袁增威	同晓阳	徐　坤	程奕婷
何润杰	沈丹炜	颜　深	田　威	卢雨昕	谢鑫鑫	魏　俊	冯　聪
李艺璇	王敏瑞	白煜超	李　涛	邢金满	史志磊	魏　翊	魏丞耀
吴秉晗	赵红智	彭越洋	刘启超	范健飞	雷建岗	沈天赐	罗振峰
蒋春阳	宋　一	王喜乐	岳浩鹏	张玮昕	刘晓东	黄宇轩	涂煜柯
于婷婷	原宇琦	海萨尔·吐尔德汗		洪　铭	张峻崧	黄若琳	刘仁哲
付昊宁	顾晨宇	李念勋	陈　江	李冠铖	姜思远	陈汪琦	莫康辉

吴禹辰	谷 悦	陈思媛	莫宇霄	林利忠	邹 妙	尹 诗	李晓川
谢 荣	曲江鹏	刘倍贝	范书伟	宋 涛	邱森宇	王 聪	李 艳
苟彦杰	叶家辉	李 娜	顾炜琪	范相慧	陈 昊	李 旭	李晨溪
杨海烈	姜凯心	张 帅	罗江函	郭其浩	周楷贻	赵启宇	王辰星
杨 旭	吕飞卓	张利敏	刘若澳	吴林鸿	江承蓁	谭雨轩	徐嘉豪
徐钰钦	李怀东	朱冠霖	祁广东	王 彤	齐峰毅	陈 汐	杜文涛
陶喆承	赵亦君	田增熠	赵纪龙	李 泽	张 杰	徐章琦	李楚慧
向华滨	柳权高	马治林	吴 仪	谢林江	袁兴龙	郁章乐	魏德宝
李松蔚	张 翔	薛盛中	陈展熠	汪平澳	曹瑞彬	周瑞阳	陈文超
李鑫煜	孙 剑	韦 帅	李荣天	宋佳星	卜 赫	蒋诗雨	谢福忠
卢飞宇	刘 鑫	呼沛璇	袁子淇	张琬诗	陈向阳	邓 艳	熊辉辉
屠海堃	朱炳旭	吕林灿	元 越	陈如意	汪义飞龙	何 莲	田明洁
余秋霖	李 杰	田震洋	令卓凡	贺 昱	李欣瑜	黄代喜	刘 敏
应晨宇	袁晓宇	段 鹏	刘 杰	张 凯	刘亚磊	郑啟崴	张 震
喻琳婕	朱浩松	樊 宇	邓钧瀚	邓祺瀛	李玲渝	胡雨欣	雷景兰
李 浩	尹鑫海	刘小天	滕梓欣				

电气工程学院（169 名）

宋治东	唐政全	郭家玮	雷 新	谢宝平	吴运强	蓝 中	许淑芬
张洪金	向江欣	徐邵文	董洁琼	白家辉	刘强强	戴文清	罗舒钰
赵欣悦	杨健文	文俊杰	刘凯腾	刘 顿	符 豪	凌云轩	曹逸滔
杨桢宇	任 卓	刘 鹏	李嘉宁	杨建桥	唐 岑	曾开心	程丽红
王卓然	曹鸿昱	张雨博	陈晓婷	张雅琼	岳枫云	鲁 怡	邓 秋
李爱贝多	曾涵诗	刘 涛	付玲芳	陈 祝	李昊洋	余宣庆	彭琪雯
戴松森	周 杰	王紫莹	朱文清	张容赫	唐鹏飞	梁俊浩	梁耕乐
郭沛瑶	鲁啸龙	郑中阳	刘怡琳	邓倩文	蒋家豪	朱 涛	顾 颐
刘洋龙	王浩运	刘月婷	张 杨	姜皓泷	颜万瑞	帅伟豪	陈 靖
邵才瀚	国勇健	吴沛阳	邱丹洛	廖红波	徐裕强	刘雅淇	赵 晨
段沅廷	孙海洋	张 敏	金嘉淇	黄 恬	余福婧	谭渌丹	韦雨声
梁 凯	蒋鸿杰	朱玉豪	高江川	高 彦	余韵淇	符煜迪	温佳骏
杨子豪	李 欣	胡紫园	杨 宇	贾功宇	任彬榭	牟柏林	叶雨馨
李浩源	王 东	孙佳鑫	朱宇华	唐振宵	李晗舒	王尔聪	刘邦鸿
陈清颖	管明辉	王梓谦	赵鼎威	陆 江	赵佳宇	胡 强	江雨蔚
王 明	李 新	胡 逸	强 睿	马 龙	徐敏嘉	朱彤妍	陈 峰
谈浩澜	薛永龙	刘思语	刘 帅	何予诺	冯 元	赵飞洋	魏先博
余江乐	杨海琪	林 欣	熊力颖	陈恒乙	陈星航	夏莉涵	邢凯悦
彭杨彬	李天宇	李嘉俊	周 懿	宋振榑	王玉琪	张凌峰	韦 龙

张伟龙	施扑丽	叶钰雯	吴俊锦	李乐	范方涛	向培灵	贾楠
吴俊杉	曹渝桁	王小丽	何金科	梁曼琪	潘燚	乔梓烜	张晋嘉
王静韬							

信息科学与技术学院（160名）

魏名广	庞岳棋	徐宇新	周栗弘	李仕俊	陈权	孟国斌	黄权胜
王宇宸	黄文君	莫迪凯	王圣文	郭翔宇	周云骄	徐林溪	何润泽
鲁力博	胡雯雨	王科锦	曾小二	高家豪	欧方维	简辉虎	黄怡
董洁	宗佳昊	毛芊蕙	赵雪豹	孟祥多	潘才富	康梦瑶	佟秋硕
刘欣锐	李林峰	贾锦竹	王璐璐	熊珮云	栗也茹	刘昱含	周丽霞
肖佩炎	伍妍蝶	王岩	陈柯颖	史一诺	李自鹏	李天阳	赵盼
张艺	宋琴	倪俊杰	乔晓云	李丹薇	郭廷宇	刘银凤	李佳辰
陈忠涵	金佳宁	王承祥	洪禧佳	赵宇星	杨思远	王天淏	吴克楠
李雨镝	薛洪涛	王韬轶	余梓玄	林恒	雷书绮	康新宇	宋孟霖
雷哲	严雅岚	朱朗	陆柏宇	罗诗琪	孔德贵	李秋颖	罗文静
张迅梓	赵元爽	潘蕾	唐靖沂	郑嘉仪	熊芳颖	裴一帆	叶乐毅
孙睿	胡亚婕	张亚军	张原诚	刘浩然	何厚谊	曲航承	雷芸嘉
刘博雅	游豪毅	李丹	吴婷	景荟洋	吴诗语	骆骁然	钟豪
武润泽	欧琪钰	李果	张柳	朱昊天	荆浩宇	周欣成	廖才进
赵一冰	张道宏	车晓琴	廖宇辉	陈子豪	王旺鑫	王萍萍	崔智源
吴炜琳	缪微	段卓君	石晨	胡一楠	冯姝雅	赵睿	鄢思娅
张悦晗	陈杰	张小龙	孙青楠	王文奕	魏煜江	杨驰	王泽泷
李文华	张继松	王静	张雨洁	罗刚	朱泉舟	黄冬婷	张世涞
蒋金秋	唐杰	王月新	陈可铭	苏东灵	崔子怡	邹卓航	李祭超
陈思龙	王靖涵	刘洋帆	张志岳	杨文倩	吴美玉	黄涛	贾转强

交通运输与物流学院（142名）

潘恩培	孟歆迪	梁心怡	胡晓骞	杨晨日	欧婷	冯宇静	乔丽莹
黄彦宁	岑秋云	周熠萱	孙思远	郝悦	秦啸天	韩容	李沁遥
雷嘉欣	吴梦成	罗娇英	党沛宁	黄小凡	黄蓉	池欣忆	张思雨
姚雨婷	王强	王心怡	钱雨欣	袁一帆	陈昱彤	彭宏宇	王雨涵
皮雪清	廖红霞	杨逸帆	祖鑫雨	吴沛敏	陈健	徐菀徽	欧奕昕
盛千	吴学凯	唐中莉	代欢	乔鸿欣	蔡中哲	沈嘉威	谢同佳
章浩淳	尤海林	詹雨	潘良皓	高瑞玲	王云彪	贾逸君	代思平
王旭	张若强	甘霖	焦敬博	唐能	周枫烜	王瑾润	余明娟
傅成鑫	贺颸	牛一伊	郑惠霖	姜小美	徐程浓	叶轶淳	余昕珂
孙敬坤	陈羿彤	赵秋月	周文超	蔡涛	袁舒蕾	乔璇	王阳
罗馨怡	李思源	张千宜	潘姿延	姚静雯	刘希轩	陈健浈	刘潇遥
杨晓源	骆陈宇	冯悦昕	龙燕雨	李思宇	李家文	陈依然	颜柯旭
满自鹏	王子萌	高志涵	凌雲锋	李天卓	梁耀文	范佳乐	周林

林昕宇	宋　杰	张　祎	邓永洁	梁　睿	黄泓溥	谭　凯	丁媛媛
马　璇	杨舒涵	谢芸彤	陈攀攀	粟浩楠	俞　昶	郑浩月	卫思彬
何香昱	喻　磊	谢浩男	张昱森	王美寒	方英格	付玉红	刘宇航
刘欣然	沈　怡	张佳男	李兴承	吴　霞	柳晓勇	刘俊杰	臧佳钰
梁思婕	钱　芊	张石磊	唐雨诗	李和明	刘添爱		

利兹学院（75 名）

吴静远	许沛森	毕云峰	王惠泽	赵宇瑶	陈柯汛	许靖业	张雨农
郑嘉雯	黄子瑞	王子安	唐蔚珩	黄　晨	郭含之	陈元龙	雷奕达
刘剑钊	邓斯恬	何重越	曹浩然	刘浩然	刘　勇	张莹莹	刘梦麟
姜星芃	侯劼煊	李汶龙	曾沁琰	文莉岚	杨雨森	李姝瑶	吴俊谋
李一笛	杨珺茹	郭轩宇	刘耘竹	杨圣宇	吴　迪	蔡浩伟	耿小媛
王永鑫	白子键	刘峻玮	刘晏榕	王鹿鸣	蒋周豪	徐　哲	梁雨辰
张明威	周　奕	沈思毅	赵天文	蒋劼睿	蒋　祺	张家宁	范靖薇
杨逸伦	孙嘉鸿	翟理政	姚亦非	黄思源	刘彦辉	毕宇辉	刘奕萱
谢凌鲲	蒋　涛	聂琴枫	续嘉航	权　天	刘浴森	沈轩如	刘　潇
徐进秋	韩　智	郑琳千					

材料科学与工程学院（79 名）

戴雯颖	孙思雨	黄　及	席　敏	朱　涛	杨　阳	张梦星	吕加友
王兴龙	任家宁	李腾龙	汪川哲	李　进	刘国娟	孙书明	王旭东
刘新强	罗淇天	赵开创	蔡霆宇	王国强	孙思淼	彭佳毅	赵雅雯
王玉潇	熊心怡	王雨楠	周　航	陈佳一	闫　坤	张小路	何沅芫
侯丁煜	魏文武	杨琪奇	程识宇	杨　森	张夏格	颜　阳	邢国文
王靖宇	孙诗然	陈煦芬	郭志敏	王晓婷	潘星雨	秦路彦	李卓见
曾如雨	吴卓尧	牛　茜	邬竣韬	梁　月	廖悦寒	李昊原	汪雪妮
李竣业	于昕冉	李　杨	姚　凡	温　新	孟宏达	狄　晗	朱凯杰
汤伟哲	刘亚洲	许永康	王　悦	韩　辉	董一婷	徐佳悦	沈朝晨
慈吉洲	刘闻鑫	伏树雄	田颖睿	晏智辉	宋　佳	罗永杰	

地球科学与环境工程学院（124 名）

马文逸	毕章青	邓　雯	杨大鑫	陈相儒	尤安俊	李　跃	王志民
李晨阳	任昕芸	王智煌	陈亚虎	吕国森	张梓琳	蔡伟健	孔德炎
田雨璐	刘佳宁	李孟娟	温　磊	李梦迪	黄　镜	陈　蝶	叶松桦
高　露	王　程	朱韵蓉	莫天煜	杨超越	丁展鹏	吉宇阳	于瀚辰
雷志强	张佳澳	毛　筝	刘欣妍	王璐璐	王春翔	徐子琦	刘懋桢
冯媛橼	伏　遥	刘兆乾	陈苠娜	金　音	范芳妤	戴立涛	隋　艺
周蕴培	冯炜成	高涵科	朱欢欢	陈雨旋	高嘉楠	郭梦岩	李雅辰
徐有恒	张雯清	应涛泽	吴　颖	罗　邱	任炳屹	封淑莹	王俊豪
全　鑫	谢宏宇	高一帆	文竹源	黄韦竣	黄启航	李一锋	葛紫腾
周　燚	韩祝军	兰　红	黄皓南	张玉龙	黄虹力	周聪杰	王艺萱

龚国庆	陈伟豪	吴有泰	马少兵	黄淑怡	陈玥丹	乔钰印	吴李
冉文韬	钟若兰	周仪雯	刘文超	崔新蕾	夏子明	胡佳慧	许钧涛
杜昕宇	王智煌	胡帅	段雯超	苏刘鹏	覃耀	庞晶菁	丁永哲
徐武宏	王雨婷	葛晓艳	周睿枭	潘星宇	吴函霖	曹正阳	李亚博
李智欣	黄泳桦	葛畅	钟佳辰	任倩	汪鸿浩	刘鑫	黄浩凯
张桐源	崔禹	文海静	唐睿仪				

经济管理学院（93名）

毛家雪	张雯雯	李函玲	吴佳丽	刁昱文	吴田禾	张涵媛	勾文婧
朱梦幻	柴笛	金淑萍	王卫杰	赖瑶	王君豪	张天松	杨芷君
王辰虎	胡潇	马旭蕊	张春莲	郑雪岩	张方舟	凌川奇	江佳蜜
潘俊茹	张若甜	孙小一	曹晨曦	方钫	曹静雯	任焕鑫	陈静
孙霞	朱芳	樊晓蕊	任国锋	谢桂菲	陆菲	陈姝彤	曾娅萱
孙典	王冰倩	魏宁	刘赛	谭友鑫	叶佳静	吴佳智	卫洋帆
张雨涛	孙海玥	蔡文洁	张子晴	周金羽	张思成	汪雨轩	季浩洁
辛垚	张鑫诺	赵昌强	俞璐琦	王竞玉	冯璐瑶	蓝天	张天
刘希子	王立娟	胡宇婷	贺小轩	向家欣	刘小钰	夏书敏	邓梓峰
胡婉月	谢新豪	许福林	曾炯铭	淳思危	张敏	周紫璇	李明霞
张祯桢	黄思婕	张韫	贺一鸣	曹延博	赵思倩	苏静美	苏瑞琦
赵文荣	钱智超	吕海燕	杨洋	宋梦鹏			

外国语学院（72名）

孟都兴怡	夏荣林	周瑞	唐蕾	郑晓月	张洁	刘敏娜	游蓉
周红利	宋星星	文萍	王欣媛	杨丽佳	林鑫	李嘉慧	舒航
石颖	张雨菲	李芯怡	赵立志	曾小燕	何梓滢	黄雅琪	耿慧爽
余秋楠	杨慧凝	闵雪	姜岚月	何佳凤	陈垚	赵雪	汪昊泽
蒋翠	殷茵	朱雅丽	唐子晴	杨武茜	刘威	吴小燕	翟煜
虢可馨	梁玉霞	史凝睿	赵静	郑凌桑	韩佳雯	夏淼	芦羿
陆衍伶	金虹	董淼菲	杨心语	高瑶	郭新宇	陈昱宪	陈俊怡
程思颖	谷瑶玮	王珊珊	周湘雨	王祎琳	余楚澜	侯琬璐	张冉
苏劲宇	何诗源	马丹	黄思晨	任璐瑶	李思瑜	陈奕彤	蒋婷婷

建筑与设计学院（108名）

王星月	刘雨微	车珍妮	祝宇	马玥洋	蒋珊	徐子棋	韦曦
张盼盼	阮继滇	詹亦琪	徐蒙	杨钰珊	张茜茹	金尚棋	顾田心
乔雅雯	赵煜	闫艺玮	谌昊男	祝佳琪	李泽艺	张惠媛	李东恒
严澍阳	陈鹏	姜文文	秦洁	唐慧茁	周欢畅	陈凯	张甜甜
张浩宇	马文洁	贺琰	吴玲	王奕斐	陈镜伊	缪新宇	毛璐栖
何诗雨	胡昌杰	钱秋凡	黄龙琨	李悦茹	李嘉骏	孙一琦	田林灵
孟君婕	周雅婷	王泽鑫	黄寒钰	刘雨欣	周冠宇	刘俊汐	李孟其
尹思懿	赵思琦	郑若涵	雷铭烁	王慧	秦梓萱	阳嘉慧	王睿韬

吴爱千	张美	李亚飞	鲁璐	王邢	韩子璇	杨钰辰	章雨朦
袁浩晰	晏昭键	吴金星	王紫依	阮伟达	向鑫	高建一	吴浩
王奕晗	陈思敏	周欣怡	刘思源	陆新元	王嘉昕	廖冰玉	杨珍茹
吴承畅	赵茗锐	何泰成	樊汝楠	邓亚敏	冯宇程	李佳灿	李春阳
赵晓玮	张懿钒	孙诗雅	王佳妮	宋巧月	杜宇	崔倍萱	高世林
刘宸希	陈芯楠	吴茗慧	高婧格				

物理科学与技术学院（71 名）

刘天宝	李佳真	李永杰	魏龙君	张睿智	张曜全	刘云萱	张靖凯
陈锐	刘子杰	黄曼莉	张燕青	白京城	杨森	李冬	潘晓颖
赵鹏	姜楠	朱俊杰	李良柱	梁敏	严浩冥	杨昕昂	王浩岚
徐紫彤	杨勇	周进	李婉丽	肖扬	王姝文	邱子歌	倪浚哲
王祚	袁泽森	孙浩妍	王羚	杨晓东	王璐	杨翘睿	郑龙
孔鑫	陈天鹏	薛源	萧贺源	许正葳	杨浩	刘宇瀚	陈前
肖旻月	李金晶	李家文	张玉涵	祈凯艺	罗旖	张明烨	张婷蕙
赵欣傲	施克权	尹鹏飞	费骁谋	李欢欢	刘大鹏	李荣业	王强铭
刘希睿	侯晨茁	刘星月	张坤明	杨然	李涛	周子健	

人文学院（92 名）

党文悦	谢佳芸	秦璐瑶	冯琪祺	郭薇	蓝纯	蔡依琳	姜平
王奥欣	龚昱如	李鲁昱	方雅雯	谭显操	王梦然	沈巧林	田杰
孙曼	徐奥雯	郭梓涵	张嘉新	杨晨	刘盈池	师英娜	翁婉怡
李幽	何玺华	陈淑怡	陈才广	卢一宁	程思语	黄诗倪	谢珊珊
田欣	黄萧蒙	陈泽远	孟雨欣	张兆鹏	张真琦	赵冯缘	曹新然
于籍尧	段艺帆	邱云飘雪	魏岚	闫晓凤	马雅婷	林中渠	陈晓
王浩腾	李彭帅	杜依洋	罗乔美	唐聪睿	黎圣瑜	汪鑫宇	张文芳
姜日琪	陈梦婷	龚睿	刘澍玥	付雨琦	赵紫琪	鲍娟	尤丽琴
高雅茹	陈丹妮	钱筱羽	王月琛	甘倬蔓	郎杰	李奇琪	刘中梅
杨淼	曾碧君	雷铭	李智钰	周澳辉	栾潇	高宜琴	刘君
陶恒辉	陈萌萌	崔洁	张靓怡	李羿萱	郁胜宇	罗洪	王雅娴
左瑞雪	丁雨嘉	程慧仪	袁文林				

公共管理与政法学院（52 名）

蒲佳佳	康婷婷	孙杰	姚静	叶彩旭	王语嫣	张雅蓉	王瑞
辛逸伦	赵悦名	刘亚楠	陈美如	尹铭育	刘萍	张晓燕	段寒潇
许欣怡	赖俊汝	张秀清	陈凯	陈征雪	李欣芮	胡诗甜	朱欢
李胜玉	刘涛	王韶雪	刘旻雯	韩蓉	田国明	李欣伊	何雅君
李俊涛	周雨嘉	谭梦茜	王艺凡	沈玉璐	杨雅涵	杨雨荣	钟晓鹏
杨添天	迟洵洵	谢智毅	徐梦莹	罗梓祎	刘丁源	彭天一	王琴
王彦文	袁炽炫	伍婧恬	赵诚然				

生命科学与工程学院（64 名）

洪美莹	李嘉彤	胡　杨	徐仕宇	赵咏洋	李　乐	邓振茁	吴　昊
唐佩佩	陈梦巧	丁正洁	田星怡	焦向宇	张　涛	赵　漪	陈　旭
赵诚智	于心怡	陈永强	陈梓威	李浩然	江禹辰	温兆月	刘星鸿
贺晶晶	王艳琳	李蹊成	谢辰辰	翟塬琳	黎国洪	孙茜沄	王培翔
李林朋	赵雨轩	张晓雪	邓迎春	黄剑锋	何霖霞	刘　月	张　熙
张　琛	覃文秋	郭子扬	陈浩南	陈童芳	初曦卓	罗尹佳	赵　昂
王川林	张馨元	黄斌翰	李　璐	张思煜	李佳宣	漆宇骋	王靖宇
王欣佩	陈　新	曾旭东	李　森	王丹萌	孙小丽	陈　静	程君仪

力学与工程学院（42 名）

陈海粟	陈绍强	汤毓宁	孙　滨	李恒达	李宇豪	王志文	姜吕锋
武　斌	王俊超	胡佳晨	蒋粤洋	娄喻森	罗　瑶	魏其轩	朱清锋
张佳鑫	张　强	霍　聪	周德龙	谭英泽	张海泳	王国宇	钟　道
肖　瑶	李　想	汪上斐	周靖超	姚龙龙	徐羽诺	包兴宇	唐新雨
王梁至	汪立帆	丰继佐	陈诗煜	李楚天	单俊鹏	傅　翔	李润佳
王振宇	古定翱						

数学学院（39 名）

项乐乐	张　亚	史晓瑜	张涵兹	杨淳尧	王继凯	叶茂杰	郑浩然
宁雨辰	李婧怡	王　滋	郝晓萱	安禾嘉	裴博尊	吴　双	蔡学峰
赵艺琳	郑玄睿	米贤惠	杨沂昆	刘雪丹	王政慧	杨靖羽	陈浩文
卢哲园	何姝祺	胡皓量	肖思诚	古洋凡	施睿涵	李雨静	吴佩欣
杜钇静	丁　钰	王佳宵	王　羚	李宏亮	邱　灵	徐　倩	

马克思主义学院（17 名）

贾姣妹	罗钧文	马亚慧	刘　爽	肖　婕	李　琦	顾　欢	李　军
黄一嫚	蒋晓涵	张弘爽	刘亦欣	崔夏娜	燕祥锋	王逸丹	王一博
王涵颖							

心理研究与咨询中心（14 名）

秦之韵	王雅男	黄欣茹	游佳莹	黄　倩	邹乐眉	沈玫霖	刘怡然
黄心怡	齐子行	张浩男	刘晓梅	王　聪	张天怡		

优秀研究生干部（313 名）

土木工程学院（42 名）

李彬嘉	郭俊杰	马　燕	林钰丰	孙明辉	谭因军	苏　芮	王宇航
蒋　频	陈　城	陈浩宇	邓佑毅	朱　海	廖　曼	姜兴洪	谭懿玲
王　绪	刘晓阳	戚幸鑫	余　健	刘　阳	胡萧越	张国庆	谭　庄
孙约瀚	岳伟勤	廖林绪	周　畅	闫　龙	潘申鑫	杨　雨	叶文龙
孙嘉雯	王　鑫	陈凯伦	张乐拉	李春荟	卢晓伟	徐　安	张超翔
张新玉	张施婷						

机械工程学院（28 名）

钱 彬	晏文孟	陈宇山	肖振远	唐吉有	岑 鑫	陆 飞	卢昌宏
周亮君	舒浩宇	左 荣	谢天星	屈国琛	熊丽军	陈志强	张 璨
苏 蕾	周 敏	周永兵	刘达毅	郑鹏伟	姚怀智	赵 旭	杜 宽
王耀星	付 浩	蒋东君	吕 娜				

电气工程学院（30 名）

余 彬	王 健	李 波	马启明	何澍泽	邓清丽	黄文龙	程基兴
马战磊	李宇婕	杜 云	王全宇	尹 涛	罗 艳	杨 坤	卢文杰
荆 蕾	李荦一	王馨悦	郑 悦	韩笃硕	胡文敏	曾梦江	王天翔
付国栋	常明远	张晓莉	杨哲昊	胡 晓	谢 乐		

信息科学与技术学院（33 名）

余 伟	余 杰	左 力	张红莉	郭思杰	陈益成	叶郑骄阳	张仕成
柳 帆	许伟艇	罗文希	张 晶	彭继宇	刘亚娟	薛 莲	郭佳正
刘 畅	何勇杰	谭 航	王 周	黎 辉	熊发庆	王 聪	张 幸
闫 硕	仝 航	樊 伟	邓芷秋	袁 钟	李 宁	赖 培	万乐乐
向 玲							

交通运输与物流学院（31 名）

黄晓慧	郭静妮	唐李莹	冯榆涵	葛雷雨	景荟颖	王 夏	张训迪
刘江珊	邓晓臻	夏梓博	陈 鹏	郭少琛	吴 锋	马逸青	陈宇帆
张楚良	代 宁	付锐意	黄瑜玺	景润乐	胡 悦	周鑫昕	张欢欢
童凌鸿	常艳杰	杨在旭	谢婷婷	栗广暄	申毅杰	邓一平	

材料科学与工程学院（17 名）

卢 敏	余明华	江志伟	闫秀林	武孔昭	曾琪皓	兰姗姗	张钰雯茜
刘 苗	周俊余	陈学双	何东梅	王鹏飞	江君垚	任 浩	路 伟
郑向博							

地球科学与环境工程学院（22 名）

田 畅	孙 涛	谢玉梅	宋文俊	段云川	戴维镛	赵 聪	王 超
吴 昊	乔文凡	陈 琳	贺书恒	姜润昱	张给禄	唐佳瑶	陈诗雨
王 杰	李 勇	段金亮	明镇洋	魏树民	白嘉琦		

经济管理学院（14 名）

刘 涛	周远见	范 琴	何 田	倪志明	亢月娥	刘倩琳	李 明
罗润梅	石 恒	唐 源	郑忆楠	舒彦瑜	鲁心洁		

外国语学院（5 名）

黄 元	侯益平	刘三华	杜文雯	薛枭枭

建筑与设计学院（15 名）

李 壮	曾 丽	何 韵	杨玄烨	姚 星	游芷依	李晓涵	周小庆
刘 肖	陈 功	郑天琦	吴亚辉	张延鹏	周光耀	王志新	

物理科学与技术学院（7名）

程文修	罗　帅	覃海飞	任　宽	第五健健	杨　凯	范茁宁

人文学院（11名）

程　爽	叶小维	蒋　倩	陈　颖	王源绿	菅娜娜	苏　丹	余小涵
张佳慧	叶小欢	田　娅					

公共管理与政法学院（7名）

邬自雪	杨　芮	王瑜惠	刘鑫娟	秦　彩	梁牧云	索　凯

生命科学与工程学院（6名）

李　钢	罗　沙	张丹丹	尹　伟	张　锐	姜喆瑞

力学与工程学院（6名）

程一晋	张　晨	黄茂波	杨　阳	马英纯	刘金生

数学学院（4名）

刘乾玉	李兰君	杨丽莎	谢健祥

马克思主义学院（6名）

王鸽鸽	胡　玲	孙国杰	任　静	罗婷婷	冷书恒

心理研究与咨询中心（3名）

陈　瑶	廖婷婷	赵山霞

牵引动力国家重点实验室（16名）

石广寒	周子伟	何绍友	张笃超	戎有鑫	徐　焱	高　峰	董懿辉
袁　成	任鑫焱	徐圣辉	许振飞	张　旭	刘胭脂	代晨曦	孟凡磊

医学院（5名）

郭朋森	陈　长	赵维维	王婷婷	张再媛

唐山研究生院（5名）

张　帆	范越巧	张玉琪	牟　煜	冯子建

明诚奖（本科生）（2401名）

茅以升学院（45名）

张海博	曾　琰	张　坤	徐延泽	李胤芊	彭琬颀	袁邦峻	崔林琦
何　群	胡浩麟	张维亚	李金岳	喻智睿	赵文龙	苗浩冉	王雯煊
陈　玄	杨少鹏	刘海军	陆云涵	王梓鹏	苏泽敏	高鹏飞	刘希赫
侯心宇	林子渊	吴雪敏	曾钰珂	胡　波	邱星宇	吕　茜	王晨晓
刘若诗	廖　晋	韩梓漩	李祝贺	马万里	范宇卓	相予茉	陈奕娴
丁　茹	方姣棱	陈宏硕	唐远程	刘宗欣			

土木工程学院（324名）

张明月	刘宏博	朱俊龙	刘锶诺	周璐瑶	胡万乐	邹　滔	许世禄
王博闻	林　豪	孙　尧	尹炜浩	王庆庆	张泽禹	倪楚淇	何雨衡
郝剑钧	潘秀才	曹　琛	刘一炜	杨东润	樊智超	姚　辉	黄　庆
唐翠萍	杨　武	朱鹏霖	王义翔	雷　越	李博博	雷耀辉	任泽鑫

涂志华	周金林	罗　峰	郑　诺	念兰宁	张宇航	闻庆晟	廖　杭
黄宇鹏	罗尚彪	梁　杰	刘　辉	方育智	盛如意	余嘉俊	郑　爽
杨锦琛	郭伟相	陈　亮	付素香	龙清春	杨淇崴	李　灿	杨汉能
白世豪	张　免	何宗浣	时　闯	王　嵘	杨青梅	段庆乐	尚珂瑄
雷　彬	黄宇浩	陈忆涵	邓浩然	苏　超	张浩然	罗祥威	王　冉
李昊卿	许以凯	刘　征	方雨桐	林　琴	杨欣怡	蒋曼琳	吴禾霏
谭　毅	赵世华	蒋嘉昳	刘如曦	丁妍伶	杨鑫杰	夏浩天	冯师阳
张　战	夏源龙	朱子澂	刘明峰	焦宇涛	杨　天	周安琦	张润泽
薛宸熙	刘信宏	唐义海	胡振鹏	江鹏飞	许龙漪	陈治宇	米佳恒
颜立纯	郑　科	吴俊婷	李宇环	邹曾超	梁富兴	刘　涛	雷江城
罗云龙	蒲　红	蔡心怡	吴锜锋	陈廷钰	明　航	熊文涛	林兆添
许浩南	陆泽毅	王呈金	丁　毅	黄文洲	郑禹豪	李浩然	马俊驰
魏子越	潘　童	向流洋	康雍毅	李连逸	周玉龙	殷　磊	苏丽娜
肖广才	周志峰	宋思思	王茜桐	李城栋	毕雪崧	吉　僚	张　良
王庆晶	胡欣然	林姊洹	梁琪友	张子扬	汤一剑	胥岚月	张海明
赖洪翔	林　航	蒋雨翰	罗　杰	施罗健	郭光耀	王岩岩	林智鹏
罗　源	樊丁萌	李浩然	胡　鑫	许　甜	毛雪怡	陈　旸	郭柄宏
刘恒源	吴俊豪	谭　凌	唐海昆	孙婷婷	崔益萌	巨文惠	陶心仪
袁崇辉	黄嘉艺	杨友杰	林怡欣	郝文雅	陈　浩	滕汉卿	刘国良
林丞旭	刘文星	陈霖意	张　悦	吴宇轩	杨　震	张　轩	魏家涵
陈诗懿	汪　涵	谢宇清	坚燕妮	李文欣	任灏澜	李　智	李嘉航
谭理由	韩佳睿	曾忠城	杜少伟	史亚石	胡佳怡	袁晓鹏	朱志强
白家宁	洪圳涛	刘文博	周立志	任昊明	廖禧曈	李鹏浩	李嘉仁
覃福峻	张睿聪	胡贝妮	邓　一	符艺霏	冉启航	刘　强	杨哲宇
曾俊豪	朱　庸	郑旭东	陈玥冰	程益凡	刘　璐	周瑞泰	赵子晨
曹云聪	向　晗	吴宗涛	张富荣	罗晓曦	汤卜沣	赵宇洁	何蕴单
韩　郑	杨启超	董　璇	李　松	刘鹏云	孔腾翔	郑烨辉	江孟卓
张光华	许钊宁	付　超	陈校良	王正新	明子钰	王　松	张　佩
晏自创	杨子辰	杨文强	王星皓	唐占江	杨邓鑫	银　阳	朱佳伦
鲁思吻	代自友	于　凡	周洪宇	董光聪	鲍成儒	肖清予	唐　修
张津玮	孔泽一	董文浩	王晓靖	刘一凡	刘宇轩	韩仁杰	刘　波
易光海	姜偲盟	祝小龙	魏世卿	于佳琪	张博文	郑宁哲	唐　洋
王　城	于　全	田　颖	林伟浩	万美萱	王　阳	陈文婷	刘　凌
曹　帅	黄润峰	代玙剑	高登政	吴晨熙	吴福磊	吴晶琪	何雨桐
李世标	穆　烁	杜思雨	郭棋荣	兰泓历	张思达	吴　旭	王　昱
赵玉秀	周玉麟	朱　创	汤　逸	唐　淇	夏和杰	陈泊戎	孙资恒
侯恺乐	宋佳黛	杨绍明	刘慧辉				

机械工程学院（240 名）

曹贤财	江俊雄	唐忠民	罗　优	牟柏源	彭　磊	聂　威	唐松铨
叶秋宇	万成麒	杨　壮	蒋　超	刘继敏	易明浩	张玉祥	王俊翔
杨博睿	严立峰	龚伟博	郝　然	刘　嫄	王　欢	钟天耀	王坤宇
江逸烽	徐　杰	王　文	李相江	吴宇舟	刘　浪	孔苓吉	郝　瑾
杨义佼	万　杰	段少东	兰代平	李孟翔	时思远	李　伟	苏　斌
周琦丰	姚　鑫	马举词	梁健平	朱宇飞	崔文涛	胡剑秋	周跃伟
石　航	张　源	杨启万	杨　鹏	张华锦	刘　俊	喻仁虹	徐志鹏
郭紫慧	赵　峰	张德蕊	杨迦凌	邵凯波	陈靖雨	苏　骢	黄宏威
王雨珂	钟　昊	陈昱呈	崔舒意	杨　悦	杨译林	任炼鑫	李俊泽
于长江	董智佳	马　超	陈志鹏	何家辉	罗文滔	刘　林	向　鑫
孙佰龙	郑延龙	杨建煜	王海韦	谭宜生	鲜清成	丁彦允	罗　鑫
罗淑锴	罗建伟	刘铃聪	高恒凯	韩耀霆	刘家均	黎祖狄	张　行
向朝晖	卢俊宇	岳　瑶	刘　谕	吴守烨	刘禹恒	黄建才	迟元斌
林禹睿	李高龙	李　迎	赵雪飞	吴松键	张乐恒	姚文龙	李继伟
吴展扬	刘　辉	孙秦浩	蒋淘宇	杨佳尚	周　彬	夏江南	孟　雨
陈　果	李升富	陈　思	谢熵龙	杨远鹏	林　晨	郭子涵	吴昊宏
高　乐	李　源	张　彬	蔡云鹏	黄惠聪	余　玺	窦雨琪	蒋汪洋
汪　冲	周佳辰	姚煜阳	温　伦	陈　前	李　祥	向　洋	汪炯藤
李　璐	江豫川	刘友诚	胡益豪	林李萌	姚鉴航	贺宇轩	盛晓鑫
胡廷洲	吴欣洲	蒲　扬	丁仪鸣	陆云瀚	唐志豪	李少哲	黄志超
潘天浩	余　俊	刘一鸣	何国瑞	唐胜男	雷姜锐	谢家文	张慧莹
张心怡	孔　丹	汤青峰	石　佳	邓婷婷	金　旭	庄泽成	张家豪
张子阳	闫　琛	岳煜龙	毛芃吁	彭　潇	辛伟鹏	杜宗明	赵纪纲
范一安	张尧敏	张　弛	胡荃理	王　爽	李万鹏	罗章萧	韩天润
唐　亮	林宇豪	段贵盛	刘　洋	吕文朝	刘永辉	罗新科	冯毅铭
王　健	潘泓臣	李　鑫	彭　桥	张瀚霖	任斌豪	郭永森	张子晔
周雯昕	钱仕琪	牟美霖	阮国琴	李明政	张　扬	李涔未	赵恒睿
徐罗萌	连子睿	陈雪倩	钟家利	蒋宗帅	吴宝宁	高　括	杨国良
叶　响	邹文皓	戴丹丹	尹　航	任正晖	杨城腾	伍思燚	王　雪
侯浩南	蒋　寒	周思燃	丁雨荷	王　栋	张　月	张生媛	杨　博

电气工程学院（210 名）

李璐瑶	许智亮	霍　彪	马旭初	肖皓月	张超逸	杨铠曳	申峻宇
吴　庆	欧阳杰	游景亿	董心尧	孙　静	林智聪	热依扎·马曼	
程宝根	朱星皓	周铭浩	陈啸轩	石义金	张葆杰	曾　创	王　彦
王可淇	徐子硕	唐梓淳	荆　锐	赵远鹏	徐少聪	赵一铭	谯　柯
王伟靖	杨雨浩	曾绍聪	占祥文	孙久龙	李林峪	赵伟博	孙　静
雷　煜	张旷达	张勤政	周之强	欧阳材科	顾　凡	李博正	李晨隆

秦　政　莫优涯　邓　婷　金志宇　陈智超　时卓卿　张梓胤　朱旭程
胡诗意　曹洵铖　彭艳坤　贺　吉　寇家旋　王璐俊　曹　敏　晏　侨
陈波敏　艾尔夏提·胡加买提　李豆萌　赵海云　戢印雪　关鑫炎　王瑞恒
邹家俊　杨　坤　张雨晗　王　昊　王莉莉　许浩宸　李秉训　龚玺文
张瀚元　赵桐浠　杜　江　张栋雲　李垚興　蓝康铭　刘乃晗　谢　涛
李逸飞　赵宝龙　陈　颖　李擎天　宁伟宏　潘义松　周新语　刘城良
沈悦洋　白金鑫　李　智　潘文杰　周　志　李　航　李海辰　范峻瑞
胡　静　边士博　程少旭　买尔丹·买提吐尔逊　孙小齐　徐春茂　卢春媚
李　涛　林欣雨　韩彦宸　马　杰　蒋瞻泽　周子荣　杨　斌　颜新玥
范昱骁　刘　帆　蒲福龙　李　成　曾瑞雪　唐圣德　田小宇　丁天旭
付　森　刘能惠　史洪舟　张文鑫　王涌鉴　杨冬晨　杨双宇　王孟桥
周珂辉　应　永　韩佳利　侯文龙　刘雪纯　肖启昊　姚博仁　牟星宇
马　萌　吴金澄　董江玲　窦雪嘉　朱楚扬　龚志恒　李谨涵　徐振宇
孙雅锌　谢庭辉　张壹钒　廖辰星　郑伊阳　叶　羽　凌玮泽　罗兴茂
董世林　李家辉　刘　贤　骆宇凡　苏　浩　戴雨竹　王　涵　方天宇
薛瑞宁　张路昊　王邢傲　张斐然　哈把拉提·努尔兰　段　旭　张　严
李嘉俊　陈虹舟　顾雅轩　刘子轩　王海龙　杨语菲　李劲松　曹毅鸿
杨昊霖　张宇轩　于　露　刘仁焕　唐光鸿　曾　睿　岳鼎涛　张梓豪
陈紫琪　钟　行　任文龙　黄良语　刘宇鑫　范宇晨　李雷雨　游放虹
薛皓天　罗金平　谭明馨　朱英帅　谭学旺　罗　淦　王玉涛　卢　腾
刘　薇　支苗苗　朱睿聪　卢　洁　李孟亭　刘　阳

信息科学与技术学院（207 名）

余志明　李风池　赵镜渊　陈高新　王果信　欧佳宁　江　华　马晓宝
赵孟祺　汪　怡　胡向理　朱羿筱　张永兴　齐英博　张伟健　钟　元
贾钰林　余贝琪　高　超　李钰晴　冉怡明　芮佳敏　肖欣悦　刘昱均
张宇飞　王　晴　李思思　丁　逸　杨　张　刘泽宇　资棋莹　段修远
王惠之　刘　玉　姚　扬　刘心瑶　张一然　邹芸竹　包依凡　曹国庆
刘鹏仪　陈志杰　曹云波　彭伟杰　汪鑫伟　陈张欣语　梅　淇　龙　速
邓金炎　高伟豪　王承志　闫　拓　程　晔　濮家仁　刘瑞萱　陆嘉豪
蒋文杰　叶　紫　冯佳龙　宋俊波　谢海龙　江　楠　黎梓丰　卢天文
孙铭铎　陶皖宁　王梓阳　胡坤鹏　杨晨曦　毛家兴　唐文欢　汪雨浓
李晓栋　陈　哲　石博昊　冯天韵　杨丽华　张卓群　张敖宁　翟林帆
赵志岩　霍雨佳　金　佳　赵泽雨　田　熙　陈俊凯　蔡静静　田　硕
陈羿多　刘耀阳　田芸睿　杨　丽　伏开心　刘静雯　张文玥　周继润
马永祺　何向知　姜月瑶　彭伟芮　曾泓杰　魏　雯　吴文清　包远莉
孙佳航　唐柏江　陈晟祺　谢瑜婕　孟　千　展小涵　尹文祺　郭沛兴

贺思洁	薛茜芊	胡汝旭	邱俊宁	刘　晶	超　松	付文慧	樊润之
林　雨	雷昕怡	林欣蕊	陈秋源	丛　榕	徐一昊	张志超	黄圣栋
张　逊	曹玉芹	魏　锐	崔晋嘉	袁　吉	高志成	李昌霖	柴江波
赵愚安	刘洁铭	孙雨欣	谭佳雯	杨雅琳	王瑛娴	舒顺红	黎文涛
黄　义	田彬辰	钱　薇	陈思思	刘骁毅	赵　虎	李天琪	李乾睿
刘宗昕	卢禹良	张瀞之	罗　翔	朱　迪	徐　聪	卢　茵	王　红
隋沛桐	胡永平	孙泽龙	周　潼	张　博	莎迪娅·阿力甫		陈鑫海
鞠京泽	刘庆添	姬宇璐	李楚桐	刘星雨	周兆凯	孟佳辉	文俊杰
张竣杰	王榕婧	许德宇	林涵宇	张恒润	洪禧娜	郑晶丹	单琦洋
彭梓洋	黄　奥	王千雨	罗一鸣	廖　娟	皮　微	刘哲宁	李怡洁
郭青青	冯柯桥	陈璞蕾	燕俊亨	丁　昀	林俊辰	肖　谣	刘澄颖
刘昱霄	王浩然	刘天航	蔡俊杰	夏　杰	邱忠华	许　颖	王丰哲

交通运输与物流学院（180 名）

李瑞杰	何思佳	吕炬炫	司　璐	解增北	莫金元	孙乙敏	包昌阳
宋世龙	张秋宇	陶晓慧	陶子予	孟庆莉	马　骁	张家齐	陈心宇
黄佳祎	吴文成	潘郑雨	张雅岚	王璐瑶	崔莲欣	张智越	徐如君
吴嘉奕	董　飞	王晨宇	苟焕哲	许美婷	王　凯	涂婧涵	王　菲
钱　雨	黄　卓	王　品	李维妮	彭　多	李寒松	毛天戈	蔡鑫美
何沁悦	崔　豪	苏玉宝	罗　寒	廖蜀娇	李恒一	崔新悦	杨世瑞
李金耀	黄　茜	王瑞瑶	谢泽鹏	陈一帆	高川越	董文诗	许佳慧
白　骏	李家庆	王睿智	金明宇	陈洁旭	黄嘉博	何昱欣	张昊翔
李伟亮	何　月	胡　健	李　婧	张豪睿	祝　畅	黄晓嫔	肖　茜
陆　懿	曾　慧	罗佳楠	刘小余	牛瑞杰	熊志龙	常玉珂	叶世豪
张雨晴	王浩坤	吕天洋	姚俊杰	杨　菲	李健强	张冰晔	李铠罡
周起豪	伏　昇	颉鞠凯	陈　霖	梁力帆	晏　然	张淑雅	周思宇
侯　通	刘思源	潘泽华	王润平	马铭遥	李　雪	周逸天	冉子麟
刘云芸	李来成	庞　睿	崔　浩	杨宇洁	唐　琦	吴梦涵	王志鹏
刘侵海	何姗珊	黄启悦	李康雅	廖玉洁	单　丹	孙　雨	魏思捷
李　烨	白　钰	许　罡	任　博	赵靳辉	赵志超	朱娅凝	张　暄
邓稣航	吴　解	陈雪蓉	陈俊宇	汪棚朋	武子超	王彬旭	邱云飞
黄何耀	刘馨淼	张皓伟	陈琦升	李荣鑫	马　玉	石先鹏	李俊萱
梁思宁	刘昭君	于　爽	张亚祺	魏贵宇	金　乔	范成敬	金雪峰
高浦文	杨隋淼	黄雅婷	胡如意	徐　萌	曹心如	刘李博	高　林
肖铎希	张　婧	佘建林	饶雪辰	吴　昊	汪　政	曾传胜	朱诗雨
冯　湉	王锐其	郭赫臣	李亚洲	金　爽	孟少杰	罗曙光	张海涛
贾悦奕	刘轩华	何承霖	吕澄莹				

利兹学院（95 名）

刘清欢	王宇航	王慕帅	畅　远	邵珏熹	夏怡云	李王逸嘉	何林聪
李昊洋	毛励洋	李　峣	吕浩然	陈凯文	黄文豪	钟雨欣	张一帆
范思远	李鹏昱	丁　玮	张凌睿	杨镇烨	谢梓溪	张天乐	张博翰
张泽蔚	李钧泽	武靖博	蔡竞炫	安宣谕	刘文渤	赵一珺	母多娇
程宇辉	庞　沿	陈睿志	冯韵嘉	司　蕊	张　聪	朱景源	王俊涵
尹开新	方宇晖	付钰淇	黄麒源	石翔宇	罗璞娴	杨一帆	王致远
杨敏浩	叶若萱	秦宇轩	张伯冰	危睿杰	许淳益	廖郑博文	张泽宇
朱安琪	吴泽生	郭湛予	刘世晓	卢子轩	周浩楠	高玮泽	王昊泓
王禹为	王珈珑	李　琳	朱　文	曹天一	陈　旭	包丰阁	章子钰
皮骁汗	黄友特	陈欣怡	史正堃	赵益民	张萱颖	张梓峰	张　嘉
王欣雨	王敬东	张子晗	李泽仁	付万杰	李威汉	刘　薇	侯俊竹
刘毕杰	姚宣羽	汤瑷语	张潇月	王天予	马宇龙	白智昳	

材料科学与工程学院（101 名）

杨乐瑶	吕绍云	裴玉鹏	陈　蒴	李长清	严　莉	谭　利	张洪波
贾艾藜	何涵宇	尚世帆	白锦铭	韩泓屹	张亚文	吴屹盈	张　勃
唐启涛	黄世聪	程　帅	宋思齐	杨　帆	杨于诗	李俊南	邵　门
王　超	曾　瑞	荣怀清	张兆龙	李卓航	郭炜琳	谭　氏	冯　波
邓宇轩	黄慧敏	孟欣玮	郑惠琳	金雯健	王友帆	黄牧野	罗　茜
朱秀鹏	陈泽浩	张志豪	叶宇凡	姚　舜	乔柒琦	闫一凡	张　行
罗昕洋	陈一凡	姚　坤	沈　琪	吕瑞芃	李斐然	王万通	刘光毅
徐晗钰	张梦莹	冯嘉怡	沈晓岚	赵紫璇	刘耀杨	郑永昊	姚烨兰
林智杰	车　欣	杜佳妮	陈宇飞	葛　桐	曾千弋	刘丽华	吴　钰
苗华中	向星宇	刘心洁	杨梓恒	陈珍玉	韩予宁	王云涛	淦泽龙
许根睿	黎　挺	张嘉斌	张佳豪	陈雨馨	黄浩东	曾雨帆	庄严皓
宁德鹏	程莹洁	陈丽晶	李留帆	刘凯凯	徐咏捷	周立昂	陈经伦
郑方巧	杨程琳	郑　柳	朱　鹏	赖鹏安			

地球科学与环境工程学院（155 名）

林　翰	王家浩	何　浩	王正一	文雪洁	苏冠文	顾亚虎	吴茂林
米　春	郑熙熊	杨　帅	吴　琦	徐润鹏	王丽君	王志伟	冯　霄
张一健	李嘉晋	万昫宏	冯靖淇	孙靖杰	谢金珂	张强江	孙伟伟
阿勒合斯·木合买提		丘铂钧	陈华江	江雪梅	刘宏伟	李承鸿	段再航
卓悦瀛	王　玮	马明宇	魏浩宇	王　凡	吴　昊	李　航	曾智威
甘　浩	侯佳丽	孙嘉彤	张家辉	黄　海	彭俊岚	胡江川	张珂仪
胥子侯	刘　铎	甘小培	阙培奇	周光耀	高天雄	刘　畅	姜亮亮
丁柏寒	李　澄	潘芳芳	时旭程	任贺明	钱文龙	黎河川	王源瑜
陈　说	李金杰	何　煦	邵韵桐	刘　波	袁　媛	高振博	谢　詹
艾依萍	王　宇	唐若愚	毕佳宁	李　乐	宋思语	周海霞	吴贵涛

何　欢　邱海怡　杜　昊　吴玉婷　郑瑞奇　霍东峰　田　钰　卢艺宁
张斯林　郑智宇　刘芳菲　苏龙加甫·娜娜　赵亚文　张子怡　王子洲
郑涵文　王　媛　肖代玉　胡致远　刘睿智　马忠辉　钟子轩　王　凯
王桓羽　张俊杰　费　阳　彭鸿博　张昊雪　谭　霈　任浩航　黄　鹏
王臻杰　陈恬妮　刘骋冰　范珈吟　陈耿建　牛进才　牛一霖　严榆凡
潘　越　张思圆　祁玉英　余　爽　谢　欢　张清云　杨洪杰　秦　尧
欧阳群　田鹏鑫　高凯锋　周梦洋　林烷沧　万润蓬　何依蔓　孔佳仪
陈柳倩　曹铭沛　李　睿　陈世贤　王冰鑫　秦璇睿　熊　文　曹儒博
吴　越　徐　浩　刘源清　赵久瑞　王澜晶　王昊禹　徐亦兰　邱子瀚
郑羽峰　王丽丽　贾添翔　周宇辰　王嘉琛

经济管理学院（121 名）

赵宗漾　梁丽娜　师尤婷　张　露　周奕奂　王婷楠　刘文虎　盖重阳
侯　杰　傅振扬　高荻清　王靖雯　陈　逊　林婉婷　高　千　李丽君
陈梦莹　艾思钰　郑寒雪　夏春莉　冯璐瑶　汤景秀　陈　为　屈也治
赵洲强　王小凝思　郑　多　任　露　王柯屹　林子渊　张家欢　赵　哲
石晓霖　姜润泽　杨智立　吴潇洛　赵　锦　查　腾　丁　枫　魏　典
张凯凯　乐佳宁　刘　悦　刘益山　苏开桦　王镜博　杨雨霏　张晓青
刘　伊　应　悦　秦　欢　焦　琳　刘佳美　何　松　吉袖锟　毛学峰
库靖懿　刘美桐　朱浩腾　李　玲　张晓雅　马湘宜　高　谦　李佳奇
张诗悦　李师皓　郭　良　何　格　唐　颖　张吉祥　许　可　杨成宇
姜玉飞　荣俊豪　杨　柯　王斌斌　刘　巧　陈运武　李鑫浩　孙昕煜
李佳妹　唐　辉　段文蕾　王泽航　朱澜曦　王　颖　余泓飞　刘锦陈
张雨萌　赵　婷　崔水卿　王　慧　蔡秋萍　刘欣波　王荔轩　王润泽
曾　琳　石杉杉　杨明霞　向南茜　耿　杰　谢静洋　刁镘梨　黄鹏宇
邓紫莹　徐永慧　张睿加　刘　帅　罗婧嘉　彭良浩　梁　霞　黄子叶
谢茹月　袁　媛　刘均尧　童桓力　黄　源　李宜非　吕欣然　金明进
王菲菲

外国语学院（100 名）

李　洋　陈德娇　阮晓菁　夏　帆　王　婷　符腾予　唐　诗　乔静怡
王可欣　黎瑛琪　杨桂炎　纪　航　邓紫萱　孟涵奕　冯钰涵　肖　尧
张婧瑜　傅嘉铭　李柯依　马慧敏　黄蕴楠　韩晶雯　刘珍君　邱　浩
刘佳蕾　邹雨欣　周真宇　岑　龙　蒋佩玲　瞿远颖　李琰清　杨睿敏
李佳妮　林湘芹　李灵珊　王怡晗　汪佳怡　张卓然　邱锶潼　李竹珺
孟　瑶　吴　颖　袁　冈　马忻宇　聂海莲　田琳娜　黄孟伊　李明菁
李雨薇　于思佳　郭丹枫　马湘君　徐上上　李雨擎　周青青　宋佳宁
吕　瑶　杨雨馨　何晓蓉　万可怡　李柯鑫　邓　滔　施文萱　袁李书玮

孙　畅　李晓蓝　郑不凡　蔡乙良　郭吉云　韩子奇　潘佳辰　刘敏哲
周虹锦　胡家旗　韦禧慧　陈思语　李佳文　苏飞燕　李思宇　周　佳
李希雯　熊可桉　蔡心怡　王文欣　万益洁　杨紫晴　余汭霖　温雨欣
金妍蓉　程　希　周鑫雨　谢翠莹　刘　颖　田梦冉　杨春宇　徐文涛
方思思　孙鸣阳　陈　莲　江　晶

建筑与设计学院（139 名）

徐雪竹　单文捷　王诗焓　周　涛　刘嘉毅　夏千烨　肖　雯　陈虹吉
牛鸿远　黄梓榆　兰　蕾　吴俊芳　陈凌志　圣智云　廖　芮　范金林
盛博文　梁　瑜　徐鲁粤　易针顺　刘世煜　邓舒心　蒋　宇　朱泓霖
王古祥　张家玮　秦婧娱　李功晖　张琮敏　张泷月　商又荷　程昌颖
贾雯君　麻贝雨　谭晓姣　涂云飞　赵锦秀　邱兰晰　张子寒　张未希
赵一帆　李亭滤　李雨桐　雷晓玲　肖　旭　陈浩霖　查　铎　徐亚龙
吴贝丝　孙雅馨　王　博　王晨威　刘茜茜　邹嘉俊　吴　秋　陆鸿阳
阎凤怡　段　一　邓　涛　史海磊　曹安琪　彭　璨　毛健霏　汪鑫鑫
刘舒龄　王浩然　吉芙瑢　范芷绮　陈逸鸿　薛　康　梁浩宇　卢　岩
刘正刚　赵婉露　李仔悬　张　瑶　苏子悦　陈紫诺　罗佳伊　彭栎而
阳欣愉　李亚楠　宛子怡　孙年娟　陈　斐　吴宇翔　刘　植　陈开勇
万思敏　邓力荧　宋晓娟　章蕊玺　王　勇　廖健雄　宋雨萌　赵紫辰
赵昊宁　李思文　卢吉敏　王子豪　王思文　李梦函　蒋知余　李佳俊
宋世英　杨文杰　王　皓　张竞予　孔垂艺　黄皓晖　丁兆祎　王薪嫣
赵滢瀛　张　蕾　戴梓洁　江　春　杨文萱　刘未然　颜欣怡　王瑞嘉
白雨杨　徐　梦　王　涛　曹日龙　刘欢欢　余　波　赵钧铭　林馨宇
王飘雪　桂晨曦　向真莹　张弘引　王慧文　盛　夏　李乐心　齐　越
胡哲昊　陈芊伊　林如贞

物理科学与技术学院（91 名）

曾添友　周宸逸　曹书豪　杨子航　左明兵　任启萌　张　乐　于　淇
朱叶惠　刘金玥　彭　莎　周珍羽　刘　帅　陈辰昱蘖　翁俊辉　吴泽宸
刘　韩　谢禹庄　丁天斌　尚陈丞　李　璐　熊浩然　薛万清　刘炳杰
曾　韬　何英飞　杨小曼　赵麒蓁　叶　纤　卢俊利　王兴喆　房禹晨
李震宇　潘姿月　杨　浩　尹进然　王祎轲　王政然　陈镜羽　荆彦舒
文　瑜　张晓会　郭雪妮　赵心语　陈丽娜　贾宸骁　张　溪　杨翊平
邹海洋　李　源　傅敏行　吴欣怡　王　李　江远银　赵浩杰　董思宇
蒋文龙　韩永琦　史崇志　欧阳琪翔　刘　磊　黄馨婵　蒋智千　赵飞扬
阮国水　贺明亮　邵柏畅　李薇薇　曲　鑫　张清泓　肖　帆　裴绍雨
刘叙彤　何雨莎　卢瑞嘉　彭　锴　黄鑫睿　李卓雅　宋政谦　林智成
伏惠琳　郭子靖　何佳劲　徐宇轩　邓阳宇正　陈　实　罗宇涵　戴清雅
张绍平　李子奇　叶香池

人文学院（118 名）

刘芷玥	郑心逸	弥　薛	牛钰璇	刘雪燕	林　静	靳登婷	胡瑾佳
靳　超	丁凡珂	周若琳	马梓萱	徐小芳	刘朵云	赵晨瑜	马思瑞
白奇玉	郑皓丹	陈　浩	胡文欣	张钰英	陈柔潼	吴承予	宋姝婷
张芷婕	王　也	刘帅杰	李安琪	刘　鸿	徐功杰	张宸宇	李梦霖
庄新洋	郭　茜	郑佳颖	张意敏	刘函宇	王　聪	王琦皓	李潇月
王　昕	伍泳霏	郭梦旸	陈昱竹	徐文瀚	高胜男	胡文楷	刘　蕾
杨　懿	刘家骥	梁仲宇	孙　媚	崔平昊	郭凯悦	陈雅楠	张子晨
陈家正	王雨欣	蓝郑燕	刘怡宁	冯　洁	唐偌婷	周艺茜	商忆倩
王宜欣	陈　君	唐亚杰	陈倩倩	王天妍	雷雨欣	刘新月	郝天乐
吕阳琛	张馨月	代江兰	韦虹汝	刘胡蝶	段新宇	赵玉平	陆晓彤
杨沁琳	刘占霞	额尔登	马晓冰	王柯雅	张泽南	刘　钰	宫　可
李馨蔚	毕馨文	王伶伊	卞家怡	张馨元	朱宇杰	李珮瑄	陈　晖
谢心怡	孙正晨	雷　雪	苟姝涵	翁秋羽	吴惠华	苗　悦	杨爱铃
马迪雅	马千惠	欧俊宁	王　琦	史琳霄	李智明	代沁雅	王艾林
刘梦颜	方思思	费志鹏	邓彧熙	刘　翔	张嘉妮		

公共管理与政法学院（69 名）

陈昶剑	付家兴	胡克永	梁亚朝	刘思雨	王显栋	信　任	熊文雄
杨　敏	尹　蓉	俞嘉婷	张乔然	张雨檬	陈　卓	宋璐瑶	游选燕
黄茜睿	刘芮伶	蒋茜茜	沈鹏程	曾怡婷	陈雨琪	郑梦瑶	程　莹
袁　帅	卜小沐	何添瑾	沈　沁	赵文硕	许雯霖	苏玉汝	孙伴澳
呷什切早	杨兰彪	叶照琪	郑　晓	代妮辰	唐宇琪	吴梦娇	孟佑琪
杨明颖	王　瑞	黄秋霓	华正旭	王倚菲	叶雨柔	贾依含	林秀莹
杨益涵	胡梦瑶	马思佩	龚颖婕	张钰偈	王佳雯	樊浩宇	周扬皓
张心仪	卢羿彤	肖淇蔚	陈欣月	杜凯波	王大海	廖玲玉	张莹莹
赵若琳	邵诗懿	赵轶楠	杜　凯	尹诗婷			

生命科学与工程学院（69 名）

王冠雄	许敬宜	索圣楠	冯　傲	敖以恒	刘俊男	方　博	万佳慧
向　涵	李　晟	邓　曼	段小贤	周佳慧	毛致用	刘峻姗	尹泽宇
王童语	祝春燕	帅丽梅	时澐浩	李金玲	戴春雨	王静宇	程　宸
应林凯	洪　苗	黄静群	杨　晨	罗永江	柯家伟	周芝兰	季笑云
罗海朦	陆雪蓉	陈戎凯	蒲力令	兰盛峰	杨　峰	刘　源	张东明
蔡沁洲	唐家琪	尚宁立	雷颜华	游　珅	郭海龙	张钰淼	王　冠
王　乐	王　姝	张荣荣	高　涵	杨宝兴	胡沛瑜	周朝梦	王婉琴
石广健	刘川溯	赖文静	张与时	罗　定	杨　庆	向玉清	李佳玉
李　彪	李世运	刘　金	郭玉莹	刘祥龙			

力学与工程学院（51 名）

吴兴杭	张剑锋	熊小万	吴　浩	吴　帅	王锦涛	罗涵睿	惠刘洋瑞

万入铜	刘沣霄	尹 宏	刘雲斐	张 普	张晓遇	黄鑫睿	戴杭岑
王宇驰	马同午	严能助	向泓宇	钟卫民	刘文浩	张琦尧	李 磊
许家祺	阳翼繁	刘 红	姚媛媛	周熙闲	汪若愚	翁雨萱	黄雯睿
何 涧	林 柯	王淏民	陈昱昊	王 淼	孟红厉	胡家浩	孙山岚
王景睿	陈 赟	纪遐亮	王喜顺	安晟斐	杨灵兮	罗明洋	王宇强
邱钊闻	穆耀轩	贾熙雷					

数学学院（49 名）

何 骞	钟译霆	刘昱伯	彭瑜婕	郝文羽	韩泽鑫	孙宇鹏	王明旭
姚 熠	汪 成	邓安沄	雷佶潼	张潇文	杨柠潞	陈 馨	罗 玥
戴云龙	魏 鑫	张效龙	宋欣怡	杨玉斌	刘子钰	孙 娟	曾 天
吴姝雨	王太兴	王劲博	栗浩南	陈 震	郭 乐	谭湘怡	懂欢宁
陈健鹏	黄铭洋	都星行	周义杰	王昕然	何 未	王君霞	孔维强
满晶晶	朱启程	杨采琪	姜沛林	刘 传	刘佳晖	张怡晨	韩再生
刘卓越							

马克思主义学院（17 名）

李美娴	陈 茜	马晓盈	孟月暄	黄海燕	丁娅芳	田 瑞	杜佳瑶
钟 源	周琬莹	章宇涵	姚思雨	廖培岚	杨 悦	吕欣霖	鲁 璇
孙铭蔚							

心理研究与咨询中心（20 名）

宁 静	加依娜提	王千惠	杨用欢	李睿淇	赵 洁	张圆梦	刘小婵
王淑君	毛艺霏	杨慧茹	赵静先	蒲 昊	沈文娟	肖博文	杨欣怡
陈木子	谢杭琦	徐挪坦	董晶晶				

明诚奖（研究生）（681 名）

土木工程学院（101 名）

杨世玉	杨风帆	吴枋胤	豆银玲	薛松领	陈志强	陈 栩	张君臣
张 晋	何佳骏	段佳宏	李 杰	韦 旺	梁爱霞	雷永富	裘 放
刘 乐	汪健辉	董志国	王 卉	魏春城	袁 博	邱睿哲	肖芳炎
李远洋	刘 茜	吴委林	田侑林	刘晓宇	颜挺毅	万 通	余佳昕
刘 喆	刘 柯	刘铭扬	胡雪晖	李星星	黄 杰	段儒禹	涂玖林
赵大权	赵楚轩	苗龙刚	苏 磊	韩 莹	何亚涛	张宇倩	谭 礼
王 豪	陈婧雯	甘小平	赵雨佳	柴翔雨	陈绪黎	熊履搏	李亚平
苏 珂	王渝文	廖 轩	刘 鑫	杨 柳	刘 豪	陈 昊	任军楠
马书航	彭 鑫	江文强	马 杰	陈少轩	杨宇栓	龚 雷	谢 甜
温一哲	佐坤逶	武琨璐	赵 宇	周凯歌	江永旺	施劭矗	张 港
董沛丰	何锁宋	桂登斌	朱 俊	陶雅乐	邱 华	金 秋	姜逸帆
杨英浩	赵思琪	谌桂舟	周远洲	刘润杭	曾林茂	李国强	张 宁
张晨宇	霍永鹏	孙雅黛	郭秉正	常勇夫			

机械工程学院（65名）

孙　思	张斌荣	张笑璐	曾大懿	裴　霞	余飞虎	曹　超	周红梅
马成成	李　望	卢　君	胡　钦	赖晓龙	李旭瑞	李凌博	刘姿甫
王　琛	秦奥苹	张　沛	唐诗峰	林冬婷	杨布雷	向鹏程	冯济桥
郑　卫	雷鹏程	张　裕	冯立文	吴柄男	刘兴科	陈　凤	刘佳辉
蒲虹林	石小豹	尹小春	陈家帅	董艳芳	崔　玉	潘玺宇	张贺祥
杨宜坤	张东兴	许培玉	谢江涛	岳雅楠	王一博	刘昕宇	华　强
郭　恒	肖港国	刘思达	赵　轩	蔡定钟	刘进伟	宋世哲	李玉如
蔡久凤	李汉林	周　亮	熊丽波	王　晶	李长根	吴　磊	赵洪泽
赵文超							

电气工程学院（66名）

廖　维	周　毅	彭　璠	吴思奇	陈俊宇	余森林	邓文丽	陈　雪
黄　林	李正康	陈利夫	吴拓剑	邢金慧	吴京驰	尤冰涛	钟　鸣
孟　玺	杨振涛	赵淑丹	邓钰科	张羲海	李书盼	邓　磊	刘　成
佘鹏鹏	陈明辉	雍　友	张劲夫	傅王璇	王　蓝	周宗仁	孙伟鑫
魏岳锐	张艺驰	奥　迪	李振伟	许国栋	廖琦沁	饶　阳	张　莹
殷成凤	何晓凤	李静雯	刘枘君	潘科宇	文天琦	江淑娜	耿安琪
韩一丹	王恩昊	高晨霞	刘坤竺	王　梦	杨　威	陆远方	臧　治
叶智宗	张权芝	杨　帆	高思雅	孙兆跃	霍志浩	朱禹澜	谢晨琳
张敬笛	张　君						

信息科学与技术学院（68名）

陈　飞	谭希文	倪　帆	李玉芬	罗方霞	杨秋琴	王　震	李　飞
邵　焕	刘梦欣	杜钰金	刮岱文	赖　琴	徐　楠	蒋庆雯	周佩莹
李向阳	兰萍英	康萍萍	袁　玥	段志荣	贾　浩	许贤慧	李　娇
宋佳玉	张　敏	隆易悦	李　旭	罗嘉特	刘　银	万继红	颜雪镇
向重洋	朱　瑞	袁榆淞	吕思蒗	龚云峰	吴　阳	邓棋方	彭　曼
尹　瑞	董纷纷	陈珊珊	邓小豪	吴宝云	安德冬	刘　洋	甘　宇
谢正宇	杜文文	邓文强	王杰胜	褚心童	张舒萌	彭雪莹	刘路路
周　炀	黄　攀	黄薇静	李天翼	钟　忠	付唐帅	邬　萌	吕凯莉
刘　冰	邓　萍	王　璐	陈　悦				

交通运输与物流学院（58名）

周建尧	谭一帆	孙宗胜	左博睿	刘原恺	路　昊	梁　霄	朱国栋
王予瑞	李　想	姚清晨	范马宁	徐　帅	卓玺梅	蔡梦璇	曹青青
唐姚姚	陈木泉	孙永东	钟礼志	唐　莉	杨静莹	翁雨琳	郑　博
张国奥	冯　媛	石敏涵	李　科	谢　薇	符佳芯	于学礼	潘槿仪
韦楠楠	陈雅欣	彭　开	李思成	方嘉欣	姜　倩	陈　莹	崔雪梅
李青青	谢　佳	赵　倩	刘佳瑜	张梦颖	杨盛蓝	代　蓉	陈美君

宋泳萩	陈 佳	戴 丽	苏启明	汪 敏	杨 敏	张志博	王逸群
龚子月	周 佳						

材料科学与工程学院（37名）

高育育	杨 程	罗 涛	陈 龙	任莉莎	梁梦妮	罗 楠	赵柱华
巫国强	李小鹏	刘广超	丁艺蕾	杨开明	张占林	程军超	谭 玲
柴艳琴	胡雯雯	白文倩	谭文悦	杨 刘	李秋雨	杨 策	马小亮
郭茜茜	郑国刚	蒋闽晋	刘 鹏	青洪锐	孙 彤	周昱炜	郭竞飞
莫 涛	罗 刚	蒋哲亮	刘怡菱	占宇航			

地球科学与环境工程学院（48名）

张少庆	周 亮	邓雄伟	王所智	刘 雨	林 潼	董贵明	罗景城
覃 慧	张嘉栋	蒋 梅	王 洁	蒋玉冰	付文丽	周相贵	赵子震
范亚博	周 瞳	赵修成	徐小凤	魏 巍	刘 波	潘 岳	徐 倩
朱 冬	彭 磊	刘 静	邢少帅	许 懿	袁 铮	任小杰	徐胡超
裴彦博	胡代燕	黄小梅	成 帅	刘中冠	张绍科	屈智辉	梁柚恒
张国栋	张 茗	阚余辉	周 航	刘 靖	张 杰	刘 彤	刘欣雨

经济管理学院（29名）

唐 飞	米 怡	罗 江	叶新兰	周子熙	黄丘杰	夏 佳	李 雪
鄢皓铭	李飞玉	陈李梅	曲芯雨	姜 杰	何金昆	杨添靖	谢 洁
陈 琳	邹雪寒	范春宇	倪菡苑	滕瀛潇	陈思思	徐咏妍	胡晓筱
乔 达	张玉浩	田佳豪	刘 阳	刘疏影			

外国语学院（13名）

彭丹阳	肖 洋	侯咏蓉	林雨培	廖韵秋	郭雪晴	段垚应	曹 爽
郑思怡	卢军颖	董文文	刘伊喆	苟亚琦			

建筑与设计学院（31名）

吴纯杰	吴尤荻	陈春戎	戴昊宏	罗 天	王忆鹏	胡全熠	黄耀萱
杨智荣	亓明静	宋 畅	罗铮蒸	乔娇娇	柳建伟	谢 锐	王帅猛
陈莹莹	唐雨倩	吴汶亭	王紫涵	陶 婧	杨雪莹	刘 玥	孟湘淮
李宗锴	费冰洋	伍丽萍	李 邮	周何建	邓 鹏	王靖雯	

物理科学与技术学院（17名）

陈英妮	潘 柳	涂凌霞	刘慧郡	冯苏琳	包佳奇	黄贵春	柏 果
曹 熙	王高敏	崔子麟	方 茜	邵瑞会	王 路	张定波	徐 敏
王楚秦							

人文学院（19名）

傅馨桐	雷 楠	秦 冕	王君竹	陶雁茹	胥祝庆	温晓梅	张纳瑞
赵丽婷	梁 明	李雅婷	周卫萍	刘 鹏	郝欢欢	龚秀君	李国仪
刘芸汐	张 雪	朱正慧					

公共管理与政法学院（17名）

杨子逾	黄雅琪	欧阳娟	唐 侨	王 鑫	黄杨茜	王星月	肖越宇

陈　雷　周瑶涵　王乙羽　杨露沙　于小然　刘晓晨　赵　佳　王身杰
张卫宏

生命科学与工程学院（15 名）

肖　遥　李泽贤　王永超　姜　星　李　飞　王伟浩　易舒婷　覃力力
刘环宇　李新阳　吴兆菊　宋　月　王艺颖　蒋瑞平　李海珍

力学与工程学院（15 名）

钟寄宸　张泽权　伏甜甜　伏培林　赵家祥　彭　磊　韩　奔　姜礼益
黄竑钢　王　丽　段忠英　郭春艳　陶　玲　谭升旭　孙煜洲

数学学院（9 名）

张　雪　曾国艳　文冰梅　康成宇　刘婷熙　张子坪　牛天骄　张晓洁
计　玉

马克思主义学院（11 名）

沙静馨　邹文静　郭　雪　李彬彬　张　霞　刘　华　祝佳兴　祝伶俐
蒋　俊　陈　娜　王　瑞

心理研究与咨询中心（4 名）

权绍琦　尹一凡　罗　瑶　张书宇

牵引动力国家重点实验室（36 名）

姚　丹　孔振文　胡帛茹　韦　玮　刘　派　张庆铼　聂兴超　张　磊
胡尊祥　戴志远　冯　博　张伟海　董少迪　闫兆盈　罗　群　徐　凡
程　俊　刁雪洋　武世江　张可馨　唐　荣　冀怡名　张鹏辉　陈佳明
聂云斌　李浩冉　秦晓特　马　维　侯龙刚　彭宇豪　任德祥　王名月
张　议　杨鸿泰　张思涵　王道忠

医学院（10 名）

蔡　云　张　羽　陈　阳　徐晨鑫　王祖鑫　王文豪　邓　迁　刘笑笑
高　珊　高　露

唐山研究生院（12 名）

袁嘉悦　刘　奇　薛卫国　孔令俊　晋明波　管晨曦　陈仰辉　姜　斌
孟恩泓　苏　衡　陈劲宇　王昭烁

本科生国家奖学金（249 名）

茅以升学院（5 名）

陈玥蓉　鲁　鑫　张龙豪　赵　成　郑星宇

土木工程学院（30 名）

车兴果　戴宁杰　邓富强　冯禧成　高乐心　葛　康　贺秀萍　胡振宇
纪程杰　李红裕　沐海星　潘　阳　钱克豪　邱滟玲　尚晓朕　苏圣鹏
王一帆　王艺晴　王宇博　徐天新　徐子鉴　杨景皓　杨璐璐　姚思喆
尹康帅　俞拓航　曾梓恒　张宗宇　周碧桦　熊煦莱

机械工程学院（24 名）

邓　煜　丁　鑫　杜雪明　高　原　蒋吉鑫　蒋舒颖　李　浩　李晓玉
刘　浜　马子非　钱泓宇　任禹尧　沈炼成　孙嘉祺　王熙然　王雨双
吴　桢　薛竹婷　闫皓博　余炯泽　张洪源　赵小宁　郑　重　黄邱荟

电气工程学院（21 名）

戴文清　方　心　甘润民　高立乾　何冰鑫　兰宇田　蒲艳玲　任　航
斯　琪　孙　娜　王　创　王雪琪　王翼云　王子健　吴泽棐　许璐琳
闫姝璇　叶存昕　叶雨润　袁子傲　王干尧

信息科学与技术学院（27 名）

曹毅恒　方俊麟　郭　旭　何康辰　侯　琴　胡千越　贾　芳　金嗣东
孔欣杰　廖凌枫　廖思凯　刘家豪　刘君卿　刘震鑫　阙柱沪　汤嘉斌
唐泽龙　田　硕　王　珂　吴房浩　吴　玮　吴子龙　闫凌森　尹　恒
张　锴　赵　盼　旷森芸

交通运输与物流学院（21 名）

陈　硕　程子嫣　冯　芊　冯　禧　胡奉淋　李果恒　李　妍　林米雪
令狐丹　钱泽林　邵　杰　沈　怡　孙怡平　王雨薇　吴问涛　吴颖泉
郁铌轲　张　钰　王晨露　杨培杰　何佳原

利兹学院（10 名）

陈恺宇　何昊阳　洪文轩　金泽楷　钱　唐　徐颂雨　尹力威　张涵容
郑琳千　周彧凝

材料科学与技术学院（11 名）

陈高伟　陈宇杰　郭志敏　李　欢　孟宏达　彭子龙　孙耀坤　王月月
王子月　徐金跃　周孟雪

地球科学与环境工程学院（15 名）

崔金龙　邓嘉琳　丁　焕　黄淑怡　刘洪江　马静逸　马林强　肖玥玥
杨碧红　叶志虎　张绪明　张泽琪　赵　爽　周子琪　蒋玉佳

经济管理学院（13 名）

陈莉莉　黄纪凯　金李畅　李汝洁　李思雨　李新阳　林雪丽　刘　娇
罗雨薇　宁春明　苏莉莉　伍洛熠　肖　玥

外国语学院（10 名）

高安娜　黄婉仪　潘嘉仪　魏雅静　杨蕊遥　袁　铭　张宜远　周　雨
周雨平　秦小涵

建筑设计学院（15 名）

贺肖淇　胡佳仪　李　熠　刘艾娜　罗勋锐　芮　典　邵晓白　王筱璇
王一初　吴天昊　徐沁仪　曾　辰　张润旋　张啸寅　张子纯

物理科学与技术学院（10 名）

陈济然　陈天乐　何　真　李耀斌　彭熙尧　施逸蕾　孙路易　张柏森
张　敏　朱清扬

人文学院（9名）

安　然　胡海月　梁晓瑜　罗　艺　戚　玥　夏　鑫　徐正阳　杨雨婷
曾蕙心

公共管理与政法学院（7名）

李昱辰　王娅如　王姿惠　吴孟颖　张秀清　赵世清　左依航

生命科学与技术学院（7名）

陈　漪　黎国洪　林家慧　彭泽漫　王　晶　易　可　周河汐

力学与工程学院（6名）

曹子梁　褚弓瑶　李嘉权　李俊鹏　王　烽　杨静雷

数学学院（5名）

蒋小玉　李　劲　舒浩哲　杨赫祎　尹　懿

马克思主义学院（2名）

张佳旺　周水斌

心理研究与咨询中心（1名）

倪　萍

本科生国家励志奖学金（830名）

茅以升学院（17名）

崔飞杰　邓雨星　董　蓉　杜　璞　瞿开城　李子勇　刘　毅　刘玉岳
娄星宇　屈姝君　唐天利　汪世杰　王　鑫　魏易东　熊晓辉　徐　云
翟岳华

土木工程学院（119名）

白铁磊　蔡　玲　蔡　耀　曹　冲　曹嘉心　曹思敏　常铭宇　常小兵
陈泽锋　邓　钢　邓亚杰　董　杰　豆留盼　敦浩诤　范栋奎　范荣威
冯　应　高传松　苟安迪　辜世旺　郭礼昱　郭亚林　何晓芸　何雅雯
何运清　贺成博　贺俊钦　侯明扬　胡　锐　胡　涛　胡子威　惠庆敏
霍东波　贾　康　康雍毅　黎志毅　李昊卿　李昊豫　李斯博　李晓珊
练小莲　刘家明　刘金炜　刘雨欣　罗丁未　罗　虎　罗丽菊　罗　帅
罗震涵　马荐驰　马启冲　牛云彬　潘　童　潘文佳　潘燕萍　庞莹莹
邵豪坤　申嘉若　沈云鹏　宋美珍　苏胡鑫　谭　勇　唐家豪　唐　嘉
唐秀琴　唐占江　王彬宇　王洪一　王慧君　王　江　王文正　王艳凤
王芝龙　魏子伟　文嘉涵　吴太恒　肖　阳　熊　航　熊梓旭　徐清九
徐艳鑫　杨承志　杨桂畅　杨启超　杨思杰　杨鑫杰　岳飞翔　曾海琪
曾　强　曾志羽　张博豪　张成友　张凤明　张　罗　张　曼　张天一
张紫奕　赵　兴　赵　阳　郑　博　钟　浩　钟浩嘉　周婧楠　周勇聪
朱文峻　朱正超　杨琳珂　熊　颖　欧阳宇轩　陈　丽　李丽洁　王　龙
穆　烁　司　念　李子徽　马龙伟　吴福磊　贾龙洋　朱泽朋

机械工程学院（87 名）

卜　赫	蔡佳倜	蔡佳文	曹铭航	曹　婷	常　锟	陈力啸	陈　前
陈文超	陈向阳	邓胜江	丁士杰	樊成亮	费天基	冯虎成	高一然
黄文建	黄新页	李俊聪	李俊泽	李　娜	李念勋	李　涛	李小乐
李　鑫	李　艳	林利忠	刘　博	刘　浪	刘天宇	刘小雨	刘泽虹
刘志鹏	罗文滔	罗梓淇	蒙春竹	孟祥宇	缪家振	漆小虎	沈天赐
宋　涛	宋英卓	孙佰龙	孙　建	田　威	涂蔓蝶	王　芳	王国涛
王鹏鑫	王　瑞	王　旭	王紫航	韦　帅	武　晗	向松明	向　鑫
谢福忠	谢民辉	熊　芹	徐诺舟	许　彪	闫文博	杨庆丰	杨是龙
杨文彪	殷悦莹	尹　诗	詹金桦	张　安	张　超	张海涛	张毛杰
张鹏飞	张　扬	张宇康	章　涛	郑延龙	周　洪	周文宏	朱广勋
邹　俊	何晨阳	杨雨浩	李　想	李玲渝	魏林颉	王士梁	

电气工程学院（79 名）

安　冉	曹晓琦	曹　云	陈　峰	陈　洁	陈思宇	程丽红	程晓东
次凯旋	杜元福	段展宇	费正源	冯昌隆	关子凌	何艺铭	胡　强
胡廷文	霍莎莎	江丽娟	江雨蔚	姜　攀	蒋婉月	蒋祥宇	荆　锐
蓝　中	李欢欢	李　佳	李　杰	李尚志	李双庆	李　新	李　渊
廖红波	刘　波	刘　凯	刘凯腾	刘　湘	刘洋龙	罗　兵	罗霁轩
罗兴隆	罗宇靖	欧阳杰	彭莉莎	石　昊	帅伟豪	宋泓默	宋世杰
苏天乐	孙渔喜	唐政全	王　林	王　明	王　阳	危　爽	魏文璇
杨　俊	于少筠	曾沁仪	翟彦辰	张路昊	张容赫	张天松	张雅琪
张壹钒	张泽琨	张泽宇	赵　娜	郑智强	周　健	周　政	朱畅畅
朱　玲	朱重阳	曹渝桁	谭学旺	梁曼琪	祝深帅	范方涛	

信息科学与技术学院（79 名）

安　欣	陈海乐	陈鑫强	崔子怡	邓思琦	樊勇甫	顾　月	何润泽
贺　苗	贺思洁	洪禧娜	黄　怡	姜慧宇	蒋　滨	金莉莘	李　果
李劲松	李科峰	李良平	李晓栋	李怡霏	李怡洁	刘　妍	卢诚城
梅诗曼	牟　颖	倪　利	尚金星	苏　圣	孙诗翔	孙怡平	唐　杰
唐　琪	万冬静	王　含	王皓焱	王　红	王　靖	王商捷	王雪瑶
王　阳	温露雄	文　源	吴　婷	吴　雪	武星宇	肖　淋	谢瑜婕
谢子轶	徐佳丽	徐梓航	阳　怡	杨　佳	杨　龙	叶孟昀	叶子强
于楫玉	曾雨晴	翟林帆	张凤娇	张继松	张　坷	张　柳	张亚军
赵大燕	赵玲巧	赵双月	赵泽雨	郑嘉仪	郑志江	钟欣瑞	周柠旭
周清林	訾孟瑶	王雯静	陈　宏	贾转强	王学彬	丁　昀	

交通运输与物流学院（64 名）

安媚童	蔡　涛	蔡鑫美	岑秋云	常杜娟	陈　澄	陈海霞	代盛仪
董国慧	杜懿佳	高瑞玲	高语桐	韩　容	何　娟	何鑫强	何远亮
胡航绮	黄炼博	黄　胤	江若彤	蒋　乐	冷远平	李天卓	李　杏

梁文馨	刘 坤	刘思源	刘 渊	刘元元	刘祝银	罗娇英	马海月
马玉琴	梅国栋	莫金元	彭 哲	乔鸿欣	秦啸天	粟琬清	谈 力
王炳勋	王美寒	王文靓	吴文成	谢俊濠	许美婷	鄢 锐	闫倩倩
闫宇思	游 欣	喻 磊	袁 洋	张弘扬	张淑雅	郑浩月	郑 倩
钟兴莉	周瑶成	邹 加	邹颜刚	赵 媛	张石磊	张文静	吴 霞

利兹学院（3 名）

许靖业	杨圣宇	郑佳雯

材料科学与技术学院（36 名）

常栋彪	陈宏宇	陈可可	陈齐芊	陈雪文	陈宇轩	邓绍韦	段晓霖
伏树雄	葛洁洁	龚 波	何有灵	黄 及	李长清	李 倩	李雨欣
刘国娟	刘芯怡	刘玉婵	罗仁涓	潘 想	彭 露	宋 佳	王立达
王万通	王晓婷	吴 忧	熊心怡	许玲焱	张 恒	张亚文	张智媗
赵国简	赵瑞月	赵雅雯	郑惠琳				

地球科学与环境工程学院（47 名）

陈 锋	陈俊杰	陈 梅	陈诗仪	陈伟豪	崔新蕾	代雅姗	邓承东
邓媛媛	付兴佳	韩 路	韩兆晨	贺呈虎	侯雨含	胡佳慧	黄 薇
黄 雪	霍子豪	姜 莹	金 音	廉慧洁	林 聪	林其炜	刘 刚
卢 飞	吕 傲	秦笑彦	任晓月	宋盼盼	唐健峰	田雨璐	汪龙巍
王 晨	王 淋	王 轩	吴家驹	向思源	肖志杰	熊 标	熊仁萱
徐 琦	殷耀龙	张莉扬	张 茜	张雨晴	张 智	赵玉好	

经济管理学院（43 名）

补金凤	曹 蓉	陈海波	陈紫薇	崔天荣	黄 琬	孔筱箫	李 玲
李巧琳	李晓聪	廖方英	刘德亮	刘 蓉	刘文虎	刘怡伶	罗 莉
马睿彦	莫代玉	潘阿敏	孙雨婷	覃雪莹	唐 敏	田 甜	汪旭梅
王安琼	王小雨	王晓芸	魏 典	魏 琦	吴佳智	夏春莉	谢 潇
熊伟婷	徐彬彬	徐秋颖	薛蓉蓉	俞璐琦	曾宁欣	张春莲	张腾晖
张照艳	赵 锦	周紫璇					

外国语学院（33 名）

陈洪漫	陈婧漪	陈 熙	陈昱宪	程山芳	凡 荣	郭 央	何诗源
胡洲琴	纪 航	冷竺南	李丽安	李灵珊	李芯怡	梁玉霞	刘梦楠
刘文利	刘乙亭	马慧敏	聂海莲	孙小杰	王玉莲	夏荣林	谢春维
曾小燕	张偲嘉	张晓蕾	赵 雪	朱秋甜	朱雅丽	罗 晓	蒋婷婷
杨春宇							

建筑与设计学院（51 名）

边馨雨	常真毓	陈亚兰	崔月婷	邓力荧	范雅茹	冯习单	冯 岩
桂晨曦	郭慧慧	胡昌杰	胡茜琳	胡 越	贾 瑞	焦丽蓓	赖紫依
李春阳	李怡莉	李悦茹	李志威	廖 芮	廖淑琦	刘贵华	陆新元
罗 婷	秦婧娱	任 倩	史海磊	史祎昕	舒欣润	孙诗雅	孙玉洁

王奕轩	王永娣	吴金星	夏远方	向梦琦	杨　浩	杨茹玥	杨湘钇
杨珍茹	张泷月	张梦莉	张　宇	张玉阳	赵丽雅	赵茗锐	赵思琦
赵晓玮	郑小飞	钟　熙					

物理科学与技术学院（35 名）

蔡炳华	曹泽宇	陈钱坤	陈诗涵	陈　实	陈泽嘉	耿志翔	苟　熠
郭俊宏	何雨莎	胡嫁琪	黄庭岭	纪名洋	江星怡	姜　地	李蔚然
李　源	廖川黎	廖文奥	林智成	邱　阳	寿毅航	孙浩妍	唐汇雲
童国烽	汪　沛	王瑞兰	王姝文	杨　帆	张　磊	张　怡	张怡然
张　煜	赵　鑫	周子健					

人文学院（35 名）

陈才广	陈丹妮	陈梦婷	陈　萱	陈雪琼	崔　洁	甘倬蔓	郭吉云
郭　茜	黄　欢	黄诗倪	蒋清州	郎佩冉	李雨霞	刘盈池	刘中梅
路　炜	彭宜淇	秦小迪	商忆倩	司逸飞	宋京津	孙　蕊	陶存坤
王安琪	王　岚	王悦晨	魏　岚	吴依蔓	徐功杰	徐小芳	袁文林
张　杨	张语萱	赵雅芳					

公共管理与政法学院（25 名）

陈晓清	陈征雪	程　莹	方嘉伟	郭梦洁	何雅君	黄雪梅	康婷婷
赖俊汝	黎　思	李俊涛	廖玲玉	刘金兴	刘　涛	刘　燕	罗佼妮
宁豪龙	邵　瑜	王　琴	徐梦莹	于梅娜	曾怡婷	郑　娟	郑遗霞
朱　欢							

生命科学与工程学院（27 名）

艾佳媛	初曦卓	邓迎春	段小贤	黄　丽	李慧芳	李林朋	刘可贞
刘艳艳	刘　源	骆巧媚	马嘉擎	庞思奇	全慧鸽	谭国栋	万佳慧
王清林	王　硕	王欣佩	徐开燕	薛宝玉	伊尔夏提·匠格瓦尔		杨燕春
杨　语	张盛春	张思煜	张　涛				

力学与工程学院（20 名）

曹肸丞	陈雪鹃	胡　豪	胡佳晨	贾熙雷	李宇豪	林　颖	刘开忠
刘宇轩	牛国浩	王振宇	文鹏军	肖　瑶	张栖方	赵嘉华	赵　旭
赵研昊	赵志辉	周　欢	朱清锋				

数学学院（19 名）

曹家琪	程　前	邓笛扬	冯　玉	付扬鑫	李世康	林　玉	史晓瑜
唐旺霞	田玉亭	王思源	吴　双	许俊伟	杨靖羽	叶茂杰	曾　琳
张　璇	郑艺梅	周晓婷					

马克思主义学院（7 名）

黄几荣	贾姣妹	李　军	刘　爽	田　瑞	许珂馨	杨小青

心理研究与咨询中心（4 名）

程　思	刘　琳	刘晓梅	王　聪

本科生综合奖学金（4336 名）

茅以升学院（145 名）

一等综合奖学金（23 名）

程　然	党宇航	郭子硕	胡　光	胡　涛	黄睿杰	江　山	江文谦
李海杰	李明威	刘仁辉	石渊博	王世豪	王怡丹	王雨润	吴雪敏
伍文凤	杨　溢	姚程彬	张文轩	赵海宁	赵一博	周睿琪	

二等综合奖学金（45 名）

安效灼	白荣民	程　岚	董逸飞	贾璇琦	康　淳	李光浩	李木森
李琪瑶	李　晴	李泳江	廖海宇	林健兴	刘海军	刘居真	刘俊杉
刘钊佚	龙建君	陆云涵	倪璐玥	裴一诺	彭　炜	邱　浩	饶馨雨
茹　行	施展泽	宋佰吉	孙建华	王嘉澎	王麒铭	王伟豪	王　欣
王云帆	武　林	肖霈霖	徐庚辰	徐延泽	颜凌轩	杨阳箫	姚人杰
于天航	喻智睿	周　姝	朱文兵	庄　成			

三等综合奖学金（77 名）

安　鹤	曹思雨	陈宏硕	陈敬梓	陈　玄	陈奕娴	陈志东	邓加林
丁　茹	范紫芮	郭星灿	韩　非	韩国君	韩梓漩	何明峰	贺志辉
胡　汐	黄　鹏	黄思源	蒋长伟	蒋　威	李端蕊	李海峰	李建文
李沁洋	李瑞奇	李瑞雪	李天怡	李胤芊	林红利	林子渊	刘　畅
刘天远	刘希赫	刘宗欣	吕　茜	罗　淇	罗诗涵	罗渝东	马钟霖
苗浩冉	潘嘉伟	彭琬頎	彭宇轩	齐青华	邱　雪	曲宏一	史海超
苏泽敏	唐　晨	唐绍武	王泊心	王不凡	王钰迪	王梓鹏	王梓尧
吴　凡	武子轩	夏之瑜	徐茵茹	杨　晗	叶振宇	周泽平	曾　楷
曾钰珂	张　飞	张海博	张　坤	张梦柳	张　淼	张潇锐	张子涵
张子佩	赵文龙	郑湘龙	周明玺	周世贤			

土木工程学院（580 名）

一等综合奖学金（89 名）

曹有为	陈红宇	陈佳宜	陈俊杰	陈峻博	陈璘潇	陈　龙	陈明浩
陈　卓	成宣任	程薛清	戴　昊	戴逸岩	丁家浩	段姝琪	方　哲
冯钰虎	耿文燕	苟　潇	关剑宇	和　琦	贺文城	胡家龙	黄亚阳
黄银华	季许鸣	康逸飞	李搏凯	李　涵	李明劲	李奇威	李雨辰
李政贤	林从建	刘肖汇	刘一炜	刘议文	刘玉琳	龙开天	罗　宇
欧阳惠怡	彭　鹏	邱涌嘉	任天唯	沙马伍呷	时一帆	宋雨萌	孙志昂
滕翔宇	王斌玉	王　储	王乃夫	王年春	王义翔	王致远	魏宏超
夏毛瑶	夏覃永	夏烨豪	向　往	肖卓琦	徐宁涛	徐展飞	严忠成
杨　雪	杨　展	俞泽炜	喻子康	曾泽淞	张　程	张千源	张廷鹏

赵铭洋　郑传湉　智海旭　周久阳　周瑞泰　周　童　周晓天　周弋力
周逸昊　杨　琴　范子焱　付　锐　郝慧明　晏崇恩　雷　电　鲁佳欣
龙叶成渝

二等综合奖学金（183 名）

白涛硕　包雨滴　卞　澜　陈　斌　陈俊伟　陈励宇　陈霖意　陈烁均
陈文东　陈雪莹　陈忆涵　陈　颖　陈远文　陈治宇　陈　茁　程益凡
丛龙宇　崔可儿　崔　卓　代溟伟　邓忠艺　丁　浩　董欢枝　杜　轲
杜少伟　冯嘉淇　高　峦　耿明婧　龚新明　管少祥　郭林涛　韩晓彤
郝书勤　何　菁　何晓龙　贺　鹏　胡佳怡　胡靖康　黄丙权　黄静汶
黄　钶　黄文洲　黄一航　贾庆霖　蒋曼琳　荆传玉　景金朝　康潇月
康宇琼　乐誉清　黎成庆　黎诗睿　黎向周　李　策　李泓毅　李洪波
李伟平　李　想　李　鑫　李煦丹　李一洋　李泽阳　李　政　梁鑫铭
梁振宇　廖河升　林海鑫　林　航　林继彦　林金根　刘　洋　刘伊腾
刘振宇　刘　智　陆嘉俊　罗祥威　罗　源　马驰原　潘逸琪　裴　蕾
彭　烨　彭　子　蒲嘉鹏　祁昌号　阮杰群　邵世友　邵嫣然　沈　皓
沈　哲　史一帆　苏　超　苏　恒　孙峻枫　谭　凌　汤　璠　唐义海
唐永红　滕汉卿　田竣文　田　扬　王　城　王鸿宇　王茜桐　王庆晶
王若阳　王　殊　吴国强　吴焕生　吴蔓莹　吴宇凡　贤亮鹏　谢　一
胥岚月　徐　成　徐旭航　徐子健　徐子峻　许以凯　薛宸熙　杨昌赣
杨皓庭　杨锦涛　杨绍毅　杨　逸　杨　昱　叶海洋　殷　磊　俞子悦
袁晓鹏　袁心怡　袁　曜　远　洋　曾弘锐　张晨妍　张　凡　张洪吉
张　良　张璐琦　张　琦　张锐基　张润泽　张诗杰　张　爽　张　韬
张昕阳　张阳豪　张亦弛　张毅峰　赵何霖　赵　磊　赵世华　赵昕荟
赵欣旺　赵勇飞　郑臣君　郑雨航　郑禹豪　钟雨薇　周思源　周洋立
周　喻　周振宇　朱蔡亦伊　朱　凯　朱鹏霖　朱宇星　孟　迪　郑传新
李　驰　张卓涵　刘力模　王　昱　夏和杰　侯恺乐　周伟星　冷双金
刘　凌　张竞元　邹天浩　何　畅　王东淇　刘楠枫　杜思雨

三等综合奖学金（308 名）

白世豪　白云璐　蔡建赟　蔡书涵　曹文先　常思源　陈　峰　陈锋磊
陈佳豪　陈家龙　陈家欣　陈柯佚　陈　昆　陈　娜　陈廷钰　陈伟杰
陈欣雨　陈　旸　陈屹东　陈雨航　陈裕文　谌睿哲　程业飞　崔益萌
戴志行　邓浩然　邓　一　丁妍伶　董沐野　董唯佳　房正龙　冯　杰
冯　洋　冯治皓　符　文　高金炜　高淑寒　龚昶宇　顾　铮　郭柄宏
郭博文　郭光耀　郭　婷　郭　通　何明蔚　何伟超　何泽寰　何志强
侯志远　胡　飞　胡翰林　黄　栋　黄嘉艺　黄绮淇　黄太强　黄枭冉
黄奕斌　嵇　诚　蒋鸿琛　焦宇涛　康爱梅　康　硕　赖家乐　雷　彬
雷　越　李恩宇　李浩宇　李泓俊　李基豪　李佳明　李嘉伟　李嘉鑫
李　杰　李凯臣　李　可　李璐达　李梦然　李明磊　李如涛　李抒效

李 松	李 坦	李文昊	李心雨	李玄妙	李阳阳	李英铭	李俞霖
李宇环	连正洲	练家乐	廖 杭	廖楠洋	林 豪	林 瑶	林怡欣
林兆添	林智鹏	林子榆	刘 波	刘采薇	刘 琛	刘琛尧	刘丁熙
刘钫文	刘富华	刘浩宇	刘恒源	刘宏博	刘景羲	刘 璐	刘 宁
刘文星	刘星宇	刘一凡	刘乙甫	刘易然	刘昱妍	刘 州	卢浩杨
鲁思吻	陆泽毅	吕 任	吕思聪	罗坤林	罗晓龙	罗 益	罗云龙
骆成鑫	马驰诚	马晓斌	马阳晨	毛凯旋	毛瑞祥	门汝祎	念兰宁
牛童童	庞鸿立	彭博览	彭畅宇	蒲 涛	乔敏杰	秦一鸣	秦 宇
邱宇航	冉启航	任海容	任银楼	荣忠乐	邵成凯	沈鑫艺	盛昌华
盛如意	施罗健	施 洋	苏璟雯	苏君豪	孙鸿强	孙钦亮	谭靖川
谭理由	唐 飞	唐海昆	唐礼泽	唐启辉	唐泳湖	涂怀宇	万美萱
汪 涵	汪 曦	汪小龙	汪育杭	王宝辉	王辰羽	王晨露	王呈金
王 耿	王珩蕴	王柯力	王 冉	王 蓉	王 涛	王 文	王鑫河
王泽昆	韦文玉	魏 铎	魏 嘉	魏荣华	魏 勇	温安平	闻庆晟
吴传航	吴 迪	吴 浩	吴全德	吴昕卓	吴轶群	肖清予	谢骋丞
谢 莉	谢松明	谢宇清	邢宇翔	徐乐乐	徐 陵	徐晓静	徐兆云
薛志斌	杨国栋	杨铭礼	杨 倩	杨青梅	杨为维	杨易龙	杨 毅
杨友杰	杨宇杰	杨雨谋	杨致远	易鹏豪	易新阳	尹 嘉	尹玲珑
尹炜浩	尤文龙	于 全	余元林	俞白云	袁 杰	袁铨西	曾 杰
曾俊豪	曾 虞	曾雨萌	曾忠城	展凤丽	张 奥	张昊坤	张浩然
张浩洋	张核力	张 免	张普宁	张庆喜	张书端	张潇翔	张友帅
张宇航	张钰涵	张 哲	张志鹏	张子扬	赵航宇	赵 珏	赵明蕃
赵 言	赵雨生	赵 玥	郑 科	钟慧媛	周安琦	周 超	周靖翔
周伟亮	周雅馨	周子韩	周子杰	朱毕玉	朱崇巍	朱丽莎	朱翊滔
朱志强	祝海富	祝婷梅	邹泉锭	陈泊戎	汤 逸	蒲 倩	刘芸岑
袁弘毅	马海珉	周玉麟	刘卓越	叶 沛	唐 淇	李雨轩	陆思瑶
莫艺翔	宋佳黛	白 朗	林 涵	李金蓉	黄润峰	蒋志鹏	代玙剑
解鑫洪	刘家豪	李世标	潘 龙	陈子豪	李 琦	刘佩垚	江易洋
李沛杰	彭 维	范欣怡	王 森				

机械工程学院（459 名）

一等综合奖学金（71 名）

陈葛瑞	陈 果	陈华申	陈文瑜	丁则剑	豆树森	范宇杰	冯俊男
冯炜成	高鑫钊	谷 悦	韩子轩	何文浩	何 志	贺宇轩	胡玉炜
黄陶俊	蒋春阳	柯雨彤	李 祥	李逸群	李元琛	李照嵩	李子昂
厉智鹏	梁峻宁	林奕辰	刘家傲	刘丽芝	刘天宇	刘一鸣	刘育诚
罗备策	罗哲文	骆皓羽	马启元	牟斌杰	庞帅宇	彭若愚	孙海玥
唐 勇	万俊豪	王海舟	王旭彤	王智洋	魏嘉辰	翁正阳	夏大为
向 洋	谢昂治	谢杭辰	徐新辰	严立峰	姚建武	易明浩	张佳悦

张　凯　张敏杰　张淑滢　张　鑫　张一伟　张英豪　张子晗　钟　涛
钟欣悦　周林萱　朱炳旭　王宇涛　彭晓娟　滕梓欣　温启军

二等综合奖学金（144 名）

蔡云鹏　蔡镇南　陈明嘉　陈思媛　陈雪倩　陈雨龍　程一帆　丁　丁
丁　巍　丁彦允　范相慧　方凯文　冯　聪　冯荣贵　付浩然　傅雨柯
高飞翔　龚屹昂　郭　琪　郭紫慧　何雨宸　侯彦竹　胡成宇　胡　玎
胡馨月　黄宏威　黄康河　黄凌钰　黄宇轩　黄峥荣　吉向太　贾乐平
江晓星　蒋凯宁　孔令楠　李柯桐　李宁搏　李若旭　李思诚　李奕冬
梁　栋　林　晨　林李萌　刘　畅　刘浩煜　刘峻志　刘铃聪　刘　鹏
刘秋奇　刘一濁　刘　嫄　刘郑森　龙　浩　卢秀杰　陆昕炜　吕林灿
罗恩泽　罗江函　毛芃吁　聂茹涵　潘欣嫄　祁广东　祁式展　尚修齐
沈博翰　施良宇　时思远　史志磊　苏　恒　孙博文　谭海蛟　唐超毅
唐君立　唐文昊　唐　翊　万梦方　汪天驰　汪义飞龙　汪奕鋆　王辰星
王　聪　王　龙　王劭可　王　彤　王伟梁　王星童　王应隆　王　勇
魏　俊　吴晨曦　吴富伟　吴思佳　吴欣洲　吴宇舟　夏江南　项朋昆
肖宇光　谢　军　谢燏龙　熊国东　许篮心　杨海烈　杨小雨　杨新宇
杨雨婷　杨　悦　杨芸菲　姚煜阳　叶秋宇　伊敏熠　尹　杉　应晨宇
尤飞越　余　熠　原宇琦　张海洋　张钧天　张孔发　张森皓　张文恺
张　祥　张　翔　张笑菀　张　严　张　源　张中奇　赵　峰　赵纪纲
钟　雨　周楷贻　周仁杰　周　毅　朱茂源　朱志轩　申凌瑞　屈王琨
谢　潼　樊　宇　邓钧瀚　张　文　伍思燚　任正晖　张　月　杜平舟

三等综合奖学金（244 名）

白昊宇　曹贤财　查正旭　陈　昊　陈　江　陈　肯　陈龙飞　陈乾晖
陈如意　陈　思　陈文景　陈宣凯　陈壹奇　程景颐　程奕婷　迟元斌
崔舒意　邓雯太　杜文涛　段诏新　樊　坤　樊亚伦　范健飞　范梓懿
方思宇　冯柳铭　冯馨悦　付昊宁　傅子帆　高恒凯　高晋琦　高杨斌
高　源　龚璟淳　龚新学　苟彦杰　顾炜琪　郭洪川　郭其浩　郭子涵
海萨尔·吐尔德汗　韩天润　韩耀霆　韩远伟　郝　瑾　何光宇　何嘉宁
贺　凡　洪　铭　侯可鑫　侯玥彤　胡婧薇　胡廷洲　胡益豪　黄朝勇
黄代喜　黄蕾欣　黄若琳　黄云贤　黄志超　江俊雄　江　珊　姜凯心
蒋立宇　蒋林杰　蒋诗雨　蒋汪洋　解彦钊　金　旭　孔　丹　孔苓吉
雷建岗　雷姜锐　黎祖狄　李　本　李晨溪　李冠铖　李怀东　李继禹
李　杰　李婧怡　李开朗　李　沛　李荣天　李少哲　李世初　李松蔚
李万鹏　李　伟　李汶贤　李欣瑜　李　旭　李子韦　梁聪鑫　林禹睿
刘倍贝　刘国鸿　刘继敏　刘　杰　刘金东　刘　俊　刘亚好　刘　逸
刘友诚　刘　谕　刘正良　刘政武　龙照洪　卢弘昊　吕飞卓　罗涪文
罗建伟　罗淑锴　马铭泽　马治林　莫康辉　牟柏源　南彦强　聂　威
齐峰毅　邱森宇　冉　阳　阮晨毅　邵凯波　沈丹炜　石嘉泰　史天意

宋佳星　宋　一　苏　斌　苏　骢　谭本启　谭雨轩　谭铮颜　汤青峰
唐培洋　唐佩佩　唐诗逸　唐松铨　唐晓宇　唐志豪　陶喆承　田增熠
田震洋　涂煜柯　屠海堃　汪炯藤　王泊皓　王　汉　王　欢　王敏瑞
王　淇　王喜乐　王雨珂　王玉娇　韦昌燎　魏德宝　魏宏涛　温御杨
吴秉晗　吴林鸿　吴守烨　吴婷婷　吴　仪　吴禹辰　吴展扬　伍　烯
武煜刚　邢汉丞　熊辉辉　徐罗萌　徐润卓　徐　钊　徐志鹏　许立强
薛盛中　颜　深　杨建煜　杨启万　姚鉴航　姚文龙　姚　鑫　尹孝程
应瀚楠　游　江　游梓艺　余秋霖　余　玺　余子涵　元　越　袁晓宇
袁增威　袁子淇　岳浩鹏　曾　超　曾楷煜　曾　柯　曾培洋　曾　探
曾熙婷　詹　飞　张德蕊　张　杰　张　杰　张景怡　张峻崧　张明可
张天任　张琬诗　张　行　张尧敏　张云烨　张　震　张　政　赵红智
赵麒源　赵雪飞　赵亦君　郑敔崴　钟　昊　周　彬　周　辉　周瑞阳
周钲皓　朱冠霖　朱宇飞　卓　越　邹　妙　丁雨荷　杨城腾　尹鑫海
刘珮瑶　叶　响　杨　博　徐　源　戴丹丹　曾　豪　谈春波　吴泽楠
侯浩南　刘小天　尹　航　胡雨欣　张生媛

电气工程学院（374 名）

一等综合奖学金（62 名）

曹　伟　陈思慧　陈晓玄　陈　瑀　陈　煜　戴睿鹏　戴雨竹　单招文
邓山辉　冯　元　高斯帖　高泽图　黄小凡　季心宇　蒋家豪　康　怡
李爱贝多　李　成　李　栋　李浩源　李建为　李康文　李杨龙　廖海朱
刘光毅　刘立敏　刘　帅　吕闻龙　马含青　邱艺丁　石寰宇　唐　涛
王彬江　王俊淳　王　顺　王亚磊　王卓然　吴　忌　肖逸洋　谢涵铮
谢懿晗　熊力颖　徐嘉琪　薛可钦　严一舟　杨　爽　阴文湘　殷宇轩
余江乐　张　强　张骁哲　张　洋　张毅聪　张翼扬　张雨晗　朱宇辰
邹　帆　岳秋艺　徐诗鸣　张林东　杨怡帆　陈治玲

二等综合奖学金（113 名）

白　航　曹逸滔　曹昭祺　查红原　陈博涵　陈宏睿　陈纪宇　陈思情
陈羽航　崔馨文　董世林　段君璋　甘雨沛　高江川　高　原　龚志恒
古一君　官　韵　韩佳睿　侯文龙　胡铃皎　胡紫园　黄纯奕　黄　恬
蒋晓凤　雷　煜　李博涵　李　煌　李擎天　李　蕊　李天宇　刘　姣
刘能惠　刘　涛　卢　山　鲁啸龙　鲁　怡　吕润泽　罗彬欣　骆宇凡
马朝瑜　毛溢为　孟海腾　欧阳材科　庞子傲　彭琪雯　彭英杰　彭元贞
秦传盛　邵韵桐　佘光沿　沈家正　史可燃　孙久龙　孙宇航　孙震宇
唐明巍　陶明路　田诗放　汪冠宇　王　辰　王海龙　王镜尧　王　娜
王秋实　王少雄　王　悦　王泽志　王卓奕　韦玫桂　韦雨声　文俊杰
夏雁冰　夏宇翔　向江欣　熊鹏川　徐俊杰　徐若彤　徐邵文　徐炜强
许浩宸　许淑芬　杨晨旭　杨杰林　杨金龙　杨向阳　杨　志　殷超凡

尹苏杰	张 斌	张怀远	张淮益	张廷玉	张婉欣	张文浩	张耀文
张 跃	张紫竹	赵海云	赵俊豪	赵 敏	钟 杰	钟文梁	周丽霞
周依萍	朱 涛	寇鸿毓	陈民鑫	安亚亚	唐天驰	潘 燚	邓卓立
何金科							

三等综合奖学金（199 名）

白家辉	曹鸿昱	曹 敏	曹 蓉	陈恒乙	陈 龙	陈清颖	陈诗坤
陈松涛	陈天舒	陈晓婷	成雨阳	程立安	程少旭	代万超	戴思棋
戴松森	邓 婷	董洁琼	段沅廷	付玲芳	付 森	傅司豪	甘 运
龚开元	顾 凡	关鑫炎	管明辉	郭昌昊	郭洪伟	何兴宏	胡鑫垚
黄嘉伟文	黄小川	黄有为	黄钰雯	黄哲洋	江 菡	姜凯方	蒋惠蝶
解朝波	金 科	靳胤宗	瞿明俊	柯昌文	蓝康铭	雷 新	李春霖
李昊洋	李及人	李嘉俊	李嘉琦	李名昊	李 乾	李 森	李少晗
李文博	李 元	廖辰星	廖海涛	廖家平	林楷睿	凌云轩	刘邦鸿
刘 帆	刘俊江	刘 璐	刘 鹏	刘思语	刘文杰	刘 瑶	刘遵臻
芦嘉诚	吕子佥	罗舒钰	马 龙	马旭初	聂 衍	庞亚辉	彭杨彬
钱鹏宇	谯 柯	秦文雨	秦雨龙	任志宏	施扑丽	石义金	帅 怡
宋振榑	孙 超	孙佳鑫	孙小齐	孙谢力	谈浩澜	谭渌丹	唐 岑
唐丁源	唐圣德	唐世龙	唐 彦	唐振宵	田小宇	万宇翔	汪黔艳
王 东	王尔聪	王 海	王浩运	王俊凯	王 磊	王孟桥	王鹏飞
王瑞恒	王天韪	王逸朴	王涌鉴	王玉琪	魏先博	文竹源	吴海潮
吴沛阳	吴新元	吴岳凡	夏明琦	项 群	肖启昊	肖天龙	邢凯悦
徐朋程	徐永岑	徐裕强	徐子硕	薛付智	颜万瑞	杨 斌	杨冬晨
杨海琪	杨健文	杨明泽	杨童鑫	杨子豪	姚泳沂	叶 羽	叶雨馨
游放虹	于三川	余成浩	余佳龙	余青松	余宣庆	余韵淇	岳枫云
曾涵诗	曾开心	曾雪薇	翟志强	张恒鹏	张健夫	张 框	张力臻
张龙轩	张山峰	张世豪	张维麟	张雅琼	张雨博	张子潼	张梓豪
赵宝龙	赵 晨	赵鼎威	赵林彬	赵欣悦	赵一铭	周宏晓	周铭浩
周 润	周 懿	周之强	朱林莉	朱 荣	朱彤妍	朱玉豪	朱子阳
刘三峰	乔梓烜	支苗苗	张晓腾	谭明馨	罗 淦	刘 阳	刘 一
张世龙	罗金平	王小丽	戴庆辉	朱睿聪	王静韬	黄煜翔	

信息科学与技术学院（401 名）

一等综合奖学金（70 名）

陈 林	陈鹏豪	陈书畅	陈曦睿	陈羿多	陈宇洋	陈张欣语	程 晔
崔智源	邓康烨	邓小怡	丁桢炎	丁峥元	方一宇	付铄雅	洪禧佳
胡允浩	黄旭光	柯振宇	雷昕怡	李明飞	李荣泽	李欣宜	李宇涵
林 恒	林 雨	刘静雯	刘龙吉	刘沐鑫	刘昱含	罗宇辰	苗晨龙
木铭浩	宁尚涵	钱 昊	任玉佳	石鹏宇	苏 �	孙硕人	谭柯龙
唐惟易	汪世季	汪思敏	王科锦	王萌萌	王 朕	吴炳文	吴 昊

吴易安	夏佳芮	谢　颖	颜海月	杨莉君	杨鑫宇	叶乐毅	曾玉宇
张　清	张伟琪	张　艺	赵　晴	赵　研	赵志岩	周佳怡	周栗弘
朱　寅	陈妍言	游静蓓	王玉泽	黄　涛	谢捡龙		

二等综合奖学金（126 名）

白宇轩	柏义阳	蔡檬屿	曹津杰	曹秦臻	陈　杰	陈锦辉	陈瑾如
陈可铭	陈姝甸	陈文博	陈欣雨	仇存辉	代天傲	丁一鹏	丁　逸
丁振宇	董　洁	杜少聪	范峻凌	冯天雄	冯振洋	伏开心	高佳佳
高伟豪	高志成	郭东旭	郭　恺	郭沛兴	郭翔宇	韩　飞	杭成宇
和牧辰	胡坤鹏	胡雯雨	胡向理	黄亦成	江浩然	蒋卓彤	金佳宁
金智棋	赖苏玲	雷　筱	李辰昊	林欣蕊	刘浩然	刘　洋	刘倚赫
刘镇语	卢锐恒	卢禹良	陆柏宇	罗　刚	罗俊豪	罗文堠	罗章成
莫迪凯	牛　茜	沈植铉	石博昊	史成凯	宋弘熙	苏东灵	孙鸣阳
佟秋硕	汪鑫伟	王浩源	王泓钰	王健宇	王鹏旭	王韬铁	王一翔
王亦婧	王宇宸	王月新	王泽泷	吴　凯	吴诗语	向云帆	肖浩科
肖林杰	熊芳颖	熊嘉瑜	熊　妮	熊珮云	徐启涵	徐宇新	严雅岚
颜飞扬	杨江川	尹文祺	余梓玄	俞　诣	曾沁琰	曾　童	曾文馨
曾小二	张恒润	张蓝方	张慕帆	张小龙	张悦晗	赵笠婷	赵　睿
赵圣雅	赵宇星	郑泰川	周丽霞	周　潼	周　旭	周雨旸	周云骄
朱昊天	朱骏杰	邹芸竹	钟杨斐玲	任宸睿	邹卓航	尤洪显	刘　奎
孙文鑫	刘天航	明思宇	蔡宇航	宋　俊	陈思龙		

三等综合奖学金（205 名）

别　禹	超　松	陈乐施	陈秋源	陈荣千	陈晟祺	陈思思	陈轩磊
丛　榕	崔永康	单琦洋	丁世诚	丁　毅	樊润之	符　燚	付佳泽
高　枫	高家豪	高　洁	高科罂	高　鹏	龚傲林	顾伯荣	郭廷宇
郝敬楠	胡一楠	黄　娟	黄　强	黄圣栋	黄万嘉	回浩嘉	贾钰林
简辉虎	江　华	姜月瑶	蒋文杰	蒋　骁	蒋　雪	金　佳	荆浩宇
康新宇	孔德贵	赖远航	雷　霆	雷芸嘉	李晨鸣	李德志	李风池
李高鉴	李加桥	李佳辰	李秋颖	李仕俊	李天阳	李雨镝	李祖银
廖才进	廖　娟	廖宇辉	林　聪	林瑞东	蔺海威	刘嘉熙	刘　捷
刘鹏仪	刘如意	刘　睿	刘文轩	刘心瑶	刘欣锐	刘星雨	刘耀阳
刘叶舟	刘　玉	刘泽宇	吕国锦	吕政波	栾子豪	罗文静	骆骁然
马晓宝	毛祈萱	孟国斌	孟祥多	密善杰	苗　宽	穆　璟	倪俊杰
聂彬宇	欧方维	潘　蕾	庞岳棋	裴一帆	彭文辉	强　浩	乔晓云
邱俊宁	屈晨昕	芮佳敏	沈之航	施赛龙	史一诺	孙佳琪	孙铭铎
孙青楠	孙雨欣	陶皖宁	田彬辰	汪冬梅	王承祥	王承志	王果信
王惠之	王　静	王璐璐	王　楠	王萍萍	王若帆	王圣文	王天淏
王旺鑫	王杨锦	王奕瞻	王语雁	王子涵	王梓阳	王祖铭	魏名广
魏　雯	文煜轩	吴　静	吴克楠	吴盛晗	伍妍蝶	武润泽	肖佩炎

邢鹏程 徐林溪 徐润泽 徐一昊 徐梓芯 薛茜芊 鄢思娅 杨晨曦
杨　驰 杨弘毅 杨　杰 杨丽华 杨思远 杨毅峰 杨云帆 杨　张
姚　扬 叶贤胜 易　祯 余志明 曾　逸 展小涵 张恒源 张金驰
张　芊 张庆祥 张瑞琦 张时瑞 张世洣 张伟健 张文玥 张永兴
张雨洁 张原诚 张　媛 张致平 赵士歆 赵雪豹 赵一冰 赵愚安
赵郅喆 钟昱璁 周超波 周　佳 周家杰 周欣成 朱海峰 朱　朗
朱泉舟 朱　语 资棋莹 宗佳昊 左力晗 刘昱霄 何海龙 高佳轩
郭青青 王靖涵 谭志豪 蒋寒砺 杨文倩 王丰哲 宋志雄 梁诗羽
张杰航 蔡俊杰 段行山 张未希 张英杰

交通运输与物流学院（338 名）

一等综合奖学金（55 名）

蔡中哲 陈羿彤 陈　越 丛红炜 邓睿鑫 丁路洒 法慧妍 范晓婷
冯悦昕 高业林 古兴茹 郝　悦 何香昱 何之夏 侯艺琦 胡睿华
霍峥岩 姜小美 蒋雪莹 李林峰 李永昕 廖　洋 刘科隆 刘圣敏
刘盛林 罗　飞 罗维嘉 彭　程 彭炜康 蒲泓兵 谭闻达 万霄潇
王　灿 王　利 文　康 吴佳豪 向云海 谢浩男 徐程浓 徐　濛
杨炳杰 于　跃 喻　晴 曾艾馨 张沛文 张炜晗 张文利 张　洋
张奕童 赵萤滢 郑文涛 朱芳仪 邹蕙伊翎 周星宇 陈文慧

二等综合奖学金（106 名）

白佳怡 曹沐雨 陈　濛 陈书铭 陈　汐 陈新杰 陈正贤 池欣忆
代　欢 戴润佳 董芳池 董俊强 冯绮璐 高　林 辜沁怡 韩仕姣
何芙馨 何昱欣 贺山成 洪诗雨 洪宇新 侯淑芬 胡瀚文 胡　笑
黄鸿泰 黄家祺 黄晓庆 贾逸君 蒋成玉 颉鞠凯 李恒一 李俊龙
李　乐 李维妮 李心怡 李煜霄 梁　鸽 廖悦寒 凌雲锋 刘佳乐
刘洁鑫 刘　睿 刘小余 刘　洋 刘一江 刘　雨 龙燕雨 罗迪月
罗涵月 罗仕杰 马家奇 马　璇 麦启欣 缪书乐 牛家鑫 牛一帆
潘良皓 潘泽华 平　浩 钱凯旭 钱雨欣 邱　鹏 申　燃 沈哲伊
史纪鑫 宋飞宇 孙浩楠 唐中莉 汪雨林 王　品 王童语 王文婕
王云彪 王子康 吴心如 伍夷祺 先文怡 向家欣 肖翰林 谢同佳
谢芸彤 徐如君 徐玉洁 许　源 杨芷君 叶轶淳 尹　恒 余昕珂
俞诚成 詹　雨 张思雨 张栩菲 张一君 张毓玉 张允涵 赵　冰
周聪杰 周熠萱 朱江华 朱　燕 臧佳钰 梁思婕 李佳霖 林颖馨
雷　兰 杨　颖

三等综合奖学金（177 名）

蔡雨婷 曹思宇 曹心如 陈宝宗 陈海源 陈　健 陈攀攀 陈炜鑫
陈依然 陈奕璠 陈胤玺 陈宇轩 程君仪 党沛宁 邓永洁 邓振苗
丁媛媛 番惠媚 付玉红 高彤彤 高志涵 桂腾敏 郭婧越 郭　苗
郭乾隆 郭玥伶 韩　颖 郝子萱 何亦清 胡　健 胡晓骞 胡宇涵

黄泓溥 黄佳祎 黄嘉博 黄彦宁 黄　卓 霍睿哲 蒋　睿 靳韫馨
雷棵虆 李奥璇 李寒松 李灏东 李家庆 李家文 李柯宇 李乐茜
李沁遥 李伟亮 李　哲 梁　铖 梁洁林 梁琳筠 梁琪涵 梁耀文
廖红霞 廖延婷 林　茜 刘　畅 刘冬宇 刘翰林 刘宏伟 刘洪汛
刘　璐 刘潇遥 刘欣妍 刘迅知 刘怡杉 刘英杰 路冀鹏 骆陈宇
马国昌 马　琳 马　倩 马　臻 满自鹏 孟庆莉 孟新宇 孟一新
牛一伊 潘恩培 潘奕帆 潘姿延 彭宏宇 皮雪清 钱　辰 秦徐哲
冉雪君 桑义莹 申梦君 沈嘉威 盛　千 舒瀚霄 宋宇凡 粟浩楠
孙敬坤 孙山岚 孙思远 孙　苏 孙忻玥 孙乙敏 谭茂屏 唐　瑞
陶子予 田　昊 田玲玲 田沛翎 涂婧涵 王璐瑶 王　强 王锐其
王诗仪 王　霜 王思源 王苏国 王　阳 王一博 王　颖 王雨露
王子萌 吴梦成 吴沛敏 吴修贤 吴学凯 吴梓敬 肖　茜 谢安昊
徐挪坦 徐菀徽 颜柯旭 杨世瑞 杨晓源 杨　雄 杨逸帆 杨悦苓
姚静雯 姚雨婷 尤海林 余芳菲 余林青 喻一轩 岳梦凡 曾　杰
张赫洋 张嘉洋 张　侃 张千宜 张若凡 张若强 张文举 张　欣
张鑫洋 张许鑫 张昱淼 赵　丽 郑　航 郑惠霖 周长玉 周枫烜
周　静 周起豪 周世锐 周文超 朱一樊 钱　芊 张海涛 唐雨诗
吕澄莹 曾秋桦 贾悦奕 代丽霞 何承霖 马小丽 李和明 秦曼伲
洪文天

利兹学院（167 名）

一等综合奖学金（25 名）

曹恺悦 陈闰生 陈星宇 程宇辉 范朕铭 方　浩 冯伊凡 郭启骋
江昕萌 李新豪 刘佳洋 娄永辰 宋茂嘉 孙雪晨 王姝晏 王欣雨
魏毅民 肖博文 杨苏炀 曾新然 张子弋 章晋圻 赵宇瑶 周家国
邹德豪

二等综合奖学金（53 名）

毕宇辉 褚欣然 丁俞杰 耿小媛 郭家源 侯劼煊 华睿祺 黄　晨
黄佳漫 黄思源 靳宁远 李丰邑 李王逸嘉 李　鑫 梁明皓 廖人霖
刘清欢 刘星辰 刘彦辉 刘晏榕 刘　勇 刘耘竹 罗瑞笛 马张辰
穆　迪 秦卓航 权　天 沈思毅 盛隽杰 王乐山 魏凯芃 魏馨莹
吴江波 武于凡 肖　添 杨　晨 杨岳林 余明洋 曾沁琰 曾子璇
翟理政 张贾李 张羽翼 张子晗 赵天文 赵欣怡 赵一凡 赵一珺
钟昱帆 周新博 周　奕 朱　灵 朱　文

三等综合奖学金（89 名）

白智昳 白子键 包丰阁 毕云峰 蔡浩伟 曹浩然 曹天一 陈柯汛
陈睿志 陈元龙 程军舒 崔云飞 丁剑桥 窦博文 范靖薇 冯韵嘉
高盛昊 龚欣瑶 郭彬耀 郭含之 郭珅源 郭奕杉 郭湛予 韩　玺
韩　智 何林聪 何元昊 洪英杰 胡家杰 胡敏思 蒋劼睿 蒋　涛

焦晨旭　赖辰霄　李木铎　李汶龙　李汶融　李禹凝　李泽仁　梁雨辰
刘　潇　刘子瑜　罗璞娴　聂孥枫　蒲俊璇　乔　艺　秦之傲　沈轩如
时云潇　王珈珑　王健儒　王凯风　王慕帅　王鹏宇　王　帅　王天誉
王怡琳　王永鑫　王宇航　王子安　韦民洋　文莉岚　吴国新　吴俊谋
肖煜东　谢凌鲲　辛淏炎　徐阳生　许沛森　许书铭　续嘉航　杨葆乐
杨珺茹　杨敏浩　杨飕源　杨一帆　杨雨森　叶若萱　尹开新　喻沛然
张佳琪　张家宁　张雨农　赵晨皓　钟雨欣　周雨虹　周子涵　朱安琪
诸扬珲

材料科学与工程学院（173 名）

一等综合奖学金（25 名）

陈林旺　戴雯颖　董一婷　高一波　郭昱成　黄凯阳　李静霖　刘景芳
刘　宇　罗昕洋　泮吉祥　石远涛　王凤莹　王雅楠　王　燕　肖玉玺
闫一凡　颜　阳　杨琪奇　杨　阳　姚　嘉　尹启明　张夏格　邹奕亮
左梁蕊

二等综合奖学金（54 名）

蔡　昂　陈煦芬　澹文博　狄　晗　樊　曦　方鸿宇　高　川　何忠倩
胡叶婷　江　欣　金　灵　金　敏　李建涛　李孟钊　李　杨　李卓见
林东虎　林赞华　凌唯一　刘红刚　刘施好　罗　辉　罗康铭　马瑞钰
彭佳毅　宋　威　孙美琪　孙诗然　孙雨航　孙　悦　唐　靓　王　超
王生龙　吴其兵　吴卓尧　肖　军　谢朋书　徐天培　颜　栋　杨　帆
杨晶涵　杨乐瑶　于睿智　于昕冉　虞琰昊　张　文　张小路　张　行
张玉清　赵一心　赵紫璇　种锦轩　周星橦　祝宏奇

三等综合奖学金（94 名）

蔡沂峰　陈佳一　陈经伦　陈亦安　陈毅志　陈煜坤　陈泽浩　慈吉洲
崔　晨　邓宇轩　丁　凯　董欣瑞　范　烨　冯　波　冯嘉怡　韩　辉
韩予宁　何梦泽　侯丁煜　黄丕江　黄振涛　姜茗珊　蒋丽君　李丹诺
李昊原　李佳桐　李　进　李俊南　李竣业　李　林　李　顺　李腾龙
李　婷　李学涵　梁　月　刘鸿铭　刘嘉卿　刘锦宁　刘　嵘　刘闻鑫
刘新强　刘　杨　刘依恒　罗宇轩　梅家栋　苗敬杰　潘星雨　秦路彦
荣怀清　石瑞杰　孙嘉序　孙书明　孙思淼　孙逍文　孙烨阳　谭　氏
汤伟哲　陶泽林　田颖睿　汪川哲　汪雪妮　王　涛　王　潇　王兴龙
王旭东　王友帆　王宇翔　王玉潇　邬竣韬　吴超捷　吴艳梅　吴屹盈
谢　恩　徐浩菡　徐　洁　徐咏捷　闫　坤　严　莉　严晓玲　晏智辉
阳振宇　杨国燕　杨于诗　张炳旭　张鲁宁　张梦星　张倩倩　张雅岚
张依懿　赵中顺　郑方巧　郑芊宸　朱凯杰　朱　涛

地球科学与环境工程学院（249 名）

一等综合奖学金（37 名）

曹正阳　陈康正　陈相儒　陈元天　崔耀丹　邓皓兮　丁涵悦　窦宇辰

范辰昕	封淑莹	侯佳丽	胡馨月	蒋硕匀	李 韬	李 洋	刘懋桢
陆 童	罗 鑫	马祎扬	那 强	聂金诚	邵佳宁	石奥博	宋斌斌
王晓科	王新天	吴玉婷	肖炜东	谢光磊	徐巾杭	徐瑞珂	严雨婷
杨大鑫	杨 鹭	叶松桦	唐睿仪	崔 禹			

二等综合奖学金（77 名）

白金钊	卞佳润	昌凡浩	陈俊桦	陈千喜	陈西南	陈志强	陈子琪
池韬略	崔夏娜	戴金堃	丁天皓	范宁晋	冯 霄	冯媛橼	伏 遥
高涵科	葛紫腾	龚国庆	龚学强	谷恒超	郭晓林	韩奕菲	何文华
何依蔓	黄之铖	霍雨彤	姜 胤	金宇侃	雷志强	李成伟	李 乐
李孟娟	李亚博	李子璐	练培格	林烷沧	刘佳宁	刘梦琳	吕国森
罗妮亚	马 乐	莫天煜	钱 琛	丘铂钧	任一哲	邵济民	司春帅
宋 晴	王晋昆	王绍宇	王雨婷	魏浩宇	谢舜尧	谢 詹	徐荣辉
严希能	杨承翰	杨汉纯	杨 杰	杨鹏帆	杨也行	尤安俊	余 君
余英杰	俞妮婕	翟 珂	张鹏阳	张斯林	张雪琪	张弈辉	张玉龙
郑力晗	钟浩森森	周仪雯	周悦恺	朱诗祎			

三等综合奖学金（135 名）

包厚富	鲍 挺	毕章青	卜庆田	蔡修贤	陈 蝶	陈华江	陈 瑞
陈晓宇	陈雨旋	陈泽寰	戴立涛	邓 雯	丁永哲	杜昕宇	段可意
段雯超	范雨婷	冯得封	高天雄	高文杰	葛晓艳	龚天浩	顾亚虎
郭梦岩	韩晓艺	胡蓓慧	胡 帅	胡志军	黄虹力	黄启航	黄 欣
黄泳桦	黄玉滕	江 密	姜 杰	姜亮亮	焦一凡	金仔燕	可可木子
黎俊杰	李承鸿	李飞杨	李金杰	李一锋	李 跃	廖胜江	廖雪莉
林国忠	刘芳菲	刘宏伟	刘诺研	刘 顺	刘天耀	刘慰心	龙 伟
罗 邱	马长康	马少兵	毛家好	毛 筝	欧阳群	潘芳芳	潘星宇
彭佳蕊	戚阳杰	齐家成	阙培奇	仁真严木参	石达毅	时旭程	隋 艺
谭佳怡	谭 霈	谭 雯	田鹏鑫	田 钰	王 程	王春翔	王昊楠
王静波	王俊豪	王丽君	王璐璐	王麒淋	王 睿	王骁鸣	王 艺
王艺萱	王志民	魏 煜	吴昌浩	吴 琦	吴渭峰	吴 颖	吴有泰
吴泽隆	谢季育	谢金珂	熊 浪	徐子琦	许钧涛	许少鑫	杨 超
杨超越	杨洪杰	杨 可	杨时超	杨尹昊	杨云萍	姚 琴	姚荣文
应涛泽	余 爽	元 亮	曾秋雨	张 炟	张佳澳	张家辉	张龙睿
张强江	张雯清	张 鑫	赵纯强	郑 涵	郑嘉睿	郑熙熊	钟佳辰
钟梦海	周婧怡	周 鹏	周睿枭	周 燚	朱欢欢	朱韵蓉	

经济管理学院（217 名）

一等综合奖学金（34 名）

陈 澳	甘吉双	龚湛翔	郭波宏	胡庆一	黄慧娟	贾烜洲	蒋文轶
金 月	李佳益	梁芮菠	刘丙琪	刘江原	刘雅琦	马 彦	潘传扬
潘奕汀	彭姝琪	赛汶君	苏奕丹	孙 冰	唐山婷	王柯屹	杨佳艺

杨欣怡	尹　艳	尹玉萌	余逸杨	张若甜	章　雨	赵昌强	郑雪岩
周峻羽	周唯佳						

二等综合奖学金（67 名）

蔡秋萍	蔡文洁	蔡旭涛	陈佳欣	陈诗晴	邓力珣	邓茗心	邸俊潭
刁镘梨	樊晓蕊	冯璐瑶	傅佳晨	龚英刚	勾文婧	郭文浩	胡　茜
胡宇婷	蓝　天	李函玲	李佳妹	李文文	廖乐颖	刘小钰	刘元媛
罗　奇	明煜梅	潘俊茹	秦泽唯	荣俊豪	孙　典	孙海玥	谭淞严
谭妍伶	汤鑫燚	唐菲苗	唐诗蕾	陶　亮	屠佳丽	王冰倩	王　柳
王　睿	王子悦	韦　鑫	卫洋帆	谢桂菲	谢静洋	徐励漪	徐子砚
许雨嫣	薛玉莹	闫莉茹	杨昌锦	杨成宇	杨心浩	杨　洋	雍林汇
于依帆	袁雪倩	张方舟	张涵媛	张　天	张子晴	赵　帅	赵文荣
郑宇恒	朱映霖	邹　庆					

三等综合奖学金（116 名）

边浩铮	曹静雯	曹延博	常沛霆	陈　静	陈姝彤	陈晓旭	陈学梅
程　风	淳思危	崔　凯	邓美云	邓松圣	邓文昊	邓梓峰	刁昱文
段文蕾	方　钫	冯璐瑶	高成南	高成茜	高　颖	郭皓宸	韩尚轩
何佩瑶	胡婉月	胡　潇	季浩洁	江佳蜜	蒋文挺	蒋欣怡	蒋一洲
孔韦江	乐佳宁	雷　蕾	李晨璐	李丽君	李馨雨	李鑫浩	李　璇
李　悦	梁丽娜	廖珊珊	林婉婷	林萱萱	刘金宇	刘　静	刘　倩
刘　赛	刘　伊	刘益山	刘聿宁	龙姿蒽	卢　熔	罗　曼	罗英瑜
马旭蕊	彭书睿	祁　誉	钱智超	邱诗瑞	邱　璇	冉　庆	申海婷
圣云云	石晓霖	宋柏毅	苏静美	孙凯瑞	谭烈宇	唐　颖	田宜可
汪雨轩	王竞玉	王立娟	王　婷	王婷楠	王雯莉	王　颖	王雨铃
王玉婷	王正浩	王志焕	韦晨璐	韦丽敏	巫美玲	吴创创	吴秋晨
吴田禾	夏书敏	肖旭升	谢新豪	熊雨薇	徐　璐	许晓昊	鄢敏辉
杨智立	姚　徽	姚　珅	叶彬妍	叶晓桐	游婷婷	曾开艳	曾艺蔓
张吉祥	张睿加	张天钰	张晓青	赵　哲	钟明慧	周金羽	周义人
周奕奂	朱　芳	朱梦幻	宗　影				

外国语学院（161 名）

一等综合奖学金（25 名）

岑　龙	陈澍树	单欣怡	寇可歆	李孟璇	李子晴	廖鑫玥	刘晨璐
刘思旖	马樱铭	宋凯悦	苏飞燕	孙方炳	孙芷欣	王　川	王玥月
杨雅涵	张瑞军	张一昕	张　泽	郑保纯	郑云霞	朱敏格	欧杨睿
赵　静							

二等综合奖学金（49 名）

陈静茹	陈亭竹	陈　玥	戴子璇	高　琦	顾茜雅	顾王洁	郭新宇
虢可馨	何梓莹	黄泓晟	黄雅琪	蒋　翠	金　虹	李佳妮	李琰清
李　洋	李展艺	林湘芹	刘敏娜	刘馨蔓	刘　星	刘玉洁	刘　月

吕靖宜　罗玉旋　钮晓云　任佩仪　舒　航　谭苗玉　唐　林　王安钰
王思尧　王禧雨　王　燕　王　泽　韦溢雯　吴　颖　许沙鳗　杨乔波
杨之瑜　杨子衿　于思佳　余鸿霞　张　洁　郑芝伊　白晋宜　文敬懿
唐烨玲

三等综合奖学金（87 名）

安浅潜　蔡心怡　陈玲娜　陈　垚　程思颖　邓小玥　邓紫萱　丁柳月
冯钰涵　符腾予　付睿敏　傅嘉铭　高文喜　葛　峥　耿慧爽　谷妮珊
顾爱玲　韩佳雯　何倚青　侯琬璐　胡　蕤　江珺婕　蒋　洁　蒋雯睿
焦丹阳　金雨欣　瞿远颖　黎瑛琪　李嘉慧　李柯依　李　倩　李希雯
李晓蓝　李雨欣　刘思彤　卢佳昫　芦　羿　罗光花　马凌云　马忻宇
孟都兴怡　阮晓菁　师　葳　宋佳宁　宋星星　孙平一　谭婉仪　唐　诗
田琳娜　汪佳怡　王　婷　王祎琳　王　禹　王之妮　吴柯颖　吴小燕
夏　帆　夏　淼　谢翠莹　徐　聪　徐上上　杨桂炎　杨慧凝　杨武茜
叶文斐　游　蓉　张洁滢　张　冉　张雪芮　赵立志　赵　倩　赵爽希
郑凌桑　郑晓月　周　奥　周虹锦　周　瑞　周湘雨　周真宇　邹　琳
黄思晨　任璐瑶　邓铭柯　李思瑜　陈奕彤　杨　漪　杨沁宇

建筑与设计学院（250 名）

一等综合奖学金（39 名）

曹峡锡　程伊菲　楚冬惠　丁一珂　杜芯雨　杜　宇　樊祐宁　冯紫涵
黄寒钰　黄紫嫣　金　箫　李骄芳　李汝楷　林　榕　刘桉炽　刘嘉诚
刘璐凡　刘雨微　刘　峥　陆鸿阳　吕　薇　任旭梅　苏巧敏　汤　雨
王杰雅　王靖瑶　王奕斐　吴爱千　吴　浩　谢千蒙　徐　蒙　徐　梦
徐添炜　杨雨萱　俞　锦　张李星月　张雨冰　张　钰　周佳妮

二等综合奖学金（78 名）

白雨杨　陈镜伊　陈琦琪　陈　宇　陈宇豪　崔倍萱　丁舒琦　董泽玉
窦昊然　杜俞洁　杜　媛　郭亚凝　何泰成　贺　琰　黄龙锟　蒋知航
匡文欣　李翰林　李　锦　李　珉　李欣怡　李奕轩　凌婳晗　刘宸希
刘嘉铭　刘思源　刘怡麟　刘正刚　鲁　璐　毛璐栖　牛鸿远　彭迦琛
彭蔚琪　齐　慧　齐　琪　任仟禧　商又荷　苏靖涵　苏　悦　孙陈玲
孙　以　唐惠茁　唐子宜　滕双宇　田林灵　汪鑫鑫　王慧文　王佳妮
王嘉文　王凌堃　王思文　王艺桥　王子萱　王紫依　韦　曦　文　静
吴承殷　吴嘉玮　向　鑫　肖思涵　肖雨婧　徐雪竹　徐宇飞　许天翔
禤颖彪　闫艺玮　严浩东　杨倩怡　杨文萱　姚凌涵　袁　蕊　张浩宇
张　珂　赵均铭　郑梦琳　周雅婷　祝仕琪　邹　涛

三等综合奖学金（133 名）

边孝戈　曹予婕　查　铎　车珍妮　陈浩霖　陈俊潮　陈　凯　陈　鹏
陈　欣　陈伊晨　陈颖滢　程珂柠　戴梓洁　邓　涛　丁　亿　丁正洁
杜明轩　段婉晴　段　一　范书雅　冯　春　冯康芸　冯宇程　冯哲芬

傅妍妍	高世林	顾田心	郭华康	郭燕伶	郭子泓	韩风豹	赫雪如
洪韫希	黄玥昕	贾世家	姜文文	蒋语萱	柯路恒	孔垂艺	孔　翎
赖叶红	雷思静	李艾玥	李晨晨	李东恒	李荟荟	李玟颖	李墨馨
李思文	李欣雨	梁　霄	廖冰玉	廖臣龙	刘浩然	刘仁梓	刘文博睿
刘雨欣	马福乐	马子清	庞淇文	钱秋凡	乔雅雯	秦　洁	秦梓萱
邱伟洪	任　雨	阮佳泠	申娜娜	盛　夏	石秋霞	史晓彤	史云帆
宋佳凝	宋巧月	宋晓娟	宋雨萌	苏子悦	孙一琦	谭晓姣	谭　星
童玉婷	王晨威	王浩然	王　慧	王嘉灏	王嘉昕	王开石	王睿韬
王思妮	王　涛	王　邢	王义景	王泽鑫	王志鹏	王紫绮	魏昆仑
文欣雨	文洋洋	吴雯丽	吴　誉	夏雨荷	夏姿彤	向巴央希	向真莹
肖　雯	谢　梦	谢瑞菊	徐凡棋	徐海华	徐静璇	杨　晴	杨　哲
姚自珍	易针顺	殷　实	俞嘉佳	袁浩晰	曾宇晴	张琮敏	张峰瑞
张惠媛	张　美	张晓晗	张懿钒	张虞骞	章子奕	赵昊宁	赵　焱
赵紫辰	周安锌	周冠宇	周欢畅	邹红河			

物理科学与技术学院（173 名）

一等综合奖学金（26 名）

白京城	单欣卓	范文博	郭淏韬	胡　鸿	李若曦	刘成鑫	彭远鹏
石金泽	宋天助	孙梦怡	王新龙	王一民	王弈维	王宇捷	吴恩师
吴翊丹	杨　淼	杨守康	张雯锦	张相宜	张一凡	张渝佳	章　坤
周天石	周钰博						

二等综合奖学金（50 名）

蔡成淼	陈长俊	陈　龙	董政绩	郭　畅	贾宸骁	金　辉	孔　鑫
李嘉宣	李良柱	李　涛	李永杰	李震宇	刘俊佑	刘星月	刘耀炫
骆懿帆	麦展彰	倪晨峰	倪浚哲	潘姿月	邱子歌	施克权	唐晓凡
王浩岚	王家兴	王　婧	王鹏龙	王强铭	王　祚	魏龙君	翁俊辉
夏良田	辛昱伶	徐　开	徐灵珺	杨坤萍	杨翊平	叶家杨	于　淇
袁泽森	张佳磊	张坤明	张清泓	张笑宇	赵心语	郑　龙	郑实琛
周恒安	邹海洋						

三等综合奖学金（97 名）

敖　宇	曹书豪	陈镜羽	陈泳昊	戴清雅	邓　娅	丁天斌	费骁谋
伏惠琳	傅敏行	龚华金	郭子靖	韩永琦	何欣雨	贺俊淇	贺明亮
胡县春	黄曼莉	江远银	姜　楠	荆彦舒	蒯易辰	赖　涛	李　冬
李佳真	李　轲	李　璐	李薇薇	李燕冰	李子奇	李宗泽	连川翔
梁　敏	刘　韩	刘金玥	刘天宝	刘希睿	刘叙彤	卢要国	罗宇涵
麻志高	梅　迪	裴绍雨	彭　锴	戚天意	祁凯艺	邱　洋	曲　鑫
尚陈丞	史崇志	宋政谦	苏奕宇	童　夏	万晟恺	王　李	王　羚
王　璐	王天香	王亚周	王　旸	王政然	文　瑜	吴欣怡	吴泽宸
萧贺源	肖　帆	肖旻月	谢品鸿	谢禹庄	徐东辉	徐宇轩	徐紫彤

许梅芹	薛 源	杨 浩	杨晓东	杨 勇	杨子航	姚若琪	叶 纤
尹进然	尹鹏飞	于丰赫	曾 韬	曾添友	张睿智	张绍平	张玮珑
张曜全	张 毅	赵 鹏	赵麒蓁	周宸逸	周 进	朱叶惠	朱月梅
左朋金							

人文学院（166 名）

一等综合奖学金（24 名）

陈劲骁	陈昱竹	杜俊楝	方彦然	何玺华	贾贝熙	帕尔文·帕尔哈提	
赖铭扬	齐晓雨	史鸿宇	宋卓蕴	苏立维	万心怡	万 奕	王 雯
王雯珂	魏钰泓	徐嘉怡	徐榕利	姚俊臣	袁嘉唯	张萌蕤	赵文豪
周怡廷							

二等综合奖学金（54 名）

曹冬妮	曹新然	丁 凯	高胜男	高宜琴	关越元	郭凯悦	黄萧蒙
黄正桑	季芷卿	姜日琪	蒋佳莹	靳登婷	蓝郑燕	李馨蔚	林中渠
刘 婕	刘梦月	刘澍玥	刘彦希	卢玉倩	罗清华	齐晓倩	钱佳西
秦璐瑶	师英娜	石 鑫	孙 允	谭馨悦	唐子璇	万 立	王靖宇
王琦皓	王沁岚	王月琛	王子墨	卫逸凡	巫冬平	吴亭瑶	肖姝言
徐东辰	薛 雨	羊宇婷	杨苏云	叶金莹	叶雨洁	张嘉安	张靓怡
张文芳	张旭安	赵文哲	仲芷娴	周芸靖	朱扬扬		

三等综合奖学金（88 名）

陈 晖	陈 君	陈萌萌	陈思宇	陈泽远	陈执庭	仇一诺	代江兰
党文悦	董森菲	段涵宇	冯琪祺	付雨琦	付雨桐	高雅茹	宫 可
龚昱如	苟姝涵	顾宇凡	郭 薇	郭 谣	郭梓涵	何 宇	侯晨旭
雷 铭	雷 雪	李竞芳洲	李林洁	李奇琪	李天媛	李羿萱	李 幽
梁仲宇	刘 芳	刘永安康	吕阳琛	罗乔美	马李庆琴	马千惠	毛绿庆
倪玉萍	邱云飘雪	沈雨桐	史琳霄	史千雪	帅雨艺	宋子琪	孙 曼
孙正晨	唐聪睿	唐偌婷	陶恒辉	田 杰	田 欣	王 赓	王浩腾
王竞谊	王魏菁	王宜欣	魏 宇	翁婉怡	吴曾钰	肖郁芊	谢佳芸
谢培琳	邢国文	徐奥雯	徐舟雨	杨 晨	杨菁菁	杨楠茜	杨双瑜
杨 懿	尤丽琴	岳凌锋	曾碧君	曾玺林	张安忆	张博颖	张维瑄
张馨月	张子晨	招昀煜	赵 越	郑不凡	郑皓丹	周怡萱	左一寒

公共管理与政法学院（120 名）

一等综合奖学金（18 名）

陈 哲	段寒潇	傅晴晴	金莉娜	孔 熠	李欣童	刘子楠	毛莎莎
潘君豪	唐菀卿	王力超	许雯霖	杨煜天	尹铭育	曾 馨	翟龙娇
张晓丹	章正源						

二等综合奖学金（38 名）

陈丹妮	陈美如	陈泽东	丁观芳	范 熠	郭蕴仪	蒋芳琳	靳瑞阳
李丽婷	李琴心	李胜玉	李 威	李雪红	李亦可	梁亚朝	廖慧娴

刘思雨 刘译阳 米秋明 倪尘远 秦晓佳 邵诗懿 宋子越 王 卉
王彦傑 王彦文 文紫静 伍丁雨 夏金晶 谢如涛 鄢 睿 严少劼
杨添天 杨玥琳 曾雨欣 赵悦名 周浪西 左翔羽

三等综合奖学金（64 名）

常 姗 陈吉筠 陈欣月 陈 渝 陈雨青 迟洵洵 冯俊妃 冯 研
何雅雯 侯小芳 黄紫菱 简梦婷 李浩特 李 宁 李汶芮 李欣芮
刘丁源 刘旻雯 刘祥龙 刘欣雨 刘 艳 卢羿彤 罗 文 潘佩瑶
任 婉 邵芹芹 沈鹏程 沈玉璐 施庆洁 孙思琪 谭梦茜 谭音君
唐玉莹 王戬聪 王 瑞 王姝月 王显栋 王艺伟 王艺颖 向芯雨
辛逸伦 熊文雄 许 珂 许欣怡 许 瀛 杨佳仪 杨 敏 杨雅涵
杨雨荣 姚 静 叶彩旭 袁炽炫 袁 启 曾 艳 张羽习 张雨檬
张钰偈 张芷涵 赵诚然 赵文硕 郑梦瑶 钟澔棠 周雨嘉 邹攀新

生命科学与工程学院（118 名）

一等综合奖学金（17 名）

陈 晨 陈怡君 樊丹晨 洪美莹 黄 兰 黄诗琪 贾承霖 江禹辰
漆宇骋 石龙润 孙可一 吴亦鸣 杨金铭 张静妍 赵辰晖 赵 漪
朱黄瑶

二等综合奖学金（38 名）

车雨溦 陈 旭 陈杨莹 陈益炜 陈雨亭 陈中炜 杜好婕 段世好
奉雅岚 郭忠静 焦向宇 李浩然 李翔宇 李 瑶 李志学 利 铭
梁子涵 刘 毅 邵文浩 陶成艳 田星怡 铁 蕾 汪明珠 王傲雪
王鉴瞩 王文千 王艳琳 王玉峰 辛锦秀 杨 晨 姚雨庭 喻心怡
赵欣宇 郑家乐 周楚嘉 周 韬 周芝兰 祝春燕

三等综合奖学金（63 名）

陈浩南 陈梦巧 陈永强 陈梓威 戴春雨 戴欣悦 付玉宁 高 涵
郭钰雯 郭子扬 贺晶晶 胡昊哲 黄静群 黄梦琪 季笑云 李 晨
李海鹏 李佳宣 李嘉彤 李 静 李小蝶 李 鑫 李志童 刘峻姗
刘星鸿 隆宇航 卢鹏宇 罗珺淞 罗尹佳 马天宇 潘宾缘 帅丽梅
孙思璐 王川林 王丹萌 王 乐 王培翔 王千瑞 王 姝 王艺为
王钰涓 吴 昊 吴升磊 吴泽蓉 向 涵 谢辰辰 徐 诚 徐 玲
徐仕宇 杨 峰 杨诗雨 杨奕豪 曾旭东 张 熙 张晓雪 张馨元
张雪盈 赵艳妮 赵咏洋 周海平 朱晓洁 朱晓鑫 朱勇琼

力学与工程学院（94 名）

一等综合奖学金（12 名）

胡冰晖 黄寒参 梁文超 沈成鑫 孙 乾 唐 淇 王诗懿 王宇驰
魏其轩 吴海瑞 徐子高博 周 瑞

二等综合奖学金（28 名）

包兴宇 陈新鹏 崔筱婷 邓鹤轩 付明涛 胡志豪 黄满意 蒋粤洋

李艾霖　李润佳　李甜田　连心怡　娄喻森　陆　豪　罗志豪　马鹏宇
毛志坚　王　彪　王　逍　谢梦真　谢泽衍　熊细昌　许家祺　易灵敏
张剑锋　张兴潮　郑茂盛　朱韵融

三等综合奖学金（54 名）

安晟斐　边佳林　陈灿斌　陈俊枭　陈绍强　陈诗煜　陈希贤　崔俊哲
戴杭岑　单骏鹏　邓　彬　冯大卫　付宇杰　傅　翔　古定翱　郭心宇
何　涧　何昕玥　胡智创　姜吕锋　蒋浩洋　匡蜀黔　李　磊　李文博
李宗澎　刘晨曦　刘　柠　刘文虎　刘雲斐　罗　瑶　马博涵　彭子豪
谭英泽　汪立帆　王国宇　王淏民　王天乐　王铁霖　王志文　闻　阅
翁雨萱　吴　浩　吴欣羽　向泓宇　阳翼繁　尹　宏　张程翔　张海泳
张涵畅　张琦尧　张　强　张逸安　周德龙　周兴田

数学学院（94 名）

一等综合奖学金（18 名）

蔡文凯　陈心蕾　陈一扬　冯　凯　郝晓萱　居卓儒　李本涵　李加龙
李诗琦　李肇奇　刘镇谋　王　震　魏　旭　夏悦涵　徐鹏飞　严媛媛
曾鑫垚　张潇文

二等综合奖学金（26 名）

车　可　杜　滔　郭国林　黄韵晓　金慧英　李宏亮　李相江　宁雨辰
商嗣源　汪立言　王丹婷　王国超　王一婷　王　颖　夏晴雨　肖宇航
徐　倩　杨淳尧　曾　天　张　澳　张涵兹　张　姣　张雨婷　张育玮
郑浩然　邹奉黎

三等综合奖学金（50 名）

安禾嘉　毕佳宁　蔡学峰　池培德　高延萍　葛田田　郭义龙　何姝祺
黄子路　李　奥　李雨静　林浩睿　刘嘉蕾　刘雪丹　刘怡君　马恒杰
潘雨辰　彭瑜婕　邵岩松　苏　艺　孙　娟　王继凯　王睿德　王文璇
王奕哲　王　滋　魏　鑫　文子卿　项乐乐　肖李文　谢　刚　谢馨谊
徐久芸　许鑫锐　许　一　杨沂昆　杨玉斌　杨子心　姚奕帆　叶　皓
曾亿洋　张津瑜　张　康　张瑞麟　张睿浓　张　筱　张馨心　张　亚
赵梓琪　周尚可

马克思主义学院（27 名）

一等综合奖学金（6 名）

褚奕雄　龚禹竹　郭　杨　林　煊　吴　昊　肖　婕

二等综合奖学金（8 名）

程欣月　韩　坤　黄一嫚　雷斯瑞　李林聪　李　琦　马梦玲　王逸丹

三等综合奖学金（13 名）

郝思怡　黄佳怡　蒋晓涵　李　青　刘亦欣　鲁　璇　孟月暄　唐　源
田　悦　燕祥锋　杨　悦　游梦悦　张弘爽

心理研究与咨询中心（30名）

一等综合奖学金（3名）

蔡亚静　李泓仪　李世姣

二等综合奖学金（7名）

陈晓庆　黄奕莛　姜舒阳　蒋　倩　杨涵玉　应潆莹　张衽滔

三等综合奖学金（20名）

包　珺　黄　倩　黄欣茹　李　琪　刘若懿　刘小婵　齐子行　秦之韵
沈玫霖　史可心　巫佳颖　谢杭琦　许永芳　杨慧茹　游佳莹　张浩男
张天怡　张圆梦　张哲毅　邹乐眉

本科生专项奖助学金（663名）

感恩中国近现代科学家奖学金（20名）

李　欢（材料学院）　王雪琪（电气学院）　王翼云（电气学院）　安　琪（信息学院）
林米雪（交运学院）　俞拓航（土木学院）　安　然（人文学院）　蔡露城（茅以升学院）
郑　重（机械学院）　徐天新（土木学院）　倪　萍（心理中心）　周彧凝（利兹学院）
钱克豪（土木学院）　沈炼成（机械学院）　褚弓瑶（力学学院）　董文韬（交运学院）
苏胡鑫（土木学院）　岳蓝雨（经管学院）　曾梓恒（土木学院）　关　宇（电气学院）

感恩中国近现代科学家助学金（24名）

蒋吉鑫（机械学院）　王　烽（力学学院）　曹　蓉（经管学院）　温露雄（信息学院）
令狐丹（交运学院）　曾　强（土木学院）　徐　琦（地学学院）　杨　佳（信息学院）
刘雨欣（土木学院）　肖丁诚（机械学院）　谢民辉（机械学院）　岳飞翔（土木学院）
钟浩嘉（土木学院）　林其炜（地学学院）　路　炜（人文学院）　罗娇英（交运学院）
杨小青（马克思主义学院）程　思（心理中心）　邓笛扬（数学学院）　马睿彦（经管学院）
蒋清州（人文学院）　刘元元（交运学院）　贾　瑞（建筑学院）　朱　欢（公政学院）

感恩中国近现代科学家奖学金（医学药学专项）（7名）

黎国洪（生命学院）　陈高伟（材料学院）　程瑞翔（生命学院）　王美娟（材料学院）
倪典墨（生命学院）　杨　晨（生命学院）　陈　漪（生命学院）

小康工业奖学金（27名）

陈心宇（交运学院）　杜欣洋（信息学院）　段卓君（信息学院）　何天宇（建筑学院）
黄　镜（地学学院）　劳国峰（土木学院）　李丙龙（心理中心）　刘　鑫（机械学院）
刘亚磊（机械学院）　卢　一（机械学院）　吕　琦（地学学院）　栾　潇（人文学院）
欧丽丽（交运学院）　欧阳鹏（机械学院）　邱未灵（材料学院）　孙小一（经管学院）
田　颖（土木学院）　王楚可（外语学院）　王俊超（力学学院）　吴月皓（材料学院）
徐鲁粤（建筑学院）　徐小茜（经管学院）　严浩冥（物理学院）　姚远洋（茅以升学院）
叶家辉（机械学院）　张雅蓉（公管学院）　朱宁馨（生命学院）

广州校友会红棉助学金（1名）

李陈祥（数学学院）

穗港泰奖学金（6 名）

池　伟（生命学院）　关靖荧（茅以升学院）刘子溪（物理学院）　王文涛（地学学院）
吴珺瑜（外语学院）　郑欢庆（信息学院）

黄山教育助学金（10 名）

陈思敏（建筑学院）　丁　贤（生命学院）　高　彦（电气学院）　焦思雨（公管学院）
靳孟婷（信息学院）　陆　菲（经管学院）　王宇飞（交运学院）　曾建顺（地学学院）
赵旭东（茅以升学院）周红利（外语学院）

惠霞教育助学金（1 名）

胡添凤（公管学院）

江西校友会助学金（4 名）

赖仁宏（机械学院）　钟旭东（地学学院）　尹凌杰（生命学院）　邹兆赛（机械学院）

奇葩贡献奖学金（3 名）

郭振威（茅以升学院）蒋彦汐（地学学院）　李姝瑶（利兹学院）

奇葩兼优奖学金（17 名）

畅　远（利兹学院）　段广正（电气学院）　段庆乐（土木学院）　何　骞（数学学院）
黄斌翰（生命学院）　金妍蓉（外语学院）　李志豪（土木学院）　刘海蝶（地学学院）
刘馨洁（心理中心）　欧奕昕（交运学院）　邱星宇（茅以升学院）申峻宇（电气学院）
谭　利（材料学院）　汪鸿浩（地学学院）　王　勇（建筑学院）　詹亦琪（建筑学院）
张卓群（信息学院）

NITORI 国际奖学金（20 名）

范诗卿（利兹学院）　高仕鹏（土木学院）　侯　玥（外语学院）　黄思婕（经管学院）
林　昕（外语学院）　毛润佳（外语学院）　彭丽媛（外语学院）　申　芮（交运学院）
苏刘鹏（地学学院）　汪昊泽（外语学院）　王姝予（外语学院）　王怡晗（外语学院）
王宇蒙（外语学院）　王振洋（土木学院）　徐祎琇（外语学院）　张思成（经管学院）
张晓燕（公管学院）　郑熙凌（物理学院）　周子贤（外语学院）　邹雨欣（外语学院）

中车株机资助奖学金（15 名）

一等奖（2 名）

彭越洋（机械学院）　吴静远（利兹学院）

二等奖（4 名）

包展鹏（机械学院）　陈　杰（机械学院）　李相江（机械学院）　王诗琦（电气学院）

三等奖（9 名）

陈　靖（电气学院）　范书伟（机械学院）　柯倩霞（电气学院）　彭武茂（机械学院）
王致远（利兹学院）　席　敏（材料学院）　许智亮（电气学院）　张智誉（电气学院）
朱　鹏（材料学院）

茅以升工程教育学生奖（1 名）

李佳欣（土木学院）

茅以升铁道教育希望之星奖（2 名）

庞博文（信息学院）　司书铭（地学学院）

交大出版·唐臣奖学金荣誉学生奖（10名）

王泽伟（茅以升学院） 王　睿（茅以升学院） 肖　力（茅以升学院） 周士祺（茅以升学院）
赵日鑫（茅以升学院） 戎泽浩（茅以升学院） 肖　毅（茅以升学院） 侯心宇（茅以升学院）
彭　韬（茅以升学院） 王思羽（茅以升学院）

交大出版·唐臣奖学金创新奖（2名）

张家诚（茅以升学院） 王建川（茅以升学院）

铁工77级奖学金（3名）

苏震乾（土木学院） 肖琪璋（土木学院） 沈淳宸（土木学院）

复光铁道奖学金（6名）

徐　毅（土木学院） 谢　鹏（土木学院） 王鑫越（土木学院） 彭　慧（土木学院）
刘　茜（土木学院） 刘语泉（土木学院）

中国港湾奖学金（4名）

一等奖（1名）

曹佳涛（土木学院）

二等奖（3名）

傅钦昭（土木学院） 孔凡澍（土木学院） 李芯洋（土木学院）

中国港湾助学金（4名）

余国菲（土木学院） 谢　敏（土木学院） 钟水云（土木学院） 王紫嫣（土木学院）

西南交大土木工程设计有限公司奖学金（10名）

李昱熙（土木学院） 张晓驰（土木学院） 敬雅文（土木学院） 陈世航（土木学院）
卜亦秦（土木学院） 卢春浩（土木学院） 康子章（电气学院） 程爱棋（土木学院）
何春江（信息学院） 吴峻伟（茅以升学院）

铁79校友奖学金（10名）

郭玉丰（土木学院） 徐　舟（土木学院） 谭　黎（土木学院） 王　鑫（土木学院）
柯　妍（土木学院） 尹　强（土木学院） 陈　帆（土木学院） 张津云（土木学院）
刘　扬（土木学院） 于　凡（土木学院）

成都杰瑞达奖学金（2名）

陈　豪（土木学院） 梁小龙（土木学院）

钱冬生教育基金奖学金（2名）

沈煜轩（土木学院） 杨宇豪（土木学院）

土木九八级二班奖学金（6名）

一等奖（1名）

王　康（土木学院）

二等奖（2名）

蒲常春（土木学院） 谌煜骁（土木学院）

三等奖（3名）

谢欣岑（土木学院） 宗潇潇（土木学院） 郝文雅（土木学院）

杭州中力奖学金（3名）

马炜鹏（机械学院）　雷沁霖（机械学院）　陆　浩（机械学院）

杭州中力助困奖学金（8名）

一等奖（1名）

同晓阳（机械学院）

二等奖（3名）

田明洁（机械学院）　李俊泽（机械学院）　高　乐（机械学院）

三等奖（4名）

罗　优（机械学院）　余　俊（机械学院）　任炼鑫（机械学院）　张凯亮（机械学院）

良慷助学金（13名）

杨佳尚（机械学院）　李　迎（机械学院）　路家伟（机械学院）　唐怡萍（机械学院）
唐兴望（机械学院）　李兆福（机械学院）　李亚鹏（机械学院）　覃　浪（机械学院）
王志文（机械学院）　范启仁杰（机械学院）　刘　信（机械学院）　吴政通（机械学院）
蒋东泰（机械学院）

暖通95助学金（4名）

杨　鹏（机械学院）　陈文庆（机械学院）　潘　晓（机械学院）　邓　艳（机械学院）

学书奖学金（10名）

刘　帅（机械学院）　魏　翊（机械学院）　卢雨昕（机械学院）　蒋　超（机械学院）
郝　然（机械学院）　杨博睿（机械学院）　张玉祥（机械学院）　程伟旗（机械学院）
万成麒（机械学院）　赵弘陽（机械学院）

吴鹿鸣奖学金（6名）

徐新权（机械学院）　苗怡珺（机械学院）　贺　昱（机械学院）　申祎喆（机械学院）
王　硕（机械学院）　张乐乐（机械学院）

06建环助学金（4名）

杨远鹏（机械学院）　王　健（机械学院）　任斌豪（机械学院）　吴扬飞（机械学院）

班长奖学金（3名）

谢宝平（电气学院）　戢印雪（电气学院）　杨语菲（电气学院）

亚派科技奖助学金（5名）

张超逸（电气学院）　刘洋洋（电气学院）　伍　军（电气学院）　林　颖（电气学院）
张思源（电气学院）

开马绿能奖学金（15名）

郭家炜（电气学院）　武桢寓（电气学院）　杨　凯（电气学院）　张天艺（电气学院）
王　敏（电气学院）　唐康丽（电气学院）　刘怡琳（电气学院）　许珂瑞（电气学院）
牟晓慧（电气学院）　吴国桐（电气学院）　殷子浩（电气学院）　常昊鑫（电气学院）
刘梦轩（电气学院）　金　杰（电气学院）　朱晨杰（电气学院）

莱福德奖学金（10名）

李林柘（电气学院）　李云笛（电气学院）　王昊文（电气学院）　刘　涵（电气学院）

杨文欣（电气学院） 金嘉淇（电气学院） 林雨眠（电气学院） 杨键聪（电气学院）
解淑祺（电气学院） 郭辰宇（电气学院）

07 茅电凌睿助学金（4 名）

宋治东（电气学院） 丁志东（电气学院） 刘 贤（电气学院） 邓倩文（电气学院）

“星空计划”专项奖学金（20 名）

吴运强（电气学院） 虞媛俪（电气学院） 丁 璇（电气学院） 王宁馨（电气学院）
左洵赫（电气学院） 张曦壬（电气学院） 邱丹洛（电气学院） 潘义松（电气学院）
孙海洋（电气学院） 梁耕乐（电气学院） 王文奕（信息学院） 蔡静静（信息学院）
陈钦骅（信息学院） 王 瑶（信息学院） 康梦瑶（信息学院） 缪 微（信息学院）
冯姝雅（信息学院） 刘梓锋（信息学院） 赖岑枚（信息学院） 霍雨佳（信息学院）

电算七九助学奖学金（6 名）

一等奖（1 名）

柴江波（信息学院）

二等奖（2 名）

赵柯超（信息学院） 张志超（信息学院）

三等奖（3 名）

夏舒瑶（信息学院） 车晓琴（信息学院） 张 逊（信息学院）

计算机自控八五校友奖学金（5 名）

李思思（信息学院） 宋一帆（信息学院） 朱 彤（信息学院） 贾锦竹（信息学院）
宋 琴（信息学院）

交控卓越本科生奖励基金（21 名）

一等奖（4 名）

秦晋哲（信息学院） 王养浩（信息学院） 舒新建（信息学院） 宋尤虹（信息学院）

二等奖（6 名）

肖能飞（信息学院） 钟雨辛（信息学院） 陈宗镭（信息学院） 杨鑫浩（信息学院）
聂 否（信息学院） 林晨曦（信息学院）

三等奖（11 名）

鲁力博（信息学院） 王榕婧（信息学院） 闫 晗（信息学院） 张靖滨（信息学院）
司继盛（信息学院） 熊静雯（信息学院） 张星宇（信息学院） 刘瑞萱（信息学院）
高靖涵（信息学院） 陈淑婷（信息学院） 刘恩驿（信息学院）

靳藩教授学术拔尖名才奖学金（创新奖）奖学金（1 名）

江胤佐（信息学院）

和利时本科生奖学金（9 名）

一等奖（2 名）

覃光怡（信息学院） 杨睿祈（信息学院）

二等奖（3 名）

薛一朴（信息学院） 徐启佳（信息学院） 蔡坷呈（信息学院）

三等奖（4 名）

李明凯（信息学院）　张雨婷（信息学院）　王一凡（信息学院）　邓慧敏（土木学院）

朗夫专项奖学金（10 名）

赵　煜（交运学院）　杜剑飞（交运学院）　纪　文（交运学院）　赵凯文（交运学院）
叶旭泽（交运学院）　周文涛（交运学院）　高佳颖（交运学院）　张　燕（交运学院）
宋嫣然（交运学院）　宋　杰（交运学院）

川铁奖学金（6 名）

潘郑羽（交运学院）　罗佳楠（交运学院）　曹铭洋（交运学院）　汪子露（交运学院）
王晨宇（交运学院）　雷嘉欣（交运学院）

利兹学院奖学金（36 名）

一等奖（11 名）

郭成杰（利兹学院）　胡亚东（利兹学院）　姜永哲（利兹学院）　王宇晨（利兹学院）
解炎山（利兹学院）　张博涵（利兹学院）　周冠人（利兹学院）　郑　植（利兹学院）
张梓峰（利兹学院）　张择正（利兹学院）　秦梓鑫（利兹学院）

二等奖（25 名）

杜甫成（利兹学院）　黄劲烨（利兹学院）　胡怿添（利兹学院）　刘　聪（利兹学院）
刘剑钊（利兹学院）　刘诗璟（利兹学院）　梁诗洋（利兹学院）　刘维珩（利兹学院）
雷奕达（利兹学院）　刘奕萱（利兹学院）　李正豪（利兹学院）　彭浩然（利兹学院）
钱　锦（利兹学院）　任子骁（利兹学院）　盛永佶（利兹学院）　吴行健（利兹学院）
王震霆（利兹学院）　夏天睿（利兹学院）　许沂聪（利兹学院）　徐淙洋（利兹学院）
姚亦非（利兹学院）　杨逸伦（利兹学院）　周珂伊（利兹学院）　章若茗（利兹学院）
周子柯（利兹学院）

高分子奖学金（2 名）

陈谭琳（材料学院）　邓文婷（材料学院）

金材 91 自强奖学金（4 名）

一等奖（1 名）

陈　洁（材料学院）

二等奖（3 名）

文根硕（材料学院）　张斯涵（材料学院）　江金霞（材料学院）

立德奖学金（1 名）

杨程琳（材料学院）

地 83 级校友新生奖学金（1 名）

黄佳宁（地学学院）

航 78 级校友新生奖学金（5 名）

徐铭珠（地学学院）　闻玲珑（地学学院）　周超艺（地学学院）　唐李英（地学学院）
高溢青（地学学院）

师益环境奖学金（6 名）

乔钰印（地学学院）　马浩洋（地学学院）　周蕴培（地学学院）　陈莨娜（地学学院）

赵亚文（地学学院） 李智欣（地学学院）

刘丹奖学金（4 名）

刘　鑫（地学学院） 丁俊杰（地学学院） 杜　昊（地学学院） 廖　茜（地学学院）

铁发奖学金（2 名）

高怡凡（地学学院） 乔亦弘（地学学院）

SWJTU-OSU 合作办学专项奖学金（44 名）

全额奖（3 名）

焦诗琴（地学学院） 刘欣宇（地学学院） 林韵茹（地学学院）

一等奖（6 名）

尹海钦（地学学院） 于瀚辰（地学学院） 周柯杰（地学学院） 吴禛伟（地学学院）
陈梓薇（地学学院） 贾舒婷（地学学院）

二等奖（9 名）

程　飞（地学学院） 邵维旭（地学学院） 蒋朝阳（地学学院） 于松洋（地学学院）
董雯雯（地学学院） 杨翊堃（地学学院） 姜俊平（地学学院） 李炫辰（地学学院）
王昊禹（地学学院）

三等奖（15 名）

何　玮（地学学院） 李梦迪（地学学院） 孔德炎（地学学院） 陈恬妮（地学学院）
张梓琳（地学学院） 颜鑫芮（地学学院） 蒋弘瑞（地学学院） 李艾峰（地学学院）
李佳蔚（地学学院） 石　璇（地学学院） 王澜晶（地学学院） 张桐源（地学学院）
邱子瀚（地学学院） 郑羽峰（地学学院） 徐亦兰（地学学院）

四等奖（11 名）

蔡伟健（地学学院） 卓悦瀛（地学学院） 段再航（地学学院） 卢艺宁（地学学院）
陈炯坤（地学学院） 吉宇阳（地学学院） 邓芷灿（地学学院） 王丽丽（地学学院）
贾添翔（地学学院） 文海静（地学学院） 卢砺凡（地学学院）

毛子洄奖学金（6 名）

史文炜（经管学院） 吴嘉慧（经管学院） 朱美玲（经管学院） 查　腾（经管学院）
陈嘉燕（经管学院） 许福林（经管学院）

中安经管奖学金（18 名）

胡嘉琪（经管学院） 牛倩茹（经管学院） 梁　茜（经管学院） 南秋盈（经管学院）
张　露（经管学院） 任　露（经管学院） 刘　悦（经管学院） 应　悦（经管学院）
李明霞（经管学院） 刘佳美（经管学院） 张　玲（经管学院） 付嘉旭（经管学院）
辛蔚然（经管学院） 张文雅（经管学院） 李天心（经管学院） 李洁杏（经管学院）
曾娅萱（经管学院） 王涔行（信息学院）

管 84 级、85 级校友经英励志奖学金（12 名）

毛家雪（经管学院） 余镇全（经管学院） 张炜尔（经管学院） 曾美富（经管学院）
程　程（经管学院） 邹雨涵（经管学院） 秦　欢（经管学院） 李昕懿（经管学院）
金本杰（经管学院） 曾馨仪（经管学院） 苗琦琦（交运学院） 喻富洪（机械学院）

管信 2001 级经英奖学金（5 名）

王小凝思（经管学院） 邹小杰（经管学院） 王秋悦（经管学院） 焦　琳（经管学院）
刘希子（经管学院）

本科 1993 级“经管本科 93 级”奖学金（5 名）

林子渊（经管学院） 黄佳乐（经管学院） 蒲柯羽（经管学院） 刘　鑫（经管学院）
张　雯（经管学院）

“周成勇”奖学金（6 名）

朱璇玮（经管学院） 吴　涛（经管学院） 常　阔（经管学院） 王子怡（经管学院）
冯文进（经管学院） 宁懿文（经管学院）

明王道“心流”奖学金（5 名）

陆衍伶（外语学院） 李思宇（外语学院） 朱海溶（外语学院） 王澄雨（外语学院）
孟　瑶（外语学院）

朴新教育外国语学院助学金（28 名）

阿依姆丽克·地逊（外语学院） 文　萍（外语学院） 石　颖（外语学院） 尹菊芳（外语学院）
郭晓文（外语学院） 韩　妍（外语学院） 林　皓（外语学院） 郭元俊（外语学院）
徐婷钰（外语学院） 彭　羽（外语学院） 吕　瑶（外语学院） 李竹珺（外语学院）
杨　蕊（外语学院） 周青青（外语学院） 袁　冈（外语学院） 贺贤彧（外语学院）
杨雨馨（外语学院） 张卓然（外语学院） 王肖文（外语学院） 张　纯（外语学院）
王珊珊（外语学院） 杨心语（外语学院） 刘敏哲（外语学院） 宋梓怡（外语学院）
周　佳（外语学院） 陀　虹（外语学院） 程文静（外语学院） 蔡乙良（外语学院）

洋光教育优秀学生工作干部奖学金（10 名）

王欣媛（外语学院） 杨丽佳（外语学院） 王可欣（外语学院） 殷　茵（外语学院）
余秋楠（外语学院） 唐子晴（外语学院） 谢宇浩（外语学院） 谷瑶玮（外语学院）
高　瑶（人文学院） 苏劲宇（外语学院）

Aedas-西南交大建筑奖学金（6 名）

一等奖（2 名）

马文洁（建筑学院） 申　萌（建筑学院）

二等奖（2 名）

丁瀚林（建筑学院） 黄彦羽（建筑学院）

三等奖（2 名）

李嘉骏（建筑学院） 覃　晴（建筑学院）

常新奖学金（10 名）

张泽腾（物理学院） 刘大鹏（物理学院） 薛张熙（物理学院） 毕志豪（物理学院）
杨志宇（物理学院） 张　溪（物理学院） 陈丽娜（物理学院） 李家文（物理学院）
杨　浩（物理学院） 李婉丽（物理学院）

佳士光彩助学金（8 名）

潘才富（信息学院） 崔文辉（信息学院） 陈鑫海（信息学院） 李　丹（信息学院）

张彩虹（生命学院） 何蒙蒙（生命学院） 孙小丽（生命学院） 陈童芳（生命学院）

立天助学金（2名）

田润雨（生命学院） 黄程成（生命学院）

力86奖学金（2名）

向星宇（力学学院） 王　貌（力学学院）

力86助学金（2名）

李大鹏（茅以升学院） 刘文浩（力学学院）

力学研85奖助学金（1名）

刘　红（力学学院）

出版社奖学金（8名）

一等奖（1名）

蔡若琳（数学学院）

二等奖（3名）

阮　航（数学学院） 邱　灵（数学学院） 杜钇静（数学学院）

三等奖（4名）

马锦华（数学学院） 罗钧霄（数学学院） 俞子歆（数学学院） 张怡晨（数学学院）

极客数学帮奖学金（5名）

常怀文（数学学院） 陈卓仪（数学学院） 蒋名琪（数学学院） 李雨桐（数学学院）
何星阳（数学学院）

极客数学帮助学金（2名）

韩再生（数学学院） 米贤惠（数学学院）

朴新教育奖学金（2名）

蔡　逸（数学学院） 王雨佳（数学学院）

朴新教育学生干部奖学金（2名）

周义杰（数学学院） 丁　钰（数学学院）

“同心院友基金”优秀奖（3名）

郭修远（马克思主义学院） 陈佳伟（马克思主义学院） 刘嫃溪（马克思主义学院）

“同心院友基金”自强奖（1名）

陈　茜（马克思主义学院）

景尧奖（助）学金学习优秀奖（3名）

任秋艳（马克思主义学院） 尹思棋（马克思主义学院） 顾晨曦（公管学院）

景尧奖（助）学金学习进步奖（2名）

郭泽轩（马克思主义学院） 刘常海（马克思主义学院）

景尧奖（助）学金学习自强奖（3 名）

顾　欢（马克思主义学院）　杜佳瑶（马克思主义学院）　胡克永（公管学院）

89 扬华奖学金（21 名）

文皓茹（土木学院）　代光耀（土木学院）　魏林辉（土木学院）　陈靖雨（机械学院）
杨瑞龙（机械学院）　陈金凤（电气学院）　王　宇（信息学院）　丁　倩（信息学院）
尹邦扬（交运学院）　彭　多（交运学院）　林　鑫（外语学院）　闵　雪（外语学院）
张　帅（土木学院）　郭棋荣（土木学院）　梁莉雯（土木学院）　殷淑敏（土木学院）
赵玉秀（土木学院）　方思思（外语学院）　李承晞（外语学院）　肖庆华（机械学院）
张志岳（信息学院）

研究生专项奖助学金（184 名）

黄山教育助学金（3 名）

谢迟新（机械学院）　徐　霞（物理学院）　王玲桂（心理中心）

中车株机资助奖学金（10 名）

李大法（机械学院）　郑　鹏（机械学院）　李　宇（机械学院）　张贺祥（机械学院）
陈　凤（机械学院）　雷雨晴（电气学院）　何源达（电气学院）　刘　健（电气学院）
刘俊峰（材料学院）　施孟含（材料学院）

奇葩创新奖学金（1 名）

徐晨鑫（医学院）

奇葩贡献奖学金（2 名）

陈　建（土木学院）　吕炫汉（材料学院）

奇葩兼优奖学金（9 名）

王渝文（土木学院）　毕　然（土木学院）　林元睿（电气学院）　王　聪（信息学院）
姚　月（信息学院）　谢　薇（交运学院）　白志鑫（物理学院）　张金凤（人文学院）
罗文婧（公管学院）

茅以升铁道教育希望之星奖（1 名）

童心豪（土木学院）

中国港湾奖学金（4 名）

一等奖（1 名）

郭俊杰（土木学院）

二等奖（3 名）

何佳骏（土木学院）　张艺腾（土木学院）　熊　骏（土木学院）

铁 79 校友奖学金（5 名）

王沂峰（土木学院）　陈嘉胤（土木学院）　黄恒伟（土木学院）　周佳仪（土木学院）
牛亚文（土木学院）

隧道奖学金（2 名）

王　琦（土木学院）　李金宜（土木学院）

钱冬生教育基金奖学金（3 名）

梅瀚雨（土木学院）　刘　畅（土木学院）　曹智扬（土木学院）

隔而固奖学金（6 名）

杨世玉（土木学院）　李　茜（土木学院）　高　浩（土木学院）　陈之恒（牵引实验室）
刘　凯（牵引实验室）周子伟（牵引实验室）

西南交大土木工程设计有限公司奖学金（5 名）

漆启明（土木学院）　原　元（土木学院）　赵泽明（土木学院）　李彬嘉（土木学院）
王　凯（土木学院）

铁工 77 级奖学金（3 名）

曾显志（土木学院）　朱仁政（土木学院）　邵子萌（土木学院）

欧维姆奖学金（7 名）

陈志强（土木学院）　梁　孝（土木学院）　包韵雷（土木学院）　郭晓晗（土木学院）
蔡李斌（土木学院）　段智超（土木学院）　赵海霖（土木学院）

杭州中力奖学金（2 名）

吴　磊（机械学院）　王沙沙（机械学院）

中力助学金（3 名）

一等奖（1 名）

贾昌源（机械学院）

二等奖（1 名）

许培玉（机械学院）

三等奖（1 名）

何东峰（机械学院）

莱福德奖学金（5 名）

孟　翔（电气学院）　张　栋（电气学院）　王惠民（电气学院）　代东雷（电气学院）
张传辉（电气学院）

“星空计划”专项奖学金（10 名）

陈欣昌（电气学院）　杨　涵（电气学院）　张靖康（电气学院）　陶明江（电气学院）
张羲海（电气学院）　刘易民（信息学院）　乔　杰（信息学院）　胡　敏（信息学院）
孙瀚辰（信息学院）　王熠炜（信息学院）

开马绿能奖学金（8 名）

廖　维（电气学院）　田庆新（电气学院）　王天宏（电气学院）　张陈擎宇（电气学院）
陈　雪（电气学院）　刘　顺（电气学院）　张劲夫（电气学院）　康立烨（电气学院）

华为奖学金（20 名）

一等奖（8 名）

龚天勇（电气学院）　韩鹏程（电气学院）　陈锦炜（信息学院）　邓彩连（信息学院）
周　银（信息学院）　周　威（信息学院）　王　睿（信息学院）　姚　足（信息学院）

二等奖（12 名）

代禄喻（电气学院）　龚倩文（电气学院）　晏启翔（电气学院）　胡　梦（电气学院）

王　璐（信息学院）　邱培熠（信息学院）　吴宝云（信息学院）　杨子奇（信息学院）
屈凌峰（信息学院）　王　震（信息学院）　杨　翠（信息学院）　李浩博（信息学院）

亚派科技奖助学金（5名）

谢　东（电气学院）　刘　磊（电气学院）　邓钰科（电气学院）　张　浩（电气学院）
白宝雪（电气学院）

平志奖学金（3名）

张熠玲（信息学院）　张璐瑶（信息学院）　乔建军（信息学院）

交控卓越研究生奖励基金（5名）

三等奖（5名）

杨　璟（信息学院）　麻文刚（信息学院）　程　鹏（信息学院）　褚心童（信息学院）
王陆晞（信息学院）

和利时研究生奖学金（9名）

一等奖（2名）

谢　鹏（信息学院）　庞琦珂（信息学院）

二等奖（3名）

朱勉宽（信息学院）　陆　凡（信息学院）　邵　焕（信息学院）

三等奖（4名）

朱金宝（信息学院）　刘路路（信息学院）　吴心坪（信息学院）　程一行（信息学院）

佳士光彩助学金（8名）

仝　航（信息学院）　张　敏（信息学院）　冯　婷（信息学院）　李　娇（信息学院）
刘心语（生命学院）　孙静莹（生命学院）　刘　刚（生命学院）　储士润（生命学院）

朗夫奖学金（5名）

张思宇（交运学院）　赵璐阳（交运学院）　徐占东（交运学院）　邓强强（交运学院）
胡　瑞（交运学院）

朗夫学术优秀奖学金（1名）

胡剑鹏（交运学院）

川铁奖学金（2名）

王　凯（交运学院）　刘　梦（交运学院）

高分子奖学金（3名）

杨　雪（材料学院）　罗利辉（材料学院）　孙得翔（材料学院）

铁发奖学金（1名）

尚戴雨（地学学院）

刘丹奖学金（5名）

许　懿（地学学院）　牟陈亚（地学学院）　黄瑀羽（地学学院）　李　欢（地学学院）
李红菲（地学学院）

航78校友新生奖学金（2名）

唐浩耀（地学学院）　刘越凡（地学学院）

地 83 校友新生奖学金（2 名）

滕　强（地学学院）　冯止依（地学学院）

周成勇基金奖学金（4 名）

杨　强（经管学院）　宁　迪（经管学院）　杨彬新（经管学院）　周　雪（经管学院）

毛子洄基金奖学金（2 名）

唐　飞（经管学院）　刘　璐（经管学院）

中安经管基金奖学金（3 名）

霍佳乐（经管学院）　吴　阳（经管学院）　彭娅芝（经管学院）

朴新教育外国语学院助学金（2 名）

王佳佳（外语学院）　秦　倩（外语学院）

Aedas-西南交大建筑奖学金（1 名）

一等奖（1 名）

何硕硕（建筑学院）

孙训方奖学金（2 名）

李高磊（力学学院）　徐　波（力学学院）

出版社奖学金一等奖（8 名）

一等奖（1 名）

王高向（数学学院）

二等奖（3 名）

李双伶（数学学院）　夏　丹（数学学院）　殷泽凯（数学学院）

三等奖（4 名）

唐雷明（数学学院）　雷　丽（数学学院）　晁　越（数学学院）　刘国山（数学学院）

“同心院友基金”优秀奖（1 名）

黄家美（马克思主义学院）

“同心院友基金”自强奖（1 名）

冷书恒（马克思主义学院）

西南交通大学2019年度“华为优秀辅导员”名单

王若羽（土木学院）　田友丽（机械学院）　张　异（电气学院）
张　倩（信息学院）　薄　琳（交运学院）　王誉静（材料学院）
张媛媛（经管学院）　王丽平（外语学院）　郭鑫鑫（牵引实验室）
余嘉希（竺可桢书院）

西南交通大学2019年度“优秀学生工作干部”名单

茅以升学院：田弘长

土 木 学 院：黄雪娇　向京华　李　裕

机 械 学 院：胡　豪

电 气 学 院：薛逸凡　　樊芝菱
信 息 学 院：张　幸　　蒋思源
交 运 学 院：李清滢　　胡　鑫
利 兹 学 院：屈嘉琪
材 料 学 院：章春军
地 学 学 院：傅尤刚　　孙惠敏　　李国欣
经 管 学 院：卢　娇
建 筑 学 院：王　雪
物 理 学 院：刘　阳
人 文 学 院：刘　爽
生 命 学 院：张敬文
公 管 学 院：潘宇森
力 学 学 院：张容华
数 学 学 院：钟义婷
心 理 中 心：樊　菊
竺可桢书院：杨昌睿　　黄霜玲
国际教育学院：黄伊舲
党委学生工作部：孙彦文　　何梦超　　王琪瑶
招生就业处：彭黎明　　吕　冬
校　团　委：郑　源

西南交通大学2019—2020学年本科招生宣传工作表彰

本科招生宣传工作“集体奖”（10个）

一等奖

交通运输与物流学院

二等奖

外国语学院　　数学学院
土木工程学院　　电气工程学院

三等奖

物理科学与技术学院　　公共管理与政法学院　　地球科学与环境工程学院
信息科学与技术学院　　生命科学与工程学院

本科招生宣传工作“个人奖”（49个，按首字笔画排序）

土木工程学院（3个）

周　曦　　张　进　　王艺霖

机械工程学院（3个）

钱林茂　　孟凡春　　黄兆国

电气工程学院（3个）

赵丽平　　张　凯　　薛逸凡

信息科学与技术学院（3个）

马　琼　　张　倩　　侯　进

经济管理学院（2个）

杨宏毅　　漆　敏

外国语学院（3个）
武　俊　　郭炳君　　蒲茂华
交通运输与物流学院（3个）
周　鹏　　陶思宇　　黄　琰
材料科学与工程学院（2个）
章春军　　蒋小松
地球科学与环境工程学院（3个）
傅尤刚　　彭道平　　杨都强
建筑与设计学院（2个）
沈中伟　　熊　路
物理科学与技术学院（3个）
郭　剑　　门满洲　　刘　阳
人文学院（2个）
高　红　　李盛兰
公共管理与政法学院（1个）
余小英
生命科学与工程学院（2个）
孔　琳　　高　鹏
力学与工程学院（1个）
苗鸿臣
数学学院（3个）
杨　晗　　潘小东　　邓思然
马克思主义学院（2个）
赵　晨　　杜晓林
心理研究与咨询中心（2个）
陈　华　　柯小君
利兹学院（2个）
刘　爽　　余　典
招生就业处（4个）
温　朋　　吕　冬　　冯冰淞　　董　浩

西南交通大学2019届毕业生就业工作先进集体及先进个人表彰名单

就业工作先进集体
一等奖：交通运输与物流学院　　物理科学与技术学院
信息科学与技术学院　　土木工程学院
二等奖：力学与工程学院　　电气工程学院
机械工程学院　　马克思主义学院
三等奖：生命科学与工程学院　　牵引动力国家重点实验室
心理研究与咨询中心　　医学院
就业工作达标奖
材料科学与工程学院　　地球科学与环境工程学院　　外国语学院

就业工作先进个人（单项奖）

就业创业指导：马　琼（信息学院）　杨都强（地环学院）

就业创业服务：王　帮（经管学院）　黄兆国（机械学院）

就业市场拓展：孔　琳（生命学院）　张　进（土木学院）

就业工作先进个人（综合奖）

土木工程学院：周　曦　许炜强　石　莹　任　福　王若羽　喻　夏　刘　萍　雷　媛

机械工程学院：孟凡春　唐　序　李　君　杨怀银　田　颖　王连富　刘立国

电气工程学院：樊兵兵　刘　炜　李诗涵　谭　笑　薛逸凡　樊芝菱

信息科学与技术学院：李　萍　刘　娟　张鹏飞　王　怡　李虹叶　白立群　郭兆煊

经济管理学院：贾　佳　胡广翰

外国语学院：李卓慧　张　茜　左天梦

交通运输与物流学院：李国芳　张素风　王炎冰　余晓珂　雍腾　胡　鑫

材料科学与工程学院：章春军　严翼飞　王誉静

地球科学与环境工程学院：傅尤刚　周　青　谷思文

建筑与设计学院：吴晓雄　高晗雨

物理科学与技术学院：刘　阳　吴　杰

公共管理与政法学院：薛　婧

生命科学与工程学院：赵钢锋　张敬文

力学与工程学院：胡　持　张英蓉

数学学院：张　洋

马克思主义学院：熊　钰

心理研究与咨询中心：樊　菊

牵引动力国家重点实验室：李　莹　余　卉

茅以升学院：毛　盾

机关部处：贾兆帅　蔡京君　刘　颖　谭春燕　郑　超　黄　磊　朱　炜　郑　源　陈洪章　陈志伟　葛　新　王家顺　许　妮　董鹏飞　陈曦轶　张芳芳　马　瑶　张强伟　巨敏莲　曹瑶瑶

西南交通大学2019届毕业生就业奖获奖名单

一、“面向基层”就业奖获奖名单

（一）“选调生项目”获奖名单（59名）

本科毕业生（13名）：

土木工程学院（1名）

赵建华

机械工程学院（3名）

吉克热布　星　星　余佳鑫

经济管理学院（1名）

周　颖

交通运输与物流学院（1名）

陈新宇

地球科学与环境工程学院（1名）

范　蒙

生命科学与工程学院（1名）

张　昱

数学学院（1名）

彭思涛

峨眉校区（计算机与通信工程系）（3名）

曾梦珂　冯欣畅　张慧明

峨眉校区（土木工程系）（1名）

徐　杰

毕业研究生（46名）

土木工程学院（15名）

郑西朋　艾健森　董雨洁　李孟豪　林大富　刘　阳　马　婧　任　荣
谭倩倩　王翊丞　王　宇　谢昆佑　许　宏　张　强　卓　彪

机械工程学院（7名）

董　凡　刘　祺　刘治勇　王　媛　严维明　张明尧　杨绪洪

电气工程学院（1名）

王成杰

信息科学与技术学院（1名）

代孟悦

外国语学院（1名）

钟　麒

交通运输与物流学院（18名）

曹　阳　陈思为　陈艳娜　陈　阳　杜玲丽　范　钰　黄　唯　李婧莛
廉　甄　唐晓佩　王　焯　王　旦　王　立　王　睿　王　雪　吴琰飘
余　茜　周玉凤

地球科学与环境工程学院（1名）

户佐康

牵引动力国家重点实验室（1名）

邱鑫玥

医学院（1名）

徐艺箐

（二）“西部基层单位就业”获奖名单（7名）

本科毕业生（5名）

经济管理学院（3名）

边巴拉姆　多吉拉姆　贺钰婷

地球科学与环境工程学院（1名）

马　鹏

峨眉校区（计算机与通信工程系）（1名）

冯　英

毕业研究生（2名）

机械工程学院（1名）

付禹铭

地球科学与环境工程学院（1名）

向小娇

（三）“国家基层项目”获奖名单（14名）
本科毕业生（13名，其中研究生支教团9名）
材料科学与工程学院（1名）
米列·巴吾尔江
峨眉校区（财会系）（1名）
张　怡
峨眉校区（计算机与通信工程系）（2名）
秦已齐　　赵　懿
研究生支教团：
土木工程学院（1名）
雷　昕
信息科学与技术学院（1名）
刘芯宏
经济管理学院（2名）
黄梦娜　　王国飞
人文学院（2名）
邢彦妮　　张美奂
生命科学与工程学院（2名）
何坤霖　　刘珺琪
峨眉校区（土木工程系）（1名）
杨　文
毕业研究生（1名）
人文学院（1名）
屈扬眉
二、“自主创业”就业奖获奖名单（2名）
本科毕业生（1名）
峨眉校区（计算机与通信工程系）（1名）
赵孝杰
毕业研究生（1名）
人文学院（1名）
马阿榕
三、“应征入伍”就业奖获奖名单（6名）
本科毕业生（6名）
材料科学与工程学院（2名）
林　鑫　　王伟杰
地球科学与环境工程学院（1名）
喻仲新
生命科学与工程学院（1名）
廖松鹤
峨眉校区（计算机与通信工程系）（1名）
陈奕辰
峨眉校区（电气工程系）（1名）
杨敁波

西南交通大学2020届毕业生就业奖获奖名单

一、“面向基层”就业奖获奖名单

（一）“选调生项目”获奖名单（102名）

本科毕业生（20名）

土木工程学院（5名）

黄建伟　李历基　鲁丁豪　潘　锐　吴佳键

机械工程学院（6名）

郭　真　黄河淋　李祖海　梁可欣　彭弘佳　吴欣熹

电气工程学院（1名）

邬林峰

信息科学与技术学院（1名）

古程渝

外国语学院（1名）

冉雨霆

交通运输与物流学院（1名）

曾茂兰

交通运输与物流学院（5名）

方　瑞　罗蔺鸿　宁晓帆　吴欣怡　武　晗

毕业研究生（82名）

土木工程学院（24名）

程　旭　范述鹏　韩璐璐　黄凤娟　黄　林　黄麟尧　黄宇超　林池锬
吕星颖　聂　源　邱小航　冉智文　苏　姣　唐鸿铎　唐　庆　夏　逍
徐君祥　杨佳奇　杨　涅　余泳江　张峻皓　张文胜　张志强　朱洪江

机械工程学院（12名）

徐　凯　曹　伟　陈宏杰　陈　森　关宇涵　刘祎程　彭雄飞　宋永杰
王靖铭　王庆杰　王　昕　张雨卓

电气工程学院（5名）

李城汐　刘骏良　刘重稷　易小龙　张　恒

信息科学与技术学院（1名）

何恬田

经济管理学院（2名）

席浠又　许　颖

外国语学院（2名）

叶青青　赵　鑫

交通运输与物流学院（22名）

朱　海　付　帅　付文浩　何　芳　贺晓敏　江思雨　黎　思　李　然
刘昕琳　罗桂蓉　潘明轩　冉炜民　孙铭玉　王精滢　王子余　吴茂婷

吴芝帆　　谢荣惠　　徐梦清　　张文莉　　张　姚　　周　霞

地球科学与环境工程学院（2 名）

王　洁　　殷邦民

建筑与设计学院（6 名）

冯　欢　　李　波　　刘筱瑗　　杨珊珊　　周惠琴　　邹秀平

人文学院（1 名）

汪晓意

公共管理与政法学院（1 名）

焦小楠

牵引动力国家重点实验室（4 名）

陈友均　　范屹立　　罗天祺　　袁才钦

（二）“西部基层单位就业”获奖名单（7 名）

本科毕业生（1 名）

土木工程学院（1 名）

康森泓

毕业研究生（6 名）

经济管理学院（4 名）

龚桂琳　　孟江超　　谢佳利　　张微薇

公共管理与政法学院（1 名）

任小容

数学学院（1 名）

郭一帆

（三）“国家基层项目”获奖名单（22 名）

本科毕业生（12 名）

外国语学院（2 名）

王天美　　尹　朝

交通运输与物流学院（1 名）

王航伟

材料科学与工程学院（1 名）

唐舒琪

建筑与设计学院（2 名）

刘　超　　张　凯

人文学院（2 名）

李　苗　　杨巧芸

数学学院（1 名）

魏冠霄

心理研究与咨询中心（3 名）

陈　果　　戴发彬　　任小佳

研究生支教团（10名）

电气工程学院（2名）

屈柏林　　魏　来

信息科学与技术学院（1名）

黄云川

交通运输与物流学院（3名）

陈姝伶　　乔　宇　　舒　丹

地球科学与环境工程学院（1名）

李麒麟

人文学院（1名）

朱宇骏

公共管理与政法学院（1名）

李佳妮

数学学院（1名）

陈潭升

二、"自主创业"就业奖获奖名单（4名）

本科毕业生（3名）

经济管理学院（1名）

刘　椰

公共管理与政法学院（2名）

任可欣　　周运静仪

毕业研究生（1名）

医学院（1名）

刘　鑫

三、"应征入伍"就业奖获奖名单（4名）

本科毕业生（4名）

机械工程学院（1名）

朱佳伟

外国语学院（1名）

景子钊

心理研究与咨询中心（1名）

陈　鑫

茅以升学院（1名）

陈　子

（三）2020年度接受捐赠情况

2020 年度接受捐赠情况及具体明细请登录基金会网站查阅，http: //foundation.swjtu.edu.cn。

（四）2020年各地校友会统计

序号	校友会名称	序号	校友会名称
国内			
1	西南交通大学北京校友会	2	西南交通大学深圳校友会
3	西南交通大学广东校友会	4	西南交通大学郑州校友会
5	西南交通大学南京校友会	6	西南交通大学上海校友会
7	西南交通大学洛阳校友会	8	西南交通大学四川校友会
9	西南交通大学长沙校友会	10	西南交通大学武汉校友会
11	西南交通大学泸州校友会	12	西南交通大学西安校友会
13	西南交通大学大连校友会	14	西南交通大学兰州校友会
15	西南交通大学唐山校友会	16	西南交通大学广西校友会
17	西南交通大学南宁校友会	18	西南交通大学柳州校友会
19	西南交通大学河北校友会	20	西南交通大学常州校友会
21	西南交通大学天津校友会	22	西南交通大学安徽校友会
23	西南交通大学浙江校友会	24	西南交通大学珠海校友会
25	西南交通大学苏州校友会	26	西南交通大学柳州呼和浩特友会
27	西南交通大学山海关校友会	28	西南交通大学沈阳校友会
29	西南交通大学重庆校友会	30	西南交通大学厦门校友会
31	西南交通大学西藏校友会	32	西南交通大学东莞校友会
33	西南交通大学哈尔滨校友会	34	西南交通大学贵州校友会
35	西南交通大海南校友会	36	西南交通大学青岛友会
37	西南交通大学宁波校友会	38	西南交通大学济南校友会
39	西南交通大学昆明校友会	40	西南交通大学青年校友会
41	西南交通大学安徽青年校友会	42	西南交通大学河北青年校友会
43	西南交通大学北京青年校友会	44	西南交通大学大连青年校友会
45	西南交通大学四川青年校友会	46	西南交通大学湖南青年校友会
境外/国外			
47	西南交通大学香港校友会	48	西南交通大学华盛顿地区校友会
49	西南交通大学加拿大/温哥华校友会	50	西南交通大学马尼托巴校友会
51	西南交通大学多伦多校友会	52	西南交通大学埃德蒙顿校友会
53	西南交通大学北加州校友会	54	西南交通大学越南校友会
55	西南交通大学新加坡校友会	56	西南交通大学日本校友会
57	西南交通大学丹麦校友会		

续表

序号	校友会名称	序号	校友会名称
行业/学院/年级			
58	西南交通大学地质、测绘、环境行业校友会	59	西南交通大学 MBA 校友会
60	西南交通大学 MBA 深圳校友会	61	西南交通大学 MBA 浙江校友会
62	西南交通大学 MBA 天津校友会	63	西南交通大学 EMBA 校友会
64	西南交通大学 EMBA 广东校友会	65	西南交通大学 EMBA 上海校友会
66	西南交通大学人文学院院友会	67	西南交通大学 MPA 校友会
68	西南交通大学同心校友会	69	西南交通大学 92 级工民建校友会
70	西南交通大学 2018 届年级校友理事会	71	西南交通大学 2019 届年级校友理事会
72	西南交通大学广西南宁铁路局校友会	73	西南交通大学昆明铁路局校友会
74	西南交通大学校友企业家联盟	75	交通大学校友总会读书会
76	西南交通大学 2020 届年级校友理事会		

（五）2020年社团一览表

序号	大类	社团名称	社团星级	备注
1	文化艺术类	大学生书画协会	5 星	
2	文化艺术类	外语协会	5 星	
3	文化艺术类	洛灵诗歌协会	4 星	
4	文化艺术类	南国相声社	4 星	
5	文化艺术类	演讲与口才协会	4 星	
6	文化艺术类	汉服社	4 星	
7	文化艺术类	DM 魔术协会	4 星	
8	文化艺术类	刀笔油画协会	4 星	
9	文化艺术类	白日梦影社	4 星	
10	文化艺术类	魔方协会	4 星	
11	文化艺术类	科幻协会	3 星	
12	文化艺术类	粤语社	3 星	
13	文化艺术类	齐契古风社	3 星	
14	文化艺术类	彝文化协会	3 星	
15	文化艺术类	旅游文化协会	3 星	
16	文化艺术类	中外文化交流与传播协会	3 星	
17	文化艺术类	镜湖文学社	3 星	
18	文化艺术类	MARS 动漫同人社	3 星	
19	文化艺术类	山海原经典阅读协会	3 星	
20	文化艺术类	茶文化协会	2 星	

续表

序号	大类	社团名称	社团星级	备注
21	文化艺术类	犀源诵读爱好者协会	2 星	
22	文化艺术类	听音 FM 协会	2 星	
23	文化艺术类	Moonlight 钢琴社	2 星	
24	文化艺术类	广告创意协会	2 星	
25	文化艺术类	ZERO° 广播剧社	2 星	
26	文化艺术类	岗拉梅朵锅庄舞协会	2 星	
27	文化艺术类	扬音吉他社	2 星	
28	文化艺术类	美妆护肤与礼仪协会	2 星	
29	文化艺术类	摄影协会	2 星	
30	文化艺术类	校辩论队	无	
31	体育健身类	篮球协会	5 星	
32	体育健身类	JustDance 街舞协会	5 星	
33	体育健身类	游泳协会	5 星	
34	体育健身类	体育舞蹈协会	5 星	
35	体育健身类	足球运动管理联合会	4 星	
36	体育健身类	自行车协会	4 星	
37	体育健身类	棋牌协会	4 星	
38	体育健身类	网球协会	4 星	
39	体育健身类	DreamHigh 轮滑协会	4 星	
40	体育健身类	乒乓球协会	4 星	
41	体育健身类	跆拳道协会	3 星	
42	体育健身类	羽毛球协会	3 星	
43	体育健身类	台球协会	3 星	
44	体育健身类	空手道协会	3 星	
45	体育健身类	花式跳绳协会	3 星	
46	体育健身类	磐石社	3 星	
47	体育健身类	健美操协会	3 星	
48	体育健身类	排球协会	3 星	
49	体育健身类	武术协会	3 星	
50	体育健身类	双节棍协会	3 星	
51	体育健身类	太极拳协会	2 星	
52	体育健身类	射声弓箭协会	2 星	
53	体育健身类	健身协会	2 星	
54	体育健身类	跑步协会	2 星	
55	体育健身类	I&F 电子竞技协会	2 星	

续表

序号	大类	社团名称	社团星级	备注
56	体育健身类	P!NK 滑板协会	2 星	
57	体育健身类	毽球协会	2 星	
58	体育健身类	极限飞盘协会	2 星	
59	体育健身类	瑜伽协会	2 星	
60	理论研究类	大学生心理学会	5 星	
61	理论研究类	中医药文化与健康协会	5 星	
62	理论研究类	习近平新时代中国特色社会主义思想学习研究会	4 星	
63	理论研究类	国际关系研究会	4 星	
64	理论研究类	消防安全协会	3 星	
65	理论研究类	雾都天文社	3 星	
66	理论研究类	国防教育协会	3 星	
67	理论研究类	研究生心理学会	3 星	
68	理论研究类	证券交流协会	2 星	
69	理论研究类	大学生廉洁文化协会	1 星	2020年新成立
70	学术科技类	环境协会	5 星	
71	学术科技类	数学建模协会	5 星	
72	学术科技类	交通运输科技协会	5 星	
73	学术科技类	测量协会	4 星	
74	学术科技类	基础数学协会	4 星	
75	学术科技类	ACM 协会	4 星	
76	学术科技类	大学生物理协会	4 星	
77	学术科技类	机器人协会	4 星	
78	学术科技类	化学协会	4 星	
79	学术科技类	创客协会	4 星	
80	学术科技类	物流协会	4 星	
81	学术科技类	交大 PPT 协会	4 星	
82	学术科技类	大学生生命科学学会	4 星	
83	学术科技类	网络安全协会	3 星	
84	学术科技类	大学生法律协会	3 星	
85	学术科技类	计算机与网络科技协会	3 星	
86	学术科技类	投资理财协会	3 星	
87	学术科技类	力学与科技协会	3 星	
88	学术科技类	大学生创造学会	3 星	
89	学术科技类	菁蓉协会	2 星	
90	学术科技类	BIM 建模协会	2 星	

续表

序号	大类	社团名称	社团星级	备注
91	学术科技类	航模协会	2星	
92	学术科技类	STEAM 实验与创新协会	2星	
93	学术科技类	翻译-ECYLF×SWJTU 协会	2星	
94	学术科技类	数据科学协会	2星	
95	公益实践类	贫困地区教育观念救助会	5星	
96	公益实践类	大学生创新创业俱乐部	5星	
97	公益实践类	公益协会	3星	
98	公益实践类	动植物协会	3星	
99	公益实践类	雷锋公司协会	3星	
100	公益实践类	环保志愿者协会	3星	
101	公益实践类	大学生就业与创业协会	3星	
102	公益实践类	思益（see）社	3星	
103	公益实践类	启梦社	3星	
104	公益实践类	留守儿童关爱协会	2星	
105	公益实践类	禁毒防艾协会	2星	
106	校园服务类	纸鸢书院交大分社协会	5星	
107	校园服务类	书志-图书馆学生管理委员会	5星	
108	校园服务类	Office 职场训练营	4星	
109	校园服务类	招生宣传志愿者协会	4星	
110	校园服务类	交大 Kelly 说协会	4星	
111	校园服务类	校友志愿者协会	3星	
112	校园服务类	大学生伙食管理委员会	3星	
113	校园服务类	尊老敬老协会	3星	
114	校园服务类	计划财务处助理团	3星	
115	校园服务类	文物协会	2星	
116	校园服务类	思源社	2星	
117	校园服务类	校团委学生助理团	2星	
118	校园服务类	安全教育协会	2星	
119	校园服务类	高速铁路科志愿者科普基地协会	2星	
120	校园服务类	地产菁英俱乐部	2星	
121	校园服务类	教学信息站协会	无	
122	体育健身类	羽毛球协会（峨眉校区）	4星	
123	体育健身类	中武国术会（峨眉校区）	4星	
124	体育健身类	篮球联盟（峨眉校区）	4星	
125	体育健身类	网球协会（峨眉校区）	1星	

续表

序号	大类	社团名称	社团星级	备注
126	体育健身类	排球协会（峨眉校区）	1星	
127	体育健身类	足球协会（峨眉校区）	1星	
128	理论研究类	外语协会（峨眉校区）	5星	
129	理论研究类	校辩论队（峨眉校区）	3星	
130	理论研究类	45°天文社（峨眉校区）	1星	
131	理论研究类	大学生心理学会（峨眉校区）	1星	
132	文化艺术类	社交与口才协会（峨眉校区）	5星	
133	文化艺术类	书香汉韵社（峨眉校区）	3星	
134	文化艺术类	米若可动漫社（峨眉校区）	3星	
135	文化艺术类	音乐协会（峨眉校区）	3星	
136	文化艺术类	街舞协会（峨眉校区）	2星	
137	文化艺术类	竹林书会（峨眉校区）	1星	
138	学术科技类	数学建模协会（峨眉校区）	5星	
139	学术科技类	计算机科技与应用协会（峨眉校区）	4星	
140	学术科技类	大学生电子科技协会（峨眉校区）	4星	
141	学术科技类	交通与物流协会（峨眉校区）	3星	
142	学术科技类	机械创意与制作协会（峨眉校区）	3星	
143	学术科技类	ACM 协会峨眉分会（峨眉校区）	1星	

（六）2020年西南交通大学出版社出书目录

ISBN	分　类	书　　名	作　者	开本	出版时间
978-7-5643-6533-2	K297.1	蜀故校注	〔清〕彭遵泗，编	16	2020年5月
978-7-5643-6534-9	I264.8；I242.1	益部谈资校注、蜀都杂抄校注	〔明〕何宇度，著；〔明〕陆深，著	16	2020年5月
978-7-5643-6548-6	G641	中国梦与大学生理想信念教育	何海燕，著	16	2020年8月
978-7-5643-6660-5	G715	高职院校大学生事务服务研究与实践——以成都航空职业技术学院为例	陈玉华，张霓，邹勇，编著	16	2020年12月
978-7-5643-6704-6	S517	苦荞栽培实用技术	肖诗明，李静，巩发永，编	32	2020年1月
978-7-5643-6802-9	D922.16	卫生法律法规导读	刘建文，张虹，曹宇航，主编	16	2020年4月
978-7-5643-6932-3	TP278	自动线安装与调试	赵雷，李波，主编	16	2020年4月
978-7-5643-6959-0	G623.202	我的思考　我的课堂	李海容，著	32	2020年4月
978-7-5643-7123-4	X820.3	建设项目环境影响评价	曾广能，王大州，主编	16	2020年1月
978-7-5643-7138-8	G624.151	廉洁种子种童心（低段、高段）	刘燕，雷行丽，主编	16	2020年3月

续表

ISBN	分　类	书　　名	作　者	开本	出版时间
978-7-5643-7199-9	G643.1	“研”续梦想——辅导员与 100 个研究生的跨时空对话	陈晓梅，孙华，主编	16	2020 年 1 月
978-7-5643-7213-2	A84；D616	“毛泽东思想和中国特色社会主义理论体系概论”导学与实践	蔡玉波，罗莉，唐家州，蒋家胜，主编	16	2020 年 1 月
978-7-5643-7227-9	G623.202	听茹敏老师讲小学语文课	茹敏名师工作室，著	32	2020 年 4 月
978-7-5643-7228-6	S567-49	我们身边的药用植物	黄少华，刘光华，胡灿，陈慧林，李汝雯，许哲，伍贤进，编著	16	2020 年 1 月
978-7-5643-7230-9	U293.5	高铁客运英语口语	王慧，主编	16	2020 年 1 月
978-7-5643-7234-7	U291.7	铁路枢纽客站改造施工建设管理控制要点	李雪强，编著	16	2020 年 1 月
978-7-5643-7237-8	F560.82；G852.4	客舱徒手武力处置技术	刘广春，潘俊祥，主编	16	2020 年 1 月
978-7-5643-7239-2	G4	童年密码——从理论到实践，探看华德福教育（The recovery of Man in Childhood）	[英]A. C. 哈伍德，著；温鹏，译	16	2020 年 1 月
978-7-5643-7240-8	O76	Laves 相 NbCr2 化合物的力学性能及其应用	聂小武，著	16	2020 年 1 月
978-7-5643-7246-0	TN948.65	人群异常行为数字图像处理与分析	刘国成，著	16	2020 年 1 月
978-7-5643-7247-7	TM571.2；TM571.6	电气控制与 PLC 技术及其应用——西门子 S7-200 系列	郑凯，主编	16	2020 年 1 月
978-7-5643-7248-4	U238；U213.2	客货共线无砟轨道动态性能演变机理研究	任娟娟，等，著	16	2020 年 1 月
978-7-5643-7250-7	U238	高速铁路概论	王慧，主编	16	2020 年 1 月
978-7-5643-7253-8	F239.63	建设工程审计与案例	兰玲，王家祥，陈松涛，编著	16	2020 年 1 月
978-7-5643-7258-3	U238	地面沉降与高速铁路	孟庆文，蔡德钩，张千里，著	16	2020 年 1 月
978-7-5643-7259-0	TB12-33	工程力学实验实训指导书（第 2 版）	胡拔香，主编	16	2020 年 1 月
978-7-5643-7261-3	TU6	工程机械理论与设计	管会生，主编	16	2020 年 7 月
978-7-5643-7269-9	U231	深圳地铁运营概论	深圳地铁运营集团有限公司，编	16	2020 年 1 月
978-7-5643-7271-2	U224.4	铁路电力与牵引供电系统继电保护（第 4 版）	谭秀炳，编著	16	2020 年 1 月
978-7-5643-7274-3	TP311.5	软件工程综合实践案例	岳希，主编	16	2020 年 1 月
978-7-5643-7276-7	G635.16	优秀班主任成长密码	袁成，著	16	2020 年 1 月
978-7-5643-7278-1	R282	酒泉地区常用中药材	李上，王若菲，主编	16	2020 年 1 月
978-7-5643-7279-8	F252	物流运筹学	周愉峰，主编	16	2020 年 1 月
978-7-5643-7282-8	H152.3	应用文写作	胡苏姝，雷晓燕，主编	16	2020 年 1 月

续表

ISBN	分 类	书 名	作 者	开本	出版时间
978-7-5643-7283-5	J647.41	中国当代钢琴二重奏作品选（四手联弹、双钢琴）	张凯，编	16	2020年1月
978-7-5643-7285-9	TB	产品工程实训教程	赖奇，崔晏，周洪，张利民，王海波，编著	16	2020年1月
978-7-5643-7286-6	G622.421	小学课堂教学案例分析	刘艳芳，主编	16	2020年1月
978-7-5643-7287-3	Q948.527-64	武陵山区野生观赏植物及其生态文化	刘世彪，王本忠，编著	16	2020年1月
978-7-5643-7288-0	R471	综合医院临床心理护理指导	关晋英，王云琼，主编	16	2020年1月
978-7-5643-7289-7	U239.5	城市轨道交通运输组织概论	青岛地铁集团有限公司运营分公司，编	16	2020年1月
978-7-5643-7292-7	TP393.092.2	网站制作基础（微课版）	郑伟，主编	16	2020年1月
978-7-5643-7293-4	S663.2	树莓副产物的综合开发与应用	杨静，著	16	2020年1月
978-7-5643-7294-1	U239.5	城市轨道交通电客车司机情景培训研究与实践	青岛地铁集团有限公司运营分公司，编	16	2020年1月
978-7-5643-7295-8	U239.5	城市轨道交通车辆技术与维护	青岛地铁集团有限公司运营分公司，编	16	2020年1月
978-7-5643-7296-5	S682.1	切花百合生理及栽培保鲜技术	吴中军，夏晶晖，编著	32	2020年5月
978-7-5643-7298-9	G252.17-53	立人读书沙龙：2016—2018年卷	胡建文，主编	16	2020年1月
978-7-5643-7300-9	F036.3；F713.365.2	社交网络服务中信任对消费者购买意向的影响	尹成鑫，著	16	2020年1月
978-7-5643-7301-6	P2-53	实践与思考——基于3S测绘技术的资源查评和规划	蒋云志，著	16	2020年1月
978-7-5643-7302-3	G718.3	人文素养实用教程	李锋，张艳梅，文彤，主编	16	2020年1月
978-7-5643-7303-0	U284.48	数据驱动的高速铁路列车运行调整理论（Data-driven Train Dispatching Theories in a High-speed Rail System）	文超，黄平，李忠灿，著	16	2020年1月
978-7-5643-7304-7	U463.6	汽车电工电子技术	王谦，李子路，陈林，主编	16	2020年1月
978-7-5643-7305-4	J647.41	青春的旅行——王军音乐作品创作与分析	王军，著	16	2020年1月
978-7-5643-7306-1	X22	广东省人与自然和谐发展研究基地调研报告选辑（2019）	曾宇辉，许家军，主编	16	2020年1月
978-7-5643-7307-8	TP312.8	Java程序设计基础	单光庆，主编	16	2020年6月
978-7-5643-7308-5	TU855	智能建筑综合布线工程	张振中，主编	16	2020年3月
978-7-5643-7309-2	J613	基本乐理实战强化训练	叶卫国，主编	16	2020年8月
978-7-5643-7310-8	F752	从自由贸易试验区到自由贸易港——内陆自由贸易港发展战略研究	吴刚，郭茜，著	16	2020年5月

续表

ISBN	分　类	书　　名	作　者	开本	出版时间
978-7-5643-7311-5	TG806；TH-39	机械工程测试与控制技术	胡开群，冯鑫，主编	16	2020年1月
978-7-5643-7312-2	U472.43	发动机故障检修	杨晓明，魏强，张雅婷，主编	16	2020年5月
978-7-5643-7313-9	U239.5	城市轨道交通信号系统差异化分析	青岛地铁集团有限公司运营分公司，编	16	2020年1月
978-7-5643-7314-6	TM923	照明线路安装与检修技术	张粤，主编	16	2020年1月
978-7-5643-7315-3	TP332	多核处理器缓存优化关键问题研究	胡森森，著	16	2020年3月
978-7-5643-7317-7	F592.77	川藏地区节庆旅游资源与产业开发研究	张哲乐，马晓路，孙璐，著	16	2020年3月
978-7-5643-7318-4	G76-53	涧底苔花——融合教育实践研究文集	杨键君，主编	16	2020年4月
978-7-5643-7319-1	TU241-39	物联网技术应用教程——ESP8266物联网开发与智能家居安装调试	游洋，主编	16	2020年1月
978-7-5643-7322-1	H312-49	26个字母精灵的故事（上下册）	李思毅，著	16	2020年4月
978-7-5643-7323-8	D909.516	拉德布鲁赫——新康德主义法学的鬼才	田野，著	16	2020年1月
978-7-5643-7324-5	G647.38	大学生职业发展与就业指导	胥迅，刘妮娅，吴家丽，主编	16	2020年12月
978-7-5643-7325-2	TU318	建筑结构设计	林拥军，主编	16	2020年3月
978-7-5643-7326-9	U260.332	高速动车组齿轮箱箱体振动特性及疲劳强度研究	朱海燕，著	16	2020年3月
978-7-5643-7330-6	I217.1	杏苑诗文	李锋，余敏，主编	16	2020年1月
978-7-5643-7331-3	G40-034	教育科学研究方法与实践	饶满萍，主编	16	2020年1月
978-7-5643-7332-0	F766	汽车营销技术（第2版）	蒋永敏，孙玉明，主编	16	2020年1月
978-7-5643-7334-4	G647.5	“双一流”建设背景下高校资产管理	钟冲，主编	16	2020年3月
978-7-5643-7336-8	TP312.8	C语言程序设计实用教程	张俊芳，牛作领，孙文高，姬冠妮，主编	16	2020年1月
978-7-5643-7337-5	U294	铁路普通货物运输（第2版）	王慧，王丹，主编	16	2020年1月
978-7-5643-7338-2	U292.13；U292.14	车站作业计划与统计	王金香，主编	16	2020年2月
978-7-5643-7340-5	I206.6	日本唯美文学与20世纪中国文学	孙德高，牟娴，著	16	2020年6月
978-7-5643-7341-2	G649.29	大学通识教育课程变革史论（1912-1948）	汪建华，著	16	2020年4月
978-7-5643-7342-9	G633.955.2	有趣的民间艺术	张玉荣名师工作室，著	32	2020年4月
978-7-5643-7343-6	V323.11	塞斯纳172R飞机理论教程（The Theory Course for Cessna 172R NAV Ⅲ）	何晓薇，向淑兰，刘渡辉，主编	16	2020年1月
978-7-5643-7345-0	U262.11	机车柴油机的运用与检修	江利国，主编	16	2020年1月
978-7-5643-7346-7	U279.3	城市轨道交通车辆检修	杨明明，何安琪，主编	16	2020年1月

续表

ISBN	分　类	书　　名	作　者	开本	出版时间
978-7-5643-7347-4	TH242.07	内燃叉车维修技术学习工作页	陆珈璐，主编	16	2020年1月
978-7-5643-7348-1	R454	康复理疗技术	李上，王建民，主编	16	2020年1月
978-7-5643-7349-8	U225	电气化铁路接触网基础	黄绘，主编	16	2020年1月
978-7-5643-7350-4	G203	产业技术进步驱动信息安全专业课程体系改革的机制研究	何欢，等著	16	2020年4月
978-7-5643-7351-1	U293.3	高速铁路动车组乘务实务	吴荣波，范先云，王志刚，主编	16	2020年3月
978-7-5643-7352-8	K820.871.4	千年古县　荣县记忆（乡贤名士、诗乡翰墨、往事钩沉、民风雅颂、故迹留痕、百业兴替）	中国人民政治协商会议四川省荣县委员会，编	16	2020年1月
978-7-5643-7353-5	O151.2	线性代数	李木华，屈小兵，贾礼平，主编	16	2020年1月
978-7-5643-7354-2	G711	学生素养读本	王容，董欣，主编	32	2020年2月
978-7-5643-7355-9	H319.36	英语学术论文写作（English Research Paper Writing）	沈玉如，主编	16	2020年3月
978-7-5643-7356-6	V211.73	飞行模拟实践	向星，主编	16	2020年1月
978-7-5643-7357-3	TM	电工基础	秦向前，主编	16	2020年1月
978-7-5643-7358-0	V271	商用飞机研制项目范围管理和工作分解结构	陈迎春，编著	16	2020年1月
978-7-5643-7359-7	TB126	工程流体力学基础	陈大达，王斌武，主编	16	2020年1月
978-7-5643-7360-3	J522.8	中国少数民族图语	苟双晓，著	16	2020年3月
978-7-5643-7361-0	O13	高等数学应用基础（含学习指导书）	冯耀川，主编	16	2020年4月
978-7-5643-7362-7	TH16	工程训练教程（含报告册）	曾家刚，主编	16	2020年1月
978-7-5643-7363-4	TH126	机械制图及CAD设计	马海军，主编	16	2020年2月
978-7-5643-7364-1	U491-39；TP391.45	电子车牌与交通感应网协同环境原理	寇玮华，著	16	2020年2月
978-7-5643-7365-8	TM1	电力电子技术基础	胡文华，袁义生，叶满园，主编	16	2020年4月
978-7-5643-7366-5	G617	幼儿园安全管理与教育活动实用手册	王继，主编	16	2020年4月
978-7-5643-7367-2	TP393	计算机网络基础	罗勇，李芳，孙二华，主编	16	2020年1月
978-7-5643-7368-9	R395.6-62	新型冠状病毒感染的肺炎11类人群心理干预与自助手册	四川省精神医学中心，四川省人民医院心身医学中心，四川省人民医院卫生政策与医院管理研究所，编写；周波，主编	32	2020年2月
978-7-5643-7369-6	U238；U224	高速铁路牵引变电所综合自动化系统	朱申，刘明晓，王志英，编著	16	2020年8月

续表

ISBN	分　类	书　　名	作　者	开本	出版时间
978-7-5643-7370-2	G619.20	普惠性民办幼儿园政策运行研究——以西部革命老区P县为例	杨跃，著	16	2020年6月
978-7-5643-7371-9	TM921.507	电气控制设备检修实训教程	吴仝，主编	16	2020年2月
978-7-5643-7372-6	TU723	建设工程招投标与合同管理	庞业涛，文真，主编	16	2020年3月
978-7-5643-7373-3	U223.6	电气化铁路供电系统运行与管理	于燕平，黄绘，主编	16	2020年4月
978-7-5643-7374-0	TM13	电路基础	贾亚娟，南江萍，谢国坤，王娟娟，主编	16	2020年3月
978-7-5643-7375-7	TM922.3	牵引供电系统继电保护	梁静，陈振棠，主编	16	2020年4月
978-7-5643-7376-4	V271-61	商用飞机研制管理汉英俄术语手册（第2版）	陈迎春，编著	16	2020年4月
978-7-5643-7377-1	TU201.4	BIM技术——Revit建模基础	王刚，陈旭洪，主编	16	2020年3月
978-7-5643-7378-8	G633.602	中学数学教师资格证考前训练之大学数学学科知识选讲	黄晚桃，杨孝斌，李俊鹏，编	16	2020年2月
978-7-5643-7379-5	R153.3	老年营养与膳食指导	李晓彬，任艳萍，主编	16	2020年3月
978-7-5643-7380-1	TP393	网络工程综合实践	温卫，编著	16	2020年3月
978-7-5643-7381-8	G617	幼儿园管理与创业	何小华，蒋春姣，主编	16	2020年3月
978-7-5643-7382-5	R471	医护心理学新编（第2版）	郑小军，主编	16	2020年3月
978-7-5643-7383-2	G634.301	语文阅读及应用文写作	王从容，左曲美，主编	16	2020年6月
978-7-5643-7384-9	U284.59	列车调度指挥	陈锦生，靳丽丽，主编	16	2020年3月
978-7-5643-7385-6	G808.17；G206.2	青少年运动健康传播模式研究	黄黎新，著	16	2020年4月
978-7-5643-7386-3	F253	物流仓储实务	马焕方，章洁，主编	16	2020年3月
978-7-5643-7387-0	R473.59	老年护理实务	独书娟，赵蝴蝶，杨启明，主编	16	2020年3月
978-7-5643-7388-7	F252.1	基于竞合关系的车辆路径问题模型及算法研究	马艳芳，闫芳，冯翠英，康凯，著	16	2020年3月
978-7-5643-7389-4	TB22	工程测量	黄双华，汪杰，付建，唐雪英，主编	16	2020年3月
978-7-5643-7390-0	G623.152	小学思想品德教育学	林海亮，李雪，卓进，编著	16	2020年3月
978-7-5643-7391-7	G781	学前儿童家庭教育及家、园、社区合作共育	叶璐，林丽娜，主编	16	2020年3月
978-7-5643-7392-4	F740.44	外贸单证实务	苏杨柳，喻媛，主编	16	2020年3月
978-7-5643-7393-1	D922.14	铁路旅客运输法规	旷利平，黄艺娜，周阳，主编	16	2020年4月
978-7-5643-7394-8	G647.38-62	成功从目标开始——大学生目标指导手册（第2版）	冯正广，主编	16	2020年3月
978-7-5643-7395-5	U269	动车组制动系统检修	曹楚君，伍春发，黄乐艳，主编	16	2020年3月

续表

ISBN	分类	书名	作者	开本	出版时间
978-7-5643-7396-2	P618.130.2	鄂尔多斯盆地中南部延长组致密砂岩储层质量差异研究	吴小斌，著	16	2020年3月
978-7-5643-7397-9	TN911	通信原理	黄根岭，主编	16	2020年3月
978-7-5643-7398-6	TG431	焊接工装设计	刘拥军，主编	16	2020年4月
978-7-5643-7399-3	H319.32	大学英语语音教程（A Course for English Pronunciation）	陈竞春，田娟，主编	16	2020年4月
978-7-5643-7400-6	U442.5	BIM建筑与桥梁建模技术	贾晓东，彭义雯，主编	16	2020年4月
978-7-5643-7401-3	G718.5	基于大数据的教学质量管理	杨桦，肖珊，阮志刚，陈斌，著	16	2020年4月
978-7-5643-7402-0	F532.6	铁路运输定价机制研究	左大杰，帅斌，李宗平，薛锋，著	16	2020年3月
978-7-5643-7403-7	F532.6	铁路企业运行机制研究	左大杰，帅斌，李宗平，薛锋，著	16	2020年3月
978-7-5643-7404-4	H319.3	高职英语教学的发展与创新研究	资灿，著	16	2020年4月
978-7-5643-7405-1	U169	集装箱作业实务	喻媛，王铭崇，主编	16	2020年4月
978-7-5643-7406-8	U238	高速铁路行车技术管理	王慧，主编	16	2020年4月
978-7-5643-7407-5	TG659	数控机床电气控制	邹伟全，张晓东，主编	16	2020年4月
978-7-5643-7408-2	R192.6	护理人文素养	李代强，睢文发，主编	16	2020年5月
978-7-5643-7409-9	TU984	公园城市的工匠实践	成都天府新区投资集团有限公司，编	16	2020年4月
978-7-5643-7410-5	TP311.132.3	Access 2016数据库应用技术（含实训）	封俊红，张捷，刘兴林，主编	16	2020年5月
978-7-5643-7411-2	U270.1	车辆动力学建模与仿真	王孝鹏，吴龙，著	16	2020年5月
978-7-5643-7412-9	D631	共建“一带一路”国家警务合作蓝皮书（2019）	张光华，伊良忠，主编	16	2020年5月
978-7-5643-7413-6	U293-05	旅客运输心理学	李培锁，陈健，黄艺娜，主编	16	2020年5月
978-7-5643-7414-3	U239.5	城市轨道交通客运组织	郭婕，吴冰芝，李雨潇，主编	16	2020年4月
978-7-5643-7415-0	U459.2	隧道全寿命周期监测预警技术与系统平台应用	段军，李科，杨志华，郭鸿雁，金飞，编著	16	2020年4月
978-7-5643-7416-7	F830.91	股市波动率预测研究	刘光强，著	16	2020年5月
978-7-5643-7417-4	O241.5	无处不在的样条函数——从逼近论、离散数学到概率统计学	许艳，著	16	2020年4月
978-7-5643-7418-1	U238	高速铁路列车餐饮服务	张娅丛，田红芬，主编	16	2020年5月
978-7-5643-7419-8	TU991.31	智慧水务技术与解决方案	王建辉，齐高相，郭智威，申渝，高旭，著	16	2020年4月
978-7-5643-7420-4	G114	文化策划与创意	高显莹，著	16	2020年5月

续表

ISBN	分　类	书　　名	作　者	开本	出版时间
978-7-5643-7421-1	TM	电工基础与技能训练	张利国，杨川，主编	16	2020年5月
978-7-5643-7422-8	U262.1	内燃动车动力总成振动控制技术及其应用	闫兵，贾尚帅，王铁成，王兴民，黄燕，著	16	2020年5月
978-7-5643-7423-5	U291.7	主城山区高速铁路大型枢纽改造工程设备配套与施工综合技术研究	代敬辉，吴忠良，李远富，著	16	2020年6月
978-7-5643-7425-9	F830.59	投资学	高太平，朱云章，主编	16	2020年5月
978-7-5643-7426-6	S828	规模化养猪实用教程	蔡兴芳，主编	16	2020年5月
978-7-5643-7427-3	H195.4	专业汉语之走进中国高铁	郁盛梅，钱明，主编	16	2020年5月
978-7-5643-7428-0	TS956-092	中国彩灯（第一辑）	戴燕灵，主编	16	2020年5月
978-7-5643-7429-7	U45	小净距隧道建设关键技术	丁睿，著	16	2020年5月
978-7-5643-7430-3	TU	建筑工种实训	武新杰，季翠华，主编	16	2020年5月
978-7-5643-7431-0	K827=52	李端棻——近代教育改革的先驱	周术槐，主编	16	2020年5月
978-7-5643-7432-7	H109.4	现代汉语专题教程	蒋华，编著	16	2020年5月
978-7-5643-7433-4	TN	电子技术与技能训练	张利国，杨川，主编	16	2020年5月
978-7-5643-7434-1	TP274	大数据技术与应用	侯勇，主编	16	2020年6月
978-7-5643-7435-8	U469.72	纯电动汽车构造与维修	蔡小辉，莫雪山，主编	16	2020年5月
978-7-5643-7436-5	G633.951.2	记住乡愁——民间音乐文化传承教育理论与实践	祝云，著	16	2020年5月
978-7-5643-7437-2	G641	新媒体传播与大学生思想政治教育及其途径创新	李振委，景熹，著	16	2020年6月
978-7-5643-7438-9	H193.2	幼儿教师口语	廖俐，吕凌，许理华，主编	16	2020年5月
978-7-5643-7439-6	G41	“三维一体”德育模式的创建及实施策略的实践研究	郑兵，主编	16	2020年6月
978-7-5643-7440-2	F532.6	铁路监管体制研究	左大杰，帅斌，李宗平，薛锋，著	16	2020年6月
978-7-5643-7441-9	G633.302	翰墨留香——“初中语文项目学习的实践与评价研究”优秀教学设计与案例集锦	王毅，杜在琴，主编	16	2020年6月
978-7-5643-7442-6	G634.333	初中语文诵读100篇	杜在琴，主编	16	2020年6月
978-7-5643-7443-3	F532.1	铁路改革保障机制研究	左大杰，帅斌，李宗平，薛锋，著	16	2020年6月
978-7-5643-7444-0	F532.1	全面深化铁路改革研究：总体构想与实施路线	左大杰，等，著	16	2020年6月
978-7-5643-7445-7	F532.1	铁路改革目标与路径研究	左大杰，等，著	16	2020年6月
978-7-5643-7446-4	F532.1	全面深化铁路改革研究：总论	左大杰，等，著	16	2020年6月
978-7-5643-7447-1	K872.719.3	黔江文物研究	彭一峰，著	16	2020年6月
978-7-5643-7448-8	H124.7；I206.2	先秦书写体制研究	孔许友，著	16	2020年7月

续表

ISBN	分 类	书 名	作 者	开本	出版时间
978-7-5643-7449-5	O646.1	水质样品无机离子检测	甘中东，肖春梅，主编	16	2020年6月
978-7-5643-7450-1	F532.1	铁路公益性补偿机制研究	左大杰，等，著	16	2020年6月
978-7-5643-7451-8	F532.1	铁路混合所有制研究	左大杰，等，著	16	2020年6月
978-7-5643-7452-5	F532.1	铁路网运关系调整研究	左大杰，等，著	16	2020年6月
978-7-5643-7453-2	U238	西南山区高速铁路建设工程常见质量问题整治技术	王明慧，编著	16	2020年6月
978-7-5643-7454-9	G624.81	玩转体育课堂游戏——小学低段趣味游戏101例	徐红，戢惠斌，尚可欣，主编	16	2020年9月
978-7-5643-7455-6	G634.961	悦动空竹——国家级非遗传统体育项目进校园	徐红，戢惠斌，陈敏，主编	16	2020年9月
978-7-5643-7456-3	TS971.21	都匀毛尖茶	周才碧，宋丽莎，主编	16	2020年6月
978-7-5643-7457-0	F532.1	全面深化铁路改革研究：N问N答	左大杰，等，著	16	2020年6月
978-7-5643-7458-7	U415.1	山区高速公路关键工点施工控制及安全预警技术研究	杨志华，段军，著	16	2020年8月
978-7-5643-7459-4	U491.8-62	云南省高速公路品质服务区创建技术指南	段军，陈芳，杨志华，王少飞，编著	32	2020年7月
978-7-5643-7460-0	U293.13；U239.5	城市轨道交通需求分析与线网规划	张雄飞，主编	16	2020年6月
978-7-5643-7461-7	V249.3	航图实践	赖欣，主编	16	2020年6月
978-7-5643-7462-4	F56；G252.8	航空情报实践	赖欣，主编	16	2020年6月
978-7-5643-7463-1	F560.6	民航运输航线网络规划	汪瑜，贺镜帆，王雪，主编	16	2020年6月
978-7-5643-7464-8	TU37	装配式建筑混凝土预制构件生产与管理	庞业涛，赵顺峰，主编	16	2020年6月
978-7-5643-7465-5	TU983	景观设计	姜龙，耿晓庆，姜嫄，主编	16	2020年6月
978-7-5643-7466-2	K928.3	武当文化概观	廖兆光，崇慧，著	16	2020年6月
978-7-5643-7467-9	TU472	复合地基地震响应及抗震设计方法	欧阳芳，张建经，吴祚菊，编著	16	2020年6月
978-7-5643-7468-6	U415.13	公路工程造价实训指导	陈桂珍，王正芬，周海芸，主编	16	2020年9月
978-7-5643-7469-3	U239.5	城市轨道交通工程车辆技术与检修	青岛地铁集团有限公司运营分公司，编	16	2020年6月
978-7-5643-7470-9	G645.16-53	西南交通大学师德师风经典文献导读	崔啸晨，潘喆，熊瑛，张阿支，主编	16	2020年7月
978-7-5643-7471-6	V355.1	空中交通流量管理策略与应用	康瑞，周天琦，编著	16	2020年6月
978-7-5643-7472-3	Q16	四川泸沽湖生物多样性研究	彭徐，董艳珍，徐大勇，著	16	2020年6月
978-7-5643-7473-0	I217.1	青年说——感恩中国科学家 ：做新时代的追“星”族	高平平，主编	16	2020年6月

续表

ISBN	分　类	书　名	作　者	开本	出版时间
978-7-5643-7474-7	K927.13	巴中——中国气候养生之都	马振峰，等主编	32	2020年6月
978-7-5643-7475-4	U412.38；F502	交通枢纽场站设计与运营	张嘉敏，主编	16	2020年7月
978-7-5643-7476-1	F530.9	高铁乘务普通话与播音艺术	李媛媛，段亚琳，主编	16	2020年6月
978-7-5643-7477-8	H313	英语词汇学原理	毛智，何学德，著	16	2020年6月
978-7-5643-7478-5	TP368.1	单片机实验及实训指导	王瑜琳，徐晓灵，陈兴劼，主编	16	2020年7月
978-7-5643-7479-2	V275	R44Ⅱ型直升机结构修理培训教程	聂挺，编著	16	2020年7月
978-7-5643-7480-8	TU990.3	城市地下综合管廊PPP项目运作与建设管理实务	段军，杨建雄，陈加楼，著	16	2020年6月
978-7-5643-7481-5	TU	土木工程实训指导（上中下）	张捷，主编	16	2020年6月
978-7-5643-7482-2	U239.5	城市轨道交通车辆（第4版）	曾青中，主编	16	2020年7月
978-7-5643-7483-9	F272	做好管理300句	张顾严，著	32	2020年7月
978-7-5643-7484-6	O172	微积分	刘二根，盛梅波，范自柱，主编	16	2020年7月
978-7-5643-7485-3	O241.1；P207	误差理论与测量数据处理原理及方法	曹元志，主编	16	2020年7月
978-7-5643-7486-0	G206.2	媒介融合背景下的网络视频发展趋势	蒋宁平，著	16	2020年6月
978-7-5643-7487-7	U459.1	郑万铁路岩溶隧道突水力学机理及处治措施研究	张桥，王明慧，编著	16	2020年6月
978-7-5643-7488-4	J825.71	四川金钱板研究	钟婷婷，著	16	2020年8月
978-7-5643-7489-1	TM571.61	PLC技术应用实训教程	曹辉剑，黄亮，主编	16	2020年7月
978-7-5643-7491-4	U239.5	城市轨道交通综合监控系统	刘晓娟，林海香，司徒国强，编著	16	2020年7月
978-7-5643-7492-1	G647.38	大学生精准就业模式探索与实践	张科，著	16	2020年8月
978-7-5643-7493-8	F842.613	基本医疗保险基础理论与实践研究	蓝英，编著	16	2020年7月
978-7-5643-7494-5	R33	高海拔与认知	马海林，王妍，著	16	2020年7月
978-7-5643-7495-2	TN929.53	Android基础案例教程	童雷，主编	16	2020年7月
978-7-5643-7496-9	U459.2	超大扁平高速公路隧道掘进力学响应与关键施工技术	伍军，王圣涛，杨仲杰，陈文尹，张继春，张俊儒，著	16	2020年7月
978-7-5643-7497-6	J412.9	电商摄影实战宝典	程伟，黄懿，主编	16	2020年7月
978-7-5643-7498-3	G641；G633.202	进阶与境界：思政课教师教育叙事研思	张小发，袁成，著	16	2020年7月
978-7-5643-7499-0	O413	量子物理数学基础解读	耿化民，编著	16	2020年7月
978-7-5643-7500-3	TP242-49	机器人——加工与测量：小学五年级	马书根，主编	16	2020年8月
978-7-5643-7501-0	F259.22	城市群经济发展与区域物流通道运行机制研究	毛敏，喻翔，著	16	2020年7月

续表

ISBN	分　类	书　　名	作　者	开本	出版时间
978-7-5643-7502-7	TM571.2；TM571.6	电气控制与 PLC	胡然，董新，主编	16	2020 年 7 月
978-7-5643-7503-4	I218.224	福泉骊珠——遵化汤泉诗文（上下册）	晏颖，晏子有，编著	16	2020 年 7 月
978-7-5643-7504-1	U414	冲击剪切荷载作用下沥青混合料变形特性研究	王晓东，郑德斋，于春艳，胡梦诗，付建伟，著	16	2020 年 7 月
978-7-5643-7505-8	TM	电工技术及应用	邓勇，王海军，牟刚，主编	16	2020 年 9 月
978-7-5643-7506-5	TM351	永磁同步电机系统传感器故障诊断与容错控制	黄刚，何静，著	16	2020 年 7 月
978-7-5643-7507-2	U270.331	列车转向架构架焊接接头表面超声冲击强化及疲劳性能改善技术	何柏林，著	16	2020 年 7 月
978-7-5643-7508-9	U238	高速铁路同相供电技术	宋奇吼，著	16	2020 年 7 月
978-7-5643-7509-6	U238；U225	高速铁路接触网	韩晓峰，余颢，编著	16	2020 年 7 月
978-7-5643-7510-2	U264	电力机车总体及走行部	崔晶，张省伟，朱亚男，主编	16	2020 年 7 月
978-7-5643-7511-9	U264.91	电力机车控制	付娟，林辉，主编	16	2020 年 7 月
978-7-5643-7512-6	TN919；TN915.05	数据通信——路由交换技术	冀勇钢，李开丽，朱凤文，主编	16	2020 年 8 月
978-7-5643-7513-3	F830	金融学	张志新，刘润华，王萍，主编	16	2020 年 8 月
978-7-5643-7514-0	U463.61	人机共驾智能车辆行为决策建模与安全性评估方法	严利鑫，著	16	2020 年 8 月
978-7-5643-7515-7	I058	幼儿文学	叶璐，廖俐，黄海宁，主编	16	2020 年 7 月
978-7-5643-7516-4	TP3	大学计算机基础实验与实训教程（第 2 版）	董其维，王宏，主编	16	2020 年 8 月
978-7-5643-7517-1	U293.22	城市轨道交通票务管理（智媒体版）（第 2 版）	林洁，王夏秋，罗艺斌，主编	16	2020 年 7 月
978-7-5643-7518-8	C8	统计学	范慧敏，主编	16	2020 年 8 月
978-7-5643-7519-5	U239.5	城市轨道交通投资建设造价管理	王松，王武斌，王艳艳，编著	16	2020 年 7 月
978-7-5643-7520-1	K828.4-53	扬华人物　青春榜样——西南交通大学优秀学生访谈录（第一辑）	高平平，主编	16	2020 年 8 月
978-7-5643-7522-5	TM571.2；TM571.6	电气控制与 PLC 应用	崔晶，武欣，杨会玲，主编	16	2020 年 8 月
978-7-5643-7523-2	U467.4	汽车排气的阶次噪声和气流噪声分析与控制	刘海涛，著	16	2020 年 8 月
978-7-5643-7524-9	I207.6	楹联与楹联文化	侯艳，编著	16	2020 年 8 月
978-7-5643-7525-6	F426.82	川滇古盐道	赵小平，等著	16	2020 年 10 月
978-7-5643-7526-3	G62	小学教育专业实践导引	孟燕平，孙芳，翁秀平，编著	16	2020 年 8 月

续表

ISBN	分　类	书　　名	作　者	开本	出版时间
978-7-5643-7527-0	TV698.2	层状岩质边坡地震响应及稳定性时频分析方法	范刚，张建经，周家文，编著	16	2020年8月
978-7-5643-7528-7	F126.2	贵州省居民财产收入核算体系研究	李本光，著	16	2020年8月
978-7-5643-7529-4	U215.1	铁路工程施工组织与概预算	罗立娜，主编	16	2020年10月
978-7-5643-7530-0	U412.24；U442.4；U452.1	线桥隧施工测量	张福荣，主编	16	2020年8月
978-7-5643-7531-7	U412.24；U442.4；U452.1	线桥隧施工测量实训指导与报告书	张福荣，主编	16	2020年8月
978-7-5643-7532-4	U472	汽车维护与保养	谭琳，王辉，主编	16	2020年8月
978-7-5643-7533-1	TB237	AutoCAD 2014 工程绘图实例教程（微课版）	贺振通，武国平，王丽娟，贺云鹏，主编	16	2020年8月
978-7-5643-7534-8	G212	新编国际新闻报道案例教程	杨莉，唐时顺，主编	16	2020年8月
978-7-5643-7535-5	U215.8-65	铁路营业线施工安全检查标准与规范	杨再伦，王龙宝，冉永才，王思俊，主编	16	2020年8月
978-7-5643-7536-2	TQ460.6	药物制剂技术	李德鑫，刘裕红，吴敏，主编	16	2020年8月
978-7-5643-7537-9	G633.602	中学数学教师资格证考前训练之数学教育知识选讲	杨孝斌，王美娜，编	16	2020年8月
978-7-5643-7538-6	U212.32	铁路选线设计基础	曾锟，张同文，主编	16	2020年8月
978-7-5643-7539-3	O182	解析几何手工作图	聂智，主编	16	2020年8月
978-7-5643-7540-9	F293.3	房地产概论（第四版）	费文美，赵本宇，主编	16	2020年9月
978-7-5643-7541-6	U239.5	城市轨道交通智能系统	李朝阳，旷利平，黄艺娜，主编	16	2020年8月
978-7-5643-7542-3	G633	基于核心问题的中学学科课程开发与实施——高中英语. 二	米云林，总主编　薛蕾蕾，王学龙，主编	16	2020年8月
978-7-5643-7543-0	G633	基于核心问题的中学学科课程开发与实施——高中语文. 二	米云林，总主编	16	2020年8月
978-7-5643-7544-7	H31	英语语言文化的认知与应用研究（The Cognitive and Applicable Study of English Language and Culture）	靳倩倩，许虹，张攀，曾杰，著	16	2020年8月
978-7-5643-7545-4	F592.771	四川旅游文化	赖启航，蒋秀碧，常慧丽，张炬，编著	16	2020年8月
978-7-5643-7546-1	U293.3	铁路客运组织（第4版）	谢立宏，刘士局，主编	16	2020年8月
978-7-5643-7547-8	TU712.1	装配式建筑项目管理	庞业涛，主编	16	2020年8月
978-7-5643-7548-5	U415.13-62	公路建设项目代建工作管理指南	庄建伟，冯涛，主编	16	2020年8月
978-7-5643-7549-2	K203	中华优秀传统文化精选与名作诵读	邓素林，潘丽莎，主编	16	2020年8月
978-7-5643-7550-8	TN602；TN605	电子产品设计与制作	李俊泓，黄银蓉，主编	16	2020年8月

续表

ISBN	分　类	书　　名	作　者	开本	出版时间
978-7-5643-7551-5	H55	韩国语入门	郑辉，主编	16	2020年8月
978-7-5643-7552-2	B82-057	工程伦理——像工程师那样工作	肖平，夏嵩，刘丽娜，编著	16	2020年8月
978-7-5643-7553-9	TU204	建筑CAD制图	韩永光，刘为民，主编	16	2020年9月
978-7-5643-7554-6	TU41	岩土工程振动台试验模型设计理论及技术	王志佳，吴祚菊，张建经，编著	16	2020年8月
978-7-5643-7555-3	K826.1-49	院士的故事2	《院士的故事》编写组，编	32	2020年11月
978-7-5643-7556-0	U225.5	接触网施工	龙剑，韩晓峰，尚晶，主编	16	2020年8月
978-7-5643-7557-7	G641	高校思想政治理论课实践教程	罗春秋，朱云生，主编	16	2020年8月
978-7-5643-7558-4	X703.1	部分亚硝化-厌氧氨氧化耦合脱氮机理及其应用——以人工快速渗滤系统为例	陈佼，陆一新，张建强，著	16	2020年8月
978-7-5643-7559-1	H102	普通话训练教程	唐明钊，卫勤，杨晓燕，编著	16	2020年8月
978-7-5643-7560-7	G633	基于核心问题的中学学科课程开发与实施——高中政治、历史、地理．二	米云林，总主编	16	2020年8月
978-7-5643-7561-4	G633	基于核心问题的中学学科课程开发与实施——高中体育、信息、艺术、心理．二	米云林，总主编	16	2020年8月
978-7-5643-7562-1	G633	基于核心问题的中学学科课程开发与实施——高中物理、化学、生物．二	米云林，总主编	16	2020年8月
978-7-5643-7563-8	U238	高速铁路施工概论	庞旭卿，主编	16	2020年8月
978-7-5643-7564-5	TM13	电路原理MOOC学习导学案	方重秋，游霞，冯鹄，王兵，主编	16	2020年8月
978-7-5643-7566-9	TM63	智能变电站原理与技术	贺达江，杨威，主编	16	2020年8月
978-7-5643-7567-6	U448.13	铁路桥涵构造与施工维修	冯涛，主编	16	2020年8月
978-7-5643-7568-3	U284.77	铁路信号电源系统维护	刘湘国，于勇，高嵘华，主编	16	2020年8月
978-7-5643-7569-0	U238	高速铁路导论	刘林芽，钟自锋，主编	16	2020年8月
978-7-5643-7570-6	TU201.4	BIM建模技术应用	刘香香，安雪玮，汪金能，主编	16	2020年8月
978-7-5643-7571-3	R473.5	内科护理学学习指导	李代强，李建，主编	16	2020年8月
978-7-5643-7572-0	J6	音乐与人生	甘霖，主编	16	2020年9月
978-7-5643-7573-7	P642；TU41	工程地质与土工试验检测	庞旭卿，主编	16	2020年8月
978-7-5643-7574-4	TH13	机械零件图识读与绘制	李凤，王佩，主编	16	2020年8月
978-7-5643-7575-1	U293.3	高速铁路动车组乘务工作	穆阿立，蒋晓茹，主编	16	2020年8月
978-7-5643-7576-8	TU2	建筑统一技术措施与节点构造选编	钱方，刘艺，主编	16	2020年8月

续表

ISBN	分 类	书 名	作 者	开本	出版时间
978-7-5643-7577-5	F259.22；F127.67	港口物流与湾区经济发展研究	朱芳阳，等著	16	2020年8月
978-7-5643-7578-2	I561.073	中国莎士比亚研究（第2辑）	李伟民，主编	16	2020年9月
978-7-5643-7579-9	G571.26	美国城市学校的发展与管理研究	李朝阳，著	32	2020年1月
978-7-5643-7580-5	J607.2	四川民族音乐	向葵，编著	16	2020年8月
978-7-5643-7581-2	U	行业英语：交通运输 Career English: Transportation	郑晓艳，主编	16	2020年8月
978-7-5643-7582-9	G645.5	贵州省新建本科院校大学生学习动机研究	刘雍江，著	16	2020年9月
978-7-5643-7583-6	G633	基于核心问题的中学学科课程开发与实施——高中数学．复习课	米云林，总主编	16	2020年8月
978-7-5643-7584-3	J0-53	艺术史叙事与艺术经典的重构（第6辑）	彭彤，支宇，主编	16	2020年8月
978-7-5643-7585-0	U264	机车电机与电器	李作奇，罗林顺，主编	16	2020年9月
978-7-5643-7586-7	H136.31	中国成语故事（Stories of Chinese Idioms）	杨振刚，郑分，译	16	2020年9月
978-7-5643-7587-4	G641.6；D920.4	思想道德修养与法律基础学生辅助读本	胡朝飞，主编	16	2020年9月
978-7-5643-7589-8	TG9	钳工技能实训	尹亚波，朱利民，刘洋，主编	16	2020年9月
978-7-5643-7590-4	TP391	藏文文本分析与挖掘技术研究	艾金勇，陈小莹，著	16	2020年8月
978-7-5643-7591-1	H195.4	科技汉语（Chinese for Science and Technology）	吴焱，主编	16	2020年8月
978-7-5643-7592-8	TM3；TM921	电机学与拖动基础	张建辉，徐晓玲，主编	16	2020年8月
978-7-5643-7593-5	U239.5	城市轨道交通通风与空调系统	刘海娥，主编	16	2020年8月
978-7-5643-7594-2	U294.1	铁路货运组织（第2版）	蔡昱，主编	16	2020年1月
978-7-5643-7595-9	TU723.32	建筑工程计量与计价	李慧云，张谊，主编	16	2020年10月
978-7-5643-7596-6	U239.5	城市轨道交通客服英语：智媒体版 Urban Rail Transit Service English（Smart Media Version）	代潇，周琪棋，张妮妮，主编	16	2020年9月
978-7-5643-7597-3	TN929.53	Android Studio 移动开发教程	刘云玉，原晋鹏，罗刚，主编	16	2020年9月
978-7-5643-7598-0	D64	基于产出导向理念的思想政治教育专业“U-G-I-S 四位互动”合作培养模式探索	毛玉楠，张思军，编著	16	2020年9月
978-7-5643-7599-7	U239.5	轨道交通常用老挝语（中老文对照）	吴焱，韩欣芝，主编	16	2020年9月
978-7-5643-7600-0	TP278	基于单片机的自动化生产线装配与调试	吕宇，杨旭，主编	16	2020年8月
978-7-5643-7601-7	U2	铁道概论	刘新强，刘广武，杜中彦，主编	16	2020年9月
978-7-5643-7602-4	O174.5-44；O177.6-44	复变函数与积分变换练习题集	谢灵红，卿铭，编	16	2020年8月
978-7-5643-7603-1	TP242.2	工业机器人技术认知	谢彩云，江艳华，杨晓华，主编	16	2020年8月

续表

ISBN	分　类	书　　名	作　者	开本	出版时间
978-7-5643-7604-8	TP393.092.2	网页设计与制作——理实一体化教程	曹小平，周礼萍，主编	16	2020年8月
978-7-5643-7605-5	V221；V323.1	重量平衡与飞行计划（第二版）	王可，肖艳平，刘志强，主编	16	2020年9月
978-7-5643-7606-2	O61-33；O65-33	无机及分析化学实验	梁春华，主编	16	2020年9月
978-7-5643-7607-9	TP311.5	软件设计工程	舒红平，赵卓宁，主编	16	2020年9月
978-7-5643-7608-6	V323.1	中国民航飞行员胜任力训练基本问题研究	张雪松，宋午阳，曾身殷强，张智雄，黄冠，赵晨，徐楸爽，李文栋，著	16	2020年8月
978-7-5643-7609-3	U231	地铁施工技术	贺丽娟，任莉莉，主编	16	2020年8月
978-7-5643-7610-9	P642	工程地质	罗筠，主编	16	2020年9月
978-7-5643-7611-6	TN928	轨道交通车地间毫米波通信技术	丁青锋，邓玉前，连义翀，王丽姚，著	16	2020年9月
978-7-5643-7612-3	U239.5	城市轨道交通调度指挥	杨旭丽，刘磊，梅哲飞，主编	16	2020年8月
978-7-5643-7613-0	TP317.1	办公软件应用（Office 2016）	杨倩，张红，主编	16	2020年9月
978-7-5643-7614-7	TN818	光传输设备与实训（第2版）	林稳章，主编	16	2020年9月
978-7-5643-7615-4	TH138；TH137	典型液压与气动系统认知及安装调试	梁毅，李珊珊，主编	16	2020年9月
978-7-5643-7616-1	F407.406.14	车间管理与MES的基础应用	刘小棠，杨涛，主编	16	2020年9月
978-7-5643-7617-8	F299.2；F299.33	文化融通与东盟港口城市合作研究	朱芳阳，等著	16	2020年9月
978-7-5643-7618-5	U293.1	铁路客运组织（第3版）	彭敏忠，主编	16	2020年9月
978-7-5643-7619-2	H0	语言学理论实用教程	吴燕侠，等，编著	16	2020年9月
978-7-5643-7620-8	F534.213；F532.6-53	一带一路——埃塞故事	王刚，主编	16	2020年9月
978-7-5643-7621-5	TU204.21	建筑工程制图与识图——含建筑设备工程识图	张大文，王晓梅，荣琪，主编	16	2020年9月
978-7-5643-7622-2	G649.287.11	跨越三世纪的坚守与传承——西南交通大学文化读本	贾兆帅，陈晨，主编	16	2020年9月
978-7-5643-7623-9	P	新编地球概论	吴显春，蒋焕洲，尚海龙，编著	16	2020年9月
978-7-5643-7624-6	C912.11	大学生人际关系与沟通能力	杨开华，石维富，主编	16	2020年9月
978-7-5643-7625-3	TM464	级联H桥多电平逆变器PWM优化及功率平衡控制技术	叶满园，李宋，著	16	2020年9月
978-7-5643-7626-0	TS273	咖啡饮品制作	郑昕，主编	16	2020年11月
978-7-5643-7627-7	H195.4	来华留学生初级汉语教程	陈钰萍，邱兴，赖国毅，主编	16	2020年9月
978-7-5643-7628-4	U418.5	框架锚索及其组合支护结构加固边坡的地震动特性研究	付晓，马洪生，张建经，编著	16	2020年9月

续表

ISBN	分　类	书　　名	作　者	开本	出版时间
978-7-5643-7629-1	U284	铁路信号基础	张治国，王茹玉，主编	16	2020年9月
978-7-5643-7630-7	TS272.7	茶叶质量安全控制与溯源	周才碧，杨再波，崔宝禄，主编	16	2020年9月
978-7-5643-7631-4	G659.286.73	画说玉师——玉林师范学院建设发展历史图片集：1945—2020	玉林师范学院，编；关鳃，冯宇，主编	16	2020年9月
978-7-5643-7632-1	V321.3-62	民航飞行学员心理健康自助手册	罗晓利，主编	16	2020年9月
978-7-5643-7634-5	TU-092.816	季刀苗寨——一个苗族村落的村寨聚落和建筑风格	王展光，蔡萍，潘昌仁，著	16	2020年9月
978-7-5643-7635-2	I207.411	认知诗学视野下的《红楼梦》情感隐喻与转喻研究 A Cognitive Poetic Study of Metaphors and Metonymies Expressing Characters' Emotions in A Dream of Red Mansions	韩江华，著	16	2020年9月
978-7-5643-7636-9	U41	公路交通工程导论	陈略，主编	16	2020年10月
978-7-5643-7637-6	O342	结构力学	李春林，主编	16	2020年10月
978-7-5643-7638-3	F252	物流系统分析与设计	廖伟，编著	16	2020年9月
978-7-5643-7640-6	R917	药物分析技术	戴笑娟，孙辉，主编	16	2020年9月
978-7-5643-7642-0	K512.0	16—17世纪西欧人眼中的俄罗斯	朱川豫，严学玉，付华权，姜海阳，著	16	2020年10月
978-7-5643-7643-7	R47	护理学基础学习指导	蔡红霞，刘丽娟，主编	16	2020年12月
978-7-5643-7644-4	U293.3	高速铁路客运服务管理与沟通技巧	王慧，主编	16	2020年9月
978-7-5643-7645-1	TG9	钳工工艺与技能训练	陈军，胡知平，刘开丰，主编	16	2020年9月
978-7-5643-7646-8	TM1	电工基础与技能训练	陈军，梁义东，严乐，主编	16	2020年9月
978-7-5643-7647-5	G647.38	创新　创业　创青春——正年轻，有梦想，走“三创”征途	苗苗，李静波，杨柳，编著	16	2020年9月
978-7-5643-7648-2	TN91	AutoCAD与通信工程制图	刘修军，彭小春，主编	16	2020年9月
978-7-5643-7649-9	TN929.5	LTE组网与维护	熊英，许勇，主编	16	2020年9月
978-7-5643-7650-5	S567.23	天麻产业开发关键技术	方伟，邹娟，邱小燕，刘胜贵，伍贤进，田玉桥，蒋忠权，陈三春，著	16	2020年11月
978-7-5643-7651-2	K203	朗读时刻	冯宇楠，楚翘，窦学静，主编	16	2020年9月
978-7-5643-7652-9	J616.2	声乐基础	麻华，主编	16	2020年9月
978-7-5643-7653-6	TP312.8	Java程序设计——理实一体化教程	罗娜，曹小平，主编	16	2020年9月
978-7-5643-7654-3	B834.3；G831.3	形象塑造与形体训练	王慧，王嘉嘉，主编	16	2020年9月

续表

ISBN	分　类	书　　名	作　者	开本	出版时间
978-7-5643-7656-7	V47	高超声速飞行器攻角观测器设计与仿真	雷军委，丛晓，李恒，陈育良，著	16	2020年11月
978-7-5643-7657-4	U491.1	基于复杂网络的不同攻击策略下考虑级联失效的城市群客运交通网络抗毁性研究	李成兵，著	16	2020年9月
978-7-5643-7658-1	TM727.2	异步联网后云南电网机网协调控制策略研究	周鑫，吴水军，刘明群，何常胜，著	16	2020年11月
978-7-5643-7659-8	U459.1	基于BIM的长大砂质板岩隧道快速施工及控制爆破技术	闫铁钢，马利鹏，王成功，杨学营，罗鸿昌，尹紫红，温楷和，著	16	2020年9月
978-7-5643-7661-1	TP393	高级网络技术实践	王刚，杨兴春，王方华，编著	16	2020年9月
978-7-5643-7662-8	TU45	《岩体力学》习题指导与解析	黄明奎，主编	16	2020年10月
978-7-5643-7663-5	K825.6	李白的意义——李白的人文贡献及当代价值研究	赵斌，著	16	2020年9月
978-7-5643-7664-2	X821	理想的村居——乡村居住环境评价体系研究	谌凤莲，著	16	2020年10月
978-7-5643-7665-9	K28；J06	民族文化与设计创意	田亚莲，主编	32	2020年10月
978-7-5643-7666-6	F512.771	西部地区城乡交通运输统筹发展研究——以四川省为例	王煜洲，王永莲，著	16	2020年9月
978-7-5643-7667-3	N031；H0	自然辩证法中国话语素材汇编	覃世艳，董波，汪希，主编	16	2020年10月
978-7-5643-7668-0	R471	健康评估	刘梅芬，宋正爱，主编	16	2020年11月
978-7-5643-7669-7	G464	教育督导学	郭平，胡永春，主编	16	2020年11月
978-7-5643-7670-3	F327.41	陕南特色农业产业化经营创新路径研究	李天芳，郑宽明，郭亚锋，著	16	2020年10月
978-7-5643-7671-0	U294	铁路货物运输组织	黄兴建，吕燕梅，王苏林，主编	16	2020年9月
978-7-5643-7673-4	G724	成人高校课程思政的实践研究	蒋中华，主编	16	2020年10月
978-7-5643-7675-8	G641	传统文化视阈下大学生思想政治教育创新研究	邓云晓，陆志荣，著	16	2020年9月
978-7-5643-7676-5	O6-3	大学化学实验	杨小敏，刘建平，夏坚，主编	16	2020年11月
978-7-5643-7677-2	TB472-39	UG NX产品造型设计项目教程	俞挺，黄浙剑，主编	16	2020年10月
978-7-5643-7678-9	D923.24	不动产登记中的民法原理与实务	刘守君，著	16	2020年10月
978-7-5643-7680-2	U264	电力机车运用与规章（第2版）	陆超，曾青中，陈炳根，主编	16	2020年11月
978-7-5643-7681-9	TH137；TH138	液压与气动技术（AR版）	陈沪，主编	16	2020年11月
978-7-5643-7682-6	U464.03；U472.43	汽车发动机电控系统构造与检修	郑毅，主编	16	2020年10月

续表

ISBN	分　类	书　　名	作　者	开本	出版时间
978-7-5643-7683-3	U239.5	城市轨道交通行车调度指挥模拟实训指导书	宗小波，编	16	2020年11月
978-7-5643-7686-4	U21	新建重庆至万州铁路工程总结	渝万铁路有限责任公司，编著	16	2020年11月
978-7-5643-7687-1	G127.71	神秘的南方丝绸之路——南方丝绸之路非物质文化遗产拾萃：四川篇（中英双语）	陈思琦，主编	16	2020年10月
978-7-5643-7688-8	F426.471	新能源汽车技术专业人才培养方案及教学实施细则	郑毅，编著	16	2020年10月
978-7-5643-7690-1	U239.5-39	城市轨道交通设计 BIM 技术应用研究与实践	史海欧，张志良，王建，袁泉，曾文驱，编著	16	2020年10月
978-7-5643-7691-8	G804-33	运动人体科学实验教程	唐丽，主编	16	2020年9月
978-7-5643-7692-5	H319.34	大学英语四级核心词汇速记与应用	杨敬舜，主编	16	2020年9月
978-7-5643-7693-2	U266.2	城市轨道交通电客车检修实训指导书	周慧红，邓永果，编	16	2020年11月
978-7-5643-7694-9	U491.5	城市轨道交通信号系统维护实训指导书	侯蓉华，王松林，施瑞，编	16	2020年11月
978-7-5643-7695-6	U415.12-39	基于 BIM 与 LSM 的山区高速公路集成管控技术——保施高速公路的建设管理实践	段军，代绍海，编著	16	2020年10月
978-7-5643-7696-3	U239.5	城市轨道交通车站设备认识及运用实训指导书	苏璐，陈敏，邓雪，编	16	2020年11月
978-7-5643-7697-0	U284	铁道信号自动控制专业群课程标准	莫振栋，黄聪，赵宁，吴雄升，陶汉卿，邵长春，万选明，刘洪，姚明阳，著	16	2020年9月
978-7-5643-7699-4	U21	重庆至贵阳铁路扩能改造工程总结	渝黔铁路有限责任公司，编著	16	2020年10月
978-7-5643-7700-7	G641	大学生思想政治理论课学习状况研究	林伯海，等著	16	2020年9月
978-7-5643-7702-1	U285-39	铁道通信与信息化技术实训指导书	朱凤文，编著	16	2020年9月
978-7-5643-7703-8	O64	物理化学	刘云霞，编	16	2020年9月
978-7-5643-7704-5	U415.1	高原复杂山区高速公路施工标准化管理——以香丽高速公路的工程管理实践为例	王晓方，白晓波，普利坚，杨振生，编著	16	2020年11月
978-7-5643-7705-2	U213.2	铁路轨道工程	李前豪，梁斌，主编	16	2020年11月
978-7-5643-7707-6	TP391.413	人脸检测与识别研究	王智文，著	16	2020年11月
978-7-5643-7708-3	K825.6	北宋蜀中三俊研究	李延芳，杨兴涓，著	16	2020年11月
978-7-5643-7709-0	I207.72	桂北红喜谣辞研究	莫山昀，著	16	2020年11月
978-7-5643-7710-6	O6-3	化学综合实训	刘春叶，张放，刘裕红，主编	16	2020年11月

续表

ISBN	分 类	书 名	作 者	开本	出版时间
978-7-5643-7713-7	O31	新编理论力学教程（含习题集）	陈赋迪，主编	32	2020年11月
978-7-5643-7714-4	U412.36	高速公路 PPP 项目总承包管理体系与应用实践	普利坚，白晓波，魏家旭，编著	16	2020年11月
978-7-5643-7717-5	G641	思想政治理论课优秀教案选	周玲，赵平略，主编	16	2020年12月
978-7-5643-7718-2	TM73	地级调控事故分析与处理	杨斌，主编	16	2020年12月
978-7-5643-7719-9	TS972.132	中式面点制作技术	陈荣剑，主编	16	2020年11月
978-7-5643-7720-5	U2	铁路规划与建设（第2版）	李远富，编著	16	2020年10月
978-7-5643-7721-2	U239.5	轨道列车司机	温州市铁路与轨道交通投资集团有限公司运营分公司，编	16	2020年12月
978-7-5643-7722-9	U239.5	城市轨道交通列车模拟驾驶实训指导书	刘继成，李国勇，编	16	2020年11月
978-7-5643-7724-3	J292.1	书法教程	张建国，陈昊宇，李致林，主编	16	2020年11月
978-7-5643-7725-0	U459.2	城市交通隧道火灾蔓延控制	张泽江，等著	16	2020年11月
978-7-5643-7727-4	X171.1-092	秦汉时期生态环境思想研究	周鑫，著	16	2020年11月
978-7-5643-7728-1	J12	皮鼓之道——羌族口头艺术论集	仲昭铭，编著	16	2020年10月
978-7-5643-7729-8	U415.1	高原复杂山区高速公路建造关键技术——香丽高速公路施工实践	刘昆珏，李灿德，胡俊，编著	16	2020年11月
978-7-5643-7730-4	U44	桥梁工程概论（第4版）	李亚东，主编	16	2020年12月
978-7-5643-7731-1	G222.1-53	电视画面编辑教程	张乐平，夏浪波，编著	16	2020年10月
978-7-5643-7734-2	U213.1	铁路路基	杨美玲，主编	16	2020年11月
978-7-5643-7735-9	F532.873.3	川黔铁路遵义城区段外迁工程总结	渝黔铁路有限责任公司，编著	16	2020年10月
978-7-5643-7737-3	TP368.1	单片机应用系统设计	王先彪，张茂贵，主编	16	2020年11月
978-7-5643-7738-0	U26-64	铁道机车 4D 图册	杨敏，杨萍，杨恒一，编著	16	2020年11月
978-7-5643-7739-7	TP332.1；TP312.8	FPGA 技术基础工程实践——基于 Vivado 与 Verilog HDL	胡迎刚，编著	16	2020年10月
978-7-5643-7741-0	U239.5-39	城市轨道交通工程 BIM 技术应用	段军朝，吴贤国，贾锐奇，主编	16	2020年11月
978-7-5643-7742-7	U21；U291	铁路线路及站场	曹亮，主编	16	2020年10月
978-7-5643-7743-4	TU74	建筑施工技术实训指导	张玉杰，主编	16	2020年10月
978-7-5643-7744-1	TP331.202.1	VIVADO 环境下 IP 核应用研究	胡迎刚，著	16	2020年10月
978-7-5643-7747-2	G451.2	西部乡村教师专业发展政策研究	李艳红，张力，著	16	2020年10月
978-7-5643-7748-9	U238	高速铁路智能牵引供电系统	高仕斌，等著	16	2020年10月

续表

ISBN	分类	书名	作者	开本	出版时间
978-7-5643-7749-6	TM73	电力监控系统网络安全运维技术与实践	杨家全，冯勇，李踔，王禹，编著	16	2020年10月
978-7-5643-7750-2	TG457.19	镁合金焊接接头的超声冲击表面质量及疲劳性能改善技术	于影霞，著	16	2020年12月
978-7-5643-7751-9	G641	新时代大学生与中国精神中国梦教育	申艳婷，李娟，著	32	2020年12月
978-7-5643-7752-6	R730.51	肿瘤免疫治疗概论——Introduction to Tumor Immunotherapy	雷涵，主编	16	2020年10月
978-7-5643-7753-3	G644-53	我的科创之路	李静波，主编	32	2020年10月
978-7-5643-7755-7	U239.5	城市轨道交通供电及机电设备维护实训指导书	关黎，李丽，编	16	2020年11月
978-7-5643-7756-4	B804.4	创新设计思维	蒋家胜，何琳，范华亮，陈晓通，编著	16	2020年10月
978-7-5643-7757-1	U472.43	汽车发动机机械系统检修	李俊泓，李有通，主编	16	2020年11月
978-7-5643-7759-5	F592.771；H059	旅游景区语言服务与翻译——以四川省旅游景区为例	殷明月，管静，周鹤，姜学龙，著	16	2020年11月
978-7-5643-7760-1	R313	医用化学基础	王敦丽，主编	16	2020年11月
978-7-5643-7762-5	U293.22	城市轨道交通自动售检票系统使用与维护（智媒体版）	陈舒萍，万学春，主编	16	2020年11月
978-7-5643-7763-2	TP242.6	Arduino机器人制作、编程与创新应用	陈勇志，编著	16	2020年11月
978-7-5643-7764-9	U239.5	城市轨道交通车站消防与给排水系统运行与维护——智媒体版	张杨，李助军，主编	16	2020年12月
978-7-5643-7766-3	TP368.1	Arduino嵌入式系统应用开发	刘国成，主编	16	2020年11月
978-7-5643-7767-0	F299.27；G212	西部地区城镇化建设与媒体关联作用研究	俞运宏，编著	16	2020年11月
978-7-5643-7768-7	H319.36	英语写作沙龙（English Writing Salon）	许虹，编著	16	2020年11月
978-7-5643-7769-4	F532	铁路职业意识	李一龙，编著	16	2020年11月
978-7-5643-7770-0	D035	治理十讲	蔺雪春，编著	16	2020年10月
978-7-5643-7772-4	K825.2	关公文化1800年	康宇，著	16	2020年11月
978-7-5643-7773-1	G122；G124	非物质文化遗产与文化创意产业融合发展实践	陈思琦，李佳，李雨竹，著	16	2020年11月
978-7-5643-7774-8	B949.92	大慧宗杲思想研究	任静伟，著	32	2020年12月
978-7-5643-7777-9	U292.15	车站站务	温州市铁路与轨道交通投资集团有限公司运营分公司，编	16	2020年12月
978-7-5643-7780-9	TN915.05	路由交换技术基础与实践	林稔章，刘晓，主编	16	2020年10月
978-7-5643-7781-6	R195.1-54	四川卫生健康统计年鉴（2019）	四川省卫生健康委员会，编	16	2020年11月
978-7-5643-7782-3	TP311.5	软件实训工程	舒红平，王亚强，主编	16	2020年11月
978-7-5643-7784-7	TP311.5	软件制造工程	舒红平，刘魁，主编	16	2020年11月

续表

ISBN	分　类	书　名	作　者	开本	出版时间
978-7-5643-7785-4	TH164	基于城市轨道交通机电技术特色的机械制造与自动化专业群人才培养方案	陈敏，吴斌，邹伟全，万学春，胡艳娥，编著	16	2020年10月
978-7-5643-7787-8	D632.1-09	成都慈善档案选编（1911—1951）	成都市社会福利和慈善事业发展中心，成都市档案馆，编	16	2020年10月
978-7-5643-7788-5	G202	新一代信息技术	李成勇，钟馨怡，赵友贵，卢瑛，编著	16	2020年11月
978-7-5643-7789-2	TP312.8；TP393.092.2	Web前端开发——HTML5+CSS3+JavaScript+Vue2	朱广福，王芳，主编	16	2020年10月
978-7-5643-7793-9	D035.3-62	警务藏语言手册（藏语基础、藏语对话）	崔军民，编著	16	2020年10月
978-7-5643-7794-6	F762	农产品市场营销	何瑶，邓宗胜，符立，冉启全，主编	16	2020年11月
978-7-5643-7795-3	TM；TN	电工电子技术	廖化容，王海军，王德春，主编	16	2020年12月
978-7-5643-7798-4	I237	中国十大古典喜剧故事（Ten Chinese Classic Comedies）	刘炎平，编著	16	2020年11月
978-7-5643-7800-4	TS972.114	食品雕刻基本技法（智媒体版）	李兴武，曾凡文，主编	16	2020年10月
978-7-5643-7801-1	Z126-49	中华国学经典选读（Selected Readings of Chinese Classics）	秦晓梅，赵铮，邢怡，译	16	2020年11月
978-7-5643-7802-8	I237	中国十大古典悲剧故事（Ten Chinese Classic Tragedies）	刘炎平，编著	16	2020年11月
978-7-5643-7803-5	TN2-33	光电子技术实验	刘钦朋，主编	16	2020年12月
978-7-5643-7804-2	U284.3	铁道信号自动控制专业课程标准	莫振栋，黄聪，赵宁，吴雄升，著	16	2020年10月
978-7-5643-7805-9	TV752.73-53	贵州水力发电论文集（2019）	贵州省水力发电工程学会，贵州乌江水电开发有限责任公司，编	16	2020年12月
978-7-5643-7806-6	TN929.53	Android项目开发实战	刘国成，主编	16	2020年11月
978-7-5643-7807-3	G210	舆论学基础与实务教程	邓海荣，邓凤仪，编著	16	2020年12月
978-7-5643-7808-0	I209.6；I209.7	中国现当代文学（第2版）	杜春海，唐霞，主编	16	2020年10月
978-7-5643-7809-7	TM；TN	电工电子技术及应用	刘冬香，主编	16	2020年10月
978-7-5643-7810-3	G649.287.19-54	重庆文理学院年鉴（2020）	蔡华锋，主编	16	2020年11月
978-7-5643-7813-4	U415.12-62	公路工程文明施工指南	卢利群，高翔，主编	16	2020年12月
978-7-5643-7814-1	U459.5	波流场中悬浮隧道模型实验技术与实例研究	丁浩，李科，程亮，著	16	2020年11月
978-7-5643-7816-5	TU731.3	建筑施工用电	廖丽平，丁雅萍，孙谦，主编	16	2020年10月
978-7-5643-7817-2	F560.81	签派资源管理（Dispatch Resource Management）	罗凤娥，郑力维，代毅，编著	16	2020年11月

续表

ISBN	分　类	书　　名	作　者	开本	出版时间
978-7-5643-7819-6	F532.69；X731	中国中铁股份有限公司安全质量、生态环境事故（事件）应急预案	国家安全生产应急救援中心，中国中铁股份有限公司，中铁二局集团有限公司，国家隧道应急救援中铁二局昆明队，中国中铁股份有限公司爆破安全技术中心，编著	16	2020年12月
978-7-5643-7820-2	U415.5	筑路机械应用	曾葵，肖川，唐子雷，主编	16	2020年10月
978-7-5643-7824-0	H152.3	应用文写作教程	张蓉，王英，由丰收，主编	16	2020年12月
978-7-5643-7827-1	K281.4	嘉绒藏族土司档案选译（第一辑）（全5册）	阿坝藏族羌族自治州档案馆，编；红音，阿根，译	16	2020年11月
978-7-5643-7829-5	U22	温州市域铁路机电设备接口调试实践	温州市铁路与轨道交通投资集团有限公司运营分公司，编	16	2020年12月
978-7-5643-7831-8	G649.21-53	西部工科高等教育教学改革论文集	沈火明，主编	16	2020年12月
978-7-5643-7833-2	Z88：R2	四川民国中医文献联合目录	林英，刘军，主编	16	2020年11月
978-7-5643-7834-9	K203	全球化与中国文化	王俊棋，王昕，主编	16	2020年11月
978-7-5643-7835-6	F560.6	航空公司运行安全管理	罗凤娥，骆晨，孙立新，编著	16	2020年11月
978-7-5643-7836-3	D922.297.9	四川公路建设中典型路基病害处治实用案例研究	张华，方应杰，著	16	2020年11月
978-7-5643-7837-0	D922.295.4	“一带一路”建设中的商事纠纷在线解决机制研究	钱颖萍，著	16	2020年11月
978-7-5643-7838-7	K892.473.4	我的家乡在麻江	王娜，主编	16	2020年12月
978-7-5643-7839-4	U293.22	票务管理	温州市铁路与轨道交通投资集团有限公司运营分公司，编	16	2020年12月
978-7-5643-7840-0	G259.277.11-53	图书馆服务效能提升理论与实践——成都市公共图书馆2020年学术年会论文集	成都图书馆，成都市图书馆学会，编	16	2020年12月
978-7-5643-7846-2	G644	高校国有资产管理体制对职务科技成果转化影响研究	钟冲，石琦，雷鸣，高红梅，牟茁，著	16	2020年12月
978-7-5643-7847-9	G649.287.11-54	西南交通大学年鉴（2019）	《西南交通大学年鉴》编辑委员会，编	16	2020年11月
978-7-5643-7850-9	F713.365.2	社会化媒体情境下的顾客契合与价值共创	令狐克睿，著	16	2020年11月
978-7-5643-7853-0	TM63	输变电设备健康诊断与故障预警	程宏波，辛建波，著	16	2020年12月
978-7-5643-7856-1	TN911.72	数字信号处理	袁世英，姚道金，主编	16	2020年12月

续表

ISBN	分　类	书　　名	作　者	开本	出版时间
978-7-5643-7857-8	U491.2-39	智能网联环境下车辆运动行为理解方法	陈志军，著	16	2020年12月
978-7-5643-7861-5	U239.5	轨道交通服务英语——视听说智媒体版	谈竹琴，主编	16	2020年12月
978-7-5643-7862-2	F719.3	西餐服务与管理	吴汉秋，陶正峰，刘雨涛，主编	16	2020年11月
978-7-5643-7869-1	TM60	电能质量监测与高级分析技术	郭成，等著	16	2020年11月
978-7-5643-7877-6	TP301.6	实用计算方法原理及算法实现——VB.NET版	杨超，范士娟，周建民，编著	16	2020年12月
978-7-5643-7879-0	U239.5	信号工程施工	穆中华，梁宏伟，主编	16	2020年12月
978-7-5643-7880-6	U293.22	城市轨道交通智慧售检票系统研究与应用	靳守杰，等编著	16	2020年12月
978-7-5643-7881-3	U293.13	高速铁路客流时变需求预测研究	魏堂建，著	16	2020年12月
978-7-5643-7886-8	U239.5	城市轨道交通运输设备（第三版）	刘婉玲，主编	16	2020年12月
978-7-5643-7891-2	F326.475.5	浙东渔文化趣谈	徐岚，著	32	2020年12月
978-7-5643-7892-9	V328	通用航空事故调查方法与技术	杨昌其，仇争平，编著	16	2020年12月
978-7-5643-7893-6	D923.424	专利添附制度研究——以中国高铁技术创新与发展为例	陈家宏，著	16	2020年11月
978-7-5643-7894-3	F426.82	中国盐文化（第13辑）	曾凡英，主编	16	2020年12月
978-7-5643-7901-8	TG510.6	车工工艺与技能训练	刘全，谢小明，主编	16	2020年12月
978-7-5643-7909-4	C924.24	农村驻守人口与外出人口的发展及增能	孙奎立，著	16	2020年12月
978-7-5643-7911-7	TH126	机械制图	刘小斌，文杰，主编	16	2020年12月
978-7-5643-7941-4	F592.771	川东北旅游文化	杨云，姜波，王喆，主编	16	2020年12月
978-7-5643-7944-5	F560.81	签派程序与方法	罗凤娥，张成伟，张海荣，编著	16	2020年12月
978-7-5643-7953-7	TS971.21	茶艺导学案	文茜，主编	16	2020年12月
978-7-5643-7956-8	G649.21	新时代高等教育内涵式发展研究	贾兆帅，史维生，主编	16	2020年12月
978-7-5643-7969-8	S661.1-64	图说苹果丰产优质栽培技术	胡远涛，康光海，杨明富，编著	16	2020年12月
155643.42		环保预制装配式板房标准设计图集	中国建筑西南设计研究院有限公司　威特龙消防安全股份有限公司，主编	8	2020年8月
155643.48		四川省钢结构农房标准图集（轻钢轻混凝土结构）	四川省建筑设计研究院有限公司 中国建筑西南设计研究院有限公司，主编	16	2020年6月
155643.53		四川省装配整体式剪力墙住宅设计示例（给排水、暖通空调、电气）	中国建筑西南设计研究院有限公司，主编	8	44075.00

续表

ISBN	分　类	书　　名	作　者	开本	出版时间
155643.54		四川省装配整体式剪力墙住宅设计示例（建筑、结构）	中国建筑西南设计研究院有限公司，主编	8	2020年9月
155643.55		四川省建筑工程抗震支吊架图集	中国建筑西南设计研究院有限公司，主编	16	2020年12月
155643.61		四川省自保温混凝土复合砌块墙体应用技术标准	四川省建筑科学研究院，主编	32	2020年1月
155643.62		四川省矩形顶掘法技术标准	成都建工路桥建设有限公司 中铁二院工程集团有限责任公司 主编	32	2020年1月
155643.63		建筑结构加固效果评定标准	四川省建筑科学研究院有限公司 主编	32	2020年1月
155643.64		常用电机CPS控制电路图	西南地区建筑标准设计协作领导小组 四川西南建标科技发展有限公司　组编	16	2020年1月
155643.65		高海拔环境35kV及以下常用电气设备设计图集	西南地区建筑标准设计协作领导小组 四川西南建标科技发展有限公司　组编	16	2020年4月
155643.66		浪涌保护器设计应用与安装图集	西南地区建筑标准设计协作领导小组 四川西南建标科技发展有限公司　组编	16	2020年4月
155643.67		电力滤波与无功补偿装置及其应用系统设计导则	西南地区建筑标准设计协作领导小组　四川西南建标科技发展有限公司　组编	16	2020年1月
155643.68		四川省塔式起重机装配式基础技术标准	四川省装配式建筑产业协会　四川鑫塔塔机基础设备有限责任公司，主编	32	2020年4月
155643.69		四川省不透水土层地下室排水卸压抗浮技术标准	四川省建筑科学研究院有限公司　四川省建筑设计研究院有限公司，主编	32	2020年4月
155643.70		四川省房屋建筑和市政基础设施建设工程质量监督标准	成都衡泰工程管理有限责任公司 四川省建设工程质量安全总站，主编	32	2020年4月
155643.71		建筑用轻质隔墙条板构造图集	四川省建筑科学研究院有限公司，主编	16	2020年7月

续表

ISBN	分　类	书　　名	作　者	开本	出版时间
155643.72		四川省城市轨道交通工程整体预制简支箱梁施工技术标准	中铁二十三局集团有限公司，主编	32	2020年4月
155643.73		四川省城镇污水处理厂运行管理标准	四川省城镇供水排水协会 成都环境投资集团有限公司，主编	32	2020年5月
155643.74		四川省城镇节段预制超高性能混凝土梁桥技术标准	四川西南交大土木工程设计有限公司，主编	32	2020年5月
155643.75		四川省混凝土居住建筑装配式装修工程技术标准	成都市土木建筑学会，成都建工集团有限公司主编	32	2020年5月
155643.76		四川省玻璃幕墙工程技术标准	四川省建筑设计研究院有限公司 中国建筑西南设计研究院有限公司，主编	32	2020年5月
155643.77		公路排水沥青路面设计与施工技术指南	四川省交通勘察设计研究院有限公司，主编	32	2020年5月
155643.78		公路明（棚）洞勘察设计指南	四川省交通勘察设计研究院有限公司，主编	32	2020年5月
155643.79		景区内部道路设计指南	四川省交通勘察设计研究院有限公司，主编	32	2020年5月
155643.80		四川省城市轨道交通桥梁减隔震支座应用技术标准	中铁二院工程集团有限责任公司，主编	32	2020年6月
155643.81		四川省公共建筑节能设计标准	中国建筑西南设计研究院有限公司，主编	32	2020年7月
155643.82		四川省建筑与桥梁结构监测实施与验收标准	四川大学　重庆大学主编	32	2020年8月
155643.83		四川省现浇混凝土钢丝网架免拆模板保温系统技术标准	中国建筑西南设计研究院有限公司，主编	32	2020年10月
155643.84		四川省被动式超低能耗建筑技术标准	中国建筑西南设计研究院有限公司，主编	32	2020年10月
155643.85		四川省城市轨道交通矿山法隧道施工技术标准	成都轨道交通集团有限公司 中建三局集团有限公司　主编	32	2020年10月
155643.86		胶轮有轨电车交通系统设计标准	中铁二院工程集团有限责任公司　比亚迪勘察设计有限公司，主编	32	2020年10月
155643.87		胶轮有轨电车交通系统施工及验收标准	中铁二院工程集团有限责任公司 比亚迪勘察设计有限公司，主编	32	2020年10月
155643.88		四川省超限高层建筑抗震设计图示	中国建筑西南设计研究院有限公司，主编	16	2020年10月

续表

ISBN	分　类	书　　名	作　者	开本	出版时间
155643.89		四川省城市园林绿化施工技术标准园林植物有害生物防治技术分册	四川建筑职业技术学院，主编	32	2020年11月
155643.90		四川省城市园林绿化施工技术标准盆景制作技术分册	四川建筑职业技术学院，主编	32	2020年11月
155643.91		四川省城市园林绿化施工技术标准屋顶绿化技术分册	四川建筑职业技术学院，主编	32	2020年11月
155643.92		四川省农村生土房屋维修加固图册	四川农业大学，主编	16	2020年11月
155643.93		TLK浮筑楼板隔声（保温）系统构造	西南地区建筑标准设计协作领导小组 四川西南建标科技发展有限公司 组编	16	2020年11月
155643.95		四川省附着式脚手架安全技术标准	成都市土木建筑学会 中天建设集团有限公司，主编	32	2020年12月
155643.96		四川省城镇道路排水沥青路面技术标准	知行良知实业股份有限公司 中国市政工程西南设计研究总院有限公司，主编	32	2020年12月
155643.97		四川省抗震设防超限高层民用建筑工程界定标准	四川省建筑设计研究院有限公司，主编	32	2020年12月
155643.98		四川省既有建筑增设电梯工程技术标准	四川省建筑设计研究院有限公司，主编	32	2020年12月
155643.99		四川省海绵城市建设工程评价标准	四川省建筑设计研究院有限公司 成都市市政工程设计研究院，主编	32	2020年12月
155643.101		四川省城市园林绿化施工技术标准园林绿化养护技术分册	四川建筑职业技术学院，主编	32	2020年12月
155643.102		四川省城市园林绿化施工技术标准花圃育苗技术分册	四川建筑职业技术学院，主编	32	2020年12月
155643.103		四川省城市园林绿化施工技术标准园林苗圃育苗技术分册	四川建筑职业技术学院，主编	32	2020年12月
155643.104		四川省城市园林绿化施工技术标准园林工程施工技术分册	四川建筑职业技术学院，主编	32	2020年12月
155643.105		四川省不燃型聚苯颗粒复合板建筑保温工程技术标准	四川省建设科技协会 四川省建设科技发展中心，主编	32	2020年12月
155643.106		四川省城市园林绿化施工技术标准立体绿化技术分册	四川建筑职业技术学院，主编	32	2020年12月
155643.107		四川省城市园林绿化施工技术标准古树名木及古树后续资源养护管理技术分册	四川建筑职业技术学院，主编	32	2020年12月

（七）2020年新闻媒体报道西南交通大学的主要消息索引

序号	媒　体	标　　题	日　期
1	光明日报	王顺洪："四个下功夫"推进主题教育	1月8日
2	中国交通报	西南交大两项科技成果获国家科技进步奖	1月14日
3	锦观新闻	2020年第一期ESI数据发布　我省3所高校进入国内高校榜单百强	1月14日
4	封面新闻	免费阅读！西南交大出版社与四川省医院联手出版战"疫"电子图书	2月6日
5	教育部网站	西南交通大学全力以赴打好疫情防控阻击战	2月13日
6	成都商报	疫情之下，学校、社区如何缓解心理焦虑？这份心理援助手册请收好！	2月15日
7	中国社会科学网	西南交大留学生海内外共同抗"疫"	3月3日
8	学习强国	不一样的思政课：西南交通大学"青年讲师团"云端宣讲，共抗疫情	3月18日
9	川报观察	西南交大举行首场博士研究生在线学位论文答辩	3月23日
10	界面新闻	爱心帮扶远牧行，教育之重入人心——西南交通大学精准扶贫在行动	4月7日
11	中国教育报	西南交通大学：为学生织好"心理防疫网"	4月17日
12	光明日报	这个就业季有温度有力度——西南交大"云服务"帮助学生高质量就业	4月30日
13	中央电视台	以青春的名义　我不后悔	5月4日
14	中国教育电视台	西南交通大学：云团课致敬"逆行者"新青年要有新担当	5月4日
15	中央电视台	西南交通大学：致敬"逆行者"，新时代新青年新担当	5月5日
16	四川电视台	高校复课观察：大数据助力　掌握在校生活动轨迹	5月21日
17	中国交通报	与科研为伴　为高铁"铺路"——记第二届全国创新争先奖状获得者、西南交通大学首席教授张卫华	6月4日
18	中国青年报客户端	大学扶贫	6月19日
19	锦观新闻	西南交通大学今年将在60个专业（大类）招收7450名本科生	7月2日
20	成都日报	2020年最新ESI数据出炉我省5个学科分别新晋全球前1‰和1%	7月12日
21	中国青年报	青年来信传心声	8月6日
22	四川新闻网	四川唯一！西南交大王开云研究员获"科学探索奖"	9月28日
23	教育部网站	西南交通大学"四个聚焦"抓好定点帮扶工作	10月12日
24	中国新闻网	蓝皮书：健康老龄化是实现人口老龄化转危为机的必由之路	10月17日
25	中国教育电视台	西南交通大学：铭记伟大胜利　传承伟大精神	10月30日
26	中国教育报	一支特殊的抗美援朝战斗队伍	11月2日
27	新闻联播	翟婉明院士：交通发展奇迹背后是制度优势	11月6日

续表

序号	媒 体	标 题	日 期
28	科技日报	聚焦健康养老问题 大学生“智造”助老机械	11月22日
29	中国科学报	高校学子西南交大比拼机械创新设计能力	11月22日
30	中国科学报	一场学生竞赛背后的思考——竞赛之“魂”，能否融入课程之“身”	12月1日
31	中国教育报	跨越两千公里的同一堂课——西南交通大学探索异地同步教学助力援藏工作	12月7日
32	新华社	寒风落叶里，你值得整片星空！	12月11日
33	川观新闻	西南交大博士以第一作者在自然杂志发布文章，对传统开尔文公式进行修正	12月15日
34	中国新闻网	第三届感恩中国近现代科学家奖助学金颁奖大会在蓉举行	12月17日
35	中国社会科学报	考论蜀语 牵住古蜀研究“牛鼻子”——访西南交通大学教授汪启明	12月25日

（八）2020年董事单位名单

序号	单位名称	加入时间
1	唐山市人民政府	1997年
2	鄂尔多斯市人民政府	2012年
3	成都市金牛区人民政府	1998年
4	成都市双流县人民政府	1996年
5	成都市新都区人民政府	2010年
6	成都市郫都区人民政府	2004年
7	遂宁市大英县人民政府	2000年
8	深圳市交通运输局	1997年
9	茅以升科技教育基金会	2004年
10	中国铁路沈阳铁路局集团有限公司	1994年
11	中国铁路郑州铁路局集团有限公司	1994年
12	中国铁路北京铁路局集团有限公司	1994年
13	中国铁路广州铁路局集团有限公司	1994年
14	中国铁路乌鲁木齐铁路局集团有限公司	2002年
15	中国铁路成都铁路局集团有限公司	1994年
16	中国铁路兰州铁路局集团有限公司	1995年
17	中国铁路呼和浩特铁路局集团有限公司	1994年
18	中国铁路哈尔滨铁路局集团有限公司	2004年
19	中国铁路昆明铁路局集团有限公司	1998年
20	中国铁路物资股份有限公司	1995年

续表

序号	单位名称	加入时间
21	中国铁道科学研究院有限公司	2005 年
22	中国中铁股份有限公司	1994 年
23	中国铁建股份有限公司	1994 年
24	中铁一局集团有限公司	1994 年
25	中铁二局集团有限公司	1994 年
26	中铁三局集团有限公司	1994 年
27	中铁四局集团有限公司	1994 年
28	中铁五局集团有限公司	1994 年
29	中铁六局集团有限公司	1994 年
30	中铁丰桥桥梁有限公司	1994 年
31	中铁八局集团有限公司	2004 年
32	中铁电气化局集团有限公司	1994 年
33	中铁大桥局集团有限公司	1994 年
34	中铁隧道集团有限公司	1994 年
35	中铁十一局集团有限公司	2002 年
36	中铁十四局集团有限公司	1994 年
37	中铁十五局集团有限公司	1997 年
38	中铁十七局集团有限公司	2001 年
39	中铁二十局集团有限公司	2001 年
40	中铁二十三局集团有限公司	2004 年
41	中铁二十五局集团有限公司	2005 年
42	中国土木工程集团公司	1994 年
43	中铁建工集团有限公司	2000 年
44	中铁建大桥局集团有限公司	2014 年
45	中铁建电气化局集团有限公司	2012 年
46	中铁第一勘察设计院集团有限公司	1994 年
47	中铁二院工程集团有限责任公司	1994 年
48	中国铁路设计集团有限公司	1994 年
49	中铁第四勘察设计院集团有限公司	1994 年
50	中铁科学研究院有限公司	2012 年
51	中国中车股份有限公司	1994 年
52	中国中车集团株洲电力机车研究所有限公司	1999 年
53	中国中车集团资阳机车有限公司	1997 年
54	中国中车成都机车车辆公司	1997 年
55	中国中车集团眉山车辆有限公司	1994 年

续表

序号	单位名称	加入时间
56	中国中车集团四方机车车辆股份有限公司	1999 年
57	中国中车集团株洲电力机车有限公司	1999 年
58	中国中车集团唐山轨道客车有限责任公司	2012 年
59	中国中车集团太原轨道交通装备有限责任公司	1994 年
60	中国中车集团大同电力机车有限责任公司	1994 年
61	中国中车集团长春轨道客车股份有限公司	2012 年
62	中国中车集团大连机车车辆有限公司	1998 年
63	中国中车集团大连机车研究所有限公司	1998 年
64	北京地铁监理公司	1994 年
65	神华集团朔黄铁路公司	1994 年
66	成都轨道交通集团公司	2007 年
67	达成铁路有限责任公司	2000 年
68	广西建工集团有限公司	2012 年
69	云南铜业股份有限公司	2011 年
70	湘电集团有限公司	2000 年
71	西门子（中国）有限公司	1998 年
72	成都市新筑路桥机械股份有限公司	2007 年
73	中国智能交通系统（控股）有限公司	2010 年
74	深圳中航电脑系统工程有限公司	2011 年
75	常州长青交通股份有限公司	2011 年
76	南京瑞尔士轨道检测有限公司	2011 年
77	今创集团	2011 年
78	江苏虎甲投资有限公司	2011 年
79	四川启迪物流有限公司	2011 年
80	四川通达企业集团	2000 年
81	四川水井坊股份有限公司	1998 年
82	四川剑南春集团有限责任公司	2004 年
83	成都天台山制药有限公司	1994 年
84	四川省兴民房地产开发有限责任公司	2002 年
85	成都军蓉房地产开发有限责任公司	2004 年
86	同冠教育集团	2014 年
87	四川亘缘有限公司	2015 年
88	中国十九治集团有限公司	2015 年
89	中电建路桥集团有限公司	2015 年
90	中铁隆工程集团有限公司	2015 年
91	神州高铁技术股份有限公司	2015 年
92	四川缘满集团	2017 年
93	北京天宜上佳高新材料股份有限公司	2018 年

（九）2020年与学校签订合作协议的单位

序号	签约单位	签约时间
1	宜宾市人民政府	2020 年 1 月
2	中铁二院工程集团有限责任公司	2020 年 1 月
3	广州地铁集团有限公司	2020 年 3 月
4	四川省交通投资集团有限责任公司	2020 年 5 月
5	四川省科学技术厅	2020 年 5 月
6	成都市人民政府	2020 年 6 月
7	京沪高速铁路股份有限公司	2020 年 7 月
8	西安纸贵互联网科技有限公司	2020 年 7 月
9	重庆交通大学	2020 年 7 月
10	云南省发展和改革委员会	2020 年 7 月
11	中车唐山机车车辆有限公司、云南省发展和改革委员会	2020 年 9 月
12	山东铁路投资控股集团有限公司	2020 年 9 月
13	江苏省交通工程建设局	2020 年 10 月
14	华为技术有限公司	2020 年 10 月
15	中车株洲电机有限公司	2020 年 11 月
16	甘肃省铁路投资建设集团有限公司	2020 年 12 月
17	四川省港航投资集团有限责任公司	2020 年 12 月
18	铁路第一勘察设计院集团有限公司	2020 年 12 月